DICTIONNAIRE TOPOGRAPHIQUE

DE

LA FRANCE

COMPRENANT

LES NOMS DE LIEU ANCIENS ET MODERNES

PUBLIÉ

PAR ORDRE DU MINISTRE DE L'INSTRUCTION PUBLIQUE

ET SOUS LA DIRECTION

DU COMITÉ DES TRAVAUX HISTORIQUES ET DES SOCIÉTÉS SAVANTES.

DICTIONNAIRE TOPOGRAPHIQUE

DU

DÉPARTEMENT DU HAUT-RHIN

COMPRENANT

LES NOMS DE LIEU ANCIENS ET MODERNES

RÉDIGÉ

SOUS LES AUSPICES DE LA SOCIÉTÉ INDUSTRIELLE

DE MULHOUSE

PAR M. GEORGES STOFFEL

MEMBRE DE CETTE SOCIÉTÉ

CORRESPONDANT DU MINISTÈRE DE L'INSTRUCTION PUBLIQUE POUR LES TRAVAUX HISTORIQUES

PARIS

IMPRIMERIE IMPÉRIALE

—

M DCCC LXVIII

INTRODUCTION.

PARTIE DESCRIPTIVE.

Le département du Haut-Rhin est limité au N. par celui du Bas-Rhin; à l'E. par le Rhin, qui le sépare de l'Allemagne; au S. par la Suisse et le département du Doubs, et à l'O. par ceux de la Haute-Saône et des Vosges. Il est situé entre les 47° 25′ et 48° 18′ de latitude septentrionale, et entre les 4° 24′ et 5° 14′ de longitude orientale du méridien de Paris. Sa plus grande longueur du nord au sud, depuis l'Allemand-Rombach jusqu'à Lucelle, est de 95 kilomètres; sa plus grande largeur, depuis Buc jusqu'à Huningue, de 60 kilomètres.

D'après le cadastre, sa superficie comprend 411,223 hectares 4 ares 21 centiares, qui se subdivisent ainsi :

Terres labourables.	157,470^h	00^a	00^c
Prairies naturelles.	55,696	00	00
Vergers, pépinières, jardins.	5,676	00	00
Oseraies, aunaies, saussaies.	104	00	00
Châtaigneraies.	1,117	00	00
Landes, pâtis, bruyères.	27,824	00	00
Vignes.	11,422	17	71
Bois et forêts.	113,576	00	00
Propriétés bâties.	1,936	00	00
Étangs, abreuvoirs, mares, canaux d'irrigation.	1,611	00	00
Cimetières, églises, presbytères, bâtiments publics. Rivières, lacs, ruisseaux. Routes, chemins, places publiques, rues.	34,790	86	50
TOTAL	411,223	04	21

Le climat varie suivant les régions : froid en hiver dans la partie montagneuse, il y devient très-chaud en été; la partie jurassique surtout est exposée à des froids fort prolongés. La région du vignoble et celle de la plaine sont plus favorisées, quoique aussi sujettes à de brusques variations de température. Enfin, celle des bords du Rhin se ressent des brouillards de ce fleuve.

D'après certains géologues, l'Alsace a dû être bouleversée de fond en comble, dans la suite des transformations plutoniques et neptuniennes. A la place de la vaste plaine qui s'étend aujourd'hui entre les Vosges et la Forêt-Noire s'élevait autrefois une crête de montagne dont ces deux chaînes formaient le pied. Cette immense voûte se serait un jour abîmée, ne laissant qu'une vaste excavation « flanquée de part et d'autre, comme dit Élie de Beaumont, par ses culées restées en place, de manière à former sur ses flancs deux escarpements ruineux en regard l'un de l'autre. » Quoi qu'il en soit de ces hypothèses, la période silurienne vit déjà les sommets des Vosges supérieures et ceux de la Forêt-Noire s'élever au-dessus du niveau des mers. Les formations subséquentes vinrent peu à peu compléter la chaîne de ces montagnes, en refoulant la mer crétacée qui en baignait les pieds.

Voici, en abrégé, la constitution géologique du Haut-Rhin :

TERRAIN PRIMITIF.

A. *Granit,* souvent *porphyroïde.* Ballon d'Alsace, Ballon de Guebwiller et hauts sommets entre le Grand-Ventron et l'Allemand-Rombach.

B. *Gneiss.* Vallées de Sainte-Marie-aux-Mines, d'Orbey, de Thannenkirch, de Katzenthal, de Wihr-au-Val.

C. *Schiste micacé.* Hohlandspurg, environs de Soultzbach.

D. *Syénite.* Montagne entre Sainte-Marie-aux-Mines, Wissenbach et l'Allemand-Rombach; Ballon d'Alsace. Vers le Puix elle passe insensiblement à l'état de *porphyre,* *d'amygdaloïde,* *d'eurite* et de *brèche.*

E. *Calcaire primitif.* Sainte-Marie-aux-Mines et la Poutroye.

F. *Weisstein* ou *eurite.* Environs de Sainte-Marie-aux-Mines, de Thannenkirch, de Ribeauvillé.

G. *Porphyre primitif.* Val de Lièpvre.

H. *Serpentine primitive.* Sainte-Marie-aux-Mines, le Bonhomme.

TERRAIN DE TRANSITION.

A. *Phyllades* mêlés de *grauwacks,* de *quartz,* de *calcaire,* de *cornéennes,* de *spilites,* et passant insensiblement à des *porphyres,* des *pétrosilex,* des *pséphites* et des *poudingues.*

INTRODUCTION.

vallée de Saint-Amarin, Metzeral, vallée de Massevaux, Rougemont, Ballon de Roppe, Giromagny, Auxelles-Haut, le Salbert.

B. *Grauwacks*. Krüth, Thann, Ballon de Guebwiller, le Bonhomme.

C. *Schistes-grauwacks*. Auxelles-Haut et le Salbert.

D. *Anthracite*. Burbach-le-Haut, Steinbach, Uffholtz.

E. *Cornéennes* et *spilites*. Urbès.

F. *Calcaire compacte*. Vallon d'Allenburn.

G. *Porphyres* divers, *grünstein*. Vallées de Massevaux, de Saint-Amarin, de Guebwiller et de Lièpvre.

TERRAIN SECONDAIRE.

A. *Terrain houiller*. Sainte-Croix-aux-Mines, la Hingrie, Ribeauvillé, Thannenkirch, Saint-Hippolyte, Roderen, Étueffont-Haut.

B. *Grès rouge*. Saint-Germain, Rougemont, vallée de Giromagny, environs de Belfort et de Guebwiller, Aubure.

C. *Argilofère*. Sainte-Croix-aux-Mines.

D. *Grès vosgien*. Offemont, Ballon de Roppe; flanc oriental des Vosges, entre Guebwiller et Hüsseren; Katzenthal, le Tännchel, Hohenack.

E. *Grès bigarré*. Ossenbach, Saint-Gangolf, Orschwihr.

F. *Muschelkalk*. Wintzfelden, entre Guebwiller et Orschwihr; Jungholtz, Hunawihr, Novillard.

G. *Keuper (marnes irisées)*. Bergheim, Riquewihr, Hunawihr, Soultzbach, Wintzfelden.

H. *Lias*. Wattwiller.

I. *Terrain oolithique*. Ce terrain suit le pied des Vosges, depuis Bergheim jusqu'à Belfort; il forme aussi les montagnes et les collines des cantons de Delle et de Ferrette, depuis Delle jusqu'à Leymen.

TERRAIN TERTIAIRE.

A. *Terrain tongrien*. Bollenberg.

B. *Bohnerz*. Bollenberg, Roppe, Bessoncourt, Eguenigue, Pfaffans, Chèvremont, Perouse, Andelnans, Anjoutey, Kiffis, Lucelle, Ligsdorf, Winckel.

C. *Molasse*. Ce terrain s'étend au pied des Vosges, de Zellenberg à Cernay, en suivant les formations intermédiaires et secondaires; il y forme une bande prolongée, parfois interrompue et, en général, de peu de largeur. Au sud de Cernay il s'étend jusque vers Mulhouse et Altkirch; il comprend aussi une partie du Sundgau, à l'est d'Altkirch.

D. *Gypse.* Zimmersheim.

E. *Sables agglutinés par du pétrole.* Hirtzbach, Carspach.

F. *Nagelflüh.* Uffholtz, Sentheim, Feldbach.

G. *Calcaire d'eau douce.* Environs d'Altkirch jusqu'à Mulhouse.

TERRAIN D'ATTERRISSEMENT.

A. *Terrain diluvien.* La plus grande partie de la plaine.

B. *Terrain alluvien.* Ribeauvillé, Riquewihr, Pfastatt, une grande partie du Sundgau et de la plaine.

C. *Tourbe.* Vallées de Giromagny, de Sewen, de Saint-Amarin, et hauteurs des vallées de Munster et d'Orbey.

L'aspect général du département est fort varié. Les montagnes sont couvertes de forêts et, en quelques parties, de fermes et de fromageries. Le touriste y jouit de points de vue étendus. La plaine est sillonnée de rivières et de canaux, de routes et de chemins de fer. Toutes les cultures s'y trouvent côte à côte : la vigne couvre les collines qui forment le pied des Vosges; les champs sont entrecoupés de forêts et de prés. Rien de plus admirable que de contempler, de quelque point élevé, la vaste plaine au printemps : les bandes jaunes de la navette alternent avec les bandes cramoisies du trèfle, le vert foncé des feuilles du tabac avec le vert mat des fèves de marais; plus loin, des champs d'un blé serré et comme passé au niveau s'étendent à perte de vue; plus loin encore, des houblonnières élèvent leurs bannières flottantes. Dans les vallées, tout est bruit et fumée : c'est là que l'industrie moderne a établi son activité. Et au-dessus de tout ce bruit dorment, exposées aux injures du temps, les ruines des sombres créneaux de la féodalité.

La fertilité de l'Alsace a été de tout temps vantée. A la première page de l'histoire de notre pays, nous voyons déjà les députés séquaniens dire à César qu'Arioviste s'était emparé du tiers de leur territoire, qui formait la meilleure partie de toute la Gaule : *tertiamque partem agri sequani, qui esset optimus totius Galliæ.* Cette partie du territoire séquanien, c'était la Haute-Alsace, voisine du Rhin.

Mais le produit le plus renommé du Haut-Rhin, ce sont ses vins. Nous ne pouvons mieux faire que de reproduire ici un fragment de *l'ancienne Alsace à table*, publiée par M. Gérard dans la *Revue d'Alsace.* Voici ce passage :

« Les Frisons, qui faisaient au ixe siècle le principal commerce du Rhin, charriaient sur ce fleuve des vins d'Alsace et de Bourgogne, qu'ils conduisaient à Cologne. Félix Fabri, moine d'Ulm, disait que le vin d'Alsace était tellement renommé partout, qu'on l'envoyait au loin et au large, *longe lateque circumducitur.* Nos vins avaient étendu leur réputation même dans la France, si riche pourtant sous ce rapport. Le fabliau de *la Bataille des vins*, par Henri d'Andelys, qui est du xiiie siècle, l'atteste :

> Vins d'Aussay et de la Moselle.

« Et le poëte ajoute que ces vins avaient la gloire de désaltérer les Allemands.

« Au xive et au xve siècle, l'Alsace abreuvait plusieurs pays lointains. Froissart nous apprend que l'on buvait nos vins en Angleterre dès 1327, en concurrence de ceux de Gascogne et du Rhin : «bons vins de Gascogne, d'Aussay et de Rhin à très-bon marché.» A cette époque les vins de Bourgogne ne sortaient pas de cette province, tandis que les nôtres étaient recherchés par toute l'Europe. «Les vins si généreux «qui mûrissent sur les coteaux escarpés des Vosges sont conduits avec beaucoup de «peine et à grands frais, soit par bateau, soit par charrois, chez les Souabes, les Bava-«rois, les Bataves, les Anglais et les Espagnols, qui les payent à haut prix.» (Gebwiller, *Panegyr. Carolina*, p. 14.) Du temps de Sébastien Munster ils pénétraient jusqu'en Suède.» (*Revue d'Alsace* de 1862, pages 450-451.)

Le département peut être divisé en trois parties : le Jura alsatique, les Vosges et la plaine.

La première partie comprend les montagnes du pays de Ferrette et les collines qui s'étendent, en diminuant graduellement, jusqu'à Mulhouse; ces montagnes se rattachent à la chaîne du Jura et portent le nom de *Glasserberg* au-dessus de Winckel, Ligsdorf et Sondersdorf, et celui de *Blauen* au-dessus de Kiffis, Lutter et Wolschwiller. Le sommet le plus élevé du Glasserberg atteint 698 mètres et celui du Blauen (en Alsace) 652 mètres. Les collines n'atteignent qu'une altitude de 400 à 500 mètres. Sur quelques-unes d'elles, notamment sur le *Hörnle*, on jouit d'une vue magnifique : on y voit, vers le sud, la chaîne du Jura et, dans le lointain, les Alpes; vers l'ouest, les Vosges; vers l'est, la Forêt-Noire, et vers le nord, la plaine, qui s'étend aussi loin que l'horizon.

La seconde partie comprend les Vosges, dont le département renferme les points culminants. Leur plus grande élévation est de 1,433 mètres au-dessus du niveau de la mer. Sur les points les plus élevés on trouve de la neige toute l'année; et là où les arbres disparaissent se retrouve la flore des Alpes. En général, les montagnes sont couronnées de forêts, les vallées tapissées de prairies et les coteaux couverts de vignes. Les sommets les plus élevés du département sont :

Le Ballon de Guebwiller ou de Soultz............................	1,433[m]
Le Storckenkopf..	1,363
Le Hoheneck..	1,341
Le Kleinkopf...	1,333

Le Wissort ou Lauchen	1,313ᵐ
Le Wirbelkopf ou Langenfelderkopf	1,293
Le Hanenburn	1,288
Le Kalenwasen ou Petit-Ballon	1,274
Le Steinlebach	1,273
Le Brézouars	1,239
Le Judenhut	1,223
Le Rossberg	1,196
Le Drumont	1,126
Le Gresson	1,124
Le Bonhomme	1,086
Le Bärenkopf	1,077
Le Ballon d'Alsace ou de Giromagny	1,071
Le Grand-Ventron	964
Le Rothenbach ou Rotabac	926

Les vallées sont toutes perpendiculaires à la crête centrale et ne la traversent pas de sorte qu'il n'y a point de route naturelle d'Alsace en Lorraine à travers les Vosges. Les principales sont celles de Saint-Amarin et de Munster; les autres, moins considérables, sont celles de Giromagny, de Massevaux, de Guebwiller, de Soultzmatt, d'Orbey, de Ribeauvillé et de Lièpvre.

La troisième partie, enfin, comprend la plaine. Celle-ci se subdivise en deux zones qui sont bien différentes quant à la fertilité. La première, celle qui longe le pied de Vosges, est sillonnée de nombreux cours d'eau jusqu'à l'Ill, qui les absorbe tous c'est la plus riche. Elle ne comprend que deux espaces de mauvais terrains caillouteux à l'orifice des vallées de Saint-Amarin et de Munster, c'est-à-dire l'Ochsenfeld et la Hart d'Ingersheim. La seconde zone, que l'on désigne plus spécialement sous le nom de *Hart,* est moins bonne; la cause en est due à l'absence de rivières et à la nature du terrain, composé de sable et de cailloux roulés du Rhin. On y voit encore très-distinctement d'anciens lits de ce fleuve à plusieurs kilomètres du lit actuel. L'un de ces anciens lits est surtout reconnaissable dans la grande forêt domaniale de la Hart : il est marqué sur la carte du Dépôt de la Guerre sous le nom de *Rideau de la Hart.*

Le département appartient aux deux bassins du Rhin et du Rhône. La ligne de séparation des eaux est en même temps celle des langues : la langue allemande se parle dans le premier de ces bassins, et la langue française dans le second. Cette ligne passe par Réchésy, le Puix, Suarce, Lutran, Valdieu, Reppe, Bréchaumont, Bretten, la Chapelle-sous-Rougemont, et suit le sommet de la montagne qui sépare la vallée de Massevaux de celles de Rougemont et de Giromagny.

INTRODUCTION.

Les rivières du bassin du Rhin ou de l'Océan sont :

L'*Ill*, qui prend sa source au village de Winckel, où elle s'appelle *Illentspring*. Après s'être perdue pendant quelque temps dans les prés de cette commune, elle reparaît à l'ouest de Ligsdorf, traverse le département dans toute sa longueur et entre dans celui du Bas-Rhin au-dessous d'Illhäusern.

La *Largue*, qui sort du versant occidental de la même montagne qui ferme le bassin de l'Ill. Elle va jusqu'à Dannemarie, où elle fait un coude pour aller se jeter dans cette dernière rivière à Illfurth.

La *Dollern*, qui vient de la vallée de Massevaux et se jette dans l'Ill au-dessous de Mulhouse.

La *Thur*, qui sort de la vallée de Saint-Amarin et se jette dans l'Ill près d'Ensisheim, après avoir cédé une partie de ses eaux à la *rigole de la Thur*, laquelle se déverse dans l'Ill près de Horbourg.

La *Lauch*, qui sort de la vallée de Guebwiller et se jette dans la Thur au ban de Sainte-Croix-en-Plaine, après avoir jeté un bras vers Colmar, lequel bras se réunit à l'Ill près de Horbourg.

L'*Ohmbach*, qui sort de la vallée de Soultzmatt et se jette dans la Lauch près de Rouffach.

La *Fecht*, qui sort de la vallée de Munster et se jette dans l'Ill près d'Illhäusern, après avoir fourni une partie de ses eaux au canal du Logelbach.

La *Weiss*, qui sort de la vallée d'Orbey et se jette dans la Fecht près de Katzenwangenbruck.

Le *Strengbach* ou *Mühlbach*, qui sort de la vallée de Ribeauvillé et se jette dans la Fecht près de Guémar.

La *Lièpvrette*, qui sort de la vallée de Lièpvre et se jette dans l'Ill près de Schelestadt, dans le département du Bas-Rhin.

La *Lucelle*, qui forme limite au sud du département et va se jeter dans la Birse en Suisse.

Les rivières du bassin du Rhône ou de la Méditerranée sont :

L'*Allaine*, qui a sa source près de Lucelle, mais en Suisse. Elle ne traverse qu'une petite partie du département et se jette dans le Doubs près de Montbéliard.

L'*Aine*, qui prend sa source derrière Rougemont et se jette dans l'Allaine près de Bourogne.

La *Savoureuse*, qui vient de la vallée de Giromagny et se jette dans l'Allaine en aval de Bourogne.

Le département ne renferme que quelques lacs de peu d'importance. Ce sont le *lac*

Blanc et le *lac Noir*, près d'Orbey; le *Darensee*, près de Sultzeren; le *lac du Ballon*, sur le Ballon de Guebwiller; le *Sternsee*, près de Rimbach, dans la vallée de Massevaux; enfin le petit lac de *Sewen*.

Les canaux sont: le *canal du Rhône au Rhin*, qui traverse le département dans toute sa longueur et jette un embranchement sur Huningue; le *canal Vauban*, qui dérive de l'Ill près de Modenheim, où il est connu sous le nom de *Quatelbach*.

Les grandes masses de forêts qui couvrent les montagnes du département ne sont plus que les restes de l'immense massif qui en faisait une vaste solitude, à en juger par les expressions de quelques actes de saints. Ainsi saint Dizier s'établit, vers 672, *ad desertum Vosagi;* les moines qui fondèrent Murbach, Munster, Massevaux, au viie et au viiie siècle, bâtirent leurs cellules dans des lieux déserts : *in heremo vasta, que Vosagus appellatur*. Encore au xiie siècle, Lucelle fut fondée dans une contrée sauvage, *in einer wilden und rauhen Einöde*, comme dit Bernardin Buchinger. La plaine aussi a dû abandonner une partie de ses bois à l'agriculture. La grande forêt de la Hart (*Hard, saltus iuxta Rhenum*), qui mesure encore aujourd'hui 14,764 hectares, a laissé des traces de son extension jusqu'à la limite nord du département. En jetant un coup d'œil sur la carte, on reconnaît facilement son ancienne étendue aux lambeaux de forêts que la charrue a épargnés, et qui portent encore le plus souvent le nom de Hart ou de Härtlein. Le Nonnenbruch (*Münebrüch*), dans les cantons de Cernay et de Mulhouse, et le Langenholtz, dans ceux d'Huningue et de Ferrette, sont encore des restes imposants de la forêt primitive qui a dû couvrir le pays avant les temps historiques.

PARTIE HISTORIQUE.

Le département du Haut-Rhin a été formé de plusieurs territoires ayant appartenu, aux diverses époques de l'histoire, à des circonscriptions politiques et religieuses différentes.

Lorsque César envahit les Gaules, il trouva les Rauraques et les Séquaniens établis dans les limites du département actuel. Les premiers occupaient le Jura alsatique et le Leymenthal, c'est-à-dire les parties correspondantes aux anciens décanats de l'Ajoye (allemand et français) et du Leymenthal; il ne leur connaît point de capitale, la cité d'*Augusta Rauracorum* n'ayant été établie que postérieurement par Munatius Plancus, son lieutenant. Les seconds étaient répandus sur tout le reste du département jusqu'au Rhin; leur capitale était *Vesontio*, Besançon. Il est vrai qu'à la même époque ils avaient dû céder cette partie de leur territoire à Arioviste et à ses Germains.

INTRODUCTION.

De nombreux tumulus, isolés ou réunis par groupes sur toute la surface de la plaine, sont les seuls monuments qui nous soient restés de ces peuples, ainsi que quelques débris de fortifications en pierres sèches sur le *Tännchel* et quelques rares pierres levées. Les tumulus renferment des urnes, des ornements en bronze et même des épées en fer; ils se trouvent généralement dans les bois, auxquels ils semblent donner le caractère de bois sacrés. La forêt de la Hart en renferme un grand nombre : c'est d'abord, en commençant au midi, le *Lisbühel*, sur le bord de la forêt, près de Blotzheim, puis les *Gallebiehl*, près de Schlierbach; ceux du *Gänseplon*, près de l'île Napoléon; ceux qui sont groupés autour du pont du Bouc; ceux du *camp des Chenapans*; ceux du *Puits-à-roue*, etc. La forêt de Rixheim renferme le *Hünerhubel*. A Ensisheim, la forêt dite *Hubelwäldele* doit son nom à ceux qui s'y trouvent. Le Nonnenbruch, le Kastenwald, sont également connus pour en renfermer un certain nombre.

Quelques auteurs allemands ont cherché à établir que les lieux de réunion des *sorcières* et ceux où la croyance populaire entend passer la *Chasse enchantée* étaient anciennement des lieux consacrés à des exercices du culte païen. Cette hypothèse n'étant pas sans fondement, nous avons indiqué dans le corps du Dictionnaire tous les endroits qui nous sont connus pour tels, et nous nous bornerons à citer ici le *Bollenberg*, près de Rouffach, qui a été, à n'en pas douter, un de ces lieux consacrés au culte.

Après la conquête de la Gaule par les Romains, la Haute-Alsace fit partie de la Gaule lyonnaise ou celtique; plus tard elle fut incorporée à la Germanie supérieure. Pendant cette période apparaissent les villes d'*Augusta* comme cité des Rauraques, de *Cambes* = Kembs, de *Stabula*, de *Larga* = Largitzen, de *Mons Brisiacus* = Vieux-Brisach, aujourd'hui sur la rive droite du Rhin, d'*Argentouaria* = Horbourg ou Grussenheim, d'*Uruncæ* = Rixheim et d'*Olino* = Ölenberg. Sous Constantin, elle fit partie de la province de *Maxima Sequanorum*, dont la capitale était *Vesontio*. Cependant il est à supposer qu'après la cession de l'Alsace séquanaise à Arioviste, celle-ci ne fit plus retour aux Séquaniens, même lorsque Arioviste fut repoussé, mais que ce fut aux Rauraques qu'elle fut cédée; du moins fit-elle toujours partie du diocèse des Rauraques, et ce diocèse existait déjà avant Constantin, puisque vers 237 il y eut un évêque des Rauraques, saint Pantale. Cependant Besançon resta la métropole ecclésiastique, comme elle avait été la capitale politique.

Les principales voies romaines dans le département furent celle du Rhin, qui venait d'Augusta et longeait la rive gauche de ce fleuve, en passant par Kembs, *Stabula* et *Argentouaria*, et celle de Besançon au Rhin. Cette dernière, après avoir quitté Mandeure, entrait dans le département près de Fêche-l'Église, passait par Largitzen (*Larga*), Hirsingen, Willer, Folgensbourg, et aboutissait à Augusta. Près de Bettendorf elle jetait un premier embranchement sur Kembs, par Rantzwiller et Hohkirch, puis à Tagsdorf un second sur Brisach, par Bruebach, Rixheim (*Uruncæ*), Battenheim, Müetersheim, Hirtzfelden.

C'étaient là les grandes routes stratégiques qui, venant de l'intérieur, divergeaient vers la frontière du Rhin et permettaient de diriger promptement les légions vers les points de défense; mais, outre ces voies militaires, la surface du département était sillonnée de chemins secondaires dont il existe encore de nombreuses traces. Voici quelques-unes de ces lignes vicinales :

1° Route de Bâle à *Argentouaria* (Grussenheim), qui se détachait de celle de Mandeure près de Hesingen et longeait à peu de distance la lisière gauche de la Hart, considérée sans aucun doute comme seconde ligne de défense après le Rhin, en passant par Bartenheim, Hohkirch, Habsheim, Rixheim (*Uruncæ*), les Zollhäuser d'Ensisheim, en suivant la rive droite de l'Ill jusqu'à Sundhofen, d'où elle se dirigeait sur *Argentouaria* par Fortschwihr et Muntzenheim;

2° Chemin de Vorbourg, au-dessus de Soyhières (Suisse), à Massevaux, par la Haute-Borne, Bourrignon, Lucelle, la Verrerie, la chapelle de Mariahilf au-dessus d'Oberlarg, Dirlinsdorf, la rive droite de la Largue jusqu'à Dannemarie, en traversant *Larga*, puis par les Traubach et Bretten à Massevaux (voy. Herrenweg);

3° Le chemin qui longeait le pied des Vosges, par Belfort (*Bellus fortis*), Offemont, Roppe, Cernay, Soultz, Hattstatt, Feldkirch, Sigolsheim, Bergheim (voy. Bergstrass);

4° Chemin de Delle (*Datira*) à Bâle, par Pfetterhausen (*Petrosa via*), Dirlinsdorf, Ferrette (*Ferratum iter*), Saint-Blaise (*Lunarischilcha*) et Hegenheim;

5° Chemin de Saint-Blaise au territoire des Leuciens, par la vallée de l'Ill, Altkirch, Burnkirch, Reiningen, Thann, la vallée de Saint-Amarin et le col de Bussang;

6° Chemin de Thann au Rhin, par Aspach-le-Bas, Ölenberg, Niedermorschwiller, Didenheim, Burnen, Dietwiller, Niffer (= *Neufar*) (voy. Bilgerweg);

7° Chemin de Mandeure à Brisach, par Trétudans, Meroux, Vézelois, Chèvremont, Bessoncourt, la Grange, Angeot, Soppe-le-Haut, Aspach-le-Pont, Wittelsheim, Staffelfelden, Ensisheim;

8° Chemin de Brisach en Lorraine, par Horbourg, Kaysersberg, la Poutroye et le col du Bonhomme;

9° Chemin de Perouse (*Petrosa via*) au territoire des Lingons, par Offemont, la Chapelle-sous-Chaux et Auxelles-Haut;

10° Chemin dit *Rainweg*, qui partait de Kembs et suivait la berge du Rideau de la Hart (*Hartrain*) jusqu'à Münckhausen;

11° Chemin dit *Schweitzerstrass*, se détachant de la voie militaire du Rhin à la hauteur de Balgau et se dirigeant sur Sundhofen par Dessenheim, Hettenschlag et Appenwihr;

12° Chemin dit *Alte Soultzer strass*, de Rixheim à Soultz, par Illzach;

13° Chemin dit *Landsträssle* ou simplement *Strässle*, qui a dû relier entre elles les voies de *Larga* à *Augusta* et de *Larga* à *Cambes*. Il quitte la première à Knöringen et se dirige en ligne droite sur la seconde, en passant par les Trois-Maisons et par Magstatt-le-Bas.

Lorsque Julien vint dans les Gaules, en 356, il trouva la rive gauche du Rhin occupée par les Germains; il les repoussa, et après lui Valentinien garnit toute la rive de forteresses, de camps retranchés et de tours. Ces moyens de défense n'arrêtèrent pas longtemps les Allemanni. Battus une dernière fois en 377 par les généraux Nannien et Mellobaud, ils paraissent s'être maintenus à demeure fixe dans la Haute-Alsace, du moins dans la partie allemande, où l'idiome est encore aujourd'hui le même que celui de la rive droite correspondante. Il est certain, cependant, que si les villes furent alors détruites de fond en comble, la population fut en grande partie épargnée, car il a survécu à cette conquête un grand nombre de noms de lieux celtiques et même romains, comme témoignage de la présence des anciens habitants; la langue usuelle seule a dû se plier aux exigences de la domination étrangère.

Vers la même époque, les Burgondes s'étaient établis sur le Rhin[1], d'où ils étendirent leurs conquêtes sur toute la Séquanie, qui prit d'eux le nom de Bourgogne; leur capitale était Worms. Ce fut l'âge héroïque des Germains; l'épopée des Nibelungen raconte les exploits de ces temps lointains, dont un épisode, celui de Walther de Wasgenstein, s'est passé dans les Vosges mêmes.

Les Allemanni et les Burgondes ayant été vaincus successivement par les Francs, notre pays a dû subir le même sort que ces peuples. Ce n'est qu'en 610 que nous le retrouvons, sous le nom d'*Alsatia*, lorsque Théodebert, roi d'Austrasie, l'enleva à Thierry, son frère, roi de Bourgogne. Il forma dès lors un duché du royaume d'Austrasie.

Ce duché avait pour limite à l'est le Rhin, à l'ouest les Vosges, au sud la Birse depuis son embouchure dans le Rhin jusqu'à sa source à Pierre-Pertuis, au nord la Queich. Il était subdivisé en *pagus* ou *gaue* : 1° l'*Elsgau*, en français l'Ajoye, pagus Alsegaugensis; 2° le *Sundgau*, pagus Illisaciæ ou d'Illzach[2]; 3° le *Nordgau*, pagus Tro-

---

[1] Chron. Hieronymi presbyteri, 288.

[2] Plusieurs auteurs croient qu'Illzach s'est élevé sur les ruines d'Uruncæ; mais, outre qu'*Hilciacum* est déjà un nom celtique et doit être contemporain d'Uruncæ, la position d'Uruncæ sur la voie d'Augusta à Brisach ne permet pas de la placer à Illzach.

ningorum ou de Kirchheim. Le département du Haut-Rhin correspond au *Sundgau* de cette époque : sous le premier empire, il comprenait en même temps l'Ajoye et avait ainsi pour un moment repris les anciennes limites du duché d'Alsace. Il n'est parvenu jusqu'à nous qu'un petit nombre de noms de cette période; les seuls qui méritent d'être cités sont ceux d'*Hilciacum, Serencia, Rubiacum, Isenburg, Columbarium.*

C'est vers cette même époque que remonte l'organisation colongère, à moins que l'on n'admette, ce qui paraît bien probable, que les Germains la trouvèrent déjà établie et ne firent que se l'approprier en la modifiant suivant leurs mœurs. La justice s'y rendait par des jurés ou *hueber* dans des plaids ou *thing* périodiques, sous la présidence des seigneurs ou de leurs voués (*vögte*). Les cours colongères ou *dinghöfe* comprenaient des corps de biens plus ou moins étendus qui se divisaient en terres arables (*huebe*), données en jouissance aux *hueber*, et en marches ou terrains communs (*marca* ou *commarca*), comprenant les forêts et les pâturages. Les marches forestières de quelques-unes de ces cours étaient fort étendues, de même que le droit de parcours de quelques autres. (Voir, à cet égard, dans le corps du Dictionnaire les noms de BERGHEIM, GUEWENHEIM, LOGELNHEIM, RIESPACH, SIGOLSHEIM.)

Lors du partage de l'empire de Charlemagne par le traité de Verdun, en 843, le duché d'Alsace échut à Lothaire II et fit partie du royaume de *Lotharingia* ou de Lorraine jusqu'en 870, où il advint à Louis le Germanique. Depuis ce temps il resta annexé au saint empire romain jusqu'en 1648, où il fut de nouveau réuni à la France.

A l'époque de la réunion de l'Alsace à l'empire d'Allemagne, en 870, nous la trouvons divisée en deux comtés, *in Elisatio comitatus II*, le pays d'Ajoye n'en faisant plus partie : ce sont les comtés (*Grafschaften*) de Kirchheim et d'Illzach, correspondant aux anciens *pagus* du Nordgau et du Sundgau, et qui prirent vers la fin du XIIe siècle le nom de landgraviats (*Landgrafschaften*) inférieur et supérieur.

Les limites du landgraviat supérieur, le seul qui nous occupe, étaient le Rhin, le fossé provincial (*Landgraben*), la crête des Vosges (*die Firste*) et le pont de la Birse (*die Birsebrucke*) au-dessus de Bâle. Il y avait à cette époque plusieurs justices ou plaids provinciaux : celui de Meyenheim se tenait sous les tilleuls de la *Frauenaue*; d'autres se tenaient dans le Leymenthal, au Senckelstein près de Hundsbach, sur la limite des bans de Bergheim et de Saint-Hippolyte, etc. Cette haute juridiction appartenait aux comtes ou landgraves; au-dessous d'elle fonctionnaient toujours les *thing* des cours colongères. En 1431, l'empereur Sigismond créa, en remplacement de ces présidiaux, un conseil de régence à Ensisheim, et l'empereur Frédéric IV en étendit la juridiction, en 1465, sur les deux Brisgau, la Forêt-Noire et les quatre villes forestières.

Le landgraviat fit partie du cercle du Haut-Rhin; plusieurs de ses princes abbés et de ses chevaliers avaient droit de siége aux diètes de l'empire. Il était subdivisé en un grand nombre de seigneuries ecclésiastiques et laïques. Les nombreuses ruines qui couvrent les montagnes et les collines du département témoignent encore aujourd'hui de l'essor que prit la féodalité à cette époque. Chaque domaine avait sa justice particulière dans les cours colongères, auxquelles furent substitués peu à peu les justices seigneuriales et les bailliages, jusqu'à ce qu'enfin cette organisation fut modifiée par un édit de Louis XIV, du mois de mars 1693, qui ordonna que tous juges de bailliages, présidiaux, sénéchaussées et prévôtés se feraient recevoir dans les cours et juridictions du Roi et que tous huissiers et sergents se feraient immatriculer.

En dehors de cette organisation, il s'était formé dès le xive siècle, par suite de priviléges accordés successivement par les empereurs, une association de villes libres qui relevaient immédiatement de l'empire. La première alliance de cette *Décapole* remonte à l'an 1353; elle comprenait les villes de Haguenau, Wissembourg, Colmar, Schelestadt, Obernay, Rosheim, Mulhouse, Kaysersberg, Munster et Turckheim; elle était placée sous la direction d'un préfet ou *Landvogt*, qui résidait à Haguenau, et d'un souspréfet ou *Unterlandvogt*, qui résidait à Kaysersberg. Plus tard, Landau y fut adjoint et Mulhouse s'en détacha, en 1466, pour faire alliance avec la ligue suisse. Cette ville resta ainsi avec son territoire, comme canton suisse, jusqu'en 1798, où elle fut de nouveau réunie à la France.

Lors de la réunion de l'Alsace à la France, le département était divisé comme suit :

Seigneurie de Ferrette,
—————— de Morimont,
—————— d'Altkirch,
—————— de Belfort,
—————— du Rosemont,
—————— de Rougemont, } relevant du comté de Ferrette;
—————— de Delle,
—————— de Florimont,
—————— de Montreux,
—————— de Thann,
Prévôté de Cernay,
Seigneurie de Landser,
Baronnie de Hirsingen-Montjoye,
Abbaye de Massevaux, sous l'advocatie du comte de Ferrette, archiduc d'Autriche,
Principauté de Murbach,
Collégiale de Lautenbach,

Mundat supérieur ou de Rouffach,
Seigneurie ou baronnie de Bollwiller,
———————— d'Isenheim,
———————— de Hohlandspurg,
Comté de Horbourg et seigneurie de Riquewihr,
Seigneurie de Ribeaupierre, comprenant celle de Hohenack et les bailliages de Heiteren, de Wihr-au-Val (ancienne seigneurie de Girsperg) et de Sainte-Marie-aux-Mines (ancienne seigneurie d'Échery).
Territoire lorrain, comprenant Saint-Hippolyte et Sainte-Marie-aux-Mines (partie française) :
Villes et territoires d'Ensisheim,
———————— de Colmar,
———————— de Kaysersberg,
———————— de Munster,
———————— de Turckheim.

Après la réunion, le conseil de régence d'Ensisheim fut supprimé et remplacé, suivant édit de septembre 1657, par le Conseil souverain d'Alsace, qui résida d'abord dans cette même ville, puis fut transféré à Brisach, ensuite à la Ville-de-Paille, enfin à Colmar, en 1698, où il resta définitivement fixé. L'intendance d'Alsace fut créée. Le Haut-Rhin forma trois subdélégations et dix-neuf bailliages, savoir :

1° Subdélégation de Belfort, comprenant les bailliages de Belfort, Delle, Massevaux, Altkirch et Brunstatt;

2° Subdélégation de Ferrette, comprenant les bailliages de Ferrette, Hirsingen-Montjoye, Haut-Landser, Eschentzwiller et la ville d'Huningue;

3° Subdélégation de Colmar, comprenant les bailliages de Guebwiller, Thann, Ollwiller, Bas-Landser, Bollwiller, Rouffach, Isenheim, Ensisheim et Sainte-Croix, Horbourg et Riquewihr, Ribeauvillé, les ville et vallée de Munster, les villes de Colmar, Turckheim, Kaysersberg, Neuf-Brisach.

Le département dépendait de trois diocèses différents. L'évêché de Strasbourg ne comprenait que quelques paroisses dépendant des décanats de Marckolsheim et de Schelestadt. Celui de Besançon comprenait la partie française de l'arrondissement de Belfort, formant trois décanats, savoir :

Décanat rural de Granges,
———————— de l'Ajoye (partie française),
———————— nouveau, créé en 1780, des paroisses françaises qui furent détachées de

vêché de Bâle à cette époque. Enfin celui de Bâle en comprenait de beaucoup la
us grande partie; il forma à lui seul les décanats ou chapitres ruraux suivants,
voir :
Décanat d'*ultra colles Ottonis* ou d'ultra Ottensbühl,
———— de *citra colles Ottonis* ou de citra Ottensbühl,
———— de *citra Rhenum*,
———— du Sundgau,
———— d'*inter colles*,
———— de Massevaux,
———— d'Elsgau ou de l'Ajoye allemand,
———— du Leymenthal.

Sous la constitution civile du clergé, le département forma un diocèse dont le chef-
eu fut Colmar. Les diocèses départementaux ayant été supprimés lors du concordat,
ut le département fut réuni au diocèse de Strasbourg, dont il fait encore aujourd'hui
artie.

L'Église réformée compte deux consistoires : celui de Mulhouse et celui de Sainte-
arie-aux-Mines.

L'Église de la confession d'Augsbourg comprend une inspection à Colmar, soumise
u directoire de Strasbourg, et cinq consistoires, savoir : à Colmar, Riquewihr, Mun-
er, Andolsheim et Sainte-Marie-aux-Mines.

Le culte israélite compte un consistoire départemental à Colmar, 20 rabbins et
1 ministres officiants.

Les anciennes provinces ayant été divisées en départements en 1790, l'Alsace en
rma deux, le Haut-Rhin et le Bas-Rhin, ayant pour ligne séparative le fossé pro-
incial. Le Haut-Rhin fut divisé en trois districts, et chaque district en plusieurs can-
ns. La Constitution de l'an III supprima les districts et conserva la division cantonale.
 y eut alors 31 cantons et 484 municipalités. Une loi du 11 ventôse an VI (31 dé-
embre 1797) réunit la république de Mulhouse, qui forma un canton de plus.

Une loi du 28 pluviôse an VIII, en réunissant le département du Mont-Terrible au
aut-Rhin, porta le nombre des arrondissements à 5, celui des cantons à 39 et celui
es communes à 698 : les chefs-lieux d'arrondissements furent Colmar, Altkirch, Bel-
ort, Porrentruy et Delémont. En 1815, les deux derniers arrondissements furent
nlevés à la France et cédés à la Suisse[1], à l'exception des cantons de Montbéliard et

[1] C'est à tort que tous nos Annuaires disent que
 pays fut *rendu* à la Suisse, à laquelle il avait été
nlevé. Le fait est qu'il n'a jamais fait partie de cette
dernière contrée, mais qu'avant sa réunion à la France
il formait une principauté relevant de l'empire d'Allemagne.

d'Audincourt, qui furent incorporés au département du Doubs. Dès lors, le Haut-Rhin se trouva réduit à 29 cantons. En 1857, le chef-lieu de l'arrondissement d'Altkirch fut transféré à Mulhouse. Enfin, en 1861 le canton de Mulhouse fut divisé en deux, de sorte que le nombre des cantons est aujourd'hui de 30. Voici le tableau de la division actuelle du département :

I. ARRONDISSEMENT DE COLMAR.

(13 cantons, 140 communes, 216,092 habitants.)

1° CANTON D'ANDOLSHEIM.

(19 communes, 13,635 habitants.)

Andolsheim, Artzenheim, Baltzenheim, Bischwihr, Dürrenentzen, Fortschwihr, Grussenheim, Holtzwihr, Horbourg, Houssen, Jebsheim, Kuenheim, Muntzenheim, Riedwihr, Sundhofen, Urschenheim, Wickerschwihr, Wiedensohlen, Wihr-en-Plaine.

2° CANTON DE COLMAR.

(2 communes, 24,318 habitants.)

Colmar, Sainte-Croix-en-Plaine.

3° CANTON D'ENSISHEIM.

(17 communes, 17,291 habitants.)

Biltzheim, Blodelsheim, Ensisheim, Fessenheim, Hirtzfelden, Meyenheim, Münckhausen, Munwiller, Niederentzen, Niederhergheim, Oberentzen, Oberhergheim, Pulversheim, Réguisheim, Roggenhausen, Ruestenhart, Rumersheim.

4° CANTON DE GUEBWILLER.

(11 communes, 20,817 habitants.)

Bergholtz, Bergholtz-Zell, Bühl, Guebwiller, Lautenbach, Lautenbach-Zell, Linthal, Murbach, Orschwihr, Rimbach, Rimbach-Zell.

5° CANTON DE KAYSERSBERG.

(13 communes, 18,182 habitants.)

Ammerschwihr, Beblenheim, Bennwihr, Ingersheim, Katzenthal, Kaysersberg, Kientzheim, Mittelwihr, Niedermorschwihr, Ostheim, Riquewihr, Sigolsheim, Zellenberg.

INTRODUCTION.

6° CANTON DE MUNSTER.
(14 communes, 17,934 habitants.)

Breitenbach, Eschbach, Griesbach, Günsbach, Hohroth, Luttenbach, Metzeral, Mühlbach, Munster, Sondernach, Soultzbach, Stosswihr, Sultzeren, Wasserbourg.

7° CANTON DE NEUF-BRISACH.
(16 communes, 11,960 habitants.)

Algolsheim, Appenwihr, Balgau, Biesheim, Dessenheim, Geiswasser, Heiteren, Hettenschlag, Logelnheim, Nambsheim, Neuf-Brisach, Obersaasheim, Vogelgrün, Volgelsheim, Weckolsheim, Wolfgantzen.

8° CANTON DE LA POUTROYE.
(5 communes, 13,150 habitants.)

Baroche (la), Bonhomme (le), Fréland, Orbey, Poutroye (la).

9° CANTON DE RIBEAUVILLÉ.
(9 communes, 17,459 habitants.)

Bergheim, Guémar, Hunawihr, Illhäuseren, Ribeauvillé, Roderen, Rorschwihr, Saint-Hippolyte, Thannenkirch.

10° CANTON DE ROUFFACH.
(8 communes, 13,174 habitants.)

Gueberschwihr, Gundolsheim, Hattstatt, Ossenbach, Pfaffenheim, Rouffach, Soultzmatt, Westhalten.

11° CANTON DE SAINTE-MARIE-AUX-MINES.
(5 communes, 20,566 habitants.)

Allemand-Rombach (l'), Aubure, Lièpvre, Sainte-Croix-aux-Mines, Sainte-Marie-aux-Mines.

12° CANTON DE SOULTZ.
(10 communes, 12,463 habitants.)

Berrwiller, Bollwiller, Feldkirch, Hartmannswiller, Isenheim, Merxheim, Rädersheim, Soultz, Ungersheim, Wuenheim.

13° CANTON DE WINTZENHEIM.
(11 communes, 15,143 habitants.)

Éguisheim, Herlisheim, Hüsseren, Obermorschwihr, Turckheim, Vögtlinshofen, Walbach, Wettolsheim, Wihr-au-Val, Wintzenheim, Zimmerbach.

II. ARRONDISSEMENT DE BELFORT.

(9 cantons, 191 communes, 135,300 habitants.)

1° CANTON DE BELFORT.

(32 communes, 18,183 habitants.)

Andelnans, Argiésans, Banvillars, Bavilliers, Belfort, Bermont, Botans, Buc, Charmois, Châtenois, Chèvremont, Cravanche, Danjoutin, Dorans, Eschêne-Autrage, Essert, Fontenelle, Meroux, Moval, Novillard, Offemont, Perouse, Rechotte, Roppe, Salbert, Sévenans, Trétudans, Urcerey, Valdoye, Vétrigne, Vézelois, Vourvenans.

2° CANTON DE CERNAY.

(11 communes, 15,213 habitants.)

Aspach-le-Bas, Bernwiller, Burnhaupt-le-Bas, Burnhaupt-le-Haut, Cernay, Schweighausen, Staffelfelden, Steinbach, Uffholtz, Wattwiller, Wittelsheim.

3° CANTON DE DANNEMARIE.

(27 communes, 9,732 habitants.)

Altenach, Ammertzwiller, Balschwiller, Buetwiller, Chavanatte, Chavannes-les-Grands, Dannemarie, Dieffmatten, Ellbach, Falckwiller, Gildwiller, Gommersdorf, Guewenatten, Hagenbach, Hecken, Lutran, Magny, Manspach, Retzwiller, Romagny, Sternenberg, Suarce, Traubach-le-Bas, Traubach-le-Haut, Uberkümen, Valdieu, Wolfersdorf.

4° CANTON DE DELLE.

(27 communes, 15,404 habitants.)

Beaucourt, Boron, Bourogne, Brebotte, Bretagne, Courcelles, Courtelevant, Croix, Delle, Faverois, Fêche-l'Église, Florimont, Froide-Fontaine, Grandvillars, Grosne, Joncherey, Lebetain, Mésiré, Montbouton, Morvillars, Puix (le), Réchésy, Recouvrance, Saint-Dizier, Thiancourt, Vellescot, Villars-le-Sec.

5° CANTON DE FONTAINE.

(29 communes, 8,110 habitants.)

Angeot, Belmagny, Bessoncourt, Bethonvilliers, Bréchaumont, Bretten, Chapelle-sous-Rougemont (la), Chavannes-sur-l'Étang, Collonge (la), Cunelière, Denney, Éguenigue, Éteimbes, Felon, Fontaine, Foussemagne, Frais, Grange (la), Menoncourt, Montreux-Château, Montreux-Jeune, Montreux-Vieux, Petit-Croix, Pfaffans, Reppe, Rivière (la), Saint-Côme, Saint-Germain, Vauthiermont.

INTRODUCTION.

6° CANTON DE GIROMAGNY.
(19 communes, 13,581 habitants.)

Anjoutey, Auxelles-Bas, Auxelles-Haut, Bourg, Chapelle-sous-Chaux (la), Chaux, Éloye, Étueffont-Bas, Étueffont-Haut, Évette, Giromagny, Gros-Magny, Madeleine (la), Petit-Magny, Puix (le), Rièrevescemont, Rougegoutte, Sermamagny, Vescemont.

7° CANTON DE MASSEVAUX.
(18 communes, 14,128 habitants.)

Dolleren, Kirchberg, Lauw, Leval, Massevaux, Mortzwiller, Niederbruck, Oberbruck, Petite-Fontaine, Rimbach, Romagny, Rougemont, Sentheim, Sewen, Sickert, Soppe-le-Bas, Soppe-le-Haut, Weegscheid.

8° CANTON DE SAINT-AMARIN.
(16 communes, 18,957 habitants.)

Altenbach, Felleringen, Geishausen, Goldbach, Hüsseren, Krüth, Malmerspach, Mitzach, Mollau, Moosch, Oderen, Ranspach, Saint-Amarin, Storckensohn, Urbès, Wildenstein.

9° CANTON DE THANN.
(12 communes, 21,992 habitants.)

Aspach-le-Haut, Bitschwiller, Burbach-le-Bas, Burbach-le-Haut, Guewenheim, Leimbach, Michelbach, Rammersmatt, Roderen, Thann, Vieux-Thann, Willer.

III. ARRONDISSEMENT DE MULHOUSE.
(8 cantons, 159 communes, 164,410 habitants.)

1° CANTON D'ALTKIRCH.
(28 communes, 17,759 habitants.)

Altkirch, Aspach, Ballersdorf, Berentzwiller, Brinighoffen, Carspach, Eglingen, Emlingen, Enschingen, Francken, Fröningen, Hausgauen, Heidwiller, Heywiller, Hochstatt, Hundsbach, Illfurth, Jettingen, Luemschwiller, Obermorschwiller, Schwoben, Spechbach-le-Bas, Spechbach-le-Haut, Tagolsheim, Tagsdorf, Walheim, Willer, Wittersdorf.

2° CANTON DE FERRETTE.
(31 communes, 14,805 habitants.)

Bendorf, Bettlach, Biederthal, Bouxwiller, Courtavon, Dirlinsdorf, Dürmenach, Ferrette, Fislis,

Kiffis, Köstlach, Levoncourt, Liebsdorf, Ligsdorf, Linsdorf, Lucelle, Lutter, Mittelmuespach, Moos, Mörnach, Niedermuespach, Oberlarg, Obermuespach, Oltingen, Rädersdorf, Roppentzwiller, Sondersdorf, Vieux-Ferrette, Werentzhausen, Winckel, Wolschwiller.

3° CANTON DE HABSHEIM.

(17 communes, 20,447 habitants.)

Baldersheim, Bantzenheim, Battenheim, Chalampé, Eschentzwiller, Habsheim, Hombourg, Illzach, Kembs, Niffer, Ottmarsheim, Petit-Landau, Riedisheim, Rixheim, Ruelisheim, Sausheim, Zimmersheim.

4° CANTON DE HIRSINGEN.

(25 communes, 13,059 habitants.)

Bettendorf, Bisel, Feldbach, Friessen, Fülleren, Grentzingen, Heimersdorf, Henflingen, Hindlingen, Hirsingen, Hirtzbach, Largitzen, Mertzen, Niederlarg, Oberdorf, Pfetterhausen, Riespach, Ruederbach, Saint-Ulrich, Seppois-le-Bas, Seppois-le-Haut, Steinsultz, Strueth, Überstrass, Waldighofen.

5° CANTON D'HUNINGUE.

(22 communes, 19,513 habitants.)

Attenschwiller, Blotzheim, Bourgfelden, Buschwiller, Folgensbourg, Hagenthal-le-Bas, Hagenthal-le-Haut, Hegenheim, Hesingen, Huningue, Knöringen, Leymen, Liebentzwiller, Michelbach-le-Bas, Michelbach-le-Haut, Neuwiller, Ranspach-le-Bas, Ranspach-le-Haut, Rosenau (la), Saint-Louis, Village-Neuf, Wentzwiller.

6° CANTON DE LANDSER.

(22 communes, 13,588 habitants.)

Bartenheim, Brinckheim, Bruebach, Dietwiller, Flaxlanden, Geispitzen, Helfrantzkirch, Kappelen, Kötzingen, Landser, Magstatt-le-Bas, Magstatt-le-Haut, Rantzwiller, Schlierbach, Sierentz, Steinbrunn-le-Bas, Steinbrunn-le-Haut, Stetten, Uffheim, Walbach, Waltenheim, Zässingen.

7° CANTON NORD DE MULHOUSE.

(7 communes, 29,705 habitants.)

Partie nord de la ville de Mulhouse, Kingersheim, Lutterbach, Pfastatt, Reiningen, Richwiller, Wittenheim.

8° CANTON SUD DE MULHOUSE.

(8 communes, 35,534 habitants.)

Partie sud de la ville de Mulhouse, Brunstatt, Didenheim, Dornach, Galfingen, Heimsbrunn, Niedermorschwiller, Zillisheim.

LISTE ALPHABÉTIQUE

DES SOURCES

OÙ L'ON A PUISÉ LES RENSEIGNEMENTS CONTENUS DANS CE DICTIONNAIRE.

Abb. de Sainte-Croix. — Titres originaux aux archives de la ville de Colmar, fonds de l'abbaye.

Almanach d'Alsace de 1783, publié par Oberlin, à Strasbourg; 1 vol. in-16.

Alsatia. — Jahrbuch für elsässische Geschichte, Sage, etc. von Aug. Stoeber. — Mülhausen, 1851 et suiv.

Als. dipl. — Jo. Daniel Schoepflini Alsatia aevi merovingici, carlovingici, saxonici, salici, suevici Diplomatica. — Mannhemii, 1771, 2 vol. in-folio.

Als. ill. — L'Alsace illustrée ou Recherches sur l'Alsace, par J. D. Schoepflin; traduction de Ravenez. — Mulhouse, 1849, 5 vol. in-8°.

Anc. cad. — Plans cadastraux du dernier siècle déposés aux archives du département.

Annales de Colmar. — Les Annales et la Chronique des dominicains de Colmar; traduction de MM. Gérard et Liblin. — Colmar, 1854, 1 vol. in-8°.

Apophasis ecclesiæ Oberlarg, durch P. Bernardin Walch, 1 vol. in-folio manuscrit de 1741. (Chez M° Miné, à Oberlarg.)

Atlas géographique de divers auteurs, notamment de Danckerts, Seutterus, Homann. — Amsterdam, chez Danckerts. — Du dernier siècle.

Baquol. — Dictionnaire géographique, historique et statistique du Haut et du Bas-Rhin. — Strasbourg, 1851, 1 vol. in-8°; 2° édition.

Basel. — Basel im vierzehnten Jahrhundert. Basel, 1856, 1 vol. in-8°.

Belagerung der Stadt Colmar. — Beschreibung der Belagerung und Einnehmung der heiligen Reichsstadt Colmar. — Colmar, 1857, broch. in-8°.

Bern. Buechinger. — Miracul-Buch... vnser Lieben Frawen Walfahrt zu Kienssheim. — Item Sumarischer und warhaffter Bericht von Vrsprung, Stiftung und Aufnahm dess Gottshauses Lützel, Cistercienser Ordens, durch den hochw. Herren, Herrn Bernardin. — Bruntraut, 1662, 1 vol. in-12.

Beschreibung des Elsasses. — Geschichte, und Beschreibung des Elsasses (von Billing). — Basel, 1782, 1 vol. in-12.

Bräsch, Vogesenklänge. — Colmar, 1851, 1 vol. in-8°.

Burckhardt, die hofrödel von Dinghöfen am Ober-Rhein. — Basel, 1860, 1 vol. in-8°.

Cadastre. — Matrices cadastrales des communes citées.

Carte hydrogr. — Carte hydrographique du département du Haut-Rhin, dressée sous la direction des ingénieurs du service hydraulique, de 1853 à 1855.

Cartulaire de Munster. — Vidimus etlicher confirmation des Gottsausz Münster in S. Gregorien Thal habender freihaitenn, etc. an. 1503. — Archives du département, n° 19, L. C. Munster.

Cartulaire de Murbach. — Cartulaire de l'abbaye de Murbach, 1 vol. in-4°, en papier. Archives du département, fonds de Murbach.

Cassini. — Carte de la France, milieu du xviii° siècle.

Censier de la Camerene de Munster. — Renouvellement des revenus de la Camerene de Munster, à Sigolsheim, etc. an. 1407. — Un cahier en parchemin : archives du département, fonds de Munster, L a.

Censier de la Cellenie de Munster. — Renouvellement de tous les biens et cens de la Cellenie et de la Custorerie de Munster, en 1456; 1 vol. en parchemin : archives du département, fonds de Munster.

Censier de la seign. d'Altkirch. — Renouvellement des rentes et censes de la ville et de la seigneurie d'Altkirch, 1386. — Archives du département, fonds Mazarin.

Censier du chapitre de Belfort. — Constitutions, censes et rentes du chapitre de Belfort, en 1655; 1 vol. in-12 : archives du département.

Censier du prieuré de Meroux. — Liure du priorey Saint-Nicolas de Meroux, pour le venerable chappitre de Belfort, commencé en 1615. — Archives du département.

Censier de Riquewihr. — Renouvellement des censes en vins, à Riquewihr, etc., de la 2° moitié du xiv° siècle. — Rotule en parchemin aux archives du département, fonds de Munster, L a, Sigolsh.

Censier d'Ottmarsheim. — Renouvellement des rentes et censes du village d'Ottmarsheim. — Cahier en papier du 26 avril 1630, en la possession de l'auteur.

Closener. — Strasburgische Chronick

INTRODUCTION.

von Fritsche Closener.—Stuttgart, 1842, 1 vol. in-8°.

Comptes de la seign. d'Altkirch de 1394. Archives du département, fonds Mazarin.

Comptes des seign. de Belfort et Rosemont, en 1427. Archives du département, fonds Mazarin.

Comptes de la seign. de Ferrette de 1430. Archives du département, fonds Mazarin.

Dorlan. — Notices historiques sur l'Alsace et principalement sur la ville de Schelestadt, par A. Dorlan. — Colmar, 1843, 1 vol. en 2 parties, in-8°.

Durrwell. — Aperçu géologique du canton de Guebwiller, avec carte, par Eug. Durrwell. — Guebwiller, 1856, 1 vol. in-8°.

Engelhardt. — Wanderungen durch die Vogesen, von Ch.-M. Engelhardt. — Strassburg, 1821, 1 vol. in-8°.

Grandidier, Hist. d'Als. — Histoire ecclésiastique, militaire, civile et littéraire de la province d'Alsace, par Grandidier. Pièces justificatives. — Strasbourg, 2 volumes in-4°, 1787.

Grandidier, Église Strasb. — Histoire de l'Église et des évêques-princes de Strasbourg, par M. l'abbé Grandidier. — Strasbourg, 1778, 2 vol. in-4°.

Guerre. — Carte du Dépôt de la guerre.

Herrgott. — Genealogia diplomatica augustae gentis. Habsburg. — Viennae Austriae, 1737, 3 vol. in-folio.

Hertzog. — Chronicon Alsatiae. — Edelsasser Cronick.... durch Bernhardt Hertzogen. — Strassburg, 1592, 1 vol. in-folio.

Hunckler. — Geschichte der Stadt Colmar, von Hunckler. — Colmar, 1838, 1 vol. in-12.

Inv. de la seign. de Landser. — Ancien inventaire raisonné des titres, actes et documents concernant les biens, droits et revenus de la seigneurie et du bailliage de Landser. — Archives du département, C. 758.

Inv. des arch. départ. — Inventaire des archives départementales antérieures à 1790. — Colmar, 1862.

Kleine Thanner Chronik. — Mülhausen, 1855, broch. in-8°.

Kriegs Theatr. — Curioses Staats und Kriegs Theatrum am Rhein.... bey Gabriel Rodenehr, Kupfferstecher in Augspurg. — 2 cahiers in-4° du dernier siècle.

Laguille. — Histoire de la province d'Alsace. Preuves. — Strasbourg, 1727, 1 vol. in-folio.

Liasse des baux emphytéotiques, cours d'eau, etc. du fonds Mazarin. — Archives du département.

Lib. marcarum. — Liber marcarum, fait en 1441 avec quelques adjonctions qui vont jusqu'en 1469. Il indique les circonscriptions ecclésiastiques à cette époque, et se trouve inséré, par extraits, dans Trouillat, I, LXXIV et suiv.

Mercklen. — Histoire de la ville d'Ensisheim, par M. Mercklen. — Colmar, 1840, 2 vol. in-8°.

Merian. — Topographia Alsatiae, durch Mathaeum Merianum. — Franckfurt am Mayn, 1644, 1 vol. in-folio.

Mone, Zeitschrift. — Zeitschrift für die Geschichte des Ober-Rheins, von F. J. Mone. — Karlsruhe, 1ᵉʳ vol. paru en 1850.

Mone, Urgeschichte Badens. — Urgeschichte des Badischen Landes, von Mone, 2 vol. in-8°.

Mossmann. — Chronique des dominicains de Guebwiller, publiée par X. Mossmann. — Guebwiller, 1844, 1 vol. in-8°.

Mülhaus. Geschicht. — 1° Der Stadt Mülhausen Geschichten, von Jakob Heinrich-Petri.—Mülhausen, 1838, 1 vol. in-8°.

2° Mülhausen Geschichte bis zum Jahr 1817, von Mathaeus Mieg. — Mülhausen, 1817, 2 vol. in-4°.

Necrolog. Lucell. — Necrologium sive liber mortuorum renovatum a P. Bernardino Walch, professo Lucellensi, 1745, 1 vol. in-folio. — Archives du département.

Ordonnances d'Als. — Recueil d'ordonnances du Roi et reglemens du Conseil souverain d'Alsace. — Colmar, 1738, 2 vol. in-folio.

Parchemins de Lucelle. — Donations, échanges, ratifications, etc. en originaux sur parchemins, réunis dans un carton du fonds de Lucelle. — Archives du département.

Piton. — Promenades en Alsace. Ribeauvillé et ses environs, par F. Piton. — Strasbourg, 1856, broch. in-8°.

Polletier. — Anzeigung der vielfältigen Ablässen..... durch P. Frovinum Polletier, 1760. — Blotzheim, 1 vol. in-12.

Regist. des dom. de Colmar. — Registre des rentes et anniversaires du couvent des dominicains de Colmar : renouvellement de 1475; 1 vol. in-8°. — Archives du département.

Regist. des préb. de Mulhouse. — Register vber dess Pfrundhuses Zinss; 1 fort vol. in-folio (archives de la ville de Mulhouse).

Regist. des pres. de Mulh. — Register der Stadt Presenz u. vigilien zinsen de an. 1544; 1 fort volume in-folio (archives de la ville de Mulhouse).

Regist. d'Unterlind. — Registre des anniversaires du monastère des domicaines d'Unterlinden de Colmar; volume en parchemin de 1278 à 1493. — Archives du département.

Regist. Lucell. — Registratura documentorum oeconomie Lucellensis; 1 vol. in-folio de 1781. — Archives du département.

Regist. de Morimont. — État des biens de la seigneurie de Morimont; cahier en papier. — Archives de Porrentruy.

Regist. S. Amar. — Registratura aller tractaten undt handlungen welchen in dem Sᵗ-Amarinthall wegen eines herren von Murbach allda habender rechten undt oberherrlichkeiten verbeygangen. De anno 1228 biss und mit 1477. — Archives du département, fonds Murbach, Lad. 47.

Regist. de Saint-Martin. — Registre des rentes ou *zinsbuch* du chapitre de Saint-Martin de Colmar; 1 vol. en parchemin. — Archives du département.

Regist. de Soultzmatt. — Verzeichniss der verschiedenen Zinse welche die Herren von Rathsamhausen zum Stein in Sultzmatt zu beziehen hatten; cahier en papier de la bibliothèque de M. Zimberlin, curé à Biederthal.

Reprise du fief de Roppe. — Reprise en fief des choses ci apres siesent ou finage de rope. — Archives du département, fonds Mazarin.

Revue d'Alsace, publiée à Colmar, de-

INTRODUCTION.

puis 1850, sous la direction de M. Liblin.

Rhenanus. — Beati Rhenani Selestadiensis rerum germanicarum libri tres. — Argentorati, 1610, 1 vol. in-12.

Rôle de Balschwiller. — Terrier des rentes de la collonge de Ballschwiller; 1 fort cahier in-folio de 1629-1663. — Archives du département, seigneurie de Thann, n° 74.

Rôle de la seign. de Belfort, de 1317. — Archives du département, fonds Mazarin.

Rôle de Bergheim. — Cartulaire n° 1 aux archives de la ville de Bergheim; xvii° siècle.

Rôles d'Eguisheim. — 1° Dinghoff d'Eguisheim, 1 cahier en papier de 1508. — Archives du département, fonds de Ribeaupierre.

2° Desz hochwürdigisten...... Thumbprobsten hocher stüfft Strassburg dingboffs buoch zue Egisheimb, 1682; 1 vol. en papier in-folio. — Archives du département.

3° Vrbaire de la collonge d'Eguisheim appartenant aux religieuses de Sainte-Catherine de Colmar; 1 vol. en papier. — Archives du département, fonds des Catherinettes.

4° Urbaire de la collonge d'Eguisheim dite Kaisers-dinckhoff, 25 octobre 1660 à 1788. — Archives du département, fonds de Ribeaupierre, n° 511.

Rôle de Grussenheim. — Rotule en papier de 1373, contenant un état des biens situés à Grussenheim. — Archives du département, fonds de Murbach.

Rôle de Gundolsheim. — Renovatio des dinckhoffs zw Gündeltzbin, an. 1531; 1 cahier en papier. — Archives du département, fonds de Lautenbach.

Rôle de Kientzheim. — Dinghoff de Kientzheim; un registre in-folio en papier de 1734. — Archives du département, fonds de Lucelle.

Rôle de Kuenheim. — Dinckhoffs register zue Khuenheim; 1 cahier du commencement du xvi° siècle (sur le dos est écrit : 1513). — Archives du département, fonds de la famille de Ruest.

Rôle de Logelnheim. — Dinghof de Logelnheim; 1 cahier en parchemin de 1404 et une rotule en parchemin de la fin du xiv° siècle. — Archives du département, fonds de Ribeaupierre.

Rôle de Niedermorschwiller. — Dinghof de Niedermorschwiller; 1 cahier en papier de 1537. — Archives du département, fonds d'Oelenberg.

Rôle d'Oltingen. — Dingkhoff rodel des hofes zu Oltingen, etwan genandt der hoff zu Lauther, vom Jahr 1414. — Archives de la fabrique de l'église d'Oltingen.

Rôle de Petit-Croix. — Renouvellement des censes dehues au village de Petit crocq, 1613; 1 cahier en papier. — Archives du département, fonds du chapitre de Belfort.

Rôle de Reiningen. — Dinckhoff Berein zu Reiningen, an. 1577, ernewert, etc., Deckweiler dinckhoff genant. — Archives du département, fonds du chapitre de Thann.

Rôle de Rouffach. — Freihof zu Ruffach; 1 cahier en papier de 1543. — Archives du département, fonds du grand chapitre de Strasbourg.

Rôles de Saint-Morand. — 1° Dinghof von Saint-Morand; 1 rotule en papier de 1490. — Archives du département, fonds de Saint-Morand.

2° Die dinghöfe der Priorey Saint-Morand; 1 vol. en papier de 1420 à 1541. — (*Ibid.*)

Rôle de Sigolsheim. — Erneüwerung vber dess oberen hoffs zue Siegolssheimb.... Güether, de anno 1717; 1 vol. in-folio en papier. — Archives du département, fonds d'Ebersmünster.

Rôle de Turckheim. — Coppie des droits portés par la lettre du dinckhoff de Munster, lesquelles doibuent estre obserués pareillement au dinckhoff de Turckheim, an 1422; 1 feuille de parchemin. — Archives du département, fonds de Munster, L a, Turckheim.

Rôle de Volgelsheim. — Dinghof de Volgelsheim; 1 cahier en papier de 1543. — Archives du département, fonds de Würtemberg.

Rôle de Wihr-au-Val. — Dinghof de Wihr-au-Val; 1 cahier long en papier de 1452. — Archives du département, fonds de Ribeaupierre.

Rôle de Wihr-en-Plaine. — Description des droits et rentes de la collonge de Wihr-en-Plaine; 1 cahier en papier de 1486. — Archives du département, fonds de Ribeaupierre.

Rôle de Zellenberg. — Erneuerung über die dinghoffs-zinss des freyenhoffs zu Zellenberg, samt denen eigenen gutheren zu denen meyereyen Zellenberg und Beblenheim gehörig, etc. 1568; 1 cahier en papier. — Archives du département, fonds du grand chapitre de Strasbourg.

Rôle de Zimmerbach. — Dinghof de Zimmerbach; 1 rotule en parchemin de la première moitié du xiv° siècle. — Archives du département, fonds de Würtemberg.

Rosmann. — Geschichte der Stadt Breisach, von Rosmann und Ens. — Freiburg im Breisgau, 1851, 1 vol. in-8°.

Schilling. — Diebold Schillings Beschreibung der burgundischen Kriegen. — Bern, 1743.

Schmidt. — Histoire du chapitre de Saint-Thomas de Strasbourg, par Ch. Schmidt. — Strasbourg, 1860, 1 vol. in-4°.

Speckel. — Carte de l'Alsace, de 1576.

Statuts de la confrérie du rosaire. — Statuts et liste des membres de la confrérie du rosaire dans la Haute-Alsace (milieu du xv° siècle). — Bibliothèque de la ville de Colmar.

Stoffel. — Weisthümer des Elsaszes, gesammlet von J. G. Stoffel. — Göttingen, 1861, 1 vol. in-8°.

Tabl. des dist. — Tableau des distances des communes du département du Haut-Rhin. — Colmar, 1860.

Terrier d'Eschentzwiller. — Archives de cette commune.

Terrier d'Illzach, de 1553. — Archives de la ville de Mulhouse.

Terrier de Magstatt-le-Bas. — Bibliothèque de l'auteur.

Terrier de Massevaux. — Renouvellement du pied terrier et déclaration des biens de l'abbaye de Massevaux de 1567. — Archives du département.

Terrier de Notre-Dame-des-Champs, à Habsheim. — Archives de cette commune.

Titres originaux de fiefs du fonds Mazarin, aux archives du département, carton n° 2 *bis.*

Tradit. Wizenburg. — Traditiones possessionesque Wizenburgenses, par Zeuss. — Spirae, 1842, 1 vol. in-4°.

Trouillat. — Monuments de l'histoire de l'ancien évêché de Bâle, par Trouillat. — Porrentruy, 1852 et suiv. 4 vol. in-8°.

Urb. de Belfort. — 1. Extract vnd verzaichnus der herrschafft Belfort... aus einem alten vrbar von anno 1350 vnd 1398. — 2. Urbar von 1533. — Archives du département, C. 588.

Urb. de Delle. — Urbaire de la ville de Delle de 1533. — Archives du département, C. 663.

Urb. de Landser. — Urbaires et extraits d'urbaires de la seigneurie de Landser. — Archives du département, C. 768.

Urb. de Marbach. — 1° Urbarium de 1433, 1 vol. in-4°.
2° Urbarium Marbacense, anno 1487, 1 vol. in-4°. — Archives du département, fonds de Marbach.

Urb. de la commanderie de Soultz. — Urbaire de la commanderie de Saint-Jean de Soultz; 1 vol. in-folio en papier. — Bibliothèque de M. Knoll, de Soultz.

Urb. de l'hôp. de Mulh. — Urbarium des spithals, renov. 1548; 1 vol. in-folio. — Archives de la ville de Mulhouse.

Urb. de Ribeaupierre de 1441. — Archives du département.

Urb. de Saint-Amarin. — Urbaire des biens, droits, rentes et revenus de l'abbaye de Murbach, dans la vallée basse de Saint-Amarin. Anno 1550.

— Archives du département, fonds Murbach.

Urb. des pays d'Autr. — Das Vrbarpuch des landes zu Elsassen, 1394. — Archives du département, E. 84.

Urb. des redev. en deniers de Mulh. — Urbar vber des Pfruondthauses Pfenig Zinnss, an. 1625; 1 vol. in-folio. — Archives de la ville de Mulhouse.

Urb. de Thann. — Urbaire général du comté de Thann, de 1581. — Archives du département, fonds Mazarin.

Weisthümer. — Weisthümer gesamlet von Jacob Grimm. — Göttingen, 1840, 3 vol. in-8°.

Wurstisen. — Baszler Chronick, durch Christian Wurstisen. — Basel, 1580, 1 vol. in-folio.

EXPLICATION
DES
ABRÉVIATIONS EMPLOYÉES DANS LE DICTIONNAIRE.

abb.	abbaye.	comm^{rie}	commanderie.	mont.	montagne.
alm.	almanach.	c^{ne}.	commune.	m^{in}.	moulin.
anc.	ancien.	départ.	département.	préb.	prébende.
arch.	archives.	dép.	dépendait.	pr.	preuves.
arrond.	arrondissement.	détr.	détruit.	prov.	province.
auj.	aujourd'hui.	dioc.	diocèse.	reg.	registre.
autref.	autrefois.	dom.	domaine.	riv.	rivière.
baill.	bailliage.	éc.	écart.	ruiss.	ruisseau.
bibl.	bibliothèque.	év.	évêché.	seign.	seigneurie.
c^{on}.	canton.	f.	ferme.	tabl.	tableau.
cart.	cartulaire.	h.	hameau.	terr.	terrier.
cens.	censier.	hist.	histoire.	territ.	territoire.
chap.	chapitre.	hôp.	hôpital.	tuil.	tuilerie.
ch.	charte.	hydr.	hydrographique.	urb.	urbaire.
chât.	château.	inv.	inventaire.	vall.	vallée, vallon.
châtell.	châtellenie.	lib. marc.	liber marcarum.	vign.	vignoble.
coll.	colline.	m.	maison.	vill.	village.

DICTIONNAIRE TOPOGRAPHIQUE
DE
LA FRANCE.

DÉPARTEMENT
DU HAUT-RHIN.

A

Abichen, canton du territ. de Dolleren. — *Am Abichen.... in den Abeichen.... im Abichenperg.... im Abeichenberg.... in Ebichen perg*, 1567 (terr. de Massevaux).

Ablas, Abloss, Nablas, cantons de montagnes à Weegscheid, Oderen, Murbach et Sultzeren.

Aborn, canton du territ. d'Oderen.

Abreuvoir (L'), ruiss. c^{ne} de Gros-Magny.

Abroz (Aux), canton du territ. de Chèvremont.

Abtsberg, mont. c^{ne} de Sondernach.

Abtsbergruntz, ruiss. c^{ne} de Sondernach, affluent de l'Ottenruntz.

Abybach, ruiss. c^{ne} de Wolschwiller, affluent du Struethbächle.

Acker, f. c^{ne} de Ribeauvillé.

Adamsgrab, canton du territoire de Grussenheim. — *Adames grab*, 1373 (rôle de Grussenheim).

Adelberg, canton du territ. de Dannemarie. — *An dem Adelberg*, 1629 (rôle de Balschwiller).

Adelenforst, anc. nom d'un canton du territ. de Wettolsheim. — *In dem Adelonvorst*, 1389 (urb. de Marbach). — *In dem Adelenforst*, 1433 (*ibid.*).

Adelspach, ruiss. c^{ne} de Ribeauvillé; affl. du Strengbach.— *Die Adelsbach*, 1441 (urb. de Ribeaupierre).

Adelspach (L'), f. c^{ne} de Sainte-Marie-aux-Mines.

Adelspachweyer, anc. étang, c^{ne} de Niedermorschwiller.

— *Adelspachwyger*, 1537 (rôle de Niedermorschwiller).

Adolsheim, vill. détr. entre Ensisheim, Ruelisheim et Battenheim. — *Cum ecclesia Gnadoltsheim*, 1195 (?) (Monc, *Zeitschrift*, IV, 220, et Trouillat, *Monum.* I, 434). — *Andolsheim* (anc. cadastre).

Affholderthal, vallon, c^{nes} de Walbach, Zimmerbach et Turckheim. — *Apholterdal*, xive siècle (rôle de Zimmerbach). — *Effoldert* (anc. cadastre). — *Abholtenbach* (carte hydr.), ruiss.

Affterberg, colline, c^{ne} d'Eschentzwiller. — *Im Affterberg*, 1544 (reg. des pres. de Mulhouse).

Affterberg, colline, c^{ne} de Lutterbach. — *Jm Affternberg*, 1548 (urb. de l'hôp. de Mulhouse).

Agathathal, vallon, c^{ne} d'Uffholtz. — *Agelbach* (carte hydr.), ruiss.

Agerstenhurst, forêt, c^{ne} de Sainte-Croix-en-Plaine.

Agerten, canton du territ. de Liebsdorf.

Agertenhürst, canton du territ. de Francken.

Agrot (Le Haut-), canton du territ. d'Andelnans.

Ah (Die), anc. f. c^{ne} de Sondernach (Cassini). — *In der aa* (anc. cadastre).

Ah (Die), anc. f. c^{ne} de Stosswihr (Cassini).

Aige (L'), canton du territ. de Delle.

Aiges (Les), canton du territ. d'Argiésans. — *Sur les Aiges*, 1655 (cens. du chap. de Belfort).

AIGREVAUX, canton du territ. de Meroux.

AIGUISERIE (L'), trois usines, c^{ne} du Puix (c^{on} de Giromagny).

AINE (L'), RIVIÈRE DE SAINT-NICOLAS OU RIVIÈRE DES MONTREUX; prend sa source derrière Rougemont, à Saint-Nicolas-des-Bois, au pied du Bärenkopf, et se jette dans l'Allaine au-dessous de Bourogne.

AJEUX (LES), prés, c^{ne} de la Chapelle-sous-Chaux.

AJOYE, en allemand ELSGAU. — *In Elisgaugium*, 630 (Actes de saint Vandrille, chez Trouillat, *Monum.* I, 44). — *In pago Alsegaugensi in ducatu Alsacensi*, 728 (Laguille, pr. 11). — Pays qui faisait autrefois partie du duché d'Alsace, et qui correspondait à peu près à l'ancien département du Mont-Terrible.

AJOYE (DÉCANATS DE L'), nom de deux décanats ou chapitres ruraux, dont l'un, de langue allemande, dépendait du dioc. de Bâle et l'autre, de langue française, du dioc. de Besançon. — *Decan. Elsgaudie Basiliensis diocesis*, 1299 (Trouillat, *Monum.* II, 675). — *Decanus de Aioya*, 1311 (*ibid.* III, 170). — Le décanat de l'Ajoye-Bâle comprenait les paroisses de Sondersdorf, Köstlach, Dirlinsdorf, Ligsdorf, Bendorf, Oberlarg, Courtavon, Levoncourt, Pfetterhausen-le-Haut, Pfetterhausen-le-Bas, Réchésy, Bisel, Seppois et Winckel; celui de l'Ajoye-Besançon comprenait les paroisses de Courcelles, Courtelevant, Delle, Favérois, Fèche-l'Église, Florimont, Grandvillars, Montbouton, Morvillars, Saint-Dizier. (Voy. Liber marc. et Alm. d'Alsace.)

ALBEN, mont. c^{ne} de Bendorf. — *Auf Albein*, 1349 (reg. Lucell.). — Au XVe s^e, métairie seigneuriale dite *les Alpes* (inv. des arch. du départ. C. p. 64).

ALCHBERG (OBER- et NIEDER-), collines, c^{nes} de Burnhaupt-le-Bas et de Burnhaupt-le-Haut.

ALFELD, f. c^{ne} de Sewen.

ALGERSMATT, canton du territ. d'Aspach-le-Bas.

ALGOLSHEIM, c^{on} de Neuf-Brisach. — *Altolvesheim*, XIIe siècle (Als. dipl. I, 478). — *Altholvisherde*, 1196 (*ibid.* I, 304). — *Altolezheim*, 1513 (rôle de Kuenheim). — *Arckelsheim*, 1576 (Speckel).

ALLAGOUTTES (AUX), hameau, c^{nes} de la Poutroye et d'Orbey.

ALLAINE (L'), rivière qui entre dans le département à Delle, traverse Joncherey, Grandvillars, Morvillars, et va se jeter dans le Doubs en aval de Montbéliard. — *Die Hallen*, 1644 (Merian, *Top. Als.* 56). — *Allain* (ancien cadastre). — La statistique du Haut-Rhin publiée par la Société industrielle de Mulhouse en 1831 orthographie ce nom *l'Haleine*.

ALLEMAND-ROMBACH (L'), en allem. DEUTSCH-RUMBACH, c^{on} de Sainte-Marie-aux-Mines, primitivement c^{on} de Sainte-Croix-aux-Mines. — Faisait partie de la Lorraine. — Le ruisseau de *Rumbach* est déjà cité en 854 : *ad Rumbach* (Als. dipl. I, 84).

ALLEMEND, h. c^{ne} de Bitschwiller.

ALLENDURN, h. c^{ne} de Bitschwiller. — *Inn Aleburnen*, 1550 (urb. de St-Amarin). — *Aleburn* (Cassini). — *Ahlenborn* (anc. cadastre).

ALLER, canton du territ. d'Altkirch.

ALLMEND. — *Almeinde*, 1303 (Trouillat, *Monum.* III, 67). — Employé comme nom générique pour désigner les communaux, le mot *allmend* devient, dans un grand nombre de communes, nom propre de terrains de toute nature, tels que forêts, pâturages, champs, etc.

ALMELY, canton du territ. de Bartenheim.

ÄLMLY, canton du territ. de Mörnach.

ALPWEG, chemin, c^{ne} de Neuwiller.

ALSACE, en allemand ELSASZ. — La première mention de ce nom remonte à l'année 610, époque à laquelle il est cité : 1° par la Chronique de «Hermanni Contracti», sous la forme d'*Alsatiam*; 2° par la Chronique de «Fredegarii Scholastici», sous celle d'*Alesaciones*; 3° par «Aimoinus monachus Floriacensis, De gestis Francorum,» sous celle d'*Alesatio* (voy. Trouillat, *Monum.* I, 33-34).

L'Alsace formait alors un duché, qui comprenait, outre l'Alsace moderne, l'Ajoye et tout le pays jusqu'à la Birse. — *In ducatu Alsacensi seu in pago Troningorum et in pago Alsegaugensi*, 728 (Laguille, pr. 11). — *Monasterii cujus vocabulum est Grandis vallis, quod est situm in ducatu Helisacensi*, 849 (*ibid.* pr. 20).

Ermoldus Nigellus décrit ainsi l'Alsace, vers 825 :

Terra antiqua, potens, franco possessa colono,
Cui nomen *Helisaz* Francus habere dedit;
Wassacus est istinc, Rhenus quoque perluit illinc,
Inter utrumque sedet plebs animosa nimis.
(PERTZ, *Monum. Germ.* II, 517.)

Des monuments postérieurs rappellent ces anciennes limites. C'est ainsi qu'en 1315 nous lisons : *Alle die lewt die darkommen von frömden landen u. frömda lewt werin, die über den Howenstein kement oder über den Schwarzwalt kement oder über die Virste kement oder über die Sels kement* (Als. dipl. II, notes, 109). — En 1400 : *Als min lieber herre u. vatter herr Brune wiland herr zu Rappolstein das Kunigrich varender lute zwischen hagenower forste u. der Byrse, dem Ryne u. der Virst vor ziten verlihen hat* (*ibid.*). — Enfin une copie du rôle colonger de Guewenheim, faite en 1691 seulement, les connaît encore : elle porte que les colongers de cette cour étaient tenus de se soumettre à la justice du plaid, quel que fût le lieu qu'ils habitassent, soit entre l'Eckenbach et le pont de la Birse, au-dessus de Bâle (*von Eggenbach vntze Birsebruckhen*), qui forment les limites de l'Alsace supérieure, soit entre Fosse-Morat et la source de la Birse, près de Pierre-Pertuis (*von fossé Morandt vntze Bürre bartusch*), qui forment les limites de l'anc. évêché de Bâle (Stoffel, *Weisth.* 83).

Au IX⁰ siècle, on trouve l'Alsace divisée en deux comtés ou pays (*gaue*), dont l'un était le comté d'Illzach, ou le SUNDGAU, et l'autre, le comté de Kirchheim, ou le NORDGAU. — *In Elisatio comitatus II*, 870 (Trouillat, *Monum.* I, 116).— En même temps, la partie comprise entre la Birse et les confins actuels du département en fut détachée et réunie au royaume de Bourgogne (vers 888). Les deux comtés, qui correspondaient assez bien aux deux départements du Rhin, prirent au XII⁰ siècle le nom de *Landgraviats supérieur* et *inférieur*.

Le landgraviat supérieur, le seul qui nous occupe ici, se trouve mentionné pour la première fois en 1186 : *Albertus, comes de Habesburg, landgravius Alsatiæ* (Als. ill. V, 439). — *Comitis Adelberti de Habesburch, per consensum filii sui Rudolfi lantgravii*, 1194 (Als. dipl. I, 304). — *Albertus comes de Habspurg landgravius Alsatiæ*, 1199 (*ibid.* 308). — Les justices landgraviales se tenaient principalement à Meyenheim et dans le Leymenthal. — *Alberto comite de Habespurg, lantgrauio Alsatie dum judicio aput Megenheim presideret*, 1233 (Trouillat, I, 527). — *Und das lantgeriht, so wir haben in dem Leimental an dem Blauen*, 1324 (Als. dipl. II, 132).
— Les limites du landgraviat supérieur sont ainsi décrites : *Man sol wissen daz die Landgrafschaft in obern Elzas an der Birze vachet an, vnn gat nah der lenge vnz vf den Eggenbach, nah der Breite aber vnz vf die virsten dez gebirgest daz da heisset der Wesge*, 1303 (Trouillat, III, 61).

Il reste à mentionner quelques variantes du nom même d'Alsace. — *In Hellisazaas*, 959 (Als. dipl. I, 114). — *In pago Elyzazen*, 1048 (Trouillat, I, 179).— *En Alsais*, 1309 (*ibid.* III, 144).— *Lantgravius superioris Alsacie*, 1358 (Als. dipl. II, 219).
— *Es viconté d'Auxois*, 1469 (*ibid.* 404).

ALSCHBURG ou ALTENSPERG, vignoble à Habsheim.

ALSCHWILLER, vill. détruit, près de Soultz. — *Allericovilare*, X⁰ siècle (Grandidier, *Hist. d'Als.* p. j. II, 79). — *Alreswilre*, XII⁰ s⁰ cit. an. 817 (Als. dipl. I, 67). — *Abrichiswilre*, XIII⁰ s⁰ (Als. ill. IV, 209 et 220). — *Apud villam dictam Alrswilr*, 1288 (Trouillat, II, 462). — *Alriswilre*, 1382 (rôle d'Isenheim). — *Arswilr*, XIV⁰ s⁰ (Mone, *Zeitschrift*, XIV, 7). — *Jm Olberwilr*, 1402 (urb. de la comm^rie de Soultz). — Au XV⁰ siècle, *Alratzwilr* est cité comme paroisse du décanat de *citra colles Ottonis*. — *Alschweiler* (Als. ill. IV, 209).

ALSPACH, h. à Kaysersberg. — Anc. couvent de bénédictins cédé aux clarisses de Kientzheim en 1282.
— *Fratres nost. monachos de Alosbach*, 1149 (Trouillat, II, 709). — *Ecclesie de Alospach*, 1184 (*ibid.* II, 711). — *Alaspac*, 1282 (Annales de Colmar, 104). — *Alaspach*, 1278 à 1493 (reg. d'Unterlind.). — *Novum monasterium sororum ordinis Sancte Clare in Alenspach*, 1315 (Als. dipl. II, 114). — *Alisbach*, 1371 (reg. de Saint-Martin). — *Alschpach*, 1407 (cens. de la camerene de Munster).

ALTAU, h. c^ne de Hombourg (Baquol). — *In der Altnaw*, 1630 (cens. d'Ottmarsheim).— *Althau* (Alm. d'Alsace de 1783, p. 142).

ALTBACH, ruisseau, affluent de la Petite-Fecht, c^ne de Sultzeren.

ALTBURG, mont. c^ne de Soultzmatt.

ALTDORF, vill. détruit, près de la chapelle de Sainte-Gertrude, c^nes de Wettolsheim et de Wintzenheim.
— *In villa que vocatur Altorff*, 898 (Als. dipl. I, 98). — *Altdoroff*, 899 (cart. de Munster). — *Jtem ante Veterem villam.... apud fontem in Veteri villa*, 1259 (Mone, *Zeitschrift*, XI, 322). — *Jn Altendorff*, 1389 (urb. de Marbach).

ALTDORF, emplacement de l'anc. village de Huningen, qui a disparu lors de la construction de la forteresse d'Huningue, en 1680.

ALTEBACH, ruiss. qui prend sa source près de Stetten et va se perdre dans les prairies au-dessous de Bartenheim, après avoir traversé ces deux communes et celle de Brinckheim.

ALTEBACH, ruiss. formé des deux ruisseaux de Michelbach et de Ranspach; il se perd dans les prés au-dessous de Blotzheim.

ALTEBACH, ruiss. c^ne de Didenheim.

ALTE BRISACHER STRÄSSLE, nom d'un anc. chemin à Cernay et à Wittelsheim, qui s'appelle aussi *Römerstrãssle*.

ALTE BRISACHER STRÄSSLE, nom d'un anc. chemin allant de Battenheim vers Müetersheim et Brisach. — *Chemin de Brisach* (anc. cadastre).

ALTE BURG, anc. chât. à Mulhouse. — *Jnn der altenn Burg oder Lüssbüchell*, 1562 (reg. des préb. de Mulhouse).

ALTE LAUCH, anc. bras de la Lauch, à Pfaffenheim et à Hattstatt. Dans cette dernière commune, il porte aussi le nom de *Breilbach*.

ALTEMBACH, anc. f. c^ne de la Poutroye (Cassini).

ALTENACH, en français ATTEGNEY, c^ne de Dannemarie.
— *Den Kilchensatz zu Altnach*, 1397 (Trouillat,

Monum. IV, 599). — *Altnach*, avec château, 1576 (Speck.). — Dép‘ de la mairie de la Largue. Paroisse du décanat de Massevaux (Alm. d'Als. de 1783).

ALTENBACH, c^{on} de Saint-Amarin, primitivement c^{on} de Thann. — *Altenbach*, 1394 (cart. de Murbach). — Dépendait du baill. de Saint-Amarin.

ALTENBACH, ruiss. c^{nes} de Hunawihr et de Ribeauvillé; affluent de la Fecht.

ALTENBACH, ruiss. c^{ne} de Soultz.

ALTENBACH, ruiss. c^{n²} de Stosswihr.

ALTENBERG, coll. c^{nes} de Bruebach et de Brunstatt. — *Jm Altennberg*, 1548 (urb. de l'hôp. de Mulhouse).

ALTENBERG, coll. c^{nes} de Leymen et de Liebentzwiller.

ALTENBERG, coll. c^{ne} de Niedermorschwihr. — *Jm alten berge*, 1490 (urb. de Marbach).

ALTENBERG, coll. c^{nes} de Rantzwiller et de Steinbrunn-le-Haut.

ALTENBERG, coll. c^{ne} de Soppe-le-Bas.

ALTENBERG, coll. c^{ne} de Wittersdorf.

ALTENBERG, f. c^{ne} de Stosswihr. — *Aldenberg* (Cassini).

ALTENBERG, montagne et forêt qui s'étend sur les territoires de Flaxlanden, Zillisheim, Illfurth et Luemschwiller. — *Vff Altemberg*, 1548 (urb. de l'hôp. de Mulhouse). — *Auf den alten Berg*, 1594 (rôle de Zillisheim).

ALTENBERG, mont. c^{ne} de Wildenstein. — *An ein kopff, der Altenburg kopff*, 1550 (urb. de St-Amarin).

ALTENBERG, vign. c^{nes} de Bergheim et de Saint-Hippolyte. — *Altenburg*, 1298 (Als. dipl. II, 69). — *Altenberg*, 1660 (Revue d'Als. V, 139).

ALTENBERG, vign. c^{nes} de Kaysersberg, de Kientzheim et de Sigolsheim. — *Altenberge*, 1320 (Weisthümer, I, 665). — *Im Altenburg*, 1734 (rôle de Kientzheim).

En général, ce nom, qui veut dire *vieille montagne*, désigne des lieux qui étaient déjà anciennement exploités, par opposition aux Jungenberg ou Neueberg (Novales).

ALTENHOF, h. c^{ne} de Metzeral. — *Altenhoff* (Cassini). — *Althofmühle* (carte hydr.).

ALTENHOLTZ, h. c^{ne} de Ribeauvillé.

ALTENKRAY, f. et mont. c^{ne} de Sultzeren. — *Attlen Krache* (Cassini). — *Alte Kreywasen* (Dépôt de la guerre).

ALTENRAIN, f. c^{ne} de Willer (c^{on} de Thann).

ALTENWASEN, f. c^{ne} de Sultzeren.

ALTER SPRUCH, canton du territ. de Bettendorf.

ALTE ZIEGELSCHÜR, f. c^{ne} de Hagenthal-le-Bas. — *Vieille Tuilerie* (Cassini). — *La Tuilerie* (tabl. des distances).

ALTE ZIEGELSCHÜR, f. c^{ne} de Schlierbach.

ALTHÄUSLEN, anc. m. forestière, à Eguisheim.

ALTHEIM, vill. détruit, entre Beblenheim et Zellenberg. — Le ban de ce village est resté longtemps indivis entre les deux communes : on l'appelait le *ban commun (der gemeine Bann)*. — *Althaim*; 728 (Laguille, pr. 12). — *Altheim*, 952 (Grandidier, Hist. d'Als. p. j. I, 117). — *Vff Althein velde*, 1407 (cens. de la camerenc de Munster). — *Im gemeinen Bann*, 1568 (rôle de Zellenberg).

ALTHING, canton du territ. de Bantzenheim.

ALTIG, canton du territ. de Wittenheim.

ALTIGEUREN, canton du territ. de Hegenheim.

ALTIGEN, canton des territ. de Liebentzwiller et de Leymen.

ALTKIRCH, ch.-l. de canton, arrond. de Mulhouse. — *Aldechiarcum*, XIe s^e (Vie de saint Hugues, abbé de Cluny, chez les Bollandistes). — *Actum publice apud Altikirch*, 1102 (Revue d'Als. I, 403). — *Ecclesiam Altkirchensem.... Altikilcham*, 1104 et suiv. (Trouillat, Monum. I, 219). — *Altichilchensis ecclesie.... de loco qui vocatur Altickilca, fundato vero et consecrato in honore sancti Cristofori martyris*, 1105 (ibid. 225 et 226). — *Altichlica*, 1106 (Grandidier, Hist. d'Als. p. j. II, 203). — *In municipio meo nomine Haltkiliche*, 1215 (Trouillat, Monum. I, 467). — *Acta sunt apud Altkirchium*, 1225 (ibid. 505). — *Acta sunt hec apud Haltquilque*, 1254 (ibid. 604). — *Johannes de Altkilch*, 1276 (ibid. 269).

Chef-lieu d'arrondissement jusqu'en 1857, que la sous-préfecture fut transférée à Mulhouse.

Chef-lieu d'une seigneurie qui relevait du comté de Ferrette. D'après les comptes de la seigneurie de 1394, celle-ci se composait alors des douze mairies suivantes, savoir : 1° celle de la Largue (*vf der Large*); 2° celle de Retzwiller; 3° celle de Hirtzbach; 4° celle de Hirsingen; 5° celle du Val-de-Hundsbach (*Urspachtal*); 6° celle de Magstatt; 7° celle de Zässingen; 8° celle d'Illfurth; 9° celle de Hochstatt; 10° celle d'Obermorschwiller (*Morswilr*); 11° celle du Mauvais-Florimont (*das böse Bluemenberger meigertûm*); 12° celle d'au-dessous de Dornach (*meigertûm vnder Dœrnach*).

Ancien château. — *Castrum et oppidum Altchilcke*, 1271 (Trouillat, Monum. II, 205).

Cour colongère. — *Dingkhofe ze Altkilch*, 1347 (Trouillat, Monum. III, 599).

Paroisse du décanat du Sundgau (Liber marc.). Après la réunion de l'Alsace à la France, l'évêque de Bâle établit une officialité à Altkirch pour la discipline et l'expédition des affaires de la partie de son diocèse située en France.

Léproserie ou maladrerie, dont les revenus furent réunis à l'hôpital par édit du 27 juillet 1739 (Mercklen, Hist. d'Ensisheim, I, 334). Le chemin dit *Maltzweg* a été nommé d'après cet établissement.

Après l'*organisation* de l'intendance d'Alsace, chef-lieu d'un bailliage comprenant les mairies de la Largue (*meyerthum auf der Larg*), du Val-de-Hundsbach (*im Hundsbacherthal*), de Bettendorf, de Ballersdorf, d'Illfurth et de Hochstatt.

ALTKIRCH, vign. c^{ne} de Beblenheim.

ALTLÄGER, canton du territ. d'Aspach-le-Bas. — Anc. camp des volontaires de 1791 sur l'Ochsenfeld.

ALTMATT (OBER-, MITTEL-, UNTER-), ff. c^{ne} de Mühlbach. — *Altmatt* (Cassini). — *Vieilles-Prairies* (Dépôt de la guerre).

ALTMATTKOPF, mont. c^{ne} de Mühlbach.

ALTMÜHLE, mⁱⁿ, c^{ne} de Leymen. — *Moulin-Vieux* (Dépôt de la guerre).

ALTMÜHLE, mⁱⁿ, c^{ne} de Mittelmuespach.

ALTMÜHLE, mⁱⁿ, c^{ne} de Ribeauvillé.

ALT RAD, vill. détruit, près de Geispitzen. — *In Raden villa*, 1000 (Trouillat, *Monum.* II, 7). — On y trouve encore des restes de fondations.

ALTRIFF, ruiss. c^{ne} de Courtavou. —*Laltriff* (carte hydr.).

ALTROTH, anc. lieu habité, c^{ne} de Guebwiller. — *Hüsser in dem Altenrod*, 1162 (Mossmann, *Chron. Gueb.* 399). — *Im alten rode*, 1453 (cart. de Murbach). — *Die in dem Altenroth*, 1724 (Mossmann, *Chron. Gueb.* 7).

ALTSCHIES, canton du territ. de Reiningen.

ALTSCHLOSS, ruines d'un ancien château dans la forêt communale d'Orschwihr.

ALTSCHLOSS, en français LE VIEUX-CHÂTEAU, h. c^{ne} de Pfastatt. — *Ins schloss Pfaffstatt*, 1558 (reg. des préb. de Mulhouse).

ALTSCHLOSS, d'après la tradition locale, anc. chât. sur une montagne, au nord de Winckel, dont il ne reste aucun vestige (voy. *Alsatia* de 1858-1860, p. 249).

ALTSTRASS, nom que portent à Ensisheim, Battenheim, Baldersheim, Sausheim, Habsheim, Schlierbach et Sierentz les parties de chemin qui ont été détachées, lors de sa rectification, de la route actuelle de Colmar à Bâle, ainsi que l'ancien prolongement de cette route depuis Bartenheim jusqu'à Hegenheim, par Blotzheim et Hesingen. A Blotzheim, on applique aussi à ce prolongement le nom de *Grünweg*. — Voy. LANDSTRASS.

ALTSTRASS. A Kembs, à Niffer et à Petit-Landau, on appelle ainsi un ancien chemin que l'on croit être un tronçon de la voie romaine du Rhin.

ALTSTRASS, nom que porte à Hagenthal-le-Bas et à Hagenthal-le-Haut la route déclassée de Bâle à Porrentruy, par Hegenheim, Bettlach et Oberlarg.

ALTSTRASS, nom que porte à Carspach le chemin de Hirsingen à Hagenbach, par Carspach.

ALTSTRASS, chemin de Landser à Altkirch. Ce chemin quitte le chemin de grande communication moderne au nord de Steinbrunn-le-Bas, à l'endroit où celui-ci fait un coude pour entrer dans ce village, traverse en partie le ban de Steinbrunn-le-Haut et se dirige sur Altkirch par Luemschwiller. Il porte aussi le nom d'*Alte Altkircher Strass* à Steinbrunn-le-Bas et celui de *Landserweg* à Luemschwiller.

ALTSTRASS. A Aspach, on appelle *Alte Landstrass* un chemin qui vient de Carspach et se dirige vers Brinighofen en passant par Aspach.

ALTSTRASS, nom, à Guewenheim, d'un ancien chemin venant de Soppe-le-Haut. Ce chemin s'appelle aussi *Römerstrass*.

ALTSTRASS ou MÜLHAUSERSTRASS, nom que l'on donne, à Niedermorschwiller, à un chemin qui traverse la banlieue de cette commune, venant de celle de Dornach et se dirigeant sur Galfingen par les hauteurs.

ALTWEG, anc. chemin à Bergheim.

ALTWEG, anc. chemin à Fessenheim.

ALTWEG, anc. chemin à Traubach-le-Haut.

ALTWEG, nom du chemin qui conduit d'Illfurth au Küppelé.

ALTWEG, nom du chemin de Wittenheim à Schönensteinbach.

ALTWICK, canton du territ. de Schlierbach.

ALTWIHR, c^{ne}. — Voy. AUBURE.

ALTWIHRBACH, ruiss. à Aubure et à Ribeauvillé, affl. du Strengbach.

ALTWIRTHSMÜHLE, mⁱⁿ, c^{ne} de Metzeral.

AM BERG, canton du territ. de Bendorf. — *Am Berg*, 1329 (reg. Lucell.).

AM BERG, canton du territ. de Mörnach.

AM BERG, canton du territ. de Soppe-le-Bas.

AM BERG, éc. c^{ne} de Kirchberg.

AM BIEHL, canton du territ. de Hausgauen.

AM BIEHL, canton du territ. d'Obermorschwiller.

AM BIEHL, canton du territ. de Wittersdorf.

AM CANAL, éc. c^{ne} de Riedisheim.

AMEISENWALD, forêt, c^{ne} de Michelbach.

AMMELEMÜHLE, en français L'AMIDONNERIE, usine, c^{ne} de Colmar.

AMMELSPACH, ruiss. c^{ne} de Hohroth, affl. de la Fecht.

AMMELTHAL, vallon, c^{ne} de Metzeral.

AMMELTHAL, vallon, c^{ne} de Soultzbach.

AMMELTHALBÄCHLE, ruiss. c^{ne} de Metzeral, affluent du Wolmsahbach.

AMMERSBACH, canton du territ. de Gildwiller.

AMMERSCHWIHR, c^{on} de Kaysersberg, primitivement chef-lieu de canton. — *Capellam decimalem et baptismalem cum tota villa Amelricheswihre*, 977 (Als. dipl. I, 130). — *Amalricho villa*, 1128 (Grandidier, *Hist. d'Als.* p. j. II, 270). — *Ad ecclesiam Amilrichisvvi-*

lare, 1149 (Trouillat, *Monum.* II, 710). — *Amricheswilre*, 1183 (Als. dipl. I, 279). — *Amalrici villare*, xiii° s° (Grandidier, *Hist. d'Als.* p. j. II, 40). — *H. plebanus de Amarici villa*, 1232 (Trouillat, *Monum.* I, 525). — *Amiliswire*, 1288 (Annales de Colmar, 136). — *Amliswire*, 1303 (*ibid.* 204). — *Amerswilr*, 1278-1493 (reg. d'Unterlinden). — *Amerszwilr*, 1475 (reg. des dom. de Colmar). — *Amersweyer* ou *Ammersweiher*, 1644 (Merian, *Top. Als.* 6); *Mariville* (dom Ruyr, *Antiq. de la Vosge*). Paroisse du décanat d'*ultra colles Ottonis*.

Cette commune fut formée des trois villages d'Ammerschwihr, Meywihr ou Minrenwilr et Katzenwiller ou Katzenbach; aussi elle relevait de trois seigneuries différentes, savoir: de l'avouerie impériale de Kaysersberg, de la seigneurie de Hohlandspürg et de la seigneurie de Ribeaupierre.

Couvent de femmes transféré à Colmar, en 1311, sous le nom de *Catherinettes*.

Maladrerie (Cassini).

AMMERTZWILLER, c^on de Dannemarie. — *Reinbaldo de Amaratvilla*, 1105 (Trouillat, *Monum.* I, 226). — *Castrum Ammerethswilre*.... *Ammerehtwilre*, 1271 (*ibid.* II, 205). — *Ameratzwilre*, 1307 (*ibid.* III, 115). — *Ammertzuiller*.... *Armansuiller*, 1576 (Stoffel, *Weisth.* 61). — *Almswiler*, 1576 (Speckel). — Paroisse du décanat du Sundgau. — Fief du comté de Ferrette; elle relevait de l'avouerie de Burnhaupt. — Cour colongère.

AMPFERSPACH, h. c^ne de Stosswihr. — *Ze Ampferspach*, 1339 (Als. dipl. II, 166). — *Ambferbach* (Cassini).

AM RAIN, canton du territ. de Bisel.

AM RAIN, canton du territ. de Magstatt-le-Bas (terr. de 1609).

AM RAIN, canton du territ. de Tagsdorf.

AM RAIN, f. c^ne de Mitzach.

AMSLENKOPF, canton du territ. de Cernay.

AM STEIN, 1568, à Sentheim (terr. de Massevaux).

AM STEIN, 1567, à Sewen (terr. de Massevaux).

AM STUTZ, h. c^ne de Bartenheim. — *La maison neuve*, 1592 (inv. de la seign. de Landser). — *Neuhausen* (anc. cadastre).

AMTACKER, canton du territ. d'Eschentzwiller.

AMTSHURST, canton du territ. de Sundhofen.

ANCKENGRABEN, canton du territ. de Bitschwiller.

ANCKENRÜNSELIN, 1490, à Niederhergheim (urb. de Marbach).

ANCKERSGRABEN, 1569, à Guewenheim. — *Angkhers graben* (terr. de Massevaux).

ANDELNANS, c^on de Belfort. — *Adelans*, 1302 (Trouillat, *Monum.* III, 680). — *Andelnach*, 1394 (urb. des pays d'Autr.). — *Andellenains*, 1644 (Merian, *Top. Als.* 7). — *Andelenans*, 1655 (cens. du chap. de Belfort). — Dépendait de la grande mairie de l'Assise.

AN DER ECK, canton du territ. de Francken.

AN DER ECK, canton du territ. d'Oltingen. — *An der Eckh*, 1414 (rôle d'Oltingen).

AN DER ECK, canton du territ. de Sondersdorf. — *An der Egge*, 1338 (reg. Lucell.).

AN DER HALDEN, canton du territ. de Magstatt-le-Bas (terr. de 1609).

AN DER HALDEN, canton du territ. de Soultzmatt, en 1453 (rôle de Soultzmatt).

AN DER HALDEN, canton du territ. de Vögtlinshofen, en 1488 (urb. de Marbach).

ANDOLSHEIM, ch.-l. de canton, arrond. de Colmar, primitivement du c^on de Horbourg. — *Ansulfisheim*, 768 (Als. dipl. I, 42). — *C. de Ansoluishein*, xiii° s° (Rosmann, 196). — *Cunrat ein ritter von Ansoltzheim*, 1314 (Als. dipl. II, 108). — *Ansolzheim*, 1344 (Mone, *Zeitschrift*, IV, 460). — *Anselheim*, 1576 (Speckel). — Au xv° siècle, paroisse du décanat d'*ultra colles Ottonis* (Lib. marc.). Elle relevait du comté de Horbourg, et, plus tard, du baill. du même nom. Cour colongère.

ANGEOT, en allemand ENGELSOD ou mieux INGELSOD, c^on de Fontaine. — *Ecclesia de Angeth....* *Anget*, 1234 (Trouillat, *Monum.* II, 712-713). — *Eniat*, 1300 (*ibid.* II, 700). — *Angot*, 1331 (*ibid.* III, 411). — *Petri sacerdotis de Ingelsotz*, 1350 (*ibid.* III, 871). — *Engelsoot*, 1576 (Speckel). — *Ingelsoth*, 1579 (rôle de Guewenheim). — *Ingelsod*, 1581 (urb. de Thann). — *Ingolsat*, 1644 (Merian, *Top. Als.* 50). — Paroisse du décanat du Sundgau (Liber marc.). — Ancien château indépendant de la seigneurie du village.

Chef-lieu d'une avouerie relevant de la seigneurie de Belfort et divisée en deux mairies, celles d'Angeot et de Novillard. La mairie d'Angeot était composée d'Angeot, la Rivière, Vauthiermont et Saint-Côme. — *Das ampt In Goltzat oder Woltersperg*, 1394 (urb. des pays d'Autr.).

ANGEN, canton du territ. d'Eguisheim. — *Am ober anger*, 1508 (rôles d'Eguisheim).

ANGRÄTT, anc. chât. près de Guebwiller. — *Die purg Anegred*, 1162 (Mossmann, *Chron. Gueb.* 400). — *Ortolfus de Angerethe*, 1214 (Als. dipl. I, 327). — *An der anegreto grète*, 1272 (Trouillat, *Monum.* II, 223). — *Bercholt von ane gerte*, 1286 (Mossmann, 406). — *Unser burg zu Angrete gelegen vor der stat zu Gebwilr*, 1321 (Als. dipl. II, 127). — *Château d'Angreth* (Cassini).

ANGRAY, canton du territ. de Grandvillars.

Anjou (Le Mont), mont. entre Étueffont-Bas, Étueffont-Haut et Petit-Magny.
Anjoutey, c⁰ⁿ de Giromagny. — *Apud Aniutel*, 1234 (Trouillat, *Monum.* II, 714). — *Enjutel*, 1303 (reprise du fief de Roppe). — *Anschatingen*.... *Anschettingen*, 1394 (urb. des pays d'Autr.). — *Enschide*, 1579 (rôle de Guewenheim). — Dépendait de la mairie d'Étueffont.
Anlas, canton du territ. de Metzeral.
Annaberg, mont. à Metzeral.
Annatual (Gross- et Klein-), vallon à Turckheim. — *Annental*, 1407 (cens. de la camerene de Munster).
Anschlag, canton du territ. de Carspach.
Antoniwegle, anc. chemin de Rixheim à Petit-Landau. — Au milieu de son parcours par la forêt de la Hart se trouvait autrefois un tronc de saint Antoine (*Antonistock*) : de là son nom.
Appelthal, ruiss. à Ribeauvillé, affluent du Strengbach. — *Appholteren*, 1278-1493 (reg. d'Unterlinden).
Appenleh, canton du territ. de Colmar.
Appenthal, vallon à Guebwiller; anc. lieu habité. — *Appental*, 1394 (cart. de Murbach). — *Die in dem Appenthal*, 1724 (Mossmann, *Chron. Gueb.* 7).
Appenthalruntz, ruiss. à Guebwiller. — *Appentalrunse*, 1394 (cart. de Murbach). — *Appenbach*, 1453 (*ibid.*).
Appenwihr, c⁰ⁿ de Neuf-Brisach, primitivement canton de Rouffach. — *Abbunuuileri*, 884 (Als. dipl. I, 93). — *Villam nomine Appenwilr*, 1096 (Trouillat, *Monum.* II, 8). — *Ecclesiam et villam de Appenwiler*, 1103 (*ibid.* I, 216). — *Appenwilare*, 1146 (*ibid.* 298). — Relevait du comté et plus tard du baill. de Horbourg. — Ancien château dit *la Commanderie* (*Komthurey*). — Cour colongère (Weisthümer, I, 843).
Apprêts (Les), usine, c⁰ᵉ de Sainte-Marie-aux-Mines.
Arbeit ou Erbet, forêt, c⁰ⁿᵉ de Sewen.
Arbeit (Neu), forêt, c⁰ⁿᵉ de Sainte-Marie-aux-Mines.
Arbillon, canton du territ. de Bessoncourt.
Arbogast (Beim), croix, c⁰ⁿᵉ d'Oberentzen.
Arbour (En), canton à Vézelois. — *Ès champs arrebourg*.... *y champs Rebours*, 1655 (cens. du chap. de Belfort).
Arbourg, vign. à Habsheim. — *Jm Narrennberg*, 1517 (reg. des préb. de Mulhouse). — *Jm Narberg*, 1700 (terr. de Notre-Dame-des-Champs).
Arbrick (Am), canton du territ. de Waldighofen.
Ardouillets (Les), canton du territ. de Vourvenans.
Arenest, canton du territ. de Feldbach.
Argentouria, anc. ville romaine. — *Argentuaria* (Ptolemæi Geogr. lib. II, cap. ix). — *Argentovaria* (Itin. Anton.). — On place généralement cette ville à Horbourg; cependant Walckenaer l'a placée à Artzenheim (Géogr. des Gaules, I, 323), et M. Coste a établi, en dernier lieu, qu'elle était située près de Grussenheim (Revue d'Als. de 1862, p. 245).

Argiésans, c⁰ⁿ de Belfort. — *Argésans*, 1347 (Als. ill. IV, 120). — *Arschisan*, 1394 (urb. des pays d'Autr.). — *Ergeschaus*..... *Erscheschans*, 1427 (comptes des seign. de Belfort et de Rosemont). — *Argiesans*, 1655 (cens. du chap. de Belfort). — Chef-lieu de la mairie du Bas-Rosemont, comprenant Argiésans, Banvillars et Urcerey.
Arignes (Les), canton du territ. de Vourvenans.
Armen Sünder Weg, anc. chemin à Brunstatt, que suivaient les condamnés allant au supplice.
Arnoldsbrunnen, anc. chapelle et source, c⁰ⁿᵉ de Colmar. — *S. Arnoldes brunnen*, 1407 (censier de la camerene de Munster). — *Sant Arnoltzhart*, 1475 (reg. des dom. de Colmar).
Arsgrube, canton du territ. de Schweighausen.
Arskrümme, canton du territ. de Flaxlanden.
Arsot (L'), mont. forêt et ruiss. entre Éloye, Vétrigne, Offemont et Valdoye. — *Die halbe välde von Hassehat von der faret under Affemet*, 1347 (Hergott, III, 673). — *By dem waldt genant Assatt*, 1533 (urb. de Belfort). — *La rivière d'Arsot*, 1601 (cens. du chap. de Belfort). — *Bois d'Arsot*, 1655 (*ibid.*). — *Bois d'Arseau* (anc. cadastre).
Artzenheim, c⁰ⁿᵉ d'Andolsheim, primitivement canton de Horbourg. — *Arcènheim*, 987 (Grandidier, *Hist. d'Als.* p. j. I, 154). — *Artzenhin*, 1456 (cens. de la cellenie de Munster). — Paroisse du décanat de Marckolsheim (Alm. d'Alsace de 1783). — Relevait du baill. de Marckolsheim. — Cour colongère. — *In Arzenheim curtem dominicam cum omni jure suo*, 1187 (Als. dipl. I, 279).
Asenbühl, 1550, à Felleringen (urb. de St-Amarin).
Asile agricole (L'), f. c⁰ⁿᵉ de Cernay. — On y reçoit de jeunes orphelins et des enfants pauvres.
Aspach, c⁰ⁿ d'Altkirch. — Pour le distinguer d'Aspach-le-Bas et d'Aspach-le-Haut, on l'appelle aussi *Lottaspi*. — *Aspach*, 1307 (Trouillat, *Monum.* III, 115). — *Aschbach*, 1576 (Speckel). — Paroisse du décanat du Sundgau (Lib. marc.). — Détaché de la mairie du Val-de-Hundsbach vers la fin du xviiᵉ sᵉ pour former une mairie particulière avec Tagolsheim et Obermorschwiller. — Cour colongère, dont les appels étaient portés à Spechbach-le-Haut.
Le ruisseau qui a donné le nom à cette commune s'appelle aujourd'hui *Dorfbächle*.
Aspach, ruiss. à Luttenbach, affluent du ruisseau de Luttenbach.

Aspach, ruiss. et f. à Wintzenheim.

Aspach-le-Bas ou Niederaspach, c^{on} de Cernay. — *Winithero de Aspa*, 1105 (Trouillat, *Monum.* I, 226). — *Aspach inferius*, 1333 (*ibid.* III, 424). — *Nider Aspach*, 1344 (Als. dipl. II, 178). — *N. Aschbach*, 1576 (Speckel). — Paroisse du décanat du Sundgau (Lib. marc.). — Relevait de la juridiction de la ville de Thann. — Cour colongère.

Aspach-le-Haut ou Oberaspach, c^{on} de Thann. — *Ober Aspach*, 1216 (Als. dipl. I, 332). — *Ecclesie Aspach*, 1254 (*ibid.* 410). — *O. Aschbach*, 1576 (Speckel). — Paroisse du décanat du Sundgau (Lib. marc.). — Relevait de la juridiction de la ville de Thann. — Cour colongère.

Le ruisseau qui a donné son nom aux deux villages précédents se réunit à la Dollern près de Reiningen.

Aspach-le-Pont, en allemand Axbruck, h. c^{ne} de Burnhaupt-le-Haut. — *Aexenbrücke* (Mülhauser Gesch. II, 47). — C'est l'ancien village d'Axen ou d'Agaisheim. — *In locis seu in marca qui dicitur Agaishaim, Arabacshaim seu Barunwilare*, 784 (Als. dipl. I, 53), c'est-à-dire à Axheim ou Axen, Erbsheim et Bernwiller. — *Ad pontem accissionem regionem*, 1778 (reg. des naiss. et décès du dern. siècle).

Aspenbäcule, ruiss. à Berentzwiller, affl. du Hundsbach.

Aspigraben, ruiss. à Heidwiller.

Assiette-la-Dame, forêt, c^{ne} de Denney.

Assise (La grande mairie de l'), en allemand Essis. — *Das meygertum jn der Eschiese*, 1394 (urb. des pays d'Autr.). — *Jnn der Laisisse*, 1533 (urb. de Belf.) — *Eschis*, 1580 (Wurstisen, *Basl. Chron.* 68). — *La Syse*, 1644 (Merian, *Top. Als.* 7). — *Eschich*, 1644 (*ibid.* 49). — La grande mairie de l'Assise relevait de la seigneurie de Belfort et était subdivisée en deux mairies, savoir : *l'Assise-sur-l'Eau* et la *Haute-Assise* (Als. ill. IV, 118). La première comprenait Danjoutin, Andelnans, Sevenans, Leupe, Moval, Trétudans et Dorans; la seconde comprenait Chèvremont, Petit-Croix et une partie de Bessoncourt. — *Mit sambt den Aembtern Yngelsot und Essis*, 1492 (Als. ill. IV, notes, 135).

Assises (Les), canton du territ. de Fontaine.

Attegney, c^{ne}. — Voy. Altenach.

Attenschwiller, c^{ne} d'Huningue. — *Grangiam... ecclesiam de Hadmanswilre*, 1187 (Trouillat, *Monum.* I, 409). — *Atemeswilre*, 1210 (titre des arch. du départ. fonds Murbach). — *Admeswilre*, 1223 (Trouillat, I, 493). — *Attemiswilr*, 1224 (*ibid.* I, 495). — *Atmanswyle*, 1251 (*ibid.* II, 69). — *Ecclesiam de Attemswilr*, 1254 (*ibid.* I, 602). — *Atmanswilr*, 1303 (*ibid.* III, 59). — *Capell. S. Romani in Attenschwiler*, 1334 (*ibid.* 437). — *Sancti Romani in Atmeschwiler* (*ibid.* IV, 32). — Paroisse du décanat du Leymenthal (Lib. marc.). — Dépendait de la prévôté de Michelbach-le-Haut. — Cour colongère (Weisthümer, I, 650).

Atzelnest, canton du territ. de Colmar.

Atzenbach, Atzenberg, 1550, à Bitschwiller (urb. de St-Amarin).

Atzenmatten, canton du territ. de Balschwiller. — *Jnn der Atzmatten.... Atzweid*, 1629 (rôle de Balschwiller).

Atzenstein, rocher à Rouffach. — *An dem Atzenstein*, 1433 (urb. de Marbach). — *Am Atzensteyn*, 1489 (*ibid.*).

Atzler, canton du territ. de Pfetterhausen.

Auberge (L') ou Agershüslen, m. isolée, c^{ne} d'Oberhergheim.

Aubure, en allemand Altwihr, c^{on} de Sainte-Marie-aux-Mines, primitivement c^{on} de Sainte-Croix-aux-Mines. — *Altenwir*, 1710 (ordonn. d'Alsace, II, 475). — Richer de Senones appelle le pays *Alburios* (Chron. Senon. lib. III, cap. IV). — *Castrum quod Bildstein in Alburüs appellatur* (*ibid.* lib. III, cap. II). — Seigneurie de Riquewihr.

Audaldovilare. — Ce nom n'est cité ici que parce qu'on l'a appliqué à tort à Saint-Hippolyte, tandis que c'est celui d'Orschwiller, commune du Bas-Rhin située tout près de Saint-Hippolyte. Cette erreur s'explique par la proximité même des deux endroits : on pouvait dire Saint-Hippolyte à Audaldovilare comme l'on disait Sainte-Croix à Woffenheim (Als. ill. IV, 214). — Il est probable que Saint-Hippolyte a été fondé sur le territoire d'Orschwiller comme Sainte-Croix l'a été sur celui de Woffenheim.

Aue, canton du territ. d'Hirsingen. — *In der Awe*, 1347 (reg. Lucell.).

Aue, canton des territ. de Soultz et de Wuenheim. — *Owa*, 1210 (Trouillat, *Monum.* I, 456). — *In der Owe*, 1438 (urb. de la comm^{rie} de Soultz).

Aue (L'), canton à Colmar. — *In der öwe*, 1371 (reg. de Saint-Martin de Colmar).

Auemühle, mⁱⁿ à Manspach. — *Moulin Amele* (Cassini).

Aufeld, canton de Petit-Landau.

Augbrunnen, colline et source à Hesingen. — *Zem Ovgenbrunnen*, 1279 (Trouillat, *Monum.* II, 314).

Augrün, canton du territ. de Kembs.

Augst, canton à Kiffis.

Augst, canton à Willer et à Oberdorf.

Augstelin, canton du territ. de Günspach. — *Zu dem ougstelin*, 1456 (cens. de la cellenie de Munster).

Aumatten, canton du territ. de Francken.

Aumont (Prés d'), cne de Valdoye.
Aumühle, min, cne de Niffer.
Auno (Sur l'), canton des territoires de Rechotte et d'Eschêne-Autrage.
Autrage, h. cne d'Eschêne-Autrage. — *Ze Atrosche vnde zer Eyche*, 1394 (urb. des pays d'Autr.). — *Atraige*, 1655 (censier du chap. de Belfort). — *Autreigne* (anc. cadastre). — Dép. de la mairie de Novillard.
Autruche (Étang de l'), cne de Roppe. — Il donne naissance à un ruisseau du même nom qui afflue à la Madeleine près de Fontenelle. — Anciennement *étang d'Autriche*.
Autruche (L'), anc. mine à Sainte-Marie-aux-Mines.
Auw (L'), anc. comté entre Blotzheim et le Rhin. Alleu appartenant aux bourgeois de Blotzheim, qui nommaient chaque année le comte de l'Auw, *Augraf*.
Auxelles-Bas, en allemand Nieder-Assel, con de Giromagny. — *Le fief d'Aucelle.... le fie monsignor Nicelle d'Aucelle*, 1282 (Trouillat, *Monum.* II, 353).
— *Assel*, 1628 (inv. de la seign. de Rougemont).
— *Auselle.... Auxelle*, 1655 (censier du chap. de Belfort). — Paroisse du décanat de Granges (Alm. d'Alsace de 1783). — Fief de la seigneurie de Rosemont; ancien château. — Voy. Trois-Pucelles (Les).
Auxelles-Haut, en allemand Ober-Assel, con de Giromagny. — Ce village ne date que du xvie siècle et doit son origine aux mines des environs (Baquol); il portait alors le nom de *Village-Neuf*, de *Neudorf* ou d'*Oberdorf* (Revue d'Alsace, VIII, 25). L'ancien cadastre le désigne sous le nom de *Maisons-du-Haut*. Il dépendait de la mairie du Haut-Rosemont.
Avaux, h. cne de Valdoye.
Ax ou Axwald, mont. cne de Guebwiller.
Axbruck, h. — Voy. Aspach-le-Pont.

B

Bâa, h. cne de Lièpvre.
Baa (Le), h. cnes d'Orbey et de la Baroclie.
Babersenbach, ruiss. cne de Seppois-le-Haut. — *Babamebach* (carte hydr.).
Bache-le-Loup, f. cne de la Poutroye.
Bacheren, canton du territ. de Michelbach-le-Haut.
Bacherondes, canton des territoires de Bermont et de Dorans.
Bachgraben, ruiss. cne de Habsheim.
Bachigoutte, f. cne d'Orbey. — *Hachigoutte* (Dépôt de la guerre).
Bächle, f. cne de Luttenbach. — *Ze Bechelin*, 1339 (Als. dipl. II, 166). — *Paechlen* (Cassini).
Bächleruntz, ruiss. cne de Ranspach, affluent du Hohrainruntz.
Bächleruntz, ruiss. cne de Soultz, affluent du Wuenheimerbach.
Bachmatt, f. cne de Geishausen.
Bachmattruntz, ruiss. cne de Moosch, affluent de la Thur.
Bachmühle, min, cne d'Artzenheim.
Bachofen, vign. cne de Mittelwihr.
Bachöflen, vign. cne d'Eguisheim. — *Im Bachöfflin*, 1682 (rôles d'Eguisheim).
Bäckle, canton du territ. de Walbach (Landser).
Bad, canton du territ. de Bergheim. — *Bademéer* (anc. cadastre).
Badacker, canton du territ. d'Altkirch, attenant aux Badmatten d'Aspach.
Badacker, canton du territ. de Gueberschwihr.

Badbrunnen, ancienne source à Ligsdorf. — *Badbrunen*, 1431 (reg. Lucell.).
Badevel, f. cne de Fêche-l'Église (annuaire de 1851).
Bädis et Bädisweyer, anc. étang et canton à Dirlinsdorf. — *In der Badis*, 1717. — *Badis Weyer*, 1762 (reg. Lucell.).
Badmatten, canton du territ. d'Aspach.
Badmatten, canton du territ. de Neuwiller.
Badstube, canton du territ. de Saint-Hippolyte.
Badweyer, canton du territ. de Friessen.
Bagatelle (La), m. de camp. cne de Colmar.
Bagenelles (Les), f. cne du Bonhomme. — *In Behenelle, ... Behennelle*, 1441 (urb. de Ribeaupierre).
— *Les Baganelles* (anc. cadastre). — *Bagerelles* (carte hydr.). — *Ragenelles* (tabl. des distances).
Baisse (La), ruiss. cne de Lièpvre, affluent du ruisseau des Prés-Mont.
Baldersheim, con de Habsheim. — *Balthersheim*, 976 (Als. dipl. I, 127). — *Balteresheim*, xiie se (Grandidier, *Hist. d'Als.* p. j, II, 22). — *Baltershein*, 1303 (Trouillat, III, 48). — Paroisse du décanat de *citra colles Ottonis*. — Dépendait de la prévôté de Sausheim.
Bâle (Diocèse de). La première mention de ce diocèse se trouve dans les actes du concile de Cologne, ann. 346.
Au xve siècle il était divisé en onze décanats ou chapitres ruraux, indépendamment d'un certain nombre de paroisses situées aux environs de la ville (*vagantes extra civitatem Basiliensem*) et de quelques

églises et chapitres établis dans ses murs (*vagantes in civitate Basiliensi*).

Des onze décanats qui le composaient, sept appartenaient à l'Alsace, savoir : 1° le décanat d'*ultra colles Ottonis* ou d'*ultra* Ottensbühl; 2° le décanat de *citra colles Ottonis* ou de *citra* Ottensbühl; 3° le décanat de *citra Rhenum*; 4° le décanat du Sundgau; 5° le décanat d'*inter colles*; 6° le décanat du Leymenthal ou de *vallis lutosæ*; 7° le décanat de l'Ajoye.

Au xvii° siècle, le décanat du Sundgau fut partagé en deux, dont l'un conserva le nom de *Sundgau* et dont l'autre fut appelé *décanat de Massevaux* (voir ces mots). En 1779, il fut encore détaché vingt-neuf paroisses du décanat du Sundgau, qui formèrent un décanat particulier, séparé du diocèse de Bâle et réuni à celui de Besançon (voir ce mot).

Balgau, c°" de Neuf-Brisach. — *Palgouua*, 896 (cart. de Munster). — *Ecclesia ad Palcove*, xii° s° (Grandidier, *Hist. d'Als.* p. j, II, 82). — *Daz torf ze Balgovwe*, 1303 (Trouillat, III, 46). — *Balgowe*, 1278-1493. (reg. d'Unterlind.). — *Balgaw*, 1576 (Speckel). — Paroisse du décanat de *citra Rhenum*. — Fief vassal de la bannière de Landser. — Bailliage de Heiteren. — Cour colongère (*Alsatia* de 1854-1855, p. 55).

Baligoutte, f. c°" de Sainte-Croix-aux-Mines et ruiss. affl. du Grand-Rombach.

Ballersdorf, en franç. Baudricourt, c°" d'Altkirch. — *Balderichesdorff*, 823 (Als. dipl. I, 70). — *Jordanus de Balerdstorf*, 1215 (Trouillat, I, 468). — *Balterstorff*, 1576 (Speckel). — Paroisse du décanat du Sundgau (Lib. marc.). — Formait une mairie de la seign. d'Altkirch.

Balleschlag, canton du territ. de Reiningen.

Ballon (Lac du), en allemand Belchensee, c°" de Lautenbach-Zell.

Ballon (Petit-), en allemand Kleinbelchen ou Kalenwasen, mont. entre Luttenbach, Breitenbach, Wasserbourg et Linthal. — *Vnder dem belichen.... vff den beilchen*, 1441 (urb. de Ribeaupierre).

Ballon (Sur le), canton du territ. de Banvillars.

Ballon d'Alsace ou de Giromagny, montagne, c°" du Puix.

Ballon de Guebwiller ou de Soultz, en allem. Belchen, mont. la plus élevée des Vosges, c°" de Soultz, Murbach, Lautenbachzell, Geishausen, Altenbach et Goldbach. — *A jugo montis qui Beleus dicitur*, xii° s° (Grandidier, *Hist. d'Als.* p. j. II, 17). — *Peleus*, 817 (Als. dipl. I, 66). — *An den Belchenkopf*, 1550 (urb. de S*t*-Amarin).

Ballon de Roppe, montagne, c°" de Roppe, Denney et Offemont.

Ballon de Saint-Antoine, mont. c°" du Puix, c°" de Giromagny.

Ballon-Gunon, f. et mont. à la Madeleine. — *Ballon* (anc. cadastre). — *Ballon-Guenot* (tabl. des dist.).

Balschel, forêt, c°" d'Ellbach.

Balschwiller, c°" de Dannemarie. — *Baltowiler*, 728 (Laguille, pr. 12). — *Der shultehse von Balswiler*, 1202 (Als. dipl I, 483). — *Dno Lupfrido de Balswire*, 1254 (ibid. I, 411). — *Her Hug von Baldiswilr*, 1312 (Trouillat, III, 178). — *Baldezwilre*, 1326 (ibid. III, 722). — *Baldewilre*, 1333 (Mone, Zeitschrift, IV, 380). — *Bolswiller*, 1576 (Speckel). — Paroisse du décanat du Sundgau (Lib. marc.). — Chef-lieu d'une mairie relevant de la seigneurie de Thann et comprenant quatre communes, savoir : Balschwiller, Buetwiller, Eglingen et Uberkümen. — *Das ampt Balswilr*, 1394 (urb. des pays d'Autr.). — Cour colongère (*Als.* de 1854-1855, p. 48). La marche de cette cour avait pour limites (*gereinde*) : la Hanenbach, la Trentingen, le Rinlisgraben et la Largue.

Balterseiche, anc. arbre de limite à Sundhofen. — *Zuc Balterseiche*, xviii° s° (rôle de Sundhofen).

Balterspach, en 1394 (cart. Murb.), ruiss. à Guebwiller.

Baltzenheim, c°" d'Andolsheim, prim. c°" de Horbourg. — *In uilla seu in marca Baldolfesheim*, ix° s° (Tradit. Wizenburg. 155). — *Baldolvesheim*, 987 (Grandidier, *Hist. d'Als.* p. j. I, 154). — *Baldultseim*, 1114 (ibid. II, 218). — *Heinriche von Baltolzhein*, 1294 (Mone, Zeitschrift, V, 247). — *Baldolczhen*, 1376 (rôle de Grussenheim). — Baill. de Marckolsheim.

Baltzenthal, ruiss. c°" de Turckheim, affluent de la Tasch.

Baltzerthal, vall. c°" de Bergheim.

Bamberg, mont. c°" de Rimbach, c°" de Massevaux.

Bambo-gutt ou Bambo-gott, canton du territ. de Willer (Thann).

Bambois, f. c°" de la Poutroye. — *Bambeau* (Cassini).

Banbois (Le), ruiss. c°" de Suarce.

Banholtz, forêt, c°" de Kappelen. — *Dass Pannholtz*, 1568 (urb. de Landser).

Bännele (im), canton du territ. de Saint-Ulrich.

Banngraben, ruiss. c°" de Bergholtz-Zell.

Banngraben, ruiss. c°" de Saint-Ulrich.

Bantzenerhart, canton du territ. de Sainte-Croix-en-Plaine. — *In Bantzenhart... Bantzenhinhart*, 1433 (urb. de Marbach). — *In Bansenhart*, 1490 (ibid.).

Bantzenacker, canton du territ. de Dietwiller.

Bantzenheim, c°" de Habsheim. — *In marca Pancinhaim*, 795 (Als. dipl. I, 58). — *Bancenhein*, 1303 (Trouillat, *Mon.* III, 47). — Paroisse de *citra Rhe-*

num (Lib. marc.). — Dép. de la prévôté d'Ottmarsheim.

BANVILLARS, c^{on} de Belfort. — *Banviler*, 1303 (Trouillat, *Mon.* III, 72). — *Banvillars*, 1655 (cens. du chap. de Belfort). — Paroisse du décanat de Granges (Alm. d'Als. de 1783). — Dépendait de la mairie du Bas-Rosemont. — Chef-lieu de cette même mairie, en 1347 : *Das meigerthum von Bamlier* (Als. ill. IV, notes, 120).

BANWARTHSACKER, champ du bangard, à Munwiller. — *Banwartzacker*, 1490 (urb. de Marbach).

Dans beaucoup de communes, le garde-ban avait la jouissance de terrains plus ou moins étendus, ce qui leur a fait donner le nom de champ ou pré du bangard. L'orthographe de ces noms varie suivant les localités; ainsi l'on trouve : *Bammertacker*, à Sausheim, Richwiller, Kingersheim; *Bammertland*, à Brinighofen; *Bammertmatte*, à Reiningen, à Hochstatt; *Bangwartmatten*, à Wettolsheim (urb. de Marbach, en 1487); *Banwarthslauch*, à Sainte-Croix-en-Plaine.

BARANÇON, mont. c^{ne} de l'Allemand-Rombach.

BARAQUE VERTE (LA), en allemand DIE GRÜNE HÜTTE, rond-point dans la forêt domaniale de la Hart, au territ. d'Ottmarsheim.

BARAQUES (ÉTANG DES), c^{ne} de Bretagne.

BARAQUES (ÉTANG DES), c^{ne} d'Éloye.

BARAQUES-DU-BAS (LES), f. c^{ne} de Lièpvre.

BARAQUES-DU-HAUT (LES), f. c^{ne} de Lièpvre.

BARBY, forêt, c^{ne} de Vöglinshofen. — Voy. HOH-HATTSTATT.

BARDENHALLE, canton du territ. de Hirsingen. — *Bartenhallen* (anc. cadastre).

BÄRENACKER, anc. f. c^{ne} de Breitenbach. — (?) *Berendess* (Cassini).

BÄRENBACH, anc. f. c^{ne} de Stosswihr. — *Barembach* (Cassini).

BÄRENBACH, f. c^{ne} de Sewen.

BÄRENBACH, ruiss. c^{ne} de Hartmannswiller.

BÄRENBACH, ruiss. c^{ue} de Reiningen. — *Vff der Bären Bach*, 1548 (urb. de l'hôp. de Mulhouse).

BÄRENBACH, ruiss. c^{ne} de Soultzmatt, affluent de l'Ohmbach.

BÄRENBACH, ruiss. c^{ne} de Sultzeren, affluent de l'Altbach.

BÄRENHÜTTEN, f. c^{ne} de Riquewihr. — *Bernhuit* (Cassini).

BÄRENKOPF, mont. c^{ne} de Hohroth.

BÄRENKOPF, mont. entre Kirchberg et la Madeleine.

BÄRENRAIN, forêt, c^{ne} de Blodelsheim.

BÄRENTHAL, f. c^{ne} de Willer (c^{on} de Thann).

BÄRENTHAL, ruiss. c^{ue} d'Ossenbach.

BÄRENTHAL, vallon, c^{ne} de Wintzenheim. — *Im Berenthal*, 1475 (reg. des dom. de Colmar). — *Im Berendal*, 1487 (urb. de Marbach).

BÄRENWEG, chemin, c^{ne} de Fessenheim.

BÄRLESLACH, canton du territ. de Rouffach. — *Jm bernlinslach.... bernlinsloch*, 1489 (urb. de Marbach).

BARLIN (LE), f. c^{ne} de Fréland. — *Le Barling* (Cassini).

BARMEL, forêt, c^{ne} de Biederthal.

BAROCHE (LA), en allemand ZELL, c^{on} de la Poutroye. — *Zell.... vss dem ganzen Kilchspel zů Zelle*, 1441 (urb. de Ribeaupierre). — *Bas-Roche.... Haut-Roche*, xviiie siècle (Kriegs Theatr. carte). — Le véritable nom paraît être LA PAROCHE, du latin *parochia*, en allemand *Kirchspiel*. — Paroisse du décanat d'*ultra colles Ottonis* (Lib. marc.). — Dépendait de la seigneurie de Hochenack.

BAROCHE (LA BASSE-), h. c^{ne} de la Baroche.

BARRACKEN, canton du territ. de Dornach.

BARRACKENHAUS, m. isolée, c^{ne} de Riquewihr.

BARRE (DER), canton du territ. de Mulhouse.

BÄRREN, canton du territ. de Petit-Landau.

BARRES (Ez), canton du territ. de Giromagny.

BARRES (LES), f. c^{nes} de Belfort et de Bavilliers. — *Wald genant les Bars, vor Beffort*, 1347 (Herrgott, III, 673). — *Devant les Bars*, 1655 (cens. du chap. de Belfort). — *Cense des Barres* (anc. cadastre).

BARRIETU, canton du territ. de Jettingen.

BARSCHMATT, forêt, c^{ne} de Ranspach. — *Jnn Berssmatten*, 1550 (urb. de St-Amarin).

BARTENHEIM, c^{on} de Landser. — *Bartenhaim*, 829 (Als. dipl. I, 74). — *Bartenheim*, 1190 (Trouillat, *Mon.* I, 419). — Paroisse du décanat d'*inter colles* (Lib. marc.). — La moitié de Bartenheim formait une seign. particulière; l'autre moitié relevait de la seign. de Landser et ressortissait au baill. supérieur de Landser.

BARTLIHÜTTE ou LEBKÜCHLEHÜTTE, f. c^{ne} de Largitzen. — *Ritthag* (Dépôt de la guerre).

BAS-BOIS, forêt indivise entre les six communes de la seign. de Rougemont.

BASCHEVAL, canton des territ. de Meroux et de Moval. — *Beaucheval* (anc. cadastre).

BASCHILOCH, fosse, c^{ne} de Hochstatt.

BASELGASSE, éc. c^{ne} de Mulhouse. — *Vff der Basellgassenn*, 1527 (reg. des préb. de Mulhouse).

BASELWEG, anc. chemin de Mulhouse à Bâle, par Zimmersheim, Eschentzwiller, Dietwiller, Schlierbach et Sierentz. — *Basellweg*, 1562 (reg. des préb. de Mulhouse). — *Bassellweeg*, 1766 (livre terrier d'Eschentzwiller).

BASENWÖRTH, canton du territ. de Colmar.

BASSE (LA), f. c^{ne} de Sainte-Croix-aux-Mines.

Basse-des-Buissons (La), f. c^{ne} de la Poutroye. — *La Basse des Bouchons* (Cassini).
Basse-du-Chêne (La), f. c^{ne} de Fréland (Cassini).
Basse-du-Haut (La), f. c^{ne} du Bonhomme.
Basse-Grange (La), f. c^{ne} d'Orbey.
Basses-Huttes (Les), en allemand Unter-Hütten, h. c^{ne} d'Orbey. — *Nydern hütten*, 1441 (urb. de Ribeaupierre).
Bassins (Les), ruiss. c^{ne} de Saint-Côme, affluent du Traubach. — *Les Bessins* (anc. cadastre).
Bastal ou Baschthal, forêt, c^{ne} d'Orbey.
Bataille (La), cantons des territ. de Bourogne, de Belfort, d'Eschêne-Autrage et d'Urcerey.
Bateille (La), canton du territ. d'Étueffont-Haut.
Batschina, forêt, c^{ne} de Fellering.
Batschy, h. c^{ne} de Bitschwiller.
Battenheim, c^{on} de Habsheim. — *Patenhaime*, 739 (Tradit. Wizenburg. 22). — *Batenheim*, 817 (Als. dipl. I, 66). — *Bathenheim*, 976 (*ibid.* 127). — *Waltherus dictus de Battenhein*, 1275 (Trouillat, Mon. II, 264). — Paroisse du décanat de *citra colles Ottonis* (Lib. marc.). — Dépendait de la prévôté de Sausheim.
Battimont, canton du territ. de Buc.
Batumagny, vill. détr. à Meroux, près du ban de Bourogne. — *En Battumaigny*, 1655 (cens. du chap. de Belfort). — *Battumagny dessus* et *Battumagny dessous* (anc. cadastre).
Baudelié, étang, c^{ne} de Florimont.
Baudricourt, c^{ne}. — Voy. Ballersdorf.
Baumatt, prés, c^{ne} d'Eguisheim.
Baume (La), canton des territoires de Danjoutin et de Botans. — *Devant la Basme*, 1602 (cens. du chap. de Belfort).
Baumerthof, f. c^{ne} de Riespach. — *Böngart*, xive s^e (rôle de Riespach). — *Baumgart*, 1576 (Speckel). — *Baungardhoff* (Cassini).
Baumgarten, vill. détr. près de Magny, en français Pommerait (anc. cadastre). — *Bovngarten*, 1351 (titres orig. de fiefs du fonds Mazarin). — *Boumgarten*, 1387 (*loc. cit.*). — *Vnnd darbi allernähst bi Mendelach ist gelegen ein dörfflin, heisset Bongarten*, 1387 (Rev. d'Als. de 1857, p. 134). — Un canton limitrophe du territoire de Manspach-Saint-Léger porte encore le nom de *Bäumertfeld*, d'après ce village. — *Jm Böummerfeldt*, 1562 (reg. des préb. de Mulhouse).
Baumschul, m. et f. c^{ne} de Ribeauvillé.
Bauveratte (La), canton du territ. d'Étueffont-Bas.
Bavilliers, c^{on} de Belfort. — *Villam de Bavelier*, 1342 (Als. dipl. II, 175). — *Bewelier*, 1350 (urb. de Belfort). — *Befelier*, 1394 (urb. des pays d'Autr.). — *Baywillier*, 1533 (urb. de Belfort). — *Bauillier*, 1627 (cens. du prieuré de Meroux). — *Bavilliers*, 1655 (cens. du chap. de Belfort). — Paroisse du décanat de Granges (Alm. d'Als. de 1783). — Dép. de la mairie de Cravanche.
Bayerhauss, anc. nom d'un écart à Fellering (anc. cadastre).
Bayern (Die), canton du territ. de Seppois-le-Haut.
Bayernweg, chemin, c^{ne} de Kembs.
Bayl (La), forêt, c^{ne} de Meyenheim.
Beauclos (Le), canton du territ. de Sévenans.
Beaucourt, c^{on} de Delle. — *Boocor*, 1147 (Trouillat, Mon. I, 302). — *Bocour*, 1317 (rôle de la seign. de Belfort). — *Bocourt*, 1324 (Als. dipl. II, 134). — Dép. de la mairie de Saint-Dizier.
Beaulieu, canton du territ. de Chèvremont.
Beauregard, forêt, c^{ne} de Châtenois.
Beauregard, h. c^{ne} d'Orbey. — *Vff die Schönewarte*, 1441 (urb. de Ribeaupierre).
Beblenheim, c^{on} de Kaysersberg, primitivement c^{on} de Riquewihr. — *Babilenheim*, 1128 (Grandidier, Hist. d'Als. p. j, II, 270). — *In Bebilnheim villa*, 1286 (Annales de Colmar, 122). — *Claus von Bebelnheim*, 1325 (Als. dipl. II, 135). — *Bebelheim*, 1475 (reg. des dom. de Colmar). — *Bebelenheim*, xviie s^e (Mülhaus. Gesch. 90). — Paroisse du décanat d'*ultra colles Ottonis* (Lib. marc.). Celle d'Altheim ou de Saint-Sébastien y fut réunie en 1536 (inv. des arch. départ. E. 154). — Relevait de la seign. et du baill. de Riquewihr. — Cour colongère (Stoffel, *Weisth.* 235).
Becher et Becherkopf, mont. c^{ne} de Thann. — *Auf dem Becher*, 1766 (Kleine Thanner Chron. p. 76).
Becheul, c^{ne}. — Voy. Bisel.
Bechtenfeld, canton du territ. d'Emlingen.
Bechtenwinckel, canton du territ. de Sainte-Croix-en-Plaine. — *In Berhten winkel*, 1312 (Als. de 1858-1860, p. 262).
Bechthal, vall. c^{ne} d'Eguisheim. — *Bechthal*, 1508 (rôles d'Eguisheim).
Beckenickert, forêt, c^{ne} de Beblenheim.
Beckenmatten, prés, c^{ne} de Wittelsheim.
Beckenwald, forêt, c^{ne} d'Aspach-le-Bas.
Beckenweyer, anc. étang, c^{ne} de Bettendorf.
Beckenzunft, canton du territ. de Pfastatt.
Beckert, canton du territ. de Meyenheim.
Becksmühle, mⁱⁿ, c^{ne} de Metzeral.
Begal, canton du territoire d'Oberlarg. — Voy. Peccal.
Behgass, canton du territ. de Hochstatt.
Béhine (La) ou Begune, riv. qui descend du Bonhomme et se réunit à la Weiss, près de Hachimette. —

— *Beschbach*, 1441 (urb. de Ribeaupierre). — *Beguine* (Engelhardt, *Wand. Vog.* 2).
BEHWASEN, canton du territ. de Ruelisheim.
BEIM-KREUTZ, éc. c^{ne} de Kirchberg.
BEINMATTEN, canton du territ. de Heidwiller. — *Jnn den Beinmattenn*, 1564 (reg. des préb. de Mulhouse).
BELACKER, forêt, c^{nes} de Moosch et de Mollau.
BELAIN, c^{ne} de Meroux. — *Champs de Belain* (ancien cadastre).
BELCHEN, mont. — Voy. BALLON DE GUEBWILLER.
BELCHENBACH, h. c^{ne} de Linthal. — Ce hameau doit son nom à un ruisseau qui descend du Petit-Ballon ou Kalenwasen et qui se jette dans la Lauch.
BELCHENHÜTTE, chalet à Soultz, sur la mont. du Ballon. — *Le Balon* (Cassini).
BELCHENTHAL, h. c^{ne} de Murbach. — *Belchental*, 1453 (cart. de Murbach).
BELCHERT (IM), canton du territ. de Michelbach-le-Haut.
BELFORT, chef-lieu d'arrond. — *In castro de Belfort*, 1226 (Als. dipl. I, 356). — *Castrum meum Bellofortem*, 1228 (Revue d'Als. X, 9). — *Wilhelmus de Befort*, 1275 (Mone, *Zeitschrift*, IV, 238). — *Mag. Willelmus de Belloforti clericus*, 1284 (Trouillat, II, 387). — *Biafort*, 1303 (Reprise du fief de Roppe). — *Ad ecclesiam de Belloforti... ecclesia Bellifortis*, 1342 (Als. dipl. II, 175). — *Sloss, Statt und herrschafft Beffort*, 1492 (Als. ill. IV, notes, 135). — *Befurt*, 1644 (Merian, carte).

Chef-lieu d'une subdélégation de l'intendance d'Alsace, comprenant les bailliages de Belfort, Delle, Massevaux, Altkirch et Brunstatt. Le bailliage, et plus anciennement la seigneurie de Belfort, laquelle relevait du comté de Ferrette, était subdivisée en cinq districts, savoir : les avoueries ou prévôtés (*Vogteien*) de Belfort et d'Angeot, la grande mairie de l'Assise, les seign. de Rosemont et de Delle (Als. ill. IV, 117). — *Seign. de Belfort*, 1659 (ordonn. d'Als. I, 18). Enfin la prévôté de Belfort se décomposait en mairies de Bethonvilliers, Buc, Châtenois, Cravanche et Perouse.

La ville se divisait anciennement en Belfort-sur-la-Roche et Belfort-sous-la-Roche. En 1783, elle formait une paroisse du décanat de Granges (Alm. d'Als.). Il s'y trouvait, à la même époque, un couvent de capucins fondé vers 1619, un chapitre collégial, une communauté des sœurs hospitalières et une autre des sœurs de l'instruction chrétienne (*ibid.*). Elle renfermait, en outre, un hôpital des pauvres, fondé en 1349 (Revue d'Als. II, 482); l'hôpital *Sainte-Barbe*, fondé vers 1558 (*ibid.* p. 489); une maladrerie, *la malatiere*, 1655 (cens. du chap. de Belfort) : l'emplacement en portait, en 1619, le nom de *Pré-aux-Lépres* (Revue d'Als. II, 483).

BELLE-FONCHELLE, f. c^{ne} de Fréland. — *La Belle-Fauchelle* (anc. cadastre).
BELLE-ÎLE, île formée par le canal de Quatelbach, à Ensisheim, avec une ancienne maison de campagne. — *Belisle* (Cassini).
BELLE-VAIVRE (La), ruiss. à Fontenelle. — *Le Bellvoirs* (anc. cadastre).
BELLEVAY (EN), canton du territ. d'Argiésans.
BELLEVUE, h. c^{ne} de Chaux.
BELLEVUE, m. is. c^{ne} de Mulhouse.
BELLOTTE (LA), canton du territ. de la Chapelle-sous-Chaux.
BELMAGNY, en allem. BERNETZWILLER, c^{on} de Fontaine. — *In vico Waldarses et in marcka Baronewillare*, 796 (Als. dipl. I, 59). — *Barozwilr*, 1331 (Trouillat, III, 411). — *Bernsw.* 1576 (Speckel). — *Bernetzweiler*, 1579 (rôle de Guewenheim). — *Bernhardsweiler*, 1581 (urb. de Thann). — Relevait de l'avouerie de Traubach. — Cour colongère (Burckardt, *Die Hofrödel von Dinghöfen am Ober-Rhein*, p. 182).
BELMONT. C'est sous ce nom que Blidulphe fonda le monastère qui prit plus tard le nom d'*Échery*, de saint Acheric, l'un de ses successeurs. — *Ecclesia quæ dicitur Belmont*, 859 (Als. dipl. I, 89). — *Bellus mons*, XIIIe s^e (Richer, *Chron. de Senones*).
BELMUNT, anc. nom d'une mont. à Sondersdorf. — *Auf dem ausseren feld zu Belmunt auf*, 1348 (reg. de Lucelle).
BELTZ (IM), canton du territ. de Wihr-au-Val, cité en 1452 (rôle de Wihr-au-Val).
BELTZMATT, canton du territ. de Rouffach, cité en 1489 (urb. de Marbach).
BELTZMATT, prés, c^{ne} de Hirtzbach.
BELVÉDÈRE (LE) ou BERGGASSE, m. is. c^{ne} de Mulhouse.
BENATTE, forêt, c^{ne} de Frais.
BENDORF, c^{on} de Ferrette. — *Pennendorf*, 1148 (Trouillat, I, 309). — *Pennedorff*, 1179 (*ibid.* 372). — *Petro de Bennendorf*, 1285 (Mone, *Zeitschrift*, IV, 361). — *Bendorf*, 1308 (Trouillat, III, 132). — Paroisse du décanat de l'Ajoye (Lib. marc.). — Seigneurie particulière relevant anciennement du château de Liebenstein et dépendant en dernier lieu du baill. de Ferrette.
BENESSE, nom d'un ruiss. à Chaux, en 1656 (cens. du chap. de Belfort).
BENNEBIEL ou BENNEVIEL, vill. cité, en 1394, entre Delle, Faverois et Joncherey (urb. des pays d'Autr.).
BENNENBÜHL, canton à Saint-Hippolyte.

Bennwasser, ruiss. à Illhäusern.

Bennwihr, c^on de Kaysersberg, primit. c^on d'Ammerschwihr. — *Super Bebonovillare ecclesia in honore S. Petri*, 777 (Grandidier, *Égl. de Strasb.* p. j, II, 127). — *Bebonisvillare*, x^e s^e (*id. Hist. d'Als.* p. j, II, 79). — *Bebenwiler*, 976 (Als. dipl. I, 127). — *Beinewilre*, 1329 (ibid. II, 140). — *Benwilre*, 1441 (urb. de Ribeaupierre). — Paroisse du décanat de *ultra colles Ottonis*. — Baill. de Zellenberg.

Bentzenling, coll. c^ne d'Heimsbrunn.

Beracker, canton du territ. de Schweighausen.

Berbuche, f. c^ne de Sainte-Croix-aux-Mines. — *Burbuche* (Cassini).

Berceau (En), canton des territ. de Meroux et Moval.

Bereinweg, chemins, c^ne de Battenheim.

Berentzwiller, c^on d'Altkirch. — *Berentzwiler*, 1420 (rôle de Berentzwiller). — *Bertsw.* 1576 (Speckel). — Dépendait de la mairie du val de Hundsbach. — Cour colongère, dont les appels étaient portés à Spechbach-le-Haut.

Bergacker, source et madone, c^nes de Carspach et de Hirtzbach. — D'après la tradition, ancien château ou ferme dont l'emplacement est encore hanté par la *Bergacker Fräulein*.

Bergberg, canton du territ. de Hausgauen.

Bergbrocken, f. c^ne de Hohroth.

Bergenbach, ruiss. c^nes de Felleringen et d'Oderen.

Bergerat, canton du territ. de Florimont.

Berggasse, m. isolée. — Voy. Belvédère (Le).

Bergheim ou Oberbergheim, c^on de Ribeauvillé. — *Perechheim*, 728 (Laguille, pr. 12). — *In fine vel in villa Bercheim marca*, 768 (Als. dipl. I, 41). — *Cono de Bercheim*, 1236 (ibid. 376). — *Berghein*, 1305 (Mone, *Zeitschrift*, VII, 174). — *Civitate Bergheim*, 1314 (Als. dipl. II, 110). — *Den burgern von Berkhein die gnad getan daz si in derselben unser statt ein newe muntz slahen sullen*, 1375 (Als. dipl. II, 272). — *Obernperckchaim*, 1446 (ibid. 380). — *Bercken*, 1644 (Merian, *carte*). — Paroisse du décanat de *ultra colles Ottonis* (Lib. marc.). — Chef-lieu d'un baill. de la seign. de Ribeaupierre, comprenant Bergheim, Rodern et Rorschwihr.

Deux cours colongères. — *Item den dinghoff zu sant Peter zu Bergheim*, 1404 (Als. dipl. II, 312). — La marche de cette cour s'étendait depuis la Blind jusqu'à la Liepvrette et les sources de la Fecht.

Bergholtz, c^on de Guebwiller, prim. c^on de Soultz. — *Bercholz*, 817 (Als. dipl. I, 66). — *Conone de Bercholz*, 1186 (ibid. 102). — *Plebanus de Bergholtz*, 1194 (ibid. 302). — *T. de Bercoz*, 1263 (Trouillat, II, 136). — Paroisse du décanat de *citra colles Ottonis* (Lib. marc.). — Baill. de Guebwiller.

Ancien château. — *Bergholtz mit dem Slösslin*, 1451 (Als. dipl. II, 389).

Bergholtz-Zell, c^on de Guebwiller, prim. c^on de Soultz. — *In Bergholtz Celle*, 1335 (Als. dipl. II, 151). — *Jn Zelle by Orszwiler*, 1490 (urb. de Marbach). — Baill. de Guebwiller.

Berginot, canton du territ. d'Urcerey.

Bergmatten, f. c^ne de Wolschwiller.

Bergstrass, c'est-à-dire Route de la montagne, ancienne voie qui longeait le pied des Vosges. La carte du Dépôt de la guerre en indique le tracé, sous le nom d'*ancienne chaussée d'Altelandstrass*, depuis Sigolsheim jusqu'à la limite du département. On y retrouve également un autre tronçon, de Soultz à Cernay, passant derrière Hartmannswiller, où on l'appelle *Alte Poststrass*.

Elle porte le nom d'*Altestrass* à Bergheim, Zellenberg, Beblenheim, Wettolsheim (près de Feldkirch), Rouffach et Burnhaupt-le-Haut (anc. cadastre).

Bergwog, ruiss. à Reiningen. — *Jnn dem bann wasser dem man spricht der Bergwag*, 1581 (rôle de Reiningen).

Berlin, canton du territ. de Chèvremont. — *A Berlin*, 1655 (cens. du chap. de Belfort).

Bermont, c^on de Belfort. — *Cum ecclesia de Bellemonte*, 1147 (Trouillat, I, 301). — *Ecclesiam de Bello monte*, 1177 (ibid. 361). — *Bermont*, 1655 (cens. du chap. de Belfort). — Paroisse du décanat de Granges (Alm. d'Als. de 1783). — Dépendait de la mairie de Châtenois.

Bermont, h. c^ne d'Orbey.

Bernert (Im), canton du territ. de Francken.

Bernetzwiller, c^ne. — Voy. Belmagny.

Bernhausen. — *Berinhuson*, 1004 (Trouillat, I, 145). — *Bernhuson*, 1040 (ibid. 168). — Ce nom se trouve cité dans l'indication des confins de la Hart, dans l'ordre suivant : Ruescheim, Ruhunlewa, Berinhuson, Müetersheim. Ruescheim étant Ruestenhart et Ruhunlewa étant Roggenhausen, Berinhuson doit être Münckhausen.

Bernwiller, c^on de Cernay. — *Barunwilare*, 784 (Als. dipl. I, 53). — *Bernewilr... Bernwilr*, 1452-1454 (rôles de Saint-Morand). — Paroisse du décanat du Sundgau (Lib. marc.). — Elle relevait de l'avouerie de Burnhaupt. — Cour colongère.

Bernwiller, c^on de Soultz. — *In villa de Berwilre*, 1233 (Als. dipl. I, 370). — *Conrado militi de Berwilre dicto Waldenere*, 1250 (ibid. 405). — Paroisse du décanat de *citra colles Ottonis* (Lib. marc.). — Baill. d'Ollwiller.

Bers, f. c^ne de Rimbach (Massevaux).

BERTSCHWILLER, h. c^ne de Berrwiller. — (?) *Perezprangus*, 728 (Laguille, pr. 12). — *Beroltzwillre*, 1259 (Als. dipl. I, 427). — *Bereswile*, 1295 (Trouillat, II, 599). — *Berotzwilr*, 1337 (*ibid.* III, 464). — *Berentzwilr*, 1450 (Als. dipl. II, 386). — *Beroltzweiller* (Cassini). — *Beretzweiler*, 1724 (Mossmann, *Chron. Gueb.* 250).

BESANÇON (DIOCÈSE DE). Avant la Révolution, le diocèse de Besançon comprenait, en Alsace, le décanat rural de Granges et une partie de celui de l'Ajoye. En 1779, il y fut réuni un nouveau décanat, tiré de celui du Sundgau, et cédé à ce diocèse en compensation d'un certain nombre de paroisses abandonnées à l'évêché de Bâle (voy. *Revue d'Alsace* de 1856, p. 113). Ce nouveau décanat fut formé des paroisses d'Angeot, Anjoutey, Brebotte, Bretten, la Chapelle-sous-Rougemont, Chavannes-sur-l'Étang, Chèvremont, Éteimbes, Étueffont, Felon, Fontaine, Froide-Fontaine, Grosne, Lutran, Montreux-Château, Montreux-Jeune, Montreux-Vieux, Novillard, Perouse, Petit-Croix, Phaffans, Réchésy, Reppe, la Rivière, Rougemont, Saint-Côme, Saint-Germain, Suarce et Vauthiermont.

BESS, canton du territ. de Wasserbourg.

BESSAT, 1655, à Bermont (cens. du chap. de Belfort).

BESSAY, forêt, c^ne d'Altenbach.

BESSE (LA), canton du territ. de la Baroche.

BESSEMAUX (LA), canton du territ. du Bonhomme.

BESSENMATT et BESENSTEIN, 1567, à Dolleren (terrier de Massevaux).

BESSONCOURT, en allem. BISCHINGEN ou BÜSSINGEN, c^on de Fontaine. — *Beyssingen*, 823 (Als. dipl. I, 70). — *In ecclesia de Bussincort*, 1186 (Trouillat, I, 403). — *Bussingen*, 1347 (Herrgott, III, 673). — *Buschingen*, 1427 (comptes des seign. de Belfort et Rosemont). — *Besching*, 1576 (Speckel). — Dép. en partie de la grande mairie de l'Assise et en partie de la paroisse de Phaffans.

BESTEMISSRUNTZ, ruiss. à Metzeral, affluent du Mittlachruntz.

BESTIGOUTTE, cense à l'Allemand-Rombach. — *Bestégoutte* (carte hydr.).

BESTIRANS (Es), canton du territ. d'Urcerey.

BETHLEHEM, h. c^ne d'Orbey.

BETHONVILLIERS, en allem. BETTWILLER, c^on de Fontaine. — *Betonvelier*, 1295 (Trouillat, II, 595). — *Bettewilr*, 1427 (comptes des seign. de Belfort et Rosemont). — *Bethwiler*, 1579 (rôle de Guewenheim). — Chef-lieu d'une mairie de la prévôté de Belfort, dont dép. la Grange. — *Das meygertum bettewilre*, 1394 (urb. des pays d'Autr.).

BETSCHY, h. — Voy. BATSCHY.

BETTEBACH, ruiss. à Sewen, affluent de la Dollern.

BETTELACKER, canton du territ. de Breitenbach.

BETTELSPACH, ruiss. c^ne de Francken.

BETTELVOGTACKER, canton du territ. de Bergheim, qui était donné en jouissance à l'archer de l'endroit.

BETTELWEG, chemin, c^ne de Reguisheim.

BETTENBERG, coll. c^ne de Linsdorf.

BETTENDORF, c^on de Hirsingen. — *Bedendorf*, x^e s^e (Grandidier, *Hist. d'Als.* p. j, II, 76). — *Betendorf*, 1146 (Trouillat, I, 293). — Paroisse du décanat du Sundgau (Lib. marc.). — Chef-lieu d'une mairie de la seign. d'Altkirch, comprenant Henflingen et Hirtzbach.

BETTENTHAL, vallon appelé KRACHEN dans la langue du pays, c^ne d'Oberlarg.

BETTLACH, c^on de Ferrette. — *Apud Bethlaica allodium Cononis*, 1225 (Trouillat, I, 500). — *Betlach*, xve s^e (*ibid.* III, notes, 205). — Dép. de la mairie de Bouxwiller.

BETTWILLER, c^ne. — Voy. BETHONVILLIERS.

BETZENTHAL, vallon à Sigolsheim. — *Bezzental*, 1320 (Weisthümer, I, 665). — *Bentzental*, 1407 (cens. de la camerene de Munster).

BEU (LA), h. c^ne d'Orbey. — *Labeu* (tabl. des dist.).

BEUCHAT, anc. f. à Boron. — *Cense Cantons Beucha* (anc. cadastre).

BEUCHETS (LES) ou LES BAUCHETS, forêt, c^ne de Bessoncourt.

BIAGOUTTE, cense à l'Allemand-Rombach. — *Beagoutte* (Cassini).

BIBELS, canton du territ. de Biesheim.

BIBELSTEIN, rocher sur l'Ochsenfeld, qui, d'après la légende, marque la place où se trouve, dans les profondeurs de la terre, l'armée enchantée de Charlemagne ou de Frédéric Barberousse (*Erwinia* de 1839, p. 216).

BIBERACKER, canton du territ. de Colmar.

BIBLISMATTEN, canton du territ. d'Eguisheim. — *In Bibilismatten*, 1424 (urb. de Marbach). — *Die Bybelinsmatte*, 1488 (*ibid.*). — *In dem Bybalys*, 1508 (rôles d'Eguisheim).

BICH, canton du territ. de Brunstatt. — *In der Bych*, 1548 (urb. de l'hôp. de Mulhouse).

BICH, canton du territ. de Soppe-le-Haut. — *Zu der Bych*, 1548 (urb. de l'hôp. de Mulhouse).

BICHTSTEIN, rocher, c^ne de Sultzeren.

BICKENBERG, mont. c^nes d'Ossenbach et de Pfaffenheim. — *Byckenberg*, 1489 (urb. de Marbach).

BIE (SUR LE), cantons des territ. de Banvillars et de Châtenois. — *Le Bile* (anc. cadastre).

BIEDERTHAL, c^on de Ferrette. — *Hermannus de Biederdan*, 1141 (Trouillat, I, 284). — *Biederthama*,

1144 (*ibid.* II, 709). — *Hermannus de Bietertan*, 1146 (*ibid.* I, 295). — *Biedirtan*, 1168 (*ibid.* I, 348). — *Bedertan*, 1243 (parch. de Lucelle). — *Messire Jehans de Biedertan*, 1296 (Trouillat, II, 602). — Ancien fief allodial, avec Leymen et les châteaux de Reineck et de Waldeck. — Ancien château, 1269, *castrum Biedertan* (Ann. de Colmar, 30). — Cour colongère (Trouillat, III, 50).

Biehlstein, anc. éc. c^{ne} de Niederbruck. — *Hoffstatt am Pühelstein*, 1568 (terr. de Massevaux).

Biehly (Gross- et Klein-), cantons du territ. de Leymen.

Bielhurst, 1565, à Hagenthal-le-Haut (reg. des préb. de Mulhouse).

Bielspach, ruiss. c^{ne} de Zillisheim.

Bienette, h. c^{ne} de Thannenkirch. — *Bienath* (Dépôt de la guerre).

Bieretzbitt, canton du territ. de Ligsdorf.

Bies (Le), f. c^{ne} d'Altenbach. — *La Pièce* (tabl. des distances).

Bies (Les), prés, c^{ne} de Chèvremont.

Biesermühle, m^{in}, c^{ne} de Biesheim.

Biesheim, c^{on} de Neuf-Brisach. — *Buezensheim*, 708 (Grandidier, *Égl. de Strasb.* l, p. n° 25). — *In ecclesiam Bozinsheim*, 1103 (*id. Hist. d'Als.* p. j. II, 190). — *Buozsensheim*, 1146 (Trouillat, I, 298). — *Ecclesiam de Buessiszheim, novam et veterem*, 1154 (Als. dipl. I, 241). — *Prior de Büsisheim*, 1180 (*ibid.* 273). — *Gotfridus prior de Buessisshein*, 1184 (*ibid.* 281). — *B. de Buzinsheim*, xiiie s^e (Rossmann, 196). — *Buzensheim*, 1404 (rôle de Logelnheim). — *Biessiszheim*, 1543 (rôle de Volgelsheim). — *Bieszen*, 1576 (Speckel). — Paroisse du décanat de *citra Rhenum* (Lib. marc.). — Ancien château, 1273, *castrum in Buesesheim* (Ann. de Colmar, 38). — Relevait en dernier lieu du baill. d'Ollwiller.

Bieterlingen, vill. détr. à l'ouest d'Oberhergheim et de Niederhergheim. — *Zu Bieterlingen by Obernherikheim*, xive s^e (Stoffel, *Weisth.* 143). — *In Bieterlinger velde*, 1433 (urb. de Marbach). — Cour colongère (*Alsatia* de 1854-1855, p. 65 et 66).

Bifang. Ce nom désigne d'anciens défrichements : *aprisio, captura, comprehensio, proprisus;* en vieux franç. *pourpris*. — D'après Mone (*Zeitschrift*, V, p. 260 et suiv.), il y en avait de deux sortes, des petits et des grands; les petits étaient ordinairement isolés dans le finage, tandis que les grands, aussi appelés *vilaria* et *praedia*, formaient des corps de bien attenant aux habitations (*aedificium cum bifango*).

On le trouve à Attenschwiller; à Balschwiller, 1629, *in Bifang* (rôle de Balschwiller); à Bettendorf, *Biefang*; à Colmar, *Biffang*; à Holtzwihr, *Befang*; à Jettingen, *Bifängly*; à Dolleren, 1567, *Bifang* (terr. de Massevaux); à Kiffis, 1472, *Beyfang* (reg. Lucell.); à Kientzheim, 1278-1493, *Biuange* (reg. d'Unterlinden); à Kuenheim, 1513, *an dem Biuange*... *Beüvange* (rôle de Kuenheim); à Ostheim, 1475, *im Byvanck* (reg. des dom. de Colmar); 1259, *in Hosthein bivange* (Mone, *Zeitschrift*, XI, 321); à Ranspach-le-Haut, *Beifang*; à Rouffach, 1489, *jm Byfangk* (urb. de Marbach), aujourd'hui *Bifand;* à Walheim, *Bifand;* à Wentzwiller, *Byfang*; à Zimmersheim, 1563, *jm Byfang* (reg. des préb. de Mulhouse).

Biffand, f. c^{ne} de Lauw.

Biffert (Auf dem), canton des territ. de Balschwiller et d'Eglingen.

Biforst, canton du territ. de Riquewihr.

Biförstel, usine et ruiss. c^{ne} de Ribeauvillé. — *Biforsthal* (carte hydr.).

Biglinger, coll. c^{ne} de Schwoben.

Bihnacker, canton du territ. de Burbach-le-Bas. — *Biracker*, 1569 (terr. de Massevaux).

Biune, nom générique des bons terrains de culture, devenu nom propre dans beaucoup de communes, ainsi : à Beblenheim, 1407, *in der bünde* (reg. de la camerene de Munster); à Berrwiller; à Moos; à Obermuespach; à Vögtlinshofen, 1433, *in der bünin* (urb. de Marbach).

Bihnematten, prés, c^{nes} de Dolleren et de Mittelmuespach.

Bildeich, anc. arbre de limite à Walbach (c^{en} de Wintzenheim).

Bildstöckle, canton de montagnes à Winckel, que la légende populaire désigne comme lieu de réunion des sorcières.

Bildstöckle, canton du territ. de Guebwiller.

Bildstöckle, canton du territ. de Kembs.

Bildstöckle, canton du territ. de Walheim.

Bildstöckle, m. forestière, c^{ne} de Vögtlinshofen. Nom vulgaire des ruines du chât. de Hoh-Hattstatt, près desquelles cette maison a été construite. On a aussi appliqué ce nom à une pierre de limite éloignée de vingt-cinq bornes du Schranckenfels.

Bilgensbrunnen, forêt, c^{ne} de Dürmenach.

Bilgerweg, anc. chemin de Thann au Rhin, passant par Aspach-le-Bas, Ölenberg, Niedermorschwiller, Didenheim, Burnen, Bruebach (au sud du village), Dietwiller, et aboutissant au Rhin entre Niffer et Kembs. Il porte plusieurs dénominations dans son parcours, qui méritent d'être relevées : à Aspach-le-Bas et à Niedermorschwiller, il s'appelle *Bilgerweg;* à Didenheim, *Kerlisweg;* à Brunstatt, *Bilgerweg*, en 1574 (reg. des préb. de Mulhouse), et *Bilger-*

strässlen ou *Kerlisweeg*, dans l'anc. cadastre; à Bruebach, *Karlinsweg*, en 1564 (reg. des préb. de Mulhouse), *Bilgerweg* ou *Kerlis weeg*, dans l'ancien cadastre, et *Thannerweg*, dans le nouveau cadastre; à Landser, dont il forme la limite septentrionale, *Herlins weg* (ancien cadastre); enfin à Niffer, *Kutschenweg*.

BILISWEYER, anc. étang, c^{ne} de Buetwiller. — *Belingweyger*, 1629 (rôle de Balschwiller).

BILL, canton du territ. de Spechbach-le-Haut.

BILLERACKER, canton du territ. de Weegscheid.

BILOTH, canton du territ. d'Hochstatt.

BILSTEIN, anc. chât. à Riquewihr. — *Castrum nostrum Bilenstein*, 1314 (Als. dipl. II, 110). — *Bihlstein unser burch*, 1324 (*ibid.* 132). — *In den tiefen thurn gen Bühelstein*, 1489 (Als. ill. IV, notes, 185).

BILSTEINTHAL, vallon, c^{nes} de Riquewihr et de Ribeauvillé.

BILTZHEIM, c^{on} d'Ensisheim, primitivement c^{on} de Rouffach. — *Bilolzhein*, 1278-1493 (reg. d'Unterlinden). — *Bilotzheim*, 1407 (cens. de la camerene de Munster). — *Byltzen*, 1456 (cens. de la cellenie de Munster). — *Bilitzhein*, 1475 (reg. des dom. de Colmar). — *Biltzen*, 1576 (Speckel). — Paroisse du décanat de *citra Rhenum* (Lib. marc.). — Dép. du baill. d'Ensisheim et Sainte-Croix.

BILTZMÜHLE, mⁱⁿ, c^{ne} de Biltzheim. — *Thurenmühl* (Cassini).

BIMERLING, canton du territ. de Berrwiller.

BINGELWALD, forêt, c^{re} de Rimbach (Massevaux). — *Im Pindele*, 1567 (terr. de Massevaux).

BINGLE, canton du territ. d'Eschentzwiller.

BINTLERHOF, anc. éc. c^{ne} de Sewen. — *Zwei hoffstetten gelegen in der Pindler hoff*, 1567 (terr. de Massev.).

BINTZBOURG, mont. c^{ne} de Soultz. — *An dem Binzenberg.... in Bincenberg*, 1272 (Trouillat, II, 222 et 223). — *Im Bintzbourg* (anc. cadastre).

BINTZENTHAL, anc. lieu habité à Guebwiller. — *Die in dem Bintzenthal*, 1724 (Mossmann, Chron. Gueb. 7).

BIPPERT (AUF DEM), côte sur le chemin de Habsheim à Mulhouse, au territ. de Rixheim.

BIRCKACH, canton du territ. de Zimmerbach. — *In dem Birkach*, XIVe siècle (rôle de Zimmerbach).

BIRCKEN, h. c^{ne} de Munster. — *Hartoldus von Bircahe*, 1274 (Als. dipl. II, 4). — *Jn dem Birkach*, 1407 (cens. de la camerene de Munster).

BIRGELWEG, chemin allant du vill. de Bettendorf au point d'intersection des anciennes voies d'Augusta et de Cambes. — Voy. ZIEGLER.

BIRGENHOF, f. c^{ne} de Ruederbach. — Maison de prière et cimetière des anabaptistes. — *Bürckenhoff* (anc. cadastre).

BIRGISBERG, mont. c^{ne} de Levoncourt.

BIRGMATTE (HINTERE- et VORDERE-), hameaux, c^{ne} de Ligsdorf.

BIRLENBERG, vign. c^{ne} de Bergheim. — *Burlenberg*, 1475 (reg. des domin. de Colmar).

BIRLENHAG, canton du territ. de Carspach.

BIRLINGEN, vill. détruit, à mi-chemin entre Cernay et Steinbach. — *Mag. curiarum in Birlingen*, 1330 (nécrolog. de Lucelle); — *Birlingen*, 1766, cit. an 1403 (Kleine Thanner Chron. 6). — *Berling*, 1576 (Speckel). — Ancien prieuré et pèlerinage. — Dép. de la prévôté de Cernay.

BIRSEBRUCK, pont situé sur la Birse près de Bâle en Suisse, et qui formait la limite méridionale du landgraviat supérieur d'Alsace, comme l'Eckenbach en formait la limite septentrionale. — Voy. ALSACE.

BIRSEN, d'après la topographie d'Ichtersheim, vill. détr. ayant existé sur l'emplacement actuel de Saint-Louis (Basel, p. 56).

BIRSIG (LE), riv. qui prend sa source près de Wolschwiller et se jette dans le Rhin à Bâle, après avoir traversé une partie de la Suisse et les communes françaises de Leymen et de Biederthal. — *Bersih*, 1004 (Trouillat, I, 145). — *Bersihc*, 1040 (*ibid.* 168). — *Fluvius Birsicus*, 1103 (*ibid.* 216). — *Fluvius Pirsicus*, 1146 (*ibid.* 298). — *Aqua Birsich*, 1265 (Ann. de Colmar, 26). — *Birseck* (carte hydr.).

BIRTHAL, forêt, c^{ne} d'Ammerschwihr.

BIRYHOF, anc. f. c^{ne} de Roppentzwiller.

BISCHENRUNTZ, ruiss. c^{ne} de Metzeral, affluent de la Mittlachbach.

BISCHINGEN, c^{ne}. — Voy. BESSONCOURT.

BISCHMATT (Cassini), m. forestière, c^{ne} d'Eguisheim.

BISCHOFBACH, ruiss. cité, en 1394, par le rôle de Gildwiller. — *Von der Hanenbach vntz an die Bischoffbach..... von der Bischoffbach vntz an die Spechbach*.

BISCHOFSBERG, 1568, à Sentheim (terr. de Massevaux).

BISCHOFSBÜHL, coll. c^{ne} de Turckheim. — *Bischoffesbühel*, 1422 (rôle de Turckheim).

BISCHWIHR, c^{ne} d'Andolsheim, primitivement c^{on} de Horbourg. — *Bischoveswilre*, XIIe s^e (Als. dipl. I, 478). — *Bischofwilr*, 1344 (Mone, Zeitschrift, IV, 460). — *Bischoffwilre*, 1433 (urb. de Marbach). — *Bischwilr*, 1475 (reg. des dom. de Colmar). — Paroisse du décanat d'*ultra colles Ottonis* (Lib. marc.). — Dép. du comté et plus tard du baill. de Horbourg.

BISEL, en franç. BECHEUL, c^{on} de Hirsingen. — *In villa de Bisol et bunno eiusdem villae*, 1280 (Trouillat, Monum. II, 328). — *Bysol*, 1303 (*ibid.* III, 61). — *Pysul*, 1370 (*ibid.* IV, 290). — Commune divisée en deux sections pour l'administration des biens communaux, savoir : Bisel-Ferrette et Bisel-Hirsingen. La première section, qui relevait anciennement du comté de Ferrette, faisait partie de la mairie de Pfetterhausen; la deuxième, qui relevait du comté de Montjoye, ressortissait à Hirsingen, pour la justice. — Paroisse du décanat de l'Ajoye (Lib. marc.).

BISELMÜHLE, m^{in}, c^{ne} de Bisel.

BISS, anc. chât. situé dans la vallée de l'Ill, entre Zillisheim et Didenheim. Il en reste encore un moulin qui porte le nom de *Bissmühle*. — *Verbrännten schloszes Bysz*, 1468 (Mülhaus. Gesch. 181). — *Beisz*, 1576 (Speckel). — *Seigneurie de Bronchstatt, château de Bis et Carlishausen*, 1697 (Armorial d'Als. 277).

BISSECK, canton des territ. d'Illfurth et Luemschwiller.

BISSERICH, canton du territ. de Niedermorschwiller. — *Byserich*, 1537 (rôle de Niedermorschwiller).

BITSCHELY, canton du territ. d'Obermuespach.

BITSCHWILLER, c^{on} de Thann. — *Butschwiler*, 1394 (cart. de Murbach). — *Capella Sancti Nicolai in Butschwiller in parrochiam ecclesie ville Wilre situata*, 1477 (reg. de St-Amarin). — Paroisse du décanat du Sundgau (Lib. marc.). — Dép. du bailliage de Saint-Amarin.

BITTENHEIM et BITTENHEIMERHÜRST, canton du territoire de Hochstatt.

BITTENSTAHL, vign. c^{ne} de Kientzheim. — *Buttenstal*, 1456 (cens. de la cellenie de Munster).

BITTINGHEIMERHÜRST, éminence, c^{ne} d'Ungersheim. — La tradition y place le *Bittingheimer Schloss* (Bull. de la Soc. hist. d'Als. III, 209).

BITMINGEN, canton du territ. de Rimbach. — *Zu Püdmüngen*, 1567 (terr. de Massevaux).

BITZ (IM), nom de cantons ruraux fort répandu dans le département. Ainsi, on le trouve à Balschwiller; à Brunstatt; à Gommersdorf; à Gundolsheim, *in dem Bitzen*, 1531 (rôle de Gundolsheim); à Jettingen; à Illzach, *jm Bytzenn*, 1553 (terr. d'Illzach); à Mörnach; à Pfaffenheim, *jm Bytz*, 1489 (urb. de Marbach); à Sentheim, *im Bitzen*.... *Pützen*, 1568 (terr. de Massevaux); à Sigolsheim, *jn dem Bitzede*, 1407 (reg. de la camerene de Munster); à Wettolsheim, *in den Bitzen*, 1475 (reg. des dominicains de Colmar).

BIX (IN DER), canton du territ. de Kientzheim.

BLAISIWEG, chemin, c^{ne} de Hirsingen.

BLAISWIE, canton du territ. de Valdieu.

BLANC (LAC), en allemand WEISSENSEE, c^{ne} d'Orbey; en patois BLAŃCUE MÄ (Engelhardt, 97). — *Predium, quod est inter duos lacus, album et nigrum*, 1209 (Als. dipl. I, 319). — *An den wissen see*, 1318 (ibid. II, 121).

BLANCHARD, canton des territ. de Bermont et de Châtenois.

BLANCHE-ROCHE (LA), mont. c^{ne} du Puix (c^{on} de Giromagny).

BLANCHERT, canton du territ. de Herlisheim. — *In dem Blanghart*, 1433 (urb. de Marbach). — *Jm Blanckart*, 1488 (ibid.).

BLANCHISSERIE (LA), en allem. DIE BLEICHE, établiss. isolé, c^{ne} d'Ammerschwihr (Cassini).

BLANCHISSERIE (LA), en allem. DIE BLEICHE, établiss. isolé, c^{ne} de Colmar (Cassini).

BLANCHISSERIE (LA), en allem. DIE BLEICHE, établiss. isolé, c^{ne} d'Ensisheim. — *Blanchirie* (Cassini).

BLANCHISSERIE (LA), établiss. isolé, c^{ne} de Guebwiller.

BLANCHISSERIE (LA), établiss. isolé, c^{ne} d'Illzach.

BLANCHISSERIE (LA), établiss. isolé, c^{ne} de Lutterbach.

BLANCHISSERIE (LA), établiss. isolé, c^{ne} de Massevaux. — *Von seiner pleichin*, 1568 (terr. de Massevaux).

BLANCHISSERIE (LA), établiss. isolé, c^{ne} de Mulhouse.

BLANCHISSERIE (LA), établiss. isolé, c^{ne} de Ribeauvillé.

BLANCHISSERIE (LA), établiss. isolé, c^{ne} de Sainte-Marie-aux-Mines.

BLANCHISSERIE (LA), établiss. isolé, c^{ne} de Soultz. — *Blanchirie* (Cassini).

BLANCHISSERIE (LA), établiss. isolé, c^{ne} de Vieux-Thann.

BLANCHOT, m. isolées, c^{ne} de Chaux.

BLANCRUPT, h. c^{ne} d'Orbey. — Voy. WEISS (LA).

BLANGENIS, canton de la c^{ne} d'Oberlarg.

BLANPANEY, canton de la c^{ne} de Sondernach. — *Planpaney*, 1456 (cens. de la cellenie de Munster).

BLANSCHEN, h. c^{ne} de Goldbach. — *Blanchut* (Cassini).

BLATTERST, coll. c^{ne} de Roppentzwiller.

BLAUDENSMATT, canton du territ. de Waldighofen.

BLÄUE, foulon, c^{ne} de Colmar. — *By der oberen Blulat*, 1475 (reg. des domin. de Colmar).

BLÄUE, foulon, c^{ne} de Turckheim. — *Bi der Bluwen ... bi der Bluwelatten*, 1475 (reg. des domin. de Colmar).

BLÄUE, foulon, c^{ne} de Wihr-au-Val.

BLÄUE (DIE), foulon, c^{ne} de Bergheim. — *Blüwelatten*, 1278-1493 (reg. d'Unterlinden).

BLAUELHOF, dép. de Ribeauvillé. — *Im Bluwelhofe*, 1475 (reg. des domin. de Colmar).

BLAUEN (DER), mont. de la chaîne du Jura, à Kiflis, à Lutter et en Suisse. — *In dem Leimental an dem Blauen*, 1324 (Als. dipl. II, 132). — *An dem Blawen*, 1379 (Trouillat, IV, 403). — *An dem Blauen*, 1472 (reg. Lucell.). — La plus ancienne forme de ce nom paraît être *Blakwen* et *Blanckwan*, 1147 et 1152 (Trouillat, I, 307, 319).

BLAUENSTEIN (BEIM), canton du territ. de Wittenheim.

BLAUFELS, canton du territ. de Willer (Thann).

BLAUFUS (Im), canton du territ. d'Attenschwiller.

BLAULOTMÜHLE, m^in, c^ne de Mulhouse. — *Sampt der Bleüwelattenn*, 1562 (reg. des prébendes de Mulhouse).

BLAUSTEIN, canton du territ. de Reiningen. — Ancien fief porté par la famille de Blauenstein et appelé *Bodenrecht*.

BLAUSTEINWEG, chemin, c^ne de Wittenhein.

BLECH (Im), canton des territ. de Luemschwiller et de Walheim. — *Jn dem Blech*, 1548 (reg. des préb. de Mulhouse).

BLECHSCHMITT, établiss. c^ne de Weegscheid. — *Ferblanterie* (carte hydr.).

BLEIGRUB, f. c^ne de Sainte-Marie-aux-Mines. — *Mine de plomb* (Dépôt de la guerre).

BLENIEN, forêt, c^ne de Wolschwiller.

BLENT, vill. détr. de l'anc. mairie de Seppois. — *In dem dorf ze Blent*, 1303 (Trouillat, Mon. III, 61). — *Ze Blenden*, 1361 (ibid. IV, 171).

BLENY, canton du territ. d'Oberlarg.

BLETERLINGEN, anc. quartier à Colmar. — *An der Ringmuren ze Bleterlingen*, 1363 (Curiosités d'Als. II, XIII). — *Ze Bleterlingen*, 1371 (reg. de Saint-Martin de Colmar). — *Bletterlinsgasse*, 1475 (reg. des domin. de Colmar).

BLETTMATT, usine, c^ne de Hüssern (c^on de Saint-Amarin).

BLEYELHAG, canton du territ. de Bouxwiller et de Werentzhausen.

BLEYENBERG, coll. c^ne de Seppois-le-Bas. — *Am Blüegenberg*, 1545 (urb. des redev. en deniers de Mulhouse).

BLEYENHEIM, vill. détr. entre Gundolsheim et Merxheim, dont il ne reste plus que la dénomination de *Bleyenheimerfeld*, donnée à un canton du finage de cette dernière commune. — *Bluwenheim*, 1382 (rôle d'Isenheim). — *Blüwenheim*, 1453 (cart. de Murbach). — *Zwischent Gundeltzhin vnd Blwenhin bann*, 1531 (rôle de Gundolsheim). — *Blüwelhein*, 1717 (rôle de Merxheim).

BLIDOLTZHEIM, vill. détr. près de Bantzenheim. — *Dü zwei dörfer ze Blidoltzhein vn ze Bancenhein*, 1303 (Trouillat, III, 47). — Ne pas le confondre avec Blodelsheim, qui est cité bien distinctement deux paragraphes plus haut dans le même document.

BLIESCHWIHR, vill. détr. entre Colmar et Sainte-Croix-en-Plaine. — *Curia in Blienswilere*, vers 708 (Grandidier, *Égl. de Strasb.* p. I, n° 25). — *Heinricum militem dictum de Blienswilre*, 1255 (Rev. d'Als. II, 235). — *Blienswilr*, 1278-1493 (reg. d'Unterlinden). — *Cüntzelin von Blenswilr*, 1371 (reg. de Saint-Martin).

LIND (LA), riv. qui prend sa source dans les environs d'Andolsheim et qui se jette dans l'Ill près de Schelestadt, après avoir reçu les eaux de la rigole de Wiedensohlen. — *Von der Blinthahe*, 1359 (Als. dipl. II, 227). — *Von dem Blindach*, 1400 (ibid. 307).

BLINDEN, canton du territ. de Burnhaupt-le-Bas. — *Vff der Blinden*, 1515 (reg. des préb. de Mulhouse).

BLINDENBÄCHLE, ruiss. c^ne de Weegscheid. — *Jm Plindenbach*, 1567 (terr. de Massevaux).

BLINDMÜHLE, m^in, c^ne de Jebsheim.

BLINDTWASSER, giesen ou canal dérivé du Rhin, à Kembs. — *Der Blinden Brug*, 1340 (Trouillat, III, 509 et 510). — *Dass Plündwasser*, 1568 (urb. de Landser).

BLOCHMUNT, f. et anc. chât. c^ne de Lutter, vers Kiffis. — *Castrum Blochmünt*, 1271 (Trouillat, II, 205). — *Blochmunt*, 1286 (Mone, *Zeitschrift*, VII, 173). — *Messire Pierres de Eptingen de Blochmont*, 1296 (Trouillat, II, 602). — *Blochmund*, 1314 (nécrolog. de Lucelle). — *Blachmunt*, 1349 (Mone, *Zeitschrift*, IV, 465). — *Blomont*, 1580 (Wurslisen, *Basl. chron.* 19). — *Blomont die vestung*, xviie siècle (Mülhaus. Gesch. 124).

BLODELSHEIM, c^on d'Ensisheim. — *Bladoltzeim*, 1147 (Als. dipl. I, 232). — *Ipsi vero (Nuwenburgenses) oppidum Bladolzheim destruxerunt*, 1268 (Trouillat, II, 186). — *Villa Bladolzheim noviter munita fuerat fossato atque propugnaculis*, 1268 (Mone, *Zeitschrift*, VI, 43). — *Bladalsheim*, xiiie s^e (Ann. de Colmar, 10). — *Daz torf ze Bladóltzhein*, 1303 (Trouillat, III, 36). — Paroisse du décanat de *citra Rhenum* (Lib. marc.). — En 1697, ressortissait au baill. de Landser pour la justice (Ordonn. d'Als. I, 321).

BLOSSEN, vign. c^ne de Thann. — *In dem Blossen*, 1394 (urb. des pays d'Autr.). — *In monte dicto Blossen*, 1477 (reg. de St-Amarin). — *Am Plossen*, 1581 (urb. de Thann).

BLOSSENBERG, canton du territ. de Bergheim, cité en 1586 comme lieu de réunion des sorcières (*Alsatia* de 1856-1857, p. 334).

BLOSSENBERG, anc. éc. c^ne de Kirchberg. — *Hauss, hoff, acker vnd gartten am Plossenberg*, 1567 (terr. de Massevaux).

BLOTTERAIN, 1550, à Hüssern (urb. de St-Amarin).

BLOTZHEIM, c^on d'Huningue. — *Flabotesheim*, 728 (Laguille, pr. 12). — *In Bartenhaim atque in Flaboteshaim... Actum in villa seu marca Flaboteshaim publice*, 829 (Als. dipl. I, 74). — *Blatisheim*, 1004 (Trouillat, I, 145). — *Blatsheim*, 1040 (ibid. 168). — *Blathesheim*, 1135 (Grandidier, *Hist. d'Als.* p. j. II, 295). — *Plebanus de Blazheim*, 1251 (Trouillat, I, 590). — *In banno uille de Blatzheim*,

3.

1279 (ibid. II, 314). — *Blotzenheim*, xvii siècle (Mülhaus. Gesch. 96). — Paroisse du décanat d'*inter colles* (Lib. marc.). — Anc. couvent de femmes réuni à l'abbaye de Lucelle en 1450. — *Item monasterio de Blazheim*, 1296 (Trouillat, II, 636). — *In das frowen Kloster zü Blotzhein, des Ordens von Citels*, 1391 (Mone, *Zeitschrift*, IV, 231). — Anc. château. *Blotzheim das Schlosz*, 1580 (Wurstisen, *Basl. Chron.* 389). — Couvent de capucins établi en 1738. — Léproserie. *Iuxta domum leprosi Blatzheim*, 1279 (Trouillat, II, 314). — Cour colongère. *Vber den dinghof der da ist*, 1303 (*ibid.* III, 59).

Blotzheim formait une prévôté du bailliage supérieur de Landser.

BLUDENBERG, mont. — Voy. BRÉZOUARS.

BLUMACKER, canton du territ. de Buschwiller.

BLUMENBERG, coll. et ruiss. c^{ne} de Roppentzwiller (carte hydr.).

BLUMENBERG, c^{ne}. — Voy. FLORIMONT.

BLUMENHÄUSLEN, canton du territ. de Habsheim.

BLUMENSTEIN, anc. chât. dont on voit les ruines derrière les bains de Soultzmatt. — *Domino de Blumenstein*, 1254 (Als. dipl. I, 411). — *Zuo Blümenstein*, 1433 (urb. de Marbach). — *Zu Blumenstein*, 1453 (reg. de Soultzmatt).

BLUMENTHAL, éc. c^{ne} de Sainte-Marie-aux-Mines.

BLUMENTHAL, vallée. — Voy. FLORIVAL.

BLUMERSMATTEN, canton du territ. d'Heimersdorf.

BLUMHILT, anc. nom de canton du territ. de Gundolsheim. — *Zu Blümhilte lewe*, 1489 (urb. de Marbach).

BLÜMLEHAG, canton des territ. de Schwoben et de Tagsdorf.

BLÜMLERSMATT, canton du territ. de Breitenbach, 1456 (cens. de la cellerie de Münster).

BLÜMLISMATT, canton du territ. de Biederthal.

BLUMMATT, canton du territ. de Pulversheim.

BLÜSTRAIN, canton du territ. de Günspach.

BLUTACKER, champ, c^{ne} de Brunstatt, où Turenne battit les Autrichiens en 1674.

BÖBST (IN DER), canton du territ. de Brinckheim.

BOCHETS (LES), ruiss. c^{ne} de Menoncourt, affluent de la Madeleine.

BOCHLER, forêt, c^{ne} de Werentzhausen.

BOCK (AUF DEM), canton du territ. de Niffer.

BOCK (GROSS- et KLEIN-), coll. et forêt, c^{ne} de Schlierbach. — *Das Bockhlin*, 1565 (urb. de Landser).

BOCK (LE), dép. de Volgelsheim. — *Redoute du Pont* (Cassini). — *Moulin Buck* (carte hydr.). — *Moulin Wolfensberger* ou *Wolfhartsburger* (tabl. des dist.).

BOCKBRUCK, en français PONT-DU-BOUC, m. isolée, c^{ne} de ↘heim.

BOCKBRUNNEN, canton du territ. de Kiffis.

BÖCKELÉ, h. c^{ne} de Luttenbach.

BOCKLOCH, forêt, c^{ne} de Krüth.

BOCKLOCHRUNTZ (HINTER- et VORDER-), ruisseaux, c^{ne} de Krüth, affluents de la Thur. — *Bockenlochruntz* (carte hydr.).

BOCKSPERG (*Hoffstatt und garten gelegen zu*), 1567, à Dolleren (terr. de Massevaux).

BOCKSRAIN, anc. f. c^{ne} de Sondernach. — *Bockes Reyn*, 1456 (cens. de la cellerie de Munster). — *Bocksen* (Cassini).

BOCKSTEIN, rocher, c^{ne} de Sainte-Marie-aux-Mines. — *Zwüschent dem Bockestein vnd Kemhartzstein*, 1399 (Als. dipl. II, 303). — Voy. REINHARDSTEIN.

BOCKSWASEN, anc. f. c^{ne} de Sondernach. — *Bockwassen* (Cassini).

BÖDELEN, f. c^{ne} de Sewen.

BODEN, cantons de territoires à Emlingen; à Gundolsheim, *in dem Bödeme*, 1531 (rôle de Gundolsheim); à Illzach, *durch den Boden*, 1553 (terr. d'Illzach); à Rimbach, *am Poden*, 1567 (terr. de Massevaux); à Riquewihr, *in dem Bodeme*, xive s^e (cens. de Riquewihr); à Rouffach, *jm Bodem*, 1489 (urb. de Marbach).

BODENACKER, cantons des territ. d'Aspach-le-Bas, de Carspach, d'Eglingen, d'Eguisheim, de Francken et de Heimersdorf.

BODENLOSENLACH, canton du territ. de Hochstatt, cité en 1548 (urb. de l'hôp. de Mulhouse).

BODENMATT, anc. f. c^{ne} d'Eschbach. — *Potenmatt* (Cassini).

BODENMÜHLE, mⁱⁿ, c^{ne} de Rouffach.

BÖHL (AUF DEM), vign. c^{ne} d'Eguisheim. — *Vff dem Bohel ... Buhel*, 1487 (urb. de Marbach).

BÖHLING, canton du territ. de Burnhaupt-le-Haut.

BÖHLREBEN, vign. c^{ne} de Mittelwihr.

BOHRER (IM), canton du territ. de Jettingen.

BOISGRIME, f. c^{ne} de Courtelevant (annuaire de 1851).

BOIS-LA-BAISSE, h. c^{ne} de Liepvre. — *Cense du Bois-l'Abbesse* (Cassini). — *Bois-l'Abesse* (tableau des distances). — On écrit aussi *Bois-l'Abaisse* et *Bois-la-Bèze*; mais la forme inscrite en tête doit être préférée, parce qu'outre ce nom il y a encore *la Grande-Baisse* et *la Petite-Baisse*.

BOIS-LA-BASSE, canton du territ. de Lutran.

BOIS-L'ABBESSE, forêt, c^{ne} de la Poutroye, anc. propriété de l'abbaye de Sainte-Croix-en-Plaine.

BOIS-LA-CROIX, canton du territ. de Châtenois.

BOIS-LA-DAME, forêt, c^{ne} de Fontenelle.

BOIS-L'AMOUR, forêt, c^{nes} de Chèvremont et de Fontenelle.

BOIS-LA-VILLE, cantons des territ. de Froide-Fontaine et de Trétudans.

ois-le-Prêtre, f. c^{ne} d'Étueffont-Haut.

ois-le-Prince, canton à Sainte-Marie-aux-Mines.

ois-le-Roi, canton des territ. de la Grange et de la Rivière.

ois-le-Saint, forêt, c^{ne} de Bretten.

ois-le-Sire, forêt, c^{ne} de Courcelles.

ois-le-Sire, mont. c^{ne} d'Orbey. — Vestiges d'anciens murs (Als. ill. II, 11).

ois-Robert (Ruisseau du), c^{ne} de Montreux-Château.

ois-Zelin, forêt, c^{nes} d'Angeot et de la Rivière. — *Boiselin* (anc. cadastre).

oisserate (La), ruiss. c^{ne} de Froide-Fontaine.

ole (Champs du), canton du territ. de Vézelois.

oler, mont. entre Weegscheid et Willer. — *Berg dem man spricht der Boler*, 1550 (urb. de Saint-Amarin).

öll, c^{ne}. — Voy. Bourogne.

ollenberg, mont. entre Orschwihr, Rouffach et Westhalten. — Deux fermes. — *Ad forum Bollenburc*, xiie siècle (Als. dipl. I, 478). — *Bollenberg*, 1489 (urb. de Marbach). — Le *forum* dont il est question doit s'entendre des *foires* qui, d'après la tradition conservée à Orschwihr, accompagnaient les fêtes religieuses du Bollenberg, fêtes dont la célébration amenait un grand concours de fidèles, à de certaines époques de l'année: voy. Saint-Fridolin. — Le Bollenberg est, au surplus, célèbre comme lieu de réunion des sorcières de la Haute-Alsace.

Bollenmühle, mⁱⁿ, c^{ne} de Hirtzbach.

Bollerweg, chemin, c^{ne} d'Heimersdorf.

Bolles (Les), canton du territ. de Montreux-Château.

Bollfeld, canton des territ. de Fislis et de Bouxwiller. — *Bolvelden*, 1297 (Trouillat, Monum. II, 645).

Bollhag, canton du territ. de Largitzen.

Bollkopf et Bollweg, canton et chemin à Urbès. — *Bei dem Bollwege*, 1550 (urb. de St-Amarin).

Bollstein, canton à Dolleren. — *Am Pollstein.... im Bollstein*, 1567 (terr. de Massevaux).

Bollwiller, c^{on} de Soultz. — *In fine vel marcha Ballonevillare*, 786 (Als. dipl. I, 54). — *Bollunwilre*, 1135 (Grandidier, Hist. d'Als. p. j. II, 295). — *Bollenwilre*, 1183 (Als. dipl. I, 278). — *Bollewilre*, xiie s^e, cit. an. 817 (ibid. 66). — *Daz Stettelin von Bollewilr, als es mit den zwein Graben vmbe begriffen ist*, 1215 (ibid. II, 63). — *Petr. de Bolliwilre*, 1235 (ibid. I, 374). — *Polweil*, 1592 (Hertzog, Chron. Als. V, 133). — Chef-lieu d'une seigneurie, que l'on trouve élevée en baronnie en 1542, *Freyherrn zu Pollweiller* (Als. dipl. II, 469), et en marquisat en 1739 (Baquol). — Après l'organisation de l'intendance d'Alsace, chef-lieu d'un baill. de la subdélégation de Colmar, comprenant: Bollwiller, Feldkirch, Pulversheim, 2/3 d'Ungersheim, Reguisheim, Heimsbrunn et Flaxlanden.

Bombarde (Étang de la), c^{ne} de Sermamagny, 1601 (cens. du chap. de Belfort).

Bombernusweyer, anc. étang, c^{ne} d'Ubertrass.

Bonacker, cantons à Eguisheim; à Guewenheim, *ju Bonackher*, 1569 (terr. de Massevaux); à Heidwiller, à Hirsingen, à Mittelmuespach, à Mulhouse, à Seppois-le-Bas, à Tagsdorf et à Wittenheim.

Bondelkopf, mont. c^{nes} d'Ammerschwihr et de Katzenthal.

Bondenkupel, canton du territ. d'Aspach-le-Haut.

Bone, canton du territ. de Pfetterhausen. — *Under der Bonen*, 1299 (reg. Lucell.).

Bonfeld, canton des territ. de Burnhaupt-le-Bas et de Burnhaupt-le-Haut.

Bonhomme (Le), c^{on} de la Poutroye. — *Domus Judelin*, 1394 (urb. des pays d'Autr.). — *Judelins huss*, 1441 (urb. de Ribeaupierre). — *Diedolshausen* (Als. ill. IV, 288). — Dépendait de la seigneurie de Hohenack.

Bonland, 1567, à Sewen (terr. de Massevaux).

Bonland, canton du territ. de Turckheim. — *Bonlande*, 1407 (cens. de la camerene de Munster).

Bönlesgrab, f. c^{ne} de Wasserbourg. — *An Belen grab*, 1441 (urb. de Ribeaupierre). — *Bönlesgraben* (Cassini).

Bonmatten, canton du territ. de Kirchberg.

Bonval, canton du territ. de Vézelois. — *En Bonval... Bonvaulx*, 1655 (cens. du chap. de Belfort).

Boos ou Boux, f. c^{ne} de Mittelwihr. — *Apud grangiam nostram Buchs*, xvie s^e (Curiosités d'Als. II, 216). — *Château Boux* (Cassini). — *Booshoff* (Dépôt de la guerre). — *Le Boos* (tabl. des distances). — *Buchsberg*, 1475 (reg. des dom. de Colmar). — *Booszweeg*, 1717 (rôle de Sigolsheim).

Boowinckel, canton du territ. d'Hirsingen.

Borberg, coll. c^{nes} de Zillisheim et de Hochstatt. — *Am Barenberg*, 1561 (urb. de l'hôp. de Mulhouse). — *Vff dem Borberg*, 1562 (reg. des préb. de Mulhouse).

Bordes (Es), canton du territ. d'Andelnans.

Bordmannmühle, mⁱⁿ, c^{ne} de Soultzmatt.

Borianskreutz, forêt, c^{ne} de Riquewihr.

Boringen, c^{ne}. — Voy. Bourogne.

Bornacker, f. c^{ne} de Sultzeren. — *Bronacker* (Cassini).

Borne-les-Fermes, f. c^{ne} de Sainte-Croix-aux-Mines. — *La Borne* (Cassini).

Bornenbach, ruiss. c^{ne} de Saint-Hippolyte.

Boron, c^{on} de Delle. — *Boron*, 1105 (Als. dipl. I, 186). — *Baron*, 1576 (Speckel). — *Boron*, 1618 (cens. du prieuré de Meroux). — Dép. de la mairie de Grosne.

BORSTEL, canton du territ. d'Orschwihr.

BÖSBRÜCKLEN (AM), canton du territ. de Mörnach.

BÖSBRUNNEN, source, c^ne de Sierentz. — Ce nom est formé comme *Maupertuis* en français.

BÖSCHET, rue à Trétudans. — Ce nom, qui est fort répandu, se trouve orthographié de différentes manières, suivant les localités; ainsi : à Courtavon, *Boëschet*; à Knœringen, *Böschet*; à Mittelmuespach, *Böschet*; à la Rivière, *Boueschet*.

BOSEMONT ou BOZEMONT, coll. c^nes de Danjoutin et d'Andelnans. — *Boisemont* (anc. cadastre).

BÖSENBORN, canton du territ. de Brunstatt.

BÖSENBÜHL, canton du territ. de Seppois-le-Haut.

BÖSENSTEIN, canton du territ. d'Eguisheim. — *By dem Bössensteyn*, 1488 (urb. de Marbach).

BOSGRABEN, canton du territ. d'Andolsheim.

BOTANS, c^on de Belfort. — *Bostans*, 1427 (comptes des seign. de Belfort et Rosemont). — *Bostant*, 1591 (liasse des baux emphyt. de Mazarin). — *Botans*, 1671 (cens. du prieuré de Meroux). — Dép. de la mairie de Cravanche.

BOTTMERSMISS, f. c^ne de Stosswihr.

BOUFFERTZWILLER (ÉTANG DE), c^ne de Bréchaumont (anc. cadastre).

BOUGIVAL, en allemand BUGENTHAL, h. c^ne de Sainte-Croix-aux-Mines. — *Bautgival* (Cassini).

BOUILLE (LA), h. c^ne de Sainte-Croix-aux-Mines.

BOULAY, canton du territ. de Pfetterhausen. — *In der Buley*, 1378 (reg. Lucell.).

BOULEAUX (ÈS), cantons des territ. de Bretten, de Trétudans et de Vézelois.

BOULES (MONTAGNE DES), à Rougemont et à Romagny.

BOULET (LE), h. c^ne de la Chapelle-sous-Chaux.

BOULOYE (LA), forêt, c^ne de Botans.

BOURBET, canton du territ. de Belfort.

BOURBETS (ÈS), f. c^ne d'Oberlarg. — *Ez Bourbais* (Cassini). — *Les Ébourbettes* (tabl. des dist.).

BOURBEUSE (LA), ruiss. c^ne de Brebotte, affluent de l'Aine.

BOURBIÈRES (AUX), canton du territ. d'Argiésans.

BOURDON (LE), ruiss. et f. c^ne de Rougemont. — *Cense des Bourdons* (anc. cadastre).

BOURG, c^on de Giromagny. — Dépendait de la mairie d'Étueffont.

BOURGFELDEN, c^on d'Huningue. — *Bürckfeld* (Cassini). — Fief de l'évêché de Bâle.

BOURGONCE (LA), LA BOURGONDE ou LA BOURGOGNE, h. c^ne de Sainte-Marie-aux-Mines. — *Birrhägont*, 1441 (urb. de Ribeaupierre).

BOURNOT (HAUT-), canton du territ. de Vézelois.

BOUROGNE, en allemand BORINGEN ou BÖLL, c^on de Delle. — *Boronia*, 1222 (Trouillat, I, 485). — *In dem Meiertvon ze Bölle*, 1303 (ibid. III, 63). — *Boreigne*, 1325 (ibid. 349). — *Muhlin ze Bolle*, 1347 (Herrgott, III, 673). — *Boloigne, Boroingne, Bouroingne*, 1655 (cens. du chap. de Belfort). — Paroisse du décanat de Granges (Alm. d'Als. de 1783). — Formait une mairie du domaine de Delle.

BOURSE-NOIRE (LA), en allemand SCHWARTZACK, f. c^nes de Fréland et de la Poutroye. — *Le Petit Boursenoire* (anc. cadastre).

BOUTEILLES (LES), prés, c^ne de Florimont.

BOUTIQUE (LA), canton du territ. de Vézelois.

BOUTIQUE (LA), f. c^ne de Burbach-le-Haut.

BOUTONS (EN), canton du territ. de Chèvremont.

BOUX, f. — Voy. BOOS.

BOUXWILLER, c^ne de Ferrette. — *Buchswilre*, 1271 (Trouillat, II, 205). — *In villa et banno de Buhswilre*, 1275 (ibid. 267). — *Rv. de Boxwilr*, 1283 (ibid. 371). — Paroisse du décanat du Leymenthal (Lib. marc.). — Chef-lieu d'une mairie de la préfecture (*Obervogtei*) et plus tard du bailliage de Ferrette, comprenant Bettlach, Fislis, Linsdorf, Oltingen et Werentzhausen.

BOWOLTSHEIM, vill. détr. dans les environs d'Ensisheim. — *Bovoltsheim*, 1259 (Als. dipl. I, 427). — *In banno Böwoltzhein*, 1301 (Trouillat, III, 16). — *Capelle zuo Bowoltzhaim*, 1349 (titr. des arch. dép. C, 922). — *Die von Bowoltzhein*, 1442 (rôle de Bühl). — La carte de Speckel indique un village, près d'Ensisheim, par les mots de *S. Ba.*

BOZEMONT, coll. — Voy. BOSEMONT.

BRABANTZERWEG, anc. chemin, c^ne de Turckheim. — *An Prauentzen weg*, 1456 (cens. de la cellenie de Munster). — *Am Probrantzer weg ... am Prafantzwege*, 1475 (reg. des domin. de Colmar).

BRACHEN, canton du territ. de Kirchberg.

BRACKENHALDE, canton du territ. d'Eguisheim. — *An Braggenhalde*, 1389 (urb. de Marbach).

BRACKENTHOR, canton à Guebwiller. — *Bey dem Brackenthor*, 1304 (Mossmann, Chron. Guebw. 31).

BRAILEUX (LES), dép. de Petit-Magny.

BRAMBACH ou BRAMBEN, f. c^ne de Sultzeren.

BRAMBACH, ruiss. c^ne de Willer, c^on d'Altkirch. — *Brombach* (anc. cadastre).

BRAMONT, ff. c^nes de Krüth et de Wildenstein. — *Bremunt* (anc. cadastre).

BRAMONT ou BRAMONTKOPF, mont. c^ne de Wildenstein. — *Vff ein berg haist der BOSCHBRANNDT, den etlich den RUMMERITSCHKOPFF nennen*, 1550 (urb. de S^t-Am.).

BRANBORNENWALD, forêt, c^ne de Breitenbach.

BRANCHIÈRE, canton du territ. de Buc.

BRAND, forêt, c^{ne} de Rimbach. — *Am Brenden.... am Prende*, 1567 (terr. de Massevaux).

BRAND, h. c^{ne} de Hüssern, c^{on} de Saint-Amarin.

BRAND, vign. renommé, c^{ne} de Turckheim. — *Am Brande*, 1456 (cens. de la cellenie de Munster).

BRANDHURST, vign. c^{nes} de Bergheim et de Rorschwihr. — *Branthurst*, 1475 (reg. des domin. de Colmar).

BRANDLITT, f. c^{ne} de Mühlbach. — *Brantlit* (Cassini).

BRANDMATTENRUNTZ, ruiss. c^{ne} de Sondernach, affluent de la Fecht.

BRANDSCHERT, canton du territ. de Seppois-le-Bas.

BRANDSTATT, canton du territ. d'Eschentzwiller. — *Jn der Brandschatz*, 1545 (reg. des préb. de Mulhouse). — *In der Brandstatt*, 1766 (livre terr. de la commune).

BRANNE, canton du territ. de Bessoncourt. — *És fonts Branne*, 1655 (cens. du chap. de Belfort).

BRÄSCHBERG, f. c^{ne} de Breitenbach.

BRASSE, anc. église et cimetière, c^{ne} de Belfort, où l'on a découvert des médailles et toutes sortes de débris d'antiquités romaines. — *Au pasquis dessus Brasse*, 1415 (Rev. d'Als. X, 159). — *Devers Brasse*, 1655 (cens. du chap. de Belfort).

BRATTELEN, canton du territ. de Fislis. — *Pratum in den Bratelln*, 1297 (reg. Lucell.).

BRATTELEN, canton du territ. de Vieux-Ferrette. — *Bratella*, 1296 (Trouillat, *Monum.* II, 628).

BRATTELEN, canton du territ. de Wolschwiller. — *Zu Brattele*, 1316 (reg. Lucell.).

BRATZMATTEN, prés, c^{ne} de Reiningen.

BRAUN (RUISSEAU DU), c^{ne} de Mitzach.

BRAUNKÖPFLE, mont. c^{ne} de Mühlbach.

BREBACH, f. c^{ne} de Bréitenbach. — *Prepen* (Cassini).

BREBACH, ruiss. c^{ne} de Breitenbach, affluent du Thannbächle.

BREBOTTE, en allemand BRUDERBACH, c^{on} de Delle. — *Bourbot*, 1105 (Als. dipl. I, 186). — *Wirbot*, 1576 (Speckel). — *Berbotte*, 1693 (liasse des baux emphyt. de Mazarin). — Paroisse du décanat du Sundgau (Lib. marc.).

BRECHATTE (LA), canton du territ. de Réchésy.

BRÉCHAUMONT, en allemand BRÜCKENSWILLER, c^{on} de Fontaine. — *Bruckwil*, 1576 (Speckel). — *Bruckhartzweiler*, 1581 (urb. de Thann). — Relevait de l'avouerie de Traubach.

BRECHOTTE (LA), canton du territoire de Montreux-Vieux.

BREILBACH, ruiss. c^{ne} de Rädersheim.

BREILGRABEN, ruiss. c^{ne} de Sainte-Croix-en-Plaine. — *Bruhel graben*, 1429 (urb. de Marbach).

BREITE, canton du territ. de Riquewihr. — *In der Gebreite*, XIVe s^e (cens. de Riquewihr).

BREITE, canton du territ. de Kingersheim. — *Auff die Breitin*, 1667 (terr. de Kingersheim).

BREITEMATT, anc. f. c^{ne} de Sultzeren. — *Large Pré* (Cassini).

BREITEN (LA), canton du territ. de Courtavon.

BREITENBACH, c^{on} de Munster. — *Breitenbach*, 1339 (Als. dipl. II, 164). — *Bas Breidhenbach* (Cassini). — Faisait partie de la communauté indivise du val de Munster.

BREITENBACH, ruiss. c^{ne} de Breitenbach, affluent de la Fecht. — *Ubi Breydembach rivolus in Fachinam confluit*, 823 (Als. dipl. I, 69).

BREITENBERG, anc. chât. à Soultzmatt. — *Vff das Sloss Breitenberg*, 1453 (reg. de Soultzmatt).

BREITENBURG, canton du territ. de Gueberschwihr.

BREITENECK, canton du territ. de Sickert. — *Breittenegkh*, 1568 (territ. de Massevaux).

BREITENMATTEN, f. c^{ne} de Rimbach (Massevaux).

BREITENSTEIN, canton du territ. d'Oberlarg. — *Am Breitstein*, 1334 (reg. Lucell.).

BREITENSTEIN, canton du territ. de Soultz.

BREITFIRST, mont. c^{ne} de Metzeral. — *Vff ein berg haist braitfürst... Da steet ein Ortmärckstain, vnd stossen die herrschafft sanct Amerin... Die stat Munster... Der stifft Lutenbach vnnd die herrschafft Gebwieler aneinander*, 1550 (urb. de Saint-Amarin).

BREITHOF, anc. f. c^{ne} d'Isenheim. — *Am Breythoff*, 1543 (reg. des préb. de Mulhouse).

BREITHOLTZ, forêt, c^{ne} d'Altenach. — *Breytholtz*, 1557 (reg. des préb. de Mulhouse).

BREITHOLTZ, forêt, c^{ne} de Hirsingen. — *Teil dez Breitenholzes*, 1303 (Trouillat, *Monum.* III, 60).

BREITHURST, forêt, c^{ne} de Kappelen. — *Die breithe hurst*, 1568 (urb. de Landser).

BREITICH, canton du territ. de Dolleren. — *An der Preittich*, 1567 (terr. de Massevaux).

BREITIGERMATT, canton du territ. de Waltenheim.

BREITLAU, f. c^{ne} de Mühlbach. — *Breitla* (Cassini).

BREITLING, canton du territ. de Soppe-le-Bas.

BREITLOHN, canton du territ. de Blotzheim.

BREITMISS, anc. f. c^{ne} de Sultzeren.

BREITSCHÄDEL, canton du territ. de Helfrantzkirch. — *Vff der Breytscheidel*, 1544 (reg. des pres. de Mulhouse). — *Auff dem Breitschedel*, 1566 (urb. des redev. en deniers de Mulh.). — Voy. FROWILLER.

BREITWEG, nom que porte, à Sondersdorf, la route déclassée de Bâle à Porrentruy, traversant le Niederfeld, au sortir de Rädersdorf.

BREITWEG, chemin de Soultz à Saint-Georges. — *By dem breitten wege*, 1402 (urb. de la commanderie de Soultz).

BREITWEG, chemin de Wolfersdorf à Diethausen.

Breitweg, nom du chemin de Magstatt-le-Bas à Magstatt-le-Haut.
Breitweg, nom du chemin de Niedermorschwiller à Didenheim et Hochstatt.
Bremely, h. c^{ne} de Geishausen.
Bremenloch, cantons des territ. d'Aspach-le-Bas et de Guewenheim. — *Brimenloch*, 1569 (terr. de Massev.).
Brementsthal, canton du territ. de Tagsdorf.
Bremont, cantons des territ. de Morvillars et de Mésiré.
Bremont, forêt, c^{ne} de Belfort.
Brendenberg, montagne et forêt, c^{nes} de Lutter et de Wolschwiller.
Brendenwald, forêt, c^{ne} d'Altenbach.
Brengarten, cantons des territ. de Fislis et d'Heywiller.
Brennäckerle, f. c^{ne} de Stosswihr. — *Preneckerl* (Cassini).
Brennhütten, fours, c^{ne} de Bergheim.
Brennwald, mont. c^{ne} d'Urbès.
Brentenrohr, canton du territ. de Ballersdorf.
Bressatte (La), canton du territ. de Danjoutin. — *És Bresset*, 1655 (cens. du chap. de Belfort).
Bressematte, canton du territ. de Denney, cité en 1655 (cens. du chap. de Belfort).
Bressoir (Le), mont. entre Sainte-Marie-aux-Mines et le Bonhomme.
Bressoir (Le Petit-), mont. — Voy. Brézouars.
Bresten, quartiers à Eschentzwiller et à Rixheim.
Brestenberg, coll. c^{nes} d'Oltingen, Bartenheim, Brinckheim et Wittenheim.
Bresteneck, canton du territ. d'Aspach-le-Bas.
Bresteneck, anc. chât. c^{ne} de Pfaffenheim. — *Presteneck* (Als. ill. IV, 200).
Bretagne, en allemand Brett, c^{on} de Delle. — *Bretta*, 1576 (Speckel). — Dépendait du domaine de Montreux.
Brétiemont, coll. c^{ne} de Buc. — *En Bertiemont*, 1655 (censier du chap. de Belfort).
Bretscha, canton du territ. de Willer (c^{on} de Thann).
Bretten, c^{on} de Fontaine. — *Bratt*, 1331 (Trouillat, III, 411). — *Bretten*, 1576 (Speckel). — Paroisse du décanat du Sundgau (Lib. marc.). — Chef-lieu de la mairie dite *das welsche Meierthum*, dépendant de l'avouerie de Traubach et comprenant Bréchaumont, Belmagny et Éteimbes.
Bretthof, canton du territ. d'Eschbach.
Brettles, canton du territ. de Seppois-le-Bas. — *In der Bredtles... Auf die Brodtles*, 1498 (reg. Lucell.).
Bretzel; h. c^{nes} de Hohroth et de Munster. — *Zuo Bretzal*, 1407 (cens. de la cellenie de Munster). — *Bredtzel* (Cassini).
Breuche (La), c^{ne} de Bessoncourt, 1603 (cens. du chap. de Belfort).

Breuil (Le), en allemand den Brühl, blanchisserie, c^{ne} de Saint-Amarin. — *Der Bruhell*, 1550 (urb. de Saint-Amarin).
Ce nom se retrouve, avec de nombreuses variantes, dans la plupart des communes françaises du département; ainsi : *Breuil*, à Bavilliers, à Danjoutin, à Florimont; *Broille*, à Fontenelle (anc. cadastre); *Breuille*, à Vourvenans; *Breulle*, étang à Grosne; *au Breulle*, à Chèvremont, 1629 (cens. du chap. de Belfort), aujourd'hui *sur les Breuilles*; *y Breulle*, à Offemont, 1626 (loc. cit.); *sur Pruelle*, à Vézelois, 1655 (loc. cit.). — On le retrouve germanisé, dans les communes allemandes, sous la forme de *Brühl*, *Briehl*, etc. ainsi : *im Breyel*, à Ammerschwihr; *am Preyel*, 1567, à Oberbruck (terr. de Massevaux); *im Briehl*, à Muntzenheim; *im Brüel*, à Gundolsheim, 1531 (rôle de cette commune); *jm Brygell... Brügel*, à Niedermorschwiller, 1537 (rôle de la commune); *Brügel*, à Wihrau-Val, 1441 (urb. de Ribeaupierre); *Brugel*, à Hattstatt, 1487 (urb. de Marbach); *Prügel*, à Buetwiller, 1629 (rôle de Balschwiller); *im Brüchel*, à Sigolsheim, 1717 (rôle de cette commune).
Breuleux (Le), cantons des territ. d'Angeot et de la Chapelle-sous-Rougemont.
Breuleux (Le), ruiss. c^{nes} de Chèvremont et Vézelois, affluent de l'Autruche. — *És Breusleux*, 1655 (cens. du chap. de Belfort). — *La Breuille* (carte hydr.).
Breux (Aux), f. c^{ne} de la Baroche. — *L'Enclos du Breu* (anc. cadastre).
Breyl, f. c^{ne} de Geishausen. — *Cense du Breyl* (anc. cadastre).
Breyval ou Breyvà, chât. détr. d'après la tradition; non loin de Meroux, et dont l'emplacement serait encore hanté par la Dame Blanche (Rev. d'Als. IV, 32, et VIII, 270).
Brézouars ou le Petit-Bressoir, en allemand Bludenberg, mont. entre Fréland et Sainte-Marie-aux-Mines. — *Le Beusoire* (anc. cadastre).
Briefhag, canton du territ. de Bettlach.
Briegelseck, canton du territ. de Burnhaupt-le-Haut.
Bries (Aux), canton du territ. de Vézelois.
Brifosse, ruiss. c^{ne} de Sainte-Croix-aux-Mines, affluent de la Goutte-Sainte-Catherine.
Brinckheim, c^{on} de Landser. — *Brunchein*, 1285 (Trouillat, Monum. II, 414). — *Brunkein*, 1303 (ibid. III, 59). — *Brunenkhin*, xviie s^e (Mülhaus. Gesch. 95). — *Pringgen*, xve s^e (urb. de Landser). — Fief vassal de la bannière de Landser.
Brinighofen, c^{on} d'Altkirch. — *Bruonichove*, 1216 (Als. dipl. I, 332). — *Her Hug vnd her Cuonrat gebrudere von Brunkofen*, 1312 (Trouillat, III, 178).

Breunigkhouen, 1581 (urb. de Thann). — *Rodewig von Brinninghofen*, xvii° s° (Mülhaus. Gesch. 20 et 91). — Paroisse du décanat du Sundgau (Lib. marc.). — Relevait de l'avouerie de Burnhaupt. — Château marqué sur la carte de Cassini. — Cour colongère (*Alsatia* de 1854-1855, p. 52).

Brinvau (Le), h. c⁰ᵉ de Rierevescemont. — *Brinval* (carte hydr.).

Briqueterie (La), f. c⁰ᵉ de Sainte-Croix-aux-Mines.

Brisebray, canton du territ. d'Argiésans.

Brisgau, canton du territ. d'Urbès.

Bristlen, h. c⁰ᵉ de Dornach.

Britscha, canton du territ. de Rimbach (Massevaux).

Brittelbach, ruiss. c⁰ᵉ de Kientzheim.

Brittingen, vill. détr. c⁰ᵉ d'Altkirch. — *Ze Brittinger*, 1394 (urb. des pays d'Autr.). — *Bretingen* (ancien cadastre).

Britzgyberg, mont. c⁰ᵉ d'Illfurth, sur le sommet de laquelle se trouvent les ruines d'une chapelle dédiée à saint Brice ou saint Prix. — *Chapelle Saint-Prix* (Cassini). — Cette chapelle, ainsi qu'une citerne encore reconnaissable, est située dans l'enceinte d'un ancien camp (*le Glaneur du Haut-Rhin*, du 24 décembre 1848).

Britzgygraben, ruiss. c⁰ᵉ d'Oltingen.

Brobach, f. c⁰ᵉ de Griesbach.

Brobach, ruiss. c⁰ᵉ de Sondernach, affluent de la Landerspach.

Broch, canton du territ. d'Oderen.

Broche (La), cantons des territ. de Châtenois, Chèvremont, Sevenans et Leupe.

Broche (La), ruiss. c⁰ᵉˢ d'Éteimbes et de Bretten.

Brochen, canton du territ. de Sondernach. — *Jn Brochach*, 1456 (cens. de la cellerie de Munster).

Brochet, canton du territ. de Vellescot.

Brochette (La), canton du territ. de Pérouse.

Brochritty, h. c⁰ᵉ de Rädersdorf.

Brodouse, canton du territ. de Giromagny. — *La Prodouse* (anc. cadastre).

Bromacker, cantons des territ. de Fröningen, Reiningen, etc.

Brommerstreng, canton du territ. de Luemschwiller. — *Jn Bromberg Strenkenn*, 1548 (urb. de l'hôp. de Mulh.)

Bromstreng, canton du territ. de Hochstatt.

Brosse (La), forêt, c⁰ᵉˢ de Châtenois, Andelnans, Danjoutin, Vézelois et Meroux.

Brossotte (La), forêt, c⁰ᵉ de Banvillars.

Broussotte, canton du territ. d'Éloye.

Bruch (Im), cantons des territ. d'Obermorschwiller, Rantzwiller, Aspach-le-Bas et Burnhaupt-le-Haut.

Bruchmatten, prés, c⁰ᵉ de Guewenheim. — *In der Pruchmatten*, 1569 (terr. de Massevaux).

Bruck, m^in, c^ue de Saint-Hippolyte. — *Bruckmühle* (tabl. des dist.).

Bruckenacker, f. c⁰ᵉ de Stosswihr.

Bruckenbach, ruiss. c⁰ᵉ d'Ungersheim.

Bruckenbach, ruiss. c⁰ᵉ d'Urbès, affluent du Seebach.

Brückenswiller, c⁰ᵉ. — Voy. Bréchaumont.

Bruckerwald, f. c⁰ᵉ de Niederbruck.

Bruckfeld, canton du territ. de Sainte-Croix-en-Plaine où il y avait autrefois un moulin. — *In dem brucke felde... vf den Müleweg*, 1360 (abb. de Sainte-Croix). — *Ime Bruckvelde, giensite des mulewerds*, 1484 (ibid.).

Brücklenmühle, m^in, c⁰ᵉ d'Heimsbrunn. — *Birgl* ou *Moulin du Petit Pont* (Cassini).

Brücklisberg, canton du territ. d'Helfrantzkirch.

Bruckmühle, m^in, c^ue d'Helfrantzkirch.

Bruderbach, c⁰ᵉ. — Voy. Brebotte.

Bruderhaus, canton du territ. de Soultzbach.

Bruderhaus, vall. c⁰ᵉ de Guebwiller. — Anc. ermitage. — *Vor Muerbach, auff der lingen handt als man von Gebweiler dorthin gechet im Thal,...war* (an. 1300), *ein Waldbruederhaus, da waren 3 Brieder*, 1724 (Mossmann, *Chron. Gueb.* 30).

Brüderhäuslé, anc. ermitage. — Voy. Saint-Germain.

Bruderthal, vall. c⁰ᵉ de Cernay.

Brue, canton du territ. de Courtavon.

Bruebach, c⁰ⁿ de Landser. — *Bruchbach*, 823 (Laguille, pr. 16). — *Predia Brudpach*, 1144 (Trouillat, *Monum.* I, 287). — *Hugone de Brubach*, 1264 (ibid. II, 151). — *Purbach*, 1576 (Speckel). — *Bruhebach*, 1766 (terr. d'Eschentzwiller). — Paroisse du décanat d'*inter-colles* (Lib. marc.). — Fief tenu par les comtes de Montjoye et vassal de la bannière de Landser.

Le ruisseau qui a donné son nom au village se jette dans la Weyerbach à Dietwiller. — *Jnn der Bruotpach*, 1544 (urb. de l'hôp. de Mulhouse).

Bruebygasse, éc. c⁰ᵉ de Mulhouse. — *Vff der Brubachgassen*, 1554 (reg. des préb. de Mulhouse).

Bruechberg, coll. c⁰ᵉ de Schlierbach. — *Bruechholtzlein*, 1568 (urb. de Landser).

Brüechle (Das), canton du territoire de Magstatt-le-Bas.

Bruletruye, prés, c⁰ᵉ de la Chapelle-sous-Chaux.

Brullés (Aux), canton du territ. de Buc. — *És Breusleu*, 1655 (cens. du chap. de Belfort).

Brungardsburg, canton entre Spechbach-le-Bas et Spechbach-le-Haut. — *Brunwarthsburg*, 1371 (reg. Lucell.).

Brunhilt, anc. nom d'un canton du territ. de Volgelsheim. — *Zü Brunhalcztung*, 1404; *Vsswendig der Brunhilt*, 1543 (Stoffel, *Weisth.* 147-159).

Brunnwasser, ruiss. c^{nes} de Colmar et de Guémar.
Brunscher, canton du territ. de Kiffis.
Brunstatt, c^{on} Sud de Mulhouse, primitivement c^{on} de Lutterbach. — *Brunstatt*, vers 708 (Grandidier, *Égl. de Strasb.* I*, pr. n° 25). — *In Brünstat*, 1303 (Trouillat, III, 38). — *Cuentzin de Brunstatt*, 1342 (*ibid.* regestes, 800). — Paroisse du décanat d'*inter colles* (Lib. marc.). — Fief vassal de la bannière de Landser.
Chef-lieu d'un bailliage de la subdélégation de Belfort. — *Amt und departement Brunstatt*, 1772 (Stoffel, *Weisth.* 18). — Ce baill. comprenait Didenheim, Dornach, Fröningen, Heidwiller, Luemschwiller, Niedermorschwiller, Pfastatt, Richwiller, Riedisheim, Steinbrunn-le-Bas, Steinbrunn-le-Haut et Zillisheim. — Ancien château, cité dès 1310 (Als. ill. IV, 171) et démoli en 1856.
Brunstätter Strass ou Route d'Altkirch, éc. c^{ne} de Mulhouse.
Brüstel, canton du territ. de Kaysersberg. — *Bristelweg*, 1754 (inv. des arch. dép. C. 1226).
Bruyère (La), forêt, c^{ne} de Montreux-Vieux.
Bubenloch, canton du territ. de Bettendorf. — *Jm Bubenloch*, 1565 (reg. des préb. de Mulhouse).
Buc, c^{on} de Belfort. — *Das dorf von Bur*, 1347 (Herrgott, III, 673). — *Bü... meigerthum Bur*, 1427 (comptes des seign. de Belfort et Rosemont). — *Birck*, 1644 (Merian, *Topog. Als.* 7). — *Buc*, 1655 (cens. du chap. de Belfort). — En 1783, paroisse du décanat de Granges (Alm. d'Alsace). — Formait une mairie de la prévôté de Belfort. — *Das maygertum Befelier vnd Bur*, 1394 (urb. des pays d'Autr.).
Buchburg, mine de fer, c^{ne} de Massevaux. — *Am puochberg, puchberg*, 1568 (terr. de Massevaux).
Bucheiteren, forêt, c^{nes} de Ballersdorf et de Carspach.
Büchelberg, coll. c^{ne} de Buetwiller. — *Biechelberg*, 1629 (rôle de Balschwiller).
Bucheneck, anc. château, c^{ne} de Soultz, d'après Berler (Als. ill. III, 299, et IV, 207).
Buchet (Au), canton du territ. de Bavilliers.
Buchlitt, canton du territ. de Zimmerbach. — *Under der bulite*, XIVe siècle (rôle de Zimmerbach).
Buchlohn, canton du territ. de Moos.
Buchlohn, forêt, c^{ne} de Sultzeren.
Buchstaben, canton du territ. de Metzeral.
Buchtere, f. c^{ne} de Sultzeren. — *Bouchdern* (Cassini).
Buchwald, f. c^{ne} de Florimont. — *La Charmée* (anc. cadastre).
Buchwaldkopf, mont. entre Murbach et Lautenbach-Zell.
Buckel, h. c^{ne} de Riquewihr.

Buckenberg, coll. entre Heidwiller et Tagolsheim. — *Im Buggenberg*, 1550 (reg. des préb. de Mulh.).
Buckenbühl, canton du territ. de Fröningen. — *Auff Buckhen Bühel*, 1554 (urb. des redev. en deniers de Mulhouse).
Budinlen, canton du territ. de Schlierbach.
Buech (Im), canton du territ. de Seppois-le-Haut.
Buetwiller, c^{on} de Dannemarie. — *Buotwiler*, 1420 rôles de St-Morand). — *Butwiller*, 1576 (Speckel). — *Buottweyler*, 1629 (rôle de Balschwiller). — Paroisse du décanat de Massevaux (Alm. d'Alsace de 1783). — Dépendait de la mairie de Balschwiller. — Cour colongère dont les appels étaient portés à Spechbach-le-Haut.
Bugenthal, h. — Voy. Bougival.
Bühl, c^{on} de Guebwiller, primitivement c^{on} de Soultz. — *Buhile*, 1216 (cart. de Murbach). — *Acta sunt hæc apud Bühele*, 1222 (Als. dipl. I, 349). — *Decanus de Buhele*, 1244 (Als. dipl. I, 388). — *Biehel*, 1564 (Mossmann, *Chron. Gueb.* 467). — *Byhl*, 1723 (*ibid.* 131). — Paroisse du décanat de *citra colles Ottonis*. — Baill. de Guebwiller.
Bühl, canton du territ. de Riedwihr. — *Buhel*, 1420-1528 (inv. des arch. dép. E. 38).
Bühl, f. c^{ne} de Sultzeren. — *Bihl* (Cassini).
Bühl ou Bühlberg, tumulus, c^{ne} de Saint-Ulrich.
Bühlach, canton du territ. de Sigolsheim. — *Bühel lachen*, 1407 (cens. de la camerene de Munster). — *In der Bühlach*, 1717 (rôle de Sigolsheim).
Bühlbach, ruiss. c^{ne} de Wasserbourg.
Bukkeler (Zum), canton du territ. de Liebsdorf, en 1347 (reg. Lucell.). Peut-être fief de la famille noble des Bukkeler. — *Dictus der Buggeler*, 1271 (Trouill. *Monum.* II, 216). — *Domino Bukkelario*, 1272 (*ibid.* 224). — Il y avait aussi à Colmar, en 1363, une maison dite *zem Bukeler* (Curios. d'Alsace).
Bungert, promenade publique à Thann.
Burbach, ruiss. venant du Rothenbrand et se jetant dans la Dollern après avoir traversé les deux villages de Burbach.
Burbach-le-Bas, en all. Niederburbach, c^{on} de Thann. — *Zu Niederburbach*, 1579 (rôle de Guewenheim). — *Buorbach*, 1581 (urb. de Thann). — En 1783, paroisse du décanat de Massevaux (Alm. d'Alsace). — Dépendait anciennement de la juridiction du plaid de Guewenheim, et plus tard du bailliage de Massevaux.
Burbach-le-Haut, en allemand Oberburbach, c^{on} de Thann. — *Oberburbach*, 1568 (terr. de Massevaux). — *Ober Purbach*, 1579 (rôle de Guewenheim). — Soumis à la même juridiction que le vill. précédent.

BURBACHRUNTZ (HINTER- et VORDER-), ruiss. c^{nes} de Felleringen et de Krüth.

BURCKHOFEN, ruines entre Rumersheim et Bantzenheim. — *Im Bourghoff* (cadastre).

BURCKKÖPFLE, canton du territ. de Metzeral.

BURG (IN DER), canton du territ. d'Habsheim. — *In der Burg*, 1701 (terr. de Notre-Dame-des-Champs).

BURGACKER, canton du territ. d'Enschingen.

BURGBERG, coll. entre Obermorschwiller et Walbach.

BURGERWASEN, forêt, c^{ne} de Sondernach.

BÜRGLE ou BÜRGLEGARTEN, canton du territ. de Köstlach, où l'on a découvert des ruines romaines (Rev. d'Als. de 1857, p. 562).

En général, les endroits désignés par ce nom sont considérés comme ayant été couverts d'un *burg* ou château : *Bürgle* ou *Bürckle*, à Bettendorf; — *Bürgle* ou *Bürglen*, à Brunstatt; *vff Bürglin*, 1548 (urb. de l'hôp. de Mulhouse); — *Bürgle*, à Didenheim; *vff dem Bürgel*, 1567 (reg. des préb. de Mulhouse); — *Bürgle* ou *Bürglen*, à Dornach; — *Bürgle* ou *Bürgelen*, à Illfurth; *auf der Burg*, 1309 (reg. Lucell.); — *Bürgle* ou *Bürglin*, à Jettingen; *Burckelen* (anc. cadastre); — *Bürgle* ou *Bürgelin*, 1717, à Merxheim (rôle de Merxheim); — *Bürgle* ou *Birgly*, à Neuwiller; — *Bürgle* ou *Jm Burgelin*, 1488, à Obermorschwihr (urb. de Marbach); — *Bürgle*, à Staffelfelden; *das Burglin*, 1512 (urb. de la comm^{rie} de Soultz).

BURGTHALSCHLOSS, ruines d'un ancien château à Soultzbach.

BURGWEG, chemin, c^{ne} de Hombourg, dont le prolongement s'appelle *Kutschenweg* à Petit-Landau.

BURMETSMISS, canton du territ. de Stosswihr.

BURNEN, vill. détruit près de Brunstatt, dont il ne reste plus qu'une source connue sous le nom de *Burnenbrunnen* et une croix dite *Burnenkreuz*: cette croix remplace elle-même une chapelle qui a subsisté jusqu'à la Révolution. — Au xve siècle, paroisse du décanat d'*inter colles* (Lib. marc.). — *Burron*, 1196 (Trouillat, I, 434). — *B. de Burnen*, 1269 (Als. dipl. I, 464). — *Gehn Burenn*, xviie siècle (Mülhaus. Gesch. 85). — *Jm Burner Bann*, 1548 (urb. de l'hôp. de Mulh.).

BURNHAUPT-LE-BAS, en allemand NIEDER-BURNHAUPT, en patois ES-BENOTTE, c^{on} de Cernay. — *Brunhobetum*, 823 (Laguille, pr. 16); *Brunnehoubeten*, 1271 (Trouillat, II, 205). — *N. Bornhaup*, 1576 (Speckel). — Paroisse du décanat du Sundgau (Lib. marc.). — Cour colongère; *cum curiis in villa Burnhoupten, etc...* 1313 (Als. dipl. II, 104; voy. au surplus *Alsatia* de 1854 et de 1855, p. 42).

Chef-lieu d'une avouerie relevant de la seigneurie de Thann, et composée de deux mairies : la mairie supérieure, comprenant les deux Burnhaupt et Gildwiller, et la mairie inférieure, comprenant Ammertzwiller, Bernwiller, Brinighofen, Enschingen, Galfingen, Spechbach-le-Bas et Spechbach-le-Haut. — *Das ampt Burenhobten*, 1394 (urb. des pays d'Autr.).

BURNHAUPT-LE-HAUT, en allemand OBER-BURNHAUPT, c^{on} de Cernay. — *O. Bornhaup*, 1576 (Speckel). — Paroisse du décanat du Sundgau (Lib. marc.). Relevait de l'avouerie de Burnhaupt.

BURNKIRCH, vill. détruit près d'Illfurth, dont il ne reste plus qu'une église dédiée à saint Martin et un cimetière. — Au xve siècle, paroisse du décanat du Sundgau (Lib. marc.). — *Ecclesiam Buron*, 1250 (Mone, *Zeitschrift*, IV, 219). — *Feodum Conradi de Burnkilch armigeri*, 1330 (Trouillat, III, 400). — *Dom. Rudolphus de Bürenkilch*, 1349 (*ibid.* III, 622 et 794). — *Burckhart von Burnkirch*, 1450 (Als. dipl. II, 386).

BURNMATT, f. c^{ne} de Sultzeren.

BÜRRENBRUCH, canton du territ. de Hochstatt.

BURTZWILLER, h. c^{nes} d'Illzach, Mulhouse et Pfastatt. Il est de date toute récente, et doit son nom à un tuilier qui s'appelait Burtz.

BÜRY (IM), canton du territ. de Berentzwiller.

BUSCHACKERFELD, canton du territ. d'Ungersheim.

BUSCHWILLER, c^{on} d'Huningue. — *Hupoldus de Bustwilre*, 1096 (Trouillat, II, 9). — *Ecclesiam Bustewilre*, 1144 (*id.* I, 287). — *Buswilr*, 1262 (*id.* II, 117). — *Capell. S. Martini in Buschwiler*, 1334 (*id.* III, 437). — Paroisse du décanat du Leymenthal (Lib. marc.). — Fief vassal de la bannière de Landser.

BUSENBACH, mine de fer, c^{nes} de Bitschwiller et de Willer. — *In Busenbach*, 1477 (reg. de Saint-Amarin).

BUSENWILLER, canton du territ. de Guebwiller, dont la terminaison dénote un ancien lieu habité. — *Busenwiler*, 1394 (cart. de Murbach).

BUSINIÈRE (LA), forêt et ruiss. c^{ne} du Puix, c^{on} de Giromagny. — *Beucinière* (Dépôt de la guerre). — *La Bucinière* (carte hydrogr.).

BUSSATTE, h. c^{nes} de la Baroche et d'Orbey. — *Bus*, 1184-1209 (Als. dipl. I, 281-319).

BUSSIÈRE (LA), f. c^{ne} de Staffelfelden. — *La Poussiere* (Cassini).

BÜSSINGEN, c^{ne}. — Voy. BESSONCOURT.

BUTENHEIM, anc. vill. et château entre Hombourg et Petit-Landau, dont les ruines forment un tertre boisé. — *H. de Butinheim*, 1191 (Als. dipl. I, 297). — *Otto de Butenheim*, 1241 (Trouillat, II, 55). —

Heinricus de Buethenheim, 1265 (Trouillat, II, 158). — Dü dörfer ze Hanberg, Buotenheim vnn Landovwa, 1303 (ibid. III, 47). — Au xv° siècle, paroisse du décanat de citra Rhenum (Lib. marc.). — Gutenen, 1576 (Speckel).

Le château de Butenheim était le chef-lieu d'une seigneurie comprenant Hombourg, Petit-Landau et Niffer. — Zwischen Gross Kembs vnd Ottmarshein ligt ein Herrschafft gehört den Edlen von Andlaw zu, hat ein Schloss genand Buetenheimb, 1568 (urb. de Landser).

Buttelehöhe, forêt, c^{ne} de Rouffach.
Buttermilch, canton du territ. de Sainte-Croix-en-Plaine.
Büttiren, anc. f. c^{ne} de Pfetterhausen. — In villa Phetterhusen una curia sita in loco dicto in der Buttiron, 1299 (Trouillat, II, 731).
Butzenfelsen, rocher, c^{ne} de Rouffach, qui passe pour un lieu de réunion des sorcières.
Butzenloch, canton des territ. de Pfaffenheim et de Gueberschwihr. — Putzen loch (anc. cadastre).
Butzenthal, vall. c^{ne} de Kaysersberg.
Butzerhag, Burtzerhag ou Britzerhag, cant. des territ. d'Hirsingen, Heimersdorff, Largitzen et Uberstrass.
Bux (Im), forêt, c^{ne} de Dirlinsdorf. — Bochsze, 1314 (reg. Lucell.). — Buchs, 1463 (ibid.).
Buxberg, mont. c^{ne} d'Illfurth et de Tagolsheim. — Jm Buchsberg, 1544 (reg. des pres. de Mulh.).
Bylachen, canton du territ. de Strueth. — Jnn der Biellach, 1568 (reg. des préb. de Mulhouse).

C

Cadolet, canton du territ. de Novillard.
Calandre (La), établiss. industriel, c^{ne} de Munster.
Calmés (Les), canton du territ. de Novillard.
Calmis, forêt et mont. c^{nes} de Ligsdorf et de Lutter. — Calmy, 1349 (reg. Lucell.).
Calvaire (Le), anc. chapelles, c^{nes} d'Eguisheim et de Sainte-Marie-aux-Mines.
Camme (La), f. c^{ne} d'Orbey.
Camouchots (Les), forêt, c^{ne} de Dorans.
Canal des Usines, c^{ne} de Cernay.
Canal du Rhône au Rhin, primitivement Canal Napoléon, ensuite Canal de Monsieur. Il entre dans le département à Bourogne, le traverse dans sa plus grande longueur et en sort à Artzenheim.
Canal Vauban, entre Ensisheim et Neuf-Brisach. En amont d'Ensisheim il porte le nom de Quatelbach, et en aval de Neuf-Brisach, celui de rigole de Wiedensohlen.
Canardière (La), maisonnette et étang, c^{ne} de Guémar.
Cappeltscha, c^{ne}. — Voy. Chapelle-sous-Chaux (La).
Capucins (Les), anc. couvent près de Belfort.
Capucins (Les), église et anc. couvent établi en 1738, c^{ne} de Blotzheim.
Capucins (Les), anc. couvent près de Soultz.
Capuzinerwald, forêt, c^{ne} d'Algolsheim. — Bois des Capucins (Dépôt de la guerre).
Carderie (La), usine, c^{ne} de Guebwiller.
Carle (Im), canton du territ. de Mühlbach.
Carlishausen (Armor. d'Alsace, p. 277), situé probablement non loin de Biss, sur le Karlisweg. — Voy. Bilgerweg.
Carlisthal, canton du territ. de Riedisheim.

Carspach, c^{on} d'Altkirch. — Charoltespach, 877 (Grandidier, Égl. de Strasbourg, II, p. 263). — Heroldespach, 1144 (Trouillat, Monum. II, 708). — Caroltespac, 1146 (ibid. I, 293). — Ruodegero de Karolspach, 1266 (id. II, 167). — Karlispach, 1354 (Stoffel, Weisth. 24). — Anton von Carlespach, 1360 (Kl. Thanner Chron. 21, texte de 1766). — Dinghof zu Karspach, 1420 (rôles de Saint-Morand). — Karstbach, 1576 (Speckel). — Paroisse du décanat du Sundgau (Lib. marc.). — Fief de la seigneurie d'Altkirch. — Cour colongère dont les appels étaient portés à Spechbach-le-Haut.
Cascumatt, canton du territ. de Weegscheid. — Kätschengratt (Dépôt de la guerre).
Caspersloch, ruisseau, c^{ne} de Rouffach, affluent de la Lauch.
Castelweg, chemin, c^{ne} de Bergholtz.
Castelweg, anc. chemin à Gueberschwihr. — Vff den Castelweg, 1488 (urb. de Marbach).
Castelweg, anc. chemin à Sondersdorf. — Jn dem Kastelweege, 1338 (reg. Lucell.).
Catherinebach, ruisseau, c^{ne} de Bollwiller. — An Sand Kathrinen wasser graben, 1533 (urb. de la comm^{ie} de Soultz).
Caudre (La), quartier de la c^{ne} de Trétudans.
Cavatte (La), riv. qui vient de Cœuve en Suisse et se jette dans l'Allaine à Florimont. — La Cauvat (Cassini). — La Cuvotte (Als. ill. I, 61).
Caveroche, canton du territ. de Fêche-l'Église.
Cense de l'Ane, f. c^{ne} de Sainte-Croix-aux-Mines.
Céperies, canton du territ. de Chaux. — Les Champs des Éperies (anc. cadastre).

Céperies, canton du territ. de Montreux-Vieux.
Cerisiers (Les), cantons des territ. de Dorans et d'Offemont.
Cernay, en allemand Sennheim, chef-lieu de canton, arrond. de Belfort. — *Vicus de Sennenheim*, 1144 (Rev. d'Als. de 1853, p. 157). — *Sennenhem*, 1156 (Trouillat, *Monum*. I, 328). — *Senneheim*, 1179 (*ibid.* I, 375). — *Senene*, 1191 (Als. dipl. I, 296).— *Senheim*, 1259 (*ibid.* 427).— *Senhin*, 1275 (Ann. de Colmar, 48). — *Vignoble de Seyreney*, 1307 (Trouillat, *Monum*. III, 109). — *Gernant von Senheim*, 1312 (*ibid.* 178). — *Sennen*, 1576 (Speckel). — Paroisse du décanat *de citra colles Ottonis* (Lib. marc.).

Chef-lieu d'une prévôté relevant du comté de Ferrette et comprenant Birlingen et Steinbach. — Léproserie dont les revenus furent réunis à l'hôpital, suivant édit du 27 juillet 1739 (Mercklen, *Hist. d'Ensish*. I, 334). — Cour colongère.

Après l'organisation de l'intendance d'Alsace, Cernay fit partie du bailliage d'Ollwiller.

Chaignot, forêt, c⁰⁰ de Chavannes-les-Grands.
Chalamber, ff. c⁰ᵉˢ de Grandvillars et de Boron. — *Le Meix de Gillerbert*, 1332 (Als. dipl. II, 148).— *Maisons de Chalanbert* (Cassini). — *Cense Challambert* (anc. cad.). — *La ferme Chatemberg* (tabl. des dist.).
Chalampé, c⁰ⁿ de Habsheim. — *Schalampé* (Cassini).

Cette commune s'appelait précédemment *Eichwald* et dépendait de la ville de Neuenburg en Brisgau. — *In Eichwalth, Neüenburger Herrschafft*, 1729 (extrait d'un jugement de cette date, en la possession de l'auteur). — Elle est divisée en trois hameaux : *Chalampé, Chalampé-du-Haut* et *Chalampé-du-Bas*.

Chalet (Le), f. c⁰ᵉ de Vöglinshofen.
Challouet, étang, c⁰ᵉ de Levoncourt. — *Challowe*, 1148 (Trouillat, *Monum*. I, 309). — *L'estang de Schellue*, 1610 (reg. de Morimont).
Chalmey, f. c⁰ᵉ de Réchésy.
Chalmont, f. c⁰ᵉ de Lièpvre. — Ce nom se retrouve, sous une forme plus ou moins germanisée, dans la partie allemande du département, savoir : *Kölmet*, à Biederthal; *Kelmenrain*, à Fröningen; *Kälmet*, à Vieux-Ferrette; *Calmet* ou *Kalmet*, à Waldighofen; *Kalmen*, à Willer, c⁰ⁿ d'Altkirch; *an dem Callment*, 1416 (reg. Lucell.).
Chamboron, cantons des territ. d'Eschêne-Autrage et de Novillard. — *Le champ Bouron*, 1627 (cens. du chap. de Belfort).
Chambrette (La), h. c⁰ᵉ de l'Allemand-Rombach.
Chamgarant, h. c⁰ᵉ de Sermamagny.
Chămont ou Champmont, f. c⁰ᵉ de Stᵉ-Croix-aux-Mines.
Chămont, h. c⁰ᵉˢ de Fréland et de la Poutroye.
Chamourey, canton du territ. de Botans.

Champagne, f. c⁰ᵉ de la Poutroye.
Champagne (La), canton du territ. de Chavannes-sur-l'Étang.
Champ-de-Chevaux, canton du territ. de Meroux. — *Au Champ-Chavelz*, 1655 (cens. du chap. de Belfort).
Champ-de-la-Vigne, h. c⁰ᵉ de Thannenkirch.
Champ-de-Mars (Le), promenade publique à Colmar.
Champ-des-Huttes (Le), hameau, c⁰ᵉ de l'Allemand-Rombach.
Champ-du-Bois (Le), f. c⁰ᵉ d'Aubure (Cassini). — *Champ-de-Baum* (anc. cadastre).
Champ-du-Fresne, f. c⁰ᵉ d'Auxelles-Bas.
Champ-du-Haut, anc. f. c⁰ᵉ de Saint-Nicolas-des-Bois.
Champerie, canton du territ. de Charmois.
Champgoutte, ruisseau, c⁰ᵉ de Sainte-Croix-aux-Mines, affluent du Petit-Rombach.
Champ-Hachi, f. c⁰ᵉ d'Aubure.
Champs-de-la-Croix, f. c⁰ᵉ de la Poutroye (Cassini).
Champs-d'Épitot (Les), éc. c⁰ᵉ d'Évette.
Champs-de-Suède, canton du territ. de Novillard.
Champs-Grégoire (Ruisseau des), c⁰ᵉ de Sainte-Croix-aux-Mines, affluent du Grand-Rombach.
Champs-Simon (Les), h. c⁰ᵉ d'Orbey.
Champtounot, quartier de la c⁰ᵉ du Puix, c⁰ⁿ de Giromagny.
Champtuant, forêt, c⁰ᵉ de Bretagne.
Chancès (Ès), ff. c⁰ᵉˢ d'Étueffont-Haut et de Rougemont. — *Échansez* (tabl. des dist.). — *Échaussées* (Dépôt de la guerre). — *Les Chaussées* (anc. cadastre).
Chaniot, canton du territ. de Vézelois.
Channote, canton du territ. de Vourvenans.
Chanois, cantons des territ. de Châtenois, Eschêne-Autrage, Novillard et Chaux. — *Es Chanois*, 1628 (cens. du chap. de Belfort).
Chānt-de-la-Chatte, forêt, c⁰ᵉ de Sainte-Marie-aux-Mines. L'ancien cadastre cite les *Champs* et les *Prés de la Chatte*.
Chanteraine (En), canton du territ. de Meroux. — *En Chainterinne*, 1655 (cens. du chap. de Belfort).
Chantielle (La), forêt, c⁰ᵉ de Saint-Dizier.
Chantoiseau (Le), h. c⁰ᵉ de Rierevescemont.
Chapelle (La), h. c⁰ᵉ de la Baroche.
Chapelle-sous-Chaux (La), en allemand Cappeltscha, c⁰ⁿ de Giromagny. — *Chappelle soub Chaux*, 1630 (cens. du chap. de Belfort). — Paroisse du décanat de Granges (Alm. d'Als. de 1783). — Dépendait de la mairie du Haut-Rosemont.
Chapelle-sous-Rougemont (La), en allemand Welschen Kappelen, c⁰ⁿ de Fontaine. — *Johannes de Capella*, 1214 (Als. dipl. I, 327). — *Ecclesiam de villa que Cappella nuncupatur*, 1234 (Trouillat, II, 714). — *A la Chapelle vers Roigemont*, 1295 (*ibid.* 595). —

Capel, 1576 (Speckel). — *Capplen*, 1579 (rôle de Guewenheim). — Paroisse du décanat du Sundgau (Lib. marc.). — Fief de la seign. de Rougemont.

Chapitre (Le), f. c⁽ⁿᵉ⁾ de la Poutroye (Cassini).

Chappeuset (En), 1656, territ. de Meroux (cens. du chap. de Belfort).

Charbinet ou Charbineloch, forêt, c⁽ⁿᵉ⁾ d'Urbès.

Charbonnière (La), f. c⁽ⁿᵉ⁾ de Courtavon.

Charbonnière (La), f. c⁽ⁿᵉ⁾ de Leval.

Charbonnot, cantons des territ. de Belfort et d'Offemont. — *En Charbonnat*, 1606 (cens. du chap. de Belfort).

Charlemont, mont. c⁽ⁿᵉ⁾ de Lièpvre.

Charmaie, forêt, c⁽ⁿᵉ⁾ de Faverois.

Charmaille, cantons des territ. de Bavilliers et d'Essert. — *En Charmoille*, 1629-1634 (inv. des arch. dép. C. 718). — *La Charmée* (Dépôt de la guerre). — *Charmail* (cadastre).

Charmatte (La), f. c⁽ⁿᵉ⁾ d'Étueffont-Bas.

Charme (La), f. c⁽ⁿᵉ⁾ d'Anjoutey. — *Le Charmeau* (tabl. des dist.).

Charmées (Les), forêt, c⁽ⁿᵉ⁾ d'Évette.

Charmilles (Les), forêt, c⁽ⁿᵉ⁾ d'Éloye.

Charmois, en allemand Zarnwiller, c⁽ᵒⁿ⁾ de Belfort. — *Charmey*, 1317 (Trouillat, *Monum.* III, 257). — *Zanweiler*, 1500 (Als. ill. IV, 133). — *Zarma*, 1576 (Speckel). — *Charmois*, 1655 (cens. du chap. de Belfort). — Dép. de la mairie de Froide-Fontaine.

Charmois, cantons des territ. de Chavannes-les-Grands, Roppe et Sermamagny. — *Au Chermoy*, 1655 (cens. du chap. de Belfort).

Charpignotte, canton du territ. de Belfort.

Charpuis, prés, c⁽ⁿᵉ⁾ de Chèvremont.

Château (Le), usine, c⁽ⁿᵉ⁾ de Grandvillars.

Château-Ciseaux ou Sizo, roche près de Rougemont (Baquol).

Châtelain (Ruisseau du), c⁽ⁿᵉ⁾ du Puix, c⁽ᵒⁿ⁾ de Delle.

Châtelais, canton du territ. de Vézelois. — *En Chastellany*, 1655 (cens. du chap. de Belfort).

Châtelet, éc. c⁽ⁿᵉ⁾ de Saint-Germain. — *Capellam S. Germani in Castro*, xıᵉ siècle (Grandidier, *Hist. d'Als.* p. j; II, 76).

Châtelet, anc. f. c⁽ⁿᵉ⁾ de Valdieu (Cassini).

Châtelet (Le), éc. c⁽ⁿᵉ⁾ de Bavilliers. — *Castelet* (Dépôt de la guerre).

Châtelet (Le), h. c⁽ⁿᵉ⁾ d'Étueffont-Haut. — *Y Chastelard*, 1655 (cens. du chap. de Belfort). — *Le Chalet* (anc. cadastre).

Chatelle, canton du territ. de Bermont.

Chatelot (Le), canton du territ. de Trétudans.

Châtenois, en allemand Kestenholtz, c⁽ᵒⁿ⁾ de Belfort. — *Ecclesiam de Casteneyaco*, 1147 (Trouillat, I, 301). — *Ecclesiam de Castiney*, 1177 (ibid. 361). — *Schehteney*, 1241 (ibid. 556). — *Chastenois*, 1655 (cens. du chap. de Belfort). — Paroisse du décanat de Granges (Alm. d'Als. de 1783). — Prieuré réuni en 1435 à l'église collégiale de Montbéliard. — *Prieur de Chastenoy*, 1303 (reprise du fief de Roppe). — *Prioratus de Chateneyo.... Chatenajo ordinis S. Augustini*, 1435 (Als. dipl. II, 352-353).

Chef-lieu d'une mairie de la prévôté de Belfort, comprenant Vourvenans, Oye, Villars-le-Sec et Bermont. — *Meigertum Schatheney*, 1427 (comptes des seign. de Belfort et Rosemont).

Châtillon, h. c⁽ⁿᵉ⁾ de Beaucourt.

Chat-Pendu, forêt, c⁽ⁿᵉˢ⁾ de Sainte-Croix-aux-Mines et de Dorans.

Chatus, canton du territ. de Vézelois.

Chaude-Côte (La), h. c⁽ⁿᵉ⁾ de Fréland.

Chauderate, canton du territ. de Châtenois.

Chauderon, canton du territ. de Vézelois.

Chauffour, f. c⁽ⁿᵉ⁾ de Sainte-Marie-aux-Mines.

Chauffour, mont. entre Essert et Buc. — *Le Chauxfour* (anc. cadastre).

Chaume (La), forêt, c⁽ⁿᵉ⁾ de Gros-Magny.

Chaume-de-Lusse, f. c⁽ⁿᵉ⁾ de Sainte-Croix-aux-Mines.

Chaume-Mathieu (La), f. c⁽ⁿᵉ⁾ du Bonhomme.

Chaumotte, canton du territ. de la Chapelle-sous-Chaux.

Chaussée (La), en allemand Neuweg. — *Newen weeg*, 1568 (urb. de Landser). — Anc. commune composée des hameaux de Schäferhof, Löchle, Richertshäuser, Am Stutz, Dreihäuser, Haberhäuser et Liesbach, dissoute en 1830 et répartie entre les trois c⁽ⁿᵉˢ⁾ de Bartenheim, Blotzheim et Kembs.

Chaussée (Sous la), canton du territ. de Perouse. — *Soub la chaussé*, 1655 (cens. du chap. de Belfort).

Chauvenoche, h. c⁽ⁿᵉ⁾ du Puix, c⁽ᵒⁿ⁾ de Giromagny.

Chaux, en allemand Tscha, c⁽ᵒⁿ⁾ de Giromagny. — *Henricus sacerdos de Chas*, 1219 (Trouillat, *Monum.* I, 477). — *Zschas*, 1350 (urb. de Belfort). — *Chaulx*, 1601 (cens. du chap. de Belfort). — Paroisse du décanat de Granges. — Chef-lieu de la mairie du Haut-Rosemont (Rosenfelserthal) ou mairie du Val, comprenant Auxelles-Haut, la Chapelle-sous-Chaux, Éloye, Évette, Giromagny, Gros-Magny, le Puix, Rougegoutte, Sermamagny, Valdoye et Vescemont. — *Meigerthum von Schasz*, 1427 (comptes des seign. de Belfort et Rosemont).

Chauxrain, cant. du territ. de Sainte-Croix-aux-Mines. — Ce nom se retrouve germanisé sous la forme de *Schorain* à Oberlarg.

Chavanatte, en allemand Klein-Schaffnat, c⁽ᵒⁿ⁾ de Dannemarie. — *Klein-Chaffnat*, 1458 (Als. dipl. II,

392). — *Klein-Schafnat*, 1576 (Speckel). — *Chavanotte* (Cassini). — Dép. de la seign. de Florimont.

CHAVANNÉ, canton du territ. de Trétudans.

CHAVANNES-LES-GRANDS, en allemand GROSS-SCHAFFNAT, c^{on} de Dannemarie. L'ancien cadastre écrit aussi *Chavannes-les-Granges*. — *Zu grossen Chaffenat... Schaffenat*, 1458 (Als. dipl. II, 392-393); *G. Schafnat*, 1576 (Speckel); *Tschaffenat*, 1662 (Bern. Buechinger). — Dép. du domaine de Montreux.

CHAVANNES-SUR-L'ÉTANG, en allemand SCHAFFNAT AM WEYER, c^{on} de Fontaine. — *Schafnat Wiher*, 1576 (Speckel). — *Chavanne-sur-l'Estang*, 1655 (cens. du chap. de Belfort). — Dép. du dom. de Montreux.

CHAVON-DESSUS et CHAVON-DESSOUS, noms des deux parties du village de Meroux. — *Prelz de la Chappellate au Chavon*, 1655 (cens. du chap. de Belfort).

CHAVROTS (ÈS), canton du territ. de Trétudans.

CHEBLIN (LE), anc. f. c^{ne} du Bonhomme (Cassini). — *Schöibelins berg*, 1441 (urb. de Ribeaupierre). — *Au Chiblein* (anc. cadastre).

CHEMIN DE JULES CÉSAR, c^{ne} de Vourvenans.

CHÊNE (LE), h. c^{ne} de Fréland. — *Vff die Eiche*, 1441 (urb. de Ribeaupierre).

CHÊNEAU (SUR LA), f. c^{ne} d'Étueffont-Haut.

CHENÈVRES (LES), canton du territ. de Bermont.

CHENOIS, forêts, c^{nes} d'Auxelles-Haut, *y Chesnoy*, 1628 (cens. du chap. de Belfort), de Buc, *ès Chesnois*, 1656 (*ibid.*), de Fontenelle, de la Chapelle-sous-Rougemont, de Saint-Germain et de Vauthiermont.

CHENOR, h. c^{ne} de Fréland. — *Les Chenord* (Cassini). — *Au Chenore* (anc. cad.). — *Chenez* (tabl. des dist.).

CHÉSAL (ÈS), canton du territ. d'Urcerey.

CHÉSAL-DU-HAUT (LE), canton du territ. d'Évette. — *Le Chasaul-du-Hault*, 1655 (censier du chap. de Belfort).

CHÉSAUX (LES), canton du territ. d'Éloye. — *Les Châsales* (anc. cadastre).

CHÉSAUX (LES), canton du territ. de Roppe.

CHÉSAUX (LES), f. c^{ne} de Fontaine. — *Cense des Cheseaux* (anc. cadastre).

CHÉSAUX (LES), f. c^{ne} de Montreux-Jeune. — *Les Chanseaux* (Cassini).

CHÉSAUX-SUR-LES-BEUSSES (LES), canton du territ. de Bretagne.

CHESSEAUMARTIN (ZU), lieu cité en 1478 entre Frais et Chavanatte (Als. dipl. II, 392).

CHESTION ou GESTION, h. c^{ne} de la Baroche. — *Le Gestion* (anc. cadastre).

CHÈVREGOUTTE, canton du territ. du Bonhomme. — *Chivregoutte* (anc. cadastre).

CHÈVREMONT, en allemand GEISENBERG, c^{on} de Belfort. — *Theodericus de Chyurimonte*, 1105 (Trouillat, I, 221). — *De Capra monte*, 1177 (*ibid.* 361). — *Johannes de Geissinberch*, 1235 (*ibid.* II, 50). — *Geisperg*, 1576 (Speckel). — *Chieuremont*, 1655 (cens. du chap. de Belfort). — Au xve siècle, paroisse du décanat du Sundgau.

Ancien chef-lieu de mairie, *in dem Meiertvon ze Geisenberg*, 1303 (Trouillat, III, 64). — Dépendait en dernier lieu de la haute mairie de l'Assise.

CHEVRIS, prés, c^{ne} d'Offemont.

CHEVROTTES (LES), canton du territ. de Buc.

CHIAIGAYAS, f. c^{ne} d'Orbey. — *Chiegaya* (anc. cadastre).

CHINGLINS (LES), mont. c^{ne} de Felon. — *La montagne de Chinglins* (anc. cadastre).

CHINGUELIER, forêt, c^{ne} de Levoncourt.

CHINTRE (LA), canton du territ. de Froide-Fontaine.

CHINTRES DES AIGES (LES), canton des territ. d'Eschêne-Autrage et de Charmois.

CHISSAIT, mont. c^{ne} de Fréland. — *Chisée* (anc. cad.).

CHOÉ, h. c^{ne} de Fréland. — *Choée* (anc. cadastre).

CHRISCH, mont. c^{ne} d'Oberlarg. — *Christwald*, mont. c^{nes} de Winckel et de Ligsdorf. — *Auf Krist*, 1330 (reg. de Lucelle). — *Neben der Christ-halden*, 1431 (*ibid.*). — Ce nom est l'équivalent du français *Cret*, anciennement *Crest*.

CHRISTBRUNNEN, source, c^{ne} de Ribeauvillé. — *Kristburne*, 1475 (reg. des domin. de Colmar).

CHRISTOFFELTHAL, canton du territ. de Soultzbach.

CIMETIÈRE JUIF (LE), en allemand JUDENGOTTSACKER, c^{nes} de Hegenheim, Herlisheim, Rixheim, et ham. de la c^{ne} de Jungholtz.

CITÉ (LA), éc. c^{ne} de Mulhouse.

CITÉ (LA), éc. c^{ne} de Walbach (c^{on} de Wintzenheim).

CITRA RHENUM, décanat ou archiprêtré de l'anc. dioc. de Bâle. — *Archidiaconum citra Rhenum*, 1265 (Trouillat, III, 672). — Au xve siècle, il comprenait Balgau, Bantzenheim, Biesheim, Biltzheim, Blodelsheim, Butenheim, Dessenheim, Dintzheim, Fessenheim, Hammerstatt, Heitern, Hirtzfelden, Hombourg, Kembs, Kuenheim, Logelnheim, Münckhausen, Niederhergheim, Oberhergheim, Obersaasheim, Ödenburgheim, Ottmarsheim, Roggenhausen, Rumersheim, Ruochsheim, Sainte-Croix-en-Plaine, Sappenheim, Sundhofen, Volgelsheim, Woffenheim et Wolfgantzen (Lib. marc.).

CLAICHIÈRES (LES), cantons des territ. d'Andelnans et de Bavilliers. — *En la Clechiere*, 1655 (cens. du chap. de Belfort).

CLAIRCHÊNES, forêt, c^{ne} d'Offemont.

CLAUBACH, ruiss. c^{ne} de Krüth, affl. du Glasserruntz.

CLÄUSERNMATTEN, prés, c^{ne} de Bisel.

CLAUSMATT, f. c^ne de Ribeauvillé.
CLAUSSER (IM), canton du territ. de Zimmersheim.
CLAUSTRÉS (AUX), cant. du territ. de Joncherey.
CLAVERIE (LA), cant. du territ. de Courtavon.
CLAVET (CENSE DE), f. c^ne de Belfort (anc. cadastre).
CLAVIÈRE (LA), ruiss. qui vient de Perouse et se réunit à l'Autruche en aval de Chèvremont. — *Clavelière* (cadastre).
CLEF, canton du territ. d'Urcerey.
CLEFSGETS (LES), cantons des territ. de Sevenans et de Leupe.
CLOÎTRE (SUR LE), canton du territ. de Meroux. — *Sur le Cloistre*, 1655 (cens. du chap. de Belfort).
CLOSÉ (AU), cantons des territ. de Chèvremont et de Vourvenans.
CLOSEN (IM), 1567, à Rimbach (terr. de Massevaux).
CLOSERIE (LA), f. c^ne du Bonhomme. — *La Glaserie* (Cassini). — *La Quioserie* (anc. cadastre). — *La Guioserie* (carte hydr.).
CLUDE (LA), cant. du territ. de la Chapelle-sous-Chaux.
CLUSBACH, ruiss. c^ne de Lautenbach-Zell, affluent du Seebach.
CODANGOUTTE, f. c^ne de Fréland. — *Coudongoutte* (anc. cadastre).
CODOMONT, f. c^ne de Fréland. — *Am Goldenberge*, 1441 (urb. de Ribeaupierre). — *Caudemont* (anc. cad.).
CŒURVÉ ou KEURVÉ, f. c^ne de Fréland. — *Curvée* (Cassini). — *Champs grevés* (anc. cadastre).
COINAIE (LA), cantons des territ. de Botans, Chavannes-sur-l'Étang et Eschêne-Autrage.
COINAT ou COGNARD, cantons des territ. d'Oberlarg et de Réchésy.
COINET ou CAGNÉ, canton du territ. d'Argiésans. — *Au Coignet*, 1655 (cens. du chap. de Belfort).
COINOT, CAGNIOT, CANIOT, CUGNOT, cantons des territ. d'Andelnans, Danjoutin, Froide-Fontaine, Offemont et Vourvenans.
COIRES (ÈS), ÉCOIRES, COIRÉE, COIRON, cantons des territ. d'Argiésans, Buc, Trétudans et Vézelois.
COLLES OTTONIS, en allemand OTTENSBÜHL, vulgairement *Hattstatter-Buckel*, coll. à Hattstatt, qui séparait les deux décanats ou chapitres ruraux de *citra Ottensbühl* et d'*ultra Ottensbühl*, dépendant du diocèse de Bâle. — *Nidwendig dem Otensbühel... ultra Otinspoele*, 1359 (Mone, *Zeitschrift*, IV, 473). — *Bis an den Orthmannsbühl*, 1734 (rôle de Kientzheim).

D'après le *Liber marcarum*, ces décanats étaient composés, au XVe siècle, de la manière suivante :

1° ULTRA COLLES OTTONIS, *decane et camerarie archidyaconatus ultra Otensbühel*, 1296 (Trouillat, II, 624). — *H. plebanus Columbariensis et archipresbiter ultra Otensbühel*, 1300 (ibid. 693). Les limites de ce décanat sont ainsi décrites en 1400 : *Von dem Ekhenbach untz an den Ottenspül und von dem Blindach untz an die Fürst* (Als. dipl. II, 307). Les localités incorporées dans ce décanat sont : Alspach (monastère), Ammerschwihr, Andolsheim, la Baroche, Beblenheim, Bennwihr, Bergheim, Bischwihr, Colmar, Deinheim, Eguisheim, Ellenwiller, Fréland, Girsperg, Guémar-le-Bas, Guémar-le-Haut, Herlisheim, Hohenack (château), Holtzwihr, Horbourg, Houssen, Hunawihr, Hüsseren, Ingersheim, Katzenthal, Katzenwangen, Kaysersberg, Kientzheim (Sainte-Régule), Kientzheim-le-Haut, Lengenberg, Man, Meywihr, Mittelwihr, Mühlbach, Munster, Niedermorschwihr, Obermorschwihr, Orbey, Ostheim, Päris (monastère), la Poutroye, Reggenhausen, Ribeaupierre, Ribeauvillé, Riquewihr, Roderen, Rorschwihr, Saint-Nicolas-de-Syle (prieuré), Schoppenwihr, Sigolsheim, Soultzbach, Thannenkirch, Turckheim, Walbach, Wasserbourg, Wettolsheim, Wihr-au-Val, Wihr-en-Plaine, Winbach (monastère), Wintzenheim, Zellenberg et Zimmerbach.

2° CITRA COLLES OTTONIS, *archidiacon. citra Otensbuhel*, 1256 (Als. dipl. I, 418). — *Rudolphus archidiaconus citra Otensbuhel*, 1259 (ibid. 427). — *Decanus citra Otensbühel*, 1333 (Trouillat, III, 425). — Les localités incorporées dans ce décanat sont : Atschwiller, Baldersheim, Battenheim, Bergholtz, Berrwiller, Cernay, Ensisheim, Feldkirch, Gueberschwihr, Guebwiller, Gundolsheim, Hartmannswiller, Hattstatt, Höwenstein, Isenheim, Jungholtz, Kingersheim, Machtolsheim, Meyenheim, Mittelentzen, Munwiller, Niederentzen, Oberentzen, Orschwihr, Ossenbach, Ostein, Pfaffenheim, Pulversheim, Rädersheim, Reguisheim, Rouffach, Ruelisheim, Sausheim, Schauenberg, Soultz, Soultzmatt, Staffelfelden, Steinbach, Suntheim, Uffholtz, Ungersheim, Vögtlinshofen, Wattwiller, Westhalten, Wintzfelden, Wittenheim et Wuenheim.

COLLONGE (LA), c^ne de Fontaine. — *Golonsi*, 1576 (Speckel). — Le ban de cette commune était commun avec celui de Phaffans.

COLMAR, chef-lieu du départ. et de l'arrond. de son nom. — *De Genitio Columbrensi*, VIIIe siècle (Als. ill. III, 411, d'après Notker, *De bellis Caroli Magni*). — *Ad fiscum nostrum nomine Columbarium*, 823 (Als. dip. I, 69). — *Columb*, 833 (Ann. Bert. apud Duchesne, III, 189). — *Data Cohlambur*, 833 (Grandidier, *Hist. d'Als*. p. j. I, 73). — *In villa et marcha Columbaria*, 865 (Als. dipl. I, 474) — *Villa Cholonpurum*, 884 (Als. ill. III, 411) — *In Alsatia in loco qui vocatur Coloburg*, 884

(Struvius, in *Script. rerum Germ.* I, 56). — *Act. Cholembra curte imperiali*, 884 (Eccard, *Rer. Francic.* II, 890). — *Act. in villa Columbario*, 886 (Grandidier, *Hist. d'Alsace*, p. j. I, 97). — *In Columbra unam hubam*, 903 (Als. dipl. I, 101). — *Cholumbra*, 959 (*ibid.* 114). — *Columbaria*, 983 (*ibid.* 132). — *Columbir*, 1178 (*ibid.* 483). — *Kolmere*, 1184 (*ibid.* 281) — *Civitatis Columbariensis*, 1226 (*ibid.* 356). — Paroisse du décanat d'*ultra colles Ottonis* (Lib. marc.). — Ville libre impériale.

Chef-lieu d'une subdélégation de l'intendance d'Alsace, comprenant les bailliages de Thann, Ollwiller, Bas-Landser, Bollwiller, Ensisheim et Sainte-Croix, Horbourg et Riquewihr, Ribeauvillé, ville et vallée de Munster, ainsi que les villes de Colmar, Turckheim, Kaysersberg et Neuf-Brisach.

Colmar renfermait : 1° le prieuré de Saint-Pierre : *Eccles. S. Petri superioris curie Columbariensis*, 1185, (Als. dipl. I, 284). — *Ecclesia S. Petri in Columbaria*, 1251 (*ibid.* 406); — 2° le chapitre collégial de Saint-Martin : *Dilectis filiis præposito et capitulo S. Martini de Columbariis*, 1234 (Trouillat, I, 538); — 3° une commanderie de l'ordre de Saint-Jean, dépendant de celle de Soultz : *Hospitali S. Johannis Jerosolimitani*, 1234 (Rev. d'Als. II, 234). — *Commendator domus hospitalis S. Johannis Jerosolim. in Columbaria*, 1293 (Als. dipl. II, 59); — 4° le couvent des dominicaines d'Unterlinden : *Domine de S. Joanne subtilia*, 1252 (Ann. de Colmar, 18). — *Hedwigis priorissa monasterii S. Johannis sub Tilia in Columbaria*, 1273 (Trouillat, II, 234). — *Venerabilium dominarum religiosarum dictarum de Undirlinden*, 1289 (*ibid.* 469). — *Das closter S. Johannis des Tauffers sonsten Undterlinden genandt anno 1232 gestüfftet*, 1724 (Mossman, *Chron. Gueb.* 10); — 5° un hôpital des pauvres : *Hospitali Sancti Spiritus sito in Columbaria... fratres Hospitalis in Columbaria*, 1255 (Rev. d'Als. II, 235). — *Hospitale pauperum in Columbaria*, 1288 (Als. dipl. II, 39); — 6° une léproserie, en allemand *Gutlüthus* : *Apud domum leprosorum*, 1259 (Mone, *Zeitschr.* VI, 321). — *Capel. leprosorum extra muros*, xvi° s° (Trouillat, III, *Notes*, 215). — *Das Gutleuth-Haus*, 1632 (*Belag. von Colmar*, 29); — 7° une maison de refuge, ou *Elendherberg*, pour les pèlerins et les pauvres sans asile : *Nagedengastes hûs*, 1291 (Rev. d'Als. II, 244); — 8° un couvent de dominicains : *Edificia fratrum nostrorum (predicatorum) in Columbaria*, 1278 (Als. dipl. II, 17); — 9° un couvent de franciscains ou récollets : *In ecclesia Fratrum Minorum*, 1282 (Trouillat, II, 355). — *Mindern Brüder Barfüsser*, dépendant de la custodie de Strasbourg, 1580 (Wurstisen, *Basl. Chron.* 121); — 10° un couvent d'augustins : *Fratres Eremitarum ordinis S. Augustini*, 1316 (Trouillat, III, 231); — 11° le couvent des catherinettes : *Monastère de Sainte-Catherine*, à Colmar, 1343 (Trouillat, *Monum. reg.* III, 808); — 12° un couvent de capucins, fondé en 1697.

COLMARSBRUNN, source, c^{ne} de Steinbrunn-le-Bas.

COLN, anc. vill. réuni à Wesserling. — *Zu Cöllmen, Cölmen, Kellman, Collman zehenden*, 1550 (urb. de Saint-Amarin). — Voy. WESSERLING.

COLOMBIÈRE (LA), canton du territ. de Belfort.

COLOMONIS, coll. c^{ne} de Blotzheim. — *Colmonis*, 1568 (urb. de Landser).

COLOWEYER, anc. étang, c^{ne} de Colmar, vers Sainte-Croix-en-Plaine.

COMBALLES, forêt, c^{nes} de Beaucourt et de Lebetain.

COMBANCÉS, canton du territ. de Moval. — *En Combancey*, 1655. — *En Combansi*, 1700 (censier du chap. de Belfort).

COMBATTE (LA), vallon, c^{ne} de Levoncourt.

Ce nom est fort répandu, surtout dans la partie française de l'arrondissement de Belfort. Il se rencontre aussi au pluriel, comme : *Ès-Combattes*, 1655 (cens. du chap. de Belfort), à Bauvillars; *les Écombattes*, à Dorans, etc. Il se retrouve également germanisé dans la partie allemande du département, sous la forme de *Gumbet*, à Moos, etc. cependant l'équivalent allemand *Gründelin* le remplace généralement dans l'arrondissement de Mulhouse : ainsi à Winckel, etc.

COMBAUX (LES), canton du territ. de Bavilliers. — *En la pied des Combaux*, 1602 (censier du chap. de Belfort).

COMBE (LA), f. c^{ne} de Fréland.

Ce nom, comme celui de Combatte, est fort répandu dans les communes françaises; ainsi : *la Combe*, à Danjoutin, 1655 (cens. du chap. de Belfort); *la Combe*, à Moval, 1655 (*loc. cit.*); *en la Combe*, à Vézelois, 1655 (*ibid.*); *chemin de la Combe*, à Meroux, etc. Il se retrouve de même germanisé dans les communes allemandes, sous la forme de *Gumme*, à Fülleren et à Mörnach; — *Gumme*, à Pfetterhausen; *in dem Cumben*, 1299 (reg. Lucell.); — *Gumben*, à Winckel; *die Goumbe* (anc. cadastre); — *Im Gumpen*, à Liebsdorf, 1318 (reg. Luc.), etc. Cependant, ici encore, l'équivalent allemand *Grund* devient plus commun au fur et à mesure que l'on s'éloigne des limites de la langue française; ainsi : *im Grund*, à Ligsdorf, à Biederthal, à Berentzwiller, à Heywiller, etc.

COMBE-AU-CLERC, canton du territ. de Meroux.
COMBE-LA-DAME, canton du territ. de Cravanche.
COMBE-L'AGATHE, ruiss. c^{ne} d'Oberlarg, affluent de la Largue.
COMBERNARD, f. c^{ne} d'Auxelles-Bas.
COMBERUE, cantons des territ. de Fêche-l'Église et de Perouse.
COMBES (LES), f. c^{ne} de Belfort (anc. cadastre).
COMBES-FINS (LES), ruiss. c^{ne} de Rougemont.
COMBOIS (LE), ruiss. c^{nes} d'Auxelles-Bas, la Chapelle-sous-Chaux et Chaux.
CONAILLE (LE CREUX DE LA), canton du territ. d'Essert.
CONATTE (LA), h. c^{ne} d'Orbey.
CONCENTRIE, forêt, c^{ne} de Rièrevescemont.
CONCHES, cantons des territ. d'Essert, Rougegoutte, Sévenans, et de Leupe, à Valdoye. — *Es Conches... le prelz des Conches*, 1655 (cens. du chap. de Belfort).
CONDEMINE (LA), prés, c^{ne} de Delle. — *Von der Condemes ze Taterriet*, 1394 (urb. des pays d'Autr.). — *La Condemaine*, 1563-1636 (inv. des arch. dép. C, 55). — *Les Condomines*, 1786 (Rev. d'Als. de 1863, p. 43).
CONEZ (LE), f. c^{ne} de la Madeleine.
CONIT (EN), canton du territ. d'Urcerey.
CONRADSHURST, canton du territ. de Magstatt-le-Haut. — *Dass Cuenradsshürst*, 1568 (urb. de Landser).
CONTREBISCHEN, canton du territ. de Winckel.
CONVERSE, forêt, c^{ne} de Dorans.
CORBAIS (LES), canton du territ. de Botans.
CORBERY, ruiss. c^{nes} de Courtavon et de Levoncourt, affluent de la Vendeline, en Suisse. — *Courbery* (carte hydr.).
CORBIÈRES (LES), canton du territ. de Grandvillars. — *L'Écorbierre* (anc. cadastre).
CORCHAMPS, canton du territ. de Courtavon.
CORCHEVET, forêt, c^{nes} de Saint-Dizier et de Banvillars. — *Les Courchevets* (anc. cadastre).
CORNÉES (LES), forêt, c^{nes} de Florimont, Châtenois, Frais, Offemont, Perouse, Sévenans et Urcerey.
CORNEILLES (ÈS), canton du territ. de Vézelois.
CORNETTE (LA), canton des territ. d'Essert et de Perouse.
COSTILLIÈRE (LA), canton du territ. de Belfort.
CÔTE (LA), h. c^{ne} de Sainte-Marie-aux-Mines.
CÔTE (LA), h. c^{ue} du Puix, c^{on} de Giromagny.
COTEAU-JUIF, forêt, c^{ne} de Croix.
COTEAU-SAUNIER, cant. du territ. de Delle.
COUCHONS, canton du territ. de Meroux. — *En couchon... Conchon*, 1655 (cens. du chapitre de Belfort).
COUDRAY (LE), mont. c^{ne} d'Essert. — *Coudret*, var.

COURBE-CHAUSSÉE (ÉTANG DE LA), c^{nes} de Sermamagny et de la Chapelle-sous-Chaux.
COURBEROIE, forêt, c^{ne} de Bourogne.
COURBIÈRE, canton du territ. de Saint-Côme.
COURCELLES, en allemand KUNZELL, c^{on} de Delle. — *Corcelles*, 1170 (Trouillat, I, 350). — *In banno villœ de Curscelles seu Conscelle*, 1291 (ibid. II, 496). — *Dom. Petri curati de Corcellis*, 1295 (id. II, 593). — *Kürzel*, 1303 (id. III, 61). — *Voyllaume de Corcelles*, 1346 (id. III, 586). — *Gursula*, 1644 (Merian, Top. Als. carte). — Paroisse du décanat de l'Ajoye (Alm. d'Als. de 1783). — Dép. de la seign. de Florimont. — Ancienne mairie. — *Meygertum Kurzelle*, 1394 (urb. des pays d'Autr.)
COURCHAMPOIS, canton du territ. de Florimont.
COURNOT, cantons des territ. de Novillard et d'Urcerey.
COURONNE (LA), ruiss. c^{ne} de Romagny, c^{on} de Dannemarie, affl. de la Lutter.
COURTAIGE, canton du territ. de Montreux-Château.
COURTAVASON, anc. pâturage, c^{ne} de Grandvillars.
COURTAVON, en allemand ODENDORF, c^{on} de Ferrette. — *G. de Corchaton*, 1286 (Trouillat, II, 438). — *Waltherus Dapifer de Ottendorf*, 1345 (ibid. III, 573). — Paroisse du décanat de l'Ajoye (Lib. marc.). — Dépendait de la seigneurie de Morimont. — Ancien château. — Faisait partie, en dernier lieu, du baill. de Delle.
COURTELEMENT, canton du territ. de Moval.
COURTELEVANT, en allemand HEBSDORF, c^{on} de Delle. — *Curati de Courteleuans*, 1294 (Trouillat, II, 574). — *Dom. Petri curati de Courteleuans*, 1295 (ibid. 593). — *In dem Banne ze Herbestorf*, 1303 (ibid. III, 61). — *Johannes de Curteleuan*, 1313 (ibid. 187). — *Herpstorff*, 1576 (Speckel). — Paroisse du décanat de l'Ajoye (Alm. d'Als. de 1783). — Dép. de la seign. de Florimont.
COURTESIÈRES, canton du territ. d'Eschêne-Autrage.
COYE (LA), forêt, c^{ne} d'Andelnans. — *Bois de la Quoye* (anc. cadastre).
CRABIOTTE (SOUS LA), canton du territ. de Bavilliers.
CRAIN (AU), 1586-1607, à Argiésans et à Chèvremont (cens. du chap. de Belfort).
CRAINTOLE (LA), ruiss. c^{ne} de Lièpvre.
CRAN (LE), canton des territ. de Châtenois et de Bessoncourt. — *Sur le Cren*, 1620 (censier du chap. de Belfort).
CRAS (AU), canton du territ. de Florimont.
CRAS (LE), h. c^{ne} de la Baroche.
CRASSE, canton. — Voy. CRAX (LE).
CRATSCH (LES), étang et ruiss. c^{ne} de Foussemagne. — *Étang des Craches* (anc. cadastre).
CRAVANCHE, c^{on} de Belfort. — *Gauersch*, 1576 (Spec-

kel). — *Cravoinche*, 1594-1655 (cens. du chap. de Belfort). On écrivait aussi *Crauwelsch*. — Chef-lieu d'une mairie de la prévôté de Belfort, dont Bavilliers faisait partie. — Ancien château.

CRAX (LE) ou CRASSE, canton du territ. de Bavilliers.

CRAZ, canton du territ. de Goldbach, cité en 1135 (Als. dipl. I, 211).

CRET-ET-TREPONT (LE), h. c^{ne} de Beaucourt.

CRETS (LA CHAPELLE DE), c^{ne} de Courcelles. — *Im Cret*, 1544 (urb. des redevances en deniers de Mulhouse).

CRETSCHI, ruiss. c^{ne} de Sainte-Marie-aux-Mines. — *Kretschy* (carte hydrogr.). — *Im Gretschy* (ancien cadastre).

CRETSCHIBERG, mont. c^{ue} de Sainte-Marie-aux-Mines.

CRETY (AU), cantons des territ. d'Argiésans et de Chèvremont.

CREUSE (LA), canton du territ. d'Étueffont-Haut. — *Sur la Creusse*, 1655 (cens. du chap. de Belfort).

CREUSEPRÉ, h. c^{ne} de Lièpvre.

CREUSOT (LE), canton du territ. d'Auxelles-Bas.

CREUX (LES), ÉCREUX ou ÉCRET, cantons des territoires d'Andelnans, Belfort, Chèvremont, Danjoutin et Urcerey.

CREUX-D'ARGENT, f. c^{ne} d'Orbey. — *Croix-d'Argent* (tabl. des distances).

CREUX-DE-LOUP, en allemand WOLFLOCH, mont. entre Courtavon et Oberlarg.

CREUX-DU-RENARD, canton du territ. de Florimont.

CREVÉ (EN), canton du territ. de Trétudans. — *En Crevey*, 1656 (censier du chap. de Belfort). — Voy. COEURVÉ.

CRISCHONLISACKER, canton du territ. de Saint-Louis.

CRISPINGEN, anc. vill. — La commune actuelle de Walheim est divisée en deux sections par la rivière d'Ill : celle de droite portait anciennement le nom de Rolingen, et celle de gauche le nom de Crispingen. A Aspach, un chemin a conservé jusque dans ces derniers temps le nom de *Crispingerweg*. — Au XVe siècle, paroisse du décanat du Sundgau (Lib. marc.). — *Herre Heinrich von Kryspingen... Ze Krispingen*, 1421 (rôles de Saint-Morand): — *In ecclesia parochiali Crisping nunc autem villa Walheim*, 1440 (Trouillat, *Monum.* II, CXXXII).

CRISTÉS (LES), h. c^{ne} de la Baroche. — *Christey* (anc. cadastre).

CROISATTES (LES), cantons des territ. de Dorans et de Sermamagny. — *Au hault de la Croissatte*, 1655 (cens. du chap. de Belfort).

CROISÉE-DES-ROUTES (LA), en allemand DIE KREUZSTRASSE, dép. de Cernay.

CROISÉE-DES-ROUTES (LA), en allemand DIE KREUZSTRASSE, dép. de Rixheim.

CROISETTE (LA), cantons des territ. d'Essert et de Roppe.

CROIX, c^{on} de Delle. — *Ad Crucem*, vers 672 (actes de Saint-Dizier; Trouillat, I, 58).—*Ad Crucem*, IXe s^e (Grandidier, *Hist. d'Als.* p. j. II, 89). — *Ecclesiam de Cruce ... Waltherus de Cruce*, 1232 (Trouillat, I, 525). — *Daz torf ze Krütz*, 1303 (*ibid.* III, 63). — Dépendait de la mairie de Saint-Dizier.

CROIX-DU-BAN (LA), c^{nes} des territ. d'Essert et de Meroux.

CROIX DU TILLEUL (LA), c^{ne} de Belfort.

CROSAT, CROZAD ou GROSATE, cantons des territ. de Chèvremont, Meroux et Vauthiermont.

CROSE (LA), cantons des territ. de Sévenans et de Vourvenans.

CUBERIE, forêt, c^{nes} de Chavannes-sur-l'Étang et de Valdieu. — *La Coperie* (anc. cadastre).

CUISSEGNATS, canton du territ. de Joncherey.

CUIVRERIE (LA), usine, c^{ne} de Niederbruck.

CUIVRERIE (LA), usine, c^{ne} de Weegscheid.

CULENSEYM, anc. vill. cité, en 1185, avec Ernwiller, au canton de Cernay. — *Quicquid habebant in villa de Culenseym, in grangia que dicitur Anewilre* (parch. de Lucell.).

CUMENAILLE, forêt, c^{nes} de Bermont et de Dorans.

CUMERILLE (LA), canton du territ. de Fêche-l'Église.

CUNELIÈRE, en allemand LÖFFELDORF, c^{ne} de Fontaine. — *Von Küniglieren*, 1566 (urb. des redevances en deniers de Mulh.). — *Queneliere*, 1655 (cens. du chap. de Belfort). — *Kunglieu*, 1662 (Bern. Buechinger. — *Cunelières*, 1860 (Dict. des postes). — Dépendait du domaine de Montreux.

CUNNEMÈNE, h. c^{ne} de Banvillars.

CURTIL-PERSIL, forêt, c^{nes} d'Auxelles-Haut et du Puix. — *Le Curty-Persy* (anc. cadastre).

CURTIL-RAPPÉ, canton du territ. de Vézelois. — *Ès Curtils-Rappel*, 1655 (cens. du chap. de Belfort).

D

DACHSBRUNN, source, c^{ne} de Colmar. — *Tagsburn*, 1475 (reg. des domin. de Colmar).

DACHSBÜHL, m. forestière, c^{ne} de Colmar.

DACHSBÜHL, cantons des territ. de Sainte-Croix-en-Plaine et de Bischwihr.

DACHSHUBEL, tumulus, c^{ne} de Wittenheim.

DAGSBURG. D'après la chronique de Berler, c'est le nom du plus grand des trois châteaux d'Eguisheim (Als. ill. III, notes, 299).

DAHALTEN, canton du territ. de Kiffis.

DALMATTENBERG, coll. c^{ne} de Kappelen.

DAMBERG, coll. c^{nes} de Brunstatt et de Hochstatt. — *Am Thanberg*, 1553 (reg. des préb. de Mulhouse).

DAMMERKIRCH, c^{ne}. — Voy. DANNEMARIE.

DAMMERSRITT, canton du territ. de Ligsdorf.

DANGELBERG, mont. c^{ne} de Hüsseren, canton de Saint-Amarin.

DANICOUTTE, f. c^{ne} de Sainte-Croix-aux-Mines.

DANJOUTIN, c^{on} de Belfort. — *Prope Dampnum Justinum*, 1317 (rôle de la seign. de Belfort). — *Danjustin*, 1342 (Als. dipl. II, 175). — *Danso*, 1576 (Speckel). — *Dampjustin*, 1680 (cens. du prieuré de Meroux). — Paroisse du décanat de Granges (Alm. d'Alsace de 1783). — Dépendait de la grande mairie de l'Assise.

DANNECK, coll. c^{ne} de Wallheim.

DANNEMARIE, en allemand DAMMERKINCH, chef-lieu de canton, arrond. de Belfort. — *Domna Maria*, 823 (Als. dipl. I, 70). — *Danamarachiricha*, 1016 (Als. dipl. I, notes, 150). — *Domarkilke*, 1278 (Trouillat, II, 283). — *Petrus de Damerkilch*, 1289 (ibid. 469). — *Tammerkilch*, 1629 (rôle de Balschwiller). — Paroisse du décanat de Massevaux (Alm. d'Alsace de 1783). — *En la paroche de Dammerskirich*, 1530 (Mone, *Zeitschrift*, XI, 341). — *Kilchgang Thamerkilch, Gumerstorff, Reczweiller, Ellpach, Wolfferstorf, Manspach*, 1578 (Stoffel, *Weisth*, 30).

Chef-lieu d'une mairie de l'avouerie de Traubach, comprenant Ellbach, Gommersdorf, Retzwiller et Wolfersdorf. — *Dez amptez ze Thomarkilch*, 1303 (Trouillat, *Monum.* III, 60). — Cimetière fortifié. — *Dammerkilch vnd den vesten Kirchhof daselbst*, 1580, cit. ann. 1428 (Wurstisen, *Basl. Chron.* 247). — Cour colongère, dont les appels étaient portés à Guewenheim (*Alsatia* de 1854-1855, p. 54 et 58).

DAREIN, forêt, c^{ne} d'Urbès.

DARENSEE, lac, c^{ne} de Sultzeren. — *Daren See*, 1576 (Speckel). — *Darensee*, 1644 (Merian, *Top. Als.* carte). — *Grünen See* (*Alsatia* de 1856-1857, p. 136).

DASENBERG, forêt, c^{ne} de Bergheim.

DATTENRIED, c^{ne}. — Voy. DELLE.

DAVIDSBRÜNNLEN, source au Müntzberg, c^{ne} de Mulhouse.

DAWEIDBÄCHLE, ruiss. c^{ne} d'Isenheim.

DÉBATS (LES), forêt, c^{ne} de Châtenois.

DÉCAPOLE (LA), était formée des villes libres et impériales d'Alsace, savoir : Colmar, Haguenau, Kaysersberg, Mulhouse, Munster, Obernay, Rosheim, Schelestadt, Turckheim et Wissembourg. — L'alliance de ces villes commença à se former dès 1353 (Als. ill. V, 12).

DECKWILLER, vill. détr. près de Reiningen, dont il ne reste plus que la chapelle de Saint-Romain. — *Dechunwilre*, 1216 (cart. de Murbach). — *Deckenwilre*, 1299 (Mone, *Zeitschrift*, XI, 324). — *Dekenuuiler*, 1333 (Trouillat, III, 423). — *Deckhweiler*, 1577 (rôle de Reiningen). — Cour colongère, dont les appels étaient portés à Aspach-le-Haut (*Alsatia* de 1854-1855, p. 40).

DEINHEIM, vill. détr. près de Colmar. — *Teinheim... Theinhein*, 1259 (Mone, *Zeitschrift*, XI, 321). — *Villam Teigenheim*, 1269 (Als. dipl. I, 463). — *Das torf ze Theigenheim*, 1303 (Trouillat, III, 44). — *S. Theinheim*, 1643 (Hunckler, *Gesch. Colm.* carte). — Au XVe siècle, paroisse du décanat d'*ultra colles Ottonis* (Lib. marc.). — Un faubourg de Colmar a été appelé du nom de ce village. — *Deinheimer Vorstadt*, 1362 (Mone, *Zeitschrift*, V, 248).

DELL (IM), canton du territ. d'Oberlarg.

DELLE, jadis DELLE-SUR-JONCS, en allemand DATTENRIED, chef-lieu de canton, arrond. de Belfort. — *Datira... seu quicquid in ipso fine Datarinse*, 728 (Als. dipl. I, 9). — *Dadila que, id est Dadenriet*, 913 (ibid. 111). — *Avocria de Daile*, 1226 (ibid. 355). — *Ottomiles de Diele*, 1232 (Trouillat, *Monum.* I, 525). — *Villam Tatenriet*, 1232 (Als. dipl. I, 367). — *L'Avoerie de Deyle*, 1282 (Trouillat, II, 352). — *In oppido de Tannenriet*, 1284 (Mone, *Zeitschrift*, IV, 359). — Paroisse du décanat de l'Ajoye (Alm. d'Alsace de 1783). — Ancien château. — *In villa seu castro nostro de Dela*, 1340 (Als. dipl. II, 170).

Chef-lieu d'une seigneurie relevant du comté de Ferrette (Als. dipl. IV, 125), et plus particulièrement de la seigneurie de Belfort (ibid. 117). — *In dem ampte ze Tatenried*, 1303 (Trouillat, III, 60). — Seigneurie de Delles, 1659 (ordonn. d'Als. I, 18). — Cette seigneurie était subdivisée en domaines ou seigneuries particulières, savoir : ceux de Delle, de Florimont, de Montreux et de Grandvillars, plus la mairie de Suarce.

Chef-lieu du domaine ou seigneurie particulière de Delle, comprenant les mairies de Bourogne, Favérois, Froide-Fontaine, Grandvillars, Joncherey, Réchésy, Saint-Dizier et Seppois-le-Haut, plus la mairie ou la paroisse de Grosne.

Après l'organisation de l'intendance d'Alsace,

Delle fut le chef-lieu d'un bailliage de la subdélégation de Belfort.
Cour colongère. — *Dizselben Kilchen alle* (Bure, Croix, Delle, Essert, Montbouton, Saint-Dizier, Sainte-Suzanne) *hörent in den Dinghof ze Tatenriet*, 1303 (Trouillat, III, 64).

Delly, canton du territ. d'Ensisheim.

Demberg, mont. c^{ne} de Bühl (Durrwell). — *Am Tennenberg*, 1453 (cart. de Murbach).

Demering, canton du territ. d'Obermorschwiller.

Dengenberg, mont. c^{ne} de Felleringen.

Dennach, village détruit près de Hausgauen et de Schwoben, dont il ne reste plus qu'une chapelle dite *zur St Priscen* ou *die Britzge* et des cantons dits *Altenacherholtz* et *Altenachfeld* ou *Alt Demachfeld*. — *Heiczli von Tennach*, 1421 (rôles de Saint-Morand).

Dennebühl, canton du territ. de Wettolsheim. — *Am Tennebuhel*, 1487 (urb. de Marbach).

Dennenberg, mont. c^{ne} de Kirchberg. — *Dannberg*, 1568 (terr. de Massevaux).

Dennerhäuslen, canton du territ. d'Eguisheim. — *Im Thennerhaeuszlen*, 1682 (rôles d'Eguisheim). — *Thännerhüslen am St Jacob*, chapelle (cadastre).

Dennerlen, canton du territ. d'Habsheim.

Denney, en allemand Düringen, c^{on} de Fontaine. — *Doroangus*, VIIe s^e (?) (*Vie de saint Prix*, chez Grandidier, *Hist. d'Als.* p. j. II, 59). — *Tueringen*, 1347 (Hergott, III, 673). — *Tyringen*, 1533 (urb. de Belfort). — *Diring*, 1576 (Speckel). — *Thaney*, 1615 (cens. du prieuré de Meroux). — *Diringen*, 1628 (inv. de la seign. de Rougemont). — *Derney*, 1655 (cens. du chap. de Belfort). — *Dieringe*, 1662 (Bern. Buechinger). — Elle dépendait de la paroisse de Phaffans.

Densche, en français le Barrage, quartier à Mulhouse. — *Vff dem Wyger by der Tentschenn*, 1527 (reg. des prébend. de Mulhouse).

Denschengraben, ruiss. c^{ne} de Hesingen.

Derrière-la-Roche, f. c^{ne} de la Baroche. — *Vff der Ratsche ..... vff dem Steyne genant der Ratzschey*, 1441 (urb. de Ribeaupierre).

Descendue, f. c^{ne} de Fréland. — A la Descendue (anc. cadastre).

Désert, forêt, c^{ne} de Grandvillars.

Dessenheim, c^{on} de Neuf-Brisach. — *In villa vel in fine Tessinheim*, 768 (Als. dipl. I, 41). — *E. de Tessinhein*, XIIIe s^e (Rosmann, *Gesch. Bris.* 196). — *Daz torf ze Tessenhein*, 1303 (Trouillat, III, 45). — *Tessenen*, 1632 (Belagerung von Colm. 22). — Paroisse du décanat de *citra Rhenum* (Lib. marc.). — Elle ressortissait au baill. de Landser pour la justice, 1697 (Ordonn. d'Als. I, 321). — Cour colongère (arch. du dép. fonds Valcourt).

Dettler (Im), canton du territ. d'Uffheim.

Dettlingen, canton du territ. de Bettendorf, cité dans l'ancien cadastre.

Dicke, canton du territ. de Guewenheim. — *Das Dicke*, 1363 (Trouillat, *Monum.* II, 711).

Dicke, forêt, c^{ne} de Courtavon. — *Vor dem Dicke*, 1345 (reg. Lucell.).

Didattium, ex Ptolemæi geogr. lib. II, cap. IX. — D'après Tschudi et Guillimann, cette ancienne ville des Séquaniens devrait être cherchée à Thann (Als. ill. I, 99); mais rien ne justifie cette opinion. La ville de Delle (*Datira, Dadila*) semble offrir plus de ressemblance avec le nom de *Didattium*.

Didenheim, c^{on} Sud de Mulhouse, primitivement c^{on} de Lutterbach. — *In Tudinhaim marca*, 796 (Als. dipl. I, 59). — *Plebanus de Tudenhein*, 1260 (Trouillat, II, 94). — *In banno seu confinio ville de Tüdenheim*, 1314 (ibid. III, 201). — *Tydenhin*, 1565 (reg. des préb. de Mulhouse). — *Dudenh.* 1576 (Speckel). — *Düdenheim*, XVIIe s^e (Mülhauser Gesch. 168). — Paroisse du décanat du Sundgau (Lib. marc.). — Ancien fief. — Plus tard Didenheim dépendit du baill. de Brunstatt.

Diedenhag, limite de la juridiction correctionnelle de la colonge d'Altkirch. — *Dupenhag*, 1342 (Rev. d'Als. de 1854, p. 186).

Dieboldstein (Am), canton du territoire de Waltenheim.

Diedsberg, coll. c^{ne} de Niedermorschwiller. — *Am Diepberg*, 1537 (rôle de Niedermorschwiller).

Diebsweg et Diebspfad, chemins sis à Ensisheim, *Diebsweg* (Mercklen, *Hist. d'Ensish.* I, 217); — à Kuenheim, *vff den Diepweg*, 1513 (rôle de Kuenheim); — à Manspach, *Diebsweg;* — à Michelbach-le-Haut et Ranspach-le-Haut, *Diebsweg;* — à Niederentzen et Biltzheim, *Diepweg*, 1460 (Mone, Urgesch. Bad. I); — à Reiningen, *Diebweg;* — à Rouffach, *am Dübenpfadt*, 1543 (rôle de Rouffach); — à Saint-Hippolyte, *Diebspfad*.

Diebthal, vall. c^{ne} de Bitschwiller. — *In das Dieptal*, 1477 (reg. de Saint-Amarin).

Diefenbach, h. c^{ne} de Breitenbach. — *Diefenbach* (Cassini). — *Ze Tieffenbach*, 1339 (Als. dipl. II, 166).

Dieffembach (Cassini), f. c^{ne} de Soultz. — *In der Dieffenbach*, 1417 (urb. de la comm^{rie} de Soultz).

Dieffenkopf, mont. entre Krüth et Metzeral. — *Vff den berg haist Diefenkopff.... Vber den Tieffenkopff*, 1550 (urb. de Saint-Amarin).

Dieffmatten, c^{on} de Dannemarie. — *Jn dem tal ze tiefmatten vnd giltwilre*, 1394 (urb. des pays d'Autr.). — *Diefmat*, 1576 (Speckel). — Dépendait de la mairie de Soppe-le-Haut.

Dielen ou Thielen, canton des territ. de Kirchberg et de Sickert. — *In Düelen.... Am Dillenweg*, 1567 (terr. de Massevaux).

Dielenmatten, prés, c^{ne} d'Enschingen.

Dielenrain, canton du territ. de Lucelle.

Diemontswinckel, canton du territ. de Gueberschwihr.

Dieribach, canton du territ. de Hagenthal-le-Bas. — *Dirrenbach*, 1565 (reg. des préb. de Mulhouse).

Dietelgraben, 1550, à Saint-Amarin (urb. de Saint-Amarin).

Dietelspach, canton du territ. de Steinbrunn-le-Haut.

Dietelspach, 1568, à Massevaux (terrier de Massevaux).

Dietenthal, vallon, c^{ne} de Soultzmatt. — *Diettental*, 1453 (reg. de Soultzmatt).

Dietersperg, canton du territ. de Walbach (Wintzenheim).

Diethausen-Mühle, m^{ins}, c^{nes} de Gommersdorf et de Wolfersdorf. — *Die müli zu Itenhusen*, XIVe s^e (urb. de Thann); *von der müll ze Tutenhusen...; Tuttenhusen*, 1394 (urb. des pays d'Autr.). — *Tittenhusen*, 1421 (rôles de Saint-Morand). — *Die müllene zu Tiethaussen.... ze obern Diethaussen.... ze nidern Diethausen*, 1628 (inv. de la seign. de Rougemont; arch. départ.). — *Ober Diethhauser mühlen* (ancien cadastre). — *Hausermühl* (Dépôt de la guerre). — *Diethuser Allmend*, canton du territ. de Wolfersdorf.

Dietlachgraben, ruiss. c^{ne} de Sainte-Croix-en-Plaine.

Dietrich (Im), canton du territ. de Luemschwiller.

Dietrichstein, rocher, c^{ne} de Guebwiller. — *Diettrichstein*, 1314 (Mossmann, *Chron. Gueb.* 408); — *Diettrichstein*, XVe siècle (*ibid.* 416).

Dietweg, nom d'anciens chemins sis à Algolsheim, *uf den dieten weg*, 1478 (Mone, *Urgesch. Bad.* I); — à Bantzenheim, *auff den Dietweeg*, 1688 (terrier de Bantzenheim); — à Rumersheim, *Diettweg*, 1450 (*ibid.*); — à Volgelsheim, *denn groszen dietweg... vff den cleinen dietweg*, 1543 (rôle de Volgelsheim).

Ce nom signifie *chemin public* (de *diet*, peuple, et de *weg*, chemin), et semble avoir été donné à des chemins secondaires, par opposition au *herweg*, qui signifie *voie militaire*.

Dietwiller, c^{on} de Landser. — *Dietwilare*, 1128 (Als. ill. IV, 145). — *In villa seu in parochia in Dietwilr*, 1286 (Trouillat, II, 421). — *Tietwilr*, 1303 (*ibid.* III, 56). — *Dietweiler*, XVIIe s^e (Mülhauser Gesch. 97). — Paroisse du décanat d'*inter colles*. — Prévôté du baill. supérieur de Landser.

Dimet (Im), canton du territ. de Biederthal.

Dimpfel ou Timpfel, cantons des territ. de Schwoben, Tagsdorf et Wittersdorf.

Dinckelacker, forêt, c^{ne} de Guewenatten.

Dinckelhürst, canton du territ. d'Hochstatt.

Dinckelland, canton du territ. de Sentheim. — *Vff das Dinckhellandt*, 1568 (terr. de Massevaux).

Dintzheim ou Dintzen, m. forestière et vill. détr. près de Sainte-Croix-en-Plaine. — *In villa Tunginisheim, qui est in marca Heruncheim*, 768 (Als. dipl. I, 41). — *Plebanus de Tungensheim*, 1214 (*ibid.* 327). — *Guntherus de Thvngishein*, 1404 (rôle de Logelnheim). — *Tintzenhin*, 1531 (rôle de Gundolnheim). — Au XVe siècle, c'était encore une paroisse du décanat de *citra Rhenum* (Lib. marc.). — La carte de Cassini indique l'emplacement de ce village sous le nom d'*Hermitage de Sainte-Apolline*.

Dirlinsdorf, en français Triaucourt, c^{on} de Ferrette. — *Durlensdorff*, 1144 (Trouillat, II, 708). — *Turlanstorf*, 1147 (*ibid.* I, 307). — *Turlansdorf*, 1152 (*ibid.* 319). — *Turlestorff*, 1241 (*ibid.* 556). — *Durlistorf*, 1391 (Als. dipl. II, 236). — *Heinricus von Dürlisdorf*, 1766, cit. an. 1426 (Kleine Thanner Chron. 21). — Paroisse du décanat de l'Ajoye (Lib. marc.). — Elle dépendait de la mairie de Mörnach.

Dissel (Im), canton du territ. de Lutterbach.

Disselmatt, prés, c^{ne} de Sewen. — *Tistelmatt.... Diesselmatt*, 1567 (terr. de Massevaux).

Dobel, mieux Tobel, canton du territ. de Massevaux.

Dobelsbourg, forêt, c^{ne} d'Hirsingen, citée dans l'anc. cadastre.

Dockenbach, ruiss. c^{ne} de Kaysersberg. — *Dogenbach* (carte hydr.).

Dockenberg, coll. c^{nes} de Ballersdorf et de Carspach. — *Bois de Dokenberg* (Cassini).

Dockenstein, canton du territ. de Gundolsheim. — *Am Tockensteyn*, 1489 (urb. de Marbach).

Dölchle, canton du territ. de Wihr-au-Val. — *Im Dolkle*, 1452 (rôle de Wihr). — *Däliglein* (ancien cadastre).

Dollandre, quartier à Bitschwiller.

Dolleren, c^{on} de Massevaux. — *Tholier*, 1567 (terr. de Massevaux). — *Tolder*, 1576 (Speckel). — *Dolleren*, 1691 (rôle de Guewenheim). — Dépendait de la juridiction du plaid de Guewenheim et plus tard du baill. de Massevaux.

Dollern, éc. c^{ne} de Mulhouse. — *Vff der Tholler*, 1561 (reg. des préb. de Mulhouse).

Dollern (La), rivière. — *In fluvio qui Olruna dicitur*, XIIe siècle (Grandidier, *Hist. d'Als.* p. j. II, 21). — *Vff der Tolder*, 1537 (rôle de Niedermorschwiller). — *Tholierbach*, 1567 (terr. de Massevaux). —

Am Flusz Tolder, Alruna oder Olruna, 1644 (Merian, *Top. Als.* 24). — *D'Olrun, oder die Dolleren*, xvii° siècle (Mülhauser Gesch. 25). — Cette rivière prend sa source dans un lac au-dessus du village de Dolleren, au fond de la vallée de Massevaux, et se jette dans l'Ill au-dessous de Mulhouse.

DOLLERNBÄCHLÉ, ruiss. c^{nes} de Ruelisheim et d'Ensisheim, affluent de l'Ill (Dépôt de la guerre).

DONNERACKER, canton du territ. de Niffer.

DONNERBÄUMEL, canton du territ. de Ribeauvillé.

DONNERBODEN, canton du territ. de Luemschwiller. — *In dem Dunderenboden*, 1557 (reg. des préb. de Mulhouse).

DONNERGÄSSLIN, canton du territ. d'Ammerschwihr (rôle de Sigolsheim de 1717).

DONNERSCHLAG, canton du territ. d'Eschentzwiller.

DONTERLOCH, canton du territ. de Cernay.

DORANS, c^{on} de Belfort. — *Dorausz*, 1644 (Merian, *Top. Als.* 7). — *Dorans*, 1655 (cens. du chap. de Belfort). — Dép. de la grande mairie de l'Assise.

DORATENANS, étang, c^{ne} de Belfort. — *Étang d'Oratenans* (anc. cadastre). — *L'étang rettenant* (cadastre).

DORENORE, cantons des territ. de Danjoutin et d'Urcerey. — *Doires en oires*, 1583 (censier du chap. de Belfort).

DORFBACH, ruiss. c^{ne} de Mühlbach.

DORFMÜHLE, m^{in}, c^{ne} de Zässingen.

DORIS, mont. c^{nes} de Bendorf et de Ligsdorf. — *Duras*, 1329 (reg. de Lucelle).

DORIS, mont. c^{ne} de Massevaux, sur laquelle on signale des restes de monuments druidiques.

DORNACH, c^{on} Sud de Mulhouse, primitivement c^{on} de Lutterbach. — *Turnache*, 1216 (cart. de Murbach). — *Johannes de Tornacho*, 1223 (Als. ill. IV, 99). — *Turnich*, 1254 (cart. de Murbach). — *Ecclesie in Durnich*, 1301 (Trouillat, III, 18). — *Durnach*, 1576 (Speckel). — Paroisse du décanat du Sundgau (Lib. marc.). — Fief colonger de l'abb. de Murbach.

DORNACH, canton du territ. de Colmar. — *In dem Dornach*, 1371 (reg. de St-Martin de Colmar).

DORNACKER, 1550, à Hüssern (urb. de Saint-Amarin).

DORNHAUSEN, vill. détruit, entre Spechbach-le-Haut et Galfingen. — *Dorrenhusin*, 1139 (Trouillat, *Mon.* I, 273). — *Dornusen*, 1139 (Als. dipl. I, 221). — *Dornosa*, 1147 (Trouillat, I, 305) — *Dorhuson*, 1156 (*ibid.* 328). — *Zu Durnhussen*, 1558 (reg. des préb. de Mulhouse). — *Thurrenhusen* (ancien cadastre).

DORNSYL, f. c^{ne} de Lautenbach. — *Dornesyll* (Dépôt de guerre). — *Turnsill* (Cassini).

DORSCHBACH, f. c^{ne} de Soultzbach. — *Am alten Storspach*, 1441 (urb. de Ribeaupierre). — *Dorsbach* (Cassini). — *Dorspach* (tabl. des dist.).

DORSCHBERG, coll. c^{ne} de Flaxlanden.

DOUANE (LA), m. isolée, c^{ne} de Nambsheim.

DOUCE (LA), riv. à Bavilliers, qui se jette dans la Savoureuse à Bermont, après avoir traversé Botans.

DRACHENLOCH, caverne, c^{nes} de Turckheim et de Niedermorschwihr.

DRAGONERZUG, canton du territ. de Dessenheim.

DRÄSELRUNTZ, ruiss. c^{ne} de Metzeral; affl. du Mittlachbach. — *Dresselruntz* (carte hydr.).

DRAVIGNEY, canton du territ. de Banvillars.

DREI EICH, canton du territ. de Dirlinsdorf.

DREI HÜBEL, trois tumulus dans le Buchwald, à Burnhaupt-le-Bas.

DREI LINDEN, canton du territ. d'Hagenthal-le-Haut.

DREI SPRING (DIE), canton du territ. de Mulhouse.

DREIHASENPLON, canton du territ. de Biesheim.

DREIHÄUSER, h. c^{ne} de Blotzheim. — *Singlershäuser* (Dépôt de la guerre).

DREISPITZ, éc. c^{ne} de Guebwiller.

DREISTEIN, vign. c^{ne} d'Eguisheim.

DROMAS (AUX), canton du territ. de Banvillars.

DRUCKLEH, canton du territ. de Metzeral.

DRUMONT ou TRIMONT, mont. c^{nes} de Felleringen et d'Oderen. — *Trumenkopff*, 1550 (urb. de St-Amarin). — *Drumond* (Engelhardt, *Wand. Vog.* 16).

DUBACH ou TUBACH, ruiss. c^{ne} de Munster. — *Zwischent dem Dubach und Heidenbach*, 1339 (Als. dipl. II, 167).

DUBACHACKER ou TUBACHACKER, c^{on} du territ. de Carspach.

DUBACKER, canton du territ. d'Hundsbach.

DUBENBÜHL, canton du territ. de Gueberschwihr. — *Tuben Bihl* (anc. cadastre).

DUBENLEY, canton du territ. de Reguisheim.

DUBMATTEN, canton du territ. de Waldighofen.

DUDELBURN ou TUTELBURN, canton du territ. de Walbach (Landser).

DUDELY (IM), canton du territ. de Brunstatt.

DUPACKERHAUS, anc. f. c^{ne} de Linthal (Cassini).

DÜRINGEN, c^{ne}. — Voy. DENNEY.

DÜRMENACH, c^{on} de Ferrette. — *Wecel de Terminach*, 1188 (Trouillat, *Mon.* I, 412). — *Wezzel de Ternnacho*, 1188 (*ibid.* 415). — *Tirmenach*.... *Turmenach*, 1394 (urb. des pays d'Autr.). — *Tirmenach, ein Dorff und Schlosz*, 1580 (Wurstisen, *Basl. chron.* 174). — Paroisse du décanat du Leymenthal (Alm. de 1783). — Anc. alleu devenu fief oblat du landgraviat supér. en 1344. — Anc. chât. brûlé en 1354.

DURRBACH, ruiss. c^{nes} de Merxheim et de Gundolsheim ; se jette, par le Lohgraben, dans la Lauch.

Dürrenbach, h. c^{ne} de Lautenbach. — *Curtem de Durrebach*, 1191 (Als. dipl. I, 296). — *Wernhero de Durrenbach*, 1272 (Trouillat, *Monum.* II, 224). — *Ruodolf von Durrenbach*, 1275 (Mossm. *Chron. Gueb.* 404).

Dürrenbach, m^{in}, c^{ne} de Saint-Hippolyte.

Dürrenbach, ruiss. c^{nes} de Beblenheim et de Zellenberg. — *An dem Dürrenbach*, 1441 (urb. de Ribeaupierre). — *Im Dürrenbach im gemeinen Bann*, 1568 (rôle de Zellenberg).

Dürrenberg, coll. c^{nes} de Hochstatt, de Spechbach-le-Haut et de Bernwiller.

Dürrenentzen, c^{on} d'Andolsheim, primitivement c^{on} de Horbourg. — *Dürren Enszhin*, 1456 (cens. de la cellenie de Munster) — *Ensissheim*, 1513 (rôle de Kuenheim). — Dép. du comté et plus tard du baill. de Horbourg.

Dürrengebwiller, vill. détr. entre Hochstatt et Didenheim. — *In villa Gebunwilare seu in ipsa marcha et in Tudinhaim marcha*, 796 (Als. dipl. I, 59). — Cit. *Dirrengewiler*, 1265 (Oelenbergens. historia, ms.). — *Am Gebwyler pfadt*, 1548 (urb. de l'hôp.

de Mulhouse). — *Jm Gebwillerboden*, 1567 (reg. des préb. de Mulhouse).

Dürrenlogelheim, vill. détr. près de Wintzenheim et de Colmar, et dont le Logelbach a conservé le nom. — *In Lagelnheim juxta Columbariam*, 1177 (Grandidier, *Hist. d'Als.* II, 66). — *Bi Dürrenlagelnhein*, 1371 (reg. de Saint-Martin). — *Item Dürre Logelheim*, 1410 (Als. dipl. II, 319). — *Dürrer Logelheim*, 1475 (reg. des domin. de Colmar).

Dürrenwand, forêt, c^{ne} de Sewen.

Durstal, mine de fer, c^{ne} de Bitschwiller.

Dürstelderg, mont. c^{ne} de Westhalten.

Durstag, canton du territ. de Schlierbach.

Dürstwinckel, à Merxheim. — *Türsthwinckhel*, 1717 (rôle de Merxheim).

Dusenbach, ruiss. à Ribeauvillé, affluent du Strengbach. — *Daz Wasser von dem Tussenbach*, 1441 (urb. de Ribeaupierre). — Voy. Notre-Dame de Dusenbach.

Dutenbühl, canton du territ. de Reiningen.

Duzzenbach, ruiss. à Riespach, affl. de l'Ill à Waldighofen, où ce nom s'écrit *Tutzendbach*.

E

Eaux (Les), f. c^{ne} du Bonhomme. — *Les Eaux* (Cassini).

Eaux Froides (Aux), canton du territ. d'Essert.

Ebene, éc. c^{ne} de Wildenstein. — *Plaine* (Dépôt de la guerre).

Ebene, f. c^{ne} de Sultzeren.

Ebeneck, anc. f. à Rimbach, c^{on} de Guebwiller. — *Eveneck* (Cassini).

Ebenet, canton du territ. de Rimbach. — *Am Ebenat... Jm Öbnet*, 1567 (terr. de Massevaux).

Ebeniet, canton du territ. de Rixheim.

Ebenig, canton des territ. de Kaysersberg et de Sigolsheim. — *In dem Ebenöte*, 1407 (cens. de la camerene de Munster).

Eberbach, ruiss. c^{ne} de Bergholtz. — *In der Eberbach*, 1531 (rôle de Gundolsheim).

Eberling, canton du territ. de Waldighofen.

Eberlinsmatt, anc. prieuré de bénédictins de l'ordre de Cluny, à 4 kilomètres derrière Ribeauvillé (Als. dipl. IV, 263).

Ebersbach, ruiss. c^{ne} de Soultz. — *In der Elberspach*, 1407 (urb. de la comm^{rie} de Soultz). — *Jn der Eberspach*, 1449 (ibid.).

Ebersberg ou Ebersburg, coll. c^{ne} de Roppentzwiller. — D'après la tradition locale, couvent et chât. détruits.

Ebersberg, anc. f. dans la vallée de Münster. — *Eversberg* (Cassini).

Eberschneid, f. c^{ne} de Wasserbourg. — *Am Ebersneiten grote*, 1441 (urb. de Ribeaupierre). — *Ebersneick* (tabl. des dist.).

Eberstein, canton du territ. de Fröningen. — *Uf dem Eberstein*, 1544 (reg. des prés. de Mulhouse).

Eberwadel, canton du territ. d'Enschingen.

Ebstein, canton du territ. d'Illfurth. — *Auf dem Erpenstein*, 1309 (reg. de Lucelle).

Erstel, canton des territ. de Heidwiller et de Tagolsheim. — *Im Ebstall*, 1569 (urb. des redevances en deniers de Mulhouse).

Ech, f. commune de Lautenbach-Zell. — *Ech* (Cassini).

Échenevrailles, canton du territ. de Vourvenans.

Échery, en allemand Eckirch ou Escherich, h. c^{ne} de Sainte-Marie-aux-Mines. — *Curiam de Archiriaco*, 1051 (Grandid. *Œuvres inéd.* I, 304). — *Egkrich*, 1441 (urb. de Ribeaupierre). — *Sanct Wilhelm genant Ekherich*, 1507 (Als. dipl. II, 446). — Échery et Saint-Guillaume avaient un ban particulier. — Voy. Belmont.

Eck (Im), h. c^{ne} de Sultzeren. — *Ecken* (Cassini).

Eck (La), f. c^{ne} de Leymen.

Eckartsmühle, anc. m^{in}, c^{ne} de Volgelsheim. — *Bey der Eghartz Mülenn*, 1543 (rôle de Volgelsheim).
Ecke, anc. éc. c^{ne} de Niederbruck. — *Hauss, hoff gelegen an Ecken.... Vff der Eckh oder am Rein*, 1568 (terr. de Massevaux).
Eckenbach, ruiss. c^{nes} de Saint-Hippolyte et de Rorschwihr. — Ce ruisseau formait la limite des deux landgraviats de l'Alsace. — *Super Ekkenbach*, 877 (Grandid. *Égl. de Strasb.* p. j, II, 264). — *Eggenbach*, XIIe s^e (Grandid. *Hist. d'Als.* p. j. II, 17).
Eckenbruch, canton du territ. de Niedermorschwiller. — *Im Egkebrûch*, 1537 (rôle de Niedermorschwiller).
Eckenspiehl, canton du territoire de Feldbach. — *Im Eckherspiel... am Ackherspil*, 1616 (terrier de Feldbach).
Eckenthal, canton du territ. de Magstatt-le-Bas. — *Vffs Eckhenthal*, 1609 (terr. de Magstatt).
Eckersberg, h. c^{ne} de Luttenbach. — *Eckersperg*, 1456 (cens. de la cellenie de Munster).
Eckersloch, canton du territ. de Colmar.
Eckespiel, canton du territ. de Carspach.
Eckmatt, f. c^{ne} de Stosswihr.
Écluse (L'), en allemand die Schliesse, maisons d'éclusiers isolées sur le canal du Rhône au Rhin, à Artzenheim, Baltzenheim, Battenheim, Biesheim, Blotzheim, Bourogne, Brinighofen, Brunstatt, Dessenheim, Eglingen, Enschingen, Fessenheim, Hagenbach, Heidwiller, Hirtzfelden, Huningue, Illfurth, Kembs, Kuenheim, Mulhouse, Münckhausen, Obersaasheim, Retzwiller, Roggenhausen, Ruestenhart, Sausheim, Valdieu, Zillisheim.
Edelsberg, vign. c^{ne} de Turckheim.
Edenburg, vill. détr. entre Biesheim et Kuenheim. — *Burcheim*, 770 (Als. dipl. I, 104). — *Ecclesiam de Buessiszheim novam et veterem*, 1154 (ibid. 241). — *Wider öden Burckkheim...... zu dem Margstein der Urszheim, Burckheim und Kunheim bann scheidet*, 1513 (rôle de Kuenheim). — *Edenburg*, 1644 (Merian, *Top. Als.* carte). — Au XVe s^e, *Oedenburgheim* figure encore comme paroisse du décanat de *citra Rhenum* (Lib. marc.). — L'ancien cadastre en appelle l'emplacement *bei der alten Kirch*, ce qui correspond à l'*Ecclesiam veterem* de la citation de 1154.
Effel, anc. f. c^{ne} de Sondernach. — *Efflé* (Cassini).
Effenberg, mont. c^{ne} d'Orschwihr.
Effeneck, forêt, c^{ne} de Dolleren. — *An Obeneckh*, 1567 (terr. de Massevaux).
Égalité (Bout de l'), canton du territ. de Reppe.
Egelessengraben, canton du territ. de Dornach.
Egelgrube, canton du territ. de Housen, cité en 1429 (urb. de Marbach).

Egelingen, c^{ne}. — Voy. Éguenigue.
Egelpful, canton du territ. de Bergholtz, cité en 1531 (rôle de Gundolsheim).
Egelsbach ou Igelsbach, ruiss. qui prend sa source dans la c^{ne} de Hochstatt, traverse le ban de Fröningen et se jette dans la Largue à Illfurth.
Egelsee, ruiss. et anc. étang, c^{nes} de Falckwiller et d'Uberkümen. — *An den Egelsee*, 1625 (rôle de Gildwiller). — *Egelser Weyer* (carte hydrogr.).
Egelsmatten, 1567, à Kirchberg (terr. de Massevaux).
Egerten, canton du territ. de Rimbach. — *In Egarten.... in den ehegarten.... in der Eegarten*, 1567 (terr. de Massevaux).
Eggensbach, ruiss. c^{ne} de Breitenbach.
Eggensbach, vall. c^{ne} de Murbach. — *Henricus presbyter dictus de Ekartzbach*, 1301 (Trouillat, *Monum.* III, 679). — *In der Eggerspach*, 1453 (cart. de Murbach).
Eglingen, c^{on} d'Altkirch. — *Englingeheim*, Xe siècle (Grandid. *Hist. d'Als.* p. j, II, 79). — *O. de Hegelingen*, 1168 (Trouillat, *Monum.* I, 347). — *Otto de Euguilenges*, 1187 (ibid. II, 28). — Paroisse du décanat du Sundgau (Lib. marc.). — Dépendait de la mairie de Balschwiller.
Eglisgrub, canton du territ. de Hirtzbach.
Eglismatt, canton du territ. de Wittenheim.
Egras (L'), ruiss. c^{ne} d'Offemont.
Egtenbrunn, canton du territ. de Neuwiller.
Egtenscheiden (In der), canton du territ. de Mörnach.
Eguenigue, en allemand Egelingen, c^{on} de Fontaine. *Walto de Egelinga*, 1136 (Trouillat, *Monum.* I, 267). — *Aguelingues*, 1303 (reprise du fief de Roppe). — *Egelingen*, 1347 (Herrgott, III, 673). — *Enguelnigues*, 1472 (Rev. d'Als. de 1864, p. 535). — *Eguenigue*, 1655 (cens. du chap. de Belfort). — Dépendait de la paroisse de Phaffans.
Eguisheim, c^{on} de Wintzenheim, primitivement chef-lieu de canton. — *In villa Aginesheim*, 770 (Als. dipl. I, 44). — *In villa Egiseheim*, 899 (cart. de Munster). — *Egeshen*, 1004 (Grandidier, *Hist. d'Alsace*, I, 199). — *Hegensheim*, 1148 (Trouillat, *Monum.* I, 308). — *Egensem*, 1179 (ibid. 372) — *Egesheim burg und statt*, 1403 (Als. dipl. II, 311). — *Exheim*, 1644 (Merian, *Top. Als.* 14). — *Exen*, 1718 (Mossmann, *Chron. Gueb.* 355).
Cours colongères. — *In Egenesheim curtis dominica*, 817 (Als. dipl. I, 67). — *Item den dinghoff zu Egesheim*, 1410 (id. II, 319). — Il y avait à Eguisheim cinq cours colongères, savoir : 1° le *Girsberg dinghoff*; 2° le *Kyburg* ou *Braunschweiger dinghoff*; 3° le *Hohenburg* ou *S. Catharina dinghoff*; 4° le *Zorn* ou *Escher dinghoff*; 5° le *Kaysers ding-*

hoff, cette dernière jugeant en appel des décisions des autres (*Alsatia* de 1854-1855, p. 33).

Ancien château, dans l'enceinte de la commune, qui servait de résidence aux comtes d'Eguisheim. — *In castro Egeneschen*, 1074 (Trouillat, I, 190). *Comes in Eginsheim*, 1092 (Grandidier, *Hist. d'Als.* p. j, II, 158). — *Udalrico comite de Eginsheim*, 1125 (Trouillat, I, 247). — *Comitis Hulherici de Hegensheim*, 1130 (Grandidier, *Hist. d'Als.* p. j, II, 277). — En 1297, ce château était devenu un fief castral de l'évêché de Strasbourg (Als. dipl. II, 65).

Les comtes d'Eguisheim s'intitulaient aussi comtes d'Alsace. — *Udalricus comes Elsatiæ et de Eginesheim*, 1136 (Grandidier, Œuvres inéd. III, 233).

Outre le château précédent, il y avait encore les trois châteaux d'Eguisheim, en allemand *Dreien Egisheim*, situés sur une montagne voisine. — *Castelli Eginsheim*, 1298 (Ann. de Colmar, 178). — On les appelait *Dagsburg, Wahlenburg* et *Weckmund*: voy. ces noms.

Au xv° siècle, l'église d'Eguisheim était une filiale de celle de Feldkirch, près de Wettolsheim, située dans le décanat d'*ultra colles Ottonis* (Liber marc.).

Chef-lieu d'un bailliage du Mundat supérieur, comprenant Gueberschwihr, Pfaffenheim, Soultzmatt avec sa vallée, une moitié de Westhalten, Wettolsheim, Obermorschwihr, Ossenbach et Wintzfelden (Als. ill. III, 300).

Après l'organisation de l'intendance d'Alsace, ce fut le chef-lieu d'une prévôté (*Stabhalterei*) du bailliage de Rouffach, comprenant Wettolsheim et Obermorschwihr.

EHRBERG, mont. c^{ne} de Rimbach. — *Im Eerberg*, 1567 (terr. de Massevaux).

EHRSCHLECHT, canton du territ. de Wintzenheim. — *Orslecht*, 1441 (urb. de Ribeaupierre).

EIBELWALD, forêt, c^{ne} de Réguisheim.

EIBELWALD, forêt, c^{ne} de Sondernach.

EIBLEN (IM), canton du territ. d'Ensisheim.

EICH, c^{ne} d'Eguisheim. — *In der Eich*, 1660 (rôles d'Eguisheim).

EICH (AUF DEM), canton du territ. de Balschwiller.

EICHBERG, c^{ne} de Rimbach. — *Der Eüchberg*, 1567 (terr. de Massevaux).

EICHBERG, vign. c^{ne} de Turckheim. — *Eichberge*, 1407 (cens. de la camerene de Munster). — *Am affter Eichberg*, 1475 (reg. des domin. de Colmar).

EICHBOURG, f. c^{ne} de Massevaux.

EICHBÜHL, c^{ne} de Niederbruck. — *Eüchpühel*, 1568 (terr. de Massevaux).

EICHELBERG, coll. c^{ne} de Brunstatt. — *Vff dem Eychelberg*, 1544 (reg. des pres. de Mulhouse).

EICHEN (ZUR), vill. — Voy. ESCHÈNE.

EIDECHSENBERG, *Egedehsenberge*, 1278-1493 (regist. d'Unterlinden), cant. du territ. de Minrenwiler, aujourd'hui Ammerschwihr.

EIGSTLER, c^{ne} de Seppois-le-Bas.

EILFTAGEN, anc. cense en aval de Zimmerbach, c^{ne} de Turckheim, sur la Fecht (Rev. d'Als. II, 406).

EIMERSPACH, ruiss. c^{ne} de Sondernach, affl. de la Landerspach. — *Nidere-Obere-Eymerbach*, 1456 (cens. de la cellerie de Munster).

EINBACH, ruiss. c^{ne} de Munster. — *Zwischen dem Einbach und Heidenbach*, xvi° s° (rôle de Munster).

EINCHMERSPERG ou INCMERSBERG, c^{ne} de Schweighausen.

EINIG (AM), canton des territ. de Ligsdorf et de Kiffis. — *Unter dem Eynech*, 1431 (reg. Lucell.).

EINIG (AM), c^{nes} de Francken et de Hundsbach.

EISWASSER, canton du territ. du Village-Neuf.

EITENEN, c^{ne} de Hirsingen.

ELENDSWALD, forêt, c^{ne} de Riquewihr.

ELLBACH, en français ERBE, c^{on} de Dannemarie. — *Heinricus de Elnbach*, 1271; *H. de Ellenbach*, 1272 (Trouillat, II, 216, 224). — *Ellpach*, 1578 (Stoffel, *Weisth.* 30). — Relevait de l'avouerie de Traubach.

ELLBACH, h. c^{ne} de Sewen. — *Im Ellpach*, 1567 (terr. de Massevaux).

ELLENWILLER, vill. détr. près de Ribeauvillé. — *Hilloneviller*, 728 (Als. dipl. I, 9). — *Hern Rusheim von Ellenwilre*, 1292 (ibid. II, 53). — *Ecclesiam de Ellenwiler*, 1304 (ibid. 82). — *Ellenwilr*, 1344 (Mone, *Zeitschrift*, IV, 460). — Paroisse, au xv° siècle, du décanat d'*ultra colles Ottonis*. — Ancien couvent de religieuses de l'ordre de Saint-Dominique. — Voy. SILETHAL.

ELLENBURN, c^{ne} de Dolleren. — *Im Ellerburen.... in Nellenburn*, 1567 (terr. de Massevaux).

ELLIGMUR, canton du territ. de Sondernach.

ELLMAN (IM), c^{ne} de Rimbach; 1567 (terr. de Mass.).

ELM, h. c^{ne} de Munster.

ELMEN, c^{ne} de Bettendorf. — *Zû den elmen*, 1460 (rôles de Saint-Morand).

ÉLOYE, c^{on} de Giromagny. — *Von Loies... von Deloi... von der Loyge*, 1427 (comptes des seigneuries de Belfort et Rosemont); *Esloye..... Esloyes*, 1655 (cens. du chap. de Belfort). — Dép. de la mairie du Haut-Rosemont.

ELSBERG, coll. c^{ne} de Carspach.

ELSBERG, coll. c^{nes} de Hausgauen, Schwoben et Tagsdorf.

ELSBURG, coll. c^{ne} d'Herlisheim. — *Am Ellesperge*, 1438 (urb. de Marbach). — *Jm Olsberg*, 1490 (ibid.). — *Am Oelsperg*, 1514 (rôles d'Eguisheim).

ELSENRAIN, coll. c^{ne} de Kaysersberg.

Elsenweg, anc. chemin à Brunstatt et à Zillisheim. — *Elseninweg*, 1544 (reg. des pres. de Mulhouse).

Embdenrain, coll. c^{ne} de Buschwiller.

Emlingen, c^{on} d'Altkirch. — *Emilingen*, 1394 (urbaire des pays d'Autr.). — *Emmelingen.... Emelingen*, 1420 (rôles de Saint-Morand). — *Emringen*, 1576 (Speckel). — Dép. de la mairie du Val de Hundsbach. Il y avait une maison dite *Kaltiherberg*, pour les pèlerins pauvres.

Emmenbrochen, canton du territ. de Metzeral.

Emmenstal, c^{ne} de Tagolsheim. — *Jn dem empenstal*, 1421 (rôles de Saint-Morand).

Emsacker, canton du territ. d'Eschbach.

Enchenberg, f. et m^{in}, c^{ue} de Cernay. — *An dem Enchenberge*, 1271 (parch. de Lucelle). — *Enchenberg*, 1766 (Kleine Thanner Chron. 79).

Endenstall, canton du territ. de Schlierbach.

Endenweg, chemin, c^{ne} de Dirlinsdorf.

Enderlé, c^{nes} de Sondernach, d'Oderen et du Puix (c^{on} de Giromagny). — *Le haut d'Anderlés* (anc. cad.).

Endlen (Im), c^{ue} de Colmar.

Engel (Auf dem), cantons des territ. de Luemschwiller et de Rixheim.

Engeländer, canton du territ. de Wentzwiller.

Engelbach, ruiss. c^{ue} d'Ellbach.

Engelberg, mont. c^{ne} de Breitenbach.

Engelbrunn, source, c^{ne} d'Hartmannswiller. — *Engelburne*, 1453 (cart. de Murbach).

Engelburg, chât. ruiné au-dessus de Thann. — *Novum castrum Thanne*, 1236 (Als. dipl. I, 375). — *Super altare beate Chatharine virginis, in capella castri Thanne*, 1304 (ibid. II, 81). — *Jnn das schloss Engelpurg*, 1507 (Stoffel, *Weisth.* 71). — *Engelburg*, 1576 (Speckel). — *Au château d'Anguelbourg, qui ne subsiste plus*, 1701 (ordonn. d'Als., I, 388). — Chef-lieu de la seigneurie de Thann; fief du comté de Ferrette.

Engelgrüblen, canton du territ. de Waldighofen.

Engelgrütt, canton du territ. de Riquewihr. — *Zuo Engelgerüte*, xive s^e (cens. de Riquewihr). — *Jm Engelgereitt*, 1522 (urb. de la comm^{ie} de Soultz).

Engelgrütt, c^{nes} de Reiningen et de Schweighausen.

Engelhofen, dépendance de Zimmerbach. — *Vor Engelenhofen*, xive siècle (rôle de Zimmerbach).

Engelisacker, c^{ne} de Hegenheim.

Engellender (Am), canton du territ. de Turckheim, cité en 1490 (urb. de Marbach).

Engelporte, couvent de dominicaines. — Voy. Guebwiller.

Engelsbourg, anc. mine, c^{ne} de Sainte-Marie-aux-Mines.

Engelsweg, nom d'un ancien chemin à Bisel, Seppois-le-Haut et Seppois-le-Bas.

Engelsweg, anc. chemin dans la vallée de Munster.

Engelsweg, anc. chemin à Colmar.

Engelsweyergraben, ruiss. c^{ne} de Soppe-le-Haut.

Engelthal, en franç. Val des Anges, nom du val de la Madeleine. — *Im Engelthal*, 1350 (urb. de Belfort).

Engenborn, h. c^{ne} de Lautenbach-Zell. — *Im engenburnen*, 1453 (cart. de Murbach).

Englischbün (Die), nom d'un canton du territ. de Bergholtz en 1531 (rôle de Gundolsheim).

Englische Furt (Die), canton du territ. de Mulhouse. — *By der Engelschen furth*, 1562 (reg. des préb. de Mulhouse).

Englischsträssle, nom que l'on donne, à Heimersdorf et à Hirsingen, à la voie romaine de Mandeure à Augusta. — *An dem Engelschen Rein*, 1567 (reg. des préb. de Mulhouse).

Ennebitschés (Les), f. c^{ne} de la Poutroye.

Enschingen, c^{on} d'Altkirch. — *Ecclesiam de Aenschossingen*, 1151 (Als. dipl. I, 236). — *Anschotzingen*, xiie siècle (ibid. 478). — *Enschissingen, Einschissingen, Einsingen, Einsigen, Enschin*, 1420 à 1490 (rôles de Saint-Morand). — *Engsing*, avec château, 1576 (Speckel). — Relevait de l'avouerie de Burnhaupt. — Cour colongère, dont les appels étaient portés à celle de Spechbach-le-Haut. — D'après la tradition, il y aurait eu, avant la Réforme, un couvent d'hommes dont la chapelle a subsisté jusqu'en 1850. Le chemin de Brinighofen à Balschwiller qui passe par le village s'appelle encore *Klostergasse*.

Ensisheim, chef-lieu de canton, arrond. de Colmar. — *Einsiegesheim*, 823 (Trouillat, I, 105); *prædium in villa Ensichesheim*, 1052 (Grandid. *Hist. d'Als.* p. j, I, 268). — *Ulricus advocatus de Ensingesheim*, 1259 (Als. dipl. I, 427). — *Ensichsheim, Enssesheim, Enseshein*, 1278 à 1493 (reg. d'Unterlinden). — *In dem ampt vnn in der stat ze Ensichshein*, 1303 (Trouillat, III, 43).

Fief de l'évêché de Strasbourg. — Chef-lieu du landgraviat supérieur d'Alsace et résidence d'un conseil de régence établi en 1431, et dont la juridiction s'étendait sur les deux Brisgau, la Forêt-Noire et les quatre villes forestières.

En 1303, l'avoué (vogt) d'Ensisheim avait sous son administration les bailliages d'Ensisheim, de Hohlandspurg, d'Ortemberg et de Bilstein. — *Vz allen den emptern der vogt von Ensichshein enpfligt* (Trouill. III, 64 et 65). A cette époque, le bailliage d'Ensisheim comprenait Baldersheim, Balgau, Bantzenheim, Battenheim, Biltzheim, Blodelsheim, Deinheim, Dessenheim, Dintzheim, Fessenheim, Habsheim, Heiteren, Hirtzfelden, Hombourg, Isenheim, Kembs, Logelnheim, Merxheim, Meyenheim, Münckhausen, Nambsheim, Oberhergheim, Ottmarsheim, Petit-Landau, Rädersheim, Réguisheim, Rixheim, Roggenhausen, Ruelisheim, Ruescheim, Rumersheim, Sausheim, Staffelfelden, Sundhofen, Thiernheim, Ungersheim, Wattwiller, Wolfgantzen. — En 1694, Ensisheim formait une prévôté (ordonn. d'Als. I, 276), dont dépendaient Ruelisheim et un tiers d'Ungersheim. — Après l'organisation de l'intendance d'Alsace, Ensisheim devint, avec Sainte-Croix-en-Plaine, chef-lieu d'un bailliage de la subdélégation de Colmar, qui comprenait : Ammerschwihr, Biltzheim, Fessenheim, Grussenheim, Hattstatt, Herlisheim, Holtzwihr, Hüsseren, Ingersheim, Katzenthal, Kientzheim, Logelnheim, Nambsheim, Niederentzen, Niederhergheim, Niedermorschwihr, Oberentzen, Oberhergheim, Rietwihr, Sigolsheim, Soultzbach, Vögtlinshofen, Wickerschwihr, Wiedensohlen et Wintzenheim.

Paroisse du décanat de *citra colles Ottonis* (Lib. marc.). — Couvent de capucins, fondé en 1603. — Collége de jésuites. — Couvent de tiercelines ou de religieuses du tiers-ordre de Saint-François (Alm. d'Als. de 1783). — L'abbaye de Lucelle y avait une cour dite *Lützelhof*, avec une chapelle miraculeuse de Notre-Dame (Thann. Chron. I, 277). — Léproserie dont les revenus ont été réunis à l'hôpital par édit du 27 juillet 1739 (Mercklen, *Hist. d'Ensish.* I, 334). — Grande maîtrise des eaux et forêts (ordonn. d'Als. I, 373).

ENTENGRÜN, île du Rhin, c^{ne} d'Artzenheim.

ENTENSTRICH, dép. de Bergheim.

ENTENTRANCK, canton du territ. d'Eguisheim. — *Am Entendrang*.... *Jm Enterdranck*, 1389 (urb. de Marbach). — *Do die Entertranck*, 1475 (reg. des domin. de Colmar).

ENTZENBACH, f. c^{ne} de Niederbruck. — *Entzenbach... in Enspach*, 1568 (terr. de Massevaux).

ENTZENBACH, h. et ruiss. c^{ne} de Mitzach. — *Jnn Ötzenbach*, 1550 (urb. de Saint-Amarin).

ENTZENBERG, coll. entre Winckel et Bendorf. — *Auf dem Entzen Berg*, 1658 (reg. Lucell.).

ENTZENBERG, f. c^{ne} de Weegscheid.

ENTZENBERG, mont. c^{ne} de Turckheim. — *Entzenberg*, 1407 (cens. de la camerene de Munster). — *Am Entzenberg*, 1422 (reg. des domin. de Colmar). — D'après la légende, cette montagne est hantée par la Haute-Chasse.

ENTZENBÜHL, canton des territ. de Niederhergheim et de Sainte-Croix-en-Plaine. — *An Enzebühele*, 1312 (abb. de Sainte-Croix). — *An den Entzenbuhel*, 1490 (urb. de Marbach).

ENTZENGESICK, ruiss. c^{ne} de Sewen. — *Entzig Gesick* (Dépôt de la guerre).

ENTZENRAIN, canton du territ. de Rorschwihr.

ENTZLING, canton du territ. de Soultz. — *Jm Enntzling*, 1482 (urb. de la comm^{ie} de Soultz).

ENVERS (LES), f. c^{ne} de Rougemont. — *L'Enuerd.... Bezirckh Anuerd*, 1628 (invent. de la seign. de Rougemont). — *Cense des Envers* (anc. cadastre).

ÉPACHES (LES), forêt, c^{nes} d'Auxelles-Bas et de Giromagny.

ÉPACHES (LES), ruiss. c^{ne} d'Anjoutey, affluent de la Madeleine.

ÉPENOTTE (L'), c^{nes} de Bessoncourt, Magny, Moval, Novillard, Offemont, Roppe et Trétudans. — *Ès Espenats.....Ès Espenottes..... En l'espenotte*, 1655 (cens. du chap. de Belfort).

ÉPINATTE (L'), c^{ne} de Bermont. — *Sur les Pinettes* (cadastre).

ÉPINE (FOSSÉ DE L'), c^{ne} de Chavannes-sur-l'Étang.

ÉPINE (L'), c^{nes} de Belfort, Châtenois, Danjoutin, Meroux, Reppe et Florimont.

ERBE, c^{ne}. — Voy. ELLBACH.

ERBENHEIM ou ERBSHEIM, vill. détr. entre Aspach-le-Bas et Aspach-le-Haut. — *Arabacsheim*, 784 (Als. dipl. I, 53). — *Herbehem*, 1156 (Trouillat, I, 328). — *Herbenn*, 1179 (ibid. 375). — *Herbe*, 1194 (ibid. 425). — *Otto de Herbeim*, 1215 (ibid. 468). — *Grangiam de Erbenhem*, 1224 (ibid. 495). — *Erbenheim*, 1333 (ibid. III, 424). — *Erbheim*, 1344 (Als. dipl. II, 179). — Au xve siècle, *Erbsheim* était une paroisse du décanat du Sundgau (Lib. marc.). — Le ban de ce village est resté longtemps indivis entre les c^{nes} d'Aspach-le-Bas et d'Aspach-le-Haut.

ERBENSEELENHECK, c^{ne} de Sainte-Croix-en-Plaine.

ERBERSCH ou ERTBERSCH, h. c^{ne} de Metzeral. — *Ertprust*, 1456 (cens. de la cellenie de Munster).

ERDBEDEMFELSEN, rocher, c^{ne} de Bendorf, dans lequel se trouve une grotte, dite *Erdbedemhäuslen*, qui, d'après la légende, est une ancienne demeure des nains.

ERDMÄNNLESFELSEN, rocher, c^{ne} d'Oberlarg, dans les fentes duquel, d'après la légende, demeuraient autrefois les nains, *die Erdmännlen*.

ERGERSMATT, anc. f. c^{ne} de la Poutroye. — *Ergkersmätte*, 1441 (urb. de Ribeaupierre). — *D. von Erkerszmatt*, xve siècle (statuts de la confrérie du Rosaire).

ERLACH, forêt, c^{ne} de Burnhaupt-le-Haut.

ERLACH, anc. f. c^{ne} de Hunawihr. — *Zu Erlach*, 1441 (urb. de Ribeaupierre). — *Ehrlach* (Cassini). — Ancien fief d'empire, avec un ban particulier.

ERLE, f. c^{ne} de Sultzeren.

Erlen, canton du territ. de Colmar. — *Jm Erlach*, 1475 (reg. des domin. de Colmar).
Erlenbach, canton du territ. de Linthal.
Erlenbach, canton du territ. de Rimbach (Guebwiller).
Erlenbach, ruiss. c^{ne} de Berentzwiller.
Erlenbach, ruiss. c^{ne} d'Hagenthal-le-Bas.
Erlenberg, coll. c^{ne} de Manspach.
Erlengraben, ruiss. c^{ne} de Walbach (c^{on} de Wintzenheim).
Erlenmatten, h. c^{ne} de Dornach.
Erlenmissruntz, ruiss. c^{ne} de Metzeral, affluent du Seestättleruntz.
Erlenruntz, ruiss. c^{ne} de Krüth.
Erlenspiel, canton du territ. de Ligsdorf. — *Erlinspül*, 1431 (reg. Lucell.).
Erlenspiel, canton du territ. de Vögtlinshofen. — *In dem Erenspil*, 1433 (urb. de Marbach). — *In Erlenssbuhel*, 1488 (ibid.).
Erlenwasen, h. c^{ne} de Munster.
Ermelspach, ruiss. c^{ne} de Bergheim. — *In dem Ermelspach*, 1551 (rôles de Bergheim). — *Ermelbach* (carte hydr.).
Ermenspach, h. c^{ne} de Rimbach, c^{on} de Massevaux. — *In Armenspach.... Armesspach*, 1567 (terr. de Massevaux). — *Hermsbach* (Engelhardt, *Wand. Vog.* 34). — *Ermsbach* (carte hydr.). — *Harmspach* (Dépôt de la guerre).
Ermite (Ruisseau de l'), c^{ne} d'Eguenigue.
Ernisberg, mont. c^{ne} de Bendorf.
Ernwiller, vill. détr. entre Burnhaupt-le-Haut et Guewenheim. — *Curiam de Annuwilra*, 1179 (Trouillat, I, 375). — *Grangiam de Annuwirre*, 1187 (ibid. 409). — *Annuirre*, 1194 (ibid. 425). — *Anewilre*, 1223 (ibid. 493). — *Annewilr*, 1224 (ibid. 495). — Schœpflin cite *Ennweiller*, château avec un bourg (Als. ill. IV, 111).
Errattes (Aux), c^{ne} de Vézelois.
Erreux (Les), c^{ne} de Châtenois.
Errues (És), h. c^{nes} de Bethonvilliers et de Menoncourt. — *Village des Harrues* (anc. cadastre).
Ersculitt, fst, c^{ne} d'Eschbach. — *Erschlit* (Cassini).
Ertbersch, h. — Voy. Erbesch.
Ertzach, d'après la tradition locale, vill. détr. entre Mörnach et Köstlach.
Ertzenbach, mines de fer, c^{ne} de Bitschwiller. — *Ertzenbach Kopff*, 1550 (urb. de Saint-Amarin).
Ertzgrund, ruiss. c^{ne} de Weegscheid. — *Im Ertzgrundt.... Ertzgesig*, 1567 (terr. de Massevaux).
Esch (Im), canton des territ. de Mittelmuespach et de Niedermuespach.
Esch (Im), c^{ne} de Rimbach. — *Jm Esche*, 1567 (terr. de Massevaux).

Eschacker, canton du territ. de Fislis.
Eschbach, c^{on} de Munster. — *Ze Eschispach*, 1339 (Als. dipl. II, 166). — *Espach*, 1456 (cens. de la cellenie de Munster). — Dépendait de la communauté indivise du val de Munster.
Eschbruch, canton des territoires de Roderen (c^{on} de Ribeauvillé) et de Bergheim.
Eschbrunnen, canton du territ. de Rixheim.
Eschelmer, h. — Voy. Hachimette.
Escheltzheim, ancien vill. réuni depuis longtemps à Rixheim. — *In villa Escholtzhein*, 1273 (Trouillat, II, 235). — *In villa Escholzhein*, 1275 (ibid. 264). — *Zu Escholtzenn*, 1532 (reg. des préb. de Mulh.).
Eschène, en allemand Zur Eichen, village qui forme avec Autrage la c^{ne} d'Eschène-Autrage, c^{on} de Belfort. — *De Quercubus*, 1105 (Als. dipl. I, 186). — *Zer eyche*, 1394 (urb. des pays d'Autr.). — *Es Chainne, Eschaines, Eschaine*, 1615 à 1715 (cens. du prieuré de Meroux). — Dépendait de la mairie de Novillard.
Eschengraben ou Aschenbachgraben, ruiss. c^{nes} de Stetten et d'Uffheim.
Eschenruntz, mine de fer, c^{ne} d'Hartmannswiller.
Eschentzwiller, c^{on} de Habsheim. — *Ascholteswilre*, 1144 (Trouillat, I, 287). — *Esholtzwilre*, 1216 (Als. dipl. I, 332). — *Capellæ Sanctæ Mariæ Esscholtzwilr*, 1254 (Trouillat, I, 612). — *Die von Escholtzweiler*, XVIIe siècle (Mülhauser Gesch. 20). — *Aeschentzweiler*, 1724 (Mossmann, *Chron. Gueb.* 124). — Paroisse du décanat d'*inter colles* (Lib. marc.). — Fief vassal de la bannière de Landser.
Chef-lieu d'un bailliage de la subdélégation de Ferrette, formé des villages tenus en fief par la famille d'Andlaw, et comprenant Hombourg, Kingersheim, Niffer, Obersaasheim, Petit-Landau, Wittenheim et Zimmersheim. — *Bailly du département d'Eschentzweiller*, 1766 (terr. d'Eschentzwiller).
Cour colongère, dont les appels allaient à Kötzingen, à Huningen, à Bubendorf, et en dernier ressort à Bâle (Weisthümer, I, 664).
Escheren, anc. f. c^{ne} de Stosswihr (Cassini).
Eschhüsle ou Eschhüsleruntz, ruiss. c^{ne} de Massevaux. — *Aschenhüttel* (carte hydr.).
Eschtall, c^{ne} de Bitschwiller. — *Vff ein berg oder kopff genannt Eschtall*, 1550 (urb. de Saint-Amarin).
Esel, mont. entre Dirlinsdorf et Oberlarg.
Eselgrün, île du Rhin, c^{ne} de Kembs.
Eselsweg, nom d'un chemin allant d'Attenschwiller à l'ancienne route romaine, vers Folgensbourg.
Eselsweg, nom d'un ancien chemin allant du château de Blochmunt à Bâle, où il aboutissait à la porte dite *Eselthürlin*. Il passait par monts et par vaux, et

personne n'osait le suivre, d'après la tradition, que le seigneur du château allant au conseil.

Eselsweg, nom d'un ancien chemin qui conduisait du château de Ferrette à Dürmenach. — *Zer Eselenweg*, 1296 (Trouillat, II, 620). — *Auf den Esselweeg*, 1416 (reg. Lucell.).

Eselsweg, chemin, c^{ne} d'Ammerschwihr. — *An dem Eselsswege*, 1488 (urb. de Marbach).

Eselsweg, chemin, c^{ne} de Carspach. — *Die Hundesgassen vff Essellweg l*, 1420 (rôles de Saint-Morand).

Eselsweg, chemin, c^{ne} de Kingersheim. Ce chemin commence à la route départementale n° 2 et se dirige sur le ban de Richwiller, où il rejoint le chemin dit *Judenweg*, allant à Pfastatt.

Eselsweg, chemin, c^{ne} de Zimmerbach.

Il y a, en outre, des chemins ou sentiers, dits *Eselspfad*, à Galfingen, Rimbach (c^{on} de Guebwiller), Stetten et Walheim.

Eslrain, anc. f. c^{ne} d'Aubure (Cassini).

Esmatte, canton du territ. de Chavannes-les-Grands.

Esp (Auf der), c^{ne} d'Ungersheim.

Esp (Der), coll. c^{nes} de Buschwiller et de Wentzwiller.

Espace (L'), c^{ne} de Chèvremont. — *Derrier l'espaisse*, 1629 (cens. du chap. de Belfort). — *Les Pages* (cadastre).

Espacker, c^{ne} de Ligsdorf.

Espenacker, c^{nes} de Burnhaupt-le-Haut, Guewenheim, Neuwiller, Soppe-le-Bas.

Espérance (Jardins de l'), éc. c^{ne} de Belfort.

Espoche (L'), canton des territ. de la Baroche et de la Poutroye. — *La Spoche* (anc. cadastre).

Essapes (Les), ruiss. c^{ne} de Vézelois. — *Essappées* (cadastre).

Essapeux, forêts, c^{nes} de Bretagne et de Charmois.

Essaure (L'), forêt, c^{ne} de Grandvillars.

Essaurots (Les), c^{ne} de Banvillars.

Essenburgerwald, forêt, c^{ne} de Hirtzbach.

Essert, c^{on} de Belfort. — *Die Kilchen ze Schert*, 1303 (Trouillat, III, 64). — *Eschiers*, 1533 (urb. de Belfort). — *Essars*.... *Exars*, 1619-1627 (cens. du prieuré de Meroux). — Paroisse du décanat de Granges (Alm. d'Als. de 1783). — Fief allodial (Als. ill. IV, 138). — Les ruines de l'ancien château sont habitées par la Dame Blanche, d'après la légende (Rev. d'Als. VIII, 269).

Essert-Peterlot, ruiss. c^{ne} de Courtavon. — *Esserts-Peterlé* (carte hydr.).

Esserts (Les) ou les Essarts, nom dé lieu fort répandu dans l'arrondissement de Belfort, et qui signifie probablement *essartement*, *défrichement*. On le trouve notamment à Banvillars; à Andelnans, *Es Essars*, 1655 (cens. du chap. de Belfort); à Bermont, *Esseriots*, *Ès Essard*, 1655 (cens. du chap. de Belfort); à Chavannes-sur-l'Étang, *les Mauvais Esserts*. — Il se retrouve germanisé dans la partie allemande du département, sous la forme de *Schart* ou *Scharten* : voy. ces mots.

Esswiller, vill. détr. entre Schlierbach et Dietwiller. — *Annegis villa*, 735 (Als. dipl. I, 15). — *Enswilr ... Eyswilr*, 1303 (Trouillat, Monum. III, 59-69). — *Jm Esswiller*, 1548 (urb. de l'hôp. de Mulhouse).

Estenbach, canton des territ. de Wihr-au-Val et de Griesbach. — *Oestenbach* (anc. cadastre).

Étang (L'), f. c^{ne} de la Baroche.

Étang Banbois, c^{ne} de Réchésy.

Étang de l'Ours, c^{ne} de la Chapelle-sous-Chaux.

Étang des Barbeaux, c^{ne} de Sermamagny.

Étang des Charmottes, c^{ne} de Leval. — *Der Hauldschorm weyher*, 1628 (inv. de la seign. de Rongemont).

Étang des Mielles, c^{ne} d'Éloye.

Étang des Oies, c^{ne} d'Éloye.

Étang entre les Bois, c^{ne} de Seppois-le-Bas.

Étang Fourcu, f. et étang, c^{ne} de Florimont.

Étang Genecuet, c^{ne} de la Chapelle-sous-Chaux.

Éteimbes, en allemand Welschen-Steinbach, c^{on} de Fontaine. — *Steinbach*, 1331 (Trouillat, III, 411). — *Steinbach*, 1576 (Speckel). — *Estaimbes*, 1779 (Revue d'Als. de 1856, p. 113). — Relevait de l'avouerie de Traubach.

Ettenkritt, canton du territ. de Rorschwihr.

Etterpfad, c^{ne} de Magstatt-le-Bas.

Étueffont-Bas, en allemand Nieder Stauffen, c^{on} de Giromagny. — *Estuefon*, 1260 (Trouillat, II, 722). — *Ecclesia in.... et in Eytauffen*, 1296 (ibid. 626). *Eitûfun*, 1316 (ibid. III, 243). — *Stauffen prope Rotenburg*, 1337 (ibid. 466). — *Stoffen, Eisthoffan*, 1427 (comptes des seign. de Belfort et de Rosemont). — *Nider Stauffen*, 1579 (rôle de Guewenheim). — *Estueffond*, 1779 (Rev. d'Als. de 1856, p. 113). — Au xve siècle, Étueffont-Bas était une paroisse du décanat du Sundgau (Lib. marc.). — Faisait partie de la mairie d'Étueffont.

Étueffont-Haut, en allemand Ober Stauffen, c^{on} de Giromagny. — *Ober Stauffen*, 1579 (rôle de Guewenheim). — *Estueffon-Dessus*, 1620 (cens. du chap. de Belfort). — Chef-lieu d'une mairie de la seigneurie de Rosemont, comprenant Anjoutey, Bourg, Étueffont-Bas, la Madeleine et Petit-Magny. — *Das meygerthumb zu Stueffon.... Stouffont.... Stueffont*, 1533 (urb. de Belfort).

Etzbach, ancien nom de la rivière de Liebsdorf, Dirlinsdorf et Moos. — *In der Etisbach ... in der Ehespach*, 1345; *Exspach*, 1360 (reg. Lucell.).

DÉPARTEMENT DU HAUT-RHIN.

Etzimatt, canton du territ. de Blotzheim.

Etzmatt et Etzmattengraben, ruiss. c^{ne} de Wittenheim, affluent du Dollernbächle. — *Esmuttengraben* (Dépôt de la guerre).

Etzmatten, c^{nes} d'Aspach-le-Bas, de Liebsdorf, etc.

Etzweid, c^{ne} de Guewenheim. — *Vff die Etzwaidt*, 1569 (terr. de Massevaux).

Évaux (Aux), h. c^{on} de la Baroche. — *Les Evaux de Christé* (anc. cadastre).

Évette, c^{on} de Giromagny. — *Weites*, 1347 (Trouillat, II, notes, 395). — *Wette*, 1394 (urb. des pays d'Autr.). — *Esvette*, 1655 (cens. du chap. de Belfort). — Paroisse du décanat de Granges (Alm. d'Als. de 1783). — Dépendait de la mairie du Haut-Rosemont. — Anciennement chef-lieu d'une mairie. — *Wettes ... meigerthum von der Wette*, 1427 (comptes des seign. de Belfort et Rosemont).

Ewigkeit, m. isolée, c^{ne} de Landser.

Eydeblin, c^{ne} d'Aspach-le-Bas.

Eyelach, canton du territ. d'Eguisheim. — *In der Egellach*, 1424 (urb. de Marbach).

Eyeleh ou Reyelehe, canton des territ. d'Eschentzwiller et de Habsheim.

Eyermatten, c^{ne} de Burnhaupt-le-Bas.

Eyerzinsthal, vallon, c^{ne} de Rimbach (Guebwiller).

Ezierather, c^{ne} de Vézelois.

F

Fabrique (La), en allemand die Fabrik, établissements industriels, sans autre désignation de nom, sis dans les communes d'Anjoutey, *filature* (carte hydr.); Bavilliers, *filature* (ibid.); Bitschwiller, *tissage* (ibid.); Breitenbach, *tissage* (ibid.); Bühl, *tissage* (ibid.); Burbach-le-Bas; Dollern, *tissage* (carte hydr.); Dornach, *filature* (ibid.); Giromagny, *filature* (ibid.) et *tissage* (ibid.); Ingersheim, *tissage* (ibid.); Kaysersberg, *tissage* (ibid.); Lautenbach, *filature* (ibid.); Lièpvre, *tissage* (ibid.); Malmerspach, *filature* (ibid.); Massevaux, *tissage* (ibid.); Metzeral, *tissage* (ibid.); Moosch, *filature* (ibid.); Mortzwiller, *tissage* (ibid.); Mühlbach, *tissage* (ibid.); Munster, *tissage* (ibid.); Oberbruck, *filature* (ibid.); Oderen, *tissage* (ibid.); Orbey, *filature* (ibid.) et *tissage* (ibid.); Poutroye (la); Puix (le), c^{on} de Giromagny, *tissage* (carte hydr.); Rimbach, c^{on} de Guebwiller, *filature* (ibid.); Rougemont, *tissage* (ibid.); Saint-Amarin, *tissage* (ibid.); Sainte-Croix-aux-Mines, *filature* (ibid.) et *tissage* (ibid.); Sainte-Marie-aux-Mines, *filature* (ibid.); Sewen, *tissage* (ibid.); Stosswihr, *filature* (ibid.) et *tissage* (ibid.); Thann, *filature* (ibid.); Urbès, *tissage* (ibid.); Wildenstein, *filature* (ibid.) et *tissage* (ibid.); Willer, du c^{on} de Thann, *filature* (ibid.) et *tissage* (ibid.).

Fabrique Astruc, c^{ne} de Bühl. — *Filature Astruc* (carte hydr.).

Fabrique Barth, c^{ne} de Rimbach, c^{on} de Guebwiller. — *Filature Barth* (carte hydr.).

Fabrique Baucher, c^{nes} de Cernay et de Bitschwiller. — *Filature Baucher* (carte hydr.).

Fabrique Beuck, c^{ne} de Bühl. — *Filature Beuck* (carte hydr.).

Fabrique Bindschädler, c^{ne} de Thann. — *Imprimerie Bindschädler* (carte hydr.).

Fabrique Bourcart, c^{ne} de Bühl. — *Filature Bourcart* (carte hydr.).

Fabrique de drap (La), c^{ne} de Guebwiller.

Fabrique de drap feutre (La), c^{ne} de Bitschwiller.

Fabrique Dollfus-Mieg, c^{ne} de Dornach.

Fabrique Eck, c^{ne} de Cernay. — *Niedre Papirmühle* (anc. cadastre). — *Imprimerie Eck* (carte hydr.).

Fabrique Egly, c^{ne} de Breitenbach. — *Tissage Egly* (carte hydr.).

Fabrique Fauster, c^{ne} d'Orbey. — *Tissage Fauster* (carte hydr.).

Fabrique frères Koechlin, c^{ne} de Mulhouse.

Fabrique Frey-Witz, c^{ne} de Guebwiller. — *Filature Frey-Witz* (carte hydr.).

Fabrique Hartmann, c^{ne} de Munster. — *Imprimerie Hartmann et fils* (carte hydr.).

Fabrique Hertzog, c^{ne} de Turckheim, en amont de la ville. — *Filature Hertzog* (carte hydr.).

Fabrique Heuchel, c^{ne} de Cernay. — *Filature Heuchel* (carte hydr.).

Fabrique Hofer, c^{ne} de Kaysersberg. — *Filature Hofer* (carte hydr.). — *Maison Hofer* (tableau des distances).

Fabrique Hofer, c^{ne} de Niedermorschwiller.

Fabrique Immer, c^{ne} de Sultzeren. — *Tissage Immer* (carte hydr.).

Fabrique Isaac Koechlin, c^{nes} de Bitschwiller et de Willer. — *Moulin et usine Isaac Kœchlin* (carte hydr.).

Fabrique Jourdain, c^{ne} d'Altkirch. — *Usine Jourdain* (carte hydr.).

Fabrique Kehren, c^{ne} de Moosch. — *Tissage Kehren* (carte hydr.).

Fabrique Kessler, c^ue de Soultzmatt. — *Filature Kessler* (carte hydr.).
Fabrique Kestner, c^nes de Thann et de Vieux-Thann.
Fabrique Kiener, c^ne de Günspach. — *Tissage Kiener* (carte hydr.).
Fabrique Kiener, c^ne de Kaysersberg. — *Tissage Kiener* (carte hydr.).
Fabrique Klein, c^ne de Sondernach. — *Tissage Klein* (carte hydr.).
Fabrique Lacour, c^ne de Sainte-Marie-aux-Mines. — *Imprimerie Lacour* (carte hydr.).
Fabrique Lehr, c^nes de Thann et de Bitschwiller. — *Filature Lehr* (carte hydr.).
Fabrique Meny, c^ne de Bühl.
Fabrique Meyer, c^ne de Niedermorschwiller.
Fabrique Neubruck, c^ne de Sultzeren.
Fabrique Risler, c^ne de Cernay. — *Filature Risler* (carte hydr.).
Fabrique Sandoz-Baudry, c^ne de Cernay. — Le nom de *Sandozville*, appliqué à cet établissement, tend à se généraliser.
Fabrique Schlumberger, c^ne de Guebwiller. — *Filature Schlumberger* (carte hydr.).
Fabrique Schlumberger, c^ne de Ribeauvillé. — *Filature Schlumberger* (carte hydr.).
Fabrique Schoen, c^ne de Kaysersberg. — *Filature Schoen* (carte hydr.). — *Maison Schoen* (tabl. des dist.).
Fabrique Schwartz, c^ne de Cernay.
Fabrique Spenlé, c^ne de Sondernach. — *Tissage Spenlé* (carte hydr.).
Fabrique Steiner, c^ne de Ribeauvillé. — *Imprimerie Steiner* (carte hydr.).
Fabrique Thierry-Mieg, c^nes de Mulhouse et de Dornach.
Fabrique Witz, c^ne de Cernay.
Fabrique Zimmermann, c^ne d'Isenheim. — *Filature Zimmermann* (carte hydr.).
Fabrique Zürcher, c^ne de Cernay. — *Imprimerie Zürcher* (carte hydr.).
Fafiène (Chemin de), ancien chemin, allant de Courtavon vers Pfetterhausen.
Fahnacker, canton des territ. de Dornach et de Niedermorschwiller. — *Jm Fanacker*, 1565 (reg. des préb. de Mulhouse).
Fähnlinacker, canton du territ. de Dirlinsdorf.
Fahy (Le), canton du territ. de Bourogne.
Fahy (Le), canton du territ. d'Évette.
Fahy (Le), canton du territ. de Fontaine.
Fahy (Le), canton du territ. de Suarce.
Fahy (Le), f. c^ne de Florimont. — *Le Fey* (Cassini). — *Le Fays* (anc. cadastre).

Fahy (Le), forêt, c^ne d'Argiésans.
Fahy (Le), forêt, c^ne de Botans. — *Le Failly* (ancien cadastre).
Fahy (Le), forêt, c^ne de la Chapelle-sous-Chaux. — *La Faillie* (Dépôt de la guerre). — *Das Holtzgenant le fahir*, 1533 (urb. de Belfort).
Fahy (Le), ruiss. c^ne de Trétudans.
Fahywaldgraben, ruiss. c^ne de Bréchaumont. — *Feywaldgraben* (carte hydr.).
Fain (Le), dép. d'Orbey. — *Effain*, 1441 (urb. de Ribeaupierre). — *Moulin et scierie du Fin* (carte hydr.).
Fairies (Les), canton du territ. de Courtavon.
Faite, h. c^ne de la Baroche. — *Fête* (tabl. des dist.).
Falbenn, h. c^ne de Bendorf.
Falckenberg, coll. c^ne de Friessen.
Falckeneck, h. c^ne de Sewen.
Falckengraben, c^ne de Henflingen. — *Off den valchen graben*, 1421 (rôles de Saint-Morand).
Falckensee, f. c^ne de Sultzeren.
Falckenstein, canton du territ. de Herlisheim. — *Jm Falckensteyn*, 1490 (urb. de Marbach).
Falckenstein, c^ne de Dolleren; 1567 (terr. de Mass.).
Falckenstein, mont. c^ne de Massevaux. — *Die Massen des Falkenstein's, mit hoch überragenden Stirnen* (Engelhardt, *Wand. Vog.* 30). — *Vogelstein* (Dépôt de la guerre). — *Goutte de Falkenstein*, ruiss. (carte hydr.).
Falckmatten, c^nes d'Oltingen et de Lutter.
Falckwiller, c^on de Dannemarie. — *Falckhweiller*, 1625 (Stoffel, *Weisth.* 55). — Chef-lieu d'une mairie de l'avouerie de Traubach, comprenant Hecken, Linden et Sternenberg.
Falgmatt, c^ne de Ligsdorf.
Fallacker, c^nes de Hochstatt et de Mörnach.
Fallbach, ruiss. c^ne de Gueberschwihr, affluent de la Lauch. — *Vallebach*, 1389 (urb. de Marbach). — *Neben der Valbach*, 1487 (ibid.).
Fallengesick, f. c^ne de Sewen.
Falmen, canton du territ. de Ligsdorf. — *In der Valnen*, 1349 (reg. Lucell.).
Fane (La), ruiss. c^ne de la Poutroye.
Farbmühl, anc. mine, c^ne de Sainte-Marie-aux-Mines.
Farbrunnen, c^ne de Kappelen.
Farey, canton du territ. d'Anjoutey. — *Le Faret* (anc. cadastre).
Färie, canton du territ. de Zimmersheim. — *Jm Feringer*, 1548 (urb. de l'hôp. de Mulhouse).
Färis, canton du territ. de Köstlach.
Farnacker, c^nes de Felleringen et de Wattwiller. — *Farnacker*, 1550 (urb. de Saint-Amarin).
Farray (Le), forêt, c^ne de Banvillars.

FARRENWEYER, anc. étang, c^{ne} de Metzeral.
FARSELWASEN, canton du territ. de Ranspach.
FASCHLEBACH, dép. de la c^{ne} de Burbach-le-Haut.
FASNACHTBERG, coll. c^{ne} de Kappelen.
FASNACHTBÜHL, tertre au lieu dit *Heidenhöltzle*, c^{ne} de Steinbrunn-le-Bas, où l'on allumait les feux du carnaval.
FASNACHTHAUS, m. isolée, c^{ne} de Hesingen.
FASNACHTKOPF, mont. c^{ne} de Soultz.
FÄSSELMATT, canton du territ. de Kientzheim. — *In der Fässellmatt*, 1734 (rôle de Kientzheim).
FÄSSLER (IM), canton du territ. d'Eguisheim. — *Im Fässzler*, 1682 (rôles d'Eguisheim).
FAUBOURG DES ANCÊTRES, c^{ne} de Belfort.
FAUBOURG-MUTIN, éc. c^{ne} de Foussemagne.
FAUCHÉE DU CURÉ (LA), c^{ne} d'Offemont.
FAUDÉ (LE), f. et mont. c^{ne} de la Poutroye.
FAURUPT ou FORU, en allemand STARCKENBACH, h. c^{ne} de la Poutroye. Le ru de Faurupt est un affluent de la Béhine. — *Starckenbach*, 1441 (urb. de Ribeaupierre).
FAUSTACKER, canton du territ. de Rixheim. — *Im Füstlin*, 1548 (urb. de l'hôp. de Mulhouse).
FAVERGE (LA), canton du territ. de Roppe.
FAVERNAU (LA), canton du territ. de Cunelière. — *La Favernos* (anc. cadastre).
FAVEROIS, en allemand FAVERACH, c^{on} de Delle. — *Fauerois*, 1295 (Trouillat, *Monum.* II, 592). — *Vaueresch*, 1303 (*ibid.* III, 62). — *Faferas*, 1394 (urb. des pays d'Autr.). — *Febere*, 1576 (Speckel). — Paroisse du décanat de l'Ajoye (Alm. d'Als. de 1783). — Mairie du domaine de Delle.
FAVERY, c^{ne} de Châtenois.
FAVEUR (LA), forêt, c^{ne} de Banvillars. — *Pré du favoir* (cadastre).
FAYÉ (LE), h. c^{ne} d'Étueffont-Haut. — *Fays* (anc. cad.).
FÉCHAINE (CHEMIN DE), c^{ne} de Meroux.
FÈCHE-L'ÉGLISE, c^{on} de Delle. — *In dem dorf ze Witz*, 1303 (Trouillat, *Monum.* III, 62). — *Morins de Fische*, 1333 (*ibid.* 434). — *Von Vesche*, 1394 (urb. des pays d'Autr.). — *Velsch*, 1576 (Speckel). — Paroisse du décanat de l'Ajoye (Alm. d'Als. de 1783). — Dép. de la mairie de Saint-Dizier.
FECHELIN (ÈS), canton du territ. de Courtavon.
FECHOTTE (LA), ruiss. c^{ne} de Fèche-l'Église.
FECHT (LA), riv. — *Inter duas Pachinas fluvium*, 747 (Als. dipl. I, 16). — *In Fachinam fluvium*, 772 (*ibid.* 45). — *Feohne fluuii*, 1149 (Trouillat, II, 709). — *Vaconna*, xiie s^e (Grandidier, *Hist. d'Als.* p. j, II, 17). — *Vf der Vechenen*, xive siècle (rôle de Zimmerbach). — *Vf die Vechin*, 1371 (reg. de Saint-Martin). — *Die Veche*, 1441 (urb. de Ribeaupierre). — *Vntz Vehirnn vrsprung.... zue der Vhehunn vrsprung*, 1551 (rôle de Bergheim). — Les deux branches de cette riv. se réunissent à Munster : l'une vient de la grande vallée et a sa source au Wissort; l'autre, appelée aussi *Kleinthalbach*, vient de la petite vallée et prend sa source à la Schlucht. — La Fecht se jette dans l'Ill près d'Illhäusern.

FEDERN (IN DER), canton du territ. de Neuwiller.
FEID, mont. — Voy. HEID (UF).
FELACKER, c^{nes} d'Illzach, de Linsdorf et de Pfastatt. — *Uff den pfelen*, 1548 (urb. de l'hôp. de Mulhouse).
FELDBACH, c^{on} d'Hirsingen. — *Velpach*, 1144 (Rev. d'Als. de 1853, p. 156). — *Veltpach*, 1258 (Trouillat, *Monum.* I, 653). — *Veldtbach*, 1616 (terr. de Feldbach). — Paroisse du décanat du Sundgau (Lib. marc.). — Prieuré de bénédictins (de Cluny) fondé en 1144, qui devint en 1661 la propriété du collége des jésuites d'Ensisheim, et plus tard du collége de Colmar. — Cour seigneuriale. — Chef-lieu d'une mairie comprenant Niederlarg et relevant du baill. de Ferrette.

Le ruisseau qui a donné son nom à cette commune prend sa source à Köstlach et se jette dans l'Ill à Hirsingen.

FELDBERG, c^{ne} de Massevaux; 1568 (terr. de Massevaux).
FELDKIRCH, c^{on} de Soultz. — *Actum Felakirche*, 780 (Als. dipl. I, 52). — *Actum Felakyrchio*, 784 (*ibid.* 54). — *Actum in Felakircha placito publice*, 786 (*ibid.* 54). — *Walthero de Veltkilch*, 1276 (Trouillat, *Monum.* II, 270). — *Ecclesie de Veltkilch*, 1280 (Als. dipl. II, 22). — Paroisse du décanat de *citra colles Ottonis* (Lib. marc.). — Dép. de la seign. et du baill. de Bollwiller.
FELDKIRCH, vill. détruit près de Wettolsheim. — *Apud Veltchilchi prope Columbariam*, 1246 (Ann. de Colmar, 16). — *Ecclesie parochialis de Weldtkirch*, 1319 (Als. dipl. II, 123). — *Feltkirch*, 1576 (Speckel). — *Veltkirch* (Cassini). — Au xve siècle, *Veltkilch cum filia Egesheim* était une paroisse du décanat d'*ultra colles Ottonis* (Lib. marc.).
FELDRAIN, rideau ou ravin entre la forêt domaniale de la Hart et les terres de la banlieue de Kembs. — *Von dem Veldrein*, 1568 (urb. de Landser).
FELLEN, c^{ne} de Lutter.
FELLENMATTEN, c^{ne} d'Aspach-le-Bas.
FELLENTHURM, canton du territ. de Hirtzbach.
FELLERINGEN, c^{on} de Saint-Amarin. — *Veldelingen*, 1357 (reg. de Saint-Amarin). — *Zu Veldlingen*, 1416 (Als. dipl. II, 324). — *Velldringen*, 1550 (urb. de Saint-Amarin). — *Felringen*, 1576 (Speckel). — Dép. du baill. de Saint-Amarin.
FELON, c^{on} de Fontaine. — *Otto de Uurlon ... Furlon*,

1235-1241 (Trouillat, *Monum.* II, 50-55). — *Villae Volim*, 1350 (*ibid.* III, 870). — *Foulon*, 1565-1585 (inv. des archives départ. C, 75). — *Füolon*, 1579 (rôle de Guewenheim). — *Daz dorf Fullon....* *Follon*, 1628 (inv. de la seign. de Rougemont). — Relevait de la seign. de Rougemont.

Felsbach, h. c^{ne} de Murbach. — *Felsbach* (Cassini). — Le ruiss. de Felsbach afflue au Murbächlé. — *In di̥ Velsbach*, 1453 (cart. de Murbach).

Felsenbach, h. c^{ne} de Lautenbach-Zell. — Le ruisseau qui porte ce nom est un affluent de la Lauch. — *Felsbach* (Cassini).

Felseneck, mont. c^{ne} de Bergholtz.

Felza, f. et mont. c^{ne} de Felleringen. — *Vff ein berg, haist gross fellsenkopff*, 1550 (urb. de Saint-Amarin). — *Felza* (Dépôt de la guerre).

Femme (Étang de la), c^{ne} de Sermamagny.

Femme (Ruisseau de la), prend sa source à Vétrigne et se jette dans l'Autruche à Pfaffans.

Fennarupt, h. c^{ne} de Sainte-Marie-aux-Mines.

Fennematt, f. c^{ne} de Dolleren. — *Fennie matten*, 1567 (terr. de Massevaux). — *Sennematten* (anc. cad.).

Fennematt, f. c^{ne} de la Madeleine. — *La Felmette* (tabl. des dist.).

Ferbrunnen, canton du territ. de Brinckheim.

Ferchwasen ou Pferchwasen, f. c^{ne} de Sultzeren. — *Bferch* (Cassini).

Ferme Debret, f. c^{ne} de Florimont. — *Debert*, f. (Dépôt de la guerre).

Ferme Götz, f. c^{ne} de Rougemont. — *La cense du Bas* (anc. cadastre).

Ferme Joly, f. c^{ne} de Florimont.

Ferrette, en allemand Pfirt, chef-lieu de canton, arrond. de Mulhouse. — *Phirrith*, 1128 (Grandidier, *Hist. d'Alsace*, p. j, II, 272). — *Phirida*, 1133 (*ibid.* 284). — *De Firretes*, 1152 (Trouillat, *Monum.* I, 321). — *Castrum et oppidum de Pfirreto*, 1271 (*ibid.* II, 205). — *Phirret*, 1299 (Mone, *Zeitschrift*, XI, 323). — *Gein Phfirt an den stein*, xive siècle (Stoffel, *Weisth.* 3). — *Die veste von Phirt, burg und statt*, 1361 (Als. dipl. II, 236). — *Pfürdt*, 1663 (Bern. Buechinger, 203).

Chef-lieu d'un comté allodial, devenu fief oblat de l'évêché de Bâle en 1271. — *Pfirtensis comes ... de castro Ferreto comes*, 1104 et suiv. (Trouillat, *Monum.* I, 219). — *Frederico, comite de Ferretis*, 1125 (*ibid.* 247). — *Fr. com. de Ferrettes*, 1136 (*ibid.* 266). — *Fr. com. de Firreta*, 1141 (*ibid.* 284). — *L. Dei gratia comes Ferretarum*, 1233 (*ibid.* 529). — *Lou conte de Farrates*, 1290 (Als. dipl. II, 43). — *Nos Thiebauz cuens de Ferretes*, 1296 (*ibid.* 64). — *Comes Ferettensis*, 1304 (*ibid.* 81). — *Comes Phirretarum*, 1309 (Mone, *Zeitschrift*, IV, 372). — *Conte de Pharrettes*, 1317 (Trouillat, *Monum.* III, 255). — *Comes de Phyretis*, 1358 (Als. dipl. II, 219). — *Conté de Ferraite*, 1469 (*ibid.* 404). — *Comté de Ferette*, 1659 (ordonn. d'Als. I, 18). — Le comté de Ferrette se composait des seigneuries d'Altkirch, Belfort, Thann, et du comté particulier de Ferrette, seigneuries et comté que Schoepflin désigne aussi sous le nom de préfectures (*Ober-Vogteyen*) (Als. ill. IV, 75); il comprenait, en outre, l'avouerie (*Vogtey*) de Cernay et l'advocatie du val de Massevaux.

Le comté particulier ou préfecture de Ferrette, auquel correspondit le bailliage subséquent, était composé de la ville de Ferrette et des six mairies de Bouxwiller, Mörnach, Muespach, Pfetterhausen, Riespach et Wolschwiller.

Chef-lieu d'une subdélégation de l'intendance d'Alsace, qui comprenait les bailliages de Ferrette, Hirsingen, Haut-Landser, Eschentzwiller, et la ville d'Huningue.

Château fort, appelé aussi *Hohen-Pfirdt* (Merian, *Top. Als.* 31), avec une chapelle dédiée à sainte Catherine, *an sant Katherinen alttar zů Phfirt vff der vesten*, xive s^e (Stoffel, *Weisth.* 3). — *St Catharinhe Capellen im schlofs zu Pfürdt*, 1663 (Bern. Buechinger, 204).

Paroisse du décanat de Leymenthal (Lib. marc.). — Chapitre de chanoines réguliers de saint Augustin, qui dépendait anciennement de l'hôpital du Grand Saint-Bernard (Bern. Buechinger, 204).

Fertrupt ou Fertru, en allemand Fontelbach, h. c^{ne} de Sainte-Marie-aux-Mines. — *Furtelbach*, 1644 (Merian, *Top. Als.* 51). — Ruiss. du même nom.

Fesseneck, anc. lieu habité, c^{ne} de Munster. — *Hugo de Vesuneca*, 1169 (Mone, *Zeitschrift*, IV, 217). — *Henricus de Vesenegga*, 1222 (Als. dipl. I, 349). — *Henricus de Vesuncca*, 1226 (Trouillat, I, 508). — *Hugo de Vesenecke*, 1239 (Mone, *Zeitschrift*, IV, 225). — *Vesenecke*, 1411 (cart. de Munster). — *Fasnack* (Cassini). — *Fessen Eck* (anc. cad.).

Fessenheim, c^{on} d'Ensisheim. — *In villa vel in fine Fetzenheim marca*, 768 (Als. dipl. I, 41). — *In villa vel fine qui vocatur Fezinhaim ... Actum in villa Fezinhaim*, 778 (*ibid.* 50). — *Das torf ze Vessenheim*, 1303 (Trouillat, *Monum.* III, 46). — Paroisse du décanat de *citra Rhenum* (Lib. marc.).

Feugelles, c^{on} d'Urcerey.

Feuillée (La), forêt, c^{nes} de Belmagny et de Charmois.

Feuillée de paix (La), forêt, c^{ne} de Banvillars.

Feux-Saint-Jean, canton du territ. de la Baroche.

FEYERBÄCHLE, ruiss. c^ne de Zimmersheim.
FEYERSTEINRUNTZ, ruiss. c^ne de Metzeral, affluent du Weyerruntz.
FIACOTE, forêt, c^ne de la Baroche.
FIATEY (EN), c^ne d'Argiésans. — *En Foradey* (?), 1541 (cens. du chap. de Belfort).
FIECHTEN, c^nes de Berentzwiller, Emlingen, Flaxlanden, Magstatt-le-Haut.
FIECHTENHOF, f. c^ne de Magstatt-le-Haut. — *La ferme du Fichtenbaum* (tabl. des dist.).
FILLE-MORTE ou FILLMORTE, canton du territ. de Sainte-Marie-aux-Mines.
FILLMAGEN (IM), canton du territ. de Francken.
FILTZMATTEN, c^ne de Traubach-le-Bas.
FILTZWALD, forêt, c^ne de Winckel. — *Die Filtz* (anc. cad.).
FIMELPLÄTZ, canton du territ. de Köstlach.
FINCKENHÄUSLEN, canton du territ. de Rixheim.
FINCKENHÜTTEN, canton du territ. d'Illzach.
FINCKENRAIN, canton du territ. de Wintzenheim.
FINCKENSHAUSEN, c^ne d'Eguisheim. — *In Winigotzhusen burnnen*, 1433 (urb. de Marbach). — *Wyngoltzhusen*, 1514 (rôles d'Eguisheim). — *Winckelshauszen*, 1660 (ibid.). — *Im Finckelszhausz*, 1682 (ibid.).
FINDIS, canton du territ. de Dirlinsdorf. — *Auf der Fintis*, 1555 (reg. Lucell.).
FINSTERBACH, mine de fer, c^ne de Thann.
FINSTERBACH, ruiss. c^ne de Waldighofen.
FINSTERBACHRUNTZ, ruiss. c^ne de Saint-Amarin.
FINSTERBRUNN, canton du territ. d'Hirsingen.
FINSTEREWAND, mont. c^ne de Metzeral.
FINSTERGRUND, forêt, c^ne de Winckel. — Ancien parc de chasse. — *Im Finstern grunde*, XVIe s^e (inv. des arch. dép. C. 63).
FINSTERNGESICK, ruiss. et forêt à Massevaux et à Sickert.
FINSTERWALD, forêt, c^ne de Brunstatt. — *Jm Finsterwaldt*, 1553 (reg. des préb. de Mulhouse).
FINSTERWALD, c^ne de Schweighausen.
FINST (AUF DER), c^ne de Burbach-le-Bas.
FINSTE (DIE), nom de la crête des Vosges, formant séparation des eaux (*Schneeschmiltz*) et limite entre l'Alsace et la Lorraine. — *A loco dicto Virst*, 1316 (Als. dipl. II, 120). — *An die Fürst*, 1400 (ibid. 307). — *Auf der Fürst*, 1644 (Merian, *Top. Als.* carte).
FINSTMISS, chaume, c^ne de Metzeral. — *Ferchumus* (Cassini). — *Bei der Senne von Firstmisz* (Engelhardt, *Wand. Vog.* 14).
FIRSTMISSER-SEE, marais près du Hoheneck, qui formait autrefois un lac, d'après la tradition (Braesch, 16).
FISCHACKER, c^ne de Rädersdorf.
FISCHBACH, ruiss. c^ne de Traubach-le-Haut.
FISCHBÖDELE, canton du territ. de Sultzeren.
FISCHERHÜTTEN, canton du territ. d'Artzenheim.

FISCHERREICH, c^ne de Jettingen.
FISCHGRÖNLE, c^ne de Willer (c^on de Thann).
FISCHMATTEN, scierie, c^ne de Massevaux.
FISCHTHAL, cense, c^ne de Sainte-Marie-aux-Mines. — *Fichetal* (Cassini).
FISLIS ou FISLACH, c^on de Ferrette. — *Henricus et Arnoldus fratres milites de Visilis*, 1243 (parchemins de Lucelle). — *Cûnradus de Viselis*, 1283 (Trouillat, *Monum.* II, 383). — *In banno ville Viselis*, 1297 (ibid. 645). — *Vislins*, 1460 (rôles de Saint-Morand). — *Fislitz*, 1576 (Speckel). — Dép. de la mairie de Bouxwiller.
FITZENTHANN, canton du territ. de Watwiller.
FLANDRIER (BOIS), c^ne de Chavannes-les-Grands.
FLANDRY, c^ne de Buc.
FLÄSCHLINGEN, canton du territ. de Ruederbach.
FLAXLANDEN, c^on de Landser, primitivement c^on de Lutterbach. — *In marcha Flachlantisse*, 792 (Als. dipl. I, 57). — *Vlricus de Vlaslande*, 1185 (parchemins de Lucelle). — *Flachslanden*, 1233 (Trouillat, *Monum.* I, 528). — Paroisse du décanat d'*inter colles* (Lib. marc.). — Après l'organisation de l'intendance d'Alsace, Flaxlanden a fait partie du baill. de Bollwiller.
FLAXLANDEN, anc. m^in, c^ne de Wintzenheim. — *Apud molendinum zi Flahslanden*, 1259 (Mone, *Zeitschrift*, XI, 321).
FLECKENSTIRNE, c^ne de Gildwiller.
FLECKENSTRASS, anc. chemin à Wiedensohlen. — *An die alten Vleckestrasse*, 1364 (Stoffel, *Weisth.* 162).
FLEISCHLINGACKER, canton du territ. de Fröningen.
FLEMMER, c^ne de Katzenthal.
FLESCH (IM), c^ne de Dolleren. — *Im pflesch*, 1567 (terr. de Massevaux).
FLESCH (IM), c^on du territ. de Mulhouse. — *Jm Pflesch*, 1560 (reg. des préb. de Mulhouse).
FLESCH (IM), canton du territ. de Vieux-Ferrette. — *Zem Vlössche*, 1296 (Trouillat, *Monum.* II, 620).
FLESCHEMATTE, c^ne de Rimbach-Zell; 1417 (urb. de la comm^rie de Soultz).
FLESCHENBRUNN, canton du territ. de Grentzingen.
FLETTICHEN, FLÄTTICHEN, c^ne de Dolleren; 1567 (terr. de Massevaux).
FLICH, FLIEH, c^ne de Kaysersberg.
FLIEG, canton du territ. de Guebwiller. — *An der Flühe*, 1453 (cart. de Murbach).
FLOCHBRUNNEN, canton du territ. de Bruebach, cité en 1548 (urb. de l'hôp. de Mulhouse).
FLORIBUS, éc. c^ne de Fülleren.
FLORIMONT, en allemand BLUMENBERG, c^on de Dellé. — *Actum et datum apud Blumenberc*, 1258 (Trouillat, *Monum.* I, 651). — *Lodoici militis, domini de Flo-*

rimont, 1264 (ibid. II, 148). — *Capelle beate Marie Floridi Montis*, 1294 (ibid. 574). — *Blûmenberch*, 1339 (Mone, *Zeitschrift*, IV, 384). — *Maison située au grand bourg de Florimont, entre les fossés du petit bourg de Florimont d'une part, et* ... 1344 (Trouillat, III, 820, regestes). — *Die burg und die statt und die vorstat ze Blumenberg*, 1359 (Als. dipl. II, 237). — *Suis la forterace et suis toutes les appendices de Florimont... à la chapelle du chatel de Florimont*, 1365 (ibid. 249). — Paroisse du décanat de l'Ajoye (Alm. d'Als. de 1783). — Chef-lieu d'une seign. relevant de celle de Belfort et comprenant Chavanatte, Courcelles, Courtelevant et le Puix. Ancien château fort sur la montagne.

FLORIVAL, en allemand BLUMENTHAL, nom du val de Guebwiller. — *Florigeram vallem*, XI° siècle (Dom Pitra, *Vie de S. Léger*, 566). — *An. 1294 ist das Jungfrauwen Closter bey Gebweiler, BLUEMTHAL genandt, gestüfflet*, 1724 (Mossmann, *Chron. Gueb.* 26).

FLOTAT, c^{ne} de Chèvremont.

FLÖTENGESANG, canton du territ. d'Illfurth.

FLÜSSGRUB, anc. mine, c^{ne} de Sainte-Marie-aux-Mines.

FOGELBACH, ruiss. c^{nes} de Bergholtz-Zell et d'Orschwihr (Dépôt de la guerre). — *Fogelbach* (Cassini). — *Zu Fogelborn*, 1490 (urb. de Marbach). — *Vogelbach* (carte hydr.).

FOHLETS, canton du territ. de Köstlach.

FOHRENECK, c^{ne} de Dessenheim.

FÖHRGRABEN, c^{ne} de Colmar.

FOIGERET, c^{nes} de Chèvremont, Novillars et Suarce.

FOL (LE), c^{nes} de Châtenois (*la noz du Fol*), Suarce (*l'aige du Fol*) et Montreux-Château.

FOLGENSBOURG, c^{on} d'Huningue. — *Volkoldesberg*, 1190 (Mone, *Zeitschrift*, IV, 218). — *Volkolzberg*, 1190 (Trouillat, *Monum.* I, 420). — *Folkolzperg*, 1195 (ibid. 434). — *Volkesperg*, 1291 (ibid. II, 515). — *Pleban. de Volckolzberg*, 1334 (ibid. III, 437). — Paroisse du décanat de Leymenthal (Lib. marc.). — Dépendait de la mairie de Muespach.

FOLICHOTTE (LA), cantons des territ. de Moval et de Sévenans-et-Leuppe.

FÖLIG (IM), canton du territ. de Riespach.

FOLLENWASSER, c^{ne} de Saint-Hippolyte. — *Jns vallen Wasser*, 1586 (*Alsatia* de 1856-1857, p. 314). Cet endroit passe, dans l'ancienne croyance populaire, pour être un lieu de réunion des sorcières.

FOLLETSCH, cant. du territ. de Retzwiller.

FÖLLY, canton du territ. de Hegenheim.

FOLS (LES), c^{ne} de Chavannes-les-Grands. — *Ès fols... ès folz*, 1580 (terr. de Saint-Ulrich).

FOLTZ, canton du territ. de Bendorf. — *Vals*, 1329 (reg. Lucell.).

FONDERA, c^{ne} d'Oberlarg.

FONDERIE (LA), f. c^{ne} de Fréland. — *La Fondrie* (Cass.).

FONDERIE DES MINES (LA), établiss. industriel, c^{ne} du Puix, c^{on} de Giromagny.

FONDERIES, f. c^{ne} d'Orbey.

FONTAINE, en allemand BRUNN, chef-lieu de canton, arrond. de Belfort. — *La communatel de la Fontaine*, XV° s° (urb. de Froide-Font.). — *Brun*, 1576 (Speckel). — *Burn*, 1579 (rôle de Guewenheim). — Paroisse du décanat du Sundgau (Lib. marc.). — Dép. du domaine de Montreux. — Ancien château.

FONTAINE-BLEU, c^{ne} de Chèvremont.

FONTAINE DE DIEU, c^{ne} de Vézelois.

FONTAINE GAUTHIER, source, c^{ne} de Levoncourt.

FONTAINE PESSON, source, c^{ne} de Fêche-l'Église.

FONTENATTE, c^{ne} d'Argiésans, la Chapelle-sous-Chaux et Châtenois. — *En Fontenottes*, 1655 (cens. du chap. de Belfort).

FONTENELLÉ, c^{on} de Belfort. — *Fontonel*, 1576 (Speckel). — Ancien alleu devenu fief oblat du landgraviat en 1478 (Als. ill. IV, 119).

FONTENELLE, f. c^{ne} de la Baroche.

FONTENETTES, c^{ne} d'Urcerey.

FONTENY (LA GRANDE et LA PETITE), anc. ff. c^{ne} de Fréland (Cassini).

FORAGE (AU), c^{ne} d'Offemont.

FORAGÉE (LA), forêt, c^{ne} de Banvillars. — *La Foragie* (anc. cadastre).

FORBERG, mont. c^{ne} de Rouffach. — *Jm Farberg... Forberg*, 1543 (rôle de Rouffach).

FORELLENWEYER ou ÉTANG DES TRUITES, à Metzeral.

FORELLRUNTZ, ruiss. c^{ne} de Ranspach.

FORENWEYER, marais, c^{ne} de Sultzeren; ancien lac. — *Fohrenweyer* (Engelhardt, *Wand. Vog.* 8 et 99).

FORÊT (LA), f. c^{ne} de la Poutroye.

FORÊT (LA), en all. FORSTELEN, h. c^{ne} du Salbert. — *Forschelon*, 1347 (Trouillat, *Monum.* III, 847).

FORGE (ÉTANG DE LA), c^{nes} de Belfort et d'Offemont.

FORGE (LA), h. c^{ne} de Belfort.

FORGE (LA), usine, c^{ne} du Bonhomme.

FORGE (LA), en all. DIE SCHMIEDE, usine, c^{ne} de Bühl.

FORGE (LA), usine, c^{ne} de Grandvillars.

FORGE (LA), usine, c^{ne} de Mésiré.

FORGE (LA), usine, c^{ne} de Mühlbach.

FORGE (LA), usine, c^{ne} de Seppois-le-Bas.

FORGE (LA), usine, c^{ne} de Seppois-le-Haut.

FORGE (LA), usine, c^{ne} de Tagolsheim.

FORGE (LA), usine, c^{ne} de Willer (c^{on} de Thann).

FORGES (LES), usine, c^{ne} d'Oberbruck.

FORGES (LES), usine, c^{ne} de Wintzenheim.

FORLENTZ, canton du territ. de Kiffis. — *Fueletz* (anc. cadastre).

DÉPARTEMENT DU HAUT-RHIN.

Förmbach, canton du territ. de Michelbach-le-Haut. — *Ferbach* (anc. cadastre).

Formel, canton du territ. de Biedertthal.

Forst, chapelle et usine, c^{ne} de Saint-Hippolyte. — *Forst*, 1184 (Als. dipl. I, 281). — *Vff dem Forst bey St Pilt*, 1618 (*Alsatia* de 1856-1857, p. 316).

Forst, c^{nes} de Carspach, Fislis, Francken et Kirchberg. — *Forst*, 1421 (rôles de Saint-Morand). — *In vorst*, 1567 (terr. de Massevaux).

Forst (Am), écart, c^{ne} de Mulhouse. — *Forst*, 1554 (reg. des préb. de Mulhouse).

Forst (Auf der), canton du territ. de Burnhaupt-le-Haut. — *Nider vorst* ... *Ober vorst*, 1382 (Stoffel, *Weisth.* 74).

Forstberg, c^{ne} de Rixheim.

Forstbruck, pont, c^{ne} de Ribeauvillé.

Förstel, f. c^{ne} de Sewen.

Forstelen, h. — Voy. Forêt (La).

Fortelbach, h. — Voy. Fertrupt.

Fort Galasse, anc. fortin au col du Bonhomme (Cass.).

Fortgraben, ruiss. venant du ban de Carspach et se versant dans le canal du Rhône au Rhin à Hagenbach.

Fortschwihr, c^{on} d'Andolsheim, primitiv. c^{on} de Horbourg. — (?) *Fulradovilare*, 774 (Grandid. *Église de Strasb.* p. j, II, 113). — *Fulradivillare*, 854 (Als. dipl. I, 84). — *Volratzwilr*, xive s^e (abb. de Pairis, c. 12). — *Volrotzwilr*, 1475 (reg. des domin. de Colmar). — Dép. du comté et du baill. de Horbourg.

Foru, h. — Voy. Faurupt.

Fossachacker, canton du territ. de Fislis.

Fossbühl, établiss. industriel, c^{ne} de Krüth. — *Fouchy* (anc. cadastre).

Fossé (Au), f. c^{ne} de la Poutroye.

Fossé-aux-Prêtres, c^{ne} de Vézelois.

Fossé des Bras des morts, ruiss. c^{ne} de Fontaine.

Fosse-Morat, c^{ne} de Levoncourt. — *Jusque en Fosse-Morat*, 1343 (Trouillat, *Monum.* III, 550). — *Par Fossemorat*, 1360 (ibid. IV, 143). — *Von Eggenbach vntze Birsebruckhen*, *von Fosse Morandt vntze Bürre bartusch* (Pierre-Pertuis), 1691 (rôle de Guewenheim). — Point de limite entre le landgraviat supérieur et la principauté de l'anc. évêché de Bâle.

Fossé Pourpoint (Ès), c^{ne} de Meroux. — *Sur la fosse pourpoincnt*, 1655 (cens. du chap. de Belfort).

Fosshag, canton du territ. d'Ensisheim.

Fossrück, mont. c^{nes} d'Oderen et de Krüth.

Fossrückruntz, ruiss. c^{nes} d'Oderen et de Krüth.

Fougeratte (La), c^{ne} de Suarce.

Fougeras, c^{ne} de Reppe. — *Le fongeret*, 1581 (terr. de Saint-Ulrich).

Fougeret, c^{nes} de Chavannatte et de Vézelois. — *Foigerotte*, 1655 (cens. du chap. de Belfort).

Fougières, c^{nes} de Banvillars, Botans et Dorans.

Fouillées (Les Vieilles-), c^{ne} du Salbert.

Foulon (Le), en allemand die Walcke, établissements isolés, communes d'Hüssern (c^{on} de Saint-Amarin), de Rimbach (c^{on} de Guebwiller), de Sainte-Marie-aux-Mines et d'Angeot.

Fourches (Bois des), en allemand Galgenhöltzle, c^{ne} de Levoncourt.

Fourches (Champs des), cantons des territ. de Leval et d'Auxelles-Bas.

Fourches (Les), f. c^{ne} de la Poutroye. — *Aux Fourches* (Cassini).

Fourches (Les), c^{ne} de Florimont.

Fourches (Les), c^{ne} de Perouse.

Four de pierre (Le), mont. c^{ne} du Puix (c^{on} de Giromagny).

Fourneau (Le), c^{ne} de Belfort. — *Der ofen ze Befort*, 1394 (urb. des pays d'Autr.).

Fourneau (Le), usine, c^{ne} de Florimont. — *Le Fourneau* (Cassini).

Fourneau (Le), c^{ne} de Roppe.

Foussemagne, c^{on} de Fontaine. — *Fuszmengin*, 1533 (urb. de Belfort). — *Fuchsmeng*, 1576 (Speckel). — *H. Rheinach. von Fuchsmanien*, 1627 (Kleine Thanner Chron. 47). — Dép. du domaine de Montreux. — Ancien château.

Fraimont ou Frémont, anc. martinet, c^{ne} d'Offemont. — *Martinay sur Fraymont* (anc. cadastre).

Frais, c^{on} de Fontaine. — *Fress*, 1458 (Als. dipl. II, 392). — Dép. du domaine de Montreux.

Fraisière (La), forêt, c^{ne} de Boron.

Franchises (Aux), c^{ne} d'Argiésans.

Francken, c^{on} d'Altkirch. — *Franchon*, 1144 (Trouillat, II, 708). — *Francon*, 1194 (ibid. I, 426). — *Franckhen*, 1588 (rôles de St-Morand). — Paroisse du décanat du Sundgau (Lib. marc.). — Dép. de la mairie du val de Hundsbach. — Au lieu dit *Mauer*, on trouve des fondations, des pierres taillées, etc.

Francken (Im), canton du territ. de Flaxlanden.

Franckenthal, vall. à Heidwiller. — *Jn Frenkental*, 1421 (rôles de Saint-Morand).

Franckenthal, vall. à Stosswihr, vers le Hoheneck.

Franckenweg, anc. chemin passant par Deinheim et Turckheim, et se perdant dans la vallée de Munster. — *Iuxta Frankenwege*, 1259 (Mone, *Zeitschrift*, XI, 321). — *An dem Frankenwege*, 1371 (reg. de Saint-Martin). — *Franckenweg*, 1407 (cens. de la camerene de Munster).

Fräntz, Frentz ou Fräntzberg, f. c^{nes} de Felleringen et de Krüth.

Frantzlóchruntz, ruiss. c^{nes} de Felleringen et de Krüth (carte hydr.).

Frantzburn, c^{ne} d'Uffholtz.
Frantzenacker, c^{ne} de Heywiller.
Frantzenlachen, c^{ne} de Seppois-le-Bas.
Frantzenlöchen, c^{ne} de Riedisheim.
Fräntzlismatten, c^{ne} de Niedermorschwiller.
Frarupt, h. c^{ne} de Lièpvre.
Frau-Anna-Weyer, étang et ruiss. c^{ne} d'Heimersdorf. — *Frau-Anna* (carte hydr.).
Frau-Breiten-Plon, canton de la Hart, à Ottmarsheim et à Hombourg.
Frauenaue, canton rural à Ensisheim. C'est là que se tenaient en plein air les assises provinciales des landgraves de l'Alsace supérieure. — *Uff unser Frauen Aun vnder die Linden*, xvie s^e (Mercklen, *Hist. d'Ensish.* II, 119). — Passait anciennement pour un lieu de réunion du sabbat.
Frauenberg, c^{ne} d'Eguisheim. — *Am Frawenberg*, 1660 (rôles d'Eguisheim).
Frauen Breite, c^{nes} de Gildwiller et d'Illzach.
Frauengässlen, quartier à Mulhouse; tire son nom d'une anc. chapelle de Notre-Dame. — *Cappelle Sancte Marie*, 1394 (urb. des pays d'Autr.). — *Jm frauwenn gesslin*, 1548 (urb. de l'hôp. de Mulh.). — *Vnser frauwen Cappellen zu Mulhusen*, 1553 (terr. d'Illzach).
Frauenkopf, mont. c^{ne} de Munster. — *Frauenackerkopf* (var.).
Frauenmatten, c^{ne} de Dirlinsdorf.
Frauenweg, chemin qui traverse les territoires de Friessen, Uberstrass et Seppois-le-Bas.
Fraugré, h. c^{ne} de la Baroche. — *Au Fraugrede* (anc. cadastre).
Fräulenloch, c^{ne} d'Obermorschwiller.
Fräulihebel, c^{ne} de Berentzwiller.
Frecendexerti, ancien lieu habité près de Roppe. — *Entre le mont de Rope et la vilé de Frecendexerti*, 1303 (reprise du fief de Roppe).
Frechone, c^{ne}. — Voy. Friessen.
Fréland, en allemand Urbach, c^{ne} de la Poutroye. — *Vrbach*, 1441 (urb. de Ribeaupierre). — *Village de Forsland du val d'Orbey... Curé de Fresland au val d'Orbey*, 1697-1704 (Armorial d'Alsace, p. 352 et 358). — Paroisse du décanat d'*ultra colles Ottonis* (Lib. marc.). — Dép. de la seign. de Hohenack. — Cour colongère. — *Vrbach daz Tal vnd der dinkhof im Tal*, 1398 (Trouillat, *Monum.* IV, 613).
Frenckelbach, anc. f. c^{ne} de Soultzmatt, dans la vallée de Wasserbourg. — *Frankelbach* (Cassini).
Freundstein, f. c^{ne} de Willer, c^{on} de Thann. — Anc. château près de Goldbach. — *Unser burg ze Frundenstein*, 1297 (Als. dipl. II, 66). — *Zu der burg zu Freundenstein*, 1341 (ibid. 171). — *Petrus Waldner von Frundstein*, 1766, cit. an. 1379 (Kleine Thanner Chron. 20). — *Freundstein*, 1576 (Speckel). — *Cense de Freinschtein* (Cassini). — *Freinschtein*, chât. ruiné (ibid.).

Freyberg, canton du territ. de Landser.
Freyen, canton des territ. de Luemschwiller et d'Obermorschwiller.
Freyenberg, coll. c^{ne} de Michelbach-le-Bas.
Freyhof, anc. cour franche à Friessen.
Freyhof, anc. cour franche à Volgelsheim.
Freyhurst, forêt, c^{ne} de Stetten. — *Die freyhurst*, 1565 (urb. de Landser).
Freyleh, c^{ne} de Sainte-Croix-en-Plaine. — *Lehenacker*, 1585 (abb. de Sainte-Croix).
Freysenis, canton du territ. de Winckel. — *Terra Fruonzonis*, 1180 (Trouillat, *Monum.* I, 383). — *Im Freysinis*, 1658 (reg. Lucell.).
Freytag, mont. entre Wintzenheim et Wettolsheim. — *Inter Winzenheim et Wetelshein in monte, qui dicitur Fritag*, 1259 (Mone, *Zeitschrift*, XI, 322).
Freytagberg, mont. c^{ne} de Vieux-Ferrette.
Freywald ou Herschaftwald, forêt, c^{ne} de Heimsbrunn.
Friedburg, pavillon près de Saint-Amarin. Anc. chât. construit en 1255, détruit en 1268, reconstruit peu après et démantelé en 1637 (Als. ill. IV, 236; Ann. de Colmar, 20). — *Castr. sancti Amarini*, 1272 (Als. dipl. I, 468). — *In antiquo castro aut rupe... in valle sancti Amarini*, 1294 (Als. dipl. II, 61). — *Die burg ju S. Amarin Frideberg*, 1399 (reg. de St-Amarin). — *Friedenberg*, 1576 (Speckel). — *Fridenberg*, 1644 (Merian, *Top. Als.* carte).
Friedlinsberg, coll. c^{ne} de Brunstatt. — *Vff dem Fridlinsberg*, 1548 (urb. de l'hôp. de Mulhouse).
Friedrichsflüh, c^{ne} de Murbach. — *Fridrichsfliche*, 1453 (cart. de Murbach).
Friessen, en français Frechone, c^{ne} d'Hirsingen. — *Walthero de Friesen*, 1267 (Trouillat, *Monum.* II, 182). — *La barroiche de Frison*, 1370 (ibid. IV, 290). — *Zum hauss Frisenheim*, 1546 (urb. de la comm^{ie} de Soultz). — En 1344, l'église paroissiale de Friessen était unie à la maison des hospitaliers de Saint-Jean de Mulhouse (Trouillat, *Monum.* III, regestes, 827). Plus tard, cette maison a été établie à Friessen même. — Paroisse du décanat de Massevaux (Alm. d'Als. de 1783). — Dép. de la mairie de la Largue. — Maladrerie, dont l'emplacement est marqué par le nom de *Maltzacker*.
Friessen, canton du territ. de Francken.
Friessenmättlen, cantons des territ. de Bergheim et de Schweighausen.
Frinn, canton du territ. de Bergholtz-Zell.
Frisam, c^{ne} de Guewenheim. — *Im Fürsam... Fürsamen*, 1569 (terr. de Massevaux).

Frissübel, c^{ne} de Rammersmatt.

Frobach (Im), c^{ne} de Rimbach; 1567 (terr. de Massevaux).

Froberg, coll. c^{ne} de Bruebach. — *Jm Fronberg*, 1560 ... *Jm Froburg*, 1561 (reg. des préb. de Mulhouse).

Fröhn, c^{nes} d'Ammerschwihr, Bergheim et Riedwihr.

Fröhnäcker, c^{ne} de Guewenheim. — *Am Fronackher*, 1569 (terr. de Massevaux).

Fröhnen, c^{ne} de Massevaux.

Froide-Fontaine, en allemand Kaltenbrunn, c^{on} de Delle. — *Frigidus fons*, 1105 (Als. dipl. I, 184 et 186). — *Datum in Frigido fonte*, 1290 (Trouillat, Monum. II, 487). — Prieuré de bénédictins soumis, en 1105, à l'abbaye de Cluny. — *Richardus prior de Frigido fonte*, 1144 (Trouillat, Monum. II, 709). — *Aduocatiæ monasterii in Kaltenbvrnen*, 1303 (ibid. III, 73). — Au xve s^e, ce prieuré faisait partie du décanat du Sundgau (Lib. marc.); il fut donné, au xviie siècle, aux jésuites d'Ensisheim, et après la proscription de ceux-ci, au collége de Colmar.

Froide-Fontaine, f. c^{ne} de la Poutroye.

Froide-Gouttette, c^{ne} de l'Allemand-Rombach.

Froideval, en allemand Kaltenthal, ancien préceptorat de chanoines réguliers de Saint-Antoine de Vienne, près d'Andelnans, dép. de la comm^{ie} d'Isenheim. — *Von der Kirchen zu Fredua*, 1350 (urb. de Belfort). — *Von der Kilchen ze Fredeua*, 1394 (urb. des pays d'Autr.). — *Froideual*, 1427 (comptes des seign. de Belfort et Rosemont). — *Der comandeur von Froydevaulx*, 1553 (urb. de Belfort). — *Kaldtenthal*, 1573 (urb. de Belfort, n° 16). — On l'appelait en latin *in Frigida valle*.

Fromenteau, c^{ne} de Sévenans-et-Leuppe.

Fronbihne ou Frobindt, c^{ne} de Rimbach; 1567 (terr. de Massevaux).

Frönden, canton du territ. de Riquewihr. — *In Obern frönde*, xive siècle (cens. de Riquewihr).

Fronenbächle, ruiss. c^{ne} de Berrwiller.

Fronenberg, coll. c^{ne} d'Herlisheim. — *In dem Froneberge*, 1389 (urb. de Marbach). — *In Frömberg*, 1475 (reg. des domin. de Colmar). — *Jm Fronenberg*, 1490 (urb. de Marbach).

Fronenburg, coll. c^{ne} de Fröningen.

Frongesick, ruiss. c^{ne} de Weegscheid. — *Laufft das Frongesig zwischen durch*, 1567 (terr. de Massevaux). — *Fronnengesicht* (anc. cadastre).

Fronhof, f. c^{ne} de Günspach.

Fronhof, anc. cour à Eschentzwiller (Burckhardt, *Hofrödel*, p. 98).

Fronhof, anc. cour à Herlisheim (Stoffel, *Weisth.* 163).

Fronhof, anc. cour à Sierentz, où se tenaient les plaids des colongers (Burckhardt, *Hofrödel*, p. 196).

Fronhof, anc. cour à Spechbach-le-Bas, où se tenaient les plaids des colongers. — *Der Fronhofe*, xve siècle. (Burckhardt, *Hofrödel*, p. 86).

Fronhof, anc. f. c^{ne} de Mühlbach. — *Zu Fronhoff*, 1456 (cens. de la cellenie de Munster).

Fronholtz, forêt et m. de garde, c^{ne} de Colmar. — D'après une vague tradition, il y aurait existé un tribunal vehmique; mais comme il a été établi qu'il n'y en avait pas en dehors de la Westphalie, il faut renoncer à y croire : voir Rev. d'Als. X, 201.

Fronholtz, c^{ne} de Hochstatt.

Fröningen, c^{on} d'Altkirch. — *Freningen*, 1352 (Mone, *Zeitschrift*, IV, 469). — *Frenningenn*, 1561 (urb. de l'hôp. de Mulhouse). — *Freningen*, 1576 (Speckel). — Paroisse du décanat du Sundgau (Lib. marc.). — Fief de la seign. d'Altkirch. — Dépendait en dernier lieu du baill. de Brunstatt.

Ancien château. — *Die vesten Frenigen, der grosse stogk.... vnd dartzu alle die graben vnd weyer die vmb die burg gant*, 1394 (urb. des pays d'Autr.). — *Ein starck schlofs, genant Frenyngen*, 1468 (Schill. 18).

Fronlach, c^{ne} de Sainte-Croix-en-Plaine. — *Vff die fronnelach*, 1429 (urb. de Marbach).

Fronlegenmatt, c^{ne} de Massevaux. — *Fronlege*, 1568 (terr. de Massevaux).

Frönstatt, canton du territ. de Liebsdorf.

Fronthal, vall. c^{ne} de Walbach (Wintzenheim).

Fronzell, h. c^{ne} de Luttenbach. — *Ze Fronezelle*, 1339 (Als. dipl. II, 166). — *Fronsel* (Cassini).

Froschdach, anc. château à Bantzenheim, détruit en 1268 : voir la Chron. d'Albert de Strasbourg.

Fröschengraben, ruiss. à Kingersheim et à Wittenheim.

Fröschenweid, en français la Grenouillère, quartiers à Colmar et à Mulhouse.

Fröschwihr, h. c^{ne} de Luttenbach. — *Freschwihr* (Cassini).

Fröschwillernägle, cantons des territ. de Reiningen et de Schweighausen.

Frowiller, canton du territ. de Helfrantzkirch, situé près du *Breitschedel* : voir ce mot. — *Zem Fröweler*, 1421 (rôles de Saint-Morand). — *Im Froweiler*, 1566 (urb. des redev. en deniers de Mulhouse).

Une famille patricienne de Bâle s'appelait de ce nom, avec le sobriquet de *Breitschedel*. — *Dem büscheidenen knechte Heinrich Fröweler, dem jungeren, Heinrich Fröweler sone, dem man sprichet Breitschedel*, 1344 (Trouillat, Monum. III, 562). — *Heinrich Fröweler, genant Breitschedel, den Eltern*, 1353 (ibid. IV, 70). — *Heinrico Fröwelarii, nuncupato de Schinegg, armigero Basiliensi*, 1370 (ibid. 296).

FRÜHMESS, canton du territ. de Mittelwihr. — Ce canton était tenu par un prêtre, à charge de dire la messe du point du jour (*Frühmess*).

FUCHSACKER, c^{nes} de Fislis, Heywiller, Hirsingen, Schwoben et Wittersdorf.

FUCHSBERG, c^{nes} de Bartenheim, Falckwiller, Fülleren, Rantzwiller, Riedisheim, Rixheim et Uberkümen. — *Am Fuchsberg*, 1560 (reg. des préb. de Mulhouse).

FUCHSBIEHL, tumulus dans la Hart, non loin des Gallebiehl (Als. ill. III, 60).

FUCHSGASS, c^{ne} de Spechbach-le-Haut.

FUCHSHAG, c^{nes} de Burnhaupt-le-Bas et d'Eglingen.

FUCHSLÖCHER, c^{nes} de Berentzwiller, Dirlinsdorf et Hundsbach, etc. — *By den fuchslöcheren*, 1421 (rôles de Saint-Morand). — *Auf den fuchslöcheren*, 1658 (reg. Lucell.).

FUCHSRAIN, cantons des territ. de Dornach, Flaxlanden et Hochstatt.

FUCHSSTAIN, c^{ne} de Mollau; 1550 (urb. de St-Amarin).

FUCHSTHAL, vall. c^{ne} de Soultz.

FUESGARTEN, canton du territ. de Kientzheim. — *Fuosgarten*, 1278-1493 (reg. d'Unterlinden).

FUESS (IM), canton du territ. de Blotzheim.

FUHLEFURCH, e^{ne} de Bettendorf.

FUHLER, c^{ne} d'Eschentzwiller.

FULACKER, c^{ne} de Sentheim. — *Am Faulackher... Faulenacker*, 1568 (terr. de Massevaux).

FULENBRUNNEN, canton du territ. de Niedermorschwiller. — *Zu Fulenburnen*, 1537 (rôle de Niedermorschwiller). — *Jm Fulbrunnen*, 1548 (urb. de l'hôp. de Mulhouse).

FULINGEN, anc. nom d'un canton du territ. d'Eguisheim. — *Zu Fülingen*, 1389 (urb. de Marbach).

FÜLLEREN, c^{on} d'Hirsingen. — *Villeri*, 1576 (Speckel). — *Villran*, 1589 (*Alsatia* de 1856-1857, p. 286). — *Villren*, 1629 (rôle de Balschwiller). — Dép. de la mairie de la Largue.

FÜMMELLOCH, canton du territ. de Ligsdorf.

FÜOS, m. isolée, c^{ne} de Burbach-le-Haut.

FURCHGRABEN, anc. citerne, près du Küppele.

FÜRHOLTZ, forêt, c^{nes} de Massevaux et de Bitschwiller. — *Jnn dem fuorholtz*, 1550 (urb. de St-Amarin).

FÜRSTACKERRUNTZ, ruiss. c^{ne} de Soultz, et FÜRSTENBRUNNEN, source (*ibid.*). — *An dem Fürstacker*, 1550 (urb. de St-Amarin).

FÜRSTELHÄUSERN, h. c^{ne} de Saint-Amarin.

FÜRSTENTHÜMER, c^{ne} de Kientzheim. — *Am forstertum*, 1475 (reg. des domin. de Colmar).

FÜRSTRAIN, c^{ne} de Hausgauen.

FURTH, canton du territ. de Breitenbach. — *Zu Furt*, 1456 (cens. de la cellenie de Munster).

FÜRTH (AUF DER), canton du territ. de Brunstatt.

FURTH (IN DER), canton des territ. de Dirlinsdorf et de Mörnach. — *Vörte*, 1314 (reg. Lucell.).

FÜRTSCHEN ou FURTESCHBERG, canton du territ. de Kaysersberg. — *Furtisch acker* (anc. cad.).

FUTSCHERAT, c^{ne} de Sentheim. — *Jm Fuscherath... jn der Fuscharat*, 1568 (terr. de Massevaux). — Cf. FOUGERET.

G

GABEGOTTES, anc. mine, c^{ne} de Sainte-Marie-aux-Mines.

GABELS, c^{ne} de Leimbach.

GÄBLIN, c^{ne} d'Hagenthal-le-Bas.

GÄCHGRÜTT, c^{ne} de Rammersmatt.

GAGRATTEN, canton du territ. d'Eschentzwiller.

GAINÉE (EN), c^{ne} d'Urcerey. — *En Gaignay*, 1602 (censier du chap. de Belfort).

GAIS (DIE), canton du territ. de Bernwiller.

GALFINGEN, c^{on} Sud de Mulhouse, primitivement du canton de Lutterbach. — *Galfingen*, 1144 (Trouillat, *Monum.* II, 708). — *Ecclesie sancti Gangolfi in Galvingen*, 1260 (*ibid.* 95). — *Andreas de Galfingen*, 1345 (*ibid.* III, 565). — *Golfing*, 1576 (Speckel). — Paroisse du décanat du Sundgau (Lib. marc.). — Relevait de l'avouerie de Burnhaupt.

GALGACKER, canton du territ. d'Herlisheim. — *Jm Kalgacker*, 1364 (urb. de la comm^{ie} de Soultz).

GALGACKER, c^{ons} des territ. de Mörnach et de Niedermorschwiller.

GALGEN, canton du territ. d'Altkirch. — *Justice* (Cass.).

GALGEN, c^{on} du territ. d'Ammerschwihr. — *Bi dem galgen in Ammerswilr ban*, 1328 (urb. de Pairis).

GALGEN, canton du territ. d'Artzenheim. On dit aussi *beim alten Galgen*.

GALGEN, canton du territ. de Brunstatt. — *By Brunstatt Galgenn*, 1556 (registre des préb. de Mulh.).

GALGEN, canton du territ. de Carspach. — *Justice* (Cassini).

GALGEN, canton du territ. de Colmar. — *Supra hārt, iuxta patibulum*, 1259 (Mone, *Zeitschrift*, VI, 321). — *Bi dem Galgen*, 1371 (reg. de Saint-Martin de Colmar). — *Justice* (Cassini).

GALGEN, canton du territ. d'Eguisheim. — *An dem Galgen*, 1429 (urb. de Marbach).

Galgen, canton du territ. d'Ensisheim. — *Justice* (Cass.).
Galgen, canton du territ. d'Eschentzwiller.
Galgen, canton du territ. d'Heiteren. — *Justice* (Cass.).
Galgen, canton du territ. d'Hesingen. — *Justice* (Cass.).
Galgen, canton du territ. d'Hirsingen. — *Beim Galgen*, 1347 (reg. Lucell.). — *Am Galgenberg*, 1565 (reg. des préb. de Mulhouse).
Galgen, canton du territ. de Leymen.
Galgen, canton du territ. de Luemschwiller.
Galgen, canton du territ. de Niederhergheim.
Galgen, canton du territ. de Rantzwiller.
Galgen, canton du territ. de Riquewihr. — *Vf der hart in Richenwilr ban bi dem galgen*, 1328 (urb. de Pairis).
Galgen, canton du territ. de Rouffach. — *Der alt Galgen zu Rufach hat gut Eychenholtz*, 1644 (Merian, *Top. Als.* 33).
Galgen, canton du territ. de Saint-Hippolyte. — *Justice* (Cassini).
Galgen, canton du territ. de Sigolsheim. — *In Sigoltzhein ban bi dem galgen*, 1328 (urb. de Pairis).
Galgen, canton du territ. de Soultz. — *Justice* (Cass.).
Galgen, canton du territ. de Steinbrunn-le-Haut.
Galgen, canton du territ. de Sundhofen. — *Justice* (Cassini).
Galgen, canton du territ. de Thann. — *Denen von Tann jr Galgen*, 1468 (Schilling, 19).
Galgen, canton du territ. de Wentzwiller.
Galgen (Bei dem), c^{ne} de Willer; 1550 (urb. de St-Amarin).
Galgenacker, canton du territ. de Bantzenheim.
Galgenacker, canton du territ. d'Ingersheim.
Galgenberg, canton du territ. de Fröningen.
Galgenberg, canton du territ. de Geispitzen. — *Justice de Landser* (Cassini).
Galgenberg, c^{ne} d'Hagenbach.
Galgenberg, canton du territ. de Mulhouse. — *Am Galgenberg*, 1551 (reg. des préb. de Mulhouse). — *Justice* (Cassini). — *Zuem Hochgericht*, xviie siècle (Mülh. Gesch. 24).
Galgenberg, canton du territ. de Munster. — *Galgeberg*, 1456 (cens. de la cellenie de Munster). — *Justice* (Cassini).
Galgenberg, canton du territ. d'Oberdorf.
Galgenberg, canton du territ. de Steinbrunn-le-Bas.
Galgenberg, canton du territ. de Wasserbourg. — *Galgenberg*, 1441 (urb. de Ribeaupierre).
Galgenburg, canton du territ. de Massevaux.
Galgenfeld, canton du territ. de Lutter.
Galgenfelden, canton du territ. de Bischwihr.
Galgengraben, canton du territ. de Bühl.
Galgenhag, c^{ne} de Lutterbach.

Galgenhöltzle, canton du territ. d'Uberstrass.
Galgenmatten, c^{ne} d'Ingersheim.
Galgenmatten, canton du territ. de Pfastatt, en 1559 (reg. des préb. de Mulhouse).
Galgenplatte ou Galgenblüttene, canton du territ. de Vieux-Ferrette.
Galgenplatz, canton du territ. de Wintzenheim.
Galgenrain, c^{ne} de Felleringen.
Galgenrain, canton du territ. de Neuwiller.
Galgenrain, canton du territ. de Riedisheim.
Galgenray, canton du territ. de Bendorf.
Galgenwäldele, canton du territ. d'Hunawihr.
Galgenweg, chemin, c^{ne} d'Aspach.
Galgenweg, chemin, c^{ne} de Ferrette.
Galgenweg et Galgenstreng, cantons du territ. d'Heidwiller.
Galgenweg, chemin, c^{ne} de Hirtzbach.
Galgley, canton du territ. de Dintzheim, cité au xive s^e. — *Bime vsseren Galglewen* (reg. d'Unterlinden).
Gallberg, coll. c^{ne} de Flaxlanden.
Gallbieul, canton du territ. de Rouffach. — *Am Galbühel*, 1543 (rôle de Rouffach).
Gallbüen, canton du territ. de Reguisheim.
Galleriehl, deux tumulus dans la forêt domaniale de la Hart, vers Geispitzen. Schoepflin les appelle *Kohlenbiehl* (Als. ill. III, 60).
Gallenberg, coll. entre Didenheim et Hochstatt. Il y existe une croix sur l'emplacement d'une église démolie au dernier siècle, laquelle était l'église paroissiale des trois villages de Didenheim, Hochstatt et Dürrengebwiller. — La chapelle de *Gallenberg* est citée en 1458 (Als. ill. V, 743). — *Vff S. Gallenberg*, 1565 (reg. des préb. de Mulhouse). — *Gallenberg*, 1576 (Speckel). — *S. Gallenberg*, 1580 (Wurstisen, *Basl. Chron.* carte). — *Vf S. Gallen Berg*, 1670 (reg. des préb. de Mulhouse).
Gallenen, canton du territ. d'Hagenthal-le-Bas.
Gallenhag, canton du territ. de Buschwiller.
Gälling, canton du territ. d'Eglingen.
Gallisallmend, c^{ne} de Burnhaupt-le-Haut.
Gallishägli, canton du territ. de Bourgfelden.
Gallisrain, canton du territ. de Luemschwiller.
Gallmann, mont. c^{ne} d'Oberbruck. — *Am Gallman... vff den Gallman*, 1567 (terr. de Massevaux).
Galroube (La), anc. mine, c^{ne} de Giromagny.
Galz (Le), mont. c^{ne} d'Ammerschwihr.
Gangelberg, coll. c^{ne} de Brunstatt.
Gangle, canton du territ. de Biederthal.
Gangler, canton du territ. de Flaxlanden.
Gans (Die), canton du territ. de Bartenheim.
Gans (Die), canton du territ. de Mulhouse. — *Jnn der Ganss*, 1561 (reg. des préb. de Mulhouse).

Gänseplon, canton de la Hart, près de l'île Napoléon, où il y a trois tumulus.

Gänswörth, canton du territ. de S¹ᵉ-Croix-en-Plaine.

Gantz, cⁿᵉ de Kientzheim.

Gäntzbüttel, canton du territ. de Wittenheim.

Gantzel, cⁿᵉ de Roderen (cᵒⁿ de Thann).

Gantzenberg, coll. cⁿᵉ de Brunstatt. — *Am Genssberg ... jm Gännssenberg*, 1553-1570 (reg. des préb. de Mulhouse).

Gardache, cⁿᵉ de Suarce.

Garde (La), f. cⁿᵉ du Bonhomme (Cassini). — *La Grade ... Grode* (anc. cadastre).

Gargogne (La), cⁿᵉ d'Urcerey.

Gärtlen, f. cⁿᵉ de Sultzeren. — *Gärdlen* (Cassini). — La carte du Dépôt de la guerre écrit *Gertlersten* pour *Gertlesrain*.

Gärtnerberg, éc. cⁿᵉ de Kirchberg.

Garwieden, cⁿᵉ de Henflingen. — *Vnder garwyden ... garenwinden*, 1460 (rôles de Saint-Morand).

Garwieden, cⁿᵉ de Ranspach-le-Bas. — *Garwüeden*, 1568 (urb. de Landser).

Gaschney, ff. cⁿᵉˢ de Mühlbach et de Stosswihr. — *Cacheney* (Cassini).

Gassattes (Les), cⁿᵉ de Charmois.

Gasse (La), cⁿᵉˢ de Romagny et de Valdieu.

Gässel, éc. cⁿᵉ de Kirchberg.

Gassenbach, cⁿᵉ de Dolleren; 1567 (terr. de Massev.).

Gastelwald, cᵘᵉ de Burnhaupt-le-Bas.

Gattern, cⁿᵉˢ de Wiedensohlen et de Soultzmatt. — *Ze Gattern*, 1371 (urb. de la commrⁱᵉ de Soultz).

Gauchacker, cⁿᵉ de Sigolsheim; 1717 (rôle de Sigolsheim).

Gäuchburn, canton du territ. de Wasserbourg. — *By Göichen burne*, 1441 (urb. de Ribeaupierre).

Gauchenbach, ruiss. cⁿᵉ de Soultz, affluent du Wuenheimerbach.

Gauchfeld, cantons des territ. d'Eguisheim et d'Herlisheim. — *In Gouches velde ... Im Göchfelde*, 1475 (reg. des domin. de Colmar).

Gauchmatt, canton du territ. de Weegscheid. — *Gouchtmatt* (anc. cadastre).

Gäuchmatt, f. cⁿᵉ de Soultzmatt. — Le Tableau des distances écrit *Geilmatte* pour *Geichmatt*.

Gauchmatten, cⁿᵉ de Mittelwihr.

Gauchmättlen, cⁿᵉ de Willer (cᵒⁿ de Thann).

Gaulacker, cⁿᵉˢ d'Illfurth, Seppois-le-Haut et Sentheim. — *Gaulackher*, 1568 (terr. de Massevaux).

Gaury, canton du territ. de Colmar. — *Gouwerich*, 1475 (reg. des domin. de Colmar).

Gazon-Claude-Blaise, anc. f. cⁿᵉ du Bonhomme (Cassini). — *Le gason Claude Blaise* (anc. cadastre).

Gazon-du-Lac, f. cⁿᵉ d'Orbey.

Geaunay, cⁿᵉ. — Voy. Guewenheim.

Gebeln (In den), cⁿᵉˢ d'Eguisheim, 1433 (urb. de Marbach), et de Soultzmatt, *in den Gebellin*, 1489 (urb. de Soultzmatt).

Gebräch (Im), f. cᵘᵉ de Sultzeren. — *Gebrech* (Cass.).

Gebreit, cⁿᵉ d'Aspach-le-Haut.

Geffenthal, f. cⁿᵉ de Lautenbach-Zell. — *Göffenthal* (tabl. des dist.).

Gehenberg, coll. cⁿᵉ de Brinckheim.

Gehracker, cⁿᵉ de Schweighausen.

Gehren, f. cⁿᵉ de Willer (cᵒⁿ de Thann).

Gehren, m. forestière, cⁿᵉ de Rixheim. — *Riedisheimer geren*, 1586 (inv. de la seign. de Landser).

Gehrenoth, canton du territ. de Vieux-Ferrette. — *Gernoda*, 1296 (Trouillat, Monum. II, 628).

Gehruag, cⁿᵉ de Buschwiller.

Geibelmatten, cⁿᵉ de Hüssern; 1550 (urb. de S¹-Amarin).

Geiberlen, canton du territ. de Hochstatt.

Geibenreben, canton du territ. de Tagolsheim.

Geis (In den), cⁿᵉ de Bergheim.

Geisbaum, canton du territ. de Schlierbach. — *Stosst vff denn Geisboum*, 1544 (reg. des pres. de Mulhouse). — *Geisbaumgasse*, chemin à Landser.

Geisberg, coll. cⁿᵉˢ de Bergheim et de Ribeauvillé. — *Am Geissberga*, 1441 (urb. de Ribeaupierre).

Geisberg, coll. cⁿᵉ de Geispitzen. — *Am Geysperg*, 1521 (reg. des préb. de Mulhouse).

Geisberg, coll. cⁿᵉˢ de Hattstatt et de Vögtlinshofen. — *Jn dem Geisseberge*, 1433 (urb. de Marbach).

Geisberg, coll. cⁿᵉ de Wittersdorf.

Geisberg, coll. cⁿᵉ de Zillisheim.

Geisberg, f. cⁿᵉ de Sultzeren. — *Geisberg* (Cassini).

Geisbourg, f. cⁿᵉ de Kaysersberg. — *Geissbourg* (Cassini). — *Kaisbourg* (anc. cadastre). — Le Tabl. des distances écrit *Gaenzbourg*.

Geisbühl, canton du territ. de Fröningen. — *Uff dem Geisbühell*, 1544 (reg. des pres. de Mulhouse).

Geisbühl, canton du territ. de Zimmerbach. — *An dem Geissebühel*, xıvᵉ s⁰ (rôle de Zimmerbach).

Geisbühl, m. isolées, cⁿᵉ de Dornach. — *Am Geyssbüchel*, 1544 (reg. des pres. de Mulhouse).

Geiselbachkopf, cⁿᵉ de Dolleren; 1567 (terr. de Massevaux).

Geiselhag, cⁿᵉ de Niedermuespach.

Geiselmatten, cⁿᵉ de Hundsbach.

Geisenberg, cⁿᵉ. — Voy. Chèvremont.

Geisenhaus (Am), canton du territ. de Largitzen.

Geisenlen (Im), canton des territ. de Wiedensohlen et d'Urschenheim.

Geisenrücken, forêt, cⁿᵉˢ de Breitenbach et de Luttenbach. — *Geissrick* (Dépôt de la guerre).

GEISHAUSEN, c^{on} de Saint-Amarin, primitivement c^{on} de Thann. — *Geishusen*, 1135 (Grandidier, *Hist. d'Als.* p. j, II, 294). — *Geisshusen*, 1394 (cart. de Murbach). — *Geishuss*, 1576 (Speckel). — Dép. du baill. de Saint-Amarin.

GEISHOF, f. c^{ne} d'Orbey. — *Geisaba* (anc. cad.).

GEISKOPF, mont. entre Bühl et Rimbach.

GEISPACH, f. c^{ne} de Luttenbach. — *Geissenbach*, 1407 (cens. de la camerene de Munster).

GEISPITZEN, c^{on} de Landser. — *Reinboldus de Cespite*, 1188 (Trouillat, *Monum.* I, 415). — *Geispoltzhein*, 1303 (*ibid.* III, 58). — *Geispitzen*, 1580 (Wurstisen, *Basl. Chron.* 400). — Dép. du baill. supérieur de Landser.

GEISSER (IM), canton du territ. de Neuwiller.

GEISSERT, canton du territ. de Largitzen.

GEISTERBERG, coll. c^{ne} de Waltenheim.

GEISTERKELLER, anc. citerne sur le Kastelberg, entre Bergholtz et Guebwiller.

GEISTHAL, c^{nes} de Bühl et de Murbach. — *Geissertal*, 1453 (cart. de Murbach).

GEISWASSER, c^{on} de Neuf-Brisach.

GELINGOUTTE, f. et ruiss. c^{ne} de l'Allemand-Rombach.

GELINOTTE, c^{ne} de Châtenois.

GELLERT, c^{ne} de Blotzheim. — *Im Gelhart*, 1565 (reg. des préb. de Mulhouse).

GELSBERG, forêt, c^{nes} de Ligsdorf et de Sondersdorf. — *Gelspurg* (anc. cadastre).

GELY (LA), f. c^{ne} de Lièpvre. — *La Gely* (Cassini).

GEMEINDSÄGE, scierie, c^{ne} de Breitenbach.

GEMEINDSÄGE, scierie, c^{ne} de Goldbach.

GEMEINDWEYER, étang à Hirtzbach et à Largitzen.

GEMEINMARCK, anc. marche indivise (*commarcha*) entre les communes de Ribeauvillé, Guémar, Bergheim, Saint-Hippolyte, Orschwiller, Onenheim et Elsenheim, ces trois dernières faisant partie du département du Bas-Rhin.

GEMPEN, c^{nes} de Ligsdorf et de Bendorf. — *Auf Gempen*, 1349 (reg. Lucell.).

GEMÜRE, c^{ne} de Turckheim. — *Zi Gemüre*, 1259 (Mone, *Zeitschrift*, XI, 321). — *In dem Gemüre*, 1475 (reg. des domin. de Colmar).

GENEVRAIE, forêt, c^{ne} de Saint-Dizier. — *Les Chenevrets* (anc. cadastre).

GENIÈVRES, forêt, c^{ne} de Magny.

GENSBERG, coll. c^{ne} de Wentzwiller.

GEORGENWALD, forêt, c^{ne} de Dürmenach.

GEÖRGENWALD, c^{ne} de Burbach-le-Haut.

GERACH (IM), c^{ne} de Dolleren; 1567 (terr. de Massev.).

GERETZNODEN, c^{ne} de Dirlinsdorf. — *Gernoltznoden*, 1340 (Trouillat, *Monum.* III, 520).

GERMANIEN, f. c^{ne} de Stosswihr. — *Chermennier* (Cass.).

GEROLSSTEIN, canton du territ. de Riquewihr.

GEROLSTHAL, canton du territ. de Turckheim. — *Gerolfstal*, 1278-1493 (reg. d'Unterlinden).

GERSCHWILLER, vill. détr. près de Pfetterhausen. — *Girwillari*, 1187 (Trouillat, *Monum.* II, 28). — *Gervilier*, 1256 (*ibid.* I, 639). — *Gerswilr*, 1299 (*ibid.* II, 729). — *Geriswiler*, 1331 (*ibid.* III, 411).
— Il y a encore un étang qui porte le nom de *Gerschwillerweyer*.

GERSPACH, f. c^{ne} de Steinsultz.

GERSPENBACH, nom que prend, à Steinsultz et à Waldighofen, le ruisseau de Muespach.

GERSTACKER, anc. f. à Goldbach (Cassini).

GERSTENBACH, h. c^{ne} de Wildenstein.

GERSTMATT, c^{ne} de Hochstatt.

GERTZENBACH, canton des territ. de Bisel et de Seppois-le-Haut. — *Götzenbach* (anc. cadastre).

GERTZRAIN, c^{ne} de St-Amarin; 1550 (urb. de S^t-Am.).

GESÄSS, canton du territ. de Wentzwiller.

GESCHIRBEN, c^{ne} de Rimbach; 1567 (terr. de Massev.).

GESCHWORNENHOLTZ, c^{ne} de Balschwiller; 1629 (rôle de Balschwiller).

GESCHWORNENWALD, c^{ne} de Sentheim; 1568 (terr. de Massevaux).

GESENG, m. isolée, c^{ne} de Fislis. — *By dem geseng*, 1460 (rôles de Saint-Morand).

GESENG, c^{nes} d'Illfurth et de Hattstatt. — *In gesencke*, 1430 (urb. de Marbach).

GESETZE, c^{ne} de Soultzmatt; 1381 (urb. de la comm^{rie} de Soultz). — Voy. NEUG'SETZ et SETZ.

GESETZGASSE, rue, c^{ne} de Mulhouse. — Traduit improprement par : *Rue de la Loi*; le vrai sens est : *Rue de la Plantation*.

GESTIFTSHOF, h. c^{ne} de Chalampé. — *Stiffthoff* (anc. cad.). — Anc. f. de l'abb. (*Gestift*) d'Ottmarsheim.

GESTION, h. — Voy. CHESTION.

GETTENBACH, anc. nom d'un ruiss. à Seppois-le-Haut. *Auf dem Gettenbach... in dem Gethengraben*, 1412 (reg. Lucell.).

GEY (IM), canton du territ. de Riedisheim. — *Jm Ghöuw*, 1562 (reg. des préb. de Mulhouse).

GEYMONT, c^{ne} de Denney; 1600 (cens. du chap. de Belf.).

G'FELL, canton du territ. de Steinbrunn-le-Haut. — *Jm Gefell*, 1548 (urb. de l'hôp. de Mulhouse).

G'FELL, canton du territ. de Wildenstein.

G'FELL, f. c^{ne} de Rouffach. — *Gfell* (Cassini).

GIESBACH, ruiss. c^{ne} de Staffelfelden.

GIESELGRABEN, c^{ne} de Hirtzbach.

GIESEN, c^{ne} de Bitschwiller.

GIESENBACH, ruiss. c^{ne} de Metzeral, affluent de la Fecht.

GIESLEN, c^{nes} de Felleringen et d'Oderen.

GIFT, c^{ne} d'Aspach.

8.

Gigel, c^ne de Roderen (c^on de Thann).
Gigen (Auf der), canton des territ. d'Aspach-le-Bas et de Schweighausen.
Gigen (In den), canton du territ. de Grussenheim, en 1373 (rôle de Grussenheim).
Gigenberg, coll. c^nes de Riedisheim. — *Am Gigennberg*, 1548 (urb. de l'hôp. de Mulhouse).
Gigennagel, canton du territ. d'Herlisheim.
Gigenrell, canton du territ. de Bisel. — Voy. Quinquerelle.
Gigenthal, canton des territ. de Bruebach et de Flaxlanden. — *Jm Gygenthal*, 1564 (reg. des préb. de Mulhouse).
Gigereck, éc. c^ne de Liebsdorf.
Gigerslocu, c^ne de Burbach-le-Haut.
Gigersnest, c^ne de Thann.
Gigerstein, c^nes de Bergholtz et de Gundolsheim.
Gildele, c^nes de Buetwiller et de Traubach-le-Haut. — *In dem Geilen tal*, 1421 (rôles de Saint-Morand). — *Jm Geiltal*, 1460 (*ibid.*).
Gildheimerthal, c^ne d'Hochstatt.
Gildwiller, en français Haute-Église, c^ne de Dannemarie. — *Gyldulfoviler*, 728 (Als. dipl. I, 9). — *Giltewilre*, 823 (Laguille, pr. 16). — *Somerkhilche*, 1347 (Herrgott, III, 673) (?). — *Gültweyler*, 1581 (urb. de Thann). — Paroisse du décanat de Massevaux (Alm. d'Als. de 1783). — Elle relevait de l'avouerie de Burnhaupt. — Cour colongère, dont les appels étaient portés à Guewenheim (*Alsatia* de 1854-1855, p. 51 et 56). Les voués de cette colonge avaient le droit d'appellation (*gezog*) contre les hommes de la cour, depuis la Hanenbach jusqu'à la Bischoffbach et depuis la Bischoffbach jusqu'à la Spechbach (rôle de Gildwiller).
Gilsberg, coll. c^ne d'Eschentzwiller. — *Jm Gilgsperg*, 1545 (reg. des préb. de Mulhouse). — *Im Gilsperg* ... *Güllspurg*, 1631 (terr. d'Eschentzwiller).
Gilt (Im), canton du territ. de Wittersdorf.
Gilwin Hurstlin, c^ne de Henflingen; 1421 (rôles de Saint-Morand).
Gilwling, canton du territ. de Metzeral.
Giraugoutte, h. c^ne de la Baroche. — *Girangoutte* (tabl. des dist.).
Giromagny, ch.-l. de canton, arrond. de Belfort. — *Schiranmenin*, 1394 (urb. des pays d'Autr.). — *Girardmaigny*, 1426 (urb. de Froide-Fontaine). — *Giradmengnj*, 1533 (urb. de Belfort). — *Giramaigny*, 1655 (cens. du chap. de Belfort). — Paroisse du décanat de Granges (Alm. d'Als. de 1783). — Dép. de la mairie du Haut-Rosemont. — Il y avait une maison du tiers-ordre de Saint-François, créée en 1643 et dépendant de la maison de Picpus, à Paris.

Girspach, c^ue de Mitzach; 1550 (urb. de St-Amarin).
Girsperg, anc. chât. et f. banlieue de Wihr-au-Val. — *Tietricus de Girsperc*, 1185 (Als. dipl. I, 285). — *Domini de Gyrsperch*, 1279 (Ann. de Colmar, 84). — *Castrum Gyrsperg reedificatur*, 1296 (*ibid.* 168). — *Den burgstaten der vestèn Girsperg*, 1507 (Als. dipl. II, 446). — *Girsperg*, 1576 (Speckel). — *Cense de Giesbourg* (anc. cadastre). — Ce château avait une banlieue particulière. — *Myne vestin Girsperg mit twinge, benne, etc.* 1410 (Als. dipl. II, 319). — L'ancien cadastre indique les ruines de ce château au lieu dit *Altschlosskópflein*.
Girsperg, nom donné, après 1303, à celui des trois châteaux de Ribeauvillé qui s'appelait alors *la Roche*, en allemand *der Stein*. — *Castr. quod dicitur der Stein in Rapolzstein*, 1288 (Ann. de Colmar, 134). — *Castrum quod der Stein dicitur seu Lapis*, 1303 (*ibid.* 206). — *Der aelteste derer von Girsperg*, 1566 (*Alsatia* de 1854-1855, p. 36).
Girspill ou Girspill Buckel, canton du territ. de Wihr-au-Val, cité dans l'anc. cadastre.
Girst, canton du territ. de Brunstatt. — *Das Gürst*, 1544 (reg. des pres. de Mulhouse). — *Im Girst*, 1570 (reg. des préb. de Mulhouse).
Gispel, canton du territ. de Guebwiller.
Gistgraben, ruisseaux, c^nes de Feldbach et d'Hirtzbach.
Gisübel ou Geisubel, tumulus à Illzach. — Ce nom, qui signifie éminence, se retrouve sous différentes formes sur toute l'étendue du département.
Gisübel, c^ne d'Aspach-le-Haut. — *Ze gissvbel*, 1342 (reg. de St-Amarin).
Gisübel, à Brinckheim. — *Gisibel* (anc. cadastre).
Gisübel, à Grussenheim, 1376 (rôle de Grussenheim). — *Gisibel* (anc. cadastre).
Gisübel ou Kieshübel, à Neuwiller.
Gisübel ou Am Gisse übel, 1278-1493 (reg. d'Unterlinden), à Turckheim et à Ingersheim. — *Gisibel* (anc. cadastre). — *Kissübel* (cadastre).
Gisübel ou Gissibel, à Wintzenheim.
Gisübel ou Güshübel, à Zimmersheim.
Gisübel, vign. à Bergholtz-Zell. — *Gisibel* (anc. cad.).
Glaindres, c^ne d'Argiésans. — *Derrier le Glendre*, 1602 (cens. du chap. de Belfort).
Gländer, c^ne de Petit-Landau.
Glasbach, ruiss. c^ne de Massevaux.
Glasbornwasen, mont. c^nes de Sultzeren et d'Hohroth.
Glasburnen, f. c^nes de Sultzeren et d'Hohroth. — *Klasbronn* (Cassini).
Glasenbach, ruiss. c^ne de Niederbruck. — *Glassbach*... *neben dem Glassbach Runs*, 1568 (terr. de Massevaux). — *Glassenbächle* (carte hydr.).
Glasenberg, mine de fer, c^ne d'Uffholtz.

GLASERBERG, mont. sur les c^{nes} de Winckel, Ligsdorf et Sondersdorf.
GLÄSERBRUNN, source, c^{ne} de Ligsdorf, 1431 (reg. Lucell.).
GLASERRUNTZ et GLASERBRUNSCHERÜCK, mont. et ruiss. à Krüth et à Oderen.
GLASHÜTTE, en français LA VERRERIE, établissement à Wildenstein.
GLATSTEIN, c^{nes} de Felleringen et de Hüssern. — *Am glatstain... an den gladstain*, 1550 (urb. de S^t-Am.).
GLAYIÈRE (LA), c^{ne} d'Évette; 1655 (cens. du chap. de Belfort).
GLECKENBERG, coll. c^{ne} d'Hochstatt.
GLEISS, forêt, c^{ne} de Sainte-Croix-en-Plaine. — *Vff den Gleisten*, 1537 (abb. de Sainte-Croix).
GLINTZEL (IM), canton du territ. de Rixheim.
GLOCKACKER, c^{ne} de Niedermorschwiller. — *Glattacker*, 1544 (reg. des pres. de Mulhouse).
GLOCKBRUNNEN, ruiss. c^{ne} de Jebsheim.
GLÖCKELBERG, mont. c^{nes} de Saint-Hippolyte et de Rodern. — *Am Kleckelberge*, 1370 (Dorlan, *Not. hist.* 203). — *Der Glöckhlinberg*, 1630 (*Alsatia* de 1856-1857, p. 335). — Signalé dans les procédures de sorcellerie comme lieu de réunion du sabbat.
GLOCKENBRUNNEN, sources à Bendorf, à Illfurth, à Bruebach, à Hochstatt.
GLOCKENMATTEN, c^{ne} de Brinighofen.
GLOCKENWOG, canton du territ. de Reiningen.
GLOTTE (LA), canton du territ. de Boron. — *Bois de la Glotte* (anc. cadastre).
GLÜCKAUF, ancienne mine d'argent à Sainte-Marie-aux-Mines.
GLÜCKERNBERG, coll. c^{ne} de Hirtzbach.
GOBEN, forêts, c^{nes} de Ligsdorf et de Niedermorschwiller.
GOBES (LES), forêts, c^{nes} de Denney et de Perouse.
GÖCKLERSCH, canton du territ. de Carspach.
GOLDACKER, c^{nes} de Dietwiller, Landser, Linsdorf, Wittenheim, Guewenheim et Soultz. — *Jm Goldacker*, 1472 (urb. de la comm^{rie} de Soultz). — *Goldtackher*, 1569 (terr. de Massevaux).
GOLDBACH, c^{on} de Saint-Amarin, primitivement c^{ne} de Thann. — *Ad Cellam Goltbacensem*, 1135 (Grandidier, *Hist. d'Als.* p. j, II, 294). — *Tiebaldus praepositus de Goldpach*, 1200 (Als. dipl. I, 310). — *Das closter ze Goltbach*, 1292 (ibid. II, 67). — *Der probst und die frowen gemeynlichen des gotzhuses ze Goltbach, sanct Augustins orden*, 1371 (ibid. 265). — Ancien couvent de chanoines réguliers fondé, en 1135, sur la montagne de l'*Eichberg*, converti en couvent de chanoinesses en 1330 et cédé à l'abbaye de Marbach en 1566. — Paroisse du décanat de *citra colles Ottonis* (Lib. marc.). — Baill. de Saint-Amarin.
GOLDBACH, c^{ne} de Didenheim. — *Goldbachkopf* (anc. cadastre).
GOLDBERY, canton du territ. de Steinbrunn-le-Haut.
GOLDENENBÄUMLEN (AM), canton des territ. de Bourgfelden et d'Hegenheim.
GOLDENMATT, f. c^{ne} de Goldbach. — *Coldematt* (Cassini). — *Col de la matte* (Dépôt de la guerre).
GOLDESCH, c^{ne} de Bergheim.
GOLDGRÜBLEN, c^{ne} de Burnhaupt-le-Bas.
GOLDINHURST, c^{ne} de Manspach-Saint-Léger; 1460 (rôles de St-Morand). — *Goldenacker*, au cad. *Gullig acker*.
GOLDMATTEN, c^{ne} de Courtavon.
GOLDRAD, c^{ne} de Sainte-Croix-en-Plaine. — *Jn dem golt rode*, 1429 (urb. de Marbach).
GOLRITZMATTEN, c^{ne} de Dolleren. — *Gobritschen matten*, 1567 (terr. de Massevaux).
GOMME, GOMMKOPF, GOMMENRÜCKE, mont. c^{nes} de Krüth et d'Oderen.
GOMMERSDORF, en français GOMACOURT, c^{ne} de Dannemarie. — *Gummersdorf*, 1317 (rôle de la seign. de Belfort). — *Kummerstroff*, 1530 (Mone, *Zeitschrift*, XI, 341). — *Zu Sant Margreten zu Gumerstorff*, 1578 (*Alsatia* de 1854-1855, p. 54). — Relevait de l'avouerie de Traubach.
GOSSENBACH, c^{ne} de Thann.
GÖTSTALL, c^{nes} de Bitschwiller et de Willer. — *Odstall (Zu)*, 1550 (urb. de Saint-Amarin).
GÖTTEN, c^{nes} de Burbach-le-Bas et de Rammersmatt. — *Ob der Gotten*, 1421 (rôles de Saint-Morand).
GOTTEN-GABERING, canton du territ. de Bréchaumont.
GOTTES-KUCHEN, c^{ne} de Mittelwihr.
GOTTRUNTZ, ruiss. c^{ne} d'Oderen.
GÖTZENKOPF, c^{ne} de Dolleren; 1567 (terr. de Massev.).
GOULOTTE, c^{ne} de Salbert.
GOUTORY (LA), f. c^{ne} du Bonhomme. — *La Goutte au rue* (anc. cadastre).
GOUTTATE (LA), forêt, c^{ne} de Vellescot. — *La Gotatte* (anc. cadastre).
GOUTTATE (LA), ruiss. à Eschêne-Autrage. — *Rut de la Goutate*, 1750 (inv. des arch. départ. C. 127). — *La Gouttarde* (anc. cadastre).
GOUTTE (LA), f. c^{ne} de Sainte-Croix-aux-Mines.
GOUTTE (LA), f. c^{ne} de la Poutroye.
GOUTTE (LA BASSE-), f. c^{ne} de Willer (c^{on} de Thann). — *Basse-Gonte* (Cassini).
GOUTTE (LA HAUTE-), f. c^{ne} de Willer (c^{on} de Thann). — *Haute-Gonte* (Cassini).
GOUTTE-CHÂTEAU (LA), ruiss. c^{nes} de Cravanche et de Belfort.
GOUTTE DE FELON (LA), ruiss. c^{ne} de Felon.

Goutte d'Eguenigue (La), ruiss. c^{ne} d'Eguenigue. — *La Goute d'Aguelingues*, 1303 (reprise du fief de Roppe).
Goutte de la Basse-Marse, ruiss. c^{ne} du Bonhomme.
Goutte de la Fontaine Saint-Remy, ruiss. c^{ne} de Sainte-Croix-aux-Mines, affl. du Petit-Rombach.
Goutte de la Houillère, ruiss. c^{ne} de Sainte-Croix-aux-Mines, affl. du Latimbach.
Goutte de la Pierre-Combe, ruiss. c^{ne} de Fréland.
Goutte de la Place du Coq, ruiss. c^{ne} du Bonhomme.
Goutte de l'Esprit, ruiss. c^{ne} de la Madeleine.
Goutte de l'Étang des Belles-Filles, ruiss. c^{ne} du Puix (c^{on} de Giromagny).
Goutte de l'Étang du Devin, ruiss. c^{ne} de la Poutroye.
Goutte des Aulnes, ruiss. c^{ne} de Riervescemont.
Goutte-des-Forges, h. c^{ne} du Puix, c^{on} de Giromagny.
Goutte-des-Pommes, f. c^{ne} de Sainte-Croix-aux-Mines.
Goutte des Reniches, ruiss. c^{ne} de la Madeleine.
Goutte des Roseaux, ruiss. c^{ne} du Puix (c^{on} de Giromagny).
Goutte des Traîneaux, ruiss. c^{ne} de Fréland.
Goutte du Mineur, ruiss. c^{ne} de la Madeleine.
Goutte du Plein, ruiss. c^{ne} de Fréland.
Goutte-du-Poirier, forêt, c^{ne} de Boron.
Goutte du Prince, ruiss. c^{ne} de Sainte-Croix-aux-Mines.
Goutte du Rain-Marcot, ruiss. c^{ne} du Bonhomme.
Goutte du Rouge-Gazon, ruiss. c^{ne} du Bonhomme.
Gouttegland, canton du territ. de Grandvillars.
Goutte-Jacques, ruiss. c^{ne} de Sainte-Marie-aux-Mines.
Goutte-le-Heute (La), f. c^{ne} d'Auxelles-Bas.
Goutte-Saint-Blaise, f. c^{ne} de Sainte-Croix-aux-Mines.
Goutte Sainte-Catherine, ruiss. c^{ne} de Sainte-Marie-aux-Mines.
Goutte Saint-Guillaume, ruiss. c^{ne} du Puix (c^{on} de Giromagny).
Goutte Saint-Michel, ruiss. et f. c^{ne} de la Madeleine.
Gouttes-Combes (Les), f. c^{ne} d'Étueffont-Haut.
Goutte Sterpoux, ruiss. c^{ne} de Sainte-Croix-aux-Mines.
Goutte-Thierry, h. c^{ne} du Puix (c^{on} de Giromagny).
Grabacker, canton du territ. de Michelbach-le-Haut.
Graben, f. c^{ne} de Dolleren.
Graben, f. c^{ne} de Lucelle.
Graben, f. c^{ne} de Sickert.
Graberberg et Gradersick, mont. et ruiss. c^{ne} de Dolleren. — *Am Graberberg*, 1567 (terr. de Massevaux). — *Grabengesick* (carte hydr.).
Grabmatten, canton du territ. de Mörnach.
Grabmatten, canton du territ. de Winckel.
Grabmatten, canton du territ. de Wolschwiller.
Graffe (In der), c^{nes} de Mollau et de Hüssern. — *In der Graui*, 1550 (urb. de St-Amarin).

Gramatt, c^{ne} de Bitschwiller. — *Granmatten*, 1550 (urb. de St-Amarin).
Gramatum (Itinéraire d'Antonin); anc. ville romaine que quelques auteurs ont cru retrouver à Grandvillars, d'autres à Charmont (Doubs), d'autres à Féche-l'Église, mais qu'en dernier lieu l'on a placée avec le plus de vraisemblance à *Grammont*, colline située entre Féche-l'Église et Féche-Badevel.
Grambächlen, h. c^{ne} de Massevaux.
Grammont, h. c^{ne} de Fréland.
Grammont, h. c^{ne} de Sainte-Croix-aux-Mines.
Grand Bois (Le), anc. forêt indivise entre les communes de Denney, Roppe et Vétrigne.
Grande Ferme (La), c^{ne} de Florimont.
Grandegoutte, f. c^{ne} de l'Allemand-Rombach.
Grande-Goutte (La), anc. f. c^{ne} de Chavannes-les-Grands. — *La Grand-Goutte* (Cassini).
Grande-Goutte (La), ruiss. c^{ne} de Ste-Marie-aux-Mines.
Granderoche, mont. entre la vallée de Massevaux et celle de Giromagny, c^{ne} de Riervescemont.
Grandes-Hières (Les), c^{nes} de Bretagne, Rechotte et Rougemont. — *Es grandz Hierres*, 1628 (inv. de la seign. de Rougemont). — *Granzières* (cad.).
Grande-Verrerie (La), en allemand Vorderglashütt, h. c^{ne} de Ribeauvillé.
Grandmont ou Gramont, mont. c^{nes} de Beaucourt et de Montbouton.
Grand Moulin (Le), c^{ne} de Goldbach.
Grand'Plaine (La), c^{ne} de Sainte-Marie-aux-Mines.
Grand-Rombach, en allemand Gross-Rumbach, h. c^{ne} de Sainte-Croix-aux-Mines. — Ruiss. du même nom. — *Deinde in alia Rumbach*, 854 (Als. dipl. I, 84).
Grands Bois (Les), forêt qui s'étend sur les c^{nes} de Vézelois, de Meroux et de Charmois.
Grandschamps, coll. c^{ne} de Dorans.
Grandschamps, f. c^{nes} de Fréland et d'Orbey.
Grand-Soulzbach, ruiss. c^{ne} de Lautenbach, affluent de la Lauch.
Grands-Prés (Ruisseau des), c^{ne} d'Éteimbes, affluent du Traubach.
Grandvelle (Sur la), c^{ne} de Réchésy; 1582 (terr. de Saint-Ulrich).
Grandvillars, en allemand Granwiller, c^{on} de Delle. — *Capellam S. Marie de Grandivillari ... capellam S. Ursicini de Grandivillari*, 1147 (Trouillat, Mon. I, 301). — *Grandvilers*, 1222 (ibid. 485). — *Actum apud Granwil*, 1226 (Als. dipl. I, 356). — *Heinric. de Grandivilavio*, 1282 (Mone, *Zeitschrift*, IV, 358). — *Le fie a signor de Grantveler*, 1282 (Trouillat, *Monum.* II, 353). — *Les murs et fermeteures de la ville de Grantvillers*, 1332 (Als. dipl. II, 147). — *Hanns von Grandweiler*, XVIIe s^e (Mül-

hauser Gesch. 54). — Chef-lieu d'une seigneurie relevant du château de Delle. — *In dominum Grandisvilaris*, 1236 (Trouillat, *Monum.* III, 5); et plus tard chef-lieu d'une mairie du baill. de Delle, comprenant Morvillars, Mésiré et Thiancourt. — Paroisse du décanat de l'Ajoye (Alm. d'Als. de 1783.)

GRANGÉ, GRANGÉ-LIHE, GRANGEMATTEN, c^{ne} d'Oderen.

GRANGE (RUISSEAU DE LA), c^{ne} de Ste-Croix-aux-Mines.

GRANGE-DES-CLOUS, h. c^{ne} de Sainte-Croix-aux-Mines.

GRANGE-JOEL (LA), anc. f. à Ste-Marie-aux-Mines (Cass.).

GRANGES (AUX), h. c^{ne} de la Baroche. — *Esgranges* (anc. cadastre).

GRANGES (DÉCANAT DE), tire son nom d'une ancienne seigneurie de la Franche-Comté, aujourd'hui Granges-le-Bourg, département de la Haute-Saône. — *De Grangiis*, 1105 (Als. dipl. I, 186). — Le décanat rural de Granges dépendait du diocèse de Besançon et comprenait les communes du Haut-Rhin dont les noms suivent, savoir : Auxelles-Bas, Banvillars, Bavilliers, Belfort, Bermont, Bourogne, Buc, la Chapelle-sous-Chaux, Châtenois, Chaux, Danjoutin, Essert, Évette, Giromagny, le Puix, Rougegoutte, Valdoye et Vézelois (Alm. d'Als. de 1783).

GRANSTALL, c^{ne} de Katzenthal. — *Im Kranckstan*, 1475 (reg. des domin. de Colmar). — *Grantzthal* (anc. cadastre).

GRANTZELÉ (LA), f. c^{ne} de Hirtzbach.

GRANWILLER, c^{ne}. — Voy. GRANDVILLARS.

GRANWILLER HAAG, colline, c^{nes} de Bisel et de Largitzen. — *Grawiller haag* (anc. cadastre).

GRÄNY, canton du territ. de Waldighofen.

GRAPATTES, forêt, c^{ne} de Faverois.

GRAPIÈRE (SOUS LA), c^{ne} de Danjoutin.

GRASBACH, ruiss. c^{ne} de Hirtzbach.

GRASBERG, canton du territ. de Niederhergheim. — *Vff dem Graeszberg*, 1490 (urb. de Marbach).

GRASBERG, mont. c^{ne} de Bergheim, réputée anciennement être un lieu de réunion des sorcières.

GRASBERG, vign. c^{nes} de Beblenheim et de Mittelwihr. — *Grasburg* (anc. cadastre).

GRASBERG, vign. c^{ne} de Sigolsheim. — *Am Grasperge*, 1278-1493 (reg. d'Unterlinden).

GRASKOPF, canton du territ. de Bettlach.

GRASTIGASSE, canton du territ. de Mulhouse. — *Jnn der Grassetenn gassenn . . . an der obern Grassten gassen*, 1552-1553 (reg. des préb. de Mulhouse).

GRASWEG, chemin à Bollwiller, près duquel on a trouvé des poteries de l'époque gallo-romaine.

GRATOULAT (ÈS), c^{nes} de Suarce et de Valdoye. — *Ès Gratelots*, 1629 (cens. du chap. de Belfort).

GRATTIBONNE, en français GRANDE-BORNE, canton du territ. de Lucelle.

GRAWATT (IM), canton du territ. de Mulhouse.

GRAYES (LES COMBES DE), c^{ns} de Vourvenans.

GREFFTE (AN DER), c^{ne} de Bennwihr; 1441 (urb. de Ribeaupierre).

GREFFTEN (IN DEN), canton du territ. de Rädersheim, cité en 1453 (cart. de Murbach).

GREFFTEN (UNDER DEN), c^{ne} de Zimmerbach, xive siècle (rôle de Zimmerbach).

GRENDEL ou GRENGEL, cantons des territ. de Seppois-le-Bas, Berentzwiller, Grussenheim et Katzenthal. — *Bi dem Grendel*, 1373 (rôle de Grussenheim). — *An dem Grendel*, 1487 (urb. de Marbach).

GRENDELGASSE ou GRENGELGASSE, c^{ne} de Carspach.

GRENDELMATTEN ou GRENGELMATTEN, c^{ne} de Heidwiller.

GRENOUILLÈRE (LA), quartiers. — Voy. FRÖSCHENWEID.

GRENTZINGEN, c^{ne} de Hirsingen. — *Grenzingen*, 1286 (Mone, *Zeitschrift*, VII, 173). — *In parrochia de Grentzingen*, 1308 (Trouillat, *Monum.* III, 126). — *Krentzingen*, 1451 (rôles de Saint-Morand). — Paroisse du décanat du Sundgau (Lib. marc.). — Chef-lieu d'une mairie du baill. de Ferrette, comprenant Steinsultz, Roppentzwiller, Waldighofen et Riespach. — Cour colongère, dont les appels étaient portés à celle de Spechbach-le-Haut.

GRENTZINGER, canton des territ. de Schwoben et de Tagsdorf.

GRESSENAU, île du Rhin, c^{ne} d'Ottmarsheim. — *In der Gressnaw*, 1630 (cens. d'Ottmarsheim).

GRESSENBACH, ruiss. c^{ne} de Seppois-le-Bas.

GRESSON (LE), en allemand DER KRATZEN, mont. c^{ne} de Rimbach (c^{on} de Massevaux). — *Usque ad summitatem montis Grazonis*, 823 (Laguille, pr. 16). — *Von dem Kratzen*, 1394 (rôle de Gildwiller). — *Ein berg oder kopff* TERNENSEËKOPFF. *Daselbst stossen drei furstliche oberkaiten namlich stifft Murbach.... Herrschafft Massmunster.... Hertzogthumb Lothringen mit irer dreier ortmarcken vnd Gränitzen zu sammen*, 1550 (urb. de St-Amarin). — *Craisson* (Baquol).

GREUEL (IM), canton du territ. de Mulhouse. — *Jm Grüwel . . . jm Greüwell*, 1471-1563 (reg. des préb. de Mulhouse).

GREULER, canton du territ. d'Hagenthal-le-Bas.

GREULING, c^{nes} de Brinighofen, d'Eschbach et de Soultzmatt. — *Greweling bovm*, 1456 (cens. de la cellenie de Munster). — *Jm Greweling*, 1453 (rôle de Soultzmatt).

GRIEBENBERG (OBER- et NIEDER-), collines à Burnhaupt-le-Bas.

GRIEBLING, c^{ne} de Schweighausen.

GRIECHACKER, c^{ne} d'Heimersdorf.

GRIECHENACKER, canton du territ. d'Hagenbach.

Griechenhurst, cantons des territ. d'Illfurth, d'Heimsbrunn et de Retzwiller.
Griedel, c^ne de Willer (c^on de Thann).
Griedgrabenruntz, ruiss. c^ne de Wildenstein. — *Grigrabenruntz* (carte hydr.).
Grieffert, canton du territ. de Sundhofen.
Gries, canton du territ. de Ribeauvillé. — *Vffemme oberen Gries*, 1278-1493 (reg. d'Unterlinden).
Griesbach, c^on de Munster, primitivement c^on de Turckheim. — *Grussenspach . . . Grussichspach*, 1278-1493 (reg. d'Unterlinden). — *Grüspach*, 1411 (cart. de Munster). — *Crisbach* (Cassini). — Dép. du baill. de Wihr-au-Val.
Grignot, c^nes de Vézelois et de Valdoye. — *La goutte Grinont* (anc. cadastre).
Grillenbreit, canton du territ. de Colmar. — *Grüllen gebreit*, 1456 (reg. des domin. de Colmar).
Grillot (Le), cantons des territ. de Morvillars et de Mésiré.
Grimberg, colline, c^ue de Hundsbach.
Grimbewald, c^ne de Burbach-le-Haut.
Grimling (Das), canton du territ. de Largitzen.
Grippes (Les), c^ne de Fêche-l'Église.
Grisez (Champs), c^ne de Danjoutin.
Grishag, c^nes de Bendorf et de Winckel.
Grislingermatten, canton du territ. de Ruederbach.
Grisot, c^ne de Roppe.
Grisnain, c^nes de Courtavon et de Liebsdorf.
Grivé (Sur le), c^ne de Chèvremont.
Grobere, c^ne de Burbach-le-Haut.
Grod, canton du territ. d'Eguisheim. — *An dem Grot . . . Grat . . . vff dem Grate*, 1475 (reg. des domin. de Colmar).
Grod, m. isolée, c^ne de Niederbruck. — *Hauss vnd hoff gelegen jm gerod*, 1568 (terr. de Massevaux).
Grofengnütt, c^ne de Sainte-Croix-en-Plaine. — *In groven gerüte*, 1312 (abb. de Sainte-Croix).
Grofenweg, chemin, c^nes de Brinighofen et de Spechbach-le-Bas.
Grohmehl, canton du territ. de Bergheim.
Groholtz, anc. f. c^ne de Wihr-au-Val. — *Gruholtz* (anc. cadastre). — *Kruholtz* (Cassini).
Gromerie, canton du territ. de Montreux-Vieux.
Groppenkopf, cantons des territ. de Dirlinsdorf et de Kiffis.
Grön, canton du territ. de Pfaffenheim. — *Jm Geröre*, 1488 (urb. de Marbach).
Grör ou Krönberg, colline, c^nes de Geispitzen et de Schlierbach. — *Jm Gerör*, 1521 (reg. des préb. de Mulhouse).
Grosate, cantons. — Voy. Crosat.
Gros-Bourg (Étang du), c^ne de Roppe.

Gros étang (Le), étang, c^nes de Florimont et de Suarce.
Grosjean, c^nes de Dorans et de Moval.
Grosne, en allemand Welschen Gruene, c^on de Delle — *Ecclesiam de Grona*, 1105 (Als. dipl. I, 186) — *Hutonis de Grune*, 1170 (Trouillat, Monum. I 350). — *In villa Grâna*, 1303 (ibid. III, 73). — *Villermin de Gruone*, 1333 (ibid. 432). — *Welsch Gran*, 1576 (Speckel). — *Gronne . . . Groune* 1655 (cens. du chap. de Belfort). — Chef-lieu d'une paroisse ou mairie du domaine de Delle, comprenant Boron, Recouvrance et Vellescot. — *Meyger ze Grüne*, 1394 (urb. des pays d'Autr.). — Au XIIe s^e l'église de Grosne desservait Recouvrance, Romanvillars, Boron, Vellescot, Eschène et Brebotte (Als. dipl. I, 186). — Elle faisait partie du décanat du Sundgau (Lib. marc.).
Grossackergraben, ruiss. c^ne de Rädersheim.
Grossberg, mont. c^ne de Burbach-le-Bas. — *Am grossen berg*, 1569 (terr. de Massevaux).
Grossboden, f. c^ne de Kiffis.
Grossey, c^ne de Sentheim. — *Im grossen Eigen*, 156c (terr. de Massevaux).
Grossgarten, éc. c^ne de Willer (c^on de Thann).
Grosskoulhausen, canton du territ. de Hattstatt.
Grosskopf, cantons des territ. de Dieffmatten, de Köstlach et de Spechbach-le-Haut.
Grossmatt, f. c^ue de Sultzeren. — *Grand-Pré* (Cassini).
Grossmutteruag, c^ne de Carspach.
Grossruntz, f. c^ne de Wildenstein.
Grossruntz, ruiss. c^ne de Malmerspach.
Grossruntz, ruiss. c^ue de Stosswihr.
Grossvater, c^ne de Fröningen.
Grosswasserbach, ruiss. c^ne de Wihr-au-Val.
Grossweyer, c^ne de Dolleren. — *Jm grossen weyer zu walenpurn*, 1567 (terr. de Massevaux).
Grottacker, c^ne de Niedermorschwiller.
Grötzling (Auf dem), canton du territ. de Berrwiller.
Grubaine (La), ruiss. c^nes de Montreux-Vieux. — *La Gruèbaine* (anc. cadastre).
Gruene (Welschen), c^ne. — Voy. Grosne.
Grumbachs mättlen, c^ne de Dolleren. — *Grundtbachsmethlin*, 1567 (terr. de Massevaux).
Grümble (Die), canton du territ. de Mulhouse. — *Jn der Krümpell*, 1562 (reg. des préb. de Mulhouse).
Grümerich, canton du territ. de Vogelgrün.
Grümling, canton du territ. d'Eguisheim. — *In dem Krummelinge*, 1424 (urb. de Marbach). — *Jm Krummelingk*, 1488 (ibid.).
Grundel, c^ue de Bitschwiller. — *Grundelberg*, 1550 (urb. de St-Amarin).
Grundfurch, c^nes de Balschwiller, de Buetwiller et

de Traubach-le-Bas. — *Gruntfurch*, 1421 (rôles de Saint-Morand).

GRUNENBACH et GRUNBACH, c^{ne} de Buetwiller; 1421 (rôles de Saint-Morand).

GRÜNENBERG, colline, c^{ne} de Geispitzen.

GRÜNENHUBEL, canton du territ. d'Huningue.

GRÜNENWALD, c^{ne} de Michelbach.

GRÜNENWALD. — Voy. NOTRE-DAME DE GRÜNENWALD.

GRÜNGIESEN ou NEUSCHUSS, bras du Rhin de Geiswasser à Biesheim, où il prend le nom de *Biesheimer giesen* jusqu'à Baltzenheim.

GRÜNLING, c^{ne} de Thann.

GRÜNMÜHLE, m^{in}, c^{ne} de Vogelgrün.

GRÜNSPIEL, vign. c^{ne} de Bergheim.

GRUSSEL, c^{ne} de Roderen (c^{on} de Thann).

GRUSSENHEIM, c^{on} d'Andolsheim, primitiv. c^{on} de Horbourg. — *Grosinhaim*, 736 (Als. dipl. I, 15). — *Grucinheim*, 768 (ibid. 42). — Cour colongère. — *In Gruzenheim curtis dominica cum salica terra*, XII° s°, cit. an. 817 (ibid. 67). — *Grussenhen*, 1373 (rôle de Grussenheim). — Paroisse du décanat de Marckolsheim. — Dép. du baill. d'Ensisheim et Sainte-Croix.

GRUSSERMÜHLE, m^{in}, c^{ne} de Grussenheim.

GRUSY, forêt, c^{ne} de Malmerspach.

GRÜTLI, c^{ne} de Sewen. — *Neben dem gerütlin*, 1567 (terr. de Massevaux).

GRÜTT (OBER- et NIEDER-), c^{ne} de Sainte-Croix-en-Plaine. — *In dem obern gerütte*, 1429 (urb. de Marbach); — *In dem nydern gerüt*, 1384 (abbaye de Sainte-Croix).

G'SCHLITZTENWEG, chemin, c^{ne} de Kembs.

GSCHORR, c^{ne} de Burnhaupt-le-Haut.

GSCHWEND, c^{ne} de Rouffach.

GSCHWENG, c^{ne} d'Obermorschwihr. — *In der Gesweng*, 1487 (urb. de Marbach).

GSCHWENG, f. c^{ne} de Sultzeren.

G'SIG, c^{nes} de Rimbach et Weegscheid. — *Hoffstatt zu gesig... vff die pach oder gesig*, 1567 (terr. de Mass.).

GUCKERNÜLLE (IN DER), c^{ne} de Sigolsheim, 1328 (urb. de Pairis).

GUCKIS, canton du territ. d'Aspach.

GUEBERSCHWIHR, c^{on} de Rouffach, primitivement c^{on} d'Eguisheim. — *In villa Gabulwire*, 1191 (Als. dipl. I, 296). — *Gebliswilre*, XII° siècle (Grandidier, Œuvres inéd. III, 576). — *Villam Gebelicheswiler*, 1200 (Als. dipl. I, 309). — *Johann. de Gebliswihr*, 1271 (Trouillat, *Monum.* II, 215). — *Gebelleswiler*, XIII° s° (Als. ill. IV, 220). — *Gebliswilre*, 1299 (Mone, *Zeitschrift*, VI, 426). — *Gebelswiler*, 1493 (abb. de Sainte-Croix). — *Gebilswilr*... *Gebeswilre*, 1394 (urb. des pays d'Autr.). — *Geblinswilr*, 1278-1493 (reg. d'Unterlinden). — *Geblischwiler*, 1439

(Als. dipl. II, 362). — *Geberswiler*, 1576 (Speckel). — Paroisse du décanat de *citra colles Ottonis* (Lib. marc.). — Ancien cimetière fortifié. — *Cimiterium in Gebiliswire destruxit*, 1298 (Chron. Colm. 340). — Relevait du baill. d'Eguisheim et plus tard de la prévôté de Rouffach. — Hôpital. — Anciens bains, dont il ne reste plus d'autre trace qu'un lieu dit *Badacker* (Champ du bain) : voy. Tabernaemontanus, *New Wasserschatz*, 471; *Gebersweile Sauwerbrunnen; Bad*, 1576 (Speckel).

GUEBWILLER, chef-lieu de canton, arrond. de Colmar, primitivement du canton de Soultz. — *Actum in villa Gebunwilare*, 774 (Als. dipl. I, 47). — *Actum in Gebenwilare publice*, 792 (ibid. 57). — *Gebunwilere... Gebenwilre*, 1135 (Grandidier, *Hist. d'Als.* p. j, II, 294-295). — *Plebanus de Gebewilre*, 1214 (Als. dipl. I, 327). — *Craffto de Gebwilre*, 1235 (Als. dipl. I, 373). — *Der stat von Gewilr*, 1286 (ibid. II, 34). — *In Gebiwilre*, 1293 (Ann. de Colmar, 158). — *Scultetus, consules et communitas villæ in Gebwilre*, 1296 (Als. dipl. II, 62). — *Geweiler*, 1662 (Bern. Buechinger).

Chef-lieu d'un des trois baill. de la principauté de Murbach. — *Bailliage de Gebweiler*, 1680 (ord. d'Als. I, 124). — Ce baill. comprenait Bühl, Bergholtz, Bergholtz-Zell, Lautenbach-Zell, Murbach. Guebwiller a été, pendant un certain temps, chef-lieu d'une subdélégation qui comprenait les baill. de Guebwiller, Rouffach et Isenheim. Le baill. de Guebwiller comprenait alors toute la principauté de Murbach et réunissait en un seul les trois anciens baill. de Guebwiller, Saint-Amarin et Wattwiller.

Comm^{ie} de l'ordre Teutonique, réunie à celle de Rouffach. — *Fr. peregrinus commendator domus Theotonice ... commendator fratrum domus Thevtonicorum in Gebwilre*, 1270 (Trouillat, *Monum.* II, 196). — *Zu dem Teütschenhaus*, 1724 (Mossmann, *Chron. Gueb.* 132, cit. an. 1525).

Léproserie dont les revenus furent réunis à l'hôpital par un édit du 27 juillet 1739 (Mercklen, *Hist. d'Ensish.* I, 334).

Couvent de dominicains. — *Fratres de ordine predicatorum ... ad recipiendum et construendum ibidem conventum*, 1294 (Als. dipl. II, 62). — *Domus fratrum predicatorum fuit in Gebwilre recepta*, 1294 (Ann. de Colmar, 162).

Couvent de dominicaines, dit *Engelporte* ou *Porte des Anges*, fondé en 1298, dans un lieu dit *Sancti Michaelis Insel* (Mossmann, *Chron. Gueb.* 29); d'après les Annales de Colmar, 144, il y a été transféré de Suntheim en 1290. — *L'Engelporte*, à Guebwiller, 1342 (Trouillat, *Mon.* III, regestes,

800). — *Des closters wegen zu der Engelporten*, 1445 (Als. dipl. II, 378). — *Monasterium sororum Angelicae portae opidi Gebwilerensis ordinis praedicatorum*, 1465 (Mone, *Zeitschrift*, II, 38).

Couvent d'augustins. — *Es hat ein Augustiner Kloster allhie*, 1644 (Merian, *Top. Als.* 19).

L'abb. de Murbach, sécularisée en 1746, fut transférée à Guebwiller, sous le titre de «Insigne collégiale équestrale de Murbach» (Alm. d'Als. de 1783).

Cour colongère. — *Des dinghoffes zu Gebwilre*, 1397 (Mossmann, *Chron. Gueb.* 410). — *Die dinghöfe zu Gebwiler*, 1405 (Als. dipl. II, 313).

Guémar, c^{on} de Ribeauvillé, primitivement c^{on} de Riquewihr. — *Ghosmari*, 768 (Als. dipl. I, 42). — *In marca Gasmaringa*, 776 (Grandidier, *Égl. de Strasb.* p. j, II, 114). — *Guirmari*, 777 (ibid. 123). — *Germeri*, 777 (ibid. 127). — *Per marcam Garmaringam*, 854 (Als. dipl. I, 84). — *Kermere cum basilica*, 885 (Grandidier, *Hist. d'Als.* p. j, I, 96). — *Ecclesia in Gemare*, 953 (ibid. 119). — *Gemirre*, 1278-1493 (reg. d'Unterlinden). — *Die burg zu Gemer*, 1350 (Als. dipl. II, 197).

Guémar formait deux paroisses du décanat d'*ultra colles Ottonis*, sous le nom de *Guémar-le-Haut* (Saint-Denis) et de *Guémar-le-Bas* (Saint-Léger) (Lib. marc.). — *Signum Lutoldi presbiteri de Geremer... signum Inggonis presbiteri item de Geremer*, XIIe s^e (Rev. d'Als. X, 563). — Cimetière fortifié. — *Do wart der Kirchof zu Gemer gebrochen*, 1278 (Closener, 82).

Guémar-le-Haut fut donné, au VIIIe siècle, à l'abb. de Lièpvre par Fulrade, abbé de Saint-Denis, et, au XIIe siècle, réuni avec celle-ci à la primatiale de Nancy. Guémar-le-Bas était un fief de Murbach (Saint-Léger).

Chef-lieu d'un baill. de la seigneurie de Ribeaupierre, comprenant Illhäusern et quelques villages du Bas-Rhin.

Quatre cours colongères, dont deux relevaient de la primatiale de Nancy et deux de la seigneurie de Ribeaupierre. — *Gemer daz dorf vnd den dinghof*, 1354 (Als. dipl. II, 206).

Guerhachamp, f. c^{ne} de Fréland. — *Geurhachamps* (Cass.).

Guerin (Ez-), h. c^{ne} d'Évette.

Guevenatten, c^{on} de Dannemarie. — *Keuonet*, 1421 (rôles de St-Morand). — *Gefnatt*, 1576 (Speckel). — *Geuenat*, 1581 (urb. de Thann). — *Guebenatt* (Cassini). — Relevait de l'avouerie de Traubach.

Guewenheim, en français Geaunay, c^{on} de Thann. — Cour colongère, dont la juridiction s'étendait sur toute la vallée de Massevaux, depuis le Gresson jusqu'au Hanenbach. — *Que vallis tenens bannum et munia protenditur a Göwenheim usque ad summitatem montis Grazonis*, 823 (Laguille, pr. 15). — *In villa Gowinhaim debet generale placitum celebrare*, 1241 (Trouillat, *Monum.* II, 57). — Un ancien rôle de Guewenheim, copié en 1691, porte *Gobingen*. — *Geuwne*, 1576 (Speckel). — *Geübenheim*, 1569 (terr. de Massevaux). — *Geibenheim*, 1672 (Kleine Thanner Chron. 53). — Les autres cours colongères de l'abbaye de Massevaux, Zillisheim, Hundsbach, Dannemarie, Gildwiller, portaient leurs appels devant le plaid de Guewenheim, contre les jugements duquel on se pourvoyait en dernier ressort à Bâle (*vff die Pfalintze*). — D'après un rôle de 1579, la juridiction de la cour était divisée en cinq districts, savoir : un dans la haute vallée, deux dans la ville de Massevaux, un à Sentheim et un à Guewenheim. — Après l'organisation de l'intendance d'Alsace, Guewenheim a fait partie du baill. de Massevaux. — Paroisse du décanat de Massevaux (Alm. d'Als. de 1783).

Gugelberg, c^{ne} de Berentzwiller.

Gugelman, canton du territ. de Brunstatt.

Gugelmann (Fontaine de), c^{ne} de Goldbach. — *Inter fontem Gucgelmanni*, 1135 (Als. dipl. I, 211).

Gugen, c^{ne} d'Hagenthal-le-Bas.

Gügerberg, coll. c^{ne} de Gueberschwihr. — *In dem gügerlin*, 1433 (urb. de Marbach).

Güglisberg, coll. c^{ne} d'Hesingen.

Gugy, canton du territ. d'Hausgauen.

Guillornern, c^{ne} de Schweighausen.

Guldenberg, c^{ne} de Rixheim.

Gummen, c^{nes} de Rammersmatt et de Roderen. — *Vff den gummen.... in der gummen*, 1421 (rôles de Saint-Morand).

Gummenbach, ruiss. et Gummenberg, colline, c^{ne} de Ballersdorf.

Gumpost ou Gumpist, canton du territ. de Wihr-au-Val, cité en 1441 et en 1452 (urb. de Ribeaupierre et rôle de Wihr-au-Val).

Gumpost, canton du territ. de Niedermorschwiller. — *Vff die Gumpest lachen*, 1537 (rôle de Niedermorschwiller).

Gumpostmatten ou Gumbischmatten, c^{ne} de Traubach-le-Bas.

Gundersmatt, canton du territ. de Stosswihr.

Gundolsheim, c^{on} de Rouffach, primitivement c^{on} de Soultz. — *Cundolteshaim*, 728 (Als. dipl. I, 9). — *Gundolvesheim*, 817 (ibid. 66). — *Gundolfsheim*, XIIIe s^e (Als. ill. IV, 220). — *Ulricus de Gvndolzhein*, 1272 (Trouillat, *Monum.* II, 222). — Paroisse du décanat de *citra colles Ottonis* (Lib. marc.). — Relevait de l'ancien bailliage d'Eguisheim et plus tard de la prévôté de Rouffach. — Ancien château. — Cour colongère. — *Ad curtim dominicalem Gundodelsheim*, 1066 (Als. ill. IV, 204).

GUNDSHOF ou KUNTZHOF, anc. f. c^{ne} de Bantzenheim. — D'après la tradition, cette ferme occupait l'emplacement du château de Froschbach.

GUNGELBAIN, c^{ne} de Willer (c^{on} de Thann).

GÜNSPACH, c^{on} de Munster, primitivement c^{on} de Turckheim. — *Güninspach*, 1278-1493 (reg. d'Unterlinden). — *Ze Günnespach . . . Günischbach*, 1339 (Als. dipl. II, 166). — *Gunnespach*, xive s^e (rôle de Zimmerbach). — Dép. du baill. de Wihr-au-Val.

GUNTRAMSTAL, c^{ne} d'Ammerschwihr, 1328 (urb. de Pairis).

GUNTZELHURST, forêt, c^{ne} de Carspach.

GUNTZENBODEN, canton du territ. d'Eguisheim. — *Zuo Guntzenbodem*, 1424 (urb. de Marbach). — *Zŭ Guntzen bodeme*, 1508 (rôles d'Eguisheim).

GUPF (AUF DEM), canton du territ. de Liebsdorf.

GÜRNÉ (GRAND et PETIT), forêt à Rimbach, c^{on} de Massevaux.

GURTE (IN DER), c^{ne} d'Urbès; 1550 (urb. de St-Amarin).

GÜRTELMATTEN, c^{ne} de Mulhouse.

GUSTIBERG, chapelle à Lautenbach-Zell. — *Consteberg* (Cassini).

GUTENBERG ou GUTENBURG, c^{nes} d'Aspach-le-Haut et de Roderen.

GUTENBURN, source, c^{ne} d'Obermorschwiller.

GUTENMORGENACKER, canton du territ. d'Heimersdorf.

GUTHUSERMATTEN, c^{ne} de Lutterbach.

GUTT, c^{ne} de Burbach-le-Haut.

GUTZWILLER, vill. détr. près de Kötzingen. — *Guezwilre*, 1146 (Als. dipl. I, 232). — *Guzwilre*, 1154 (ibid. 241). — *Cruzwilre*, 1152 (ibid. 236). — *Gusswiller* (anc. cadastre). — *Gugwiller* (Dépôt de la guerre). — Le ban de ce village est resté longtemps indivis entre les communes de Rantzwiller, Kötzingen, Magstatt-le-Haut et Zäsingen.

GUTZWILLERBÄCHLE, ruiss. près de Kötzingen.

G'WÄSSEN, forêt à Massevaux. — *In das gewesser.... gewässer*, 1568 (terr. de Massevaux).

GYMNES, c^{ne} d'Oberlarg.

H

HAAG, forêt, c^{ne} de Mörnach.

HABELÜTZEL, canton de l'anc. territ. d'Ellenwiller, au xive siècle (reg. d'Unterlinden).

HABERACKER, anc. f. c^{ne} de Rimbach, c^{on} de Guebwiller (Cassini).

HABERBROCH, c^{ne} de Burbach-le-Haut.

HABERHÄUSER, h. c^{ne} de Blotzheim.

HABERKOPF, f. c^{ne} de Saint-Amarin.

HABERLEH, f. c^{ne} de Vögtlinshofen. — *Haberlehen*, xviie s^e (inv. des arch. départ. E, 370).

HABERLEH, canton des territ. de Largitzen et d'Uberstrass.

HABSHEIM, chef-lieu de canton, arrond. de Mulhouse. — *Habuhinasheim*, 758 (Als. dipl. I, 34). — *Habuhinisheim*, 1040 (Trouillat, *Monum.* I, 168). — *Habichenshein*, 1184 (ibid. 394). — *Aduocatiam de Habhensheim*, 1241 (Mone, *Zeitschrift*, IV, 226). — *Incurato in Habchensheim*, 1350 (Trouillat, III, 638). — *Habichsheim*, 1580 (Wurstisen, *Basl. Chron.* 215). — *Für Hapssheim, die mit Gräben vnnd wehren umbgebene höltzene Statt*, xviie siècle cit. an. 1468 (Mülhauser Gesch. 172). — *Hapsen*, 1576 (Speckel). — *Hapisheim*, 1724 (Mossmann, *Chron. Gueb.* 84). — Paroisse du décanat d'*inter colles* (Lib. marc.). — Prévôté du baill. inférieur de Landser. — Maîtrise particulière des eaux et forêts,
dép. de la grande maîtrise d'Ensisheim, 1694 (Mercklen, *Hist. d'Ensish.* II, 304).

HABSTAL, canton du territ. de Bartenheim.

HABTUAL, canton du territ. de Bitschwiller. — *Jm Habichtal*, 1550 (urb. de St-Amarin).

HÂCHE (LA), c^{ne} d'Essert.

HACHIMETTE, en allemand ESCHELMER, h. c^{ne} de la Poutroye; autrefois *Eschermury* (Als. ill. IV, 288). — *Eschelmöre*, 1441 (urb. de Ribeaupierre). — *Eschlemer*, 1576 (Speckel). — *Hechimet*, 1698 (Stoffel, *Weisth.* 223).

HADERE, c^{ne} de Burbach-le-Haut.

HAFNEN (IM), canton du territ. de Francken.

HAG, éc. c^{ne} de Sewen et de Dolleren. — *Zu Hag, so vor ein segen da gestanden... behausung vnnd garten gelegen im Hag*, 1567 (terr. de Massevaux).

HAG, f. sur le Ballon, c^{ne} de Soultz. — *Vff ein felld nennt man den Hag*, 1550 (urb. de St-Amarin). — *Bei der hag first wo sich der Bölchen und der Storkenkopf sondern* (Engelh. *Wand. Vog.* 20).

HAG (ZE), à Dannemarie; 1421 (rôles de St-Morand).

HAGEL, f. c^{ne} de Stosswihr.

HAGEL (IM), vign. c^{ne} de Kientzheim et de Bennwihr.

HAGELBÄCHLE, ruiss. c^{nes} de Pfastatt et de Kingersheim, affluent de l'Ill.

HAGELBERG, c^{ne} d'Eguisheim.

Hägelé, canton du territ. de Schweighausen. — D'après la tradition locale, anc. château.

Hagelgebenn, c^{ne} de Saint-Hippolyte.

Hagelmatt, c^{ne} de Geishausen. — *Hagellmatten*, 1550 (urb. de St-Amarin).

Hagenach, vign. à Riquewihr. — Anc. lieu habité. — *Zu Hagenach*, 1292 (Als. dipl. II, 52). — *In dem Banne ze Hagenoch*, 1308 (abb. de Pairis, C. 4, C. 24). — *Teil des zehenden des trothuses ze Hagnach*, 1341 (Trouillat, III, 537). — *Haguenau* (anc. cad.).

Hagenau, mⁱⁿ, c^{ne} de Bergheim.

Hagenbach, c^{on} de Dannemarie. — *Jacobus miles, Heinricus et Hugo armigeri de Agenbach, fratres*, 1313 (Trouillat, *Monum.* III, 186). — *Messire de Hagambac*, 1469 (Als. dipl. II, 404). — *Petrus de Hagenbach*, 1475 (*ibid.* 409). — Ancien château. — Fief de la seign. d'Altkirch (Als. ill. IV, 94). — Paroisse du décanat de Massevaux (Alm. d'Alsace de 1783). — Léproserie (Mercklen, *Hist. d'Ensish.* I, 334).

Hagenbach, c^{nes} de Bergheim et de Riedisheim.

Hagendorn, c^{nes} de Burnhaupt-le-Bas, Liebentzwiller et Rammersmatt: *Vf der bôs bi dem hagendorn*, 1421 (rôles de Saint-Morand). — C^{nes} de Spechbach-le-Haut et de Zellenberg: *Jnn hagendörnlin*, 1437 (urb. de Marbach).

Hageneck, anc. chât. c^{ne} de Wettolsheim. — *Dominus Hagineche*, 1277 (Ann. de Colmar, 64, 176). — *Dominus de Haginechi*, 1298 (Chron. de Colmar, 348). — *Dom. de Haginecke, castrum Haginecke*, 1300 (Ann. de Colmar, 184). — *Hageneck*, 1576 (Speckel).

Hagenstürmlin ou Hagelstörnlen, c^{nes} de Berentzwiller et de Jettingen.

Hagenthal-le-Bas, en allemand Niederhagenthal, c^{on} d'Huningue. — *Conone de Agona valle*, 1105 (Trouillat, I, 226). — *Cum ecclesia Hagendal*, 1195 (Mone, *Zeitschrift*, IV, 219). — *Burchardus de Hagindal*, 1246 (Als. dipl. I, 393). — Paroisse du décanat de Leymenthal (Lib. marc.). — Ancien alleu, devenu fief oblat du landgraviat en 1465.

Hagenthal-le-Haut, en allemand Oberhagenthal, c^{on} d'Huningue. — *Plebanus superioris Hagenthal*, 1334 (Trouillat, *Monum.* III, 436). — Paroisse du décanat de Leymenthal (Lib. marc.). — Ancien alleu, devenu fief oblat du landgraviat en 1465. — Cour colongère (Weisthümer, I, 650).

Häger (Im), c^{ne} de Habsheim. — *Im Heger*, 1701 (terrier de Notre-Dame-des-Champs).

Hageräckerle, c^{ne} de Francken.

Hagermatt, c^{ne} de Moosch; 1550 (urb. de St-Amarin).

Hagerspach, ruiss. c^{on} de Felleringen.

Hagis (Le), canton du territ. de la Baroche.

Hägling, canton du territ. de Soppe-le-Bas.

Hagmühle, mⁱⁿ, c^{ne} de Günspach.

Hagmühle, mⁱⁿ, c^{ne} de Soultzmatt. — *Zwissen der Haymülen vnd der stegmülen*, 1453 (reg. de Soultzmatt). — *Hagenmühl* (carte hydr.).

Hagsbach, ruiss. c^{ne} de Soultz.

Haguenon, canton des territ. de la Collonge et de Pfaffans. — *Haguenau* (anc. cadastre).

Hagy, canton du territ. d'Oberlarg.

Haie (La), ruiss. ou goutte, c^{ne} de Belmagny.

Halle (La), f. c^{ne} de Fréland.

Hallen. Le nom de *auf der Halle, in der Halle* ou *Hallen* est très-répandu: ainsi on le trouve à Attenschwiller; Berentzwiller, *an der Halden*, 1421 (rôles de Saint-Morand); Blotzheim; Buschwiller; Francken; Grentzingen; Hegenheim; Hirsingen; Michelbach-le-Bas; Mittelmuespach; Mollau, *inn der Hall*, 1550 (urb. de St-Amarin); Obermuespach; Rantzwiller; Riespach; Sondersdorf; Willer (c^{on} d'Altkirch), etc.

Hallenrain, colline, c^{ne} de Blotzheim.

Halles (Les), h. c^{ne} de Sainte-Croix-aux-Mines.

Halley (Auf der), canton du territ. de Mühlbach.

Halmersmatten, éc. c^{ne} de Felleringen.

Haltingen, vill. détruit, c^{ne} de Hagenbach. — *Zu Haltingen*, 1421 (rôles de Saint-Morand). — Il ne reste plus de ce village qu'un nom, celui de *Haltinger weyer* (*Alsatia* de 1856-1857, p. 297).

Hammenschmiede, usine, c^{ne} de Kiffis. — *Martinet* (carte hydr.).

Hammenschmiede, usine, c^{ne} de Soultzmatt.

Hammersmatt, canton du territ. de Steinbrunn-le-Haut, dans lequel il y a un creux dit *Hammersloch*, qui paraît avoir des issues souterraines. — *Hammersmatten*, 1556 (urb. des redev. en deniers de Mulh.).

Hammerstatt, vill. détr. entre Rumersheim et Blodelsheim. — *In marca Hamarisstad*, 730 (Als. dipl. I, 13). — *Hamerstat*, 1576 (Speckel). — Au xve siècle, c'était une paroisse du décanat de *citra Rhenum* (Lib. marc.).

Hammerstatt, c^{ne} de Metzeral.

Hammerstein, canton du territ. d'Helfrantzkirch.

Hammerstrieten, c^{ne} de Carspach.

Haneck, anc. chât. près de Soultzbach (voy. *Vues pittoresques de l'Alsace*, par Rothmüller, pl. 72). — *Haneck*, 1576 (Speckel). — *Haneck*, xviiie siècle (Kriegs Theatr. carte).

Hanenbach, ruiss. à Guewenheim, affluent de la Dollern (Dépôt de la guerre). — *Die Hanebach*, 1413 (rôle de Balschwiller). — *Hanenbach*, 1507 (*Alsatia* de 1854-1855, p. 80).

Hanenberg, coll. c^{ne} de Rixheim.

Hanenbihne, c^{nes} de Wittenheim et de Carspach. — *Ze Hanbunde*, 1421 (rôles de Saint-Morand).
Hanenburn, ff. c^{nes} de Metzeral et d'Oderen; source et ruiss. — *Vff dem Anna Brunn... der laufft eins teils jnn das Munstertal anders teils jnn das Odertal*, 1550 (urb. de St-Amarin). — *Hahnenbrunnerruntz* (carte hydr.). — Point culminant entre les trois vallées de Munster, Guebwiller et Saint-Amarin. — *Hanbornfirste* (Engelh. Wand. Vog. 17).
Hanensperg, c^{ne} de Balschwiller.
Hang, c^{ne} de Mittelwihr.
Hangeden, c^{ne} de Dirlinsdorf. — *Auf den Hangenten*, 1658 (reg. Lucell.).
Hangenborn, canton du territ. de Lautenbach-Zell.
Hanlach, ruiss. c^{ne} de Volgelsheim. — *Vff die Hanlachenn*, 1543 (rôle de Volgelsheim).
Hanover Käppele, chapelle, c^{ne} de Dirlinsdorf.
Hänselesmühle, m^{in}, c^{ne} de Sondernach.
Hanspach, anc. f. c^{ne} de Wasserbourg (Cassini). — *Hanspenbach* (carte hydr.).
Hanspenberg, mont. c^{ne} de Wasserbourg.
Happel, canton du territ. d'Ammerschwihr. — Voy. Habtual.
Harangoutte, f. c^{ne} de Sainte-Croix-aux-Mines. — *Harongoutte* (Cassini). — *Harrengoutte* (carte hydr.).
Harbach, ruiss. c^{ne} de Bennwihr. — *Hartbach*, 1441 (urb. de Ribeaupierre). — *Beym Haarbach*, 1717 (rôle de Sigolsheim).
Harbach, c^{ne} de Soultz; 1402 (urb. de la comm^{rie} de Soultz).
Harbachmatten, c^{ne} de Dolleren; 1567 (terr. de Massevaux).
Harbies (Im), canton du territ. de Luemschwiller.
Häring, vign. c^{ne} de Beblenheim.
Häringhag, c^{ne} de Traubach-le-Haut.
Harnisberg, coll. entre Balschwiller et Falckwiller. — *Am Harneschberg*, 1629 (rôle de Balschwiller).
Hart, grande plaine couverte de vignes entre Colmar et Ingersheim. — *Hárt*, 1259 (Mone, *Zeitschrift*, XI, 321).
Hart. — Les habitants du vignoble, dans les environs de Colmar, appellent en général Hart la plaine, par opposition à la montagne.
Hart (Auf der), coll. c^{nes} de Brunstatt, Flaxlanden et Zillisheim.
Hart (La). — *Hard*, 896 (cart. de Munster). — *Diu hart elliu sament*, 1239 (Trouillat, *Monum.* I, 550).
— Forêt domaniale de 14,764 hectares s'étendant sur les cantons d'Huningue, Landser, Habsheim et Ensisheim. Elle était située anciennement dans la seigneurie de Landser, et, plus anciennement (xie siècle), dans le comté d'Illzach.

Hartershof, anc. cour franche à Hattstatt.
Hartmannswiller, c^{on} de Soultz. — *Allodium Hartmanswiler*, 1200 (Als. dipl. I, 310). — *Jordani de Arthemanswilr*, 1288 (Trouillat, II, 453). — *Hartmanswilr*, 1453 (cart. de Murbach). — Paroisse du décanat de *citra colles Ottonis* (Lib. marc.). — Ancien château : *castrum Hartmanswilre cum omnibus edificiis et pertinentiis*, 1308 (Mone, *Zeitschrift*, IV, 371). — Relevait du bailliage de Soultz, et, plus tard, du directoire de la noblesse de l'Alsace inférieure (Als. ill. V, 740).
Hartmannswiller-Kopf, mont. à Hartmannswiller.
Hartmühl, m^{in}, c^{ne} de Burnhaupt-le-Bas (Cassini). — *Die mùli ze hardakker*, xive s^e (urb. de Thann). — *Auf den müllin ze haragker*, 1394 (urb. des pays d'Autr.). — *Molendina Hartackeriana* (OElenb. hist.).
Hartwald, forêts éparses entre la grande Hart et les limites du département, vers le nord, et qui sans aucun doute formaient anciennement masse avec cette forêt. Elles se trouvent : 1° à Heiteren; 2° à Niederentzen, Biltzheim et Oberhergheim; 3° à Dessenheim et à Sainte-Croix-en-Plaine; 4° à Dürrenentzen, Kuenheim, Baltzenheim et Artzenheim; 5° (*Härthlin*) à Obersaasheim.
Hartz, canton du territ. de Gueberschwihr. — *In dem Hartz*, 1487 (urb. de Marbach).
Hartz (Im), canton du territ. de Berentzwiller.
Hartzbäcule (Hinter-Mittel-Vorder-), ruisseaux, c^{ne} de Willer (c^{on} de Thann).
Hartzbain, c^{ne} de Guewenheim.
Haselacker, c^{ne} de Liebsdorf. — *An dem Hasel acker*, 1340 (Trouillat, *Monum.* III, 520).
Haselbach, c^{ne} de Buetwiller; 1421 (rôles de Saint-Morand).
Haselberg, c^{nes} des territ. d'Heimersdorf et de Traubach-le-Bas.
Haselberg, coll. c^{ne} de Bartenheim.
Haselstein, f. et coll. entre Fröningen et Hochstatt. — *Uff dem Haselstein*, 1548 (urb. de l'hôp. de Mulhouse).
Hasenberg, coll. c^{ne} de Ballersdorf.
Hasenbühl, coll. c^{ne} d'Hagenthal-le-Bas.
Hasenimbis, canton du territ. de Dietwiller.
Hasenlocu, mont. et forêt, c^{nes} de Krüth et de Wildenstein. — *An ein berg haist der claine hasloch kopff... vff ein berg haist der gros hasloch kopff*, 1550 (urb. de St-Amarin). — *Gross* et *Klein Hasenlochruntz*, ruiss. à Krüth et à Wildenstein.
Hasenörel, canton du territ. de Ribeauvillé.
Hasenrain, m. de campagne et f. c^{ne} de Mulhouse.
Hasenweide, c^{nes} d'Ammerschwihr et de Colmar. — *Hasenweide*, 1441 (urb. de Ribeaupierre).

HASENWÖRTH, m. isolée et île du Rhin, c^nes de Chalampé et de Rumersheim.
HASLEN, h. c^ne de Munster. — *Haslen* (Cassini). — *Häslein* (tabl. des dist.). — *Haslachbach* (carte hydr.).
HASLENBRUNNEN, source à Riquewihr. — *Nebent Haslenburnen*, 1441 (urb. de Ribeaupierre).
HATTENBACH, ruiss. c^ne de Carspach.
HATTSBURG ou HOTTSBURG, canton du territ. d'Hattstatt.
HATTSTATT, c^on de Rouffach, primitivement c^on d'Eguisheim. — *Hadestath*, 1139 (Trouillat, *Monum.* I, 273). — *Adestat*, 1139 (*ibid.* I, 279). — *Hadistat*, 1180 (*ibid.* I, 381). — *Magister curie de Hadestat*, 1226 (Schmidt, *chap. S. Thom.* 305.) — *Conrad Guottman de Hadestat*, 1254 (Als. dipl. I, 410). — *Hadtstat*, 1291 (Ann. de Colmar, 146). — *Vigeleis de Hatstat*, 1367 (Trouillat, *Monum.* IV, 245). — Paroisse du décanat de *citra colles Ottonis* (Lib. marc.). — Ancien alleu, devenu fief du landgraviat au xve siècle.
HATTSTATTER-BUCKEL, coll. — Voy. COLLES OTTONIS.
HATTSTATTER-MÜHLE, m^in, c^ne de Hattstatt.
HAUENSTEIN, c^ne de Gueberschwihr. — Au xve siècle, *Höwenstein* était une paroisse du décanat de *citra colles Ottonis* (Lib. marc.).
HAUESTEIN, rochers, c^ne de Stosswihr.
HAUL, cantons des territ. de Bisel, de Lautenbach-Zell et de Reiningen.
HAUL, mont. c^ne de Bergholtz.
HAULEN, c^nes d'Eglingen, Hochstatt, Pfaffenheim, Rixheim et Schweighausen.
HAULENBACH, ruiss. et HAULENBACHWASEN, f. c^ne de Günspach.
HAULENBERG, vign. c^ne de Gueberschwihr.
HAULENBERG, coll. c^ne d'Uberstrass.
HAULENRAIN, c^ne de Roderen (c^on de Thann).
HAULIBERG, coll. c^ne d'Illfurth.
HAULYMÜHLE ou WIRATTENMÜHLE, m^in, c^ne de Bendorf.
HAUMESSER, canton du territ. de Seppois-le-Bas.
HAUMÜETLEN, canton du territ. de Tagolsheim. — *Im Hauwmuth*, 1548 (urb. de l'hôp. de Mulhouse).
HAUMUSSER, canton du territ. de Liebsdorf.
HAUSCHIR, f. c^ne de la Poutroye. — *Haute Chire* (Cassini).
HAUSEN, vill. détruit entre Reiningen et Schweighausen. — *Hûsen*, 1299 (Mone, *Zeitschrift*, XI, 324). — *Husen*, 1394 (urb. des pays d'Autr.). — *Hausen bann*, 1581 (Revue d'Als. IX, 504).
HAUSGAUEN, c^on d'Altkirch. — *Rychardus de Huschowe*, 1251 (Trouillat, *Monum.* I, 588). — *R. de Huscowe*, 1264 (*ibid.* II, 149). — *Husgaw*, 1576 (Speckel). — *Haussgauwen*, 1588 (rôle de Hundsbach). — Dép. de la mairie du val de Hundsbach.
HAUT (LE), dép. de Sermamagny.

HAUT-BALLON, f. c^ne du Puix (c^on de Giromagny). — *Bonaparte* (Dépôt de la guerre).
HAUT-BAN (LE), canton du territ. de Roppe.
HAUT-DE-FAÎTE, f^e, c^ne de Sainte-Marie-aux-Mines. — *Haut-de-Feste* (Dépôt de la guerre).
HAUT-DES-FÉES, vaste terrain nu sur le sommet du Hoheneck, que la légende signale comme lieu de réunion des fées (Revue d'Als. IV, 82).
HAUT-DES-VAUX, mont. c^ne de Sainte-Marie-aux-Mines.
HAUT-DU-BONHOMME, en allemand BONHOMMER HÖHE, montagne entre Sainte-Marie-aux-Mines et le Bonhomme.
HAUT-DU-CHAUDRON, mont. c^ne du Puix (Giromagny).
HAUT-DU-MONT ou HAUT-ÉVETTE, h. c^ne d'Évette.
HAUTE-BORNE (LA), c^nes de Dorans et de Vézelois.
HAUTE-BOUILLE, ruiss. c^ne de Sainte-Croix-aux-Mines.
HAUTE-BROQUE, en allemand HOCHBRUCK, h. c^ne de Sainte-Marie-aux-Mines.
HAUT-ÉCUÉRY, chât. ruiné, à l'entrée du vallon du Petit-Rombach, c^ne de Sainte-Croix-aux-Mines. — *Gerhardo de Eckerich*, 1235 (Schmidt, chap. S. Thom. 308). — *Castrum Acherich*, 1263 (Grandidier, OEuvres inéd. I, 307). — *Dominus Ehirich*, 1278 (Ann. de Colmar, 70). — *Die von Egkerich*, 1303 (Als. dipl. II, 78). — *Wafler von Ekrich*, 1315 (*ibid.* 114). — *An vnsere vestin Eckerich*, 1399 (*ibid.* 303). — *Schloss Ekherich*, 1507 (*ibid.* 446).
HAUTE-CROIX, c^on du territ. de Joncherey.
HAUTE-ÉGLISE, c^ne. — Voy. GILDWILLER.
HAUTE-ÉPINE, c^ne de Vézelois. — *En la haulte Espine*, 1655 (cens. du chap. de Belfort).
HAUTE-FEUILLE, c^ne de Rougemont. — *Ab einem quatier la haulte feulle*, 1628 (inv. de la seign. de Rougemont).
HAUTE-FONTAINE (LA), ruiss. c^ne de l'Allemand-Rombach.
HAUTE-GARDE, en allemand HOHEWARTE, c^ne de l'Allemand-Rombach.
HAUTE-GRANGE, f. c^ne de Fréland.
HAUTE-PIERRE (LA), f^es, c^ne de la Poutroye. — *Haut-de-Pire* (Cassini).
HAUTE-PLANCHE (LA), mont. c^ne du Puix (Giromagny).
HAUTE-RIVE, c^ne de Meroux.
HAUTES-CHAUMES, mont. c^ne d'Orbey. — *Vf Hochvelden*. 1318 (Als. dipl. II, 121).
HAUTES-HUTTES, en allemand OBER-HÜTTEN, h. c^ne d'Orbey. — *Von den obern glashütten*, 1318 (Als. dipl. II, 121). — *Obern hütten*, 1441 (urb. de Ribeaupierre).
HAUTES-RITTES, canton du territ. de la Baroche.
HAUTE-TAILLE (LA), forêt, c^ne de Perouse.
HAUTE-VIE, chemin à Gros-Magny.
HAUT-FOURNEAU (LE), usine, c^ne de Châtenois.
HAUT-FOURNEAU, en all. SCHMELTZ, h. c^ne de Massevaux.

Hautot, f. c^ne d'Auxelles-Bas. — *Ès Hautot*, 1655 (censier du chap. de Belfort).

Haut-Pré, f. c^ne de la Poutroye. — *Les Haut-Prez* (Cassini).

Haut-Pré, en allemand Hohmatten, f. c^ne de Sainte-Croix-aux-Mines. — *A Hapré, das ist in den hohen matten*, 1441 (urb. de Ribeaupierre).

Hauts-Champs (Les), éc. c^ne d'Évette.

Haycot, f. c^ne de Sainte-Marie-aux-Mines. — *Heycot* (Dépôt de la guerre).

Haye, m. isolée, c^ne d'Offemont.

Hayl, f. c^ne de Stosswihr.

Hayl, vign. à Beblenheim et à Zellenberg. — *Vff der Heyl*, 1568 (rôle de Zellenberg).— *Heyel* (anc. cad.).

Haylen, f. c^ne de Blotzheim.

Hayloch ou Heiloch, immense trou en forme d'entonnoir, dans la Hart, ban de Rixheim.

Hayschine, grandes veines de terrains arides ayant une couche de tuf dans le sous-sol, à Sainte-Croix-en-Plaine et dans les environs.

Heberlesmühle, m^in, c^ne de Sondernach.

Heberling, cantons des territ. de Neuwiller, de Reiningen, de Riespach et d'Uffholtz. — *Am Heberling*, 1421 (rôles de Saint-Morand).

Hebsack, anc. nom d'un canton du territ. de Soultzmatt. — *Jm Hebsagk*, 1453 (rôle de Soulzmatt). — Mone (*Celtische Forschungen*, p. 91) fait dériver ce mot de l'ir. *Giubhsach*, qui signifie forêt de pins.

Hebsacker, canton du territ. de Blotzheim. — *Vor dem Hebsack*, 1435 (Mone, *Celtische Forsch*. p. 91). — *Im Herbstacker*, 1565 (reg. des préb. de Mulhouse).

Hebsdorf, c^ne. — Voy. Courtelevant.

Hechele (Am), c^ne de Rimbach; 1567 (terr. de Massevaux).

Hechtengraben, fossé, c^ne de Soultz.

Hecken, c^on de Dannemarie. — *Datum apud Haegon*, 1235 (Als. dipl. I, 372). — *Jn der Heckhen*, 1661 (Stoffel, *Weisth*. 53). — *La Heque*, 1702 (liasse des baux emphyt. de Mazarin). — Dépendait de l'avouerie de Traubach.

Hecken, h. c^ne de Kirchberg.

Hecken (La), coll. c^ne de Hirtzbach.

Heckenfeld, c^ne de Spechbach-le-Haut. — *In dem hegkenvelt*, 1421 (rôles de Saint-Morand).

Heckenmühle, m^in, c^ne de Hecken.

Heckruntz, c^ne d'Uffholtz.

Hederberg, canton du territ. de Mittelmuespach.

Hedersloch, c^ne de Weegscheid; 1567 (terr. de Massevaux).

Hegenheim, c^on d'Huningue. — *Tetuicus de Hegenheim*, 1230 (Trouillat, *Monum*. I, 519). — *Hegenhein*, 1354 (*ibid*. IV, 85). — Paroisse du décanat d'*inter colles* (Lib. marc.). — Ancien château. — Fief de l'évêché de Bâle.

Heid (Uf), par contraction Feid, mont. c^ne d'Oberlarg. — D'après la légende, ancien lieu de réunion des sorcières.

Heidacker, canton du territ. d'Eglingen.

Heidacker, canton du territ. d'Hagenthal-le-Bas.

Heidacker, canton du territ. de Niedermuespach.

Heidacker, coll. c^nes d'Illfurth et de Zillisheim.

Heidelbeerenloch Runtz, ruiss. c^nes de Krüth et d'Oderen, affluent de la Thur.

Heidelberg, coll. c^ne d'Hirsingen.

Heidele, forêt, c^ne de Niederbruck. — *Das heidelle... Das heidle.... Heidelwaldt*, 1568 (terr. de Mass.).

Heiden, cantons des territ. de Leimbach et d'Hagenthal-le-Haut.

Heiden, forêt, c^ne de Reiningen.

Heidenacker, cantons des territ. de Berentzwiller, Knöringen, Ligsdorf, Linsdorf et Michelbach.

Heidenbach, f. c^ne de Munster (Cassini). — *Die zelle ze Heidenbach*, 1339 (Als. dipl. II, 166). — Ruisseau à Munster venant du Frauenkopf et se jetant dans la Fecht. — *Im Heydenbach*, 1456 (cens. de la cellenie de Munster).

Heidenbad, cascade de la Thur, près de Wildenstein.

Heidenberg, coll. c^ne de Roppentzwiller.

Heidenberg, coll. c^ne de Steinbrunn-le-Bas.

Heidenberg, mont. c^nes d'Eguisheim et de Hüsseren. — *Heideberge*, 1433 (urb. de Marbach). — *Heidelberg*, 1488 (*ibid*.).

Heidenberg, mont. c^ne de Soultzmatt. — *Heidenberg*, 1453 (reg. de Soultzmatt).— *Am Heydeberg*, 1489 (urb. de Marbach).

Heidenbuckel, coll. c^ne de Burbach-le-Bas.

Heidenbühl, coll. c^ne de Niedermorschwihr.— *Heidechten buhel*, 1278-1493 (reg. d'Unterlinden).

Heidenfeld, c^nes de Felleringen et de Hüssern. — *An dem heidtfelldt*, 1550 (urb. de St-Amarin). C'est une espèce de large chaussée, où, d'après la tradition populaire, aurait été englouti un prince païen avec toute son armée.

Heidenflühe, mont. c^ne de Bouxwiller.

Heidengasse, chemin, c^ne de Steinbrunn-le-Bas.

Heidengrütt, c^ne de Burbach-le-Haut.

Heidenholtz, cantons des territ. d'Obermorschwiller et de Tagsdorf.

Heidenhubel, canton du territ. d'Eglingen.

Heidenhubel, tumulus à Retzwiller.

Heidenkopf, mont. c^ne de Lautenbach-Zell.

Heidenkopf, mont. c^ne de Massevaux.

Heidenkopf, mont. c^ne de Sultzeren.

Heidenrücken, mont. c^ne de Munster.

Heidenrücken, mont. à Rimbach, c^{on} de Guebwiller.
Heidensträsslé. — On appelle ainsi un chemin qui va de Reiningen à Wittelsheim par la forêt de *Heiden.*
Heidenstreng, canton du territ. de Wittersdorf.
Heidenweg, nom que l'on donne à un chemin qui va d'Obermorschwiller à l'anc. voie romaine de Larga à Kembs, dans la direction de Walbach.
Heidenweg, chemin qui traverse Illzach et sur le bord duquel on a trouvé plusieurs tombeaux anciens (Als. ill. I, 604).
Heidenweg, chemin, c^{ne} de Leimbach. — Voy. Notre-Dame-de-la-Heiden.
Heidenwinckel, canton des territ. d'Ensisheim et de Battenheim.
Heidkopf, c^{ne} de Moosch. — *Am haidt kopff,* 1550 (urb. de St-Amarin).
Heidwiller, canton d'Altkirch. — *Heidewilare,* 977 (Als. dipl. I, 130). — *Heytewilare,* 1105 (Trouillat, *Monum.* I, 226). — *Hugo de Heytwilr,* 1144 (ibid. II, 709). — *Hu. de Etwilre,* 1168 (ibid. I, 347). — *Hugo de Hetewilre,* 1221 (ibid. I, 485). — *Hugo de Heitewile,* 1246 (Als. dipl. I, 393). — Paroisse du décanat du Sundgau (Lib. marc.). — Ancien château. — Fief de la seign. d'Altkirch. — Relevait plus tard du baill. de Brunstatt.
Heilibrunn, c^{ne} de Katzenthal. — *An Heiligenburn,* 1475 (reg. des domin. de Colmar).
Heiligberg, c^{ne} de Rammersmatt.
Heilige-Runtz, ruiss. c^{nes} de Bréchaumont et de Traubach-le-Haut : voy. Notre-Dame-de-Belle-Fontaine. — *Vff dem Helgen Runs,* 1460 (rôles de St-Morand). — *Vff den Heilligen Runs,* 1548 (urb. de l'hôp. de Mulhouse).
Heilig-Geistacker, canton du territ. de Riedisheim.
Heilig-Kreutz, chapelle, c^{ne} de Massevaux. — *Bey heiligen Creutz Cappel,* 1568 (terr. de Massevaux).
Heilig-Kreuz, c^{ne}. — Voy. Sainte-Croix-en-Plaine.
Heimath-Thal, vallon, c^{ne} de Ranspach-le-Haut.
Heimbach, c^{ne} de Weegscheid. — *An der Heimbach,* 1567 (terr. de Massevaux).
Heimburg, en français Florimont, coll. c^{nes} de Turckheim et d'Ingersheim. — *Heinberge,* 1278-1493 (reg. d'Unterlinden). — *Am Hennberg,* 1407 (cens. de la camerene de Munster). — *Heymberg,* 1456 (cens. de la cellenie de Munster). — *Im Heimburg...* Heimberg, 1475 (reg. des domin. de Colmar). — *Heimbourg* (anc. cadastre).
Heimenthal, vallon, c^{ne} de Berrwiller, 1453 (cart. de Murbach).
Heimenthal, vallon, c^{ne} d'Obermuespach.
Heimersberg, coll. c^{ne} de Brinighofen.
Heimersdorf, canton d'Hirsingen. — *Heimersdorf,* 708 (Als. dipl. I, 28). — *Ul. de Hemersdorf,* 12 (Trouillat, *Monum.* II, 371). — *Emericourt,* 13 (ibid. IV, 859). — *Emersdorf,* 1400 (ibid. IV, 63 *Ymericourt,* 1440 (Als. dipl. II, 365). — Châte 1576 (Speckel). — Dép. du baill. d'Hirsingen.
Heimsbrunn ou Heimsprung, canton Sud de Mulhous primitivement canton de Lutterbach. — *Emesp* 1148 (Trouillat, *Monum.* I, 309). — *Enspu* 1179 (ibid. I, 372). — *In villa Emsburn,* 12 (ibid. II, 228). — *Ecclesie de Hemisbrunnen,* 13 (ibid. III, 117). — *Heymensprunen,* 1330 (ib III, 406). — *Heymisbrunnen,* 1331 (ibid. III, 412 — *Richardus de Hemsprunnen,* 1337 (ibid. III, 475 — *Hemisprunnen,* 1345 (ibid. III, 569). — *Hem brun,* 1576 (Speckel). — Paroisse du décanat d Sundgau (Lib. marc.). — Relevait du baill. de Than — Cour colongère. — *Curtis in Heimsburnen,* 125 (Als. dipl. I, 427).— *Curiam nostram dictam der din hof sitam in villa Hemsbrunnen,* 1303 (ibid. III, 35 c 682). — Le droit d'écart de cette cour (Gezög) s'éten dait entre l'Hanenbach, la Hornbach, la Dollern, l Klingelle et l'Ill.
Heintzenloch (Im), canton du territ. d'Hunawihr, e 1475 (reg. des domin. de Colmar).
Heintzenloch (Im), canton du territ. de Mulhouse, en 1546 (reg. des préb. de Mulhouse).
Heisburg ou Heischburg, mont. c^{ne} de Massevaux. — *Hewersperg,* 1568 (terr. de Massevaux).
Heiseck, canton du territ. de Geispitzen.
Heisengrund, c^{nes} d'Obermorschwiller et d'Emlingen. — *Jm zeissengrunde,* 1421 (rôles de St-Morand).
Heisenrain, c^{ne} d'Ossenbach.
Heisenstein, c^{ne} de Guebwiller.
Heisteren, canton du territ. d'Hausgauen.
Heisterruntz, canton du territ. de Reiningen.
Heit, canton du territ. de Beblenheim. — *Beblenheid* (anc. cadastre).
Heiteren, c^{on} de Neuf-Brisach. — *In villa vel in fine Heiderheim marca,* 768 (Als. dipl. I, 41). — *Heiterheim,* xiie s^e (ibid. 478). — *Daz torf ze Heiterhein,* 1303 (Trouillat, III, 45). — *Heytern,* 1507 (Als. dipl. II, 446). — Paroisse du décanat de *citra Rhenum* (Lib. marc.). — Fief vassal de la bannière de Landser. — Chef-lieu d'un baill. de la seigneurie de Ribeaupierre, comprenant Balgau, Hettenschlag, Ruestenhart et Weckolsheim.
Heitwiller, Heitwillerfeld ou Heitwillermatten, canton rural, c^{ne} de Gundolsheim. — *Hetewilr,* 1278-1493 (reg. d'Unterlinden). — *Jn Hetwiler felde,* 1489 (urb. de Marbach).
Heitzeling, c^{ne} de Spechbach-le-Haut. — *Bi dem Heiczling....Heiczeling,* 1421 (rôles de Saint-Morand).

HEITZENBERG, c^{nes} de Traubach-le-Bas et de Wolfersdorf. — *Heytzberg* (anc. cad.).
HEITZENBÜHL, f. c^{ne} de Stosswihr. — *Hetzenbühel*, 1456 (cens. de la cellenie de Munster).
HELBLING, canton du territ. de Hochstatt.
HELBLING, f. c^{ne} de Wasserbourg. — *Helblingen* (Cassini).
HELDERLEBERG, canton du territ. de Brunstatt.
HELFANT, canton du territ. d'Hunawihr. — *Am Helffant.... Helffat*, 1475 (reg. des domin. de Colmar).
HELFENSRITT ou HILFERTZRITT, cantons des territ. d'Hausgauen et d'Heywiller.
HELFRANTZKIRCH, c^{on} de Landser. — *Helfratheschirche*, 1090 (Trouillat, II, 7). — *Helfratzkilche*, 1255 (Als. dipl. I, 415). — *Helffrantzkyrch*, 1566 (urb. des redev. en deniers de Mulh.). — *Helfferskhürch*, 1724 (Mossmann, *Chron. Gueb.* 124). — Paroisse du décanat d'*inter colles* (Lib. marc.). — Dép. du baill. supérieur de Landser.
HELGASS, c^{nes} de Bennwihr et de Mittelwihr.
HELGENBRUNN ou HEILIGENBRUNN, dépendance de Leymen. — *Helgenbrun* (Cassini). — *Heilbronn* (Baquol). — *Fontaine des Enfants* (Dépôt de la guerre).
HELGENBRUNN, source, c^{ne} d'Eguisheim. — *Zem heylgen burnen*, 1389.... *in dem Heiligburnnen*, 1433 (urb. de Marbach).
HELGENBRUNN, source, c^{ne} de Soultzmatt. — *By Heiligen bürnnelin*, 1453 (reg. de Soultzmatt).
HELGENHÄG, canton du territ. de Dirlinsdorf.
HELGENHOLTZ, canton du territ. de Roderen (Thann).
HELGENHURST, canton du territ. de Bernwiller.
HELGENSTEIN, m^{in}, c^{ne} de Burnhaupt-le-Haut.
HELGENSTEIN, rocher, c^{ne} de Wintzenheim. — *Neben dem Helligensteyn*, 1490 (urb. de Marbach).
HELGENSTÖCKEL, canton du territ. d'Hundsbach.
HELGENSTÖCKEL, canton du territ. de Saint-Hippolyte.
HELGENWEG, chemin à Bennwihr. — *Heiligenweg*.
HELGENWEG, chemin, c^{ne} de Bergholtz — *Vber den Heilgenweg*, 1531 (rôle de Gundolsheim).
HELLBAAG, canton du territ. de Waldighofen. — *Hehlen hack* (anc. cadastre).
HELMANNSGEREUTH, h. — Voy. SAINT-BLAISE.
HELMENSBÜHL, coll. c^{ne} de Gueberschwihr. — *An Helwigissbühel*, 1389 (urb. de Marbach).
HELSENBIMSACKER, c^{ne} de Hundsbach.
HELSENRIETH, canton du territ. d'Eschentzwiller.
HELSINGER, canton du territ. de Zäsingen.
HENCKERBUCKEL, canton du territ. de la Rosenau.
HENCKERTHURM, anc. tour des fortifications de Colmar. — *Bi des Henkersturn*, 1371 (reg. de Saint-Martin de Colmar).
HENCKERWALD, c^{ne} de Schweighausen.

HENEZELL, h. c^{ne} de la Baroche. — *Heusel* (ancien cadastre). — *Henzelle* (tabl. des dist.).
HENFLINGEN, c^{on} d'Hirsingen. — *Henffingen*, 1351 (Trouillat, *Monum.* IV, 653). — *Hemflingen*..... *Hänflingen*, 1451 (rôles de Saint-Morand). — *Hempfling*, 1576 (Speckel). — Dépendait de la mairie de Bettendorf. — Léproserie, dont il est resté le nom de *Guthhislenmatten*.
HENGELSTEIN, canton de forêt à Friessen.
HENGISEN, canton du territ. de Colmar. — *Hangysen*, 1475 (reg. des domin. de Colmar).
HENGST, canton du territ. d'Hartmannswiller. — *Der Hengst*, 1453 (cart. de Murbach).
HENGST, canton du territ. de Wintzenheim. — *Am Hengest*, 1490 (urb. de Marbach).
HENGSTACKER, cantons des territ. de Hundsbach et de Francken.
HENGSTBURN, c^{ne} de Traubach-le-Bas.
HENGSTEN (IN DEN), canton du territ. de Buschwiller.
HENGSTLACH, c^{ne} de Colmar.
HENNACKER, f. c^{ne} de Sultzeren.
HENNENTHAL, vall. à Hattstatt et à Vöglinshofen.
HÉNON (LE), f. c^{ne} de Sainte-Croix-aux-Mines. — *Au Haynonts* (Cassini).
HENSPACH, ruiss. à Oderen. — *Hensbach* (carte hydr.).
HÉRAUX (LE HAUT DES), mont. c^{ne} de Sainte-Marie-aux-Mines.
HERBELIN, canton du territ. de Courtavon.
HERBRICH, canton du territ. de Pfaffenheim.
HERBRIG, canton du territ. de Bisel.
HERBSTACKER et HERBSTLACHEN, c^{ne} de Seppois-le-Bas.
HERELEN, canton du territ. de Brunstatt. — *Vff dem Herolin*, 1561 (reg. des préb. de Mulhouse).
HERGOCHAMPS, h. c^{ne} de Sainte-Marie-aux-Mines. — *Hergauchamps* (Cassini).
HERGOUTTE, ruiss. c^{ne} de l'Allemand-Rombach.
HERLISHEIM, c^{on} de Wintzenheim, primitivement c^{on} d'Eguisheim. — *Herleichesheim*, 705 (Grandidier, *Hist. d'Als.* p. j. I, CXXX). — *Herlichesheim*, 823 (Laguille, pr. 16). — *Herlichisheim*, 1092 (Grandidier, *Hist. d'Als.* p. j. II, 158). — *In parochia.... Herlensheim*, 1148 (Trouillat, I, 309). — *In banno Herlesheim*, 1226 (Schmidt, 305). — *Castellum Herlisheim prope Columbariam construitur*, 1302 (Ann. de Colmar, 190). — *Herlisheim Burg und Stat*, 1355 (Als. ill. IV, 213). — Paroisse du décanat d'*ultra colles Ottonis* (Lib. marc.). — Fief de l'év. de Strasbourg (Als. ill. IV, 513). — Il y avait à Herlisheim deux cours colongères, savoir : celle dite *Fronhoff* ou *Schutternhof* et celle dite *la Petite-Cour*.
HERMANNSBÜHL, canton du territ. de Sainte-Croix-en-Plaine.

HERMANNSBURN, c^{ne} de Tagolsheim; 1421 (rôles de Saint-Morand).
HERMANNSGRUND, canton du territ. de Brunstatt.
HERMANNSHOLTZ, c^{ne} de Feldbach. — *Hermansholtz*, 1489 (reg. Lucell.).
HERMANNSRIEDLY, c^{ne} de Hagenthal-le-Bas.
HERMANNSWEG, anc. chemin à Wihr-en-Plaine. — *Im Hermansweg*, 1486 (rôle de Wihr-en-Plaine).
HERMENBODEN, canton du territ. de Buschwiller.
HERRENACKER, coll. c^{ne} de Hirtzbach.
HERRENBERG, chaumes et mont. c^{ne} de Metzeral.
HERRENBERGRUNTZ, ruiss. affluent de la Mittlachbach, à Metzeral.
HERRENFLUH, anc. chât. près de Wattwiller. — *Herrfluch*, 1312 (Als. dipl. IV, 234). — *Herflu*, xive s^e (ibid. 234). — *Herrenfluch* (Cassini).
HERRENGARTEN, promenade publique à Ribeauvillé.
HERRENMÜHLE, mⁱⁿ, c^{ne} de Ribeauvillé.
HERRENMÜHLE, mⁱⁿ, c^{ne} de Soultz.
HERRENMÜHLE, mⁱⁿ, c^{ne} de Westhalten.
HERRENSTRASSE, anc. chemin de Dirlinsdorf à Pfetterhausen. — *Zur Herrstrasse*, 1315.... *zu Herrstrasse*, 1463 (reg. Lucell.) : voy. *Revue d'Alsace* de 1857, p. 559.
HERRENSTRASSE, anc. chemin à Gundolsheim. — *Vber die Herestroysz*, 1489 (urb. de Marbach).
HERRENSTUDE, mine de fer, c^{ne} de Steinbach.
HERRENWEG, nom que porte, à Oberlarg, un anc. chemin venant de la frontière de Lucelle et allant à Dirlinsdorf, en suivant la hauteur qui forme la séparation des eaux de l'Ill et de la Largue et en passant par-dessus l'Esel. Au-dessus de la Verrerie, il prend le nom de *Hohestrass*, coupe, près de la chapelle de Mariahilf, l'anc. route de Bâle à Porrentruy, par Hegenheim, Bettlach et Oberlarg, et se rattache au chemin suivant par le *Todtenweg* de Moos.
HERRENWEG, anc. chemin allant de Niederlarg, en suivant la rive droite de la Largue, par les banlieues de Bisel, Seppois-le-Haut, Seppois-le-Bas, Uberstrass, Friessen (où il coupe la voie romaine de Mandeure à Augusta), Hindlingen, Mertzen, Altenach, Manspach, jusqu'à Dannemarie. — Voy. au surplus le HERRENWEG suivant.
HERRENWEG, chemin traversant Traubach-le-Bas, *an dem Herwege*, 1421 (rôles de Saint-Morand), Traubach-le-Haut et Guevenatten, et qui paraît être le prolongement du précédent.
HERRENWEG, nom que l'on donne, à Courtavon, Liebsdorf, Mörnach et Köstlach, à la route impériale n° 73 et aux parties de cette route qui en ont été détachées lors de la rectification. — *An der Herrweeg*, 1367 (reg. Lucell.).

HERRENWEG. Le chemin actuel de grande communication n° 9, d'Altkirch à Leymen, portait autrefois et porte encore ce nom à Bettendorf, Henflingen, Grentzingen, Oberdorf, Waldighofen, Roppentzwiller, Dürmenach, Werentzhausen, *vff den Herweg*, 1460 (rôles de Saint-Morand), Fislis et Linsdorf. Il prend naissance sur le Roggenberg, à la route d'Altkirch à Ferrette. A Saint-Blaise, l'antique Lunarischilche, il tombe sur l'ancienne route de Bâle à Porrentruy par Hegenheim, Bettlach et Oberlarg.
HERRENWEG, chemin de Helfrantzkirch à Zäsingen et de Zäsingen à Rantzwiller. — *Hördtweg*, 1515 (reg. des préb. de Mulhouse). — *Herrenweeg* (anc. cad.).
HERRENWEG, chemin de Steinsultz au pont dit *Schwartzbruck*, par Niedermuespach, Mittelmuespach et Obermuespach.
HERRENWEG. On appelle ainsi, à Carspach et à Hirtzbach, un chemin qui prend naissance à l'ancien chemin d'Hirsingen à Hagenbach, dans la banlieue de Carspach, et qui va en ligne droite rejoindre le Herrenweg n° 2, non loin de Fülleren et de Hindlingen. — *Herrenweeg* (anc. cadastre).
HERRENWEG, anc. chemin venant d'Altkirch et se dirigeant sur Illfurth, en suivant la crête des coteaux, du sud au nord, et en formant limite entre les bans d'Aspach et de Walheim. — *Ob dem Herweg*, 1420 (rôles de Saint-Morand).
HERRENWEG, chemin d'Obermorschwiller à Rixheim, par Bruebach et par le ban de Zimmersheim. L'ancien cadastre l'indique, sous la forme de *Herrenwecg*, à Obermorschwiller, et le registre des prébendes de Mulhouse le cite, en 1544, au ban de Zimmersheim, sous la forme de *Herweg*.
HERRENWEG, chemin allant de Hagenthal-le-Haut et de Hagenthal-le-Bas à l'ancienne route de Bâle à Porrentruy par Bettlach et Oberlarg.
HERRENWEG, chemin de Saint-Apollinaire à Michelbach-le-Haut.
HERRENWEG, chemin à Biederthal.
HERRENWEG, chemin à Ligsdorf. — *An den Herrweg*, 1431 (reg. Lucell.).
HERRENWEG, chemin de Pfetterhausen à Réchésy.
HERRENWEG, chemin à Retzwiller.
HERRENWEG, chemin à Soppe-le-Haut.
HERRENWEG, chemins à Sentheim et à Niederbruck. — *An Herrnweg.... neben der Landstrass oder Herrnweg.... an Hörweg*, 1568 (terr. de Massevaux).
HERRENWEG, nom qu'à Aspach-le-Haut on donne à la route d'Aspach-le-Bas à Thann. — *Am Herweg*, 1342 (reg. de St-Amarin).
HERRENWEG, ancien chemin de Thann à Urbès, par Bitschwiller, Willer, Moosch, Saint-Amarin, Rans-

pach et Mollau, et qui est cité sous la forme de *herweg* dans ces communes par les registres et urbaires de Saint-Amarin en 1477 et 1550.

Herrenweg, chemin de Bernwiller à Burnhaupt-le-Bas.

Herrenweg, chemin à Ammertzwiller. — *Vber der Herweg dem man sprichet den Múlhuser pfat*, 1421 (rôles de Saint-Morand).

Herrenweg, nom qu'à Ballersdorf on donne à la route d'Huningue à Belfort.

Herrenweg, chemin allant de Feldbach au lieu dit *Pfaffenhag*. — *Vf den Herweg*, 1616 (terr. de Feldbach).

Herrenweg, chemin à Wittersdorf, à Emlingen et à Tagsdorf, cité en 1421 par les rôles de Saint-Morand, *uff den Herweg*.

Herrenweg, chemin de Walbach au ban de Rantzwiller.

Herrenweg, chemin de Luemschwiller à Tagolsheim. — *Neben Tageltzen Horweg*, 1557 (reg. des préb. de Mulhouse).

Herrenweg, chemin à Brunstatt.

Herrenweg, chemin à Lutterbach. — *Nebenn dem Herweg*, 1544 (reg. des pres. de Mulhouse).

Herrenweg, chemin, c^{ne} d'Uffholtz.

Herrenweg, anc. chemin à Guebwiller.— *Herweg*, 1329 (Mone, *Zeitschrift*, X, 203). — *Den grossen Herrenweg hinab*, 1723 (Mossmann, *Chron. Gueb.* 267).

Herrenweg, chemin à Rouffach. — *Neben deme Herewege*, 1489 (urb. de Marbach).

Herrenweg, chemin à Pfaffenheim. — *By dem Herwege*, 1489 (urb. de Marbach).

Herrenweg, chemin à Herlisheim. — *An cleyn Herweg*, 1482.... *Uber den Herweg*, 1490 (urb. de Marbach).

Herrenweg, chemin à Oberhergheim. — *Hynnwendig des Hereweges*, 1490 (urb. de Marbach).

Herrenweg, chemin à Niederhergheim. — *Vff den alten Hereweg*, 1490 (urb. de Marbach).

Herrenweg, chemin de Dessenheim à la Buttermilch.

Herrenweg, chemin de Sundhofen à Andolsheim.

Herrenweg, chemin d'Eguisheim à la grande route. — *Inwendig des Hereweges*, 1334 (abb. de Pairis, C. 4, C. 18).—*By dem Hertwege*, 1514 (rôle d'Eguisheim).

Herrenweg, chemin à Turckheim. — *Bi dem alten herwege*, 1422 (rôle de Turckheim).

Herrenweg, chemin à Ammerschwihr. — *Am Herwege*, 1328 (urb. de Pairis).

Herrenweg, c^{ne} de Kaysersberg. — *Nidewendig dem Herwege*, 1328 (urb. de Pairis).

Herrenweg, chemin à Sigolsheim. — *Am Herewege*, 1487 (urb. de Marbach). — *Am Herrenweeg*, 1717 (rôle de Sigolsheim).

Herrenweg, chemin à Wiedensohlen. — *Den Herweg hine an Vrshein lehen*, 1364 (Stoffel, *Weisth.* 162).

Herschaft, f. et anc. mine, c^{ne} de Sainte-Croix-aux-Mines. — *Herschaffe* (Cassini).

Herschaftmühle, mⁱⁿ, c^{ne} de Ligsdorf. — *Moulin Herschaff* (Cassini). — *Niedermühle* (carte hydr.). — *Le moulin bas* (tabl. des dist.).

Herschaftwald, forêt. — Voy. Freywald.

Herschaftweyer, c^{ne} de Spechbach-le-Haut.

Herschdorn, forêt, c^{ne} de Dolleren.— *An Hürschprunnen*, 1567 (terr. de Massevaux).

Hertenberg, anc. château près de Gueberschwihr. — *By Hertenberg*, 1488 (urb. de Marbach).

Hertenfels, anc. château près de Pfaffenheim (Als. ill. IV, 200).

Hertzogen Berg, c^{ne} de Thann.

Hesingen, c^{on} d'Huningue. — *In villa Hassinga*, 835 (Als. dipl. I, 76). — *Inter Ramengas et Haasiszera*, x^e s^e, c'est-à-dire entre Ranspach-le-Bas et Hesingen (Grandid. *Hist. d'Als.* II, 79). — *Hezilone de Hesingin*, 1234 (ibid. 537). — *Häsingen*, 1361 (Basel, 73). — Paroisse du décanat d'*inter colles* (Lib. marc.). — Anc. château. — Fief de l'abb. de Murbach, vassal de la bannière de Landser. — Dép. du baill. de Ferrette.

Hesselwald, forêt, c^{ne} de Rimbach. — *Vff den Hessel*, 1567 (terr. de Massevaux).

Hesseneck, canton du territ. de Wentzwiller.

Hessenschlag, c^{ne} d'Andolsheim. — *Hössenschlag*, xviiie siècle (inv. des arch. dép. E, 252).

Hesslenritt, c^{ne} de Hundsbach.

Hette, canton du territ. de Burnhaupt-le-Bas.

Hettenschlag, c^{on} de Neuf-Brisach. — *In villa Hetannerloch*, 792 (Als. dipl. I, 56). — *Vf den Hetesloch*, 1312 (abb. de Sainte-Croix). — *Hettеslach*, xive s^e (rôle de Logelnheim : une copie de ce rôle, du xvie siècle, porte *Hettenheim*). — *Hettenschloch*, 1404 (ibid.). — *Hettensloch*, 1278-1493 (reg. d'Unterlinden). — *Hatenschlag*, 1507 (Als. dipl. II, 446). — Dép. du baill. de Heiteren.

Hetzele et Heitschele, cantons des territ. de Friessen, de Largitzen et de Flaxlanden.

Heubelin, im Heuble, am Hewle, c^{ne} de Dolleren; 1567 (terr. de Massevaux).

Heubet (Au), c^{ne} de Roppe.

Heuhüslen, canton du territ. de Staffelfelden. — *Neben dem obren Houwehuslin*, 1512 (urb. de la comm^{té} de Soultz).

Heulhof, f. c^{ne} de Walbach (Landser). — *Heilhof* (carte hydr.).

Heulhöltzlen, c^{ne} d'Hirsingen.

Heulmatten, c^{ne} de Helfrantzkirch.

Heuloch, canton du territ. de Ligsdorf. — *Huwenloch*, 1431 (reg. Lucell.).

Heurtebise, c^{ne} de Danjoutin.

Hexenacker, canton des territ. d'Oberdorf et de Waldighofen.

Hexenbaum, c^{ne} de Weegscheid. — *Auff dem Hechsenbaum*, 1567 (terr. de Massevaux).

Hexenbuckel, canton du territ. de Bühl.

Hexengärten, à Moosch. — On appelle ainsi deux terrains entourés de pierres fixées en terre (*Alsatia* de 1856-1857, p. 283).

Hexengrube, canton du territ. de Hochstatt.

Hexenhaag, canton du territ. d'Illzach.

Hexenkeller, caverne dans la vallée de Munster.

Hexenmatt, c^{ne} de Pulversheim.

Hexenplatz, c^{ne} de Bergheim.

Hexenplon, coll. c^{ne} de Geispitzen.

Hexenplon, canton dans la forêt de Sainte-Croix-en-Plaine (*Alsatia* de 1856-1857, p. 133).

Hexenrain, canton du territ. de Riedisheim.

Hexensteg, c^{ne} de Mulhouse. — *By dem Hexensteg*, 1527 (reg. des préh. de Mulhouse).

Hexenstein, rocher à Rimbach (Guebwiller) : voy. *Alsatia* de 1856-1857, p. 283.

Hexentheil, prés, c^{nes} de Dietwiller et de Habsheim.

Hexenthurm, anc. tour des fortifications de Colmar, où l'on enfermait les sorcières.

Hexentische, rocher à Rimbach (Guebwiller).

Hexenwäldelen, canton du territ. de Mulhouse.

Hexenwasen, canton du territ. de Rouffach.

Heyberg, canton du territ. de Manspach.

Heywiller, c^{on} d'Altkirch. — *Heimonewiler*, 728 (Laguille, pr. 12). — *Hemniewilre*, 1144 (Trouillat, *Monum*. II, 708). — *Arnoldi de Heimwilre*, 1170 (ibid. I, 350). — *Heimenwilr*, 1420 (rôles de Saint-Morand). — *Heimwilr*... *Henwilr*, 1421 (ibid.). — Dép. de la mairie du val de Hundsbach.

Hiberg, coll. c^{ne} de Kappelen. — *Heberg* (anc. cad.).

Hieracker, canton du territ. de Zillisheim.

Hierberg, c^{ne} de Leimbach.

Hiènes (Ès nuit), c^{ne} de Chavannes-sur-l'Étang.

Hippelsthal, vallon et ruiss. c^{ne} de Saint-Hippolyte.

Higerst, c^{ne} de Bennwihr.

Hill (Am), canton du territ. de Mittelmuespach.

Hillbrunnen, canton du territ. de Jettingen.

Hilsen, h. c^{ne} de Linthal. — *Hilbzen* (Cassini).

Hiltenbranden chapelle, indiquée par Cassini près de Pfaffenheim.

Hilterspach, ruiss. à Zimmerbach. — *In dem Hóilderspach*, 1441 (urb. de Ribeaupierre, art. Orbey). — *Als man dz hilterspach vff got*, xve siècle (rôle de Zimmerbach).

Himbach, ruiss. c^{ne} de Grentzingen. — *In der Hintpach*, 1421 (rôles de Saint-Morand). — *Heimbachgraben* (carte hydr.).

Himmelrich, canton du territ. de l'anc. village d'Ellenwiller. — *Himmalrige*, 1278-1493 (reg. d'Unterl.).

Himmelrich, canton du territ. de Grentzingen.

Himmelrich, canton du territ. de Gueberschwihr. — *Hümmelreich* (anc. cadastre).

Himmelrich, canton du territ. de Hindlingen. — *Jm Himelreich*, 1563 (reg. des préh. de Mulhouse).

Himmelrich, canton du territ. de Hirtzbach.

Himmelrich, canton du territ. de Kembs, dans lequel il existe des restes de fondations.

Himmelrich, canton des territ. de Village-Neuf, Wolschwiller et Zäsingen.

Himmelrich, c^{nes} de Bergheim, Fröningen, Manspach, Michelbach, Traubach-le-Haut et Soultz. — *Jm Himelricht*, 1413; *jm Hymelrich*, 1454 (urb. de la comm^{rie} de Soultz).

Hindersberg, c^{nes} d'Ingersheim et de Katzenthal. — *Am hundelinsberge hundelsberge*, 1328 (urb. de Pairis). — *Am Hüngelsperg*, 1475 (reg. des domin. de Colmar). — *Affter dem Hingersberge*, 1490 (urb. de Marbach).

Hindlingen, en français Eintreigne, c^{on} d'Hirsingen. — *Chuntilingas*, 728 (Laguille, pr. 12). — *Hundelingen*, xive s^e (Monc, *Zeitschrift*, xiv, 9). — *Hundelingen*, 1394 (urb. des pays d'Autr.). — *Hintling*, 1576 (Speckel). — Dép. de la mairie de la Largue.

Hingrie (La), mieux l'Ahingrie, h. c^{ne} de l'Allemand-Rombach. — *Achinisragni*, 854 (Als. dipl. I, 84).

Hinterab, canton des territ. de Mulhouse et de Riedisheim. — *Jm Hinterab*, 1548 (urb. de l'hôp. de Mulhouse).

Hinter-Au, f. c^{ne} de Metzeral. — *Ah* (Cassini). — *Jn der aa* (anc. cadastre).

Hinterberg, c^{ne} de Dietwiller.

Hinterberg, f. c^{ne} de Hohroth.

Hinterbühl, f. c^{ne} de Wasserbourg.

Hinterbühl, h. c^{ne} de Sondernach.

Hintergasse, éc. c^{ne} du Bonhomme.

Hinterhausen, canton du territ. de Fislis.

Hinterhofen, anc. quartier à Gueberschwihr. — *Zu Hinderhofen*, 1488 (urb. de Marbach).

Hinternhof, c^{ne} de Berentzwiller. — *Zem hoff*, 1421 (rôles de Saint-Morand).

Hinterrain ou Beim César, f. et auberge, c^{ne} de Linsdorf.

Hinter Vogelbach, h. c^{ne} de Saint-Amarin.

Hinter Willer, canton du territ. de Brunstatt. — *Jm Wylerstall*, 1561 (reg. des préh. de Mulhouse).

Hipolskirch, f. et pèlerinage, c^{ne} de Sondersdorf. —

Allodium Hupoldesthiclon.... ecclesiam Hupodesthiclon, 1144 (Trouillat, *Monum.* II, 708).— *Hupoldischilcha*, 1146 (*ibid.* I, 293). — *Hibulskirch* (Cassini). — *St Martins kirchen zu Hipoltskilch*, 1663 (Bern. Buechinger, 204).
Hippigass, chemin à Geispitzen.
Hirlig, canton du territ. de Mulhouse.
Hirliskrütt, canton du territ. de Sondernach.
Hirlismatt, canton du territ. de Rantzwiller.
Hirnelenstein, canton du territ. indivis de Cernay et de Steinbach.
Hirpen (In der), canton du territ. d'Oltingen.
Hirsacker, c^{nes} de Berentzwiller, Dornach, Obermuespach et Spechbach-le-Haut. — *Am Hirsacker*, 1421 (rôles de Saint-Morand).
Hirschenbach, ruiss. c^{ne} de Saint-Amarin. — *Hirrsenbach*, 1550 (urb. de St-Amarin).
Hirschern, f. c^{ne} de Sultzeren.
Hirschland, éc. c^{ne} de Sewen. — *Berg dem man spricht hyrslandt*, 1567 (terr. de Massevaux).
Hirschlände, c^{ne} de Hegenheim.
Hirsingen, canton du territ. de Bruebach. — *Jm Hirssingen*, 1564 (reg. des préb. de Mulhouse).
Hirsingen, ch.-l. de canton, arrond. de Mulhouse. — *Hirsunge*, 708 (Als. dipl. I, 28). — *Hirsûngen*, 1221 (Trouillat, *Monum.* I, 485). — *In parrochia de Hirsungen*, 1308 (*ibid.* III, 126). — Paroisse du décanat du Sundgau (Lib. marc.). — Cour colongère.
Chef-lieu d'un bailliage de la subdélégation de Ferrette, comprenant Heimersdorf, Bisel (partie), Ruederbach, Bruebach, Jettingen et Berentzwiller. — Anc. seigneurie relevant du comté de Montjoye.
Suivant arrêté des représentants du peuple Hentz et Gouyon, en date du 4 thermidor an II, le nom de cette commune devait être aboli et le village réuni à un autre; mais cet arrêté ne fut exécuté qu'en partie : le clocher et le presbytère furent seuls démolis.
Hirstein, c^{ne} de Turckheim. — 1407 (censier de la camerene de Munster).
Hirtelsberg, c^{ne} de Wattwiller.
Hirtengärten, dépendance de la c^{ne} de Saint-Hippolyte et station du chemin de fer.
Hirtenmühl, mⁱⁿ, c^{ne} de Burnhaupt-le-Haut. — *Hirtzmühle* (carte hydr.).
Hirtzbach, c^{on} de Hirsingen. — *Heinrichen von Hirtzbach*, 1274 (Trouillat, *Monum.* II, 250). — *Hirzebach*, 1287 (charte de l'abb. de Massevaux; arch. du départ.). — Paroisse du décanat du Sundgau (Lib. marc.). — Fief de la seigneurie d'Altkirch, relevant de la mairie de Bettendorf. — Le ruisseau qui a donné son nom à cette commune est un affluent de l'Ill.

Hirtzbach, établissement industriel, c^{ne} de Dornach. — *Vff den Hirtzbach*, 1548 (reg. des préb. de Mulh.).
Hirtzbach, ruiss. c^{ne} de Wattwiller, en 1394 (cart. de Murbach).
Hirtzbühl, c^{ne} de Colmar.
Hirtzelachen, c^{nes} de Bendorf et de Bisel.
Hirtzenbachgrabenruntz, ruiss. c^{ne} de Ranspach (carte hydr.).
Hirtzenbrunnen, source, c^{ne} d'Oberbruck.
Hirtzenbühl, canton du territ. de Luttenbach.
Hirtzeneichen, c^{ne} de Soultzmatt.
Hirtzengraben, ruiss. à Lautenbach-Zell, affluent de la Lauch.
Hirtzenlöcher, c^{ne} de Munster.
Hirtzenpfad, c^{ne} de Bantzenheim.
Hirtzenstein, f. c^{ne} de Wattwiller. — Ancien château. — *Castrum Hirstein*, 1300 (Trouillat, *Monum.* II, 699). — *Hirtzstein ir burg*, 1358 (Als. dipl. II, 225). — *Hirtzenstein*, 1394 (cart. de Murbach). — *In dem schloss Hitzstein*, 1724, cit. au 1525 (Mossmann, *Chron. Gueb.* 136). — *Herstein* (Cass.).
Hirtzentrancke, c^{ne} de Schlierbach.
Hirtzfelden, c^{on} d'Ensisheim. — *Hirzfeld*, 728 (Als. dipl. I, 9). — *Hirzvelt*, 817 (*ibid.* 66). — *Hirzuelden*, 1156 (Trouillat, *Monum.* I, 328). — *Hirciuelden*, 1179 (*ibid.* 375). — Paroisse du décanat de *citra Rhenum* (Lib. marc.). — Ressort. au baill. de Landser pour la justice (Ordonn. d'Als. I, 321).
Hirtzfels, rocher sur le Rossberg, c^{ne} de Weegscheid (Engelhardt, *Wand. Vog.* 35).
Hirtzflühe, mont. c^{ne} de Westhalten. — *Vnder der Hirtzfluw*, 1489 (urb. de Markach).
Hirtzmatten, c^{nes} de Bitschwiller et de Knöringen.
Hirtzsprung, m. de garde et rocher, c^{ne} de Ribeauvillé.
Hirtzstein rieth, ruiss. c^{ne} de Stosswihr, affluent de l'Altbach.
Hisberg, f. c^{ne} de Sultzeren. — *Hislesberg* (Cassini).
Hochbalgweg, chemin à Traubach-le-Haut.
Hochbruck, h. — Voy. Haute-Broque.
Hochburn, f. c^{ne} de Soultz.
Hocheich, cantons des territ. de Biederthal, Michelbach-le-Bas et Rädersdorf.
Hocheich, canton du territ. de Lutterbach. — *Hocheneich weg*, 1548 (reg. des préb. de Mulhouse).
Hochenkreutz, croix à Kappelen.
Hochenstein, c^{ne} de Blotzheim.
Hochfelsen, rocher, c^{ne} de Thannenkirch.
Hochfelsen, rocher, c^{ne} de Winckel.
Hochgericht, cantons des territ. d'Oberdorf et de Steinbrunn-le-Haut.

HOCHKRITTER, c^be de Murbach.
HOCHRITZRAIN, canton du territ. de Berentzwiller.
HOCH-SCHWÄRTZ, c^ne de Kientzheim.
HOCHSTADEN, c^nes de Hattstatt, Illfurth et Reiningen.
HOCHSTADEN, canton du territ. d'Ammerschwihr. — *Vff dem hohen staden*, 1441 (urb. de Ribeaupierre).— *Hostatten* (anc. cadastre).
HOCHSTADEN, h. c^ne de Luttenbach. — *Hostaden* (Cassini).
HOCHSTATT, c^on d'Altkirch. — *Cuentzin de Hochstatt*, 1348 (Trouillat, *Monum.* III, Regestes, 859). — *Hostat*, 1364 (Stoffel, *Weisth.* 85). — *Hochstat*, 1394 (urb. des pays d'Autr.). —Vicariat du décanat du Sundgau (Alm. d'Als. de 1783). — Formait une mairie du bailliage d'Altkirch. — Ancien château dont l'emplacement est encore connu sous le nom de *Burg*, et reconnaissable aux pierres de construction qui s'y trouvent. — Cour colongère dont les appels étaient portés à Meyenheim, et en dernier ressort à Wintzenheim (Rev. d'Als. III, 458).
HOCHSTRÄSSLE ou RÖMERSTRÄSSLE, anc. voie romaine qui se détachait de celle de Mandeure à Augusta, à la hauteur de Bettendorf, et se dirigeait sur Kembs par Tagsdorf, Heywiller, Rantzwiller et Hohkirch. Dans la Hart, elle est encore bien conservée, et son tracé se voit sur la carte du Dépôt de la guerre. — *Vntz vf die Hohstrasse*, 1340 (Trouillat, *Monum.* III, 509). — *An die Hochstrass*, 1459 (Als. dipl. II, 393).
HOCHSTRÄSSLE ou LANDSTRÄSSLE, anc. route allant de Rixheim à Soultz par Illzach. A Rixheim, on l'appelle aujourd'hui *Illzacher* ou *Modenheimerweg*; mais un livre terrier du dernier siècle la désigne sous le nom d'*Illzacherstrass*. Le cadastre de Riedisheim l'indique sous celui de *Modenheimerstrass*. A Illzach, le cadastre la nomme *Landsträssle*, entre Modenheim et le ban de Rixheim. Le trajet entre Modenheim et Illzach porte la dénomination de *B'setzte Runtz*. Enfin, au nord d'Illzach, il s'appelle *Alte Sultzer Strass*.
HOCHSTRÄSSLE. — Voy. RHEINSTRASS.
HOCHTENMUTH (KLEIN), chemin, c^ne de Friessen.
HOCHWASEN, forêt; c^ne de Soultz.
HOCHWEG ou HOHWEG, nom d'anc. chemins à Attenschwiller, *am Hochenweg*, du village à l'ancienne voie romaine, vers Wentzwiller; à Bisel; à Feldbach, *uf den Hohenweeg*, 1616 (terr. de Feldbach); à Reiningen, *vf den Hochenweg*, 1577 (rôle de Reiningen); à Meyenheim et à Reguisheim, *neben dem Hoen wege*, 1490 (urb. de Marbach); à Sainte-Croix-en-Plaine, vers Sundhofen, *vf den hohen wech*, 1312 (Legs du chanoine Pierre, arch. de Colmar); à Holtzwihr, à

Jebsheim, du village à l'ancienne voie romaine de Landsträssel; à Kuenheim, *Hohe weg*, 1513 (rôle de Kuenheim); à Staffelfelden; à Pulversheim; à Feldkirch.
HOFACKEN, c^nes de Biederthal, Flaxlanden, Grentzingen, Jettingen, Knöringen, Largitzen et Liebsdorf. — *Hoffacker*, 1663 (reg. Lucell.).
HOFACKEN, f. c^ne de Sultzeren.
HÖFEN, anc. éc. c^ne de Dolleren. — *In Höfen, Niderhöfen, Hindern höfen, in Afterhöffen*, 1567 (terr. de Massevaux).
HÖFFEN, h. c^ne de Linthal. — *Heffen*, 1576 (Speckel). — *Hoffen* (Cassini).
HOFFENBACH, f. c^ne de Mühlbach.
HOFFRIETH, f. c^ne de Lautenbach-Zell. — *Auffrieth* (Dépôt de la guerre).
HÖFLEN (IM), canton du territ. de Niffer.
HOFMATTEN, c^nes de Bendorf, Bisel, Jettingen, Mittelmuespach et Moos.
HOFSTETTEN, canton du territ. de Mörnach.
HOFSTETTEN, c^ne de Rimbach. — *Ab seinem theil bergklendt in den Hoffstetten*, 1567 (terr. de Massevaux).
HOHBERG, mont. et f. c^ne de Westhalten. — *Le Hochberg* (tabl. des dist.).
HOHBÜHL, h. c^ne de Kirchberg. — *Hohpiel* (Dépôt de la guerre).
HOHBÜHL, c^be de Sultzeren.
HOHBURG, mont. c^ne d'Eguisheim.
HOHBURG, c^ne de Rammersmatt. — *Am Hohen berg*, 1421 (rôles de Saint-Morand).
HÖHE (AUF DER), c^nes de Bettendorf, Bouxwiller, Dürmenach, Fröningen, Heimersdorf et Mörnach.
HÖHE (LA), h. c^nes de Saint-Amarin et de Geishausen. — *Sur le Haut* (Cassini).
HOHEBURG, coll. près de Traubach-le-Haut. — Ancien château (Baquol).
HOHE-ECK, coll. entre Rauspach-le-Haut et Michelbach-le-Haut.
HOHE-ECK, coll. à Zillisheim. — *Vff die Hohe Eckh*, 1594 (rôle de Zillisheim).
HOHE-KREUTZ, croix à Oberlarg.
HOHENACK, anc. chât. c^ne de la Baroche. — *Cum castris Hohenack et...* 1251 (Laguille, pr. 38). — *Item castra Hohenag et...* 1251 (Als. dipl. I, 406). — *Castrum in Hohennac*, 1279 (Annales de Colmar, 76). — *Hohinnac*, 1288 (ibid. 132). — *Geben ze Hohenach*, 1303 (Als. dipl. II, 80). — Au XVe s^e, la chapelle du château faisait partie du décanat d'*ultra colles Ottonis* (Lib. marc.).
Chef-lieu d'une seigneurie qui embrassait le canton actuel de la Poutroye. — *Herrschafft von Hohenackh*, 1318 (Als. dipl. II, 121).

Les habitants l'appellent aussi le *Tombeau du géant* (Rev. d'Als. II, 54). Il y a des restes de murs romains (Als. ill. II, 6).

Hoheneck, mont. c^ne de Stosswihr, à la frontière du département des Vosges. — *An den graben von Hohenecke*, xv° siècle (Stoffel, *Weisth.* 199). — *Honeck* (Dépôt de la guerre).

Hohenhärten, c^ne d'Aspach-le-Bas.

Hohenmuet, canton du territ. de Hattstatt. — *Jm Hoenmüt*, 1488 (urb. de Marbach).

Hohenrupf ou Hohrupf, anc. chât. entre Murbach et Lautenbach-Zell. — *Castrum Hohenroph*, 1300 (Trouillat, *Monum*. II, 699). — *Horuff*, 1576 (Speckel). — *Auroff* (Cassini).

Hohenstain (Am), c^ne de Ranspach. — 1550 (urb. de St-Amarin).

Hohenschleif, c^ne de Wolschwiller.

Hohesteg-Mühle ou Stegmühle, m^in, c^ne de Colmar. — *Justa hohenstegen*, 1297 (Curios. d'Als. II, 182). — *Die Hohe-Stegmühlen*, 1632 (Belagerung von Colmar, p. 20 et 23). — Auj. *Moulin Chevalier*.

Hohflühe, mont. c^ne de Günspach. — *Zu der Hohen flühe*, 1456 (cens. de la cellenie de Münster). — *Hoflie* (cadastre).

Hohflühe, mont. c^ne de Ligsdorf. — *In die Hohenflü*, 1431 (reg. Lucell.).

Hohuallen, ff. c^ne de Kiffis. — *Hohallen* (tableau des distances).

Hoh-Hattstatt, anc. chât. sur une montagne, entre Soultzbach et Vöglinshofen. — *Herrschafft Hadstatt*, 1493 (Als. dipl. II, 433). — *Item hohen hattstatt das schloss, mit dem berg daruff es ligt, der do heisst der barby*, 1583 (reg. des fiefs württemberg. E, 359, aux archives départem.). — *Hohenhatstat*, 1576 (Speckel). — *Hohen Hattstatt*, 1644, cit. an. 1466 (Merian, 43). — *Hoh-haistet*, 1644 (ibid. carte). — D'après «Sebastian Munsteri Cosmographi», ce château s'appelait anciennement *Barbenstein*. — *Ein burgstaden uff dem Barben.... in das schloss gen Barbenstein* (Als. ill. IV, 182). — Voy. Barby.

Hohkirch, village détruit près de Sierentz, dont il n'existe plus qu'une chapelle et un cimetière. — *Hoënchirche*, 870 (Trouillat, *Monum*. I, 116). — *Hohenkilch*, 1303 (ibid. III, 58). — *Das gotzhus ze Honkilch*, 1340 (ibid. III, 518). — Au xv° siècle, paroisse du décanat d'*inter colles* (Lib. marc.), formée des villages de Sierentz, Geispitzen, Uffheim et Waltenheim (urb. de Landser).

Hohlandspurg, anc. chât. sur une montagne, au-dessus de Wintzenheim. — *Landisperch castrum*, 1281 (Annales de Colmar, 100). — *Apud castrum Lanspurc*, 1289 (Als. dipl. II, 42).

En 1303, chef-lieu d'un bailliage comprenant Sigolsheim, Kientzheim, Ammerschwihr, Meywihr, Katzenthal, Niedermorschwihr, Ingersheim, Turckheim (partie) et Wintzenheim, *dez amts von Lantzberg* (Trouillat, *Monum*. III, 51). — *Unser ampt ze Landespurg*, 1397 (Als. dipl. II, 300). — *Die herrschafft Landspurg*, 1465 (ibid. 400). — *Freyherren zu hohen Landsperg*, 1573 (ibid. 473). — *Seigneurie de Hohenlansberg*, 1694 (Ordonn. d'Als. I, 268). — *Bailli de la baronnie de Hohenlandsberg*, 1710 (ibid. II, 480).

Hohlbaum, f. c^ne de Wasserbourg.

Houlbrachen, c^ne de Sondernach.

Hohlefelsen, rocher et grotte, c^ne de Sondersdorf.

Hohlegasse, chemins, c^nes d'Emlingen, Eschentzwiller, Geispitzen, Gildwiller, Spechbach-le-Bas et Wittersdorf. — *Bey Holgassen*, 1371 (reg. Lucell.).

Hohlenberg ou Hollenberg, coll. c^ne de Pfastatt. — *Jm Hollenberg*, 1544 (reg. des pres. de Mulhouse).

Hohlengassenhaus, f. c^ne de Michelbach-le-Bas.

Hohlenstein, c^ne d'Obermorschwiller.

Hohlitt, mont. c^ne de Turckheim. — *Am Hoenlit*, 1490 (urb. de Marbach).

Hohrain, coll. à Hundsbach et Tagsdorf, *vor dem hohen Rein*, 1421 (rôles de Saint-Morand); à Eguisheim, *horein*; à Emlingen, *horey* (ancien cadastre); à Eschentzwiller, *v. dem hohen Rein*, 1631 (terr. d'Eschentzwiller); à Francken; à Illfurth; à Spechbach-le-Bas, etc.

Hohrain, m. de camp. c^ne de Riedisheim. — *Vff dem hochenn Reyn*, 1556 (reg. des préb. de Mulhouse).

Hohredernhubel, tumulus, c^ne de Wittenheim.

Hoh-Ried ou Gazon-Martin, vaste plaine tourbeuse entrecoupée d'eaux stagnantes, sur les hautes chaumes de la petite vallée de Munster.

Hohritt, c^nes de Hausgauen, Schwoben et Willer.

Hohroth, c^on de Munster. — *Ze Hohenroden*, 1339 (Als. dipl. II, 166). — *Hohenrode*, 1456 (cens. de la cellénie de Münster). — *Horot*, 1576 (Speckel). — *Hohenrodh* (Cassini). — Faisait partie de la communauté indivise du val de Munster.

Hohrothberg, h. c^ne de Hohroth. — *Horothberg* (Cassini).

Hohruntz, ruiss. c^ne de Mitzach, affluent de la Thur.

Hohwetschkopf, c^ne de Rammersmatt.

Hoimbach, dép. de Lièpvre. — *Heimbach* (carte hydr.).

Holder (Zvme), c^ne de Sainte-Croix-en-Plaine. — 1312 (abb. de Sainte-Croix).

Holderacker, maisons situées sur le ban de Bettendorf, et faisant partie de l'agglomération du village de Ruederbach.

Holdern, c^ne de Reiningen.

HOLDERSPACH, c^ne de Moosch. — 1550 (urb. de Saint-Amarin).

HOLDERSTOCKE (ZEM), c^ne de Henflingen. — 1421 (rôles de Saint-Morand).

HOLÉE (LE), canton du territ. du Bonhomme.

HÖLL, cantons des territ. de Baldersheim, Kaysersberg, Pulversheim et Walbach (c^on de Wintzenheim).

HÖLL, f. c^ne de Blotzheim. — *Le Helhof* (tableau des distances).

HÖLL (AUF DER), cantons des territ. de Brunstatt, Sainte-Croix-en-Plaine et Waltenheim.

HÖLL (IN DER), cantons des territ. de Guebwiller, *jnn der Hell* (urb. de la comm^rie de Soultz), de Michelbach-le-Haut et de Wittersdorf.

HÖLLACKER, c^nes de Magstatt-le-Bas et de Pfetterhausen. — *Hellackher*, 1609 (terr. de Magstatt).

HÖLLBODEN, c^ne de Schlierbach.

HÖLLRUNTZ, ruisseau, c^ne de Linthal, affluent de la Lauch.

HÖLLRUNTZ, ruisseau, c^ne de Sultzeren, affluent de la Petite-Fecht. — *Höllenruntz* (carte hydr.).

HOLSBERG, c^ne de Moosch. — 1550 (urb? de St-Amarin).

HOLTZACKER, c^nes d'Emlingen, Holtzwihr, Rantzwiller et Sainte-Croix-en-Plaine.

HOLTZBACH et HOLTZBERG, cantons du territ. de Vögtlinshofen.

HOLTZBACH, ruiss. c^ne de Reguisheim.

HOLTZCANAL, ruiss. venant de Bergholtz et affluant dans la Lauch à Rouffach.

HOLTZECK, c^ne de Heywiller.

HÖLTZELSBACH, c^ne de Roderen (c^on de Thann).

HÖLTZERN, champs, c^ne de Bendorf.

HOLTZGRABEN, c^nes de Bergheim et de Brunstatt.

HOLTZHAUERMATTEN, f. c^ne de Wildenstein.

HÖLTZLEN, f. c^ne de Breitenbach. — *Helslen* (Cassini).

HÖLTZLENBERG, c^ne de Feldbach.

HOLTZMAGAZIN, m. isolée, c^ne de Ferrette.

HOLTZMATTEN, c^nes de Burnhaupt-le-Haut, Courtavon, Hesingen, Lutter, Ranspach-le-Haut et Riedisheim.

HOLTZMÜHLE, m^in, c^ne de Lutter. — *Holtzmülin*, 1414 (rôle d'Oltingen).

HOLTZMÜHLE, m^in, c^ne de Seppois-le-Haut.

HOLTZRÜCKEN, pâturage, c^ne d'Oderen.

HOLTZSCHLAG, ff. c^ne de Dolleren. — *An höltzlinsperg*, 1567 (terr. de Massevaux).

HOLTZWASEN, c^ne de Spechbach-le-Haut. — *Vff den Holczwasen*, 1421 (rôles de Saint-Morand).

HOLTZWEG, chemins, c^nes d'Eguisheim, Eschentzwiller, Habsheim, Sausheim, Sainte-Croix-en-Plaine et Soultz. — *Uber den holzweg*, 1312 (abb. de Sainte-Croix). — *Uff den Holtzweg*, 1401 (urb. de la commanderie de Soultz).

HOLTZWERBEN, c^ne de Breitenbach.

HOLTZWEYER, étang, c^ne d'Hagenbach. — *Holtzwyger*, 1561 (reg. des préb. de Mulhouse).

HOLTZWIHR, c^on d'Andolsheim, primitivement c^on de Horbourg. — *Lilenselida*, 728 (Laguille, pr. 12). — *Lielisine quæ vocatur Heloldowilare*, 760 (Als. dipl. I, 36). — *Hollalswilre*, 810 (Als. ill. III, 479). — *Holleswilre*, 810 (Grandidier, *Église de Strasbourg*, p. j, II, n° 86). — *In Holtzwilr*, 1303 (Trouillat, *Monum.* III, 38). — Paroisse du décanat d'*ultra colles Ottonis* (Lib. marc.). — Fief du landgraviat supérieur.

HOMATT, m. isolée, c^ne de Willer (c^on de Thann).

HOMBERG, mont. et f. c^ce de Steinbrunn-le-Bas. — *Honberg*, 1303 (Trouillat, *Monum.* III, 57). — *La Ferme* (tabl. des distances). — *Hombourg* (ancien cadastre). — La ferme est aussi nommée *Fuchsenhöfle* ou *Bockhof*.

HOMBOURG, c^ne de Habsheim. — *Cunrado Schulteto de Hamberg*, 1227 (Herrgott, II, 232). — *Hanberg*, 1303 (Trouillat, *Monum.* III, 47). — *Honburg*, xve siècle (urb. de Landser). — *Homburg*, 1722 (Mossmann, *Chron. Gueb.* 381). — Paroisse du décanat de *citra Rhenum* (Lib. marc.). — Fief vassal de la bannière de Landser. — Dépendait du baill. d'Eschentzwiller.

HOMMET, mont. à Kiffis, en 1472 (reg. Lucell.).

HOPFET (AUF DER), canton du territ. de Blotzheim.

HORBEN, h. c^ne de Rimbach. — *An der kappel zu Horb*, 1567 (terr. de Massevaux).

HORBERG, canton du territ. de Brinighofen.

HORBENLACHEN, c^ne de Bisel.

HORBES (ÈS), canton du territ. de Courtavon.

HORBOURG, c^on d'Andolsheim, primitivement chef-lieu de canton. — *Conrado comite de Horburc*, 1125 (Trouillat, *Monum.* I, 247). — *Horeburg*, 1133 (Grandidier, *Hist. d'Als.* p. j, II, 285). — *Dominus Cono de Horenburc*, 1185 (Als. dipl. I, 285). — *Harburch*, 1186 (*ibid.* 102). — *In Horburhe*, 1302 (Ann. de Colmar, 188). — *Die Graffschafft Harburg*, 1644 (Merian, *Top. Als.* 32). — *Comté d'Horbourg*, 1680 (Ordonn. d'Als. I, 124). — Paroisse du décanat d'*ultra colles Ottonis* (Lib. marc.).

Chef-lieu d'un comté, et, après l'organisation de l'intendance d'Alsace, d'un bailliage de la subdélégation de Colmar, comprenant, outre la seigneurie de Riquewihr, les villages d'Andolsheim, Sundhofen, Appenwihr, Wolfgantzen, Algolsheim, Vogelsheim, Fortschwihr, Bischwihr, Muntzenheim et Dürrenentzen.

DÉPARTEMENT DU HAUT-RHIN.

Horby, canton du territ. de Bernwiller.
Horenmatten, cantons des territ. de Francken et de Hausgauen.
Horenwegle, c^{nes} de Riedisheim et de Wittenheim.
Horgasse, canton du territ. de Gundolsheim. — *Jn der Horgassen*, 1531 (rôle de Gundolsheim).
Horgasse, canton du territ. d'Orschwihr. — *Jn der Horregassen*, 1489 (urb. de Murbach).
Horgasse, c^{ne} de Willer. —1550 (urb. de St-Amarin).
Horgässle, c^{ne} de Colmar. — *An dem Hörgeslin*, 1475 (reg. des domin. de Colmar).
Horgiesen, ruiss. c^{nes} de Bergheim et de Saint-Hippolyte.
Hörigematte, c^{ne} de Reiningen.
Horn (Auf dem), canton du territ. de Seppois-le-Bas.
Hornbach, ruiss. c^{ne} de Bernwiller, cité au xive siècle par le rôle de Heimsbrunn, *entzwischent hanebach vnd hornbach*. — *Die horbach ze bernwilr*, 1421 (rôles de Saint-Morand). — *Harrbach* (anc. cad.).
Horni, f. c^{ne} de Kiffis.
Hörnle, h. c^{ne} de Jettingen. — *Hörnlen* (Cassini). — *Im Hörnelen* (anc. cadastre).
Hörnlen, c^{nes} d'Eguisheim et de Murbach.
Hörnleskopf, mont. c^{ne} de Sultzeren.
Hornmuren, canton du territ. de Massevaux.
Hornuslen (Bei der), canton du territ. de Mörnach.
Hornuslenbaum (Beim), c^{ne} de Hagenbach.
Hornusler (Beim), c^{ne} de Dieffmatten.
Hörten, c^{ne} de Colmar.
Hosacker, c^{ne} de Vieux-Thann.
Hosalen, cantons des territ. de Bettendorf et de Feldbach. — *Bey der hohen saalen*, 1616 (terrier de Feldbach).
Höselen, canton du territ. de Rixheim. — *Jnn der Hesslin*, 1548 (urb. de l'hôp. de Mulhouse).
Höslebach, ruiss. c^{ne} de Sultzeren, affluent de l'Altbach. — *Heslach* (carte hydr.).
Höslisweg, chemin à Bourgfelden et à Hegenheim.
Hospach, ruiss. c^{ne} de Werentzhausen. — *In der Hochspach*, 1460 (rôles de Saint-Morand). — *Hochspach* (anc. cadastre).
Hospen, cantons des territ. de Bettendorf et de Willer (c^{on} d'Altkirch). — *Hospach* (anc. cadastre).
Host (In der), canton du territ. d'Eglingen.
Hotat (L'), c^{nes} de Botans et d'Évette. — *Derrière l'Ota* (cadastre). — *Devant l'Hostat... l'Hostel... prel soub l'Ostat*, 1655 (cens. du chap. de Belfort).
Hottsburg, canton. — Voy. Hattsburg.
Hoube (La), vign. c^{ne} de Cernay.
Houblen (Im), cantons des territ. de Schwoben et de Tagsdorf.
Houillère (La), f. c^{ne} de Sainte-Croix-aux-Mines.

Housen, c^{on} d'Andolsheim, primitivement c^{on} de Horbourg. — *Villam Hansen prope Columbariam*, 1315 (Als. ill. IV, 275). — *Husen*, 1278-1493 (reg. d'Unterl.). —Paroisse du décanat d'*ultra colles Ottonis* (Lib. marc.). — Dép. du baill. de Zellenberg.
Housse-Rouge (La), f. c^{ne} d'Orbey. — *Hausse rousse* (carte hydr.).
Hubach, h. c^{ne} de Massevaux. —*Huppach*, 1568 (terr. de Massevaux). — Chapelle et pèlerinage de Notre-Dame dite *Klein Einsiedlen*.
Hubel, maison isolée, c^{ne} de Jebsheim. — *Le Hobel* (Dépôt de la guerre).
Hübel, c^{nes} de Bettlach et de Reguisheim.
Hubel, c^{nes} de Habsheim, Largitzen, Pulversheim, Saint-Ulrich et Tagsdorf.
Hubel ou Hubelacker, grande butte près de Battenheim, à côté de l'ancienne route, et dans laquelle il y a des fondations.
Hubelacker, canton du territ. de Kingersheim.
Hubelwald, forêt, c^{ne} de Bréchaumont.
Hubelwäldble, forêt, c^{ne} d'Ensisheim.
Hubelweyer, c^{ne} de Traubach-le-Haut.
Hübschenbühl, c^{ne} de Didenheim (anc. cadastre).
Hübschnägle, c^{ne} de Bisel.
Hübühl, c^{ne} de Bergheim. — *Hüppül*, 1717 (rôle de Sigolsheim).
Huchacker, c^{ne} de Ribeauvillé. — *Der hûchacker... hûcheht acker*, 1308 (abb. de Pairis, C. 4, C. 24).
Hüchlet (Uf dem), nom d'un canton du territoire de Luemschwiller, en 1548 (urb. de l'hôp. de Mulhouse).
Huckert (Im), canton du territ. de Sainte-Croix-en-Plaine.
Hudelen (In der), canton du territ. de Luemschwiller.
Hueb, coll. c^{ne} de Bisel.
Huebacker, c^{nes} de Heimersdorf, Thann, Traubach-le-Haut et Wihr-au-Val. — *Am Huobacker*, 1475 (reg. des domin. de Colmar).
Hueben, f. c^{ne} de Dolleren. — *In der Huoben*, 1567 (terr. de Massevaux).
Huebenthal, vallon, c^{ne} de Guebwiller; ancien lieu habité. — *Die im Huebenthal*, 1724 (Mossmann, Chron. Gueb. 7).
Huebmatten, c^{ne} de Colmar et de Soultzmatt. — *Jn der Hubmatten*, 1489 (reg. de Soultzmatt).
Hueffen, c^{ne} de Buschwiller.
Hueth (Im), canton du territ. de Schlierbach.
Huetmatten, c^{nes} de Carspach, Felleringen, Hagenthal-le-Bas et Soultzmatt. — *Bi der Hûtmatte*, 1421 (rôles de Saint-Morand). — *An dye Hûtmatt*, 1489 (urb. de Marbach). — *An Huotmatten*, 1550 (urb. de Saint-Amarin).

Hufels, c^ne d'Oderen.
Hufland (Im), canton du territ. de Petit-Landau.
Hügelen, c^ne d'Emlingen.
Hugemen (In der), canton du territ. de Luemschwiller.
Hugsbrünnen, canton du territ. de Dirlinsdorf.
Hugstein, anc. château entre Guebwiller et Bühl. — *Hugstein*, 1300 (Trouillat, *Monum.* II, 699). — *Datum in castro nostro Hugstein*, 1451 (Als. dipl. II, 390). — *Château d'Hugstein* (Cassini).
Hugsteinfels, c^ne de Moosch. — *Bei Huogstainfells*, 1550 (urb. de Saint-Amarin).
Huilerie (L'), en allemand Öhltrott, huileries isolées, c^nes de la Poutroye, Lièpvre, Linthal, Orbey, Sainte-Croix-aux-Mines, Storckensohn et Thiancourt.
Hulmanseich, canton du territ. de Köstlach.
Hülschmatten ou Hultzmatten, c^nes de Spechbach-le-Haut, de Traubach-le-Bas et de Wolfersdorf. — *Hilschmatte*, 1421 (rôles de Saint-Morand).
Hülsechtenbach, c^ne d'Orbey, 1441 (urb. de Ribeaupierre). Forme germanisée de *hulsetum*.
Hülsen, anc. hameau, cité en 1482, entre Massevaux et Burbach-le-Bas (Stoffel, *Weisth.* 85).
Hummel, c^ne de Brunstatt.
Hummelberg, coll. à Seppois-le-Bas et à Seppois-le-Haut.
Hummelmühl, m^in, c^ne de Rouffach.
Hummelthal, vall. c^ne de Westhalten. — *Jn Humelthal am Pfaffenheim weg*, 1543 (rôle de Rouffach).
Hunabühl, forêt, c^ne de Niedermorschwihr. — *Hünenbühel*, 1278-1493 (reg. d'Unterlinden).
Hunawihr, c^on de Ribeauvillé, primitivement c^on de Riquewihr. — *Ecclesia Hunniville*, 1114 (Grandidier, *Hist. d'Als.* p. j, II, 218). — *Capella de Vnegvilre*, 1193 (Trouillat, *Monum.* I, 242). — *Dominus de Hunnenwilr*, 1291 (Ann. de Colmar, 148). — *Honewilr*, 1278-1493 (reg. d'Unterlinden). — *Hunenwilr*, 1475 (reg. des domin. de Colmar). — *Hunenweiler*, 1592 (Hertzog, *Chron. als.* III, 9). — *Honnenweyr*, 1734 (rôle de Kientzheim). — *Honniville* (Dom Ruyr, *Antiq. de la Vosge*). — Paroisse du décanat d'*ultra colles Ottonis* (Lib. marc.). — Dépendait de la seigneurie et du bailliage de Riquewihr. — Cour colongère, qui avait la même marche forestière que celle de Sigolsheim.
Hundacker, c^nes de Heimersdorf, Hirsingen et Zellenberg. — *Der Hundtackher*, 1568 (rôle de Zellenberg).
Hundas, c^ne de Herlisheim.
Hundes nacke (An dem), c^ne d'Eguisheim, 1389 (urb. de Marbach).
Hundloch, canton du territ. de Neuwiller.

Hundsacker, c^ne de Largitzen.
Hundsbach, c^on d'Altkirch. — *Ursbach*, 823 (Als. dipl. I, 70). — *Uolmari de Uncebach*, 1148 (Trouillat, *Monum.* I, 309). — *Volmari de Hunchebach*, 1179 (ibid. 372). — *Hunzebach*, 1195 (Mone, *Zeitschrift*, IV, 219). — *Unchibach*, 1317 (Trouillat, *Monum.* III, 259). — *Hûntzbach*, 1471 (rôles de Saint-Morand). — *Huntsbach*, 1576 (Speckel).
Au XVe siècle, cette commune était divisée en deux paroisses du décanat du Sundgau, savoir : *Hundsbach-le-Bas* et *Hundsbach-le-Haut*, ou, en allemand, *Niederhundsbach* et *Oberhundsbach* (Lib. marc.). — Faisait partie de la mairie du Val de Hundsbach. — Cour colongère dont les appels étaient portés à Guewenheim.
Hundsbach, rivière qui donne son nom à la vallée qu'elle traverse. — *Vff die Vrspach*, 1421 (rôles de Saint-Morand). — *Vber die Vrspach*, 1535 (reg. des préb. de Mulhouse). — On l'appelle aussi *Thalbach*. Elle prend sa source au-dessus de Knöringen et se jette dans l'Ill en aval de Wittersdorf.
Hundsbacherthal. — *In dem Vrspachtal*, 1386 (censier de la seign. d'Altkirch). — *In der Vrspach Tal meigertûm*, 1394 (comptes de la seign. d'Altkirch). — Le val de Hundsbach formait une mairie de la seigneurie d'Altkirch, comprenant Hundsbach, Berentzwiller, Jettingen, Francken, Willer, Hausgauen, Schwoben, Zäsingen, Walbach, Heywiller, Tagsdorf, Emlingen, Wittersdorf et Walheim.
Hundsdihne, c^on du territ. de l'anc. vill. de Dintzheim. — *Die Hvndesbvnne*, 1312 (abb. de Ste-Croix). — *Vf der Huntzpünde*, 1278-1493 (reg. d'Unterlind.).
Hundsbrunnen, source à Grentzingen.
Hundsbuckel, mont. c^nes de Soultzmatt et de Rouffach.
Hundsbühl, coll. à Soultz. — *Vff dem Hundtsbühell*, 1542 (urb. de la comm^rie de Soultz).
Hundsgasse, chemin à Heidwiller. — Dans une carrière située à côté de ce chemin l'on a trouvé, en 1856, des squelettes, des armes et différents ornements antiques. — *Huntzgasse*, 1342 (Rev. d'Als. V, 187).
Hundsgasse, chemin à Carspach. — *Hûndesgassen*, 1420 (rôles de Saint-Morand).
Hundshalden, canton du territ. d'Herlisheim. — *An der Hundsshalden*, 1514 (rôles d'Eguisheim).
Hundshengi, canton du territ. de Rädersdorf.
Hundskopf, mont. c^ne de Krüth.
Hundsmissbach, ruiss. c^ne de Sultzeren, affluent de la Petite-Fecht.
Hundsrücken, mont. entre Bitschwiller et Burbach-le-Haut. — *Hundsruggen... Hundtsrucken*, 1550 (urb. de Saint-Amarin).

HUNDSRÜCKEN, coll. entre Habsheim, Eschentzwiller et Zimmersheim. — *Jm Hundtz rückhenn*, 1560 (reg. des préb. de Mulhouse). — *Im Hundts rückhenberg*, 1570 (urb. des redev. en deniers de Mulhouse).

HUNDSRÜCKEN, c^{ne} de Cernay. — *An dem nidern Hundesrucke*, 1271 (parch. de Lucell.).

HUNDSRÜCKEN, cantons des territ. de Reguisheim et de Rumersheim.

HUNDSRÜCKEN, coll. à Carspach.

HUNDSRÜCKEN, coll. à Dornach.

HUNDSRÜCKEN, coll. à Flaxlanden.

HUNDSRÜCKEN, coll. à Hausgauen.

HUNDSRÜCKEN, coll. à Jettingen.

HUNDSBUNTZ, ruiss. c^{ne} de Krüth.

HUNDSSTINCKI, canton du territ. d'Ottmarsheim. — *In der Huntsstünckhen*, 1631 (cens. d'Ottmarsheim).

HUNDSSTRENG, canton du territ. d'Aspach.

HUNDSVOTT, canton du territ. de Petit-Landau.

HUNDSWINCKEL, c^{ne} de Wentzwiller.

HUNDTWEG, chemin, en 1543, à Volgelsheim (rôle de Volgelsheim).

HÜNERBACH, ruiss. c^{ne} de Bühl. — *Hünrebach*, 1453 (cart. de Murbach).

HÜNERBERG, coll. à Blotzheim.

HÜNERBÜHL, coll. à Bennwihr. — *Vff dem Hünrebühel*, 1407 (cens. de la camereue de Munster). — *Am Hünrebühel*, 1441 (urb. de Ribeaupierre).

HÜNERHOLTZ, forêt, c^{ne} de Buschwiller.

HÜNERHUBEL, tombelle celtique, c^{ne} de Rixheim. — Voy. la brochure : *Der Hünerhubel, ein gallisches Hügelgrab bei Rixheim.* — Aug. Stoeber, Mülhausen, 1859.

HÜNERHUBEL, coll. au Morenfeld, c^{ne} de Sondersdorf.

HÜNERTHAL, vall. c^{ne} de Rouffach. — *Jm Hunertal*, 1489 (urb. de Marbach).

HUNGERACKER, c^{ne} de Manspach.

HUNGERBERG, coll. à Brinighofen et à Eglingen. — *Am Hungerberg*, 1421 (rôles de Saint-Morand).

HUNGERBERG, c^{nes} d'Aspach-le-Bas et de Buetwiller, 1421 (rôles de Saint-Morand).

HUNGERBRUNNEN, source à Altkirch. Les sources qui portent ce nom ont la réputation de pronostiquer une année de cherté lorsque leurs eaux débordent. On retrouve ce nom à Eguisheim, *Hungerburne*, 1389 (urb. de Marbach), à Housen, *Hungerborne*, 1490 (ibid.), et à Tagolsheim, *Hungerbrunnen*, 1597 (rôles de Saint-Morand).

HUNGERFELD, canton du territ. d'Isenheim. — *Am Hungervelde*, 1296 (Trouillat, *Monum.* II, 610).

HUNGERFELD, canton du territ. d'Oberentzen.

HUNGERGASSE, anc. chemin à Carspach. — *Hungergass*, 1420 (rôles de Saint-Morand).

HUNGERLACHEN, canton du territ. de Soultzmatt. — *In der Hungerlachen*, 1453 (reg. de Soultzmatt).

HUNGERLOCH, canton du territ. de Sultzeren.

HUNGERMATTEN, c^{ne} de Manspach.

HUNGERSTEIN, anc. chât. près de Guebwiller. — *Wilhelm de Hungerstein*, 1235 (Als. dipl. I, 373). — *De Ongerstein*, 1254 (*ibid.* 411). — *Wilhelmus de Ungerstein*, 1256 (*ibid.* 417). — *Hern dietriches von Hungerstein*, 1275 (Mossmann, *Chron. Gueb.* 404). — *Hungerst.*, 1576 (Speckel). — *Château d'Hungerstein* (Cassini).

HUNGERSTEIN, canton des territ. de Reiningen et de Schweighausen.

HUNGERTHAL, vall. c^{ne} de Wasserbourg. — *Jm Vngertälin*, 1441 (urb. de Ribeaupierre).

HUNGERWÄSSERLE ou UNGERWÄSSERLE, c^{ne} de Spechbach-le-Bas.

HUNGERZELGE (IM), c^{ne} de Felleringen, 1550 (urb. de Saint-Amarin).

HUNIGELING. — *By dem grossen Hunigeling*, c^{ce} de Sondernach, 1456 (cens. de la cellenie de Munster). — *Bei dem Huniggucklin bovm*, c^{ne} de Felleringen, 1550 (urb. de Saint-Amarin).

HUNINGUE, ch.-l. de canton, arrond. de Mulhouse. — *Huninga villa*, 828 (Grandidier, *Hist. d'Als.* p. j, I, 69). — *In villa Huningin*, 1103 (*ibid.* II, 190). — *In pago Huningen*, 1134 (*ibid.* II, 289). — *Ecclesiam parochialem Sancte Agathe in Huningen, cum ecclesia Sancti Martini Basiliensi, filia ejusdem ecclesie Sancte Agathe*, 1362 (Als. dipl. II, 243). — *La Prévôté d'Huningue*, 1694 (ordonn. d'Als. I, 274). — Au xve siècle, une des paroisses dites *vagantes extra civitatem Basiliensem* (Lib. marc.); plus tard, paroisse du décanat d'*inter colles*. Comme on le voit, l'ancienne église de Sainte-Agathe était l'église-mère de la paroisse de Bâle.

Chef-lieu de district en 1789. — Forteresse construite en 1680, démantelée par les alliés en 1815.

Cour colongère dont les appels étaient portés à Bubendorf et, en dernier ressort, à Bâle, *under die laimin stegin* (Weisth. I, 651). Par contre, elle connaissait des appels des cours de Bartenheim, Kœtzingen, Eschentzwiller, Zimmersheim, Spechbach-le-Bas, Belmagny, Lutter, Wolschwiller et Hagenthal-le-Haut, relevant toutes de Saint-Alban de Bâle (Basel, 364).

On l'appelle aussi dans le pays *le Grand-Huningue*, par opposition au *Petit-Huningue*, qui se trouve sur la rive opposée du Rhin.

HURBACH, ruiss. c^{ne} de Balschwiller.

HURBÄUMLEN, canton du territ. de Kiffis.

HURENPFAD, sentier à Eguisheim, le long du ruisseau.

Hurlin (Le Grand-), mont. c^ne d'Orbey.

Hurnisgründle ou Hurnussgründelin, c^ne de Weegscheid, 1567 (terr. de Massevaux).

Hürniswald, c^ne de Niederbruck, 1568 (terr. de Massevaux).

Hurspach ou Horspach, c^ne de Werentzhausen, 1460 (rôles de Saint-Morand).

Hurst, coll. c^ne d'Eglingen.

Hurtergais, canton du territ. de Mittelmuespach.

Hury, h. c^ne de Sainte-Croix-aux-Mines, et ruisseau affluent du Latimbach.

Husacker, dépendance de Lautenbach.

Husareneck, canton du territ. de Wittersdorf.

Husenburg, anc. chât. sur un rocher élevé, à l'endroit où le Seebach se jette dans la Lauch, vallée de Guebwiller. On l'appelait communément *das Huser* ou *Husener-Schloss*. — Château de la famille de Hus. — *Dietrico et Johanni Vlrico fratribus de Domo*, 1300 (Trouillat, *Monum.* II, 698). — *Joh. vom Hausze*, 1387 (Mülh. Gesch. 89). — *Theodoric. ab dem Haus*, xvie siècle, cit. an. 1271 (Trouillat, *Monum.* II, 735). — *Hasenburg*, 1576 (Speckel). — *Die burg ze Husenburg* (Als. ill. IV, 240).

Husenfeld, canton des territ. de Turckheim et de Wintzenheim. — *Im Huser veld*, 1475 (reg. des domin. de Colmar). — *Haussfeld* (anc. cad.). — Anc. village dont le ban était limitrophe de celui de Saint-Gilles. — *Vntz an die waltfurt die obwendig hüsen des dorfes lit*, xive s° (Stoffel, *Weisth.* 180).

Hüslenköpfle, canton du territ. de Fessenheim.

Hüsseren, c^on de Wintzenheim, primitivement canton d'Eguisheim. — *Heuseren apud Egesheym*, 1282 (Trouillat, *Monum.* II, 725). — *Huserin*, 1433 (urb. de Marbach). — *Hüsern*, 1278-1493 (reg. d'Unterlinden). — Couvent de femmes de l'ordre de Saint-Augustin. — *Priorisse ecclesie Sancti Leonardi in Hüsern*, 1245 (Als. dipl. I, 391). — *Priorisse et conventui sororum quondam in Huserin*, 1256 (ibid. 418). — En 1256, ce couvent fut transféré dans la vallée de Werra ou de Klingenthal, dans la Forêt-Noire, et en 1273 à Bâle.

Hüssern, c^on de Saint-Amarin. — *Heüsern*, 1550 (urb. de Saint-Amarin). — *Huszen*, 1576 (Speckel). — Dépendait du baill. de Saint-Amarin.

Huswald, forêt, c^ne de Wildenstein.

Hütstal berge, c^ne de Spechbach-le-Haut, 1421 (rôles de Saint-Morand).

Hüttelbach, ruisseau, c^ne de Stosswihr, affluent de la Petite-Fecht.

Hütten ou Melckerhütte, ff. c^ne de Kiffis.

Hüttenberg, coll. c^ne de Brunstatt.

Hüttenberg, coll. c^ne d'Hesingen. — *Hittenberg* (anc. cadastre).

Hüttenberg, c^nes de Burbach-le-Bas, Rammersmatt et Roderen. — *Am Huitberg*, 1421 (rôles de Saint-Morand). — *Am Hüttenberg*, 1569 (terr. de Massevaux). — *Hittenburg* (cadastre).

Hüttenbühler, canton du territ. de Riedisheim.

Hüttenbühl, canton du territ. de Gundolsheim. — *Zu Hütten bühl*, 1543 (rôle de Rouffach).

Hüttenbühl, canton du territ. de Zillisheim.

Hüttenen, c^ne de Hundsbach.

Hüttenfeld, canton du territ. d'Obermorschwiller.

Hüttenkopf, île du Rhin, à Baltzenheim.

Hüttenleich, canton du territ. de Fislis.

Hüttenplon, f. c^ne de Saint-Ulrich.

Hüttenschlag, canton du territ. de Largitzen.

Huttingen, vill. détruit, près d'Oltingen, dont il ne reste plus qu'un moulin dit *Huttinger* ou *Huttiger mühle*. — *Huttingen*, 1394 (urb. des pays d'Autr.). — *Zu Huttingen*, 1412 (Als. dipl. II, 321). — *Die müli ze Huttingen*, 1430 (comptes de la seigneurie de Ferrette). — *Moulin de Hauptingen* (Dépôt de la guerre).

Hüttstadt, canton du territ. de Mühlbach.

Hutzeleweyer, étang, c^ne de Seppois-le-Bas.

Hutzelhof, anc. f. c^ne de Mittelmuespach. — *Houtselhoff* (Cassini).

I

Ibach, ruiss. c^ne de Ribeauvillé. — *Vordere Ybach*... *Affter Ybach*, 1441 (urb. de Ribeaupierre). — *Vorder Ybach* (carte hydr.).

Ibenbach, ruiss. c^ne de Steinbrunn-le-Bas.

Iberg, mont. c^ne de Ribeauvillé.

Ichert, riv. du Bas-Rhin, qui prend sa source près d'Artzenheim, dans le Haut-Rhin. — *Mühlbach* (carte hydr.).

Iffis, c^ne de Cernay.

Igelsbach, ruiss. — Voy. Egelsbach.

Ihlenfuss, c^ne de Gildwiller.

Ihlerstual, c^te de Thann.

Ihrig, canton du territ. de Sundhofen.

Ile de Paille, île du Rhin, c^ne de Biesheim. — Voy. Strohstatt.

Ile Napoléon ou Rondelle, petite île à la jonction du

canal d'embranchement d'Huningue avec le canal du Rhône au Rhin, c^{ne} d'Illzach. — Hameau dépendant d'Illzach, à l'exception de la maison de garde, qui dépend de Rixheim.

..l, riv. qui prend sa source à Winckel, où on l'appelle *Illentspring*, traverse le département dans sa plus grande longueur, et entre dans le Bas-Rhin au-dessous d'Illhäusern. — *Supra ripam Ille fluminis*, 817 (Als. dipl. I, 66). — *Juxta fluminum Illa*, 845 (Herrgott, II, 27). — *Super fluvium Hilla*, 849 (Laguille, pr. 19). — *Flumen quod dicitur Hilla*, 1004 (Trouillat, *Monum*. I, 145). — *Hilla*, 1040 (*ibid.* 168). — *Cum Alsa fluvio*, xe siècle (Grandidier, *Égl. de Strasb.* p. j, I, 33). — *Ylla*, 1105 (*ibid.* Hist. d'Als. p. j, II, 199). — *Ad Illam flumen*, xiie siècle (*ibid.* p. j, II, xvii). — *Alsa*, 1262-1270-1289 (Ann. de Colmar, p. 24, 32, 136). — *Ultra Alsam*, 1349 (Trouillat, *Monum*. III, 614). — *Ellus fluvius*, 1551 (Grandid. *OEuvr. inéd.* I, 213).

..llates (Ès), c^{ne} de Magny.

..lberg, coll. c^{nes} d'Altkirch, Hirsingen et Hirtzbach. — *Illeberg*, 1347 (reg. Lucell.). — *Locus dictus Illeberg*, 1421 (rôles de Saint-Morand).

..lberg, coll. c^{nes} de Tagsdorf et de Heywiller.

..lberg, f. c^{nes} de Brunstatt et de Didenheim. — *Am Ilberg*, 1548 (urb. de l'hôp. de Mulhouse).

..llerten, prés, c^{ne} de Ligsdorf. — *Illerthal*, 1329 (reg. Lucell.).

..lletz, c^{ne} de Seppois-le-Bas. — *In der Hillis*, 1412 (reg. Lucell.).

..lfurth, c^{on} d'Altkirch. — *Illefurt*, 1254 (Als. dipl. I, 410). — *Curte de Illenvûrt*, 1271 (Trouillat, *Monum*. II, 206). — *Yllefurt*, 1314 (Mone, *Zeitschrift*, VII, 175). — *Die Vesti Ylfurt*, 1355 (Als. ill. IV, 93, d'après Tschudi). — Paroisse du décanat du Sundgau (Lib. marc.). — Formait une mairie de la seigneurie d'Altkirch : *Illefurt den hoff vnd das Meygertûm*, 1361 (Trouillat, *Monum*. IV, 168).

..lhäusern, c^{on} de Ribeauvillé, primitivement c^{on} de Riquewihr. — Cette c^{os} ne date que du xvie siècle.

..lthal, c^{ne} de Sainte-Croix-en-Plaine. — *Jn dem Illethal*, 1436 (abb. de Sainte-Croix).

..llzach, c^{on} de Habsheim, primitivement c^{on} de Lutterbach. — *Actum Hilciaco, Palatio regis*, 835 (Als. ill. III, 402). — *Ilzicha*, 1040 (Trouillat, *Monum*. I, 167). — *Ilzecha*, 1233 (*ibid.* 528). — *Hugo de Ilzeche*, 1246 (Als. dipl. I, 393). — *Heinrico de Hiltzich*, 1280 (Trouillat, *Monum*. II, 329). — *Ilczich*, 1291 (Chron. de Colm. 302). — *Ylziche*, 1278-1493 (reg. d'Unterlinden). — *Her Oswalden von Illitziche*, 1314 (Als. dipl. II, 108). — Ancien château. — Ancien fief, réuni en 1438 à la république de Mulhouse et incorporé à la France en 1798. — Au xve siècle, paroisse du décanat de *citra colles Ottonis* (Lib. marc.).

Illzach (Comté d'). L'ancien comté d'Illzach a dû comprendre, d'après les citations suivantes, toute la Haute Alsace, c'est-à-dire l'ancien Sundgau ou le landgraviat supérieur.

Il est certain que le Mundat supérieur, la vallée de Munster, le Rieth, la forêt de la Hart et les villages limitrophes en faisaient partie. — *In pago qui vocatur Rubiaca et in comitatu* Ilchicha, 672 (Laguille, pr. 3). — *Bonefacii vilare, Thurincheim, Hononheim, Jebinesheim, Sundhoña, Palgoŭña, Hard, Mathunheim, que omnia sunt in comitatu Bernhardi comitis in pago Alsacensi*, 896 (cart. de Munster). — *Saltum* (la Hart) *in comitatu Utonis comitis*, 1004 (Trouillat, *Monum*. I, 145). — *Steinbrunno in pago Suntgowe, in comitatu Ottonis*, 1025 (Als. dipl. I, 156). — *Saltum in comitatu qui pertinet ad locum* Ilzicha *situm*, 1040 (Trouillat, *Monum*. I, 167). — *Saltum in Alsatia juxta Rhenum in comitatu qui pertinet ad locum* Azich *situm*, 1040 (Als. dipl. I, 158). — *In comitatu* Illechik.... *marcha et curtis dominica Sulza et marcha de Metzerol, Scot tenwilre, Mulibach*, xiie siècle, cité an. 817 (*ibid.* 66.). — A la même époque, la marche de la cour colongère de Sigolsheim est citée comme étant située *in comitatu* Illichik (*ibid.* 67).

Illzacher Strässle ou Alte Sultzer Strass, anc. route. — Voy. Hochsträssle.

Iltis (Nieder), c^{ne} de Balschwiller.

Im Arm, c^{ne} de Balschwiller.

Imbelgut ou Himbelgut, f. c^{ne} de Munster. — *Imbelguth* (Cassini).

Imenbüchlé, ruiss. c^{ne} de Mühlbach, affluent du ruiss. de Mühlbach.

Imfeld, c^{ne} de Thann.

Im Grün, canton du territ. de Habsheim. — *Jn Grienn*, 1517 (reg. des préb. de Mulhouse).

Im Grün, canton du territ. de Wihr-en-Plaine. — *Jn Grien*, 1486 (rôle de Wihr).

Im List ou Auf dem Imlist, canton du territ. de Ligsdorf. — *Himlist* (anc. cadastre).

Immenacker, c^{ne} de Dolleren, 1567 (terr. de Mass.).

Immenlachen, canton du territ. de Largitzen.

Ingersheim, c^{on} de Kaysersberg, primitivement canton d'Ammerschwihr. — *In villa Annghishaim pumarito... et de una fronte pervenit usque in Fachinam fluvium... Actum in villa Annghishaim*, 772 (Als. dipl. I, 45). — *Onchisashaim, in loco qui dicitur Rigoltesberg*, 785 (Grandidier, *Hist. d'Als.* p. j, I, 43). — *In curte vel in marca Ongirnhaim unam vineam in ipso supercilio montis*, 794 (Als. dipl. I, 57). — *Ongersheim*, 823 (Laguille, pr. 16). — *Ecclesia Hungersheim*, 1114 (Grandidier, *Hist. d'Als.* p. j, II, 218). — *Ecclesia de Ungrersheim*, 1123 (Trouillat, *Monum.* I, 242). — *Ongersheim curiam cum vineis*, xii° siècle (abb. de Sainte-Croix). — *Zu Türingheim und zu Angersheim*, 1410 (Als. dipl. II, 319). — *Ongersshein*, 1456 (cens. de la cellenie de Munster). — *Oengersshein*, 1475 (reg. des domin. de Colmar). — En français, *Engiville* ou *Ongiville* (Dom Ruyr, *Antiq. de la Vosge*). — Paroisse du décanat d'*ultra colles Ottonis* (Lib. marc.). — Dép. de la seigneurie de Hohlandspurg. — Cour colongère, qui avait la même marche forestière que celle de Sigolsheim.

INGY (IM), canton du territ. de Neuwiller.

INSCHLAG, ISCHLAG ou EINSCHLAG (IM), canton des territ. de Balschwiller, Saint-Ulrich, Spechbach-le-Bas, Seppois-le-Haut et Waldighofen.

INSEL, h. c^{ne} de Sultzeren.

INTER COLLES, décanat dépendant du diocèse de Bâle et comprenant, au xv° siècle, les paroisses suivantes, savoir : Mulhouse, Brunstatt, Burnen, Zillisheim, Flaxlanden, Riedisheim, Leberatzwiller, Habsheim, Oberndorff, Eschentzwiller, Zimmersheim, Landser, Bruebach, Steinbrunn-le-Bas, Steinbrunn-le-Haut, Steinbrunn *Sancti Leodegarii*, Schlierbach, Dietwiller, Hohenkirch, Geispitzen, Waltenheim, Bartenheim, Blotzheim, Hesingen, Hegenheim, Ranspach, Knöringen, Berentzwiller, Jettingen, Helfrantzkirch, Stetten, Kappelen, Magstatt, Zäsingen, Kötzingen, Rantzwiller (Lib. marc.). — *Rud. Craftonis archidiaconi Inter colles*, 1283 (Trouillat, *Monum.* II, 378).

IRGILLER (BY DEM), c^{ne} de Werentzhausen, 1460 (rôles de Saint-Morand).

IRRBÜHL, mont. c^{ne} de Ranspach. — *Vff ein Berg*, *haisst der Irr Buëhell, den Etlich den Altenbrand nennen*, 1550 (urb. de Saint-Amarin).

IRRGARTEN, nom d'un canton du territ. de Sondersdorf. — *Zu Irgarden Böngarden*, 1348 (reg. Lucell.).

IRRIGWEG, chemin, c^{ne} de Gueberschwihr. — *Hirigen weeg* (anc. cadastre).

ISENACKER, c^{nes} de Burnhaupt-le-Bas et de Seppois-le-Haut.

ISENBACH, canton du territ. de Mitzach. — *An den Eisenbachruns*, 1550 (urb. de Saint-Amarin).

ISENBACH, f. et ruiss. c^{ne} de Sewen.

ISENBACH, ruiss. c^{ne} de Sainte-Croix-aux-Mines. — *Ysenbach.... Scheidet die benne von sant Blasien vnd S. Crütze*, 1441 (urb de Ribeaupierre).

ISENBERG, mont. c^{ne} de Massevaux.

ISENBREIT, c^{nes} de Rouffach et de Pfaffenheim. — *An der Ysenbreiten* (reg. des domin. de Colmar). — *In der Isenbreit*, 1489 (urb. de Marbach).

ISENBURG, anc. chât. près de Rouffach. — *Acta sunt hec in Isenburg*, viii° siècle (Als. dipl. I, 26). — *Castrum Isenburc*, xii° siècle (Grandidier, *Hist. d'Als.* p. j, II, 12). — *Dina von Ysenburg*, 1278-1493 (reg. d'Unterlinden). — *Wilhelm von Isenburg*, 1355 (Trouillat, *Monum.* IV, 75). — *Eisenburg*, 1576 (Speckel).

ISENBURG, c^{ne} de Leimbach.

ISENHEIM, c^{on} de Soultz. — *Ysenheim*, 1135 (Grandidier, *Hist. d'Als.* p. j, II, 294). — *Berhtold. de Isinhein*, 1149 (Trouillat, *Monum.* II, 710). — *Heimo scultetus de Isenheim*, 1196 (Als. dipl. I, 305). — *Eisenh.* 1576 (Speckel). — Paroisse du décanat de *citra colles Ottonis* (Lib. marc.).

Chef-lieu d'une seigneurie relevant primitivement de l'abbaye de Murbach et, plus tard, du landgraviat, et comprenant Ostheim, Merxheim, Rädersheim et Oberhergheim. — *Seigneurie d'Isenheim*, 1659 (ordonn. d'Als. I, 18). — Chef-lieu d'un bailliage de la subdélégation de Guebwiller, comprenant Isenheim, Merxheim et Rädersheim.

Préceptorerie d'Antonites. — *Preceptori domus et baliue sancti Anthonii in Ysenhein*, 1313 (Als. dipl. II, 104). — *Herr Præceptor zu sant Theingen in Ysenheimb*, 1724, cit. an. 1516 (Mossmann, *Chron. Gueb.* 109).

Cour colongère. — *Curiam... dictam den dinghoff sitam in villa Isenhein.... Scultetatus officio eidem curie annexo*, 1313 (Als. dipl. II, 104).

Léproserie. — *Gegenn dem Guttleüthuss*, 1543 (reg. des préb. de Mulhouse).

ISENHEIMENFELD, c^{ne} de Ruelisheim.

Les Antonites d'Isenheim y avaient une part du tribut (*Gewerf*) en 1394 (urb. des pays d'Autr.).

ISENHOLTZ, canton du territ. de Dornach. — *Jm Ysenholtz*, 1562 (reg. des préb. de Mulhouse).

ISENHUET, canton du territ. de Neuwiller.

ISENLAND (IM), c^{ne} de Schlierbach.

ISENMATT, c^{ne} de Breitenbach.

ISENRAIN, mont. entre Ribeauvillé et Sainte-Croix-aux-Mines. — *Vnd hinden vber den Eyserynnen Reyne*, 1394 (Als. dipl. II, 294). — *Vntz vff den Ysenrein*, 1441 (urb. de Ribeaupierre).

ISENRAIN, vign. c^{ne} de Habsheim.

ISENIG (IM), canton du territ. de Petit-Landau.

ISLES (AUX), c^{nes} de Chèvremont et de Roppe. — *Es Isles*, 1655 (cens. du chap. de Belfort).

ISLEWÖRTH, canton du territ. de Sainte-Croix-en-Plaine.

ISSELISGASS, c^{ne} de Mittelmuespach.

DÉPARTEMENT DU HAUT-RHIN.

Isselisweg, chemin, c^{ne} d'Hesingen.
Issigermättle, c^{ne} d'Aspach.
Isslach, ruiss. c^{ne} de Heiteren.
Issling et Isslenwald, c^{nes} de Traubach-le-Haut, *in die Yssel*, 1460 (rôles de Saint-Morand), et de Strueth, *in der Ysel*, 1615 (terr. de Strueth).

Itenhag, c^{ne} de Tagolsheim, 1421 (rôles de Saint-Morand).
Itenrieth, c^{ne} de Vieux Ferrette. — *Iten riut*, 1296 (Trouillat, *Monum.* II, 620).
Ittenholtz, fief de l'évêché de Bâle, c^{ne} de Kembs, auj. *le Schäferhof*.

J

Jaboumont ou Jabeaumont, ff. c^{ne} de Sainte-Croix-aux-Mines. — *Labomont* (Cassini).
Jacobswald, c^{ne} de Murbach.
Jacquelin (En), c^{ne} de Florimont.
Jacquelin (La Goutte), c^{ne} de Lutran.
Jägeracker, c^{ne} de Buschwiller.
Jägerberg et Jägerswald, c^{nes} de Rimbach (c^{on} de Massevaux).
Jägermatt, c^{ne} de Lautenbach.
Jägershünst, for. c^{ne} de Stetten, 1565 (urb. de Landser).
Jägersthal, c^{ne} de Wasserbourg. — *In Yägersthällin*, 1441 (urb. de Ribeaupierre).
Jäglesheiden, canton du territ. de Sondernach.
Jambe-de-Bois, forêt et goutte, c^{ne} de Sainte-Marie-aux-Mines.
Jargogne (La), tiss. c^{ne} du Puix (c^{on} de Giromagny).
Jebsenboden, c^{ne} de Sainte-Croix-en-Plaine.
Jebsheim, c^{ne} d'Andolsheim, primitivement c^{on} de Horbourg. — *Jebinesheim*, 896 (cart. de Munster). — *Advocatia in Ibisheim*, 1219 (Als. dipl. I, 338). — *Lutfridus de Jebenshein*, 1300 (Trouillat, *Monum.* II, 694). — *Yebensheim*, 1278-1493 (reg. d'Unterlinden). — *Ubishen... Vbishen*, 1373 (rôle de Grussenheim). — *Ubeshein*, 1422 (rôle de Turckheim). — *Ubisshein*, 1456 (cens. de la cellenie de Munster). — *Jebyssen*, 1543 (rôle de Volgelsheim). — *Ybiszheim*, 1583-1620 (reg. des fiefs würtemberg.). — *Jebschen*, xvie siècle (rôle de Jebsheim). — *Ipsenhein*, 1666 (reg. des domin. de Colmar). — Dép. du directoire de la noblesse de l'Alsace inférieure. — Cour colongère (*Alsatia* de 1854-1855, p. 69).
Jenacker, c^{ne} de Grentzingen.
Jenstück, c^{ne} de Burbach-le-Bas.
Jermen ou Järmen, canton du territ. de Francken.
Jermen ou Jörmen, canton du territ. d'Hesingen.
Jeschbach, c^{ne} de Burbach-le-Haut.
Jestett, petit château ruiné sur un monticule, derrière les bains de Soultzmatt (Als. ill. IV, 202). — *Herr Heinrich von Jestetten*, 1724, cit. an. 1541 (Mossmann, *Chron. Gueb.* 230).

Jestruet, c^{ne} de Niederbruck. — *An Yestruet*, 1568 (terr. de Massevaux).
Jesuitberg (Vacherie de), anc. f. c^{ne} de Rammersmatt (Cassini).
Jésuite (Cense du frère), à Boron (anc. cadastre).
Jesuiteracker, c^{ne} de Willer (canton d'Altkirch).
Jesuiterfiechten, c^{ne} de Berentzwiller.
Jesuitergut, c^{ne} de Leimbach.
Jesuiterhöltzle, c^{ne} de Pfetterhausen.
Jesuitermatten, c^{ne} de Heimersdorf.
Jetelesrain, c^{ne} de Riedisheim. — *Am Jüdlinsrain*, 1548 (urb. de l'hôp. de Mulhouse).
Jettenbrunnen, c^{ne} de Westhalten. — *Vff den Gettenborn weg*, 1489 (urb. de Marbach).
Jettingen, c^{on} d'Altkirch. — *Uettingen*, 1146 (Trouill. *Monum.* I, 299). — *Hütingen*, 1152 (*ibid.* 317). — *Houthingen*, 1154 (*ibid.* 326). — *Hottingen*, 1184 (*ibid.* 394). — *Utingen*, 1195 (*ibid.* 436). — *Vtingen*, 1421 (rôles de Saint-Morand). — *Eting*, 1576 (Speckel). — *Conrat von Jetingen*, 1580, cit. an. 1425 (Wurstisen, *Basl. chron.* 245). — Dép. de la mairie du Val de Hundsbach.
Jockisbrücklen, forêt, c^{ne} de Pulversheim.
Jocklebohler, c^{ne} de Lutterbach.
Johalle, canton du territ. de Waldighofen.
Johannesbrünnle, canton du territ. de Burnhaupt-le-Bas.
Johannesweg, c^{ne} de Hüssern (c^{on} de Saint-Amarin).
Johannisberg, f. et montagne, c^{ne} de Rimbach (c^{on} de Massevaux). — *Janesberg* (Dépôt de la guerre).
Joncherey, c^{on} de Delle. — *Alodium de Joncheres*, 962 (Als. dipl. I, 117). — *Jungeris*, 1114 (Grandidier, *Hist. d'Als.* p. j, II, 221). — *In villa seu banno de Juncherye inferiori*, 1290 (Trouillat, *Monum.* II, 487). — *Apud Junchori*, 1291 (*ibid.*). — *Dv vrbar der dörfer ze Gvntscherach*, 1303 (*ibid.* III, 62). — *Par le vay de Joncherey*, 1360 (*ibid.* IV, 143). — *Schunschera*, 1394 (urb. des pays d'Autr.). — *Zimsere*, 1576 (Speckel). — Joncherey formait anciennement deux communes : Joncherey-le-Haut et Joncherey-le-Bas. — Chef-lieu d'une mairie du domaine de Delle.

JONCHEREY, c^{nes} de Petit-Croix et de Charmois. — *Sur le chesaul appellez juncheriez..... le juncheroy*, xve siècle (urb. de Froide-Fontaine).

JONCHET, c^{nes} de Moval et de Sévenans-et-Leupe.

JONCHIÈRES (Ès), c^{ne} de Gros-Magny, 1655 (cens. du chap. de Belfort).

JONCHOT, canton des territ. de Meroux et de Vézelois. — *Au Jonchot... y Jonchat*, 1655 (cens. du chap. de Belfort). — *Sur le Jonchet* (anc. cadastre).

JONISNODEN, c^{ne} de Pfetterhausen.

JORDAN (IM), canton du territ. de Bartenheim.

JOSEN (IN DER), canton des territ. de Friessen et d'Uberstrass. — *In der Jesslin*, 1580 (urb. des redev. en deniers de Mulhouse).

JOSSON, c^{ne} de Froide-Fontaine. — *Le dieme appellez de josson*, xve siècle (urb. de Froide-Fontaine).

JOSTENMATTEN, c^{nes} d'Aspach-le-Bas et de Vieux-Thann.

JOUCHET (LE), ruisseau c^{ue} de Grandvillars. — *En jonchet..... joncheot*, xve siècle (urb. de Froide-Fontaine).

JUDENACKER, canton des territ. de Kientzheim, de Retzwiller et de Riquewihr. — *Judenacker*, 1328 (urb. de Pairis).

JUDENBERG, coll. c^{ne} de Seppois-le-Bas.

JUDENBRÜCKLEN, canton du territ. d'Eschentzwiller. — *Bey dem Juden Brücklein*, 1631 (terr. d'Eschentzwiller).

JUDENBURG OU GUTENBURG, château détruit au-dessus du Bonhomme. — *Eberhardus de Gutenburg*, 1235 (Als. dipl. I, 373). — *Ulric. de Guetenburg seu Hohnac* (Curios. d'Als. II, 216).

JUDENGRABEN, c^{ue} de Massevaux, 1568 (terr. de Mass.).

JUDENHUT, mont. c^{nes} de Murbach et de Rimbach.

JUDENLOCH, canton du territ. de Colmar.

JUDESLOCH, canton du territ. de Magstatt-le-Haut.

JUDENLOCH, canton du territ. de Turckheim. — *Iudenloch*, 1278-1493 (reg. d'Unterlinden).

JUDENMATT, terrain vague à Rouffach, où il y eut un massacre des Juifs en 1308 et en 1338.

JUDENRAIN, c^{ne} de Kientzheim.

JUDENWEG, chemin, c^{nes} de Kingersheim et de Richwiller.

JUDENWEGLE, chemin, c^{ne} de Walheim.

JUNCKERBERG OU JUGLERBERG, coll. c^{nes} d'Attenschwiller et de Folgensburg.

JUNCKERHANFLAND, c^{ne} de Sainte-Croix-en-Plaine.

JUNCKERNWEYER, c^{ne} de Feldbach, 1616 (terr. de Feldbach).

JUNGBAN (KURTZ-LANG-), c^{ne} de Rumersheim.

JUNGENBERG, coll. c^{ne} de Habsheim.

JUNGENBERG, coll. c^{ne} de Leimbach. — *Jm Jungennberg*, 1544 (reg. des pres. de Mulhouse).

JUNGENBERG, coll. c^{ne} de Pfastatt. — *Jm Jungenberg*, 1522 (reg. des préb. de Mulhouse).

JUNGENBERG, coll. c^{nes} de Riedisheim et de Rixheim. — *Vff dem Jungennberg*, 1561 (reg. des préb. de Mulhouse).

JUNGENBERG, c^{ne} de Soultz. — *Anne Jungen Berga*, 1324 (urb. de la comm^{rie} de Soultz).

JUNGFRAU (DIE), île du Rhin, c^{ne} de Village-Neuf.

JUNGFRAUENBRÜNNLE, source, c^{ne} de Wintzenheim.

JUNGFRAUENHAG, c^{ne} de Burnhaupt-le-Haut.

JUNGFRAUENKOPF, c^{ne} de Felleringen.

JUNGFRAUENWINCKEL, c^{ne} de Carspach.

JUNGFRAURUNTZ, ruiss. c^{ne} de Felleringen, affluent de la Lauch.

JUNCHOF, c^{ue} de Rixheim.

JUNGHOLTZ, h. c^{nes} de Soultz et de Rimbach. — *Cuonradus de Juncholz*, 1249 (Als. dipl. I, 402). — *Conradus de Joncoz*, 1263 (Trouillat, *Monum.* II, 136). — *Dom. Joh. de Jungholcz*, 1276 (Ann. de Colmar, 52). — *Jungholtz Burg vnd Stättlein in Sultzer bann gelegen*, 1471 (Als. ill. IV, 215). — Ancien château : *Jungholtz das slosz*, 1426 (Mone, *Zeitschrift*, XI, 337). — Paroisse du décanat de *citra colles Ottonis* (Lib. marc.).

JUNGHOLTZ, c^{nes} de Bisel, Feldbach, *an Jungholcz*, 1616 (terr. de Feldbach), Hunawihr, *in jungholtz... junckholt*, 1475 (reg. des domin. de Colmar), Liebentzwiller et Wittenheim.

JÜNGSTMATT, c^{ne} de Burbach-le-Haut.

JUSTENGRABEN, c^{ue} de Neuwiller.

JURA, chaîne de montagnes qui étend ses ramifications sur la plus grande partie du canton de Ferrette et du système desquelles les collines du Sundgau font également partie. — *Monte Jura altissimo* (César, *De Bello Gallico*, lib. I, § 2). — *Mons Jurassus* (Strabo, Geogr. lib. IV).

JUSTICE (FORT DE LA), fort, c^{ne} de Belfort.

K

KABIS (IM), canton du territ. de Habsheim. — *In dem Kabis*, 1701 (terr. de Notre-Dame-des-Champs).

KABISACKER, cantons des territ. de Spechbach-le-Haut, Fislis, Grentzingen, Hegenheim, Walbach (c^{on} de Landser).

KABISGARTEN, c^{ne} de Dirlinsdorf.

Kabisland, canton du territ. de Niedermorschwiller, cité en 1537 (rôle de Niedermorschwiller).

Kabismatten, c^{ne} de Hecken.

Kabisrain, c^{ne} de Blotzheim.

Kachelacker, c^{ne} de Bettendorf.

Kachelweyer, c^{ne} de Largitzen.

Kadereck, coll. c^{ne} de Walheim. — *Jn der Kadereckh*, 1597 (terr. de Walheim).

Käferberg, coll. c^{nes} de Bruebach, Brunstatt, Dietwiller, Ribeauvillé et Rixheim. — *Am Keſersberge*, 1328 (urb. de Pairis). — *Am Kefferberg*, 1548 (urb. de l'hôp. de Mulh.). — *Jm Käferberg*, 1548 (ibid.). — *Jm Käfferberg*, 1561 (reg. des préb. de Mulh.).

Käferkopf, c^{nes} de Katzenthal et de Mittelwihr.

Käferlaub, c^{nes} de Gundolsheim et de Rouffach. — *Jn der Kefferlouben*, 1489 (urb. de Marbach). — *Jn der Kefferlaub*, 1543 (rôle de Rouffach).

Käferloch, canton du territ. de Rädersheim. — *Keferloch*, 1453 (cart. de Murbach).

Käferloch, c^{ne} de Steinbach. — *Jn dem Kefferloch*, 1460 (rôles de Saint-Morand).

Käferloch, canton du territoire de Volgelsheim. — *Keuerloch*, 1543 (rôle de Volgelsheim).

Käfermesser, m^{on} isolée, c^{ne} de Thann.

Käffjegen, c^{ne} de Blodelsheim.

Kägy, mⁱⁿ, c^{ne} de Steinbrunn-le-Bas. — *Das Kegen... Kägen*, 1565, 1568 (urb. de Landser).

Kaibacker, cantons des territ. de Bartenheim, Blotzheim, Gildwiller, Munwiller, Rixheim, Sewen, Sondersdorf et Tagolsheim. — *Am Keybacker*, 1490 (urb. de Marbach).

Kaibengässlen, cantons des territ. d'Attenschwiller, de Hochstatt et d'Illzach.

Kaibengraben, ruiss. c^{ne} de Gundolsheim.

Kaibengrub, cantons des territ. de Sainte-Croix-en-Plaine, Holtzwihr et Wihr-en-Plaine. — *Vff die Keübengrub*, 1486 (rôle de Wihr).

Kaibengrün, canton du territ. d'Ensisheim.

Kaibenhag, cantons des territ. de Feldbach et de Köstlach.

Kaibenholtz, c^{nes} d'Hirsingen et d'Illfurth.

Kaibenloch, canton du territ. de Hundsbach.

Kaibenweid, c^{ne} d'Eguisheim.

Kaibenwüste, canton du territ. de Vöglinshofen. — *In der Keybenwüste*, 1424 (urb. de Marbach).

Kaibhag, cantons des territ. de Bettendorf, Strueth, Willer (Altkirch) et Wolschwiller.

Kaibhägle, cantons des territ. de Mörnach, d'Uberstrass et de Wolfersdorf.

Kaibmatten, canton du territ. de Jettingen.

Kaibylachen, canton du territ. de Seppois-le-Bas. — *In der Keiblachen*, 1498 (reg. Lucell.).

Kalbach (Le Bas- et le Haut-), ff. c^{ne} de Munster. — *Unterkalbach* et *Oberkalbach* (tabl. des dist.).

Kalbeballmend, c^{nes} de Manspach et de Traubach-le-Haut.

Kalberg, coll. c^{nes} d'Aspach-le-Bas et de Schweighausen.

Kalberg, coll. c^{nes} de Brunstatt et de Didenheim. — *Bym Kallenburg*, 1567 (reg. des préb. de Mulhouse). — *Hinder dem Kalennberg*, 1670 (ibid.).

Kalberg ou Kahlenberg, coll. c^{ne} d'Obermorschwiller.

Kalberg, coll. c^{ne} de Spechbach-le-Haut.

Kalbergärten, éc. c^{ne} de Burbach-le-Haut.

Kalberköpfle, c^{ne} de Geiswasser.

Kälbermiss, canton du territ. de Metzeral.

Kalberplatz, f. c^{ne} de Ribeauvillé.

Kalberweid, c^{ne} de Colmar.

Kälblin, h. c^{ne} de Fréland et montagne entre Fréland et Kaysersberg. — *Vff die Kelin*, 1441 (urb. de Ribeaupierre). — *Le Calvin* (anc. cad.). — D'après une étymologie populaire, ce nom signifierait *chauvin* et serait synonyme de l'allemand *Blossen*.

Kälblin, mont. et forêt, c^{nes} de Roderen et de Saint-Hippolyte. — *Des berges Kelbling genant*, XVIIe siècle (rôle de Bergheim). — *Helbling*, 1660 (Revue d'Als. de 1854, p. 137).

Kälbling, anc. f. c^{ne} de Luttenbach. — *Calvlin* (Cass.).

Kalbsköpfle, c^{ne} d'Herlisheim. — *Am Kalpsz-Köppfel*, 1482 (urb. de Marbach).

Kalbsläger, c^{ne} de Hombourg.

Kalchofen, anc. four à chaux à Guebwiller. — *Ad furnum calicum*, 1135 (Als. dipl. I, 211). — *Wernher von calcouene*, 1275 (Mossmann, Chron. Gueb. 404).

Kalchofen, rocher, c^{ne} d'Oberlarg. — La légende y place un trésor caché.

Kalchofen, ruiss. c^{nes} de Bergheim et de Roderen; il afflue au Thannenkircherbach.

Kalchofen, vign. c^{ne} d'Ingersheim.

Kalchrain, canton du territ. de Bendorf.

Kalchweg, c^{nes} de Galfingen et de Niffer.

Kalenwasenruntz, ruiss. c^{ne} de Luttenbach. — Voy. Petit-Ballon.

Kalhof, anc. f. c^{ne} de Kirchberg. — *Hoffstatt genant der Kalhoff*, 1567 (terr. de Massevaux).

Kaltenbach, c^{nes} de Burbach-le-Bas et Rammersmatt. — *In der Kaltenbach*, 1421 (rôles de Saint-Morand).

Kaltenbach, c^{nes} de Guewenheim et de Sentheim. — *Zu der Kaltenbach*, 1568 (terr. de Massevaux).

Kaltenbach, ruiss. c^{ne} de Soultz, affluent du Wuenheimerbach.

Kaltenbach ou Kattenbach, ruiss. c^{ne} de Dürmenach, affluent de l'Ill.

Kaltenbrunn, c^{ne}. — Voy. Froide-Fontaine.

Kaltenbrunn, source, c^{ne} de Bettlach.

KALTENBRUNN, source, cⁿᵉ de Dirlinsdorf.
KALTENBRUNN, source, cⁿᵉ d'Hagenthal-le-Haut.
KALTENBRUNN, source, cⁿᵉ de Kiffis. — *Kalten brunen*, 1472 (reg. Lucell.).
KALTENBRUNN, ruiss. cⁿᵉ de Thannenkirch.
KALTENBRUNN, f. cⁿᵉ de Wasserbourg.
KALTENBRUNNEN, cⁿᵉˢ de Traubach-le-Bas et de Traubach-le-Haut. — *Ein hoff lit zû Kaltenburnen*, 1421 (rôles de Saint-Morand).
KALTENBURN, f. cⁿᵉ de Sultzeren. — *Kaltbrunn* (Cassini). — *Kaltenborny* (tabl. des dist.).
KALTENRAIN, cⁿᵉ de Weegscheid. — *Kaltenrein matt... Kaltenreins gesig*, 1567 (terr. de Massevaux).
KALTEN RANG, cⁿᵉ de Thann.
KALTEN ROHM, cⁿᵉ de Roderen (cᵒⁿ de Thann).
KALTERST, canton du territ. de Flaxlanden. — *Vf dem Kaltarssenn*, 1544 (reg. des pres. de Mulhouse).
KALTWASSER, f. cⁿᵉ de Breitenbach. — *Froideaux* (Cassini).
KALTWASSERBACH, ruiss. cⁿᵉ de Breitenbach.
KÄLWLING, canton du territ. de Soultzmatt. — *An dem Kelwyling weg*, 1490 (urb. de Marbach).
KAMISPPAD, éc. cⁿᵉ de Mulhouse. — *Chamespfadt*, 1546 (reg. des préb. de Mulhouse). — *Kammespfadt*, 1548 (urb. de l'hôp. de Mulhouse).
KAMMERHOF, cⁿᵉ d'Eguisheim, anc. dépend. de Marbach.
KAMMSWALD, forêt, cⁿᵉ de Willer (cᵒⁿ de Thann). — *Den Kamerswalldt*, 1550 (urb. de Saint-Amarin).
KAMP, cantons des territ. de Hombourg et de Petit-Landau.
KAMPFELDE, cⁿᵉ de Traubach-le-Bas, 1460 (rôles de Saint-Morand).
KANALACKER, cⁿᵉ de Rouffach.
KANALBUCKEL, cⁿᵉ de Pfaffenheim.
KANALFELD, cⁿᵉ de Bergholtz.
KANDEL, cⁿᵉ de Dolleren. — *Hoffstatt zu Kandel... Zu Kandelpurn genant in der Aw*, 1567 (terr. de Mass.).
KÄNELMATTEN, cⁿᵉˢ de Heimersdorf, d'Illzach et de Leymen.
KANNBACH OU KANBACH, cⁿᵉ de Balschwiller, 1629 (rôle de Balschwiller).
KANNELBACH, ruiss. à Bühl en 1543 (cart. de Murbach).
KANNENMATTEN, cⁿᵉˢ de Falckwiller, Sternenberg et Traubach-le-Haut, 1421 (rôles de Saint-Morand).
KANNENWEYER, cⁿᵉ de Spechbach-le-Haut.
KANONENBERG, mont. cⁿᵉ de Wildenstein (Engelhardt, *Wand. Vog.* 26).
KANONENKÖPFLE, île du Rhin, cⁿᵉ de Geiswasser.
KANTZEL, coll. cⁿᵉ de Walheim, de Bettendorf et de Waldighofen.
KANTZLERBERG et KANTZLERWALD, forêt et vign. cⁿᵉˢ de Bergheim et de Ribeauvillé.

KAPPEL, f. cⁿᵉ de Munster.
KAPPELEKOPF, forêt, cⁿᵉ de Lucelle.
KAPPELEN, cⁿᵉ de Landser. — *Chapellon*, 1144 (Trouillat, *Monum.* I, 287). — *Kappel*, 1303 (ibid. III, 59). — *In Cappellen*, 1371 (ibid. IV, 301). — *Capel*, 1576 (Speckel). — Chef-lieu d'une prévôté du baill. supérieur de Landser, comprenant Bartenheim (partie), Helfrantzkirch, Stetten et Uffheim.
KAPPELEN (WELSCHEN), cⁿᵉ.. — Voy. CHAPELLE-SOUS-ROUGEMONT (LA).
KAPPENACKER, cⁿᵉ de Retzwiller.
KAPPENREBEN, cⁿᵉ d'Hagenthal-le-Bas.
KAPPENSCHLUND, cⁿᵉ de Hartmannswiller, 1453 (cart. de Murbach).
KAPPLER, canton des territ. de Balschwiller et de Gildwiller. — *Ann dem Kappler*, 1629 (rôle de Balschwiller).
KÄRLENBACH, ruiss. cⁿᵉ de Bitschwiller. — *Kehrlenbach* (cad.).
KARPFENACKER, cⁿᵉ de Luemschwiller.
KARPFENLOCH, cⁿᵉ de Sainte-Croix-en-Plaine.
KARSPRUNG, mine de fer, cⁿᵉ de Willer (cᵒⁿ de Thann).
KÄRSTELBERG, mont. cⁿᵉ de Bendorf.
KÄSACKER, cⁿᵉˢ de Bartenheim et de Balschwiller. — *An dem Käszacker*, 1629 (rôle de Balschwiller).
KÄSBERG, coll. cⁿᵉ de Niedermorschwiller et de Reiningen. — *Am Kesberg*, 1537 (rôle de Niedermorschwiller). — *Am Käszberg*, 1577 (rôle de Reiningen).
KASCHELBACH, cⁿᵉ de Rammersmatt.
KASCHELBERG, cⁿᵉ de Burbach-le-Bas.
KÄSHAG, île du Rhin, cⁿᵉ de Geiswasser.
KÄSMATTEN, cⁿᵉˢ d'Oderen, Felleringen, Zillisheim, etc.
KASTELACKER, cⁿᵉ d'Oderen.
KASTELBACH, ruiss. cⁿᵉ d'Orschwihr.
KASTELBERG, mont. cⁿᵉ de Guebwiller, 1314 (Mossmann, *Chron. Gueb.* 408). — Camp romain (Bulletin de la Société pour la conservation des monum. histor. d'Alsace, II, 223).
KASTELBERG, montagne, cⁿᵉ de Köstlach. — *Kastenberg* (cadastre).
KASTELBERG, mont. cⁿᵉ de Westhalten.
KASTELBERG, mont. cⁿᵉ de Metzeral, avec *Kastelbergfeil* et *Kastelbergrämft*. — *Auff ein Berg oder Kopff den man nennt den Alltencassten*, 1550 (urb. de Saint-Amarin).
KASTELBURG, cⁿᵉ de Kaysersberg.
KASTELGRABEN, cⁿᵉ de Reguisheim. — *Kastellgraben*, 1338 (Trouillat, *Monum.* III, 481).
KASTELTHAL, cⁿᵉ de Roderen (Thann). — *Castelthal* (cad.).
KASTEN, cᵘᵉ de Sewen. — *Am Kasten... an vollen Kasten... an den grossen Kast oder felssen*, 1567 (terr. de Massevaux).

KASTENWALD, forêt, c^{nes} d'Andolsheim, Wiedensohlen, Wolfgantzen, Weckolsheim, Hettenschlag et Appenwihr. — *Kastenholtz*, 1364 (rôle de Wiedensohlen). — *In das Köstenholz*, 1632 (Belagerung von Colmar, 29). — Il s'y trouve plusieurs tumulus qui, d'après la légende, sont hantés par un géant.

KÄSWEG, c^{ne} de Burnhaupt-le-Bas.

KATTENBACH, faubourg à Thann, séparé de la ville par la Thur. — *Kattenbach*, 1766, cit. an. 1343 (Kleine Thann. Chron. 22). — *Cathenbach*, 1724 (Thann. Chron. I, 19). — Ancien château : *Kattebacher Schlösslein*, 1620 (Kleine Thann. Chron. 47). — Couvent de franciscains fondé en 1297.

KATTENBACH, h. c^{ne} de Saint-Amarin.

KATTENBACH, ruiss. c^{ne} de Burnhaupt-le-Haut.

KATTENGRUND, canton du territ. de Wittelsheim.

KÄTTERLES-HÄUSEL OU KÄDERERHÄUSEL, canton du territ. de Brunstatt.

KÄTZELSTEIN, c^{ne} de Burbach-le-Haut. — *Am Kätzelstein*... *Katzenstein*, 1568 (terr. de Massevaux).

KATZEN et KATZENREBEN, c^{ne} de Flaxlanden.

KATZENBACH, ruiss. c^{ne} de Balschwiller. — *Neben dem Katzenbachgraben*, 1629 (rôle de Balschwiller).

KATZENBACH, ruiss. c^{ne} de Ferrette, affluent du Luppach.

KATZENBACH, ruiss. c^{ne} de Ligsdorf. — *In der Katzenpach*, 1431 (reg. Lucell.).

KATZENBACH, ruiss. c^{ne} de Rimbach, c^{on} de Massevaux. — *Jnn Katzenpach*, 1567 (terr. de Massevaux).

KATZENBERG, coll. c^{nes} de Balschwiller et d'Illfurth.

KATZENBÜHL, canton du territ. d'Oberhergheim. — *Zû Katzenbühel*, 1433 (urb. de Marbach).

KATZENELLENBOGEN, canton du territ. d'Eguisheim. — *Jn Katzenillenbog*, 1488 (urb. de Marbach). — Anc. redoute.

KATZENGÄSSLE, canton du territ. de Munwiller.

KATZENKOPF, c^{ne} de Schweighausen.

KATZENLAND, canton du territ. de Wintzenheim. — *Kozenlande*, 1278-1493 (reg. d'Unterlinden).

KATZENLOCH, canton du territ. d'Obermorschwiller.

KATZENMATTEN, c^{ne} de Sentheim. — *Neben der Kotzenmathen, et en marge, d'une écriture plus moderne, ietz Kazzematten*, 1568 (terr. de Massevaux).

KATZENPFAD, sent. et m. de garde-barrière à Habsheim.

KATZENPFAD, c^{ne} de Ligsdorf.

KATZENPFLUG, canton du territ. de Sultzeren.

KATZENRIETH, canton du territ. de la vallée de Munster.

KATZENSIPP, canton du territ. de Linsdorf.

KATZENSTEG, c^{ue} de Thann. — *Kazensteeg*, 1548 (Kl. Thann. Chron. 37).

KATZENSTEGLE, canton du territ. d'Ammerschwihr.

KATZENTHAL, c^{ne} de Kaysersberg, primitivement canton d'Ammerschwihr. — *Chazintalo*, 1184 (Als. dipl. I, 281). — *In Cazintal*, 1281 (Ann. de Colmar, 98). — *Kātzinthal*, 1288 (ibid. 136). — *Kazzental*, 1278-1493 (reg. d'Unterlinden). — *Katzendal*, 1456 (cens. de la cellenie de Munster). — Paroisse du décanat d'*ultra colles Ottonis* (Lib. marc.). — Dépendait de la seigneurie de Hohlandspurg. — Ancienne maison de recluses, transférée en 1288 à Ammerschwihr, et plus tard à Colmar, sous le nom de *Catherinettes*.

KATZENTHAL, c^{ne} de Blotzheim.

KATZENWADEL, canton des territ. de Bernwiller, de Burnhaupt-le-Bas et de Walbach (Landser).

KATZENWANGEN, village détruit, dont il ne reste plus qu'un moulin dit *Katzenwangenbruck*, c^{ne} de Bennwihr. — *Kazewang*, 1298 (Als. dipl. II, 69). — *Cunrat von Katzwangen*, 1303 (Als. dipl. II, 78). — *Kacewang*, 1278-1493 (reg. d'Unterlinden). — *Ann. Guntheri militis de Cazewangen*, 1322 (Nécrol. de Pairis). — *Katzewanck müle*, 1429 (urb. de Marbach). — *Ketzisbruck* (anc. cadastre).

KATZENWILLER ou KATZENBACH, ancien village réuni à Ammerschwihr.

KÄRZIUS (IM), canton du territ. de Ste-Croix-en-Plaine.

KAUFHOLTZ, forêt, c^{nes} de Bernwiller et de Spechbach-le-Haut. — *Kawfholtz*, 1394 (urb. des pays d'Autr.). — *Köffholcz grüben*, 1421 (rôles de Saint-Morand).

KAUFMANNSWEG, anc. chemin à Sentheim. — *Stost oben an herrn weg und unden an Kauffmans weg*, 1568 (terr. de Massevaux).

KAUL, anc. éc. c^{ne} de Dolleren. — *Ab einer hoffstatt zu Kaul*, 1567 (terr. de Massevaux).

KAULENBACH, ruiss. c^{ne} de Bühl, 1394 (cart. de Murbach).

KAY (IM), canton des territ. de Neuwiller et de Sondersdorf.

KAYERT, c^{ne} de Kaysersberg.

KAYSER, canton du territ. de Bennwihr.

KAYSER (IM), canton du territ. d'Aspach.

KAYSERACKER, c^{ne} de Mertzen.

KAYSERSBERG, chef-lieu de canton, arrond.^{t} de Colmar, primitivement du canton d'Ammerschwihr. — *Johannes de Kesyrsperch*, 1280 (Ann. de Colmar, 88). — *Datum Keisirsberg*, 1285 (Als. dipl. II, 33). — *Keisirsperg*, 1278-1493 (reg. d'Unterlinden). — *Hesse von Keisersperch*, 1291 (Als. dipl. II, 46). — *Prudentibus viris advocato consulibus et universis civibus in Keisersberg*, 1293 (Als. dipl. II, 59). — *Cæsaris montem*, 1610 (B. Rhenanus, *Rer. Germ.* 352). — *Kayserspurg*, 1632 (Belagerung von Colmar, 17). — *Mont-Libre*, 1791. — Ancien château : *In castro Keisersperg*, 1226 (Als. dipl. I, 354). — Prévôté impériale soumise à celle de Haguenau. —

DÉPARTEMENT DU HAUT-RHIN.

H. *Steinunge vogete ze Keysersberg*, 1336 (Als. dipl. II, 153). — *Reissvogt* ou *Prevôt de Kaysersberg*, 1697 (ordonn. d'Alsace, I, 332). — L'autorité de ce prévôt ou reichsvogt s'étendait sur Kaysersberg, Munster et Turckheim, villes de la Décapole, et sur les sujets immédiats de l'Empire à Ammerschwihr, Niedermorschwihr et Wintzenheim.
Paroisse du décanat d'*ultra colles Ottonis* (Lib. marc.). — Couvent de récollets ou franciscains (Alm. d'Als. de 1783). — Commanderie de l'ordre Teutonique. — *Den Tütschenherren von Keiserspery*, 1328 (urb. de Pairis).

Kayserserunnen, c^{ne} de Ribeauvillé.
Kaysenskammern, canton du territ. de Rixheim.
Kayserslacuen, canton du territ. de Niederhergheim. — *Vff dess Kaisserslachen*, 1430 (urb. de Marbach).
Kaysersmatten, c^{ne} de Munster.
Kayserstein, canton des territ. de Niedermorschwiller et de Hochstatt. — *Zu Keyserstein... am Keyersteinburn*, 1537 (rôle de Niedermorschwiller).
Kayserstuhl, rocher dans la forêt de Seelbourg, c^{ne} de Riquewihr.
Kehl (Im), cantons des territ. de Heidwiller, *zü Kelle*, 1491 (rôles de Saint-Morand), de Hundsbach et Willer, *in dem Kele*, xive siècle (Stoffel, *Weisth.* 6.), et d'Obermuespach.
Kehlehägle, c^{ne} de Henflingen.
Kehr, canton du territ. de Bühl.
Kehr, c^{ne} de Sentheim. — *Vff die Keer*, 1568 (terr. de Massevaux).
Kehrbacker, anc. f. c^{ne} d'Eschbach. — *Keracker* (Cassini).
Kehrbacker, c^{un} de Willer (c^{on} d'Altkirch).
Keicht ou Keucht, forêt, c^{nes} de Bouxwiller et de Sondersdorf. — *In dem Kyach*, 1348 (reg. Lucell.).
Keith, forêt, c^{nes} de Bischwihr et de Holtzwihr. — *Keith* (Cassini).
Kelbe, c^{ne} de Köstlach.
Kelberg, f. c^{te} d'Hagenthal-le-Bas. — *Kelberg* (tabl. des dist.).
Kelblene, c^{ne} de Heywiller.
Kellacker, c^{ne} de Weegscheid, 1567 (terr. de Massevaux). — *Keil* (anc. cadastre).
Kellberg, c^{ne} de Kötzingen.
Kellereywald, c^{ne} de Murbach.
Kellermühle, m^{in}, c^{ne} de Colmar.
Kellersegerten, c^{ne} de Mörnach.
Keltzberg, canton du territ. de Gueberschwihr. — *Am Keltzberge*, 1389 (urb. de Marbach). — *An dem Keltzberge*, 1488 (ibid.).
Kembs, c^{on} de Habsheim. — *Cambetem* (ex itinerario Antonini). — *Cambete* (ex Tabula Theodosiana).

— *Campiduna super fluvium Rhino, sive Chambeti*, 757 (Grandidier, *Hist. d'Als.* p. j, I, 25). — *Actum Chembez*, 1016 (Als. dipl. I, 150). — *Kembiz*, 1048 (Grandidier, *Hist. d'Als.* p. j, I, 249). — *Kemz*, 1103 (ibid. II, 190). — *Acta sunt hec in cimeterio ville que Chenbiz dicitur*, 1146 (Trouillat, *Monum.* I, 293). — Paroisse du décanat de *citra Rhenum* (Lib. marc.). — Deux cours colongères, dont l'une relevait de l'évêché de Bâle et l'autre de Saint-Alban de Bâle. — *In dem dorfe ze Keimps zwene höfe vnd zwene meigere*, 1340 (Trouillat, *Monum.* III, 508, et Stoffel, *Weisth.* I, 654). — Après l'organisation de l'intendance d'Alsace, Kembs fit partie du baill. supérieur de Landser.
On l'appelle aussi *le Grand-Kembs*, par opposition au *Petit-Kembs*, situé sur la rive droite du Rhin.

Kembsermühle, m^{in}, c^{ne} de Kembs.
Kembserstation, m^{on} isolée, c^{ne} de Schlierbach.
Kempfmatten, c^{ce} de Schweighausen.
Kempingen, canton du territ. de Soultzmatt. — *An dem Kempingen*, 1453 (reg. de Soultzmatt).
Kentelbach, c^{ne} de Mollau, 1550 (urb. de St-Amarin).
Kerben, c^{ne} de Balschwiller.
Kerbholtz, f. c^{ne} d'Oderen.
Kerbholtz, forêt, c^{nes} de Metzeral et de Stosswihr. — *Kerpholtz* (Cassini). — D'après la légende, elle était habitée autrefois par les Nains (Braesch).
Kercker (Im), canton du territ. de Katzenthal. — *Im Kercker*, 1475 (reg. des domin. de Colmar).
Kerliweg, c^{ne} de Volgelsheim, xive siècle (Stoffel, *Weisth.* 159).
Kermodé, f. c^{ne} de la Poutroye. — *Cormandé* (Cassini). — *Côte de Crimande* (Dépôt de la guerre). — *Goutte de la Grémaux* (carte hydr.).
Kernen, c^{nes} de Herlisheim, *jm Kerne*, 1490 (urb. de Marbach), et d'Uffholtz.
Kessel, mine de fer, canton du territ. de Steinbach.
Kessel (Im), c^{nes} de Dolleren, 1567 (terr. de Massevaux), et de Zellenberg, 1568 (rôle de Zellenberg).
Kesselaken, c^{nes} d'Eguisheim et de Hundsbach.
Kesselberg, c^{ne} de Berrwiller.
Kessele, ruiss. c^{ne} de Lutter.
Kessler (Am), c^{nes} de Guebwiller et de Pfetterhausen. — *Der Kesseler*, 1394 (cart. de Murbach).
Kessleracker, c^{ne} de Waldighofen.
Kestenholtz, c^{ne}. — Voy. Châtenois.
Kestenrain, c^{ne} de Thann.
Kestenwald, c^{ne} de Westhalten.
Ketsch, canton du territ. de Liebsdorf. — *Im Kesche*, 1340 (Trouillat, *Monum.* III, 520).
Ketsch, forêt, c^{ne} de Weegscheid.
Ketschenmatten, c^{ne} de Saint-Hippolyte.

KETTENBRUCK, pont, c^ne de Munster. — *Kettebruck*, 1456 (cens. de la camerene de Munster).

KETTENTHAL, vallon, c^ne d'Uffholtz.

KETTERLENACKER, c^nes de Bisel et de Heimersdorf.

KETZERSACKER, c^ne de Rantzwiller.

KETZENSPERG, canton du territ. de Carspach. — *An dem Ketzelsperg*, 1421 (rôles de Saint-Morand).

KETZLING, c^ne de Balschwiller.

KEUCHT, forêt. — Voy. KEICHT.

KEURVÉ, f. — Voy. COEURVÉ.

KIBI, canton du territ. de Bartenheim. — *Guibi* (anc. cadastre).

KICHEL (AM), canton du territ. de Bettendorf.

KIENTZELIN, canton du territ. de Zillisheim. — *Kintzelenfeld* (anc. cadastre).

KIENTZHEIM, c^on de Kaysersberg, primitivement canton d'Ammerschwihr. — *Coneshaim*, 785 (Grandidier, *Hist. d'Als.* p. j. I, 43). — *Chonesheim*, 952 (ibid. 117). — *Hesso de Coensheim*, 1260 (Trouillat, *Monum.* II, 97). — *Konsheim*, 1261 (cart. de Munster). — *Rudigerus de Könisheim*, 1276 (Trouillat, *Monum.* II, 273). — *Konisheim*, 1371 (ibid. IV, 303). — *Kônshein... Künshein*, 1407 (cens. de la la camerene de Munster). — *In oppido Cüensheim*, 1470 (Bern. Buechinger). — *Kunsheim*, 1632 (Belagerung von Colmar). — *Consheim... Coenssheim*, 1662 (Bern. Buechinger).

Au XVe siècle, Kientzheim formait deux paroisses du décanat d'*ultra colles Ottonis*, sous le nom de *Kientzheim-le-Haut* et de *Sainte-Régule* (Lib. marc.). — Cette dernière était une filiale du monastère des SS. Félix et Régule de Zurich (Grandidier, *Église de Strasb.* p. j, II, 261) et fut annexée à l'abbaye de Lucelle en 1295. — *Ecclesiam Sanctæ Regulæ in Kôntzheim*, 1295 (Trouillat, *Monum.* II, 582).

Dépendait de la seigneurie de Hohlandspurg. — Cour colongère, qui avait la même marche forestière que celle de Sigolsheim. — *Curiam de Chonsheim*, 1291 (Als. dipl. II, 51).

KIESGANGLAUCH, ruiss. c^ne de Merxheim. — *Vbér den Gusegang*, 1489 (urb. de Marbach). — *Vff den Gussgang*, 1531 (rôle de Gundolsheim).

KIESPACH, cense, c^ne de Hohroth.

KIESPFAD, c^ne. d'Eguisheim. — *Am Küszpfat*, 1475 (reg. des domin. de Colmar). — *Jm Kyssz... am Keyszpfat*, 1488 (urb. de Marbach).

KIFFELBERGE OU KIFFELSPERG, c^ne de Kaysersberg, 1475 (reg. des domin. de Colmar).

KIFFELWEG, c^ne de Traubach-le-Bas. — *Vf dem Kyffelweg*, 1544 (reg. des pres. de Mulhouse).

KIFFIS, c^on de Ferrette. — *Cvuis*, 1207 (Trouillat, *Monum.* II, 35). — *Kvuis*, 1253 (ibid. 71). — *Kü-*

fis, 1393 (ibid. IV, 565). — Dépendait de la mairie de Wolschwiller et de la paroisse de Roggenburg, en Suisse.

KILBACH, ruisseau, c^nes de Hüssern, de Malmerspach et de Moosch. — *Jm Killtbach*, 1550 (urb. de Saint-Amarin. — *Kuhlbach* (carte hydr.).

KILBEL, h. c^ne de Stosswihr. — *Kilchbühel*, 1339 (Als. dipl. II, 164). — *Cella in Kilchbühel... Capelle zu Kilchbühel*, 1407 (cens. de la camerene de Munster). — *Kirchenboel* (Cassini).

KILBENT, canton du territ. de Kirchberg. — Les cantons qui portent ce nom étaient des jouissances du marguillier (*Kilbert*, *Kilwart*, *Kirchwart*).

KILBERT, coll. c^ne de Winckel. —*Auf dem Külbert*, 1658 (reg. Lucell.).

KILBERTACKER, canton des territoires d'Eglingen, Grentzingen, Guewenheim, *bey Kilchwarts ackherle*, 1569 (terrier de Massevaux), et Hagenthal-le-Haut. — *Kilwart acker*, 1565 (reg. des préb. de Mulhouse).

KILBERTSHAG (IM), canton des territ. de Luemschwiller et de Willer (c^on d'Altkirch).

KILBERTSMATTEN, c^nes de Bergheim et de Hochstatt.

KILBERTSREY, canton du territ. de Leymen.

KILMATT, c^ne d'Eguisheim. — *In Kilmatten*, 1424 (urb. de Marbach). — *In Kilmat*, 1475 (reg. des domin. de Colmar). — *Kilchmatt*, 1690 (abb. de Ste-Croix).

KILTHALBERG, canton du territ. de Spechbach-le-Haut. — *In dem Kilchtal... Kiltal... Kittal... Kilchtalberg...*, *Kittelberg*, 1421 (rôles de Saint-Morand).

KIMMERRECHTLIN, c^ne de Rumersheim.

KIMMERSBERG, coll. c^nes de Brinighofen et de Helfrantzkirch.

KINDELBAUM, c^ne de Guewenheim. — *Beim Kindelbaum*, 1569 (terr. de Massevaux).

KINDELHURST, canton du territ. de Reguisheim.

KINDELSTEIN, canton du territ. de Bruebach. — *Oberhalb dem Kindelstein*, 1548 (urb. de l'hôp. de Mulhouse).

KINDSBERG, c^ne de Traubach-le-Bas.

KINGELEHUBEL, tumulus, c^ne d'Oberhergheim.

KINGELEWÖRTH, champ de manœuvre, c^ne de Village-Neuf.

KINGERSHEIM, c^on Nord de Mulhouse, primitivement canton de Lutterbach. — ? *Kekingen*, 1195 (Mone, *Zeitschrift*, d'après l'original, IV, 220). — *Kekingsem*, 1195 (Trouillat, *Monum.* d'après un codex, I, 434). — *Hekingezheim*, 1195 (Maldoner, *Besch. von Breysgau*). — *Cungerisheim*, XIIIe siècle (Als. ill. IV, 220). — *Gingersheim*, 1576 (Speckel). — *Sant Adolf zû Kungersshin*, XVIe siècle (Curiosités d'Als. II, 248). — *Köngerssheim*, XVIIe siècle (Mulhauser Gesch. 176). — Paroisse du décanat de *citra colles Ottonis* (Lib. marc.). — Fief vassal de la bannière de Landser. — Anc. château. — Dépendait du baill. d'Eschentzwiller.

KINTZINGEN, vill. détruit entre Dornach et Didenheim, dont il n'existe plus que des restes de fondations et les dénominations de *Kintzingerfeld*, *Kintzingergasse*, etc. appliquées à des cantons du finage de Didenheim. — *Chinzicha*, 728 (Als. dipl. I, 9). — *Cönzingen*, 1168 (Trouillat, *Monum.* I, 347). — *Zue Kintzingen*, 1615 (reg. des préb. de Mulhouse).

KIPACKER, canton du territ. de Sultzeren.

KIPOT, mont. entre la Madeleine et Rougemont.

KIPPINGEN, vill. détruit, d'après la tradition locale, près de Brinighofen, et dont l'emplacement est encore indiqué par un puits. On y trouve des débris de tuiles romaines.

KIRBLENSMATTEN, canton du territ. de Mörnach.

KIRBLIS, canton du territ. de Seppois-le-Haut.

KIRCHBERG, c^{on} de Massevaux. — *Kilchberg*, 1482 (Stoffel, *Weisth.* 85). — *Kilchberg*, 1576 (Speckel). — *Kilchberg*, 1691 (rôle de Guewenheim.) — Au xve siècle, paroisse du décanat du Sundgau (Lib. marc.). — Cette paroisse ne figure plus dans l'Almanach d'Alsace de 1783. — Dépendait de la juridiction du plaid de Guewenheim, et plus tard du baill. de Massevaux.

KIRCHBERG, cantons des territ. de Köstlach, Niedermorschwiller, Kappelen, Stetten, Steinbrunn-le-Haut et Vieux-Thann. — *Am Kilchberg*, 1477 (reg. de Saint-Amarin).

KIRCHBERG, canton du territ. de Wihr-au-Val. — *Am Kilchberg*, 1452 (rôle de Wihr).

KIRCHBERG, coll. c^{ne} de Rixheim. — *Jm Kilchberg*, 1549 (reg. des préb. de Mulhouse).

KIRCHBERGMÜHLE, mⁱⁿ, c^{ne} de Kirchberg.

KIRCHBÜHL, c^{ne} de Burbach-le-Haut. — *Kilchpühel*, 1568 (terr. de Massevaux).

KIRCHENWÜST, canton du territ. de Guebwiller.

KIRCHHEIM, anc. ferme sur les bords du Rhin, à la hauteur de la Rosenau. — *Der hof ze Kilchheim... Der selbe hof hat 1 zol vf dem Rine ze Kilchen... Der selb hof hat mit dem dorf* (Kirchen, sur la rive droite du Rhin) *nicht ze schafende, want er hat wn vnn weide, holtz vnn velt*, 1303 (Trouillat, *Monum.* III, 49).

KIRCHHOFEN, éc., c^{ne} de Traubach-le-Haut.

KIRISHAUL, canton du territ. de Murbach.

KIRSCHFELD, c^{ne} de Blotzheim.

KIRSCHGARTEN, c^{nes} de Moos et de Reiningen.

KIRSCHPFENNIG, c^{ne} de Colmar.

KIRSENBUSCHEN, forêt, c^{ne} de Sainte-Croix-en-Plaine.

KISELINGEN, c^{ne} d'Ammerschwihr, 1328 (urb. de Pairis).

KISS (AM), cantons des territ. de Köstlach, Mörnach et Rädersdorf.

KITTERLÉ, vign. renommé à Guebwiller. — *Kiderlin* (Als. ill. IV, 228).

KLANGACKER, c^{ne} d'Altenach.

KLANGHAUL, canton du territ. de Sultzeren.

KLÄNGLE, canton du territ. de Breitenbach.

KLANGMATTEN, c^{ne} de Sultzeren — *In der Glangmatten*, 1456 (cens. de la cellenie de Munster).

KLEB, canton des territ. de Wettolsheim et de Wintzenheim. — *Jm Clebe*, 1487 (urb. de Marbach).

KLEBACH, f. c^{ne} de Munster. — *Kleben* (tabl. des dist.).

KLEBACH, ruiss. c^{ne} de Mitzach. — *Im Klebbach*, 1550 (urb. de Saint-Amarin).

KLEBACH, c^{ne} de Sternenberg. — *Clébach* (cadastre).

KLEBERBACH, ruiss. c^{ne} de Kaysersberg. — *Klapperbach* (anc. cadastre).

KLEBERBRUNN, prés, c^{ne} d'Hirsingen.

KLEBERG, canton du territ. de Hirtzbach.

KLEBERG, coll. c^{ne} de Dirlinsdorf.

KLEEACKER, c^{ne} d'Eguisheim.

KLEEBRUNN, c^{ne} de Burnhaupt-le-Haut.

KLEEMATTEN, c^{nes} de Dieffmatten, de Habsheim, *Clematten*, 1701 (terr. de Notre-Dame-des-Champs) et de Niederbruck, *Kleematt*, 1568 (terr. de Massevaux).

KLEESTRENG, c^{ne} de Luemschwiller.

KLEFF, canton du territ. de Rimbach. — *Am Klefen... Kläfen... an die Klef... an die Kleff*, 1567 (terr. de Massevaux).

KLEFFELBACH, f. c^{ne} de Willer (c^{on} de Thann). — *Jm Klepfelbach*, 1550 (urb. de Saint-Amarin). — *Clefelbach* (cadastre).

KLEIBELEN, c^{ne} de Falckwiller.

KLEINALLES, canton du territ. de Mörnach. — *Klinulisrein*, 1416 (reg. Lucell.).

KLEINAUG, usine, c^{ne} de Malmerspach. — *Inn der Clainen aw*, 1550 (urb. de Saint-Amarin). — *Kleinau* (tabl. des dist.).

KLEINDORF, canton du territ. de Lutterbach. — *Villa minor Lutterbach*, 1372 (Trouillat, *Monum.* IV, 724). — *Vff das Klein Dorff*, 1544 (reg. des pres. de Mulhouse). — *Kleindorff* (ancien cadastre). — Ancien village dont il ne reste plus que le moulin Brodhag.

KLEINDÖRFLE, dépend. de Wasserbourg. — *In dem Kleinendorfflin*, 1441 (urb. de Ribeaupierre).

KLEINEY, c^{nes} de Burbach-le-Bas, *im Kleinen Eigen*, 1566 (terr. de Massevaux), et de Riespach.

KLEINFELD, c^{nes} de Bernwiller, Brinighofen, Buschwiller, Dietwiller, Eglingen, Emlingen, Feldbach. — *Im Kleinen veldlin*, 1616 (terr. de Feldbach, etc.).

KLEIN-HASENLOCH, f. c^{ne} de Wildenstein.

KLEINKOHLHAUSEN, canton du territ. de Hattstatt.
KLEINKOPF, mont. entre Linthal et Sondernach (Durrwell).
KLEIN-PFAFFENHEIM, autrefois petit hameau près de Pfaffenheim : il n'y reste plus qu'une auberge. — — *P⁴ Pfaffenheim* (Cassini).
KLEINRUNTZ, ruiss. c^{nes} de Malmerspach et Wildenstein.
KLEISBERG, canton du territ. de Fislis.
KLEMMERBACH, canton du territ. de Feldbach. — *Klemmerbach... Clemermatten*, 1616 (terr. de Feldbach).
KLEPFER, c^{ne} de Rädersdorf.
KLEPFERT, canton du territ. de Bettendorf.
KLEPPER, c^{ne} de Rouffach.
KLETTENBERG, canton du territ. de Bartenheim.
KLING, c^{nes} d'Aspach-le-Bas et d'Ottmarsheim. — *Jm Kling*, 1630 (cens. d'Ottmarsheim).
KLINGACKER, c^{ne} de Balschwiller. — *Auf dem Kling*, 1629 (rôle de Balschwiller).
KLINGELBACH, ruiss. c^{ne} de Magstatt-le-Bas. — *Klingelbach, ...Clingelbach*, 1609 (livre terrier de la même année).
KLINGELBERG, grand tertre rectangulaire, c^{ne} de Rantzwiller, situé en avant du camp du Schäntzlé et lui servant probablement de poste avancé.
KLINGELBRUNN, source à Hirsingen.
KLINGELHAG, c^{ne} de Hegenheim.
KLINGELLE, ruiss. c^{ne} de Spechbach-le-Haut. — *Entzwischent hanebach vnd hornbach, vnd der tolre vnd der Klingelle vnt der jlle*, xive s^e (rôle de Heimsbrunn). — *Klingelrunsz*, 1454 (rôles de Saint-Morand).
KLINGELMATTEN, c^{ne} de Saint-Ulrich.
KLINGELSTEIN, rocher, c^{ne} de Vieux-Ferrette.
KLINGENAU, canton du territ. d'Ottmarsheim. — *In Klingnaw*, 1630 (cens. d'Ottmarsheim).
KLINGENBIHNI, c^{ne} de Knöringen.
KLINGENBRUNNEN, c^{ne} d'Altenach.
KLINGENSTEIN, forêt, c^{ne} d'Uffholtz.
KLINGERWEYER, ruiss. et anc. étang, c^{ne} de Ballersdorf.
KLINGFURT, canton du territ. d'Herlisheim. — *By der clynckfurte*, 1490 (urb. de Marbach).
KLINSWALD, forêt, c^{ne} de Sondernach.
KLITZERSTEIN, canton du territ. de Mühlbach.
KLITZERSTEIN, rocher, c^{ne} de Vieux-Ferrette.
KLOBWEG, c^{ne} de Bennwihr. — *Clobweg* (cadastre).
KLÖPFERT (IM), vign. c^{ne} de Cernay.
KLÖPFSÄGERTEN, c^{ne} de Dirlinsdorf.
KLORR ou CLORR, c^{ne} de Kientzheim.
KLOSTERACKER, c^{nes} d'Enschingen et de Hohroth.
KLOSTERBACH, c^{ne} de Retzwiller.
KLOSTERBACH, ruiss. c^{ne} de Feldbach.
KLOSTERBACH, ruiss. c^{ne} de Soultzmatt, affluent de l'Ohmbach.

KLOSTERFELD, c^{ne} de Schweighausen.
KLÖSTERLE, m. isolée, à l'extrême frontière, c^{ne} de Kiffis. — *An des Klûsterlins ackre*, 1323 (Trouillat, *Monum*. III, 328). — *Clösterlein* (anc. cadastre). — Chapelle du P^t-Lucelle (Cassini). — La nef seule de cette chapelle se trouvait sur le territoire français.
KLÖSTERLE (ALT), rochers et caverne, c^{ne} de Vögtlinshofen.
KLOSTERMATTEN, c^{nes} de Heimersdorf et de Köstlach.
KLOSTERMÜHLE, m^{in}, c^{ne} de Landser.
KLOSTERMÜHLE, m^{in}, c^{ne} de Munster. — *Moulin du couvent* (carte hydr.).
KLOTZACKER, c^{ne} de Hecken.
KLOTZEN (IM), c^{ne} de Sigolsheim, 1717 (rôle de Sigolsheim).
KLÖTZLE, c^{nes} de Bantzenheim et de Rumersheim.
KLUSMATT, canton du territ. de Munster. — *Ze Klusmatten*, 1339 (Als. dipl. II, 166). — *Müle zu Klusmatt*, 1456 (cens. de la cellenie de Munster).
KLUSWALD ou KLUSEBENE, forêt, c^{ne} de Murbach.
KNABENBODEN, c^{nes} de Rixheim et de Zimmersheim.
KNABENMATT, c^{ne} de Sundhofen.
KNAPPENÜTTEL, canton du territ. de Sewen.
KNAPPENHÜTTEN, f. c^{ne} de Burbach-le-Bas.
KNAPPENLÖCHER, c^{ne} de Hüssern.
KNAWASEN, canton du territ. de Bernwiller.
KNIEBRECHT, c^{ne} de Bergheim.
KNIEBRECHT, canton du territ. de Westhalten.
KNITTEL (IM), canton du territ. de Jettingen.
KNOBLIGSCHLAG, c^{ne} de Pfastatt.
KNOBLISBERG, coll. c^{ne} de Stetten.
KNOLL, canton du territ. de Stosswihr.
KNOLPRÉ, h. c^{ne} de Fréland. — *Cnolprés* (Cassini).
KNOPF, coll. c^{ne} de Flaxlanden.
KNÖRINGEN, c^{on} d'Huningue. — *In villa Cnoringen*, 1090 (Trouillat, *Monum*. II, 7). — *Couno de Chunringen*, 1141 (ibid. I, 284). — *Cunradus de Chonneringen*, 1146 (ibid. I, 295). — *Henricus de Chnöringen*, 1184 (ibid. I, 391). — *H. de Knöringen*, 1265 (ibid. II, 160). — *Otho miles dictus de Kenenringuen*, 1275 (ibid. 266). — Paroisse du décanat d'*inter colles* (Lib. marc.). — Knöringen dép. de la mairie de Muespach.
KNOSPENKÖPFLE, c^{ne} de Fessenheim.
KOBELSBERG, coll. c^{ne} de Riquewihr. — *Kowolsberg*, 1420-1546 (inv. des arch. départ. E, 38). — *Am Kobelssberg*, 1475 (reg. des domin. de Colmar). — *Koboltzacker*, xive siècle (cens. de Riquewihr).
KÖBLESBERG, f. c^{ne} de Breitenbach. — *Hoblesberg* (Dépôt de la guerre).
KOCHERSBERG, h. aux houillères de Saint-Hippolyte. — *La Houillère* (Dépôt de la guerre).

Kochshag, c^{ne} de Köstlach. — *Geggen Kochshaag*, 1616 (terr. de Feldbach).

Kochswald, c^{ne} de Massevaux. — *Kochswaldt*, 1568 (terr. de Massevaux).

Kögelritz, canton du territ. de Breitenbach.

Kohlberg ou Kohlerberg, c^{ne} de Burbach-le-Haut.

Kohlberg, canton du territ. de Friessen.

Kohlberg (Le Grand-), en allemand der Grosse Kohlberg, f. c^{ne} de Lucelle. — *Colberg* (Cassini).

Kohlberg (Le Petit-), en allemand der Kleine Kohlberg, f. c^{ne} de Lucelle. — *Junckerhansenkopf*, xvie s^e (inv. des arch. dép. C, 63). — *G^{ge} Junckerbauchoff* (Cassini).

Kohlenberg, colline entre Obermorschwiller et Heywiller.

Kohlengraben, c^{nes} de Bühl et de Murbach.

Kohlengrub, f. c^{ne} de Kirchberg. — *Kolgruoben*, 1567 (terr. de Massevaux).

Kohlenruntz, f. c^{ne} de Günspach. — *Colrontz* (Cassini).

Kohlerbroch, c^{ne} de Willer (c^{on} de Thann).

Kohlgrub, cantons des territ. de Berentzwiller, Bisel, Francken, Hausgauen, Katzenthal, Ruederbach, Schwoben et Winckel. — *Auf die Kolgruben*, 1431 (reg. Lucell.).

Kohlhau, f. c^{ne} de Sultzeren.

Kohlhütte, cantons des territ. de Rammersmatt, Willer (c^{on} d'Altkirch) et Sainte-Croix-en-Plaine. — *Kohlhütt*, 1690 (abb. de Sainte-Croix).

Kohluütte, f. c^{ne} de Carspach. — *Charbonnière* (Cassini).

Kohlritt ou Kohlritti, c^{nes} de Bendorf, Dirlinsdorf et Obermuespach.

Kohlschlag, f. c^{ne} de Goldbach. — *Kolsenlack* (Cassini). — *Holtzschlag* (tabl. des dist.).

Kohlwald, forêt, c^{nes} de Bitschwiller et de Thann.

Kohlwasen, mine de fer à Moosch.

Kolaby, forêt, c^{ne} de Moosch.

Kolbacker, c^{ne} de Traubach-le-Bas.

Koldenbach, ruiss. c^{ne} de Metzeral, affluent de la Fecht.

Königbaum, c^{nes} de Kiffis, 1472 (reg. Lucell.), et de Cernay, *zem Küngesboume*, 1271 (parch. de Lucelle).

Königsboden, canton des territ. de Hirsingen et de Heimersdorf.

Königsburg, anc. château à Ensisheim. — *In Ensinssheim castello regis*, 1299 (Ann. de Colmar, 182).

Königstuhl, éc. c^{ne} de Felleringen. — *Königstiel-allment* (anc. cadastre).

Königstuhl, mont. à Guebwiller. — *Vff dem Küngstuol*, 1453 (cart. de Murbach).

Königsweg ou Neuweg, chemin, c^{nes} de Heiteren, Hombourg, Ottmarsheim et Chalampé, *vf den Newenweg*, 1630 (cens. d'Ottmarsheim).

Königswinckel, cantons des territ. de Burnhaupt-le-Haut et de Sainte-Croix-en-Plaine.

Konsteliers (In dem), c^{ne} de Dirlinsdorf, 1318 (reg. Lucell.). — Voy. Costillière (La).

Kopfacker, c^{ne} de Spechbach-le-Bas.

Köpflen (Le), f. c^{ne} de Lautenbach-Zell. — *Le Köpflein* (tabl. des dist.).

Köpfling, canton du territ. de Jettingen.

Kopfweg, c^{ne} de Bettendorf.

Korbacker, c^{ne} d'Enschingen.

Kornau, c^{ne} de Hombourg.

Körth, c^{ne} de Saint-Hippolyte.

Korvisa, c^{ne} de Burbach-le-Bas. — *Vff dem Korbusasz*, 1569 (terr. de Massevaux). — *In der Courvesa, Courvisaberg* (cadastre).

Kosackenloch, anc. gravière à Sainte-Croix-en-Plaine, où furent enterrés les Cosaques tués au combat de 1814.

Köstlach, c^{on} de Ferrette. — *Presbyter de Chesilacha*, 1144 (Trouillat, *Monum.* II, 709). — *Rudolphus de Cheselasche*, 1152 (ibid. I, 322). — *Hugo de Ceselache*, 1162 (ibid. 342). — *Hugo de Cheslache*, 1180 (ibid. 384). — *Hugo de Chesselacha*, 1221 (ibid. 485). — *Kesselach*, 1305 (ibid. III, 95). — *Queslach*, 1400 (ibid. IV, 627). — Paroisse du décanat de l'Ajoye (Lib. marc.). — Dép. de la mairie de Mörnach.

Kothburg höltzle, canton du territ. de Bettendorf.

Kotten, canton du territ. de Fislis. — *Von Kotten zu Fissliss*, 1414 (rôle d'Oltingen).

Kötzingen, c^{on} de Landser. — *Johannes dictus de Kötzingen*, 1273 (Trouillat, *Monum.* II, 236). — *In uilla seu in banno Kötzingen* 1283 (ibid. 370). — Paroisse du décanat d'*inter colles* (Lib. marc.). — Dépendait du baill. supérieur de Landser. — Cour colongère.

Kötzler, canton du territ. de Zellenberg. — *Am Kötzeler*, 1441 (urb. de Ribeaupierre). — *Vf den Ketzlerpfaad*, 1568 (rôle de Zellenberg).

Krachdeltz, c^{ne} de Petit-Landau.

Kraft, canton du territ. de Michelbach-le-Haut. — Peut-être l'ancien village de *Creften*, cité en 1262 (Trouillat, *Monum.* II, 117)?

Kraftweg, chemin à Michelbach-le-Haut.

Kräften, c^{ne} de Flaxlanden.

Krämerberg, coll. c^{ne} de Hochstatt.

Krämere, c^{ne} de Carspach.

Krämersgraben, c^{ne} de Berentzwiller. — *Kremersacker, Kremermatten*, 1421 (rôles de Saint-Morand).

Krapp (Der), canton du territ. de Schlierbach.

KRAPPENHURST, c^{ne} de Munwiller.

KRASTLEN, KRASTKOPF et KRASTWAND, c^{ne} de Burbach-le-Bas. — *Vf dem Krastelen*, 1568 (terr. de Massevaux). — *Krasskopf* (anc. cadastre).

KRATZEN (DER), mont. — Voy. GRESSON (LE).

KREBSBACH, ruiss. c^{ne} de Manspach.

KREBSBACH, ruiss. c^{nes} de Pulversheim et de Wittelsheim.

KREBSBACH, ruiss. c^{ne} de Wasserbourg.

KREBSBÄCHLE, ruiss. c^{nes} d'Ammertzwiller, Bernwiller et Spechbach-le-Bas, affluent du Spechbach. — Dans la première de ces communes il porte le nom de *Kaltenbach*.

KREBSBÄCHLE, ruiss. c^{ne} d'Hirsingen, affluent du Hundsbach.

KREBSBÄCHLE, ruiss. c^{ne} de Hirtzbach.

KREBSBRUCK, pont, c^{ne} de Wihr-au-Val.

KREBSGRABEN, ruiss. c^{ne} de Feldkirch.

KREBSLOCH, forêt, c^{ne} d'Hirsingen. — *Jnn Krebsloch*, 1565 (reg. des préb. de Mulhouse).

KREBSRUNTZ, ruiss. c^{ne} de Sondernach. — *Krebsbachruntz* (carte hydr.).

KREGGELNBACH, c^{ne} de Bitschwiller, 1550 (urb. de St-Amarin).

KREHWINCKEL, c^{ne} de Massevaux. — *Weg so in Kreewinckel gath*, 1568 (terr. de Massevaux).

KREMSTHAL, vall. et ruiss. c^{ne} de Ribeauvillé.

KREPENMÄTTLIN, c^{ne} de Moosch, 1550 (urb. de St-Amar.).

KRETZENGRÜN, île du Rhin, c^{ne} de Kembs.

KRETZMATTEN, c^{ne} d'Oberlarg.

KREUTZLINGEN, c^{ne} de Buetwiller. — *Ze Crüczelingen*, 1421 (rôles de Saint-Morand).

KREYBACH, ruisseau à Ranspach-le-Bas, affluent du ruiss. de Ranspach. — *Bi Chreïenbade*, 1288 (parch. de Lucelle). — *Die Kreüchenbach*, 1568 (urb. de Landser).

KREYBACHMÜHLE, m^{in}, c^{ne} de Ranspach-le-Bas.

KREYENBACH, canton du territ. de Guebwiller, anc. lieu habité. — *Hüsser in dem Kragenbach*, 1162 (Mossmann, *Chron. Gueb.* 399). — *Burcart von Kreienbach*, 1275 (ibid. 404). — *Burghart von Kregenbach*, 1286 (cart. de Murbach).

KREYENBERG, cantons des territ. de Hagenthal-le-Bas et de Soppe-le-Bas.

KREYENBERG ou KRÄHENBERG, mont. à Breitenbach.

KREYENBRÜCKLE, c^{ne} de Colmar.

KREYENBÜHL, c^{nes} de Hüssern et de Ranspach. — *An den Kreien büehell... Kreybühell*, 1550 (urb. de Saint-Amarin).

KREYENBÜHL, canton du territ. de Weltolsheim. — *An dem Kragen büchel*, 1429 (urb. de Marbach). — *Am Kragenbühel*, 1490 (ibid.).

KREYENBÜHL, canton du territ. de Riquewihr. — *Am Kragenbühel*, 1441 (urb. de Ribeaupierre).

KREYENECK, c^{ne} d'Orschwihr.

KREYENFELS, c^{ne} d'Oderen.

KREYENHURST, c^{ne} de Michelbach-le-Haut.

KREYENMATTEN, c^{ne} d'Oderen.

KREYHOLTZ ou GRAYHOLTZ, c^{ne} de Seppois-le-Haut.

KRIECHACKER, c^{ne} de Rädersdorf.

KRIECHBÜHL, canton du territ. d'Hunawihr.

KRIECHSTÜCKEN, c^{ne} de Wickerschwihr, 1475 (reg. des domin. de Colmar).

KRIEGACKER, c^{nes} de Wattwiller et de Zässingen.

KRIEGENBERG, c^{ne} de Wasserbourg, 1441 (urb. de Ribeaupierre).

KRIEGHAG, c^{ne} d'Uffheim.

KRIEGLACHEN, c^{ne} de Berentzwiller, 1421 (rôles de St-Morand).

KRIEGMATTEN, c^{nes} d'Illfurth et de Moos. — *Kriegmatte*, 1360 (reg. Lucell.). — *Nebent der Kriegmatten*, 1421 (rôles de Saint-Morand).

KRIEGSHURST, c^{ne} de Guebwiller.

KRIEGWEID, c^{ne} de Wittelsheim, 1548 (urb. de l'hôp. de Mulhouse).

KRIMES, f. c^{ne} de Dolleren. — *Krems* (Dépôt de la guerre). — *Grims* (anc. cadastre).

KRIMELSMATTEN, c^{ne} de Sentheim. — *Kriemelsmatten*, 1568 (terr. de Massevaux).

KRIMMEL, c^{ne} de Helfrantzkirch.

KRIMMELSBERG, c^{ne} de Traubach-le-Bas.

KRIPFEN, c^{ne} de Sigolsheim, 1717 (rôle de Sigolsh.).

KRIPFMATTEN, c^{ne} de Sentheim, 1568 (terr. de Mass.).

KRITT, c^{nes} de Bernwiller, Hegenheim et Hochstatt.

KRITTER, c^{ons} des territ. de Sondernach et de Soultz.

KRITTERWALD, c^{ne} d'Eschbach.

KRITTMATTEN, c^{nes} d'Hirsingen et de Burnhaupt-le-Haut.

KROMEN, c^{nes} de Brinckheim, Kappelen et Ranspach-le-Haut.

KRONACKER, c^{ne} de Burnhaupt-le-Haut.

KRONE, m. is. c^{ne} de Riedisheim. — *Vff dem Kronnberg*, 1554 (reg. des préb. de Mulhouse).

KRONENBERG, canton du territ. de Schlierbach.

KRONENBERG, canton du territ. de Tagolsheim.

KRONENBERG, canton du territ. de Zellenberg. — *Der Kronenberg*, 1441 (urb. de Ribeaupierre).

KRONENWÖRTH, île du Rhin, c^{ne} de Village-Neuf.

KRÖNING (BEI DER), canton du territ. de Pulversheim.

KNOPFENBACH ou KNAPFENBACH, c^{ne} de Riespach, 1421 (rôles de Saint-Morand).

KRÖNBERG, coll. — Voy. GRÖN.

KNÖSLEN, canton du territ. de Dornach.

KNOTH, anc. f. à Breitenbach. — *Krod* (Cassini).

Knottenburg, cne de Leimbach.
Knottenfüsz (Am), cne de Rouffach, 1475 (reg. des domin. de Colmar).
Knottenloch, cne de Thann.
Knottenmatte, cne de Gildwiller.
Knottenstryck, cne de Munwiller, 1490 (urb. de Marb.).
Krottlimatten, cne de Bettlach.
Krummbach, canton du territ. de Reiningen.
Krummbach, ruiss. cne de Roppentzwiller. — *By der Krummenbach*, 1421 (rôles de Saint-Morand). — *Grummbach* (Dépôt de la guerre).
Krummbach, cne de Thann. — *Grumbacher wald*, cit. ann. 1498 (Chron. Thann. I, 691).
Krummweyer, étang, cne de Heimersdorf.
Krutenau, canton du territ. de Kembs. — *Die in der Krutenowe sint gesessen*, 1303 (Trouillat, *Monum.* III, 47).
Krutenau, quartier à Colmar.
Krutenaugraben, ruisseau, cnes de Wiedensohlen et d'Urschenheim.
Krütn, con de Saint-Amarin. — *Gerute*, 1357 (reg. S. Amar.). — *Zu Gerut*, 1416 (Als. dipl. II, 324). — *Gerit*, 1576 (Speckel). — Dép. du baill. de St-Amarin.
Krützbach, ruisseau, cne de Lautenbach, affluent de la Lauch. — *Kreutzbach* (Durrwell).
Krötzbach, ruisseau, cne de Stosswihr, affluent de la Petite-Fecht. — *Kritzbach*.
Krützlenweyer, étang, cne de Seppois-le-Bas.
Kübelburg, canton du territ. de Kaysersberg.
Kübelrain, canton du territ. de Schwoben.
Kuche (In der), cne de Balschwiller.
Kuchenacker, cne de Heywiller.
Küchenpfann, cne de Meyenheim.
Kuckerswald, canton du territ. de Hohroth.
Küehusen, canton entre Obermorschwihr et Vögtlinshofen. — *Künenhusen*, 1424 (urb. de Marbach). — *Konhusen... Kunhusen... jn Künhusen*, 1488 (ibid.).
Kuenbach, f. et ruiss. cne de Mitzach.
Kuenenberg, cne de Hagenbach.
Kuenermühle, min, cne de Kuenheim.
Kuenheim, con d'Andolsheim, primitivement con de Horbourg. — *Cunenheim*, 987 (Grand. Hist. d'Als. p. j, I, 154). — *Cuonenheim*, xiie se (ibid. II, 22). — *Choneim*, 1114 (ibid. II, 218). — *Cuannehi*, 1152 (Trouillat, *Monum.* I, 317). — *Conenheim*, 1183 (Als. dipl. I, 278). — *Clericus de Cuenhen*, 1282 (Ann. de Colmar, 106). — *Cûnhein*, 1342 (Monc, Zeitschrift, XI, 330). — *Khuenheim*, 1513 (rôle de Kuenh.).
— Paroisse du décanat de *citra Rhenum* (Lib. marc.).
— Fief du comté de Horbourg. — Après l'organisation de l'intendance d'Alsace, Kuenheim fit partie du baill. de Marckolsheim. — Cour colongère (*Alsatia* de 1854-1855, p. 75).

Kueny (Am), canton du territ. de Helfrantzkirch.
Kuenymatt, cne de Hagenthal-le-Bas.
Kugelberg, coll. cnes de Bergheim et de Rorschwihr.
Kugele, coll. cne de Köstlach.
Kugelechtruntz, ruiss. cne de Metzeral, affluent du Mittlachruntz.
Kuh (Auf der), canton du territ. de Seppois-le-Haut.
Kühacker, cnes de Saint-Ulrich et de Wentzwiller.
Kuhallmend, cne de Bernwiller.
Kühberg, mont. cnes de Hohroth, Günspach et Wihr-au-Val. — *Vf der höchste des Künberges*, 1318 (Als. dipl. II, 121). — *Am Kienberg*, 1441 (urb. de Ribeaup.).
Kuhbeth, cne de Baldersheim.
Künfart, cnes de Feldbach et de Riespach.
Künfeil, cne de Mühlbach.
Kuhfeld, cne d'Illzach.
Kuhgass, cne d'Illfurth.
Kühhübel, coll. cne de Sondersdorf.
Kühläger, dépend. de Roderen, con de Ribeauvillé.
Kühlägen, cnes de Bergheim, Bernwiller, Heimersdorf, Hirsingen, Hirtzbach, Sainte-Croix-en-Plaine, Uffholtz, Willer (con de Thann), etc.
Kühlägergraben, ruiss. cne de Gueberschwihr, affluent du Fallbach.
Kühleberg, cne de Rixheim.
Kühlebrunnen, cne de Ligsdorf.
Kühlegraben, cne de Rouffach. — *Vff dem Külegraben*, 1489 (urb. de Marbach).
Kühlematten, cne de Bernwiller.
Kühlingsau, cne de Bischwihr (inv. des arch. dép. E, 28).
Künnantz, cne de Schweighausen.
Kuhspeck, cne de Fortschwihr.
Kuhstelly, cantons des territ. de Heimersdorf, Knöringen, Steinsultz, Stetten, Wentzwiller, Willer (con d'Altkirch), Wolschwiller, etc.
Kuuwald, forêt, cne de Dürmenach.
Kühwasen, cne de Bernwiller. — *Der Kugewasen*, 1346 (urb. de la commrie de Soultz).
Kuuweg, cnes de Feldbach, Fislis, Heimersdorf, Kiflis, Pfetterhausen, Reiningen, Waldighofen, etc. — *Vf den Küeweg*, 1616 (terr. de Feldbach).
Kühweid, cne d'Eguisheim.
Kumen (Am), cne de Dolleren, 1567 (terr. de Massev.).
Kümerle, cne de Fröningen.
Kumertsmatten, cne de Francken.
Kummele, cne de Spechbach-le-Bas. — *Das Kümelin*, 1421 (rôles de Saint-Morand).
Kummerruntz, ruiss. cne de Sondernach, affluent du Landersbach.
Kummerwand, cne de Sultzeren.

DÉPARTEMENT DU HAUT-RHIN.

Kumpf, c^{nes} de Günspach, *ob dem Kumpffe*, 1456 (cens. de la cellenie de Munster), et de Thann.

Kümpfelbrunnen, c^{ne} de Hagenbach.

Küngelstein, c^{ne} de Rammersmatt, 1421 (rôles de Saint-Morand).

Kuntzhof, anc. f. — Voy. Gundshof.

Küppelbürgen, nom d'un canton du territ. de Luemschwiller en 1548 (urb. de l'hôp. de Mulhouse).

Küppele, mont. c^{nes} d'Illfurth et de Zillisheim. — Ruines d'un ancien château dit *das alte Schloss* (Als. ill. IV, 93) : voy. le Bulletin de la Société pour la conservation des monum. histor. d'Alsace, III, 182.

Kuppeltann, c^{nes} de Bitschwiller et de Rammersmatt. — *An der Kuppeltanne*, 1421 (rôles de St-Morand). — *Vff einen hohen berg oder Kopf den man nennt Kupelthan*, 1550 (urb. de Saint-Amarin).

Küppen, canton du territ. de Bitschwiller. — *Am Kuppin*, 1550 (urb. de Saint-Amarin). — *Küppel* (anc. cadastre).

Küppenen, c^{ne} de Burbach-le-Bas. — *Vff der Kuppen... Vnder der Kippen*, 1569 (terr. de Massevaux).

Kürenbach, c^{nes} de Gundolsheim et de Rouffach. — *Kürenbach, Kurenbach, Korenbach, Kórenbach*, 1489 (urb. de Marbach). — *Kürenbach*, 1543 (*ibid.*).

Kürenberg, c^{ne} de Turckheim. — *Kürenberge*, xiv^e s^e (rôle de Zimmerbach). — *Kurenberge*, 1407 (cens. de la camerene de Munster). — *Kürenberg*, 1422 (reg. des domin. de Colmar).

Kürenbourg, vign. c^{ne} de Kientzheim. — *Am Kürenberge*, 1328 (urb. de Pairis). — *Im Kochrenburg*, 1734 (rôle de Kientzheim). — *Kürenbourg* (cad.).

Kuriermatt, c^{ne} de Bitschwiller et de Willer.

Kurren (In der) et Kurrenberg, c^{nes} de Leimbach et de Rammersmatt.

Kurtzbett et Kurtze Egerten, c^{ne} de Schlierbach.

Kurtzelacker, c^{ne} de Feldbach. — *Am Kurczelacker*, 1616 (terr. de Feldbach).

Kurtzelfeld, c^{ne} de Werentzhausen, 1460 (rôles de Saint-Morand).

Kurtzenbach, ruiss. c^{ne} de Griesbach.

Kurtzenhart (Die), c^{ne} de Wiedensohlen, 1364 (Stoffel, *Weisth.* 159).

Kurtzetagen, c^{ne} de Heiteren.

Kurtzfurch, c^{nes} de Sewen et de Winckel. — *Kurtz furchin*, 1567 (terr. de Massevaux). — *Zu Kurtzenfurch*, 1658 (reg. Lucell.).

Kurtzrain, c^{ne} d'Aspach-le-Bas.

Kurzell, c^{ne}. — Voy. Courcelles.

Kutschenweg, nom d'un ancien chemin à Niffer, qui parait être la tête de chemin du Bilgerweg.

Kutschenweg, chemin, c^{ne} de Petit-Landau, vers Hombourg.

Kuttelbach, ruiss. c^{ne} d'Ammerschwihr.

Kuttelmatt, c^{ne} de Kaysersberg.

Kuttelmatt, mont. c^{ne} de Storckensohn.

Kuttelerausgraben, nom d'un ruisseau à Steinbrunn-le-Bas : voy. Rev. d'Als. de 1853, p. 572.

Küttelsaue, c^{ne} de Riedwihr. — *Nebent den von Kuttolsowe*, xive siècle (abb. de Pairis, C. 12).

Kuttenthal, c^{nes} de Katzenthal et de Niedermorschwihr, 1328 (urb. de Pairis).

Küttigen-Sträng, c^{ue} de Diefmatten.

Kutzelthal, canton du territ. de Brunstatt. — *Im Kutzthal... Kutzenthals*, 1625 (urb. des redev. en deniers de Mulhouse).

Kutzenacker, c^{ne} de Falckwiller.

Kutzenloch, c^{ne} de Reiningen.

Kutzenwinckel, c^{ne} de Traubach-le-Haut.

L

Lada, canton du territ. de Rimbach. — *Im Abbach*, 1567 (urb. de Massevaux).

Labelhaus, f. c^{ne} de Soultzmatt. — *Lopelhos* (Cassini). — *Lappelhaus* (tabl. des dist.).

Laberenbuckel, forêt, c^{ue} de Soultz. — *Lapperbuckel* (carte hydr.).

Labeu, h. — Voy. Beu (La).

La Beue, forêt, c^{nes} d'Argiésans et de Bavilliers. — *La Buhe*, xve siècle (urb. de Froide-Fontaine). — *La Behu... La Beheux*, 1655 (cens. du chap. de Belfort).

La Beusse et la Buse, c^{nes} d'Anjoutey, Lagrange, Leval, Montreux-Château, Sevenans, Valdieu.

Lacaille (En), c^{ne} de Meroux. — *En la Gaille* (anc. cadastre).

Lach et Oberlach, c^{nes} de Roderen et de Rorschwihr.

Lachbühl, c^{ne} de Bennwihr.

Lachen, ff. c^{ne} de Geishausen.

Lachenberg, forêt, c^{nes} de Bendorf et de Heimersdorf.

Lachenen, c^{ne} de Francken.

Lachenmatten, c^{nes} de Balschwiller, Schweighausen et Wittelsheim.

Lachenweyer, étangs, c^{ne} de Heimersdorf.

Lacheratte (Ès), c^{ne} de Vourvenans.

Lachert, c^{ne} de Katzenthal.

Lachery, m^{in}, c^{ne} de Grosne (Baquol).

13.

LACHGRABEN, ruiss. c^nes de Kingersheim et de Wittenheim.
LACHIÈRES (LES), c^ne d'Andelnans. — *En la chieres*, 1655 (cens. du chap. de Belfort). — *Les Lassières* (anc. cad.), c^nes de Botans, de Buc et d'Offemont. — *En la Lachiere*, 1655 (cens. du chap. de Belf.).
LACHPLON, c^ne d'Urschenheim.
LACHRAIN, c^ne de Bouxwiller.
LACHTELWEYER, dép. de Kirchberg. — *Im Lachtelen... Lochtelweyer*, 1567 (terr. de Massevaux).
LACOLONGE, c^ne de Suarce.
L'À DERRIÈRE, c^ne de Froide-Fontaine.
LÄDERSKOPF, canton du territ. de Wihr-au-Val.
L'À DEVANT, c^ne de la Poutroye.
LADHOF, canton du territ. de Gundolsheim. — *Jm lade hoff*, 1489 (urb. de Marbach).
LADHOF, f. c^ne de Colmar. — *Lathoff*, xviiie s^e (Kriegs-Theatr. carte). — *Le Port* (Cassini). — Anc. débarcadère à l'endroit où l'Ill devient navigable.
LAFAINE, c^ne de Sainte-Croix-aux-Mines.
LAGASSE, ff. c^ne de la Poutroye.
LÄGER, f. c^ne de Dolleren.
LAGER (IM), d'après la tradition, ancien camp de la guerre de Trente ans, c^ne de Buschwiller, où l'on trouve des débris de ferraille, des balles, etc.
LÄGERBERG, c^ne de Falckwiller.
LÄGERWALD, c^nes de Burbach-le-Bas et de Guewenheim.
LAIENKÄPELLE, anc. chapelle à Rixheim.
LAIQUE (LA), quartier à Chèvremont.
LAIT (LE), h. c^ne d'Orbey.
LALENTZENMATTEN et LALEN HENTZENHAG, c^nes d'Altenach et de Seppois-le-Bas.
LAMBERTSBRUNN, c^ne de Guewenheim. — *Vff Lamprecht puren*, 1569 (terr. de Massevaux).
LAMBERTSWASEN, anc. éc. c^ne de Weegscheid. — *Hauss, hoff... gelegen zu Lamprechts wasen*, 1567 (terr. de Massevaux).
LAMBIDEL, c^ne de Wentzwiller.
LAMEISBERG, f. c^ne de Breitenbach. — *Lameysberg* (Cassini).
LAMMAMMERT, c^ne d'Eschentzwiller. — *In dem Langmannwerckh*, 1766 (terr. d'Eschentzwiller).
LAMONT, ancienne f. c^ne de Boron. — *Ferme du Lamont* (anc. cadastre).
LAMPEDEN, c^ne de Reiningen.
LAMPEN, c^nes d'Aspach-le-Bas et de Cernay.
LANÇOIR, forêt, c^ne de Sainte-Croix-aux-Mines.
LANDAU, c^ne de Kuenheim. — *Landouwe*, 1513 (Stoffel, *Weisth.* 214).
LANDBACH, nom de la Liepvrette à Sainte-Marie-aux-Mines, où elle sépare la partie Alsace de la partie Lorraine, et où elle forme encore la ligne de démarcation entre la langue française et la langue allemande — *Landtbach*, 1441 (urb. de Ribeaupierre).
LANDBERG, mont. c^ne du Puix (c^on de Giromagny).
LANDEL et LANDELBERG, cantons des territ. de Spechbach-le-Bas et de Spechbach-le-Haut. — *Jn dz le gental... vber den langental berg*, 1421 (rôles Saint-Morand).
LANDENBERG, c^ne de Burbach-le-Haut.
LANDENBÜHL, cant. entre Leymen et Liebentzwiller. *Landen Bihl* (anc. cadastre).
LANDERSEE, anc. f. c^ne de Sondernach. — *Landers* (Cassini).
LANDERSPACH, h. c^ne de Sondernach. — *Jn Landerspac* 1456 (cens. de la cellenie de Munster). — Le ru seau qui porte ce nom est un affluent de la Fecht.
LANDFÜRSTENWEYER, étang, c^nes de Hirtzbach et de La gitzen.
LANDGRABEN, c^ne de Pfetterhausen.
LANDGRABEN (LE) ou LE FOSSÉ PROVINCIAL, fossé séparation de la Haute et de la Basse Alsace. — *Lanntgraben*, 1465 (Als. dipl. II, 399).
LANDRIÈRE, canton du territ. de Valdoye. — *Ès Landroies*, 1655 (cens. du chap. de Belfort).
LANDSBURN, anc. f. à Eschbach. — *Landsborn* (Cass.
LANDSER, ch.-l. de c^on, arrond. de Mulhouse. — *Lan desere*, 1269 (Als. dipl. I, 465). — *Lansere*, 127 (Ann. de Colmar, 34). — *Her Johans der Kilcher von Landesere*, 1297 (Trouillat, *Monum.* II, 647) — *Landesehr*, 1580 (Wurstisen, *Basl. Chron.* 20) — *Landsehr*, xviie s^e (Mülh. Gesch. 97, etc.). Ancien château : *De castro dicto Landisera*, 124 (Als. dipl. I, 394).

L'ancienne seigneurie de Landser était un fie des landgraves de l'Alsace supérieure. De cette seigneurie relevaient les fiefs indiqués dans la notice suivante, qui est du xve siècle (urb. de Landser, C. 768) : *Designation der Ritters dörffer son von altem her dem Paner Landser zuzuziehen gehörig* : Wentzweiler, Häsingen, Sierentz, Bruetbach, Zimersheim, Landouw, Banlach, Wittenheim, Ballgöw, Buwschwyler, Hägenheim, Obersteinbrunn, Brunstatt, Eschetzweiler, Honburg, Reiwyler, Heitteren, Huningen, Pringgen, Nidersteinbrunn, Riedissheim, Newforen, Bellingen, Kingersheim, Namssen.

En 1697, le département du bailliage de Landser comprenait : «Landser, Dietviller, Schlierbach, Geispitzen, Waltenheim, Rantzviller, Ober-Magstatt, Stetten, Battenheim, Capellen, Helfrantzkirch, Nider-Michelbach, Ober-Michelbach, Nider-Anspach, Ober-Anspach, Attenschviller, Nider-Magstatt, Habsheim, Prüncken, Kembs, Ottmarsheim, Bantzenheim, Rumersheim, Blodelsheim, Tessenheim,

Hirtzfeld, Sausheim, Baldersheim, Münckahausen, Nifer, Hombourg, Landau, Brubach, Ketzingen, Ober-Steinbrunn, Nider-Steinbrunn, Eschentzwiller, Sierentz, Hesingen, Hegenheim, Blotzheim, Zimersheim, Uffheim, Bartenheim et Rixheim» (ordonn. d'Als. I, 321). — Ce bailliage était divisé en supérieur et inférieur : *Ze landeser jn dem nideren ampte auf der hart*, 1394 (urb. des pays d'Autr.). Le bailliage supérieur, dépendant de la subdélégation de Ferrette, comprenait les six prévôtés (*Schultheisenthümer*) de Blotzheim, Dietwiller, Kappelen, Landser, Michelbach-le-Haut et Schlierbach; le bailliage inférieur, dépendant de la subdélégation de Colmar, comprenait les prévôtés de Habsheim, Ottmarsheim, Rixheim et Sausheim.

La prévôté de Landser comprenait Geispitzen, Kötzingen, Magstatt-le-Bas, Magstatt-le-Haut, Rantzwiller et Waltenheim.

Paroisse du décanat d'*inter colles* (Lib. marc.). — Couvent de capucins, fondé en 1664.

LANDSKRON, anc. chât. fort sur une montagne au-dessus de Leymen, détruit par les alliés en 1813. — *Cůnrat der münch von Landeskrone*, 1316 (Trouillat, *Monum*. III, 234). — *Lantzkron*, 1344 (Mone, *Zeitschrift*, IV, 460). — *Landzcron*, 1349 (Als. dipl. II, 194). — *Landscrona*, 1358 (ibid. 219). — *Landeskron*, 1391 (ibid. 237).

LANDSTRASS OU LANDSTRÄSSLE, anc. route qui se détache de la voie romaine de Milan à Mayence dans le ban de Jebsheim, traverse Muntzenheim, Fortschwihr, le ban d'Andolsheim, et aboutit à Sundhofen. L'ancien cadastre la désigne sous les noms de *Strässel* à Jebsheim, *Landsträssel* à Fortschwihr et *Landsträsslein* à Andolsheim. A Sundhofen elle est rejointe par le Hochweg de Ste-Croix-en-Plaine et par la Schweitzerstrass de Dessenheim.

Il est plus que probable que ce tronçon de route est la continuation de l'ancienne voie de la rive droite de l'Ill, dont le tracé est indiqué sur la carte du Dépôt de la guerre, à partir des Zollhäuser d'Ensisheim jusqu'auprès d'Oberhergheim, et qui porte aussi le nom de *Strässel* (anc. cadastre de Meyenheim). — Voy. ALTSTRASS.

LANDSTRÄSSLE, anc. route allant en droite ligne de Knöringen à Magstatt-le-Bas, en passant par les Trois-Maisons de Helfrantzkirch. Elle a dû relier entre elles les deux voies de Mandeure à Augusta et de Mandeure à Kembs. — *Auf dem linsenberg nit weith von der stross*, 1568 (urb. de Landser). — *Landsträsslen* (anc. cadastre de Helfrantzkirch).

LANDSTRÄSSLE, nom de l'Altstrass à Rixheim.

LANDSTRASSWEG, chemin, c^{ne} de Saint-Ulrich.

LANDWASSER, ruisseau à Colmar, affluent de la Lauch (Dépôt de la guerre). — *Nebent dem lantwatte*, 1371 (reg. de Saint-Martin).

LANGÄCKERLE, ff. c^{ne} de Hohroth. — *Les lange deckerlein* (tabl. des dist.).

LANGE EGERTEN, c^{ne} de Schlierbach.

LANGEICH, c^{ue} de Mittelmuespach, anc^t *Montagweg*.

LANGELITTENHAG, forêt, c^{ne} de Burnhaupt-le-Haut.

LANGEMATT, h. c^{ne} de Geishausen.

LANGEMATT, anc. f. à Sultzeren. — *Languematt* (Cass.).

LANGENBACH, mine de fer à Felleringen.

LANGENBACH, ruiss. à Griesbach et à Hohroth. — *Langenbach*, 1441 (urb. de Ribeaupierre).

LANGENBERG (LE GRAND- et LE PETIT-), f. et mont. c^{ne} de Sewen. — *Langenberg*, 1567 (terr. de Massevaux).

LANGEN BRECHEN, c^{ue} de Hüssern (Saint-Amarin).

LANGENFELD, ff. c^{ne} de Sondernach. — *Langenfeld* (Cass.).

LANGENFELD, h. c^{ne} de Kirchberg. — *Langfeld*, forge (carte hydr.). — *Zu Langenfeldt*, 1567 (terr. de Massevaux). — *Longchamps*, 1565-1613 (inv. des arch. dép. C, 44).

LANGENFELD, anc. f. à Linthal (Cassini). — Voy. WIRBELKOPF.

LANGENFURCH, c^{nes} d'Altenach et de Bisel, *in der lange furch*, 1309 (reg. Lucell.), de Largitzen, de Rammersmatt, *bi der langen fürch*, 1421 (rôles de St-Morand), et de Soultzmatt, *neben der langenfurch*, 1489 (urb. de Marbach).

LANGENFURTH (AM), c^{ne} de Malmerspach, 1550 (urb. de Saint-Amarin).

LANGENGRUND, c^{nes} de Hesingen et de Thann.

LANGENHOLTZ, forêt qui s'étend entre Werentzhausen et Wentzwiller. — *Langholtz*, 1576 (Speckel).

LANGENODEN, c^{ne} de Pfetterhausen.

LANGENRAIN, c^{nes} d'Aspach-le-Bas et de Bergheim.

LANGENRÜCK, c^{ne} de Willer (c^{on} de Thann).

LANGENSATZGRUND, île du Rhin, c^{ne} de Kembs.

LANGENSTEIN, canton du territ. de Didenheim. — *Bim Langenstein*, 1670 (reg. des préb. de Mulhouse).

LANGENSTEIN, canton du territ. de Gundolsheim. — *By dem langensteyn*, 1489 (urb. de Marbach).

LANGENSTEIN, canton du territ. de Herlisheim. — *Am langenstein*, 1389 (urb. de Marbach).

LANGENSTEIN, roche renversée, c^{ne} de Soultzmatt, près du chemin de Schäferthal.

LANGENSTEIN (BI DEM), c^{ne} d'Illfurth, 1421 (rôles de Saint-Morand).

LANGENSTEIN (VFF DEM), c^{ne} de Dolleren, 1567 (terr. de Massevaux).

LANGEREN, f. c^{ne} de Sultzeren.

LANGERITT, c^{ne} de Berentzwiller.

LÄNGERSBRUNNEN, c^{ne} d'Obermuespach.

LÄNGERSCHMATT, c^ne de Dirlinsdorf.

LANGETAGEN, c^ne de Heiteren.

LANGHAG OU LANGENHAG, c^nes de Bernwiller, Dornach, Habsheim, Heidwiller, Illzach. — *Vff denn Langenhag*, 1553 (terr. d'Illzach, etc.).

LANGHAGEL, mont. c^ne de Hohroth.

LANGMATTE, f. c^ne de Rimbach, c^on de Massevaux. — *Langmath... in der Langen matten*, 1567 (terr. de Massevaux).

LANGMATTEN, h. c^ne de Lutter.

LANGMOOS, ruiss. c^ne de Liebentzwiller.

LANGSCHLOFF, c^ne de Wittenheim.

LANGSEELEN, canton du territ. d'Eguisheim. — *An der langen selen*, 1433 (urb. de Marbach).

LANGSTEG, f. c^ne de Bühl.

LANGTHAL, h. c^ne de Sainte-Marie-aux-Mines.

LANGTHAL, vallée, c^ne d'Oberlarg.

LANGWÄSLE, pât. c^ne d'Oderen.

LANGWILWÄLDELE, c^ne d'Eguisheim.

LANTZENACKER, vign. c^nes de Katzenthal et de Niedermorschwihr. — *Jm Lentzenackher*, 1560 (abb. de Pairis, C. 12).

LANTZENMATTEN, c^nes de Hausgauen et de Schwoben.

LANTZIGER BODEN, c^ne de Lutter.

LAPPINI OU LAPPEN BINI, c^ne de Sentheim, 1568 (terr. de Massevaux).

LARGA, anc. ville romaine dont les ruines se retrouvent aux lieux dits : *Murenmatten*, *Goldigberg* et *Wallisberg*; à Friessen, et *Golden*, à Largitzen. — *Largam* (ex itinerario Antonini). — *Large* (ex tabula Theodosiana).

LARGBACH, ruiss. c^ne de Pfetterhausen, affl. de la Largue, à Seppois-le-Haut.

LARGE VOIE, forêt, c^ne de la Chapelle-sous-Chaux.

LARGITZEN, c^on d'Hirsingen. — *Hainricus de Largis*, 1232 (Trouillat, *Monum.* I, 525). — *In Larguice*, 1248 (ibid. II, 66). — *Largitz*, 1303 (ibid. III, 61). — Paroisse du décanat de Massevaux (alm. d'Als. de 1783). — Dép. de la mairie de la Largue.

LARGMÜHLE, m^in, c^ne de Niederlarg.

LARGUE, riv. — *Apud Largam*, 1243 (Trouillat, *Mon.* I, 563). — Elle est formée de trois branches, savoir : la grande, la moyenne et la petite Largue. La première prend sa source à Oberlarg, passe à Levoncourt, à Courtavon et à Seppois-le-Haut ; la moyenne prend sa source à Bendorf, traverse Dirlinsdorf, Moos, Niederlarg, et se réunit à la précédente, à l'entrée du village de Seppois-le-Haut ; la petite vient de l'étang de Pfirtweyer, au nord de Dirlinsdorf, et se jette dans la grande Largue à Friessen, après avoir passé près de Mörnach, à Bisel et à Largitzen. A partir de ce point jusqu'à Dannemarie, la Largue suit la direction du S.-E. au N.-O. ; à Dannemarie elle fait un coude, revient au N.-E. et va enfin se jeter dans l'Ill près d'Illfurth. La carte hydrog. désigne la moyenne Largue sous le nom de *Weillerbach*; elle donne aussi le nom d'*Ertzach* à la petite Largue, près de Mörnach.

LARGUE (MAIRIE DE LA), bailliage d'Altkirch. — *In dem Meigertùm uf der Large*, 1394 (comptes de la seigneurie d'Altkirch). — La rivière de Largue avait donné son nom à cette mairie, qui comprenait les villages de Largitzen, Uberstrass, Friessen, Hindlingen, Strueth, Mertzen, Fülleren, Saint-Ulrich, Altenach, Saint-Léger et Manspach.

LARGWALD, forêt, c^ne de Lucelle.

LASTERBERG, coll. c^ne de Luemschwiller. — *Am Lasterberg*, 1557 (reg. des préb. de Mulhouse).

LATHEBEL, c^ne de Willer (c^on de Thann).

LATIMBACH OU LA TIMBACH, h. et ruiss. c^ne de Sainte-Croix-aux-Mines.

LATSCH (AUF DEM), canton du territ. de Seppois-le-Bas.

LATSCHGRABEN, f. c^on de Sewen.

LATTEREN, c^ne de Sondernach.

LATTIG, c^nes de Gommersdorf et de Wolfersdorf. — *Der Ladig* (anc. cadastre).

LAUBBRAND, c^nes de Largitzen, de Liebsdorf et de Manspach. — *Zum Löubbrando*, 1345 (reg. Lucell.). — *Jn dem loprande*, 1421 (rôles de Saint-Morand).

LAUBBRÜCKLIN (IM), c^ne de Sigolsheim, 1717 (rôle de Sigolsheim).

LAUBBRUNNEN, canton du territ. de Bruebach. — *By dem Laubburnen*, 1524 (reg. des préb. de Mulhouse).

LAUDE (LA), prés, c^ne d'Essert. — *Le Mas la Lobe*, xve siècle (urb. de Froide-Fontaine). — *Le Prel la Lobe*, 1655 (cens. du chap. de Belfort).

LAUBECK, m^on de garde et forêt, c^ne de Rouffach, val de Wasserbourg. — *Der löbeghen walt*, 1394 (urb. des pays d'Autr.). — Anc. chât. dont les magnifiques ruines, dit Schœpflin, s'élèvent au-dessus des sapins et des hêtres (Als. ill. IV, 205). — *Castrum Lobeke*, 1294 (Ann. de Colmar, 162). — *Der Bischoff Johans den von Lobegassen brach ir Burg Loebecke*, 1316 (Als. ill. notes, IV, 205). — *Laubeck*, 1576 (Speckel). — *Lauvecq* (Cassini). — La famille des Lobegasse, qui était porteur de ce fief, est souvent citée : *Nibilungo de Lobigassun*, 1186 (Als. dipl. I, 102). — *Wernhero de Lobegaszen*, 1244 (ibid. 388). — *Nobili viro Andreede Lowbegasse*, 1252 (Trouillat, *Monum.* I, 591). — *Dom. de Lobigasse*, 1280 (Ann. de Colmar, 90). — *Laubengaszen*, xviie siècle (Mulh. Gesch. 83).

LAUBEN, canton du territ. de Breitenbach.

LAUBEN, canton du territ. de Habsheim.

Laubergrain, c^{nes} de Soultz et de Wuenheim. — *By dem Lowerin*, 1453 (cart. de Murbach). — *Jn der Löuweren*, 1482 (urb. de la comm^{rie} de Soultz).

Laubthal, canton du territ. de Cernay.

Lauch, canton du territ. d'Huningue.

Lauch, riv. — *Apud aquam Lóuchach*, 1259 (Mone, *Zeitschrift*, XI, 321). — *Vf Löcha*, 1371 (reg. de Saint-Martin). — Elle prend sa source dans la montagne de Lauchen, vallée de Guebwiller, se bifurque au-dessus de Colmar, pour se réunir à la Thur en partie au-dessus de cette ville et en partie au-dessous.

Lauchen et Lauchenweyer, mont. au fond de la vallée de Guebwiller, c^{nes} de Felleringen et de Linthal.

Lauchenmühl, m^{in}, c^{ne} de Pfaffenheim. — *Lauchmühl* (Cassini).

Lauenstein, canton des territ. de Colmar et de Wintzenheim. — *Löwenstein*, 1278-1493 (reg. d'Unterlinden).

Lauffach, ancien nom d'un ruisseau entre Soultz et Gundolsheim. — *Loffichia*, 728 (Laguille, pr. 12). — *Loffcia*, 728 (Als. dipl. I, 9). — *Usque in antiquum alveum fluvii qui Lorfaha dicitur*, 817 (ibid. 67). — *Lovfaha*, 817 (ibid. 105). — *Laufenbächle* (carte hydr.).

Lauffpad, c^{ne} de Spechbach-le-Bas.

Lauler, c^{ne} de Bergheim.

Lauling, c^{ne} de Burnhaupt-le-Haut.

Laum, c^{ne} de Mertzen.

Laumur, canton du territ. de Stosswihr.

Lautenbach, c^{on} de Guebwiller, primitivement c^{on} de Soultz. — *Manegoldus de Lutenbach*, 1090-1094 (Trouillat, *Monum*. I, 209). — *Lutinbacense*, 1216 (cart. de Murbach). — *Lutembacensem ecclesiam*, 1242 (Als. dipl. I, 385). — *Lutenbach*, 1335 (cart. de Murbach). — *Lauttenbach*, 1361 (Als. dipl. II, 240). — *Eccles. sancti Michaelis in Lutenbach*, 1487 (ibid. 426). — *Lutterbach*, 1576 (Speckel). — Couvent fondé en 810 et sécularisé au XIIe siècle (Alm. d'Als. de 1783, p. 27). — Le territoire du village et celui de Linthal dépendaient de la collégiale du lieu, qui en devint propriétaire en 1367 (als. dipl. II, 252). — Paroisse du décanat de Marckolsheim (ibid.).

Lautenbachmatten, c^{ne} d'Oderen.

Lautenbach-Zell, c^{on} de Guebwiller, primitivement c^{on} de Soultz. — *In Lutenbach Cell*, 1335 (Als. dipl. II, 151). — *Eccles. parochialis in Celle aput Lutenbach*, 1341 (ibid. 173). — *Lutenbach zelle*, 1459 (cart. de Murbach). — *Lautenbachzell*, 1556 (Mossmann, *Chron. Gueb*. 457). — *Zell*, 1576 (Speckel). — Paroisse du décanat de *citra colles Ottonis* (alm. d'Alsace de 1783). — Dép. du baill. de Guebwiller.

Lauw, c^{on} de Massevaux. — *Uss der Auw*, 1482 (Stoffel, *Weisth*. 85). — *So in die Aw gath*, 1568 (terr. de Massevaux). — *Auw*, 1576 (Speckel). — *In der Ouw... in der Auwen*, 1579 (rôle de Guewenheim). — *Aw*, 1581 (urb. de Thann). — La lettre L forme la particule française *la* = *La Auw*, *l'Auw*. — Dép. de la juridiction du plaid de Guewenheim et plus tard du baill. de Massevaux.

Lebrau, c^{ne}. — Voy. Lièpvre.

Lebetain, en allemand Liebenthal, c^{ne} de Delle. — *Ze Liebtal*, 1303 (Trouillat, *Monum*. III, 63). — *Lebetain*, 1331 (ibid. 410). — *Liebetal... Liebental*, 1394 (urb. des pays d'Autr.). — *Laibetain*, 1426 (urb. de Froide-Fontaine). — Dépendait de la mairie de Saint-Dizier.

Lebeucourt, c^{ne}. — Voy. Liebsdorf.

Lebküchleuütte, f. — Voy. Bartlihütte.

Lechterwand, canton du territ. de Sondernach.

Lederbaum, vign. c^{ne} de Riquewihr.

Lederbruck, cantons des territ. d'Obermorschwiller et de Luemschwiller.

Lederbruck, cant. du territ. de Zäsingen.

Ledersack (Im), cant. du territ. d'Ensisheim.

Ledberg, c^{ne} de Burbach-le-Bas.

Leheiteren, c^{ne} de Fülleren.

Lehgäss, c^{nes} de Geispitzen et de Kientzheim.

Lehlachen, c^{ne} de Largitzen.

Lehmatt, c^{ne} de Hüssern (c^{on} de Saint-Amarin).

Lehmatt, f. c^{ne} de Ranspach.

Lehmatten, c^{nes} de Michelbach-le-Bas et de Wattwiller.

Lehrmatt, f. c^{ne} de Stosswihr.

Lehstreng, c^{ne} de Mertzen.

Lehwald, c^{ne} de Wattwiller. — *Löwenwald* (Revue d'Als. de 1853, p. 568).

Leibere et Leideregasse, cantons des territ. de Dietwiller et de Schlierbach.

Leidensheim, vill. détr. près de Riedisheim. — *In villa quæ vocatur Leiverathesheim tantum intra vineas et terram arabilem*, 1090 (Trouillat, *Monum*. II, 7). — *Jnn Ruedisheim bann am Leuwertzeim*, 1544 (reg. des prés. de Mulhouse). — Au XVe siècle, *Leberatzwiller* est cité, entre Riedisheim et Habsheim, comme paroisse du décanat d'*inter colles* (Lib. marc.). — Le chemin qui conduit de Riedisheim à Saint-Marc, dont la chapelle paraît être tout ce qui reste de ce village, s'appelle encore *Leiberschegasse*.

Leim (Kurtze- et Lange-), c^{ne} de Sentheim. — *Im Kurtzen Leim... im Langenleüm*, 1568 (terr. de Mass.).

Leimbach, c^{on} de Thann. — *In banno de Leymbach prope Tanne*, 1323 (Trouillat, *Monum*. III, 320). — *Leimbach*, 1361 (Als. dipl. II, 239). — Paroisse du décanat de Massevaux (alm. d'Als. de 1783).

Relevait de la juridiction de la ville de Thann. — D'après la petite chronique de Thann, p. 76, cette c^ne doit son origine à un couvent de femmes. — Le ruisseau de Leimbach est un affluent de l'Aspach.

Leimby, c^ne de Reiningen.

Leimen, c^nes de Guewenheim et de Thann.

Leimenkopf, canton du territ. de Zillisheim. — *Jnn Leimendekopf*, 1570 (reg. des préb. de Mulhouse).

Leimkopf, coll. à Strueth.

Leimsten, canton du territ. d'Ammerschwihr.

Leineren, c^ne de Buschwiller.

Leitschen, c^nes de Tagolsheim, *vff die Leütschen*, 1552 (rôles de Saint-Morand), et de Niederbruck, *an den Leütstein*, 1568 (terr. de Massevaux).

Leitschenbrunn, c^ne de Didenheim. — *Jm Leutschenn brun*, 1544 (reg. des pres. de Mulhouse). — *Zu liedeschen Brun*, 1565 (reg. des préb. de Mulhouse). — *Vff leytschen Purnen*, 1615 (*ibid.*).

Leitschweg, c^ne de Kaysersberg.

Lellenberg, coll. à Geispitzen.

Lément, h. — Voy. Leyman.

Lenderich, canton du territ. de Flaxlanden.

Lengelbach, c^ne de Hüssern (c^on de Saint-Amarin).

Lengenbach, ruiss. à Sondernach, affl. de la Landerspach.

Lengenberg, f. c^ne de Vögtlinshofen. — Village détr. cité au xve siècle comme dépendant du décanat d'*ultra colles Ottonis* (Lib. marc.). — *Capella in Lengenberg filia capelle Sancti Martini in Wedelsheim*, 1319 (Als. dipl. II, 123). — *Lengenberg*, 1424 (urb. de Marbach). — *Das dorff lanngenberg*, 1583 (reg. des fiefs württemberg.). — *Lingelberg* (Cass.). — Dép. du château de Hoh-Hattstatt.

Lenspurg, vign. à Habsheim. — *Jnn Lemelsperg*, 1517 (reg. des préb. de Mulhouse). — *Vff dem Lemblysperg*, 1544 (reg. des pres. de Mulhouse). — *Jm Lemsperg*, 1700 (terr. de Notre-Dame-des-Champs).

Lentzelweg, c^ne de Bergheim. — *Am lentzel weg... lentzeln weg*, 1475 (reg. des domin. de Colmar).

Lentzenbett, c^ne de Buschwiller.

Lentzmatten, c^ne de Hundsbach.

Lentzwasen, f. et mont. c^ne de Sultzeren. — *Lansenwasen* (Cassini).

Lentzweg, chemin à Traubach-le-Haut et à Wolfersdorf.

Lerchackern, c^ne de Hausgauen.

Lerchbühl, c^ne de Wittenheim.

Lerchenberg, nom de mont. ou de coll. à Aspach-le-Bas et Schweighausen, Attenschwiller et Blotzheim, Aspach et Carspach, Ballersdorf, Balschwiller, *am lerchenberg*, 1421 (rôles de Saint-Morand); à Berrwiller, *jm Lerchennberg*, 1562 (reg. des préb. de Mulh.); à Bernwiller, Bisel, Burnhaupt-le-Haut, Dürmenach, Dornach, Eschentzwiller, *Lörchenberg*, 1631 (livre terrier du lieu); à Enschingen, Fröningen et Hochstatt, Hirsingen et Henflingen, *Lerchenberg*, 1347 (reg. Lucell.); à Kappelen, Massevaux, Niedermorschwiller, Pfastatt, Rantzwiller, Reiningen, Rixheim, *Lerchenberg*, 1548 (urb. de l'hôp. de Mulhouse); à Rouffach, *Lerchenberge*, 1489 (urb. de Marbach); à Steinbrunn-le-Haut, *jm Lerchenberg*, 1556 (reg. des préb. de Mulhouse); à Wentzwiller et à Willer (c^on d'Altkirch).

Lerchenboden, c^ne de Sierentz.

Lerchenbühl, mont. c^ne de Sultzeren.

Lerchenfeld, canton du territ. de Sigolsheim. — *Lerchenvelde*, 1278-1493 (reg. d'Unterlinden).

Lerchenfeld, canton du territ. de Zimmerbach, xive s^e. — *In lerichen velde* (rôle de Zimmerbach).

Lerchenfeld, h. c^ne de Lautenbach.

Lerchenfeld, c^nes de Breitenbach, de Katzenthal et de Ribeauvillé. — *In dem lerchen velde*, 1328 (urb. de Pairis).

Lerchenmatt, f. c^ne de Sewen. — *Vff der Lerchen Matten*, 1567 (terr. de Massevaux).

Lerchwald, c^ne de Burbach-le-Haut.

Lerny, ruiss. c^ne de Sainte-Marie-aux-Mines.

Lensach, ruiss. c^ne de Mörnach.

Lentzbach, ruiss. qui vient de Hagenthal-le-Haut, traverse Hagenthal-le-Bas, puis, longeant la frontière de la Suisse, va se perdre dans les terres au delà de Hegenheim. — *Lärtzbach* (carte hydr.).

Lett (Im) ou Letten, cantons des territ. de Blotzheim, *jm Lett*, 1565 (reg. des préb. de Mulhouse), et d'Eglingen, Francken, Hundsbach, Hagenthal-le-Bas, Hagenthal-le-Haut, Leymen, etc.

Lettacker, c^nes d'Aspach, Obermuespach, Rixheim, etc.

Lettbrünnlé, source à Hochstatt, réputée malsaine.

Lettmatt, c^ne de Mittelmuespach.

Letzenberg, coll. c^nes de Turckheim et d'Ingersheim. — *Lätzen Berg* (anc. cadastre).

Leuhausen, f. c^ne de Biederthal. — *Loewenhausen*, 1515 (Als. ill. V, 758). — *Leyhausenhof* (Dépôt de la guerre). — *Haushoff* (Cassini).

Leupe, h. c^ne de Sevenans. — *Lempe*, 1427 (comptes des seign. de Belfort et Rosemont). — *Lempe*, 1655 (cens. du chap. de Belfort). — *Leuppe*, 1860 (Dict. des postes). — Dép. de la grande mairie de l'Assise.

Leval, canton de Massevaux. — *Jm Thal... jm Thal zu Brunn... im Rothenburger thal*, 1628 (inv. de la seigneurie de Rougemont). — Relevait de la seigneurie de Rougemont et plus tard du bailliage de Massevaux.

Levoncourt, en allemand Lufendorf, c^on de Ferrette. — *Lewuncort*, 1148 (Trouill. I, 309). — *Lavuncurt*, 1179 (*ibid.* 372). — *Nicol. dict. de Lubendorff*, 1304 (*ibid.* III, 81). — *Luvendorf*, 1305 (Mone, *Zeitschrift*, IV, 367). — *Lowoncourt*, 1332 (Trouillat, III, 421). — Paroisse du décanat de l'Ajoye (Lib. marc.). — Dép. de la seigneurie de Morimont.

LEY (IM), c^{ne} de Geispitzen. — *Jm Leüw*, 1521 (reg. des préb. de Mulhouse).

LEYE, c^{nes} d'Eguisheim, *an dem lewe*, 1475 (reg. des domin. de Colmar), et de Weegscheid, *an des Lewen grundt, vff Lewen gründelin, vff des Lewen waldt*, 1567 (terrier de Massevaux). — *Läu* (ancien cadastre).

LEYENBACHRUNTZ, forêt et ruiss. c^{ne} de Massevaux.

LEYENBERG, c^{nes} de Dolleren, *vff den Lewenbergh*, 1567 (terrier de Massevaux), et de Rammersmatt, *am löwenberg... lewenberg... leuwenberg*, 1421 (rôles de Saint-Morand).

LEYENGRABEN, c^{ne} de Balschwiller. — *Neben leuwen graben*, 1629 (rôle de Balschwiller).

LEYENGRÜTT, c^{ne} de Sewen. — *In Lewen gereüth*, 1567 (terr. de Massevaux).

LEYENKRAFT, canton du territ. de Spechbach-le-Haut. — *In die löwengraft*, 1421... *Löwenkraft*, 1454 (rôles de Saint-Morand).

LEYHUBEL, tumulus, c^{ne} de Balgau. — *Tumulus* (Dépôt de la guerre).

LEYMAN ou LÉMENT, h. c^{ne} de la Baroche.

LEYMBACH, ruiss. c^{ne} de Weegscheid.

LEYMEL, h. c^{ne} de Munster.

LEYMELTHALRUNTZ, ruiss. c^{ne} de Metzeral, affluent du Kolbenbach.

LEYMEN, c^{on} d'Huningue. — *Leimone*, 728 (Laguille, pr. 12). — *Billungus de Leimen*, 1262 (Trouillat, *Monum.* II, 120). — *Ze Leymen*, 1365 (*ibid.* IV, 218). — Paroisse du décanat de Leymenthal. — Fief du comté de Ferrette.

LEYMENTHAL ou VALLIS LUTOSA, ancien décanat du diocèse de Bâle. — *Decanatus in Leymenthal*, 1334 (Trouillat, *Monum.* III, 436). — Au xve s^e ce décanat comprenait, d'après le Lib. marc., les paroisses d'Attenschwiller, Bouxwiller, Ferrette, Folgensbourg, Hagenthal-le-Bas, Hagenthal-le-Haut, Leymen, Luppach, Lutter, Michelbach-le-Haut, Muespach, Neuwiller, Oltingen, Rädersdorf, Saint-Blaise ou Lilliskirch, Vieux-Ferrette, Weisskirch, Wentzwiller et Wolschwiller, outre un certain nombre de paroisses situées en Suisse.

Il y avait autrefois un tribunal provincial dans le Leymenthal, *und das landgericht so wir haben in dem Leimental an dem Blauen*, 1324 (Als. dipl. II, 132). Il fut remplacé, vers la fin du xve siècle, par la régence d'Ensisheim.

LEYMENTHAL, vallée, c^{ne} de Soultz.

LEYMENTHAL, vallée, c^{ne} de Wettolsheim. — *Leymtale*, 1447 (urb. de Marbach). — *Am lementahel*, 1488... *am lemental*, 1490 (urb. de Marbach).

LEYWOLF, c^{ne} de Riquewihr. — *Hinder dem löw wolf*, 1441 (urb. de Ribeaupierre).

LIBBUCK, f. c^{ne} de Sultzeren. — *Liproch* (Cassini).

LICE (LA), c^{ne} de Charmois. — *Le champz de la Lix*, xve siècle (urb. de Froide-Fontaine).

LICHTBRUNNEN, source, c^{ne} de Wintzenheim.

LICHTENBACH, ruiss. c^{ne} de Soppe-le-Bas.

LICKE (IN DER), c^{ne} de Buetwiller, 1421 (rôles de St-Morand). — Voy. LUCKEN (IN DER).

LIE (LA), LA LILOTTE ou LA GOUTTE, c^{ne} de Châtenois.

LIEBELSBACH, anc. f. c^{ne} de Stosswihr (Cassini).

LIEBENBERG, anc. lieu habité à Guebwiller et Orschwihr. — *Item die im Liebenberg*, 1724, cit. an. 1162 (Mossmann, *Chron. Gueb.* 7).

LIEBENGRUND, c^{nes} de Seppois-le-Bas et de Seppois-le-Haut.

LIEBENSECK, cant. du territ. de Burnhaupt-le-Bas.

LIEBENSTEIN, h. c^{ne} de Liebsdorf. — Anc. chât. fief du comté de Ferrette. — *Burcardus de Libeten*, 1150 (Trouillat, *Monum.* I, 316). — *Burchardus de Liebesthein*, 1218 (*ibid.* 472). — *Burcardo de Liebenstein*, 1234 (*ibid.* 537). — *Castrum Liebenstein*, 1271 (*ibid.* II, 205). — *Die Burg zu Liebstein*, 1361 (Als. ill. IV, notes, 82). — *Die veste liebenstain*, 1394 (urb. des pays d'Autr.).

LIEBENTHAL, c^{ne}. — Voy. LEBETAIN.

LIEBENTZWILLER, c^{on} d'Huningue. — *Theotberlowilare*, 829 (Als. dipl. I, 74). — *Dieprechswilr*, 1232 (Herrgott, II, 241). — *Diepretzwilr*, xive siècle (Mone, *Zeitschrift*, XIV, 20). — *Diepretzwilr das ettlich nement Liepretzwilr, gehört gon Roterstorf ze Kilchen* (terr. de Saint-Alban). — *Liebenwiller*, 1576 (Speckel). — Fief du comté de Ferrette.

LIEBERG, c^{ne} de Francken.

LIEBESBRUNN, c^{ne} de Wolschwiller.

LIEBLINGSMATT, c^{ne} de Schweighausen.

LIEBSCHEL, canton du territ. de Turckheim.

LIEBSDORF, en français LEBECOURT, c^{on} de Ferrette. — *Lopestorff*, 1179 (Trouillat, *Monum.* I, 372). — *Liebesdorf*, 1314-1316-1317 (*ibid.* III, 206-244-254). — Anciennement ch.-l. d'une mairie. — *Das maygertum liebenstorf*, 1394 (urb. des pays d'Autr.). — *Dz meygertům zů liebstorff*, 1433 (comptes de la seigneurie de Ferrette). — Plus tard, dépendait de la mairie de Mörnach. — Il y avait une cour franche. — *In dem Frühenhoff*, 1347 (reg. Lucell.).

LIECHTACKER, c^{ne} de Geispitzen.

LIECHTELSPERG, canton des territ. de Buetwiller, Trau

bach-le-Bas et Wolfersdorf. — *In dem liechtelsperg... liechtenberg*, 1421 (rôles de Saint-Morand). — *An dem Liechtersperg*, 1629 (rôle de Balschwiller).

Liechtern, f. et mont. c^ne de Stosswihr.

Liematt, anc. f. c^ne de Stosswihr (Cassini).

Lienlachen, c^ne de Schlierbach.

Lièpvre, en allem. Leberau, c^on de Sainte-Marie-aux-Mines, primitivement du canton de Sainte-Croix-aux-Mines. — Ancienne abbaye. — *Ad Lebrahense monasterium*, 774 (Als. dipl. I, 48). — *Tertia cella infra vesta Vosago.. ubi Sanctus Cucufatus et sanctus Alexander martyres requiescunt*, 777 (Grandidier, Église de Strasb. p. j, II, 128). — *Eccles. Lebrahœ... ubi domnus et sanctus Alexander martyr corpore requiescit*, 781 (ibid. 139). — *Lebraha abbacia*, 923 (Grandidier, Hist. d'Als. p. j, I, 109). — *Abbatia Leprahum*, 980 (ibid. 150). — *Monasterium in honorem sanctorum martyrum Dionisii, Rustici et Eleutherii, atque Alexandri constructum in loco Lepraha dicto, in pago Alsiacensi*, 1056 (ibid.) — *Abbatiola Lebraha, quam Fulradus abbas in suo proprio condidit*, 1061 (ibid. II, 118). — *Cellæ Leporensi*, 1078 (Als. dipl. I, 176). — *Prioratus s. Alexandri in valle Leporis*, 1502 (ibid. II. 442). — *Leberach*, 1278-1493 (reg. d'Unterlinden). — L'abbaye de Lièpvre dépendait de celle de Saint-Denis, près de Paris, et fut réunie, au xiie siècle, à la collégiale de Saint-Georges de Nancy. — Paroisse du décanat de Schelestadt (alm. d'Als. de 1783).

Lièpvre ou Liepvrette, rivière qui prend sa source au revers de la montagne du Bonhomme, traverse la vallée à laquelle elle a donné son nom et se jette dans l'Ill au-dessus de Schelestadt. — *Per Laimaha fluvium*, 854 (Als. dipl. I, 84). — *Lebra*, 1105 (Grandidier, Hist. d'Als. p. j, II, 200). — *In die Leberach*, 1551 (rôle de Bergheim).

Lieratte (En), c^ne de Châtenois.

Liesbach ou Ziegelschür, h. c^ne de Blotzheim. — *La Tuilerie-sur-le-Liesbach* (tabl. des dist.). — *Largen Häuser* (Dépôt de la guerre).

Liesbach, ruiss. traversant les territoires de Wentzwiller, Attenschwiller et Blotzheim. — *Zer Liespach*, 1279 (Trouillat, Monum. II, 314).

Liesbüchel, tumulus. — Voy. Lüssbiehl.

Lieth (Mittler- et Hinter-), c^ne de Bergheim.

Liethelthal, canton du territ. de Lutter.

Ligsdorf, c^on de Ferrette. — *Luchesdorff*, 1146 (Trouillat, Monum. I, 293). — *Merboto de Luicstorff*, 1188 (ibid. 415). — *Ecclesiam de Luchsdorf*, 1250 (Mone, Zeitschrift, IV, 229). — *Luxdorf*, 1314-1317 (Trouillat, Monum. III, 206-254). — *Ze Lugestorf*, 1394 (urb. des pays d'Autr.). — *Le moulin de Lechincourt*, 1610 (reg. de Morimont). — Paroisse du décanat de l'Ajoye (Lib. marc.). — Dép. de la mairie de Wolschwiller.

Ligsmatt, c^ne d'Eguisheim. — *Luckesmatten*, 1424 (urb. de Marbach). — *Zû lugkinsmatte*, 1433 (ibid.). — *Luginsmatten*, 1487 (ibid.).

Ligübel ou Leugibel, canton du territ. de Linsdorf.

Lile (La), c^ne de Perouse.

Lilienberg, coll. c^ne d'Obermorschwiller. — *Jm Lülenberg*, 1556 (reg. des préb. de Mulhouse).

Lilienkopf ou Illienkopf ou Jellienkopf, mont. entre Breitenbach, Mühlbach, Metzeral et Sondernach.

Lilienkreutz, anc. croix, c^ne de Thann (Thann. Chron. I, 498 et 706).

Lilly (Im), c^ne de Dietwiller. — *Im lylly*, 1548 (urb. de l'hôp. de Mulhouse).

Limbach, ff. c^ne de la Poutroye.

Limbach, ruiss. c^ne de la Poutroye, formant la limite entre les langues française et allemande. — *Lynbach... Lintpach*, 1441 (urb. de Ribeaupierre). — *Im Limbach, ahm welschen bahn*, 1734 (rôle de Kientzheim).

Limbachkopf, mont. c^ne de Kaysersberg.

Limberg, coll. c^nes de Bernwiller, Spechbach-le-Haut et Heimsbrunn. — *Lymberg*, 1548 (urb. de l'hôp. de Mulhouse).

Limenden, ruiss. c^ne de Fislis, affluent de l'Ill.

Linckenbach, ruiss. c^ne de Rixheim. — *Jm linckenbach*, 1555 (reg. des préb. de Mulhouse).

Lindacken, c^ne de Murbach, 1453 (cart. de Murbach).

Linden, vill. détr. — *Geuenat, Linden, Bretten*, 1181 (urb. de Thann). — Dép. de la mairie de Falckwiller.

Linden, c^nes de Colmar, Obermorschwiller, Obermuespach et Vieux-Thann.

Lindenacker, c^ne de Niedermorschwiller.

Lindenberg, coll. c^nes de Dietwiller et de Riespach. — *An den lindenberg*, 1421 (rôles de Saint-Morand).

Lindenfeld, c^ne de Sondersdorf.

Lindenhag, c^ne de Soppe-le-Bas.

Lindenlöchle, c^ne de Rouffach.

Lindenwasen, c^nes de Carspach et de Falckwiller.

Linge (Le), mont. c^ne d'Orbey.

Lingenthal, vall. c^ne de Saint-Hippolyte.

Lingoutte, ruiss. c^ne de Sainte-Marie-aux-Mines. — *Lingut* (anc. cadastre).

Linsdorf, c^on de Ferrette. — *Linchstorf*, 1316-1341 (reg. Lucell.). — *Lullestorf*, 1388 (Trouill. Monum. IV, 800). — Dép. de la mairie de Bouxwiller. — Voy. Saint-Blaise.

Linsenberg, coll. c^nes de Magstatt-le-Bas et de Stetten. — *Auf dem linsenberg*, 1565 (urb. de Landser). — *Am Lünsenberg* 1609 (terrier de Magstatt).

Linstrohl, canton du territ. de Bernwiller.
Lintenschlueth, canton du territ. de Colmar.
Linthal, canton du territ. de Guebwiller. — *Leintal*, 1576 (Speckel). — *Lintel*, 1724 (Mossmann, *Chron. Gueb.* 144). — Appartenait à la collégiale de Lautenbach.
Lintzenberg, mont. c^{ne} de Luttenbach.
Lintzenburg, canton des territ. de Rammersmatt et de Roderen.
Lirum, c^{ne} de Traubach-le-Haut.
Lisbach, c^{ne} de Metzeral.
Lisberücken, c^{ne} de Stosswihr.
Lischert, c^{ne} de Gommersdorf.
Lissermiss, f. c^{ne} de Mühlbach. — *Lisenmis* (Cassini).
Lisserwass, c^{ne} de Murbach.
Litt, canton du territ. de Buetwiller. — *Vff der liten*, 1421 (rôles de Saint-Morand). — *Jn der liten*, 1629 (rôle de Balschwiller).
Litt, canton des territ. de Kientzheim et de Sigolsheim. — *An der lite*, 1328 (urb. de Pairis). — *Jn der Lydt*, 1717 (rôle de Sigolsheim).
Litt, canton du territ. de Soultz. — *In lita*, 1272 (Trouillat, *Monum.* II, 223).
Litt, canton du territ. de Wettolsheim. — *An der litten*, 1475 (reg. des domin. de Colmar). — *An der lyt*, 1488 (urb. de Marbach).
Litt, c^{ne} de Dolleren. — *In der Leüttin*, 1567 (terr. de Massevaux).
Litt, c^{ne} de Günspach. — *An den liten*, 1456 (cens. de la cellenie de Munster).
Litt (Auf der), canton du territ. de Stosswihr.
Littenberg, coll. c^{ne} d'Aspach.
Littenthal, c^{ne} de Bettendorf.
Litteren (Hintere- et Vordere-), c^{ne} de Ruelisheim.
Littgarten, c^{ne} de Mittelmuespach.
Littiger (Auf dem), canton du territ. de Dirlinsdorf.
Litzelfeil, canton du territ. de Sondernach.
Litzenthalmühle, canton du territ. d'Huningue.
Liverselle, éc. c^{ne} de Sainte-Marie-aux-Mines. — *Martin von lyeferschell... Zu lieferscher*, 1441 (urb. de Ribeaupierre).
Löb, c^{ne} de Bergheim.
Löbere, c^{ne} de Wuenheim.
Loch (Im), ff. c^{ne} de Stosswihr. — *Zu Loch*, 1339 (Stoffel, *Weisth.* 187).
Lochacker, c^{nes} de Dirlinsdorf, Eglingen, Francken, Fülleren, Kingersheim, Sondersdorf, etc.
Lochackern, c^{nes} de Burnhaupt-le-Bas et de Spechbach-le-Haut.
Lochberg, dépendance de Kirchberg.
Löchelacker, c^{ne} de Brunstatt.
Löchelmann, c^{ne} de Rouffach.

Lochen (Zu), c^{nes} d'Illfurth, Luemschwiller, Ranspach-le-Haut, *ze loch*, 1421 (rôles de Saint-Morand), et Soultz, *Zeloch*, 1296 (abb. de Pairis, C. 4, C. 18).
Locherstein, c^{ne} d'Eguisheim. — *Zuo locheretenstein*, 1389 (urb. de Marbach).—*Zû lacherahtstein*, 1424 (ibid.). — *Jm locherechtigen stein*, 1488 (ibid.). — *Zû lotherechen steinen*, 1508 (rôles d'Eguisheim).
Lochfeld, c^{ne} de Berentzwiller. — *Im loch*, 1421 (rôles de Saint-Morand).
Lochgarten, c^{ne} d'Eschbach, 1456 (cens. de la cellenie de Munster).
Locule, ff. c^{ne} de Kembs. — *Löchlein* (tabl. des dist.).
Lochlin (Uff dem), c^{nes} de Bitschwiller et de Thann, 1550 (urb. de Saint-Amarin).
Löchly (Im), f. c^{ne} de Jettingen. — *Wirthshaus* (Cassini). — *Loch-Wirth* (Dépôt de la guerre). — *Le Löchlein* (tabl. des dist.).
Lochmatten, c^{nes} de Brinighofen, Heywiller, Knöringen, Kuenheim, etc.
Lochmiss, canton du territ. de Sultzeren.
Lochschleiff, c^{ne} de Wintzenheim. — *Am loch sleiff*, 1475 (reg. des domin. de Colmar).
Lochschuh, canton du territ. de Sigolsheim. — *In dem Lochenschühe*, 1407 (cens. de la camerene de Munster). — *Im Lochschuehe*, 1717 (rôle de Sigolsh.).
Lochweg, chemin, c^{ne} de Riedwihr, 1456 (cens. de la cellenie de Munster).
Lochweg, chemin, c^{ne} de Rixheim, qui formait la séparation des bans de Rixheim et d'Escheltzheim.
Löffelbach, c^{ne} de Willer (c^{on} de Thann).
Löffeldorf, c^{ne}. — Voy. Cunelière.
Löffelmatten, canton du territ. de Carspach.
Löffelsebenruntz, ruiss. c^{ne} de Lautenbach-Zell. — *Löffels'seben* (anc. cadastre).
Löffelstiel, c^{ne} de Schlierbach.
Löffelthal, vallée, c^{ne} de Wildenstein.
Logelacker, c^{ne} de Rantzwiller.
Logelbach, canal de la Fecht à la Lauch, de Turckheim à Colmar. Il porte aussi le nom de *Mühlbach* et dans son parcours de la ville, celui de *Gerberbach*.
Logelenberg, c^{nes} d'Ingersheim, Katzenthal, Niedermorschwihr et Turckheim. — *Am logenberge... in dem logelnheim berge*, 1328 (urb. de Pairis). — *Im logelhain berge*, 1475 (reg. des domin. de Colmar).
Logelnheim, c^{on} de Neuf-Brisach, primitivement du canton de Rouffach. — *Lagenhein*, 823 (Trouillat, *Monum.* I, 105). — *Plebanus de Lagilrichem*, 1280 (Ann. de Colmar, 88). —. *In Lagelnheim*, 1303 (Trouillat, *Monum.* II, 38). — *Wezel ein ritter von Lagelheim*, 1404 (rôle de Logelnheim). — *Logelnheim*, 1436 (abb. de Sainte-Croix). — *Loglen*, 1576 (Speckel). — Paroisse du décanat de *citra*

Rhenum (Lib. marc.). — *Decan des cappitels am Rhein, zu Logelnheim*, 1544 (abb. de Sainte-Croix). — Dépendait du bailliage d'Ensisheim et Sainte-Croix. — Cour colongère dont la marche s'étendait de l'Ill au Rhin. — *In Lagelenheim curtis dominicalis, salica terra cum decimis ipsius, Aecclesia cum decimis suis, Bannus cum omni dominio suo a ripa Rheni usque ad ripam Ille fluminis*, xiie siècle; cit. an. 817 (Als. dipl. I, 68).

LOGERD (LE HAUT DE), canton du territ. d'Étueffont-Bas (anc. cadastre).

LOH, canton du territ. de Jebsheim.

LOH (AUF DER), vign. c[ne] de Bennwihr. — *Vf der lohen... vf der lohe*, 1328 (urb. de Pairis).

LOHBACH, ruiss. c[ne] de Ribeauvillé, affluent de la Fecht.

LOHEBERG, mont. c[ne] de Sigolsheim.

LÖHEN (IN DEN), c[nes] de Gundolsheim, *ob der lohin*, 1531 (rôle de Gundolsheim), de Hartmannswiller, 1453 (cart. de Murbach), et de Sainte-Croix-en-Plaine, *in den lohen*, 1312 (abb. de Sainte-Croix).

LOHFELD, c[ne] de Walbach (c[on] de Landser).

LOHGRABEN, ruiss. c[ne] de Rouffach. — *Lohegraben, Lohergraben*, 1489 (urb. de Marbach).

LOHGRABEN, c[ne] d'Oberentzen.

LÖHLER, canton du territ. de Flaxlanden.

LÖHLY, c[nes] de Buschwiller; de Colmar, *in dem löhelin*, 1371 (reg. de Saint-Martin); de Fislis; de Henflingen, *vf dem löllin*, 1421 (rôles de Saint-Morand); de Kappelen, de Lutter, de Michelbach-le-Haut; de Zimmerbach, *im löhelin*, xive s[e] (rôle de Zimmerbach).

LOHMATT, f. c[ne] de Stosswihr.

LOHMÜHLE, m[in], c[ne] de Colmar.

LOHMÜHLE, m[in], c[ne] de Munster.

LOHMÜHLE, m[in], c[ne] de Ribeauvillé.

LOHN, forêt, c[ne] de Dirlinsdorf. — *In Lone*, 1342; *auf Loon*, 1658 (reg. Lucell.).

LOHN, c[nes] de Hausgauen et de Magstatt-le-Haut.

LOHNBACH, c[ne] de Rimbach-Zell. — *Lonpach*, 1418 (urb. de la comm[rie] de Soultz).

LOHNBERG et LOHNBÄCHLE, canton du territ. de Landser.

LOHNGRABEN, c[ne] de Michelbach-le-Haut.

LOHNMATT, c[ne] de Moos.

LOHRE, cantons des territ. de Bettendorf et de Willer. — *An der Lohren... In der Lohren* (cadastre).

LOHRFELD, canton du territ. de Gundolsheim. — *Im Lorvelde*, 1453 (cart. de Murbach).

LÖLIS, c[ne] de Dirlinsdorf.

LONDEBACH, f. — Voy. LUNDENBACH.

LONGEROIE, c[nes] d'Argiésans, *les Longeros* (cad.); de Banvillars, *Longue Roye* (ibid.); de Bavilliers, *à la longe Roye*, 1462 (urb. de Froide-Fontaine); d'Essert, *les Longerots* (cad.); d'Offemont, *Longeroys* (ibid.); de Rougemont, *la Longeroye*, 1648 (inv. de la seigneurie de Rougemont); de Vétrigne, *Longerat* (cad.); de Vézelois, *Longerois* (ibid.); de Lutran, *les Longues Royes* (ibid.); de Magny, *Longues Raies* (ibid.).

LONGEVAL (LE), c[ne] de Danjoutin. — *En longue vaux*, 1655 (cens. du chap. de Belfort).

LONGTRAIT, en allemand LANGENWASEN, h. c[ne] de la Poutroye. — *Jm dorff ze langenwasen*, 1441 (urb. de Ribeaupierre). — *Aux villages de... Grandtrait*, 1698 (Stoffel, *Weisth.* 223). — *Le Grand Trait* (Cassini).

LOOSHAG, f. c[ne] de Hagenthal-le-Bas. — *Klepferhof* (Dict. d'Als. éd. Ristelhuber).

LORAIN, c[ne] de Chèvremont. — *En Lorin*, 1655 (cens. du chap. de Belfort).

LORG, c[ne] de Bennwihr.

LOSBINDENGRÜN, île du Rhin, c[ne] d'Ottmarsheim.

LOSCHBERG, mont. c[nes] de Felleringen et d'Oderen.

LOSCHMATTEN et LÖSCHBURN, cantons des territ. d'Altkirch et de Carspach. — *Ain hofstadt ze loches burnen*, 1394 (urb. des pays d'Autr.).

LOSENBERG, f. c[ne] de Cravanche.

LOTTELMATTEN, c[ne] de Sigolsheim.

LOTZENTHAL, c[ne] de Rouffach, 1489 (urb. de Marbach).

LOUTRE (LA), ruiss. c[nes] de Reppe et de Chavannes-sur-l'Étang, affluent de l'Aine.

LOUVIÈRE (LA), h. c[ne] de Rievescemont.

LOUVIÈRE (LA), c[nes] de Buc, 1595 (cens. du chap. de Belfort), de Meroux et de Trétudans.

LOUVRE (EN), canton du territ. de Vézelois, 1655 (censier du chap. de Belfort).

LÖWEN (OBER- et NIEDER-), c[ne] de Traubach-le-Bas.

LOYEN (IN DEN), canton du territ. de Zimmersheim.

LOZERAL, champs, c[ne] de Meroux. — *Au champ Loigerot*, 1616 (cens. du chap. de Belfort).

LUCELLE, en allem. LÜTZEL, c[ne] de Ferrette. — Anc. abbaye de l'ordre de Cîteaux fondée en 1124. — *S. Maria monasterium... qui Lucicella vocatur*, 1125 (Bern. Buechinger, 223). — *Lucellensis abbas*, 1131 (Trouillat, *Monum.* I, 260). — *Ecclesia B. virginis Marie de loco qui Lucela dicitur*, 1136 (ibid. 263). — *Apud Luzelahe cenobium*, 1137 (ibid. III, 666). — *Abbas de Lucila*, 1175 (ibid. I, 357). — *Monast. Sancte Marie de Lucelan*, 1194 (ibid. 425). — *Abb. de Luzela*, 1234 (ibid. 537). — *Monasterio et conventui de maiori Lutzela*, 1258 (ibid. 653). — *A Religious homes a labbe et au convant de Lucelain*, 1266 (ibid. II, 169). — *Abb. et couuent de Lucelaco*, 1285 (ibid. 416). — *Couuent de Lusce-*

lant, 1340 (*ibid.* III, 529). — *A Lucelans*, 1350 (*ibid.* 628).

On appelle aussi cette commune *Gross-Lützel*, par opposition à Klein-Lützel, situé en Suisse. La limite de l'Alsace et de la principauté de l'anc. évêché de Bâle passait par la cuisine du couvent. — *Par la cusenne de Lucelant*, 1360 (Trouillat, *Monum.* IV, 143).

LUCELLE, en allemand LÜTZEL, rivière. — *Lùszel*, 1377 (Trouillat, *Monum.* IV, 389). — Elle vient de Bourrignon, en Suisse, suit la frontière depuis Lucelle jusqu'au Klösterle et se jette dans la Birse à Lauffon.

LUCKEN (IN DER), c^{ne} d'Ottmarsheim, 1630 (terrier d'Ottmarsheim).

LUDRINGEN, village détruit, d'après la tradition, près d'Aspach, à l'endroit où se trouve la source dite *Ludrischbrunnen*.

LUEFERSPACH, ruiss. c^{ne} de Wihr-au-Val. — *Luoverspach... Luversbach... Luoferspach*, 1270-1493 (reg. d'Unterlinden). — *Jm Lüfferbach*, 1452 (rôle de Wihr). — *Lüferspach*, 1456 (cens. de la cellenie de Munster).

LUEGINSLAND, vign. c^{ne} de Zillisheim. — *Jm Lug jns landt*, 1562 (reg. des préb. de Mulhouse).

LÜEGLEN, canton du territ. de Habsheim. — *Das Lôgelin*, 1517 (reg. des préb. de Mulhouse). — *Im lieglein*, 1701 (terr. de Notre-Dame-des-Champs).

LUEGY, canton du territ. de Biederthal.

LUEMSCHWILLER, cⁿ d'Altkirch. — *Rüdegerus villicus de Lûmswihr*, 1261 (Trouillat, Monum. II, 111). — *In villa et finagio de Lüemswihre*, 1275 (*ibid.* 266). — *Rudolf de Lomiswiler*, 1278 (Burckhardt, *Hofrödel*, 138). — *Sacerdos vicarius in Lüemeswilr*, 1280 (Trouillat, Monum. II, 330). — Paroisse du décanat du Sundgau (Lib. marc.). — Ancien château : fief de la seigneurie d'Altkirch. — Ancienne cour franche, *Freyhoff*. — Dépendait en dernier lieu du baill. de Brunstatt.

LUEMSCHWILLER, h. — Voy. SAINT-PIERRE.

LUFENDORF, c^{ne}. — Voy. LEVONCOURT.

LUFFENDORF (DEUTSCH-), h. c^{ne} de Largitzen. — *Oben Luffendorff Bann*, 1498 (reg. Lucell.). — *Luffentorf*, 1576 (Speckel).

LUFT, canton du territ. d'Orschwihr.

LUFTWEG, chemin, c^{ne} de Westhalten.

LÜGENBACH, ruiss. c^{ne} de Zellenberg. — *By dem Lugenbach*, 1441 (urb. de Ribeaupierre). — *Lugenbach*, 1568 (rôle de Zellenberg).

LÜGENFELD, *Champ du mensonge*, *Campus mentitus*, *Campus mendacii*. — C'est le lieu où se donna, en 833, la bataille entre Louis le Débonnaire et ses fils. Les auteurs ne sont pas d'accord sur l'emplacement du Lügenfeld : Schilter le trouve au Rothlaiblé, près de Housen; Grandidier, à Sigolsheim; Laguille, à Rouffach; Schœpflin, à l'Ochsenfeld.

LUGNER, canton du territ. de Steinbrunn-le-Haut.

LUNDENBACH ou LONDEBACH, f. c^{ne} de Sultzeren. — *Lontenbach* (carte hydr.). — Le Tableau des distances écrit à tort *Sondebach*.

LUNDENBÜHL, LUNDENBÜHLRAIN ou DEUTSCHLUNDENBÜHL, mont. c^{ne} de Stosswihr.

LUNSPRECH, c^{ne} de Burbach-le-Haut.

LUPPACH, f. c^{ne} de Bouxwiller. — Ancien couvent de franciscains ou de récollets. — *Curatus de Lupach*, 1294 (Trouillat, *Monum.* II, 574). — *Das Franciscaner oder Mindern Brüedern S. Francisci de observantia Clösterlein Luppach*, 1663 (Bern. Buechinger, 204).

LUPPACH, ruiss. venant de Vieux-Ferrette et affluant dans l'Ill, c^{ne} de Werentzhausen. — *In der lupach... in der dürre lupach...* et en marge d'une main plus récente, *nebent der lüttpach*, 1460 (rôles de Saint-Morand).

LÖPPELSBERG, vign. c^{nes} de Riquewihr.

LURDITTENEN, coll. c^{nes} de Riedisheim et de Rixheim.

LURET, canton du territ. de Fêche-l'Église.

LÜRKEN (IN DER), c^{nes} de Hunawihr et de Kientzheim, 1328 (urb. de Pairis).

LUSCHBACH ou LOUCHEPAH, m. de garde, c^{ne} du Bonhomme. — *Lichebach* (anc. cadastre).

LUSCHE (LA), cantons des territ. de Vescemont et de Vauthiermont. — *Terres du Louche* (anc. cad.).

LÜSPEL ou LISPEL, cantons des territ. de Bettendorf et d'Hirsingen.

LUSPELKÖPFLE, mont. c^{ne} de Guebwiller.

LUSS, canton du territ. de Biltzheim. — *Vff de lusse*, 1407 (cens. de la camerene de Munster).

LUSS ou LOUSS, c^{ne} de Brunstatt. — *Jm pferen lus oder jm vsserenn lus*, 1548 (urb. de l'hôp. de Mulhouse).

LUSS, canton du territ. de Colmar.

LUSS, canton du territ. de Soultzmatt. — *An der hindern luss*, 1453 (reg. de Soultzmatt).

LUSS, canton du territ. de Wihr-en-Plaine. — *In der Luss*, 1486 (rôle de Wihr).

LÜSSACKER ou LIESACKER, cantons des territoires de Largitzen et de Rouffach.

LÜSSBERG ou LOUSSBERG, canton du territ. de Brunstatt.

LUSSBERG ou LAUSSENBERG, canton du territ. de Heywiller.

LÜSSBERG ou LISSBERG, canton du territ. de Niedermorschwiller.

LÜSSBIHL ou LIESBÜCUEL, tumulus dans le ban de Blotzheim. — *Zim lüsebuel*, 1279 (Trouillat, *Monum.* II, 314).

Lüssbiehl, c^{ne} de Colmar. — *An dem Lusbühel*, 1371 (reg. de Saint-Martin). — *Im lüsebühel*, 1475 (reg. des domin. de Colmar).

Lüssbiehl ou Lisbiehl, canton du territ. de Heimsbrunn.

Lüssbiehl, canton du territ. d'Herlisheim. — *Vff den Lusebuhel... Lüsebôl*, 1490 (urb. de Marbach).

Lüssbiehl ou Liesbiehl, canton du territ. d'Illzach. — *By dem lyssbüchel*, 1553 (terr. d'Illzach).

Lüssbiehl ou Liesenbühl, canton du territ. de Kirchberg.

Lüssbiehl ou Lisbiehl, canton du territ. de Saint-Hippolyte.

Lüssbiehl, canton du territ. de Sigolsheim. — *Lusebuhel*, 1407 (cens. de la camerene de Munster). — *Laussbühl*, 1717 (rôle de Sigolsheim).

Lüssbreiten, canton du territ. de Courtavon.

Lüssbrunnen ou Lissbrunnen, canton du territoire de Buschwiller.

Lüssbuckel, canton du territ. de Hegenheim. — *Leis Bügel* (anc. cadastre).

Lüssbünn ou Lausbühn, canton du territ. de Reguisheim.

Lüssfeld ou Lissfeld, canton du territ. de Holtzwihr. — *Im Lüssveld*, 1475 (reg. des domin. de Colmar).

Lüssgraben ou Lissgraben, ruiss. c^{ne} de Wickerschwihr.

Lussgrütt, c^{ne} de Sewen. — *In dem obern Lussgereüthe*, 1567 (terr. de Massevaux).

Lüsshag ou Lissbag, canton du territ. de Steinbrunn-le-Haut. — *By dem Lüsshag*, 1562 (reg. des préb. de Mulhouse).

Lussmatten, val de Munster. — *Zû Luszmatten*, 1339 (Stoffel, *Weisth.* 189).

Lussritt, Lausritt ou Louisritt, canton du territ. d'Oberlarg.

Lustgarten, canton du territ. de Bisel.

Lustmatten, canton du territ. de Liebsdorf. — *In der Luchsmatten*, 1345 (reg. Lucell.).

Lutran, en allem. Lutteren, c^{on} de Dannemarie. — *C. et B. fratres dicti de Ludra*, 1249 (Als. dipl. I, 402). — *Colonge de Luttram*, xve siècle (urb. de Froide-Fontaine). — *Lutran*, 1418 (ibid.). — *Lutter*, 1458 (Als. dipl. II, 392). — *Lutter bei Gotzthal*, 1564 (reg. des préb. de Mulhouse). — Dép. du domaine de Montreux.

Luttenbach, c^{on} de Munster. — *Lutenbach*, 1120 (Als. dipl. I, 194). — *Lautenbach*, 1339 (Stoffel, *Weisth.* 189). — *Lutembach*, 1456 (cens. de la cellenie de Munster). — Dépendait de la communauté indivise du val de Munster. — Cette commune doit son nom au ruisseau qui l'arrose.

Luttenbach, ruiss. c^{nes} de Helfrantzkirch et de Kappelen. — *Die lutenbach*, 1568 (urb. de Landser).

Luttenbach ou Luttenbachruntz, ruiss. c^{ne} de Sultzeren.

Luttenbach, ruisseau, c^{ne} de Saint-Hippolyte, affluent de l'Eckenbach.

Luttenbach (Gross-) et Luttenbächlé, ruiss. c^{ne} de Soultz.

Lutter, c^{on} de Ferrette. — *Henricus de Luotre*, 123. (Trouillat, *Monum.* I, 519). — *Lutre*, 1235 (Als. dipl. I, 373). — *Lutra*, 1290 (Trouillat, *Monum.* II, 479). — *Zu Luttre*, 1412 (Als. dipl. II, 321). — Paroisse du décanat de Leymenthal (Lib. marc.). — Dép. de la mairie de Wolschwiller. — Cour colongère dont la juridiction s'étendait sur Oltinger. — *Hof zû Oltingen etwan genandt der hoff zû Lauther*, 1414 (rôle d'Oltingen).

Le ruisseau qui passe à Lutter s'appelle *Lutter bächlé* : c'est un affluent de l'Ill.

Lutter, nom du ruisseau de Lutran, qui vient du ban de Strueth et qui se déverse dans le canal du Rhône au Rhin à Lutran. — *La luttre*, xve siècle (urb. de Froide-Fontaine).

Lutterbach, c^{on} Nord de Mulhouse, primitiv^t chef-lieu de canton. — *Luterbach*, 728 (Laguille, p. 12). — *Lutrebach*, 1194 (cart. de Murbach). — *Heinricus de Lvterbach*, 1253 (Trouillat, *Monum.* II, 72). — *In bannis et villis superioris et inferioris Luterbach*, 1301 (ibid. III, 15 et 782). — Paroisse du décanat du Sundgau (Lib. marc.). — Fief de la seign. d'Altkirch : dépendait en dernier lieu du bailliage d'Ollwiller. — Anc. prieuré dépendant de l'abbaye de Lucelle. — Cour colongère : *Curie dicte der dinghof site in villa de Luterbach*, 1301 (Trouillat, *Monum.* III, 15). — Voy. Kleindorf.

Lutterbach, ruiss. c^{nes} de Walheim et de Tagolsheim. — *Luttenbach* (anc. cadastre).

Luttereichwald, forêt, c^{ne} de Senthcim. — *In der Lauttereich... vf Luttereich*, 1568 (terr. de Massev.).

Lutteren, canton du territ. d'Aspach-le-Bas.

Lutterstall ou Lotterstall, canton du territ. de Fröningen.

Lützel, anc. abb. et riv. — Voy. Lucelle.

Lützelbach (Hinter- et Vorder-), ruiss. c^{ne} de Ribeauvillé. — *In dem lüzzelenbach*, 1278-1493 (reg. d'Unterlinden). — *Im lützelbach*, 1475 (reg. des domin. de Colmar). — *Litzelbach* (carte hydr.).

Lutzelbach (Jm), c^{ne} de Malmerspach, 1550 (urb. de Saint-Amarin).

Lützelberg, c^{ne} de Westhalten. — *Am Lützelnberg*, 1489 (urb. de Marbach).

Lützelhof, canton, c^{nes} d'Obermuespach et de Mittelmuespach.

Lützelhof, anc. ferme, c^{ne} de Michelbach-le-Haut.

Curia seu domus in superiori Michelnbach, 1352 (Trouillat, *Monum.* IV, 31).

ÜTZELWEYER, étang, c^{ne} de Moos. — *Lützelweyer*, 1569 (reg. des préb. de Mulhouse).

UTZENMATTEN, c^{ne} de Bergheim.

UTZMATTEN, c^{ne} de Levoncourt.

LUXBERG, mont. c^{ne} de Walbach (Wintzenheim). — *Ab dem Lovcchsberch*, 1278-1493 (reg. d'Unterlinden).

LUXENBERG, coll. c^{ne} d'Hirsingen.

LUXENGRABEN, restes d'un ancien château près de Traubach (Baquol).

LUXWERB, canton du territ. de Mühlbach.

M

ACHIELLES, cant. du territ. d'Orbey.

ACHTOLSHEIM, village détruit près d'Ensisheim, dont la ferme de Saint-Jean paraît être le reste. — *Machtoltzheim*, 1259 (Als. dipl. I, 427). — *Walther. de Matholzheim*, 1284 (Trouillat, *Monum.* II, 389). — *Daz torf ze Machtoltzhein... die mvli ze Machtoltzhein*, 1303 (*ibid.* III, 67). — *Dinckhöf de Machtholzheim et de Bowoltzheim*, 1349-1603 (inv. des arch. dép. C. 86). — On écrit aussi quelquefois *Marckolsheim* (*ibid.* C. 57 et E. 39). — Au xve siècle, paroisse du décanat de *citra colles Ottonis* (Lib. marc.).

ADAMÉ, cense, c^{ne} de Boron (anc. cadastre).

ADAMELLE (LA), ruiss. c^{nes} de Florimont, Boron et Grosne.

ADELEINE (LA), c^{on} de Giromagny. — *Capploney Marien Magdalenen im Engelthal*, 1350 (urb. de Belfort). — *Sainte-Madeleine* (*vallée d'Engelthal*), 1549-1580 (invent. des archives départementales, C, p. 88). — Dépendait de la mairie d'Étueffont. — Schœpflin dit qu'on a appelé autrefois cet endroit *le Val des Anges*, et qu'il a dû y exister un couvent de religieuses de l'ordre de Saint-Benoît (Als. ill. V, 351). — La chapelle de la Madeleine dépendait du prieuré de Saint-Nicolas-des-Bois.

La rivière qui porte ce nom prend sa source dans le ban de la commune et se jette dans l'Aine à Autrage, après avoir traversé Étueffont-Haut, Étueffont-Bas, Anjoutey, Bethonvilliers, la Collonge et Petit-Croix.

AGÉE (ÉTANG), c^{ne} de Leval.

ÄGEISBERG, h. c^{ne} de Sultzeren. — *Megeisberg* (Cassini).

AGETOBRIA, anc. ville gauloise citée dans les Commentaires de César (lib. I, chap. xxxi). — On a cherché cette ville dans le moderne Magstatt (V. X. Boyer, *Hist. d'Als.* p. 235).

AGEZIEL (IM), canton du territ. de Waldighofen.

AGNIEN, prés, c^{ne} d'Argiésans.

AGNIEN (ESSERT-), c^{ne} de Courtavon.

AGNY, en allemand MENGLATT ou MENDELACH, c^{on} de Dannemarie. — *Mendelach*, 1351 (Revue d'Alsace de 1857, p. 134). — *N. du Maigny*, 1418 (urb. de Froide-Fontaine). — *Menglat*, 1458 (Als. dipl. II, 392). — *Mengeladt*, 1566 (urb. des redevances en deniers de Mulh.). — *Mangelot*, 1576 (Speckel). — *Le Maigny*, 1580 (terr. de Saint-Ulrich). — Dép. du domaine de Montreux.

MAGNY, canton du territ. de Chèvremont. — *Von dem gut bey Geyssenberg an dem steynen brucklin gelegen, genant Le Maingni Bonnoil*, 1533 (urb. de Belfort).

MAGNY, forêt, c^{nes} de Joncherey et de Grandvillars. — *Le Magni*, xve s^e (urb. de Froide-Fontaine). — *Le Magnier* (anc. cadastre).

MAGNY (GROS-), en allemand GROSS-MENGLATT, c^{on} de Giromagny. — *Grumenin*, 1350 (urb. de Belfort). — *Grumaigni.... Grumenegeny*, 1427 (comptes des seign. de Belfort et Rosemont). — *Grumaigny*, 1655 (cens. du chap. de Belfort). — Dép. de la mairie du Haut-Rosemont.

MAGNY (LE), canton du territ. de Petit-Croix. — *Sur le Maigny*, 1655 (cens. du chap. de Belfort). — *La Magnie* (Dépôt de la guerre).

MAGNY (PETIT-), en allemand KLEIN-MENGLATT, c^{on} de Giromagny. — *Gnalmaigni... Gnamaigni*, 1427 (comptes des seign. de Belfort et de Rosemont). — *Bittmeni*, 1579 (rôle de Guewenheim). — *Petit-Maingni*, 1627 (censier du prieuré de Meroux). — Dép. de la mairie d'Étueffont.

MAGSTATT-LE-BAS, en allemand NIEDERMAGSTATT, c^{on} de Landser. — *Magesstet*, 788 (Tradit. Wizenburg. 44). — *Inferius Mahstatt*, 1090 (Trouillat, *Monum.* II, 7). — *Machstatt*, 1146 (Als. dipl. I, 232). — *Nidernmachstatt*, 1303 (Trouillat, *Monum.* III, 57). — Paroisse du décanat d'*inter colles* (Lib. marc.). — Dép. de la prévôté de Landser.

MAGSTATT-LE-HAUT, en allemand OBERMAGSTATT, c^{on} de Landser. — *Superius Mahstatt*, 1090 (Trouillat, *Monum.* II, 7). — *Superius Machstatt*, 1265 (*ibid.* 151). — *Obernmachstatt*, 1303 (*ibid.* III, 57). — Dép. de la prévôté de Landser.

Mai, c^{ne} de Vézelois. — *En la mair*, 1655 (cens. du chap. de Belfort).

Mai (Combe de la), c^{ne} d'Essert. — *Le champs de la May*, xve siècle (urb. de Froide-Fontaine).

Mai (Fosses de), c^{ne} de Lutran.

Maie (La) ou la May, f. c^{ne} de Menoncourt. — *La Mai* (tabl. des dist.).

Mainberte, c^{ne} de Belfort. — *? Meiginbanat*, 1347 (Herrgott, III, 673). — *Lou vay que l'on dit de la mainberte*, 1472 (Rev. d'Als. de 1864, p. 535).

Mais (Les), f. c^{ne} du Bonhomme. — *Les prés des mais* (anc. cadastre).

Maison forestière (La), en allemand Försterhaus, maisons de garde, sans nom spécial, à Cernay, Eguisheim, Gueberschwihr, Guemar, Illhäusern, Rixheim, Roderen (c^{on} de Ribeauvillé), Rouffach et Wittelsheim.

Maison-Neuve (La), f. de l'ancien territ. de Saint-André.

Maison-Rouge (La), en allemand Rothehaus, m. de garde, c^{ne} de Colmar.

Maison-Rouge (La), en allemand Rothehaus, f. c^{ne} de Courtavon.

Maison-Rouge (La), f. c^{ne} de Florimont.

Maison-Rouge (La), en allemand Rothehaus, f. c^{ne} de Massevaux.

Maison-Rouge (La), f. c^{ne} de la Poutroye.

Majorenacker, c^{ne} de Reiningen.

Majorengut, f. c^{ne} de Hombourg.

Malevaux, h. c^{ne} du Puix (c^{on} de Giromagny). — *Malvaux* (anc. cadastre).

Malfeschin Acker, c^{ne} de Ranspach, 1550 (urb. de Saint-Amarin). — Voy. Malveuchés (Les).

Malgoutte, canton des territoires de Charmois et de Reppe.

Malgoutte, ruisseau, c^{nes} de Cunelière et de Foussemagne.

Malmerspach, c^{on} de Saint-Amarin, primitivement c^{on} de Thann. — *Malberspach*, 1550 (urb. de Saint-Amarin). — *Malmerspach*, 1576 (Speckel). — *Malmersbach*, 1644 (Merian, *Top. Als.* carte). — *Malwersbach* (anc. cadastre). — Dépendait du baill. de Saint-Amarin.

Malmoulin, canton du territ. d'Andelnans.

Malsaucy, étang entre Évette, Sermamagny et la Chapelle-sous-Chaux. — *L'estang du Malsaucy*, 1655 (cens. du chap. de Belfort). — *Malsocie* et *Malsaucie* (anc. cadastre).

Malsaucy, f. c^{ne} de Sermamagny.

Maltière (La), c^{nes} de Levoncourt, de Cunelière et de Novillard.

Maltière (La), canton du territ. de Chavannes-les-Grands. — *Vers la Malatière*, 1580 (terr. de Saint-Ulrich).

Maltzacker, c^{nes} d'Illzach, *am Molsacker*, 1553 (terr. d'Illzach); de Sainte-Croix-en-Plaine, *Malazacker*, 1312 (abb. de Sainte-Croix); de Sigolsheim, *Malotzacker*, 1407 (cens. de la camerene de Munster) de Werentzhausen, *vff dem Malczecker*, 1460 (rôles de Saint-Morand).

Maltzbach, c^{ne} d'Eguisheim. — *Maletzbach*, 1488 (urb. de Marbach).

Maltzenbruch, c^{ne} de Niedermorschwiller. — *In Maltzebrûch*, 1537 (rôle de Niedermorschwiller).

Maltzengarten, anc. maladrerie, c^{ne} de Schlierbach.

Maltzengraben, c^{ne} d'Ensisheim.

Maltzerpfad, c^{ne} de Bergheim.

Maltzhag, c^{ne} de Spechbach-le-Haut. — *Vff dem Malaczhag*, 1421 (rôles de Saint-Morand).

Malveuchés (Les), canton du territ. de Florimont.

Mamberg, canton du territ. de Soultz. — *An manwerck*, 1489 (urb. de la comm^{rie} de Soultz). — *Mambert* (anc. cadastre).

Mamberg, mont. c^{ne} de Guebwiller.

Mamberg, mont. c^{ne} de Rouffach.

Mamburg, c^{ne} de Sigolsheim. — *Im Mamburg*, 1717 (rôles de Sigolsheim). — *Manburg* (anc. cadastre).

Mamelouk (Moulin), c^{ne} de Munster.

Mamsellenloch, c^{ne} d'Eguisheim.

Man, lieu cité au xve siècle comme paroisse du décanat d'*ultra colles Ottonis*, après Lengenberg, près de Vöglinshofen (Lib. marc.).

Mandel, c^{ne} de Colmar.

Mandelmühle, m^{in}, c^{ne} de Kaysersberg.

Mangolt (Vff dem), c^{ne} de Roppentzwiller, 1421 (rôles de Saint-Morand).

Manis, f. c^{ne} de Sultzeren. — *Am Mannsperg... Mansperg*, 1456 (cens. de la cellenie de Munster).

Mannematten, c^{ne} de Traubach-le-Bas. — *Vff die Mannematt*, 1460 (rôles de Saint-Morand).

Mansmord, c^{ne} d'Illzach.

Manspach, en français Mempe, c^{on} de Dannemarie. — *Sigifridus de Manspach*, 1152 (Trouillat, *Monum.* I, 322). — *Monspach*, 1576 (Speckel). — Dép. de la mairie de la Largue.

Mansperg, c^{nes} de Burbach-le-Bas et de Rammersmatt. — *Am Mansperg*, 1569 (terr. de Massevaux).

Mapatey (Le), f. c^{ne} de la Chapelle-sous-Chaux.

Marais (Les), c^{ne} du Salbert.

Marasmatten, c^{ne} de Ruederbach.

Marastboden, canton du territ. de Fröningen.

Maratte (La), f. c^{ne} d'Étueffont-Haut.

Marbach, anc. abbaye de chanoines réguliers de l'ordre de Saint-Augustin, fondée en 1090 près d'Eguisheim. — *Marcbach*, 1091 (Grandidier, *Hist. d'Als.* p. j, II, 156). — *Marbacensi ecclesie*, 1092 (*ibid.* II, 158). — *Monasterium clericorum apud Marbach*, 1094 (Trouillat, *Monum.* I, 209). — *Prepositus de Marpach*, 1184 (Als. dipl. I, 281). — *Canonici Marbacenses*, 1196 (*ibid.* 304). — *Prensentibus abbatibus de Marpach*, etc. 1235 (*ibid.* 374). — *Margpach, Markpach, Marppach*, 1389-1424-1491 (urb. de Marbach). — *Monasterium S. Irenaei in Marbach*, 1552 (Grandidier, *OEuvres inédites*, III, 117).

MARBACHGRABEN, ruiss. c"° d'Eguisheim.

MARBACHWEYER, étang, c"° de Brinighofen.

MARBÜHL, c"° de Niederentzen. — *Margbühel*, 1453 (cart. de Murbach).

MARCHURAY, canton du territ. de Vézelois. — *En Marcheroy... Marcherot*, 1655 (censier du chap. de Belfort). — *Marchuray* (anc. cadastre).

MARCHUT, c"° de Vézelois. — *Sur le Marcheois*, 1655 (cens. du chap. de Belfort).

MARCK (OBER- et NIEDER-), vign. c"° de Wettolsheim. — *Jn der Margk*, 1488 (urb. de Marbach).

MARCKELBERG, canton du territ. de Largitzen.

MARCKENRAIN, vign. c"°* de Bennwihr et de Sigolsheim. — *Vff markenrein*, 1407 (cens. de la camerene de Munster). — *Im Arkhenrain*, 1717 (rôle de Sigolsheim).

MARCKOLSHEIM (BAILLIAGE DE), bailliage de la Basse-Alsace, comprenant trois communes du Haut-Rhin, savoir : Artzenheim, Baltzenheim et Kuenheim.

MARCKOLSHEIM (DÉCANAT DE). — Ce décanat ou archiprêtré dépendait du diocèse de Strasbourg et ne comprenait que quelques paroisses du Haut-Rhin, savoir : Artzenheim, Grussenheim, Lautenbach, Muntzenheim, Saint-Marc et Wiedensohlen (alm. d'Alsace de 1783).

MARCKSTALL, fief, c"° de Bantzenheim. — *Margstallen lehen*, 1688 (terr. de Bantzenheim).

MARCKSTALL, anc. maison seign"° à Riquewihr (inv. des arch. dép. E, 76-77).

MARCKSTEIN, f. c"° de Ranspach et mont. à Ranspach et à Felleringen.

MARÉGATS (LES), ruiss. c"° de Felon.

MAREIENTHAL ou FRAUENTHAL, canton du territ. de Habsheim.

MÄRENKOPF ou MÖRENKOPF, île du Rhin, c"° de Kuenheim.

MARETTE (LA), c"° de Saint-Germain.

MARGBERG, coll. c"° de Geispitzen.

MARGELACKERN, c"°* de Buschwiller, d'Eglingen, d'Heywiller, de Hochstatt, de Tagolsheim, de Walbach (c°° de Landser), etc.

MARGOTTES, canton du territ. d'Eschêne-Autrage.

MARGOULE, c"° de Vézelois.

MARGRUBEN, forêt, c"° de Niedermorschwiller. — *Vff marggrüben*, 1537 (rôle de Niedermorschwiller).

MARIAGRABEN, canton du territ. de Seppois-le-Haut.

MARIENACKER, canton du territ. de Hirtzbach.

MARIENFELD, canton du. territ. de Bennwihr. — *Mariafeld* (cad.).

MARIFONTAINE, canton du territ. de Meroux (ancien cadastre).

MARIGOUTTE, f. c"° de Sainte-Croix-aux-Mines.

MARKIRCH, c"°. — Voy. SAINTE-MARIE-AUX-MINES.

MÄRLE, h. — Voy. MEREL.

MÄRLEBERG et MÄRLEWEYER, montagne et étang, c"° d'Oderen.

MARLY, mont. c"° de Rougemont.

MARMAGNY, anc. vill. cité entre Rougegoutte et Vescemont. — *Marmenin*, 1350 (urb. de Belfort). — *Marmennin*, 1394 (urb. des pays d'Autr.).

MARNET (AU) ou MERNET, c"°* de Perouse et de Roppe. — *És Mereneys*, 1655 (cens. du chap. de Belfort).

MARSELSTÜCK, c"° de Wihr-au-Val, 1452 (rôle de Wihr).

MARTELLE (LA), forêt, c"° de Chavannes-sur-l'Etang.

MARTINET (LE), en allemand HAMMERSCHMIEDE, usine isolée sans nom spécial, c"°* de Kaysersberg, Lièpvre, Metzeral, Orbey, Sultzeren, et du Bonhomme.

MARTINET-BICKING, usine, c"° de Munster.

MARTINET-DES-PRÉS, usine, c"° de Belfort.

MARTINET-DU-BAS, usine, c"° d'Oberbruck.

MARTINET-DU-HAUT, usine, c"° de Rimbach (c°° de Massevaux).

MARTINMÜHLE, m¹", c"° de Traubach-le-Bas.

MARTINSBOURG, chât. près de Wettolsheim. — *Capella B. Martini apud Egenesheim*, 1145 (Trouillat, *Monum.* I, 291). — *Capella sancti Martini sita in villa Wedelsheim*, 1319 (Als. dipl. II, 123). — *Vff sant Martin bühel*, 1429 (urb. de Marbach). — *Vf sant Martins bühel*, 1488 (*ibid.*). — M. C° *Wapner de Martinsbourg, f° de Fr. Thiéb. de Valcour*, 1697 (arm. d'Als.). — *St-Martin Bourg* (Cassini). — Dépendait, au xv° siècle, du décanat d'*ultra colles Ottonis* (Lib. marc.).

MARTZEHALLEN, c"° de Hagenthal-le-Bas. — *Vor Mantzenhall*, 1565 (reg. des préb. de Mulhouse).

MÂSAT (LE), c"° de Charmois. — *Au Mason*, 1347 (urb. de Froide-Fontaine).

MASE (LA), prés., c"° de Danjoutin.

MASEL (IN DER), c"° d'Obermorschwihr, 1488 (urb. de Marbach).

MASHOLDER (BI DEM), c"° de Sainte-Croix-en-Plaine. — *Bi dem Massolter*, 1312 (abb. de Sainte-Croix).

114 DÉPARTEMENT DU HAUT-RHIN.

Massevaux, en allemand Masmünster, grécisé Masopolis, ch.-l. de c^{on}, arrond. de Belfort. — Abbaye de chanoinesses fondée au vIII° siècle. — *Vallis Masonis*, 823 (Laguille, pr. 15). — *Masonis monasterium*, 870 (Trouillat, *Monum.* I, 116). — *Mason-Mostier*, 870 (Chron. de Saint-Denis, apud Bouquet, VII, 134). — *Abbatiam de Ualle Masonis*, 1146 (*ibid.* 296). — *Masunual*, 1175 (*ibid.* 357). — *Masemunster*, 1333 (Mone, *Zeitschrift*, IV, 380). — *Sand Leodegarien vnd sines Gotshûses ze Maszmünster*, 1338 (Trouillat, *Monum.* III, 497). — *Henriz de Moisonual*, 1382 (*ibid.* IV, 420). — *Jehan Henry de Maisonvaulx chastellain*, 1440 (Als. dipl. II, 365). — Dépendait de la juridiction du plaid de Guewenheim. — L'advocatie (*vogtei*) de la vallée de Massevaux appartenait en fief aux comtes de Ferrette et relevait de l'év. de Bâle. — Après l'organisation de l'intendance d'Alsace, Massevaux devint chef-lieu d'un bailliage de la subdélégation de Belfort, qui se composait des mêmes communes que le canton actuel, moins Mortzwiller, Soppe-le-Bas et Soppe-le-Haut, et plus Burbach-le-Bas, Burbach-le-Haut, Guewenheim et Michelbach. — Il y existait une léproserie dont les revenus furent réunis à l'hôpital, suivant édit du 27 juillet 1739 (Mercklen, *Hist. d'Ensish.* I, 334). — Le ban de Massevaux était indivis avec ceux de Lauw, Stöcken, Sickert, Niederbruck, Hubach et Burbach-le-Haut (ancien cadastre).

Massevaux (Décanat de). — Le décanat de Massevaux fut créé au xvII° siècle aux dépens de celui du Sundgau et nommé *Capitulum Mazopolitanum* (Trouillat, *Monum.* I, LXXXVIII). Il comprenait les paroisses d'Altenach, Buetwiller, Burbach-le-Bas, Dannemarie, Friessen, Gildwiller, Guewenheim, Hagenbach, Largitzen, Leimbach, Massevaux, Mertzen, Mollau, Oderen, Roderen, Saint-Amarin, Sentheim, Sewen, Soppe-le-Bas, Soppe-le-Haut, Traubach-le-Haut, Willer (c^{on} de Thann).

Mastgrün, île du Rhin, c^{ne} de Fessenheim.

Mathishaus, anc. f. à Hagenthal-le-Bas. — *Grange Mathisen Hüsel* (Cassini).

Matraces (Les), c^{ne} de Romagny (c^{on} de Dannemarie).

Matrelle (La), h. c^{ne} d'Orbey.

Matrye (La), f. c^{ne} de Menoncourt.

Matstal, anc. foulon à Rimbach. — *Plewlat gelegen in Matstal*, 1567 (terr. de Massevaux).

Mattenbach, nom de la Petite-Largue à Bisel.

Mattenmühle, m^{in}, c^{ne} de Bettendorf. — *Moulin Matten* (Cassini).

Mattenmühle, m^{in}, c^{ne} de Sainte-Croix-en-Plaine. — *Moulin Brûlé* (Dépôt de la guerre).

Mattenmühle, m^{in}, c^{ne} de Sigolsheim.

Mattenmühle, m^{in}, c^{ne} d'Uffheim. — *Mattmühl* (Cass.).

Mattenmühle, m^{in}, c^{ne} de Westhalten.

Mättle, f. c^{ne} d'Eschbach.

Maullyholtz, c^{ne} de Seppois-le-Bas.

Mauritzhaulen, canton du territ. de Rixheim. — *Ju der Murentzhalden*, 1544 (reg. des pres. de Mulhouse). — *Jnn die Moritzhaldenn*, 1548 (urb. de l'hôp. de Mulhouse).

Maux-Champs (Les), éc. c^{ne} d'Évette.

Mazarin (Étang), c^{ne} de Sermamagny.

Maze (La), f. c^{ne} du Bonhomme. — *La Mase* (ancien cadastre).

Mèche (La), f. et ruiss. c^{ne} de la Madeleine. — *Goutte-la-Miche* (tabl. des dist.).

Mèche (La), ruisseau, c^{ne} de Novillard, affluent de la Madeleine.

Mèche (La) ou Moeche, étang et ruiss. c^{nes} de Bessoncourt et de Denney. — *L'Estang de la Musse*, 1627 (cens. du chap. de Belfort).

Mechlenberg, coll. c^{ne} de Francken. — *Michelenberch*, 1265 (Trouillat, *Monum.* II, 160).

Mecken, c^{nes} de Burnhaupt-le-Bas et de Burnhaupt-le-Haut.

Medaou, c^{ne} de Grosne. — *Colonge du Medaou*, 1619 (cens. du chap. de Belfort).

Médoyu (Au), c^{ne} de Valdieu.

Meerboden, c^{nes} de Baldersheim, de Mulhouse, etc.

Meggenhornes Wichus, anc. fortin ou *propugnaculum* à Soultz, en 1303 (Trouillat, *Monum.* III, 39).

Mehlacken, c^{nes} de Neuwiller et de Ranspach-le-Bas.

Mehluurst, c^{ne} de Hagenthal-le-Bas.

Mehlmesser, c^{ne} de Riedisheim.

Mehlsack, canton du territ. de Pulversheim.

Mehlweg, c^{ne} de Bergheim.

Meillet, c^{ne} de Courtavon.

Meinoltsthal, vallon, c^{ne} de Turckheim. — *Einolcztal*, 1422 (rôle de Turckheim).

Meisenthal, vallon, c^{nes} de Weegscheid et d'Oberbruck. — *Im Meissenthal*, 1567 (terr. de Massevaux).

Meix-au-Cleiget (Le), c^{ne} de Bavilliers, xv° siècle (urb. de Froide-Fontaine).

Meix-Bartol (Le), f. c^{ne} de Grandvillars, citée en 1332 (Als. dipl. II, 148).

Meix-Fromental (Le), c^{ne} de Chaux, 1426 (urb. de Froide-Fontaine).

Melchergrün, canton du territ. de Kembs.

Melchstall, vallon (*ein Krachen*) du territ. d'Oberlarg.

Elckerei, f. c^{ne} de Bollwiller.

Melckerei, f. c^{ne} de Kaysersberg.

Melckerei, f. c^{ne} de Pulversheim.

Melckerhütte, f. — Voy. Hütten.

Mellingotten, c^ne de Rammersmatt. — *In der Möllinen gotten... in der Melling gotten*, 1421 (rôles de Saint-Morand).

Meltzerhag, c^ne de Dürmenach.

Melwe, canton de l'ancien territ. d'Ellenwiller, au xive siècle (reg. d'Unterlinden).

Melwe, canton du territ. de Munwiller. — *Im Melwe*, 1490 (urb. de Marbach).

Melwen (In den), canton du territ. de Sainte-Croix-en-Plaine.

Melwiller, anc. vill. près de Michelbach-le-Haut. — *Curtes ad Michelenbach ac Melwilre*, 1142 (Trouillat, *Monum.* I, 287). — Il y reste encore un lieu dit Willer. — *In dem Wiler*, 1288 (parch. de Lucelle). — *Cûntz von Wilr*, 1421 (rôles de Saint-Morand).

Mempe, c^ne. — Voy. Manspach.

Ménabois, f. c^ne de Lièpvre.

Mendelach ou Menglatt, c^ne. — Voy. Magny.

Mengelgasse, c^ne de Berentzwiller. — *Mengli gassen*, 1421 (rôles de Saint-Morand).

Mengenstein, canton du territ. de Soultzmatt. — *An dem mengenstein*, 1453 (reg. de Soultzmatt). — *Am mengesteyn... jm mennigstein*, 1489 (urb. de Marbach).

Menigassen, c^ne de Bitschwiller, 1550 (urb. de Saint-Amarin).

Menighick, c^ne de Willer, 1550 (urb. de Saint-Amarin).

Menoncourt, en allemand Mimingen, c^ne de Fontaine. — *Mimingen*, 1347 (Herrgott, III, 673). — *Müming*, 1573 (urb. de Belfort, 16). — *Miningen*, 1628 (inv. de la seign. de Rougemont). — *Menoncourt*, 1655 (cens. du chap. de Belfort). — Dép. de la paroisse de Pfaffans.

Menweg, anc. chemin, c^ne de Bühl. — *Der Meneweg*, 1453 (Stoffel, *Weisth.* 125).

Menweg, anc. chemin, c^ne de Kientzheim. — *Am Mônweg*, 1475 (reg. des domin. de Colmar).

Menweg, anc. chemin, c^ne d'Obermorschwihr. — *Jn mene wege*, 1488 (urb. de Marbach).

Menweg, c^ne de Rammersmatt. — *An dem Menneweg*, 1421 (rôles de Saint-Morand).

Merchières (Ès), c^ne de Réchésy, 1582 (terr. de Saint-Ulrich).

Merckenbach, ruiss. c^ne de Dieffmatten. — *Märgenbach* (cadastre).

Merckensweg, c^ne de Traubach-le-Bas. — *Märcksweg*, 1548 (urb. de l'hôp. de Mulhouse).

Merckeweg, anc. chemin à Sainte-Croix-en-Plaine, 1312 (abb. de Sainte-Croix).

Merckwald, c^ne de Murbach.

Merel ou Märle, h. c^ne d'Oderen. — *Mörlein* (tabl. des dist.).

Merelles (Les), h. c^ne de la Poutroye. — *Zu Merille... Imerill... lit jmerille*, 1441 (urb. de Ribeaupierre).

Merelruntz, ruiss. c^ne d'Urbès. — *Merlenruntz* (carte hydr.).

Mérienne, c^ne de Vézelois.

Merl, canton du territ. d'Urbès.

Merle (Ruisseau du), c^ne de Frais.

Merlière ou Merelière, c^ne de Reppe, 1581 (terr. de Saint-Ulrich).

Meroux, en allemand Mörlingen, c^ne de Belfort. — Anc. prieuré de bénédictins dépendant du chapitre de Belfort. — *Priore de Merons*, 1210 (Trouillat, *Monum.* I, 457). — *Collonges de S. Nicolas de Meroux... maire du prieur de St Nicolas de Meroux*, 1328 (ibid. III, Regestes, 731). — *Mertelingen*, 1394 (urb. des pays d'Autr.). — *Mertelingen... Mertlingen*, 1427 (comptes des seign. de Belfort et Rosemont). — *Meroulz*, 1604 (censier du chap. de Belfort). — *Meroulx*, 1630 (cens. du prieuré de Meroux). — *Sur le cloistre... le vergier du priore*, 1655 (cens. du chap. de Belfort). — Formait, avec Vézelois, une mairie de la seigneurie de Belfort.

Merray (Sur le), c^ne de Romagny (Dannemarie).

Merschen ou Mörschen, lanières de forêts à Magstatt-le-Haut. — *Märschen* (anc. cadastre).

Merschen, c^ne de Tagsdorf.

Merschy, canton du territ. de Geispitzen. — *Partem paludis que dicitur Marsch*, 1144 (Trouillat, *Monum.* I, 287). — *Vff die Mörsch*, 1521 (reg. des préb. de Mulhouse).

Mersheim, anc. vill. cité comme ayant existé dans le bailliage de Landser (Als. ill. IV, 143).

Merstal (Im), canton du territ. de Soultzmatt. — *Jn dem Erstal*, 1453 (reg. de Soultzmatt). — *Jm Erstal... jn merstal*, 1489 (urb. de Marbach).

Mertzau, éc. c^ne de Mulhouse. — *Die Mertzen ouw*, 1553 (terr. d'Illzach).

Mertzbrünnelen, c^ne de Katzenthal.

Mertzen, en français Meurenche, c^ne d'Hirsingen. — *Morenze*, 1094 (Als. ill. IV, 145). — *Mörentze*, xive s^e (Mone, *Zeitschrift*, XIV, 9). — *Möritzen*, 1525-1634 (inv. des arch. dép. C, p. 89). — *Moritzheim*, 1571 (urb. des redev. en deniers de Mulhouse). — *Meritz*, 1576 (Speckel). — *Möritz*, 1629 (rôle de Balschwiller). — Paroisse du décanat de Massevaux (alm. d'Als. de 1783). — Dép. de la mairie de la Largue. — Voy. Orenzach.

Mertzenacker, c^ne de Traubach-le-Bas.

Mertzenbrunnen, source, c^ne de Bergholtz. — *Zuo Mertzburnen*, 1453 (cart. de Murbach).

Mertzenbrunnen, fontaine, c^ne de Soultz.

MERTZENBRUNNEN, c^ne de Werentzhausen. — *By merczinburnen*, 1460 (rôles de Saint-Morand).
MERTZENBRUNNEN, source, c^ne de Wettolsheim. — *Zû mertzenborn*, 1488 (urb. de Marbach).
MERTZENBRUNNEN, source, c^ne de Zimmerbach. — *Bi dem Merzeburnen*, xive siècle.(rôle de Zimmerbach).
MERTZENGALGEN, canton des territoires d'Altkirch et de Carspach. — *Ze Merczengalgen*, 1421 (rôles de Saint-Morand).
MERTZENMATTEN, c^nes de Burnhaupt-le-Bas, de Hausgauen, de Traubach-le-Bas, etc.
MERTZENRAIN, c^ce de Burbach-le-Bas. — *Vff Mertzen Rein*, 1569 (terr. de Massevaux).
MERTZENWEG, chemin, c^ne de Fortschwihr.
MERTZIMÜHLE, m^in, c^ne de Mertzen.
MERXHEIM, c^on de Soultz. — *Merchenehcim*, 1135 (Grandidier, *Hist. d'Als.* p. j, II, 294). — *Uolmaro de Merchenseim*, 1186 (Trouillat, *Monum.* I, 403). — *Plebanus de Merkensheim*, 1207 (Mone, *Zeitschrift*, IV, 220).— *Merckeshein*, 1291 (Als. dipl. II, 48). — *Das torf ze Merchenshein*, 1303 (Trouillat, *Monum.* III, 51). — *Merkeshin*, 1394 (urb. des pays d'Autriche). — *Marxen*, 1576 (Speckel).— *Merckhisheimb*, 1717 (rôle de Merxheim). — Paroisse du décanat de *citra colles Ottonis* (Lib. marc.). — Relevait de la seigneurie et, plus tard, du baill. d'Isenheim.
MÉSINÉ, en allemand MISERACH, c^on de Delle. — *Signour de Miserey*, 1317 (Trouillat, *Monum.* III, 257). — *Mosere*, 1576 (Speckel). — Dép. de la seigneurie de Grandvillars.
MESSARDE, c^ne d'Urcerey.
MESSE (IN), c^ne de Colmar, 1259 (Mone, *Zeitschrift*, XI, 321).
MESSER (IM), c^ne de Moos.
MESSERSPACH, ruiss. c^ne de Stetten. — *Vff die Messerspach*, 1609 (terr. de Magstatt-le-Bas).
MESSIRE-JEAN, étang, c^nes de Florimont et de Suarce.
MESSJUCHART et MESSJUCHERTEN, c^nes de Heimsbrunn, Folgenshourg, Obermorschwiller, Riedisheim, Schwoben et Zillisheim. — *Jn der mess Juchardt*, 1561 (urb. de l'hôp. de Mulhouse).
METTENAU, île du Rhin, c^ne de Kembs. — *Mettenowe*, 1185 (Mone, *Zeitschrift*, IV, 217).
METTENHEIM, c^ne de Dolleren. — *Hauss, hof vnd methlin so gelegen ist im Mettenhin... Mettenheim... Mettenhien*, 1567 (terr. de Massevaux).
METTERSDORF, vill. détruit près de Ballersdorf, dont il ne reste plus que la chapelle de Saint-Martin. — *Petrum de Mettersdorff*, 1342 (reg. de St-Amarin). — *Herre Henrich von Metterstorf*, 1421 (rôles de Saint-Morand). — Au xve siècle, *Metterdorf* est cité comme paroisse du décanat du Sundgau (Lib. marc.). — *S. Martin*, 1576 (Speckel).
METTLING, canton du territ. de Fülleren. — *Im schnee auff den Wölffen im metling vmb einander gerilten*, 1589 (*Alsatia* de 1856-1857, p. 289).
METZERAL, c^on de Munster. — *Meterol*, 824 (Als. ill. III, 335). — *Mecerol*, xiie siècle, cit. an. 817 (Grandidier, *Hist. d'Als.* p. j, II, 17), et *Mezerol* (Als. dipl. I, 67). — *Mezzerol*, 1320 (Weisth. I, 666). — Dép. de la communauté indivise du Val de Munster. — Cour colongère (*Alsatia* de 1854-1855, p. 58).
METZERLEBRUNN, source, c^ne de Hochstatt.
METZERACKER, c^nes d'Altenach, de Feldbach et de Heimersdorf.
METZGERBERG, c^ne de Hirtzbach.
METZGERHAG, c^ne de Manspach.
METZGERLOCH, c^ne de Wolfersdorf.
METZGERMATT, c^nes de Bettlach, de Pfetterhausen, de Wittelsheim.
METZGERWEYER, c^nes de Seppois-le-Haut et d'Uberstrass.
MEURSCHE, c^ne. — Voy. MERTZEN.
MEURPROIDFAIM, anc. f. c^ne d'Orbey (Cassini).
MEYBURG, anc. chât. entre Ammerschwihr et Meywihr. — *Castrum in Minrewire*, 1288 (Ann. Colm. 136). — *Meyburg* (anc. cadastre). — *Daz Burgstal... ju Oberburg*, 1441 (urb. de Ribeaupierre).
MEYENACKER, c^on de Seppois-le-Haut.
MEYENBERG, c^ce de Burbach-le-Haut.
MEYENFELD, c^ne de Roderen (c^on de Thann).
MEYENHART, vill. détruit, c^ne de Dietwiller, où il reste encore la dénomination de *Im Meynhartswinckel* ou *Im Eynhartswinckel*. — *Wernherus dictus de Meigenhart*, 1286 (Trouillat, *Monum.* II, 421). — *Meienhart*, 1303 (*ibid.* III, 57).
MEYENHEIM, c^on d'Ensisheim. — *Plebanus de Meieneim*, 1187 (Trouillat, *Monum.* I, 406). — *Plebanus de Meginheim*, 1261 (cart. de Munster). — *Wernher von Meigenheim*, 1303-1325 (Als. dipl. II, 78-135). — C'est à Meyenheim que se tenaient anciennement les plaids de la justice provinciale de la Haute-Alsace. — *Actum... apud villam Meyenheim in publica strata... in generali placito*, 1212 (Als. dipl. I, 323). — *Dum judicio aput Megenhcim presideret*, 1232 (Trouillat, *Monum.* I, 527). — Paroisse du décanat de *citra colles Ottonis* (Lib. marc.). — Dép. du baill. d'Ollwiller.
MEYENHEIM, anc. chât. à Pfaffenheim, d'après Schœpflin (Als. ill. IV, 200). — *Cânrado de Meinheim*, 1252 (abb. de Pairis, C. 4, C. 21).— *Ze Pfaffenheim, ze Meigenheim*, 1338 (Trouillat, *Monum.* 486).

Meyenmatt, c^{ue} de Luttenbach. — *Meyn matte*, 1456 (cens. de la cellenie de Munster).
Meyenrieth, canton du territ. de Francken.
Meyenritt, canton du territ. de Bendorf.
Meyenthal, vallon, c^{ne} de Wihr-au-Val.
Meyeracker, cantons des territ. de Baldersheim, Berrwiller, Hirsingen et Schweighausen, dont les maires avaient anciennement la jouissance.
Meyerbühl, anc. f. c^{ne} de Sondernach. — *Meyerbihl* (Cassini).
Meyerhof, f. c^{ne} de Wasserbourg.
Meyermatt, m. isolée, c^{ue} de Felleringen.
Meyermühle, m^{in}, c^{ne} de Colmar.
Meyersberg, c^{nes} de Roderen (c^{on} de Thann) et de Waldighofen. — *Jm Meyersberg*, 1492 (reg. des préb. de Mulhouse).
Meyersbrochen, cant. du territ. de Stosswihr.
Meyers gesig (In), c^{ne} de Rimbach. — 1567 (terr. de Massevaux).
Meyersmatten, c^{ne} de Schweighausen.
Meyerthumb, nom d'un cant. du territ. de Hagenthal-le-Haut, en 1565 (reg. des préb. de Mulhouse).
Meythal, vall. et ruiss. c^{ne} de Ribeauvillé, affluent du Musbach.
Meywihr, vill. détruit dont l'église a subsisté jusqu'à la Révolution, et qui était situé au-dessus d'Ammerschwihr. — *Minrremwilre*, 1253 (Als. dipl. I, 409). — *Minnewiler*, 1279 (Ann. de Colmar, 76). — *Incurate in Minrewilr*, 1296 (Trouillat, *Monum.* II, 624). — *Minrenwilr*, 1278-1493 (reg. d'Unterlinden). — *Plebanus in Minrewiler et decanus ultra Ottensbühel*, 1351 (Nécrol. Pairis). Au XVe siècle, *Minnwilr* est cité comme paroisse du décanat d'*ultra colles Ottonis* (Lib. marc.). — St Sébastien (Cass.).
Michelbach, c^{on} de Thann. — *Waltone de Michelbach*, 1105 (Trouillat, *Monum.* I, 226). — *Michlenbach bi tanne*, 1460 (rôles de Saint-Morand). — *Michelbach*, 1576 (Speckel). — Paroisse du décanat du Sundgau. — Fief de la seigneurie de Thann. — En dernier lieu, Michelbach fit partie du bailliage de Massevaux. — Le ruisseau de *Michelbach* afflue à la Dollern. — *In der mechlnbach..... michlnbach*, 1241 (rôles de Saint-Morand). — *Vff der Michelbach*, 1486 (urb. de la comm^{rie} de Soultz).
Michelbach, ruiss. prend sa source à Michelbach-le-Haut et se réunit à celui de Ranspach pour former l'Altebach.
Michelbach-le-Bas, en allemand Niedermichelbach, c^{on} d'Huningue. — *Michelnbach*, 1103 (Trouillat, *Monum.* I, 216). — *Curtes Michelnbach*, etc. 1144 (ibid. 287). — *Hugone de Michellenbach*, 1212 (ibid. 458). — *Ze Nidern Michelnbach*, 1303 (ibid.

III, 59). — *In Michelnbach Inferiori*, 1307 (ibid. 115). — Dép. de la prév. de Michelbach-le-Haut.
Michelbach-le-Haut, en allemand Obermichelbach, c^{on} d'Huningue. — *Parochiali ecclesie de Michelenbach... cenobio de Michelenbach contulit*, 1243 (Trouillat, *Monum.* I, 564). — *Ze Obern Michelbach*, 1303 (ibid. III, 58). — *In Michelnbach superiori*, 1307 (ibid. 115). — *Ecclesie parochiale S. Jacobi Superioris Michelnbach una cum capell. S. Nicolai in supremo Michelnbach*, 1334 (ibid. 437). — Paroisse du décanat du Leymenthal (Lib. marc.).
Chef-lieu d'une prévôté du bailliage supérieur de Landser, comprenant Michelbach-le-Bas, les deux Ranspach et Attenschwiller. — Cour colongère dont les appels étaient portés à Ranspach-le-Bas (Weisthümer, I, 657). — Pour ce qui concerne le couvent de Michelbach, voy. Saint-Apollinaire.
Michelfelden, h. c^{ne} de Saint-Louis. — Couvent de religieuses de l'ordre de Cîteaux fondé en 1252, et transféré à Blotzheim en 1267. — *Abbatissa et conventus de Micheleld*, 1267 (Trouillat, *Monum.* II, 174). — *Abatissae et conventui de Blatzenhenn*, 1273 (ibid. 236).
Michelmatten, c^{ne} de Rimbach. — 1567 (terr. de Mass.).
Miemonts (Les), canton des territ. de Morvillars et de Mésiré.
Miemunt, mont. c^{ue} de Winckel.
Milandre (La), h. c^{ne} de Riervescemont.
Milchbrünnle, source, c^{ne} de Wintzenheim.
Milchpfadt, c^{ne} de Gundolsheim. — 1531 (rôle de Gundolsheim).
Milchruntz, ruiss. c^{ne} de Sondernach, affl. du Brandmattenruntz.
Milchsuppenacker, éc. c^{ne} de Mulhouse.
Milesmatt, f. c^{ne} de Linthal (Cassini).
Millen (Im), c^{nes} de Flaxlanden et de Zimmersheim.
Millebate (La), c^{ne} de Botans.
Millière (La), c^{nes} de Bavilliers et d'Essert.
Miltzenüg, c^{ne} de Spechbach-le-Haut.
Mimingen, c^{ne}. — Voy. Menoncourt.
Minières (Les), c^{ne} de Sevenans.
Miotte (La) ou Pierre-de-Lamiotte, fort à Belfort. — *En la Muatte*, 1655 (cens. du chap. de Belfort).
Mircotels (Les), c^{ne} de Bavilliers.
Mischen, cantons des territ. de Burnhaupt-le-Haut, de Henflingen, *in dem müschen*, 1421 (rôles de Saint-Morand), et de Werentzhausen, *vff dem müsch*, 1460 (ibid.).
Miserach, c^{ne}. — Voy. Mésiré.
Mispa, c^{ne} de Felleringen. — *Jnn ein Tobell haist Mispa*, 1550 (urb. de St-Amarin). — *Vff ein berg haisst Mispakopff*, 1550 (ibid.).

Misse, c^{nes} de Bitschwiller, Dolleren et Rimbach, Hüssern (c^{on} de St-Amarin), Ranspach et Seppois-le-Haut. — *Inn der Müsse*, 1550 (urb. de St-Amarin). — *In der Misse... an der Müsse... ju den Missen... im Müsse*, 1567 (terr. de Massevaux). — *Jnn der vordern Miesz... die hinder Miesz*, 1550 (urb. de St-Amarin).

Missheimle, canton du territ. de Stosswihr.

Missions kreutz, c^{nes} de Hirsingen, d'Huningue et d'Eschentzwiller. — *Bey dem Mission creutz*, 1771 (terr. d'Eschentzwiller).

Missmatt, c^{ne} de Rimbach. — *Missmath*, 1567 (terr. de Massevaux).

Missreben, vign. c^{ne} de Beblenheim. — *By der Müsse*, 1475 (reg. des domin. de Colmar).

Mittelbach, ruisseau, c^{ne} de Willer (c^{on} de Thann), affluent de la Weissbach. — *Inn Mittelbach*, 1550 (urb. de St-Amarin).

Mittelberg, coll. c^{ne} de Mulhouse. — *Am Mittelberg*, 1558 (reg. des préb. de Mulhouse). — *Mittelberg*, xviie siècle (Mülh. Gesch. 186).

Mittelberg, f. c^{ne} de Hohroth.

Mittelberg, m. de garde, c^{ne} de Ribeauvillé.

Mittelberg, mont. c^{ne} de Berrwiller. — *Mittelberg*, 1453 (cart. de Murbach).

Mittelberg, mont. c^{ne} de Dolleren. — *Zu mittelberg*, 1567 (terr. de Massevaux).

Mittelberg, mont. c^{ne} de Soultz. — *Versus Mittilinberk circa montem*, 1291 (Trouillat, *Monum.* II, 510). — *An Mitelemberch*, 1300 (ibid. 705).

Mittelberg, c^{nes} de Hesingen, Largitzen, Schlierbach et Traubach-le-Bas.

Mittelbers, f. c^{ne} de Rimbach (c^{on} de Massevaux).

Mittelbühl, f. c^{ne} de Sultzeren. — *Mitelberg* (Cass.).

Mittelbühl, canton du territ. de Dietwiller. — *Jm Mittleren bihl*, 1766 (livre terr. d'Eschentzwiller).

Mittelbühl, c^{nes} de Breitenbach, Eschbach, Hochstatt et Illfurth.

Mittelburg, anc. chât. à Gueberschwihr, d'après la chronique de Berler (Als. ill. IV, 201).

Mittelburg, vign. c^{ne} de Thann. — *Mittelburg*, 1766 (Kl. Thann. Chron. 76).

Mittelentzen, vill. détruit entre Niederentzen et Oberentzen. L'ancien cadastre avait un plan particulier pour le ban de ce village, qui était commun entre Niederentzen et Oberentzen. — Au xve siècle, *medius Eysthein* est cité comme paroisse du décanat de *citra colles Ottonis* (Lib. marc.).

Mittel Grätel, forêt, c^{ne} de Sewen.

Mittelheim, anc. vill. près de Rouffach. — *In banno Mittelnheim*, 1252 (abb. de Pairis, C. 4, C. 21). — *Mittelnhein*, 1278-1493 (reg. d'Unterlinden).

Mittelhütten, c^{ne} de Turckheim. — *Ginsite der fecher bi der Mittelen hütten*, 1328 (urb. de Pairis).

Mittel Kratzen, f. c^{ne} d'Oberbruck. — *Gresson le moyen* (Dépôt de la guerre).

Mittelmuespach, c^{on} de Ferrette. — *Ze mitelen Müspach*, 1267 (Trouillat, *Monum.* II, 173). — *In banno ville Müspach medio*, 1283 (ibid. 388). — *In villa et banno mediocri Müspach*, 1284 (ibid. II, 388). — *In uilla et banno medie ville Müspach*, 1284 (ibid.). — Dép. de la mairie de Muespach.

Mittelmühle, m^{in}, c^{ne} de Kientzheim.

Mittelmühle, m^{in}, c^{ne} de Sigolsheim.

Mittelrain, c^{nes} d'Enschingen, d'Oderen, de Sondernach et de Willer (c^{on} de Thann). — 1456 (urb. de la cellenie de Munster).

Mittelwihr, c^{on} de Kaysersberg, primitivement c^{on} de Riquewihr. — *Mitenwilre*, 974 (Als. dipl. I, 127). — *Mitwir ecclesia*, 1114 (Grandidier, *Hist. d'Als.* p. j, II, 218). — *Mittelwilre capella*, 1123 (ibid. 247). — *Capella de Mittegvilre*, 1123 (Trouillat, *Monum.* I, 242). — *Walther. de Mittewilre*, 1253 (Als. dipl. I, 409). — *Mittelenwilr*, 1278-1493 (reg. d'Unterlinden). — Paroisse du décanat d'*ultra colles Ottonis* (Lib. marc.). — Dépendait de la seigneurie de Riquewihr. — Cour colongère, qui avait la même marche forestière que celle de Sigolsheim. — *S. Diedolt dinckhoff zu Mittelweiler*, 1585 (Stoffel, *Weisth.* 229). — Une inscription trouvée sur une pierre enchâssée dans le mur du clocher porte :

```
DEDICAT CHILONE
LIBONE ES C VIIVS
AQ INDE DVXIT
VSQVE LM FLAVIACM...
```

On ne connaît pas l'emplacement de ce *Flaviacum*. — Voir la photographie de G. Frantz.

Mitter, f. c^{ne} de Sultzeren. — *Midern* (Cassini).

Mittla, h. c^{ne} de Metzeral. — Le ruiss. de *Mittlachbach* est un affluent de la Fecht; le *Mittlachruntz*, un affluent du Mittlachbach.

Mittlachmühl, établiss. industriel, c^{ne} de Colmar. — *Mittelach... ze Mittela*, 1371 (reg. de Saint-Martin). — *Mittlach*, 1475 (reg. des domin. de Colmar). — *Mitlachmühlen*, 1632 (Belager. von Colmar, 21).

Mittlebesäge, scierie, c^{ne} de Sewen.

Mitzach, c^{ne} de Saint-Amarin. — *Mitzach*, 1477 (reg. de St-Amarin). — *Mirtzbach*, 1576 (Speckel). — Dép. du baill. de Saint-Amarin.

Modenheim, hameau, c^{ne} d'Illzach. — Anc. village. — *Mathinhaim*, 735 (Als. dipl. I, 15). — *In villa et in eadem marca quæ vocatur Mattenheim*, 790 (Als.

dipl. 1, 55). — *Mathunheim*, 896 (cart. de Munster). — *Matenhein*, 1303 (Trouillat, *Monum.* III, 48). — *Mottenheim*, 1532 (Mercklen, *Hist. d'Ensish.* I, 118).

Moeche, étang et ruiss. — Voy. Mèche (La).

Moindry (Sur) ou Moidreux, forêt, c^{nes} de Florimont et de Suarce. — *Mondry* (anc. cadastre).

Moissonette, c^{ne} de Romagny (c^{on} de Dannemarie).

Moitrances (Ès), c^{ne} de Châtenois.

Moitrasse, c^{ne} de Bavilliers. — *Le chesal de la moitresse*, 1468 (urb. de Froide-Fontaine).

Molckenbrunn, c^{ne} de Rouffach.

Molckenbrunnen, canton du territ. de Soultz. — *By dem Molckenn burnen*, 1357 (urb. de la comm^{rie} de Soultz).

Molckenburg, ancien château à Guémar, construit en 1287, démoli en 1783.

Molckenrain, f. et mont. c^{ne} de Wattwiller. — *Wider den berg den man spricht Melkorn*, 1297 (Als. dipl. II, 67). — *Vff ein berg haist der Molkenrain*, 1550 (urb. de St-Amarin). — *Mulkren* (Cassini).

Molembach, f^{ne}, c^{es} de Lièpvre et de Saint-Hippolyte. — Ruiss. affl. de la Liepvrette. — *Bollembach*, 1660 (Rev. d'Als. de 1854, p. 138). — *Das thal des langen bollenbachs*, xviie siècle... *Da die beide bollenbach zusament komment* (rôle de Bergheim). — *Montlembach* (Cassini).

Mollau, c^{on} de Saint-Amarin. — *Mulenowe*, 1216 (Als. dipl. I, 332). — *Mullowe*, 1216 (cart. de Murbach). — *Mullow*, 1394 (ibid.). — *Mollow*... *Mollaw*, 1550 (urb. de St-Amarin). — *Milaw*, 1676 (Speckel). — Paroisse du décanat de Massevaux (alm. d'Alsace de 1783). — Mollau dép. du baill. de Saint-Amarin.

Mollaubach, ruiss. c^{nes} de Mollau et de Storckensohn. — *Mollowbach*, 1550 (urb. de St-Amarin).

Mollenstein, c^{ne} de Wattwiller.

Mönchberg ou Münchberg, mont. c^{nes} de Munster et de Luttenbach.

Monenberg, coll. c^{ne} de Sierentz.

Monenbrunn, source, c^{ne} de Turckheim. — *Zù monenburnen*, 1456 (cens. de la cellenie de Munster).

Monenbrunn, source, c^{ne} de Westhalten. — *Zu Menenburn*... *Zu Monenburn im wyhen schotten*, 1543 (rôle de Rouffach).

Monenburg, c^{ne} de Soultzmatt. — *Möneburg*, 1453 (reg. de Soultzmatt). — *Mönenburg myt seiner zugehörde*, xve siècle (Stoffel, *Weisth.* 137).

Mon-Plaisir ou Montplaisir, h. c^{ne} de Sainte-Croix-aux-Mines.

Monseau (Le), h. c^{ne} de Valdoye. — *Montceau* (anc. cadastre). — *Monceau* (tabl. des dist.).

Mont (Sur le), f. c^{ne} de la Poutroye.

Montag, c^{nes} de Dieffmatten et de Gildwiller.

Montagel, c^{on} de Hirtzbach.

Montagne-Haute (La), l'une des deux parties du village d'Auxelles-Haut.

Montagnotte, c^{ne} d'Angeot.

Montagnottes (Six-), c^{ne} de Châtenois.

Montayatte, forêt, c^{ne} de Levoncourt : ce nom paraît être le *Montjoliatte* cité au xiie siècle. — *Monjolet*, 1148 (Trouillat, *Monum.* I, 309). — *Moniolet*, 1179 (ibid. I, 372).

Mont Benet, montagne, c^{ne} d'Anjoutey.

Mont Bouillon, montagne, c^{ne} de Rougemont. — *Les Bullions* (anc. cadastre).

Montbouton, c^{on} de Delle. — *Daz torf ze Münpetün... vnn der phafe von Münpetün*, 1303 (Trouillat, *Monum.* III, 63). — *De Montebetone*, 1331 (ibid. III, 410). — Dép. de la mairie de Saint-Dizier. — Paroisse du décanat de l'Ajoye (alm. d'Alsace de 1783). — *In parochiam de Montebetone... Monbetun*, 1317 (rôle de la seigneurie de Belfort). — *Von der Kilchen ze Munbattun*, 1394 (urb. des pays d'Autriche).

Montbron, canton du territ. de Florimont.

Mont Brûlé, mont. c^{ne} de la Madeleine.

Mont-de-Dasle, h. c^{ne} de Beaucourt.

Montfremier ou Montfermier, c^{ne} de Froide-Fontaine, 1427 (urb. de Froide-Fontaine).

Montgoutte, ruiss. c^{ne} de Sainte-Marie-aux-Mines.

Montingo, f. c^{ne} de Levoncourt. — *Monttingol que giet ou territoire de Lowoncourt*, 1332 (Trouillat, *Monum.* III, 421).

Montjean, h. c^{nes} du Puix et de Vescemont.

Montjoye. — Ancienne baronnie qui a fait partie de l'intendance d'Alsace et qui est comprise aujourd'hui dans le département du Doubs.

Mont Martin, mont. c^{ne} d'Anjoutey.

Mont Narbey, c^{ne} de Rougemont. — 1628 (inv. de la seign. de Rougemont).

Montreux (Le), coll. c^{ne} de Valdoye. — *Bois de Monstrey*, 1601 (cens. du chap. de Belfort).

Montreux-Château, en allemand Münsterol die Burg, c^{on} de Fontaine. — *Musterol*, 1170 (Trouillat, *Monum.* I, 350). — *Wernerus de Munstrol*, 1188 (ibid. I, 416). — *Monsire Robert de Minsterueil le Chestel*, 1333 (ibid. III, 434). — *Mess. Jehan seigneur de Mostereulx*, 1440 (Als. dipl. II, 365). — *Die halb burg die halb vorburg vnd das halb stättlein Münsterol... in der herrschafft Münsterol*, 1458 (Als. dipl. III, 392). — *Jehan de Mosturieulx le Chaistel*, 1468 (urb. de Froide-Fontaine). — *Monstereux le Châtel*, 1582 (terr. de Saint-Ulrich). —

Montreux-Libre, en 1792. — Paroisse du décanat du Sundgau (Lib. marc.). — Chef-lieu d'une seigneurie relevant de celle de Delle. — *Seigneurie de Monstureux le châtel en Ferrette*, 1580 (terr. de St-Ulrich). Cette seigneurie, que Schœpflin appelle *domaine*, était composée des villages de Bretagne, Chavannes-les-Grands, Chavannes-sur-l'Etang, Cunelière, Fontaine, Foussemagne, Frais, Lutran, Magny, Montreux-Château, Montreux-Jeune, Montreux-Vieux, Romagny et Valdieu (Als. ill. IV, 129).

MONTREUX-JEUNE, en allemand JUNG-MÜNSTEROL, c^{on} de Fontaine. — *Munstero*, 1576 (Speckel). — Paroisse du décanat du Sundgau (Lib. marc.). — Dép. du domaine de Montreux.

MONTREUX-VIEUX, en allemand ALT-MÜNSTEROL, c^{on} de Fontaine. — *Mosteroulx*, 1251 (urb. de Froide-Fontaine). — *Monsire Guilleme de Musturuil-le-Ville... Jehanz dou Vielle Musturuil*, 1333 (Trouillat, *Monum.* III, 432-433). — *Ze alten Münsterol*, 1349 (Monc, *Zeitschrift*, IV, 464). — *Vielle Mustureulx... Mostureux*, xve siècle (urb. de Froide-Fontaine). — *Alten Münstrol... de vetere Minstrol*, 1490 (rôles de Saint-Morand). — Paroisse du décanat du Sundgau (Lib. marc.). — Dépendait du domaine de Montreux.

MONT-SALLÉ, c^{ne} de Vézelois. — *Doz Montsallard... Montsellard*, 1655 (cens. du chap. de Belfort).

MONTS COUDONS, montagne, c^{be} d'Auxelles-Bas.

MONT THIERON, montagne, c^{ne} du Puix (c^{on} de Giromagny).

MONTYON, canton du territ. du Bonhomme. — *Zu Munthyo... Muntigon*, 1441 (urb. de Ribeaup.).

MOORJUCHERTEN, c^{ne} de Dornach.

MOOS, c^{on} de Ferrette. — *Mosa*, 1139 (Trouillat, *Monum.* I, 277). — *Curiam de Mosa*, 1180 (*ibid.* I, 381). — *Moss*, 1194 (*ibid.* I, 425). — *Chonone de Mose*, 1212 (*ibid.* I, 458). — *In curte et circa curtem de Mose, in villa et circa villam de Mose*, 1258 (*ibid.* I, 651). — Moos dép. de la mairie de Mörnach.

MOOSACKER, c^{ne} de Traubach-le-Haut.

MOOSBACH et MOOSBERG, ruiss. et coll. c^{te} de Magstatt-le-Haut.

MOOSCH, c^{on} de Saint-Amarin, primitivement c^{on} de Thann. — *In der Mosch*, 1550 (urb. de St-Amarin). — *Mosz*, 1576 (Speckel). — *Mosch* (Cassini). — Dép. du baill. de Saint-Amarin.

MOOSIGGÄSLE, sentier, c^{ne} de Riedisheim. — *Musique gässle* (cadastre).

MOOSMATTEN, c^{nes} de Bouxwiller, Kiffis, Linsdorf, Magstatt-le-Haut, Obermuespach, Rädersdorf, Tagsdorf et Waldighofen.

MOOSMÜHLE, m^{in}, c^{ne} de Moos.

MOOSNODEN, c^{ne} de Pfetterhausen.

MOOSPACH, h. c^{ne} de Moosch. — *Muospach*, 1394 (cart. de Murbach). — *Muschbach...... Muspach*, 1550 (urb. de Saint-Amarin). — *Musbach*, 1576 (Speckel). — *Moschbach* (Cassini).

MORAMONT, c^{nes} d'Andelnans et de Bavilliers. — *La ragie desoubz Molamont*, 1468 (urb. de Froide-Fontaine). — *La planche de molemont*, xve s^e (*ibid.*). — *Lemoramont* (anc. cadastre).

MORAS, c^{ne} de Fröningen.

MORBACH, ruiss. c^{ne} de Sondernach, affluent de la Landerspach.

MORBILLON (EN), c^{ne} de Vourvenans.

MÖRDERGRUB, canton du territ. de Roderen (canton de Ribeauvillé).

MÖRDERHAAG, canton du territ. de Ruederbach.

MORDFELD, f. c^{ne} de Lautenbach-Zell. — *An ein felldt, liggt in aller höhe, nennt man das Morchenfelld*, 1550 (urb. de St-Amarin). — *Morfeld* (Cassini).

MORENACKER, c^{ne} de Zillisheim.

MOREN BINSMATTEN, c^{ne} de Seppois-le-Haut.

MORENBRUNN, c^{ne} de Manspach.

MORENFELD, c^{ne} de Wittenheim.

MORENFELD, mont. c^{nes} de Sondersdorf et de Rädersdorf.

MÖRENKOPF, île du Rhin. — Voy. MÄRENKOPF.

MORENLOCH, canton du territ. de Mühlbach.

MORENMATTE, c^{nes} de Gildwiller et de Valdieu.

MORENSPRUNG, canton du territ. de Breitenbach.

MORGENACKER, c^{ne} de Leymen.

MORGENBROT, anc. fief colonger à Rammersmatt, chargé de fournir le déjeuner du seigneur à son arrivée aux plaids de la colonge. — *Das gůt dem man sprichet das Morgenbrot*, 1421 (rôles de Saint-Morand).

MORGENGAB, c^{ne} de Dolleren. — 1567 (terr. de Massevaux).

MORGENMATTEN, c^{ne} de Hecken.

MORGENMÖSLI, c^{ne} de Neuwiller.

MORGOUTTE, c^{te} de Felon.

MORIMONT, en allem. MÖNSPERG, ancien château, c^{ne} d'Oberlarg. — M. Trouillat, dans ses *Monuments*, I, 84, et d'après lui plusieurs auteurs, applique à tort à ce château une citation de l'année 797; c'est de *Marimont* ou *Mörsprick*, dans la Moselle, qu'il s'agit dans ce titre. Toutes les communes citées avec *Morsperc* se retrouvent dans les environs de Marimont et de Saint-Avold : ce sont *Walo*, Wahl, près de Faulquemont; *Hunburc*, Hombourg, station du chemin de fer; *Bozonis villam*, Bouzonville, etc. — *Frideric von Mersberg*, cit. an. 942 (*Apophasis eccl. Oberlarg*). — *De dominio Mörsperch*, 1243 (Trouillat, *Monum.* I, 563). — *Wernherus de Mörsperg*,

DÉPARTEMENT DU HAUT-RHIN.

1257 (*ibid.* I, 647). — *Castrum de Morsperc*, 1271 (*ibid.* II, 205). — *Johannes domicillus de Mörsperch*, 1272 (*ibid.* II, 227). — *Le fie à signour de Morimont*, 1282 (*ibid.* II, 353). — *Mörspurg*, 1663 (Bern. Buechinger, 201). — Seigneurie composée des villages d'Oberlarg, Levoncourt et Courtavon et relevant du comté de Ferrette, érigée en baronnie en 1448 (*Apophasis eccl. Oberl.*) et convertie en fief royal par Louis XIV, en 1654. Après l'organisation de l'intendance d'Alsace, elle fit partie du bailliage de Delle. — Morimont avait un ban particulier. — *In banno de Mörsperg*, 1351 (Trouillat, *Monum.* IV, 17).

MÖRLINGEN, c^{ne}. — Voy. MEROUX.

MÖRNACH, c^{on} de Ferrette — *Villicus de Muornache*, 1230 (Trouillat, *Monum.* I, 519). — *In villa Mörnach*, 1286 (Mone, *Zeitschrift*, VII, 173). — Chef-lieu d'une mairie du bailliage de Ferrette, comprenant Dirlinsdorf, Köstlach, Liebsdorf, Moos, Vieux-Ferrette et Winckel.

MORON, forêt, c^{ne} de Courcelles. — *Mauront* (ancien cadastre).

MORSCHMATT, cantons des territ. d'Ellbach et de Soultzmatt. — *Morssmatten*, 1453 (reg. de Soultzmatt).

MÖRSPACH, ruiss. c^{ne} de Fröningen.

MÖRSPERG, anc. château. — Voy. MORIMONT.

MONTBRAY (LE), c^{ne} de Froide-Fontaine. — xve siècle (urb. de Froide-Fontaine).

MORTE-FEMME (A LA), canton du territ. de la Baroche.

MORTIER (Fort). — *S. Jacob*, 1576 (Speckel). — *S. Jacob Schantz*, 1648 (Kriegs Theatr. pl. 22 et 31). — *Le Mortier*, 1697 (*ibid.* pl. 32). — Le fort Mortier est situé sur le territoire de Volgelsheim. Louis XIV ayant cédé la ville de Vieux-Brisach, par suite du traité de Ryswick, ne conserva que la tête de pont située sur la rive gauche du Rhin et en fit le fort Mortier.

MORTZWILLER, c^{on} de Massevaux. — *Sope autrement Mormaingny*, 1453 (Trouillat, *Monum.* II, 712, notes). — *Moritzweiler*, 1568 (terr. de Massevaux). — *Marswil*, 1576 (Speckel). — *Mortzveiler*, 1579 (rôle de Guewenheim). — Ancien château. — Dép. de la mairie de Soppe-le-Haut.

MORVAUX (SUR), coll. c^{ne} de Perouse.

MORVILLARS, en allemand WELSCH-MORSWILLER, c^{on} de Delle. — *Morvilers*, 1222 (Trouillat, *Monum.* I, 485). — *Morviller... Mortviller*, xve siècle (urb. de Froide-Fontaine). — *Morswil*, 1576 (Speckel). — Paroisse du décanat de l'Ajoye (alm. d'Als. de 1783). — Dép. de la seign. de Grandvillars.

MÖSLEN, cantons des territ. de Berentzwiller, Hausgauen, Heidwiller, Jettingen, Willer (c^{on} d'Altkirch).

Moss, maison de garde, c^{ne} de Kaysersberg. — *Moos* (tabl. des dist.).

Moss (AUF DER) ou *Mosz*, cantons des territ. de Tagsdorf et de Spechbach-le-Haut.— *Nebent den mossen ab dem man sprichet dz brûch*, 1421 (rôles de St-Morand).

MOSSURE (LA) ou LA MOUSSURE, h. c^{ne} d'Orbey. — *Im Mosse*, 1441 (urb. de Ribeaupierre).

MOSTREBEN, c^{ne} d'Eschentzwiller.

MOTTE (LA), for. c^{ne} d'Angeot. — *Fief de la Mothe*, situé à Angeot, 1753-1789 (inv. des arch. dép. C. 1292).

MOTTE (LA), c^{nes} de Châtenois et d'Urcerey.

MOTTES (LES), c^{ne} de Novillard.

MOUCHOTS (AUX), c^{nes} de Banvillars et d'Urcerey.

MOUILLES, forêt, c^{ne} de Magny.

MOUILLES (LES), m^{in}, c^{ne} de Froide-Fontaine. — *Les Mouilles* (anc. cadastre).

MOULIN (LE), en allemand DIE MÜHLE, m^{ins} isolés, sans nom spécial, c^{nes} d'Argiésans, Ballersdorf, Balschwiller, Bantzenheim, Belmagny, Blodelsheim, Bréchaumont, Breitenbach, Bretten, Brunstatt, Burbach-le-Bas, Cernay, Dürmenach, Étueffont-Bas, Faverois, Felleringen, Fessenheim, Fislis, Fontaine, Francken, Geishausen, Grentzingen, Guewenheim, Günspach, Hagenthal-le-Bas, Hagenbach, Hindlingen, Hirsingen, Hirtzbach, Ingersheim, Jettingen, Kiffis, Krüth, l'Allemand-Rombach, Leval, Lièpvre, Luttenbach, Magny, Mésiré, Mollau, Mortzwiller, Mühlbach, Oberbruck, Oberdorf, Ostheim, Petite-Fontaine, Rädersdorf, Réchésy, Rimbach (canton de Massevaux), Roppentswiller, la Rosenau, Sainte-Croix-aux-Mines, Sainte-Marie-aux-Mines, Saint-Dizier, Saint-Germain, Seppois-le-Bas, Sewen, Soppe-le-Bas, Staffelfelden, Storckensohn, Stosswihr, Sultzeren, Thiancourt, Wasserbourg, Wihr-au-Val et Wittersdorf.

MOULIN À PLÂTRE (LE), en allemand GYPSMÜHLE, c^{ne} de Bergheim.

MOULIN À TAN (LE), c^{ne} d'Anjoutey.

MOULIN ATHALIN, m^{in}, c^{ne} de Wittelsheim.

MOULIN BECK, m^{in}, c^{ne} de Thann.

MOULIN BERTRAND, m^{in}, c^{ne} de Fréland.

MOULIN BOURGEOIS, m^{in}, c^{ne} de Chaux.

MOULIN BRODHAG, m^{in}, c^{ne} de Lutterbach.

MOULIN BRÛLÉ, m^{in}, c^{ne} de Petit-Croix.

MOULIN DE LA CAILLE, m^{in}, c^{ne} de Magny. *Moulin .... canal de la Gaille* (cadastre).

MOULIN DE L'ÉCREVISSE, en allemand KREBSMÜHLE, m^{in}, c^{ne} de Florimont.

MOULIN DE L'ÉTANG, m^{in}, c^{ne} de la Baroche.

MOULIN DEMOULIN, m^{in}, c^{ne} de Fréland.

MOULIN D'EN BAS, m^{in}, c^{ne} de Chavanatte. — *Moulin des Bancs* (cart. hydr.).

Moulin d'en Haut, mⁱⁿ, c^{ne} de Chavanatte.
Moulin des Bains, mⁱⁿ, c^{ne} de Belfort.
Moulin des Beusses ou aux Beusses, mⁱⁿ, c^{ne} de Montreux-Vieux. — *Moulin Aubeus* (Cassini).
Moulin des Bois, en allemand Holtzmühle, mⁱⁿ, c^{ne} de Bessoncourt.
Moulin des Prés, mⁱⁿ, c^{ne} de Courtelevant.
Moulin des Prés, mⁱⁿ, c^{ne} de Delle.
Moulin du Bas, mⁱⁿ, c^{ne} d'Angeot.
Moulin du Bas, mⁱⁿ, c^{ne} d'Auxelles-Bas.
Moulin du Bas, mⁱⁿ, c^{ne} de la Chapelle-sous-Chaux.
Moulin du Bas, tissage, c^{ne} de Danjoutin.
Moulin du Bas, mⁱⁿ, c^{ne} d'Étueffont-Haut.
Moulin du Bas, en allemand Niedermühle ou Niedere Ehnerewassermühle, mⁱⁿ, c^{ne} de Pfetterhausen.
Moulin du Bas, mⁱⁿ, c^{ne} de Rougegoutte.
Moulin du Bas, en allemand Niedermühle, mⁱⁿ, c^{ne} de Willer (c^{on} de Thann).
Moulin du Bas, mⁱⁿ, c^{ne} de Valdoye.
Moulin du Canal, en allemand Canalmühle, mⁱⁿ, c^{ne} de Dessenheim. — *Moulin Bouray* (carte hydr.).
Moulin du Canal, mⁱⁿ, c^{ne} de Wiedensohlen.
Moulin du Canal Vauban, mⁱⁿ, c^{ne} d'Oberhergheim.
Moulin du Haut, mⁱⁿ, c^{ne} d'Angeot.
Moulin du Haut, mⁱⁿ, c^{ne} d'Auxelles-Bas.
Moulin du Haut, mⁱⁿ, c^{ne} de la Chapelle-sous-Chaux.
Moulin du Haut, mⁱⁿ, c^{ne} de Danjoutin.
Moulin du Haut, mⁱⁿ, c^{ne} d'Étueffont-Haut.
Moulin du Haut, en allemand Obermühle ou Obere Ehnerewassermühle, mⁱⁿ, c^{ne} de Pfetterhausen.
Moulin du Haut, mⁱⁿ, c^{ne} de Rougegoutte.
Moulin du Haut, en allemand Obermühle, mⁱⁿ, c^{ne} de Willer (c^{on} de Thann).
Moulin du Milieu, mⁱⁿ, c^{ne} d'Auxelles-Bas.
Moulin du Milieu, mⁱⁿ, c^{ne} de la Baroche.
Moulin Edel, mⁱⁿ, c^{ne} de Ribeauvillé.
Moulin Faller, mⁱⁿ, c^{ne} de Kaysersberg.
Moulin François, mⁱⁿ, c^{ne} de Sainte-Marie-aux-Mines.
Moulin Frantz, mⁱⁿ, c^{ne} de Fréland.
Moulin Frechard, mⁱⁿ, c^{ne} de Fréland.
Moulin Fresch, mⁱⁿ, c^{ne} de Günspach.
Moulin Fries, mⁱⁿ, c^{ne} de Thann.
Moulin Galliath, mⁱⁿ, c^{ne} de Lautenbach.
Moulin Grand, mⁱⁿ, c^{ne} de Florimont.
Moulin Grosmaire, mⁱⁿ, c^{ne} d'Orbey.
Moulin Henry, mⁱⁿ, c^{ne} de Sainte-Croix-aux-Mines.
Moulin Hermann, mⁱⁿ, c^{ne} de Munster.
Moulin Horber, mⁱⁿ, c^{ne} d'Algolsheim.
Moulin Jacques, mⁱⁿ, c^{ne} de Fréland.
Moulin Jean, en allemand Schangmühle, mⁱⁿ, c^{ne} de Kiffis. — *Blochmondermühle* (anc. cadastre).
Moulin Jung, mⁱⁿ, c^{ne} de Munster.

Moulin Kary, mⁱⁿ, c^{ne} de Sainte-Croix-aux-Mines.
Moulin Kempf, mⁱⁿ, c^{ne} de Munster.
Moulin Kientzler, mⁱⁿ, c^{ne} de Ribeauvillé.
Moulin Lamielle, mⁱⁿ, c^{ne} de Chaux.
Moulin Maire, mⁱⁿ, c^{ne} de la Poutroye.
Moulin Marcot, mⁱⁿ, c^{ne} de Liépvre.
Moulin Marcot, mⁱⁿ, c^{ne} d'Orbey.
Moulin Méquillet, mⁱⁿ, c^{ne} de Volgelsheim. — *Moulin du Fort Mortier* (carte hydr.).
Moulin Meyer, mⁱⁿ, c^{ne} de la Poutroye.
Moulin Miclo, mⁱⁿ, c^{ne} de la Poutroye.
Moulin Neuf, mⁱⁿ, c^{ne} de Belfort. — *Moulin Neuf de Belfort*, 1714 (liasse des baux emphyt. du fonds de Mazarin).
Moulin Neuf, en allemand die Neuemühle, mⁱⁿ, c^{ne} d'Eschentzwiller.
Moulin Neuf, mⁱⁿ, c^{ne} de Joncherey.
Moulin Neuf, mⁱⁿ, c^{ne} de Petit-Croix.
Moulin Neuf ou Moulin des Champs, mⁱⁿ, c^{ne} de Sermamagny.
Moulin Neuf, en allem. Neumühle, mⁱⁿ, c^{ne} de Vogelgrün.
Moulin Notre Dame, mⁱⁿ, c^{ne} de Menoncourt.
Moulin Perrot, mⁱⁿ, c^{ne} du Puix (c^{on} de Giromagny).
Moulin Prevost, mⁱⁿ, c^{ne} de Chaux.
Moulin Reichenecker, mⁱⁿ, c^{ne} de Bergheim.
Moulin Reiniche, mⁱⁿ, c^{ne} d'Auxelles-Bas.
Moulin Reiniche, mⁱⁿ, c^{ne} de Chaux.
Moulin Rohmer, mⁱⁿ, c^{ne} de Kientzheim.
Moulin Romain, mⁱⁿ et aiguiserie, c^{ne} du Puix (c^{on} de Giromagny).
Moulin Rudolf, mⁱⁿ, c^{ne} d'Ensisheim.
Moulin Schanno, mⁱⁿ, c^{ne} de Turckheim.
Moulin Schneider, mⁱⁿ, c^{ne} de Kientzheim.
Moulin Simon, mⁱⁿ, c^{ne} du Bonhomme.
Moulin Song, mⁱⁿ, c^{ne} de Munster.
Moulin sous Bois, mⁱⁿ, c^{ne} de Valdoye.
Moulin sous la Noie, mⁱⁿ, c^{ne} de Gros-Magny.
Moulin Struch, mⁱⁿ, c^{ne} de Lutterbach.
Moulin Wagner, mⁱⁿ, c^{ne} d'Algolsheim.
Moulin Weisgerber, mⁱⁿ, c^{ne} de Ribeauvillé.
Moulin Wentzinger, mⁱⁿ, c^{ne} de Turckheim.
Moulin Wolf, mⁱⁿ, c^{ne} de Ribeauvillé.
Moure (La), cantons des territoires de Courcelles et de Grandvillars. — *La moure*, xve siècle (urb. de Froide-Fontaine). — *In la Moure... In der Moure*, 1544 (urb. des redev. en deniers de Mulhouse).
Moussure (La), h. — Voy. Mossure (La).
Moutschave (La), c^{ue} de Chèvremont.
Moval, c^{ne} de Belfort. — *Moval*, 1342 (Als. dipl. II. 175). — *Moual*, 1468 (urb. de Froide-Fontaine). — *Moual*, 1474 (ibid.). — *Movaulx*, 1615 (cens.

du prieuré de Meroux). — *Movaulz*... *Movalz*, 1655 (cens. du chap. de Belfort).—*Movaux*, 1680 (cens. du prieuré de Meroux). — Dép. de la grande mairie de l'Assise.

Möwellins waldt, c^{ne} de Mollau. — 1550 (urb. de St-Amarin).

Moyenne-Goutte, f. c^{ne} de Fréland.

Müchenacker, canton du territ. de Bitschwiller.

Muchpfad (An dem), c^{ne} de Soultzmatt. — 1453 (reg. de Soultzmatt).

Muckenberg, c^{nes} d'Ellbach et de Soultz. — *Am Muckenberg*, 1326 (urb. de la comm^{rie} de Soultz).

Muckenthal, vallée, c^{ne} de Murbach. — *Muchenthal*, 1453 (cart. de Murbach).

Muckentranck, vign. c^{ne} de Soultz.—*In dem Muckhentranch*, 1382 (urb. de la comm^{rie} de Soultz).

Muckroth, c^{ne} d'Ottingen.

Muelt, c^{ne} de Mittelwihr.

Muelten, canton du territ. de Massevaux.

Muelten, cantons des territ. de Riedisheim et de Rixheim. — *Jn der Mualtenn*, 1548 (urb. de l'hôp. de Mulhouse).

Mueltenweyer, étang, c^{ne} de Heimersdorf.

Muesbrunnen, fontaine, c^{ne} de Mulhouse.

Muesbrunnen, source, c^{ne} de Soultzmatt. — *By Mâsseburnen*, 1453 (reg. de Soultzmatt).

Muespach, ruisseau qui prend sa source au-dessus d'Obermuespach, traverse Mittelmuespach et Niedermuespach, et se jette dans l'Ill à Waldighofen, où il a pris le nom de *Gerspenbach*. — *Muospach*, 1251 (Trouillat, *Monum.* I, 590). — Il a donné son nom à une mairie du bailliage de Ferrette, composée des trois villages précités, ainsi que de Knöringen et de Folgensbourg.

Muetersgarten, c^{ne} de Bendorf.

Muetersheim, vill. détruit entre Ensisheim et Münckhausen. — *Muotheresheim*, 1004-1040 (Trouillat, *Monum.* I, 145-168). — *Mutershein*, 1139 (*ibid.* I, 273). — *Mutereshem*, 1156 (*ibid.* I, 328). — *Motrisenn*, 1179 (*ibid.* I, 375).—*Mutrisseim*, 1187 (*ibid.* I, 409). — *Mietersh*, 1576 (Speckel). — *Meydersheim* (Cassini).

Muetersholtz, c^{ne} de Köstlach. — *In Moderazholtz*, 1333 (reg. Lucell.).

Muetersmatten, c^{ne} de Hunawihr. — *Zů Mütersmatten*, 1284 (abb. de Pairis, C. 4, C. 28).

Mufetsch, c^{ne} de Rammersmatt. — *An der Mufotzschen*... *Mufotschen*... *Mufetzen*... *in der Mufetsche*... *an dem Mufotschen*, 1421 (rôles de Saint-Morand).

Mugelattes (Les), ruiss. c^{ne} de Courtavon.

Muhgarten, c^{ne} de Reiningen.

Mühlbach, c^{ne} de Munster. — *Dedicata est capella ad Mulebac*, 1057-1072 (Trouillat, *Monum.* I, 183). — *Die Zelle ze Mühlbach*, 1339 (Als. dipl. II, 166). — *Milbach*, 1576 (Speckel). — Paroisse du décanat d'*ultra colles Ottonis* (Lib. marc.). — Dépendait de la communauté indivise du Val de Munster. — Le ruisseau de Mühlbach est un affluent de la Fecht.

Mühlbach, giesen ou canal dérivé du Rhin, c^{nes} de Niffer et de Petit-Landau.

Mühlbach, giesen ou canal dérivé du Rhin, c^{nes} d'Ottmarsheim et de Bantzenheim. — *Mühlgüessen*, 1630 (cens. d'Ottmarsheim).

Mühlbach, ruiss. venant de la banlieue de Folgensbourg et se perdant au-dessous de Saint-Louis, après avoir traversé Wentzwiller, Buschwiller et Hesingen.

Mühlbach, ruiss. dont la source se trouve près de la chapelle de Sainte-Apolline, c^{ne} de Steinbrunn-le-Bas, et qui se jette dans la Weyerbach au-dessous de Landser.

Mühlbach, ruiss. c^{ne} de Sainte-Croix-aux-Mines. — *Da der Mülbach vnd der Ysenbach jn'eynander louffent... zwischent sant Blasien vnd sant Crütze*, 1441 (urb. de Ribeaupierre). — Mühlbach est ici le nom de la Liepvrette.

Mühlbach, ruisseau, c^{ne} de Bessoncourt. — *Le rut du molin*, 1655 (cens. du chap. de Belfort).

Mühlberg, c^{nes} de Leimbach et de Roderen, c^{on} de Thann. — *Vff dem Mülinberg*, 1492 (reg. des préb. de Mulhouse).

Mühlberg, coll. c^{ne} de Schweighausen.

Mühlberg, c^{ne} de Zäsingen.

Mühlenberg, c^{ne} de Heimersdorf.

Mühlenrain, m^{in}, c^{ne} de Thannenkirch.

Mühlfünst, vign. c^{ne} de Hunawihr.—*Muliuorst*, 1278-1493 (reg. d'Unterlinden). — *In Mulforst*, 1284 (abb. de Pairis, C. 4, C. 28). — *Muliforst* (reg. des domin. de Colmar).

Mühlfurt, c^{ne} de Kientzheim.—*Jn der Mülfürt*, 1475 (reg. des domin. de Colmar).

Mühlhofen, m^{in}, c^{ne} de Werentzhausen.

Mühlholtzmiss, f. c^{ne} de Stosswihr. — *Milholmess* (Cassini).

Mühlkopf, mont. c^{nes} de Ribeauvillé et de Rouffach.

Mühlmatt, usine, c^{ne} de Hohroth.

Mühlmatten, pensionnat du *Sacré-Cœur*, c^{ne} de Kientzheim.

Mühlreben, m^{in}, c^{ne} de Saint-Hippolyte.

Mühlstege, c^{ne} de Sigolsheim. — *In der Mulstigen*, 1328 (urb. de Pairis). — *Jn der Mülestige*, 1407 (censier de la camerene de Munster). — *In der Mühlsteige*, 1717 (rôle de Sigolsheim).

Mule (La), c^{ne} de Châtenois.

Mules (Aux), f^{es}, c^{ne} de la Baroche.

Mulhouse, en allemand Mülhausen, chef-lieu d'arrond. — *Mühlenhusen*, 717 (Rev. d'Als. I, 163). — *Müllenhusen*, 823 (Laguille, pr. 16). — *Mulenhusen*, 1004 (Grandidier, *Hist. d'Als.* p. j, I, 199). — *Advocatus de Mulnhusen*, 1227 (Trouillat, *Monum.* I, 511). — *Civitatem Mulhausen cum jure patronatus ejusdem ecclesiæ, decimis, censibus cum advocatia, judicio*, etc. 1236 (Als. dipl. I, 375). — *Cives de Basilea et de Muilnhusen*, 1246 (Als. dipl. I, 391). — *Mulinhusen*, 1275 (ibid. II, 9). — *Mulhusen*, 1307 (Trouillat, III, 119). — *Vnser vnd des reichs statzu Mulenhusen*, 1376 (Als. dipl. II, 274). — *De Mulhusio*, cit. ann. 1497 (Thann. Chron. I, 689). — *Mühlhauszen*, xviie siècle (Mülhauser Gesch. 17, etc.). — Érigée en ville libre impériale en 1273, Mulhouse a fait partie, à ce titre, de la Décapole alsacienne. En 1466, elle fit alliance avec les cantons suisses de Soleure et de Berne et resta dans la Confédération helvétique jusqu'en 1798, époque de sa réunion à la France. La république de Mulhouse était formée du territ. de la ville et des villages d'Illzach et de Modenheim.

L'ancien château est mentionné en 1262 : *castrum in Mulhusen* (Mone, *Zeitschrift*, VI, 42). — Voy. Alte Burg.

Il y avait à Mulhouse : 1° une maison de l'ordre Teutonique, dépendant de la comm^{rie} de Rixheim. — *De domo Theutonicorum*, 1264 (Trouillat, *Monum.* II, 150); — 2° une maison de l'ordre de Saint-Jean, *de domo Sancti Johannis*, 1264 (ibid.). — *Commandeur des maisons des hospitaliers de Saint-Jean à Soultz et à Mulhouse*, 1344 (ibid. III, *regestes*, 827). — *Der commenthur sanct Johannis spittals*, xviie siècle, cit. ann. 1168 (Mülh. Gesch. 47); — 3° une maladrerie. — *Das Sondersüechen hausz... sampt sanct Catharinen kyrchen*, xviie siècle, cit. an. 1351 (Mülh. Gesch. 24 et 167); — 4° un couvent de franciscains ou de carmes déchaussés. — *Frère Pierre gardien des Franciscains de Mulhouse*, 1340 (Trouillat, *Monum.* III, *regestes*, 701). — *Die Barfûsen zû Mülhusen*, 1421 (rôles de Saint-Morand). — *Minderen brüder Barfüsser*, dépendant de la custodie de Bâle, 1580 (Wurstisen, *Basl. Chron.* 121); — 5° un couvent d'augustins. — *Au couvent des augustins à Mulhouse*, 1343 (Trouillat, *Monum.* III, *regestes*, 809); — 6° un couvent de clarisses établi vers 1250 et dissous en 1522 (Rev. d'Als. I, 162). — *Die Fröwen von sant Claren von Mülhusen*, 1421 (rôles de Saint-Morand).

Mülleren (In der), c^{ors} d'Eschentzwiller, Illzach Schlierbach.

Mülmen, f. c^{ne} de Sultzeren. — *Milmen* (Cassini). - *Mühlmatten* (Dépôt de la guerre).

Mumenberg, nom d'un canton du territ. de Blotzheim en 1565 (reg. des préb. de Mulhouse).

Mumeno, canton du territ. de Pfetterhausen. — *Nunnine*, 1299 (reg. Lucell.).

Münchacker, canton du territ. de la Hart, au ban Rixheim. Il s'y trouve un tumulus.

Münchau, c^{ne} de Kuenheim. — *Münchowe*, 1513 (Stofel, *Weisth.* 214).

Münchberg, mont. — Voy. Mönchberg.

Münchendorf, vill. détr. entre Folgensbourg et Wentwiller. — Ancien château, fief de l'évêché de Bâ (Als. ill. IV, 83). — En 1576, la carte de Speck en indique l'emplacement, sous le nom de *Münchstein*.

Münchendörfer Altebach, ruiss. entre Folgensbou et Wentzwiller (cart. hydr.).

Münchgebrait, c^{ne} de Rorschwihr.

Münchhof, canton du territ. d'Andolsheim.

Münchhof, canton du territ. d'Aspach-le-Bas. — *D gut von Munickoven*, 1456 (Als. dipl. II, 392).

Münchhof, canton du territ. de Deinheim. — *D Munchhof*, 1303 (Trouillat, *Monum.* III, 44).

Münchhof, canton du territoire de Habsheim. - *Jm Mönchhoff*, 1701 (terrier de Notre-Dame-de Champs).

Münchhof, canton du territ. d'Ingersheim.

Münchhurst, c^{ne} de Holtzwihr.

Munckengässle, c^{ne} de Colmar.

Munckenmatte, c^{ne} de Reiningen.

Münckhausen, canton d'Ensisheim. — *Münchhusen* 1259 (Als. dipl. I, 427). — *Das torf ze Mvnchhuse* 1303 (Trouillat, *Monum.* III, 45). — *Das do Münchusen*, 1394 (urb. des pays d'Autr.). — *Mun kuszen*, 1576 (Speckel). — Paroisse du décanat citra Rhenum (Lib. marc.). — Dépendait du bai d'Ensisheim en 1303 (Trouillat, *Monum.* III, 6 et de celui de Landser en 1697 (ordonn. d'Alsac I, 321).

Mundat supérieur, nom d'un pays donné par Dagobert à l'évêque de Strasbourg. — *Advocatiam ville Rubia et aliarum villarum que vulgo dicuntur Mundat*, 12€ (Als. dipl. I, 463). — *In der obern Montat*, 14c (ibid. II, 307). — *Jn der Obern Mondath*, 15l (Stoffel, *Weisth.* 133). — Il était divisé en trois ba liages (Vogteyen), savoir : Eguisheim, Rouffach Soultz.

Mundel (Im), canton du territ. de Dirlinsdorf.

Mundelen (In den), canton du territ. de Lutter.

Muniacker, en français Champs du Taureau, tenus par la commune à charge d'entretenir le taureau à Buschwiller, Hombourg, Petit-Landau, Rouffach, etc.

Munimatten, en français Prés du Taureau, tenus par la commune à charge d'entretenir le taureau à Brunstatt, Dirlinsdorf, Hégenheim, Heimsbrunn, Köstlach, Tagsdorf, Waldighofen, etc.

Munschlibomert, m^{on} isolée, c^{ne} de Felleringen.

Munster, ch.-l. de canton, arrondissement de Colmar. — Abbaye de bénédictins fondée vers 660. — *Valedio abbate ad monasteriolo Conflentis*, 673 (Als. dipl. I, 4). — *Ad monasterio Sancti Gregorii... Actum in ipso monasterio Confluentis*, 747 (ibid. 16). — *Actum in monasterio Sancti Gregorii, quod vocatur Confluentes*, 760 (ibid. 36). — *Monasteriolo inter duas Pachinas*, 769 (ibid. 42). — *Abbatiam Sancti Gregorii*, 1146 (Trouillat, *Monum.* I, 296). — *Münster in sant Gregorien tal*, 1339 (Als. dipl. II, 163). — Paroisse du décanat d'*ultra colles Ottonis* (Lib. marc.). — *Ecclesiam parochialem Sancti Leodegarii*, 1265 (Trouillat, *Monum.* II, 159).

Ancienne ville libre impériale, à laquelle se rattachaient les neuf villages de la vallée, sous le titre de *Communauté indivise du Val de Munster*. Cette indivision n'a cessé que depuis 1847.

Cour colongère dont la juridiction s'étendait sur toute la vallée. — *Dinghoff der abtey Munster*, 1339 (Als. dipl. II, notes, 163). — Une seconde colonge portait le nom de *Jungholz dinghof zu Munster* (Stoffel, *Weisth.* 192).

Maladrerie dont l'emplacement est encore désigné sous le nom de *Maltzacker*. — *Maltzacker im Heidenbach*, 1456 (censier de la cellenie de Munster).

Münsterol (Alt- et Jung-), c^{nes}. — Voy. Montreux-Jeune et Montreux-Vieux.

Münsterol die Burg, c^{ne}. — Voy. Montreux-Château.

Müntzberg, f. c^{ne} de Mulhouse. — *Am Münchsberg*, 1561 (reg. des préb. de Mulhouse). — *Mönchsberg*, cit. an. 1693 (Mülh. Gesch. II, 35).

Muntzelen, c^{nes} de Ferrette et de Vieux-Ferrette.

Muntzenheim, canton d'Andolsheim, primitivement canton de Horbourg. — *Monesensishaim...* (cart. de Munster). — *Heinricum de Mvncenhein*, 1272 (Trouillat, *Monum.* II, 223). — *Heinrice de Moncenhin*, 1303 (ibid. III, 39). — *Mvnzenhein*, 1278-1493 (registre d'Unterlinden). — *Rudigere von Munzenhein*, 1294 (Mone, *Zeitschrift*, V, 247). — Paroisse du décanat de Marckolsheim (alm. d'Als. de 1783). — Dép. du comté de Horbourg. — Cour^e colongère.

Munwiller, canton d'Ensisheim. — *Mvnewilr*, 1308 (Trouillat, *Monum.* III, 134). — *Munnewiler*, 1475 (reg. des domin. de Colmar). — *Monewiler*, 1490 (urb. de Marbach). — Ancien alleu (Als. ill. IV, 174). — Dép. en dernier lieu du bailliage d'Ollwiller.

Mur, Muhr, Muer ou Muehr, c^{nes} de Berentzwiller, Carspach, Emlingen, Francken, Hagenbach, Soultzmatt et Uffheim. — *In dem Mûre*, 1421 (rôles de St-Morand). — *Im Mûr... Môr*, 1489 (urb. de Marbach).

Muray (En), c^{nes} de Buc et d'Essert.

Murbach, c^{on} de Guebwiller, primitivement canton de Soultz. — Célèbre abbaye princière fondée en 727. — *In loco qui vocatur Vivarius Peregrinorum, qui antea appellatus est Muorbach*, 727 (Als. dipl. I, 7). — *Maurobaccus*, 728 (Laguille, pr. 11). — *Muorbaccus*, 728 (Grandidier, *Égl. de Strasb.* p. j, I, n° 39). — *Abba de monasterio Vivario Peregrinorum... qui est constructus in honore Sancti Leodegarii*, 760 (Als. dipl. I, 34). — *Actum Morbach publice*, 761 (ibid. 37). — *De monasterio Morbach sive Vivario*, 786 (ibid. 54). — *Morbach... Congregatio peregrinorum*, xie siècle (Dom Pitra, *Hist. de Saint-Léger*, 565-566). — *Venerabilis abbas Murbacensis dilectus princeps noster*, 1228 (Als. dipl. I, 362). — *H. Dei gratia abbas Morbacensis*, 1234 (ibid. 370). — *Muerbach*, 1600 (Mossmann, *Chron. Gueb.* 255).

La principauté de Murbach, — *Principauté de Mourbach*, 1680 (ordonn. d'Als. I, 124), était divisée en trois bailliages : Guebwiller, Saint-Amarin et Wattwiller. — Après l'organisation de l'intendance, ces trois bailliages furent réunis en un seul.

Murbach, f. et ruiss. affluent du Bärenbach, c^{ne} de Sultzeren.

Murbächlé, ruiss. c^{ne} de Murbach. — *Superfluvium Morbach*, 760 (Als. dipl. I, 34). — C'est un affluent de la Lauch.

Murbengrund, c^{ne} de Neuwiller.

Murenmatten, canton du territ. de Friessen.

Murgies (Ès), c^{ne} d'Offemont. — 1655 (cens. du chap. de Belfort).

Murhag et Muracker, c^{ne} de Hirtzbach.

Muring, canton du territ. de Soulzmatt. — *Jm muring... muering... Jm dem hünderen murringen*, 1453 (reg. de Soultzmatt). — *Jm mûring*, 1489 (urb. de Marbach).

Murlach ou Muerlach, c^{nes} d'Ammerschwihr et d'Ingersheim.

Murmatten ou Muermatten, c^{nes} de Burnhaupt-le-Bas, Francken, Illfurth, Tagolsheim, Uberstrass, Willer (c^{on} d'Altkirch), etc.

Musbach, f. cⁿᵉ de Ribeauvillé.
Musbach, ruiss. cⁿᵉ de Ribeauvillé, affluent du Strengbach. — *Mùszbach*, 1441 (urb. de Ribeaupierre). — *Muesbach* (carte hydr.).
Musberg ou Muesberg, f. et forêt, cⁿᵉˢ de Ribeauvillé et de Riquewihr.
Muscheck, mont. cⁿᵉ de Hirtzbach.
Muschen (In der), canton et étang du territ. de Heimersdorf. — *Jnn dër Muschynn*, 1548 (urb. de l'hôp. de Mulhouse).
Musenrain, côte, cⁿᵉ de Ferrette.
Musenweyer, étang, cⁿᵉ d'Altenach.
Musleben, f. cⁿᵉ de Griesbach (Cassini).
Müsloch, h. cⁿᵉ de Lièpvre.
Müsmiss, f. cⁿᵉ de Sultzeren. — *Musmeis* (Cass.).
Musnest, canton du territ. de Buschwiller.

Muthen, cantons des territ. de Bendorf et de Vögtlinshofen. — *Müden*, 1329 (reg. Lucell.). — *In dem müding*, 1424-(urb. de Marbach).
Mutschenbächle, ruiss. cⁿᵉ d'Altkirch.
Muttelberg, cⁿᵉ de Traubach-le-Bas.
Muttenthal, forêt, cⁿᵉ de Rouffach.
Muttergottes-Wäldele, forêt, cⁿᵉ d'Ensisheim.
Mutzacker, cⁿᵉ de Henflingen. — *Muczacker*, 1431 (rôles de Saint-Morand).
Mutzemer Hölrzle, canton du territ. de Tagolsheim. — *Vff mutzmur Rein*, 1548 (urb. de l'hôp. de Mulhouse).
Mutzenboden, cⁿᵉ de Luemschwiller. — 1557 (reg. des préb. de Mulhouse).
Mutzenwiller, cⁿᵉ d'Eguisheim. — *In Mutzenwiler*, 1514 (rôles d'Eguisheim).

N

Nablasmatt, f. cⁿᵉ de Weegscheid. — *Noblatsmatt* (anc. cadastre).
Nablasruntz, ruiss. cⁿᵉ de Weegscheid.
Nächste Musse, cⁿᵉ de Steinbrunn-le-Haut.
Nächstenbühl, mont. cⁿᵉ de Mühlbach. — *An dem nechsten büchel*, 1339 (Stoffel, *Weisth.* 187).
Nächstenweyer, cⁿᵉ de Burnhaupt-le-Bas.
Nachtacker, cⁿᵉ de Dieffmatten.
Nachtallmend, cⁿᵉ d'Ammertzwiller.
Nachtigall, cⁿᵉ de Wittenheim.
Nachtrieth, cantons des territ. d'Eschentzwiller et de Landser. — *Jm nachtrieth*, 1766 (terr. d'Eschentzwiller).
Nachtweid, canton du territ. de Muntzenheim.
Nachtweid, cⁿᵉ d'Ungersheim.
Nadelbach, ruiss. cⁿᵉ de Kapellen. — *Nodelbach* (anc. cadastre).
Nadelbein ou Nodlenbein, cantons des territoires de Bouxwiller et de Largitzen.
Nadelberg, coll. cⁿᵉ de Rixheim. — *Jm Nadelberg*, 1548 (urb. de l'hôp. de Mulhouse).
Nadelberg, canton du territ. de Wattwiller.
Nadlenbroch, cⁿᵉ de Burbach-le-Haut.
Nafèvre, champs, cⁿᵉ d'Urcerey.
Nägeleberg ou Nägeliberg, cantons des territ de Bartenheim, de Heimersdorf et de Neuwiller.
Nägeleberg ou Negelberg, canton du territ. d'Illfurth.
Nägeleberg ou Nägelenberg, cantons des territ. d'Emlingen et d'Oberlarg.
Nägeleberg ou Nägelberg, cant. des territ. de Hundsbach et de Willer.

Nägeleberg, canton du territ. de Tagolsheim.
Nägeleberg ou Negeleberg, canton du territ. de Wildenstein.
Nägeleberg ou Nägeliberg, maisons de campagne à Rixheim et à Riedisheim.
Nägelgraben, ruiss. cⁿᵉ de Rouffach. — *Am Egelgraben*, 1489 (urb. de Marbach).
Nagelschüre, anc. usine, cⁿᵉ de Cernay. — *By der Negelschüren*, 1472 (reg. des préb. de Mulhouse).
Nagelstall, h. cⁿᵉ de Munster. — *Nagelthal zell*, 1339 (Stoffel, *Weisth.* 189). — *Naglstal*, 1576 (Speckel). — *Nagelsthal* (Cassini).
Nagelwald, cⁿᵉ de Weegscheid.
Nalterain, forêt, cⁿᵉ de l'Allemand-Rombach.
Nambsermühle, moulin, cⁿᵉ de Nambsheim. — *Cum agris, molendino in Nammersheim*, 1307 (Als. dipl. II, 86).
Nambsheim, cⁿⁿ de Neuf-Brisach. — *Namenesheim juxta Renum cum portu*, xᵉ siècle (Grandidier, *Histoire d'Als.* p. j, II, 76). — *Daz torf Nanmenshein*, 1303 (Trouillat, *Monum.* III, 46). — *Namisheim*, 1394 (urb. des pays d'Autr.). — *Namsen*, 1576 (Speckel). — *Nameszheim*, xviiᵉ siècle (Mülh. Gesch. 91). — Ancien château. — Dép. en dernier lieu du baill. d'Ensisheim et Sainte-Croix.
Nangigoutte, h. cⁿᵉ de l'Allemand-Rombach.
Narrberg, canton des territ. de Didenheim et de Hochstatt.
Narrenmatten, cⁿᵉ de Ligsdorf. — 1431 (reg. Lucell.).
Narrenstein, rocher, cⁿᵉ de Munster.
Naspe (La Goutte du), ruiss. cⁿᵉ de Réchésy.

Nassenau, c^{ne} d'Illhäusern. — *Die Nassenowe*, 1354 (Als. dipl. II, 206).
Nassgrün, île du Rhin, c^{ne} de Nambsheim.
Nassu (Ès), c^{nes} d'Offemont et de Vourvenans. — *Au Nassu*, 1655 (cens. du chap. de Belfort).
Natoire (Étang), c^{ne} de Suarce.
Navégoutte (Haute- et Basse-), ff. c^{nes} de Sainte-Croix-aux-Mines. — *Neve Goutte* (Cassini).
Navets (Les), ruiss. et mⁱⁿ, c^{ne} de Gros-Magny.
Navettes (Les), c^{ne} de Magny.
Navot (Au), c^{uo} de Chèvremont.
Nayatte (La), Neyatte ou Noyatte, c^{nes} de Châtenois, Danjoutin, Suarce et Vétrigne.
Neffenboden, c^{ne} de Burnhaupt-le-Bas.
Negelenweyer, c^{ne} de Niedermorschwiller.
Negelgraben, c^{ne} d'Eguisheim. — *Vff den Egelgraben*, 1514 (rôles d'Eguisheim).
Negelsfeld, c^{ne} de Roppentzwiller.
Neppert (Im), canton du territ. de Mulhouse.
Nespelhurst, c^{ne} de Westhalten.
Nesselhurst, canton du territ. de Beblenheim. — *In der Nesselhurst*, 1328 (urb. de Pairis). — *An der Nesselhurst*, 1475 (reg. des domin. de Colmar).
Nesselhurst, c^{ne} de Kingersheim.
Nesselthurm, en français Tour de Nesle, anc. tour à Mulhouse.
Nessenloch, canton du territoire de Francken.
Nesthal, canton du territ. de Spechbach-le-Haut. — *Jm Nestal. . Nechstal... Nechstalberg*, 1421 (rôles de Saint-Morand).
Neu Allmend, c^{nes} de Bernwiller, Dietwiller, Michelbach-le-Haut, Moos, etc.
Neuberg, f. c^{ne} de Massevaux.
Neuberg, f. c^{ne} de Sewen.
Neuberg, c^{nes} de Burbach-le-Bas, Landser, Thann et Wihr-au-Val. — *Newberg... Newenberg*, 1569 (terr. de Massevaux).
Neubornen, f. c^{ne} de Breitenbach.
Neubruck, f. c^{ne} de Sultzeren.
Neudorf, canton du territ. de Berrwiller. — *Nuwendorf*, 1375 (Trouillat, *Monum*. IV, regestes, 734). — *Zuo dem Nüendorff*, 1453 (cart. de Murbach).
Neudorf, canton du territ. de Burnhaupt-le-Haut, près du ban de Soppe-le-Bas.
Neudörfel, h. c^{ne} de Riquewihr. — *Neudörstein* (Als. ill. IV, 190). — *Cense seigneuriale dite Neudörffel*, xviiie siècle (inv. des arch. dép. E, p. 34).
Neueberg, canton du territ. de Berentzwiller.
Neueberg, canton des territ. d'Emlingen et de Wittersdorf.
Neueberg, canton du territ. de Michelbach-le-Haut.
Neueberg, canton du territ. de Roderen (c^{on} de Thann).

Neueland, c^{ne} de Retzwiller.
Neuemühle, en français Moulin Neuf, mⁱⁿ, c^{ne} de Leymen.
Neuemühle, mⁱⁿ, c^{ne} d'Oltingen.
Neuenberg, c^{nes} de Mulhouse et d'Orbey. — *Vff dem Nuwenberg*, 1441 (urb. de Ribeaupierre). — *An dem Nüwenberg*, 1548 (urb. de l'hôpital de Mulhouse).
Neuenthal, c^{ne} d'Ammerschwihr. — *In nuwental*, 1328 (urb. de Pairis).
Neueritt, c^{nes} de Bendorf, de Dirlinsdorf et de Winckel.
Neuewelt, c^{ne} de Burnhaupt-le-Haut.
Neuewirthshaus, en français l'Auberge neuve, maison isolée, c^{ne} de Wihr-au-Val.
Neuf-Brisach, en allemand Neu-Breisach, chef-lieu de canton, arrond. de Colmar. — *Nouvelle ville en Alsace... nom de Neuf-Brisac*, 1698 (ord. d'Als. I, 345). — Forteresse construite en 1698, par Vauban, sur le territoire de Volgelsheim.
    Avant la Révolution, il s'y trouvait un petit couvent de capucins, qui a été converti depuis en hôpital militaire (Baquol).
Neufeld, c^{nes} de Ligsdorf, de Lutter et de Wildenstein.
Neuf-Fontaines (Ruisseau des), c^{nes} de Chèvremont et de Vézelois. — Affluent de la Clavière. — *Sur les Neuf-Fontaines*, 1655 (censier du chapitre de Belfort).
Neufs-Moulins (Les), canton du territ. de Botans.
Neugraben, ruisseau, c^{nes} de Reiningen et de Rädersheim.
Neug'setz, vign. c^{nes} de Blotzheim, de Dietwiller, de Sainte-Croix-en-Plaine, de Wattwiller et de Wintzenheim.
Neuhausen, h. c^{ne} de Goldbach. — *Newhausen*, 1550 (urb. de Saint-Amarin). — *Neuhuss*, 1576 (Speckel). — *Neuhosen* (Cassini).
Neuhof, canton du territ. de Wittenheim.
Neuhof, f. c^{ne} d'Obermuespach.
Neuläger, c^{ne} de Griesbach.
Neuland, f. c^{ne} de Ranspach.
Neuländ, forêt et maison forestière, c^{ne} de Colmar. — *Nuwelend*, 1475 (reg. des domin. de Colmar). — *Jm Neuländ*, 1632 (Belager. von Colmar, 31).
Neunburn, c^{ne} de Tagsdorf. — *Ze nùnburne*, 1421 (rôles de Saint-Morand).
Neuneich, f. c^{ne} de Ligsdorf. — *Nineuch*, 1431 (reg. de Lucelle).
Neuroth, f. et mont. c^{ne} de Wildenstein. — *Vff ein wasen heist zum haus*, 1550 (urb. de Saint-Amarin). — *Rotenbacher neuroth huss* (anc. cadastre).
Neuschir, f. c^{ne} de Mühlbach.

Neusetz, c^nes d'Ammerschwihr, *in dem nuwesetzz*, 1328 (urb. de Pairis); — de Beblenheim, *im nuwensetz*, 1328 (*ibid.*); — de Kientzheim, *bi dem nuweselz*, 1328 (*ibid.*).

Neussiate (En), c^ne de Vourvenans.

Neustatt (Obere- et Untere-), c^ne de Mittelwihr. — *Vnder der Nuwenstat neben dem sembach*, 1328 (urb. de Pairis). — *Jn der nùwenstatt*, 1407 (cens. de la camerene de Munster).

Neuweg, anc. c^ne. — Voy. Chaussée (La).

Neuweyer, étang, c^ne de Bisel.

Neuweyer-See, étang, c^ne de Rimbach, c^on de Massevaux.

Neuwiller, c^on d'Huningue. — *Nùwilr*, 1340 (Trouill. *Monum.* III, 519). — Paroisse du décanat de Leymenthal (Lib. marc.). — Ancien château allodial.

Neuwiller, nom d'un canton du territ. de Bruebach dont la terminaison dénote un ancien lieu habité. — *Jm Neuwwiller*, 1766 (livre terrier d'Eschentzwiller).

Nibel (Gross- et Klein-), cantons du territ. de Biederthal.

Nibet, canton des territ. de Buschwiller et de Wentzwiller. — *Unter dem Nibel* (anc. cadastre).

Nicol (Bois), c^ne de Valdieu. — *Bounicolle* (anc. cad.).

Nid de Biche, c^ne de Vétrigne.

Niederbruck, c^on de Massevaux. — *Von Niederbruckhen*, 1482 (Stoffel, *Weisth.* 85). — *Niderpruckhen*, 1568 (terr. de Massevaux). — *Brucken*, 1576 (Speckel). — *Niederbrucken*, 1691 (rôle de Guewenheim). — Dép. de la juridiction du plaid de Guewenheim et plus tard du baill. de Massevaux.

Niedereck, pât. c^ne de Willer (c^on de Thann).

Niederentzen, c^on d'Ensisheim, primitivement c^on de Rouffach. — *Anna de Eischeim*, 1346 (abb. de Ste-Croix). — *Eiszhein*, 1453 (cart. de Murbach). — *Nidern eigeszhein*, 1461 (Stoffel, *Weisth.* 131). — *N. Enszen*, 1576 (Speckel). — Au XVe siècle, *Eysthein inferior* était une paroisse du décanat de *citra colles Ottonis* (Lib. marc.). — Fief du château de Wahlenburg, plus tard du comté de Horbourg (Als. ill. IV, 173-182). — En dernier lieu, Niederentzen a fait partie du bailliage d'Ensisheim et de Sainte-Croix.

Niederhergermühle, m^in, c^ne de Niederhergheim.

Niederhergheim, c^on d'Ensisheim, primitivement c^on de Rouffach. — *Nidern-Heringhein*, 1305 (Mone, *Zeitschrift*, VII, 174). — *Niderenherenkein*, 1313 (abb. de Sainte-Croix). — *In Herigkein inferiori*, 1335 (Als. dipl. II, 151). — *Heruckheim*, 1459 (abb. de Sainte-Croix). — *Niderenherinckheim*, 1475 (reg. des domin. de Colmar). — *Nydernhercken*,

1490 (urb. de Marbach). — *N. Hercken*, 1576 (Speckel). — Paroisse du décanat de *citra Rhenum* (Lib. marc.). — Anc. château : fief relevant par moitié du landgraviat et par moitié de l'abbaye de Murbach. — *Castrum Herinkeim obsederunt*, 1303 (Ann. de Colmar, 204). — *Das alt Burestall zu Nieder Herckheim*, 1573 (Als. ill. IV, 173).

Niederhüsen, anc. éc. c^ne de Hüssern. — *Niderhausen... Niderheuser*, 1550 (urb. de Saint-Amarin).

Niederlarg, canton de Hirsingen. — *Larga*, 1144 (Trouillat, *Monum.* II, 708). — *Ze Nider large*, 1394 (urb. des pays d'Autr.). — Dép. de la mairie de Feldbach.

Nieder-Lauchen, f. c^ne de Lautenbach-Zell. — *Vorder-Lauchen* (tabl. des dist.).

Niedermonschwihr, c^on de Kaysersberg, primitivement c^on d'Ammerschwihr. — *In villa de Morswihre iusta Turencheim*, 1148 (Trouillat, *Monum.* I, 308). — *Incurate seu vicario in Morswilr*, 1296 (*ibid.* II, 624). — *Burghartes kint von Morswilr*, 1303 (Als. dipl. II, 78). — Paroisse du décanat d'*ultra colles Ottonis*. — Dép. de la seign. de Hohlandspurg.

Niedermorschwiller, c^on Sud de Mulhouse, primitivement c^on de Lutterbach. — *Maurowiler*, 728 (Laguille, pr. 12). — *Decanus de Morswilr*, 1260 (Trouillat, *Monum.* II, 94). — *Morswilr prope Lutterbach*, 1301 (*ibid.* III, 15). — *Morswil*, 1576 (Speckel). — Paroisse du décanat du Sundgau (Lib. marc.). — Fief de la seigneurie d'Altkirch (Als. ill. IV, 97), et plus tard du bailliage de Brunstatt. — Ancien château. — Cour colongère. — Maladrerie. — *By dem guotten haus*, 1548 (urb. de l'hôp. de Mulhouse).

Niedermuespach, c^on de Ferrette. — *In banno ville inferioris Méspach*, 1292 (Trouillat, *Monum.* II, 524). — Dépendait de la mairie de Muespach.

Niedermühle, m^in, c^ne de Brinighofen.

Niedermühle, m^in, c^ne de Buetwiller.

Niedermühle, m^in, c^ne de Bühl.

Niedermühle, m^in, c^ne de Dirlinsdorf.

Niedermühle, m^in, c^ne de Heimersdorf.

Niedermühle, m^in, c^ne d'Illfurth.

Niedermühle, m^in, c^ne de Mühlbach.

Niedermühle, m^in, c^ne de Sentheim.

Niedermühle, m^in, c^ne de Soultzmatt.

Niedermühle, m^in, c^ne de Walheim.

Niedermühle, m^in, c^ne de Wattwiller.

Niederndorf, anc. vill. réuni à Grentzingen. — *Niderendorf*, 1421 (rôles de Saint-Morand). — *Lit in grenczinger banne zû einteil nebent der bach ze niderndorff*, 1421 (*ibid.*).

Niederwald, forêt et maison forestière, c^ne de Colmar.

DÉPARTEMENT DU HAUT-RHIN.

Niederwald, forêt entre Pulversheim, Staffelfelden et Bollwiller.
Niederwald, forêt et maison forestière, c^{ne} de Rouffach.
Niederwiller ou Im Niederen Willer, cant. du territ. d'Attenschwiller.
Niederwiller, éc. c^{ne} de Burbach-le-Haut. — *Zu Niderweiler*, 1568 (terr. de Massevaux). — *Nider Will* (Cassini).
Niederwiller, c^{ne} de Gueberschwihr. — *Das burgelin zu Niderwiller*, 1333 (Mat. Berler, 33).
Nielbrunnen, source, c^{ne} de Steinbrunn-le-Haut.
Niemand (Neben), cant. du territ. de Dirlinsdorf qui, anciennement, n'appartenait à personne.
Niemandäckerle, cant. du territ. de Seppois-le-Haut.
Niemandsacker, cantons des territ. d'Appenwihr, de Balschwiller, d'Enschingen et de Rixheim. — *Vff Niemandacker*, 1489 (terr. de Saint-Alban).
Niemandshägle, cant. du territ. de Waldighofen.
Niemandshurst, cant. du territ. d'Illzach. — *Vff die Niemandtzhürst*, 1561 (reg. des prébendes de Mulhouse).
Niemandsloch, cant. du territ. de Zimmersheim.
Niemandsplatz, cant. du territ. de Wittersdorf.
Niemandsthal, cant. des territ. de Mulhouse et de Riedisheim.
Niemenweyer, anc. étang, c^{ne} de Pfetterhausen.
Niesenberg, c^{ne} de Volgelsheim. — *Mansio Burchardi de Usenberg*, 1185 (Trouill. Monum. I, 399). — *Uosenberg*, xive s^e (Stoffel, Weisth. 159). — *Niessenberg*, xviiie s^e (inv. des arch. départ. E, 64).
Niessengarten, c^{ne} de Sondernach. — *Nyessen garte*, 1456 (cens. de la cellenie de Munster).
Niessenmatt, c^{ne} de Dolleren. — *Nüessen math*, 1567 (terr. de Massevaux).
Niessenrain oder Frewlin Stein, c^{ne} de Massevaux, 1568 (terr. de Massevaux).
Niffer, c^{on} de Habsheim. — *Eppo de Nuwenuar*, 1135 (Als. dipl. I, 211). — *In villa et confinio Nuvara*, 1260 (Trouillat, Monum. II, 98). — *Nůfar*, 1340 (ibid. III, 509). — *Růtliep von Nůfar*, 1360 (Mone, Zeitschrift, XV, 478). — *Newforen*, xve s^e (urb. de Landser). — *Niveret* (Armorial d'Alsace, p. 305). — Dép. du baill. d'Eschentzwiller.
Nisbrünnlen ou Niesebrünnlen, canton du territ. de Steinbrunn-le-Haut.
Nispach, ruiss. à Vieux-Ferrette, affluent dans l'Ill à Dürmenach. — *Nischbach* (carte hydrog.).
Nissbrunnen, cant. du territ. d'Eschentzwiller. — *Im Niszbrunnen*, 1631 (terr. d'Eschentzwiller).
Nissledach, ruiss. c^{ne} de Sultzeren, affluent de l'Altbach.
Nix (In der), cant. du territ. de Knöringen.

Nobrodie (La), prés, c^{ne} de Joncherey.
Nobnoz (En), c^{ne} de Réchésy, 1582 (terr. de Saint-Ulrich).
Nochwasen, f. c^{ne} de Sultzeren (Cassini).
Node, cant. du territ. de Courtavon.
Noden, c^{nes} de Ferrette et de Sentheim. — *Vff der Noden... in der Node*, 1568 (terr. de Massevaux).
Nodenweyer, anc. étang, c^{ne} de Liebsdorf. — *Ze ende den noden*, 1340 (Trouillat, Monum. III, 520).
Nöhlen, canton du territ. de Colmar. — *In dem Nôhelin*, 1371 (reg. de Saint-Martin de Colmar).
Noie (La), éc. c^{ne} de Giromagny. — *La Noye* (ancien cadastre).
Noir (Lac), c^{ne} d'Orbey, en patois Noën ma (Engelhardt, Wand. Vog. 97), en allemand Schwartzen See. — *Predium quod est inter duos lacus, album et nigrum*, 1209 (Als. dipl. I, 319). — *Nursee*, 1441 (urb. de Ribeaupierre).
Noircieux, ruiss. c^{ne} de l'Allemand-Rombach. — *Noirs cieux* (carte hydrog.).
Noire Catin (La), prés, c^{ne} d'Étueffont-Bas (ancien cadastre).
Noire-Goutte, ruiss. c^{ne} de Vescemont.
Noirmont, en allemand Schwartzenberg, ff. et mont. c^{ne} d'Orbey. — *Schwartzenberg*, 1318 (Als. dipl. II, 121). — *Swartzenberge*, 1441 (urb. de Ribeaupierre).
Noir-Rupt (Le), ruiss. qui sort du lac Noir, c^{ne} d'Orbey, affluent de la Béhine. — *Ruisseau du lac Noir* (carte hydrog.).
Noll, cant. du territ. de Murbach. — *An dem Nol*, 1453 (cart. de Murbach).
Nöllely, cant. du territ. du Village-Neuf.
Nollen, f. c^{ne} de Niederbruck. — *An Nollen*, 1568 (terr. de Massevaux).
Nollen (Ab den), c^{ne} de Ligsdorf, 1431 (reg. Lucell.).
Nollenbrunnen, cant. du territ. de Bruebach.
Nollenlachen, cant. du territ. d'Eschentzwiller.
Nollensperg, c^{ne} de Sickert, 1568 (terr. de Massevaux).
Nollmatten et Nollweg, c^{ne} de Lutter.
Nols (Les), cant. des territ. de Chavannes-les-Grands et de Foussemagne. — *Sur la Nolz*, 1580 (terr. de Saint-Ulrich). — *Les Naux* (anc. cadastre).
Nols hannaulx (Ès), c^{ne} d'Auxelles-Haut, 1603 (cens. du chap. de Belfort).
Nonnenbruch, forêt, c^{nes} de Schweighausen, Wittelsheim, Lutterbach, Pfastatt et Wittenheim. — *Munebruoch*, xiie siècle (Grandidier, Histoire d'Alsace, p. j, II, 17). — *Münenbrůch*, xve siècle (rôle de Lutterbach). — *In dem Nonnenbruch*, 1766, cit. an. 1525 (Kl. Thann. Chron. 35).

Haut-Rhin. 17

Nonnengarten, cant. du territ. de Feldbach.
Nonnengraben, cant. du territ. de Blotzheim.
Nonnenholtz, cant. du territ. de Colmar. — *Nunnenholtz*, 1371 (reg. de Saint-Martin de Colmar).
Nonnenlehn, c^{ne} de Riedisheim.
Nonnenloch, c^{ne} de Pulversheim.
Nonnenmatten, cant. des territ. de Pfetterhausen et de Seppois-le-Bas.
Nonnenplon, cant. du territ. de Wintzenheim.
Nonnenthal, cant. du territ. de Guebwiller.
Nonnenwäldele, c^{ne} de Soultzmatt.
Nonnenweyer, étang, c^{ne} de Pfetterhausen.
Noppenhein (Das), cant. du territ. de Wiedensohlen, cité en 1364 (Stoffel, *Weisth.* 162).
Norape, f. c^{nes} de Pfetterhausen et de Réchésy.
Nordfeld, cant. du territ. de Mulhouse. — *Jm Ordtfeld*, 1548 (urb. de l'hôp. de Mulhouse). — *Jm Ordtfeldt*, 1552 (reg. préb. de Mulhouse).
Nordfeld, c^{ne} de Sainte-Croix-en-Plaine. — *An nortvelde*, 1312 (abb. de Sainte-Croix).
Nordgasse, rue à Gueberschwihr et ancien château. — *Domini de Nortgassen*, 1280 (Ann. de Colmar, 88 et 90). — *Jnn der Nortgassen*, 1487 (urb. de Marbach).
Nordhalden, c^{ne} d'Eguisheim. — *Am Northalden*, 1475 (reg. des domin. de Colmar).
Normanvillars, f. c^{ne} de Florimont. — La communauté de ce nom avait autrefois un ban particulier. — *Normanno Villario*, 1105 (Als. dipl. I, 186). — *Colonges de Normanviller*, xve siècle (urb. de Froide-Fontaine). — *Normanvilard* (Cassini). — *Normanwillars* (anc. cadastre).
Nortmanwege, c^{ne} de Manspach, 1421 (rôles de Saint-Morand).
Norval (Ès), c^{ne} de Chèvremont.
Nos ou Nods d'hiver, c^{ne} de Valdoye.
Nos (La), c^{ne} de Charmois. — *Le paquis de la nods*, (cadastre).
Nos (La), cant. à Froide-Fontaine. — *Derrier la Noz*, 1655 (cens. du chap. de Belfort).
Nos (Les), c^{ne} de Danjoutin.
Nos-Vaget (La), c^{ne} de Florimont.
Notre-Dame-de-Belle-Fontaine, en allemand Burn ou Mariabrunn, chapelle et pèlerinage, c^{ne} de Bréchaumont.
Notre-Dame-de-Bon-Secours, en allemand Mariahilf, chapelle à Oberlarg, indiquée comme oratoire par Cassini.
Notre-Dame-de-Bon-Secours, en allemand Mariahilf, chapelle et pèlerinage à Oderen. — *Die Wallfahrt-Kapelle Maria-Hilf* (Engelhardt, *Wand. Vog.* 24).
Notre-Dame-de-Bon-Secours, en allemand Mariahilf, chapelle et pèlerinage à Wintzenheim. — *Kapelle Mariä hülfe*, 1782 (Beschr. des Elsasses, 141).
Notre-Dame-de-Dusenbach, en allemand Unser Frau von Dusenbach, ancien pèlerinage, c^{ne} de Ribeauvillé. — *Tussenbach*, 1441 (urb. de Ribeaupierre) — *3 Kirch*, 1576 (Speckel). — *Drei Kirchen*, 1710 (Ichtersheim, *Topogr.*) — L'église était composée de trois chapelles, dont la première fut fondée vers 1221. Notre-Dame-de-Dusenbach était la patronne des musiciens d'Alsace, dont le sire de Ribeaupierre était le roi «Pfeifferkönig».
Notre-Dame-de-Finsternwald, en allemand Unser Frau im Finsternwald, pèlerinage à Spechbach-le-Haut.
Notre-Dame-de-Grünenwald, en allemand Unsen Frau im Grünenwald, pèlerinage et ermitage à Uberstrass. — *Un. frau zu Grienenwalt*, 1576 (Speckel). — Fondée vers le xve siècle.
Notre-Dame-de-Helfenbein ou Maria Helfenbein, chapelle et pèlerinage, près du cimetière, à Guebwiller.
Notre-Dame-de-la-Heiden, en allemand Unser Frau auf der Heiden, pèlerinage près de Leimbach. — *In banno ville Leymbach in loco dicto vff der Heiden*, 1477 (reg. de Saint-Amarin). — *Notre-Dame-sur-la-Haite* (Cassini).
Notre-Dame-de-la-Thur, en allemand Unser Frau an der Thur, ancienne chapelle de léproserie et ermitage, près d'Ensisheim. — *Chapelle de Notre-Dame-de-la-Thur*, 1773 (Mercklen, *Hist. d'Ensish.* II, 40). — *Unser lieben Frauen Kirchen, bey dem Guethleuth-Hauss an Sultzheimer Strass, nahe bey der Thur gelegen* (ibid. I, 331). — *Notre-Dame-de-la-Thuren* (Cassini).
Notre-Dame-de-Lorette, chapelle, c^{ne} de Belfort.
Notre-Dame-de-Lorette, chapelle bâtie sur le plan de la célèbre église de ce nom, dans le *Lorettathal*, près de Murbach.
Notre-Dame-de-Mariabrunn, chapelle près de Rädersdorf. — *Brun*, 1576 (Speckel). — *Mariabronn* (Cassini).
Notre-Dame-de-Mariabrunn, source à Wiedensohlen.— *Ze sant Marien bûrne*, 1364 (rôle de Wiedensohlen).
Notre-Dame-de-Schäferthal, pèlerinage à Soultzmatt. — *Schäfferthal*, 1718 (Mossmann, *Chron. Guebw.* 353).
Notre-Dame-de-Schauenberg, pèlerinage, c^{ne} de Pfaffenheim. — *Cappellanus sancte Marie capelle in Schowenberg*, 1441 (Vautrey, *Lib. marc.* 14). — *Schau an Berg*, cit. an. 1446 (Geistlich. Wegweiser, p. 6). — *Schawenburg*, 1576 (Speckel). — Il y avait un couvent de franciscains ou de récollets qui dépen-

dait, au xv° siècle, du décanat de *citra colles Ottonis* (Lib. marc.).

NOTRE-DAME-DES-CHAMPS, en allemand MARIA IM FELD, chapelle à Habsheim. — *Capella beate Marie*, 1441 (Vautrey, *Lib. marc.* 28). — *Sainte-Marie* (Cassini).

NOTRE-DAME-DES-GLAIVES, en allemand SCHMERZHAFTE MUTTER, chapelle à Köstlach. — *Cappellanus sancte Marie*, 1441 (Vautrey, *Lib. marc.* 33). — Ce serait, d'après la tradition, l'église d'un village détruit.

NOTRE-DAME-DES-GLAIVES, chap. attenante à l'église de Sainte-Croix-en-Plaine. — Anc. prébende convertie en chapellenie en 1524. — *Die phrûnde vße vnserre frowen alter*, 1370 (abb. de Sainte-Croix). — *An vnszer lieben frawen Pfruendt*, 1502 (*ibid.*).

NOTRE-DAME-DES-NEIGES, en allemand MARIA SCHNEE, chapelle à Emme, près de Metzeral, c°° de Mühlbach. — *Auf d. End*, 1576 (Speckel). — *Em* (Cassini). — *Auf der Emme* (Engelhardt, *Wand. Vog.* 180).

NOTRE-DAME-DES-TROIS-ÉPIS, en allemand DREIEN AHREN, pèlerinage et h. c°° d'Ammerschwihr, ancienne maison de l'ordre de Saint-Antoine. — *3 Ahren*, 1576 (Speckel). — *Dreyen-Ahren*, 1632 (Belagerung von Colmar, 22). — *Trey Aahrn*, xviii° siècle (Kriegs Theatr. carte).

NOTRE-DAME-DE-THIERENBACH, pèlerinage et h. c°° de Soultz. — Ancien prieuré, de l'ordre de Cluny, fondé vers 1130. — *Ecclesiam Thierenbach*, 1130 (Grandidier, *Hist. d'Als.* p. j, II, 280). — *Ecclesia Thierenbach*, 1135 (*ibid.* 289). — *Allodium de Thiernbach*, 1200 (Als. dipl. I, 309). — *Domini G. prioris de Thierenbach... fr. Guido prior in Thyerenbach*, 1284 (Trouillat, *Monum.* II, 390-402). — *Dirembach*, 1308 (Kurzer Bericht über Thierenbach, 25).

NOTRE-DAME-DE-THIERHURST, ancien pèlerinage, c°° de Heiteren. — *Dirrenasch*, xviii° s° (Kriegs Theatr. carte). — *N.-D.-Dierhurst* (Cassini).

NOTRE-DAME-DU-CHÊNE, en allemand MARIA-EICH, chapelle, c°° de Blotzheim. — *In der Wallfahrts-Kirchen unser lieben Frauen zur Eich*, 1760 (Polletier, *Ablässe*, p. 25).

NOTRE-DAME-DU-CHÊNE, en allemand MARIA-EICH, pèlerinage, c°° de Ruelisheim. — *N.-D.-au-Chesne* (Cassini).

NOTRE-DAME-DU-CHÊNE, en allemand MARIA-EICH, pèlerinage à une statuette de la Vierge placée dans le tronc d'un chêne, dans la forêt d'Aspach, dite *Litten*.

NOTRE-DAME-DU-SCAPULAIRE, chapelle, c°° de Kaysersberg.

NOTTEN, c°° de Burbach-le-Bas.

NOTTENWEYER, canton du territ. de Soppe-le-Bas.

NOUES (LES) ou BOIS DES NOUES, forêt et ruisseau, c°°° d'Angeot et de Belmagny.

NOUHELLE (LA), c°° .de Froide-Fontaine, 1427 (urb. dudit lieu).

NOUREUX (LE), éc. c°° de Saint-Dizier.

NOUVALE (AU), c°° d'Urcerey.

NOUVAUX (AUX), c°°° de Châtenois, de Moval et de Vézelois.

NOUVETS (ÈS), c°° de Reppe, 1581 (terr. de Saint-Ulrich).

NOVELAT, c°° de Valdieu.

NOVELETS, forêt, c°° de Grosne. — *Novelats* (ancien cadastre).

NOVELÉUX (LE), ruiss. c°° de Chavanatte. — *Nouveleu* (anc. cadastre).

NOVIAT (ÉTANG), c°°° de Magny et de Romagny.

NOVIGAS (LES), c°° de Felon.

NOVILLARD, en allemand NEUWILLER, c°° de Belfort. — *In parochia de Nueuiller*, 1251 (urb. de Froide-Fontaine). — *Rottwiller*, 1347 (Herrgott, III, 673). — *Nuwilre*, 1394 (urb. des pays d'Autriche). — *Noueller*, 1413.... *Nouiller*, xv° siècle (urb. de Froide-Fontaine). — Paroisse du décanat du Sundgau (Lib. marc.). — Chef-lieu d'une mairie. — *Meierthum rotwilt*, 1427 (comptes des seign. de Belfort et Rosemont). — Cette mairie comprenait Rechotte, Autrage et Eschêne, et dépendait de l'avouerie d'Angeot.

NOVIONS, c°° de Vézelois. — *Es Noyes-Vion*, 1655 (cens. du chap. de Belfort). — *Énoviant* (ancien cadastre).

NOYE-LA-LANCE (LA), c°° d'Évette. — *Prelz de la noë la lance*, 1530 (cens. du chap. de Belfort). — *Prel dit ès noyes la lance*, 1583 (*ibid.*).

NOYES (LES), c°°° de Belfort et de Danjoutin. — *Sur ès noyes*, 1655 (cens. du chap. de Belfort).

NOYES (LES), NOIX, NOUAIS, etc. c°°° de Buc, de Roppe, de Sevenans, de Vourvenans, etc.

NOZ (LA), canton des territ. de Denney et de Rechotte. — *En la Noz*, 1627 (cens. du chap. de Belfort).

NOZ DES ENTES (LA), c°° de Suarce.

NOZ DES OIES (LA), c°° de Suarce.

NUDLOCH, mine de fer à Willer (c°° de Thann).

NUSS, canton du territ. d'Eguisheim. — *Zu mittel nusse*, 1429 (urb. de Marbach).

NUSSACKER, c°° de Hirsingen.

NUSSBÜHL, canton du territ. de Sainte-Croix-en-Plaine. — *An deme nusbühel*, 1312 (abb. de Sainte-Croix).

NUSSGRABEN, c°° de Liebentzwiller.

O

OBERALFELD, f. c°° de Sewen.
OBERBERG, coll. c°° de Soultz. — *In Obernberge*, 1271 (Trouillat, *Monum.* II, 215).
OBERBERG, coll. c°° de Zillisheim.
OBERBERG, mont. c°° de Rimbach, c°° de Massevaux.
OBER-BREITENBACH, h. c°° de Breitenbach. — *Obern-Breitenbach*, 1407 (cens. de la camerene de Munster). — *H¹-Breidhenbach* (Cassini).
OBERBRUCK, c°° de Massevaux. — *Von Oberbruggen*, 1482 (Stoffel, *Weisth.* 85). — *Oberprüggen*... *Oberbrugkhen*, 1567 (terr. de Massevaux). — *Zu Obern Burcken*, 1579 (rôle de Guewenheim). — *Oberbruggen*, 1691 (ibid.). — Dép. de la juridiction du plaid de Guewenheim, et plus tard du baill. de Massevaux.
OBERDORF, c°° de Hirsingen. — *Oberdorf*, 1386 (Trouillat, *Monum.* IV, 790). — *Obrendorff*, xiv° siècle (Stoffel, *Weisth.* 5). — *Oberlorff*, 1576 (Speckel). — Seigneurie particulière (Almanach d'Alsace de 1783). — Oberdorf relevait du baill. de Ferrette.
OBERDORF, canton du territ. de Michelbach-le-Haut.
OBERDORF, éc. c°° de Wasserbourg.
OBER-EMM, c°° de Metzeral.
OBERENTZEN, c°° d'Ensisheim, primitivement du c°° de Rouffach. — *Zu Obern Egesshen*... *Obern Eygsshen*, 1461 (Stoffel, *Weisth.* 131). — *Eysshein*, 1490 (urb. de Marbach). — *O. Enssen*, 1576 (Speckel). — Au xv° siècle, *Eysthein superior* était une paroisse du décanat de *citra colles Ottonis* (Lib. marc.). — Fief. — Oberentzen dépendait, en dernier lieu, du baill. d'Ensisheim et Sainte-Croix. — Cour colongère.
OBERFELD, f. c°° de Willer (c°° de Thann).
OBERG, mont. c°° de Bendorf.
OBERHERGHEIM, c°° d'Ensisheim, primitivement du canton de Rouffach. — *In fine Heruncheim marca*... *Actum in villa Heruncheim publice*, 768 (Als. dipl. I, 41). — *In superiore Heringenheim*, 1114 (Grandidier, *Hist. d'Als.* p. j, II, 218). — *Hechardus de Herinchem*, 1226 (Als. dipl. I, 357). — *Bona nostra ville in Obernheringheim*, 1289 (Als. dipl. II, 4à). — *Waltherus de Herenkeim*, 1300 (Trouillat, *Monum.* II, 694). — *Ze Oberen Herenkeim*, 1313 (abb. de Sainte-Croix). — *In Herigkein superiori*, 1335 (Als. dipl. II, 151). — *Obern Herinckheim*, 1475 (reg. des domin. de Colmar).

— *Obern Hercken*, 1490 (urb. de Marbach). — Paroisse du décanat de *citra Rhenum* (Lib. marc.). — Ancien château.
Oberhergheim releva anciennement de la seigneurie d'Isenheim; plus tard cet endroit devint un fief des landgraves (Als. ill. IV, 173). — En dernier lieu il fit partie du bailliage d'Ensisheim et Sainte-Croix.
Cour colongère. — *Die dinghöfe zu*... *und zu Herickhem*, 1405 (Als. dipl. II, 313).
OBERHOF, anc. f. et cour colongère, c°° de Sigolsheim. — *Curtem colonicam*... *in monte Sigoldo*, 866 (Grandidier, *Hist. d'Als.* I, LXXXVI). — *Erneüwerung vber dess oberen hoffs zue Siegolssheimb*... Güether, 1717 (rôle de Sigolsheim). — *Oberhoff* (Cassini). — Voy. SAINT-MAURICE.
OBERHOF, f. c°° de Sultzeren.
OBERKRATZEN, f. c°° de Sewen.
OBERLARG ou WELSCHENLARG, en patois LAIRDGE, c°° de Ferrette. — *Waltero de Larga*, 1145 (Trouillat, *Monum.* I, 290). — *Heinricus miles de Larga*, 1175 (ibid. I, 359). — *Largen*, 1305 (Mone, *Zeitschrift*, IV, 367). — *Die gebursami von Large*... *gemeinsami von Large*, 1319 (Trouillat, *Monum.* III, 277). — *Eccles. parochial. in Larga*, 1349 (ibid. III, 622). — *Ze ober large*, 1394 (urb. des pays d'Autr.). — Paroisse du décanat de l'Ajoye (Lib. marc.). — Maladrerie dont l'emplacement est encore connu sous le nom de *Maltzenbrunnen* (Alsatia de 1856-1857, p. 130).
Chef-lieu de la justice seigneuriale de Morimont. Après l'organisation de l'intendance d'Alsace, Oberlarg a fait partie du baill. de Delle.
OBERLAUCHEN, f. c°° de Linthal. — *Hinter-Lauchen* (tabl. des dist.).
OBERLINGER, mont. c°° de Guebwiller.
OBERMATTEN, f. c°° d'Aubure.
OBERMORSCHWIHR, c°° de Wintzenheim, primitivement du c°° d'Eguisheim. — *Vicus autem Morswilare*, x° siècle (Schmidt, *Chap. Saint-Thom.* 286). — *Uolricus villani de Morswilre*, 1226 (ibid. 305). — *Cimiterium Morswilre destruxit*, 1298 (Annales et Chron. de Colm. 340). — *Et capella in Morswilre ipsi ecclesie* (Herlisheim) *annexa*, 1312 (Trouillat, *Monum.* III, 175). — *Flecken Moreszwilere*, 1517, cit. ann. 1188 (Mat. Berler, 18). — Au xv° siècle, paroisse du décanat d'*ultra colles Ottonis* (Lib

marc.). — Dépendait du baill. et plus tard de la prévôté d'Eguisheim.

OBERMORSCHWILLER, c^{on} d'Altkirch.— *Morschviller*, 823 (Laguille, pr. 16). — *Morsvilre*, 823 (Als. dipl. I, 70). — *Hugo de Morswilre*, 1271 (Trouillat, *Monum.* II, 206). — Paroisse du décanat du Sundgau (Lib. marc.). — Détaché, vers la fin du xviie siècle, de la mairie du val de Hundsbach, pour former une mairie particulière avec Aspach et Tagolsheim.

OBERMUESPACH, c^{on} de Ferrette.— *Cuono de Muozbach*, 1218 (Basel, 370). — *Conrado de Muspach*, 1262 (Trouillat, *Monum.* II, 124). — *Incuratus ecclesie in Muspach*... *in banno ville Muspach superioris*, 1295 (ibid. II, 579). — Paroisse du décanat de Leymenthal (Lib. marc.). — Dépendait de la mairie de Muespach. — Léproserie dont l'emplacement est encore connu sous le nom de *Sichenhause*.

OBERMÜHLE, mⁱⁿ, c^{ne} d'Ammerschwihr.
OBERMÜHLE, mⁱⁿ, c^{ne} de Bergheim.
OBERMÜHLE, mⁱⁿ, c^{ne} de Biederthal.
OBERMÜHLE, mⁱⁿ, c^{ne} de Buetwiller.
OBERMÜHLE, mⁱⁿ, c^{ne} de Bühl.
OBERMÜHLE, mⁱⁿ, c^{ne} de Hausgauen. — *Le Moulin du Haut* (tabl. des dist.).
OBERMÜHLE, mⁱⁿ, c^{ne} de Hegenheim.
OBERMÜHLE, mⁱⁿ, c^{ne} de Heiteren. — *Moulin-Haut* (Dépôt de la guerre).
OBERMÜHLE, mⁱⁿ, c^{ne} d'Illfurth.
OBERMÜHLE, mⁱⁿ, c^{ne} d'Isenheim.
OBERMÜHLE, mⁱⁿ, c^{ne} de Meyenheim.
OBERMÜHLE, mⁱⁿ, c^{ne} de Munwiller. — *Moulin supérieur* (tabl. des dist.).
OBERMÜHLE, mⁱⁿ, c^{ne} de Ribeauvillé.
OBERMÜHLE, mⁱⁿ, c^{ne} de Sentheim.
OBERMÜHLE, mⁱⁿ, c^{ne} de Sigolsheim.
OBERMÜHLE, mⁱⁿ, c^{ne} de Turckheim.
OBERMÜHLE, mⁱⁿ, c^{ne} d'Uffheim. — *Von der obern muly genant kungs muly*, 1533 (terr. de Saint-Alban).
OBERMÜHLE, mⁱⁿ, c^{ne} de Walheim.
OBERMÜHLE, mⁱⁿ, c^{ne} de Wattwiller.
OBERMÜHLE, mⁱⁿ, c^{ne} de Wentzwiller.
OBERMÜHLE, scierie, c^{ne} de Soultz.

OBERNDORF, vill. détruit au-dessus de Habsheim, près de la source Saint-Jean ou *Sanct Johanns brünnlen*. — *Apud Ouerentorf*, 1090 (Trouillat, *Monum.* II, 7). — *In Capella de Obrendorf*, 1186 (ibid. I, 403). — *Iuxta monachos de Oberndorf*, 1284 (cens. de Saint-Alban). — *La Chapelle de Saint-Jean à Oberndorf, près de Habsheim*, 1369 (ibid. regestes IV, 718). — *Ze Oberndorff gelegen pey habechsheim*, 1394 (urb. des pays d'Autr.). — *Von dem hof ze Oberndorf*, 1394 (urb. de Landser). — *Rector in Oberndorff*, xve s^e (Trouillat, *Monum.* II, cxxxiii).
— *Saint-Jean* (Cassini). — Paroisse du décanat d'*inter colles* (Lib. marc.).

OBERNWEYER, étang, c^{ne} de Heimersdorf.

OBERSAASHEIM, c^{on} de Neuf-Brisach. — *Et in alias duabus villas qui dicitur Saxones*, 768 (Als. dipl. I, 41). — *Sassenheim*, 1576 (Speckel). — Au xve siècle, *Sachsein* était une paroisse du décanat de *citra Rhenum* (Lib. marc.). — Fief. — Dépendait, en dernier lieu, du baill. d'Eschentzwiller.

OBERSÄGE, scierie, c^{ne} de Lutter.
OBERSÄGE, scierie, c^{ne} de Sainte-Marie-aux-Mines.
OBERSÄGE, scierie, c^{ne} de Sewen.
OBERSCHLATT, c^{ne} de Traubach-le-Haut.
OBERSCHLOSS, anc. château, c^{ne} de Steinbrunn-le-Haut. — *Château-Haut* (Cassini).
OBERSTACKER, c^{ne} d'Obermorschwiller.
OBERSTEL, c^{ne} de Roderen (c^{on} de Thann).
OBERSTMATTEN ou OBRISTMATTEN, c^{nes} de Hagenbach et de Wolfersdorf.

OBERWALD, forêt qui s'étend sur la limite méridionale des banlieues de Saint-Ulrich, Strueth, Hindlingen, Friessen, Uberstrass et Seppois-le-Bas.

OBERWILLER, canton du territ. d'Attenschwiller.
OBER-ZIEGELSCHÜR, tuilerie, c^{ne} de Rixheim.
OBSCUEL, canton du territ. de Turckheim.

OCHSENACKER, c^{nes} de Munster, Spechbach-le-Haut et Village-Neuf. — *Ochsenacker*, 1456 (censier de la cellenie de Munster).

OCHSENFELD, grande plaine nue d'environ 10 kilomètres carrés, entre Thann, Cernay, Wittelsheim, Aspach-le-Bas et Aspach-le-Haut. — *Das Ochsenfeld*, 1468 (Schilling, 19). — *Ochssenfelt*, 1576 (Speckel). — *Ochsenueld*, 1580 (Wurstisen, *Basl. Chron.* 432). — *Uff dem Ochssenveld*, 1581 (urb. de Thann). — L'Ochsenfeld est bien connu dans toute l'Alsace par la légende, qui y place l'armée de l'empereur Charles attendant, dans les entrailles de la terre, le moment de revenir dans le monde pour donner la dernière bataille.

OCHSENGRÜN, île du Rhin, c^{nes} de Blodelsheim et de Rumersheim.

OCHSENGRÜN, c^{ne} de Sausheim.
OCHSENKOPF, canton du territ. de Kembs.
OCHSENKOPF, île du Rhin et ferme, c^{ne} de Vogelgrün.
OCHSENKÖPFLE, c^{ne} de Sainte-Croix-en-Plaine.
OCHSENMATTEN, c^{nes} de Baldersheim, Bouxwiller, Burnhaupt-le-Bas, Burnhaupt-le-Haut, Emlingen, Feldbach, Heimsbrunn, etc.
OCHSENMÜHLE, mⁱⁿ, c^{ne} de Landser.
OCHSENRAIN, c^{ne} de Flaxlanden.

Ochsenrieth, c^nes de Dietwiller et de Walbach (c^on de Landser).

Ochsenstein, c^ne de Dolleren.

Ochsenstelly, canton du territ. de Wolschwiller.

Ochsenwasen, c^ne de Berentzwiller.

Ochsenweid, c^ne de Heiteren.

Odendorf, c^ne. — Voy. Courtavon.

Oderbächlé, ruiss. c^ne de Sondernach — *Ab dem Oderbechelin*, 1456 (cens. de la cellenie de Munster).

Odenen, c^on de Saint-Amarin. — *In villis Adern....* 1357 (reg. de St-Amarin). — *Odern*, 1394 (cart. de Murbach). — *In dem Kilchspiel zu Adern*, 1416 (Als. dipl. II, 324). — *Oder*, 1576 (Speckel). — Paroisse du décanat de Massevaux (Almanach d'Alsace de 1783). — Cour colongère. — Dépendait du baill. de Saint-Amarin.

Ce village a donné son nom à la partie supérieure de la vallée de Saint-Amarin. — *Oderthal*, 1550 (urb. de St-Amarin).

Odiliabächle, ruiss. c^ne de Massevaux.

Odilienboden, f. c^ne de Hundsbach.

Ofen (Grand et Petit), forêt, c^ne de Soultz.

Offemont, c^on de Belfort. — *Offemot... Affemet*, 1347 (Herrgott, III, 673). — *Offemünt*, 1394 (urb. des pays d'Autr.). — *Offemon*, 1655 (cens. du chap. de Belfort). — *Offemont*, 1670 (cens. du prieuré de Meroux). — Dépendait de la mairie de Perouse. — Ruines romaines (Als. ill. I, 501).

Offenbach, ruiss. c^ne de Günspach. — *Ofenbach*, 1407 (cens. de la camerene de Munster).

Ohirn, c^ne de Rorschwihr. — *An das Öhorn... neben dem Ahörn*, xviie siècle (rôle de Bergheim).

Öhlacker, canton du territ. de Didenheim grevé anciennement d'une fondation en huile pour la lampe de l'église. — *Am Öl acker*, 1544 (reg. des pres. de Mulhouse).

Öhlacker, cantons des territ. de Dirlinsdorf, Hundsbach, Mörnach, Reguisheim, Rixheim, Seppois-le-Bas et Waldighofen.

Öhlberg, chapelle, c^ne de Rouffach.

Öhlberg, en français Mont des Olives, chapelle et pèlerinage, c^ne de Sainte-Croix-en-Plaine.

Öhlbrunn, canton du territ. de Günspach. — *Neben öle brunnen*, 1452 (rôle de Wihr-au-Val).

Öhltrott, usine, c^ne de Bendorf.

Öhltrott, anc. usine, c^ne de Fislis. — *Die Ohl* (anc. cadastre).

Ohmbach, ruiss. de la vallée de Soultzmatt, affluent de la Lauch. — *Uff den Ursprung der Onbach*, 1453 (reg. de Soultzmatt). — *Onbach... Ombach*, 1489 (urb. de Marbach). — *Ombach... vor zeiten Rotbach*, 1644 (Merian, *Top. Als.* 33).

Ohmen, c^nes de Muntzenheim et de Riedwihr.

Ohmt, canton du territ. de Sainte-Croix-en-Plaine. — *In der Omadt*, 1484 (abb. de Sainte-Croix).

Ohörn boume (Bi dem), c^ne de Sondernach. — 1456 (cens. de la cellenie de Munster).

Oignon (En), c^ne d'Urcerey.

Olbrand (Im), c^ne de Holtzwihr. — *An den Albrenden*, xive siècle (abb. de Pairis, C. 12).

Ölenberg, h. c^ne de Reininger. — Ancien couvent de chanoines réguliers de Saint-Augustin, fondé au xie siècle, aujourd'hui couvent de trappistes et de trappistines. — *Præpositus de Oeleinberg*, 1144 (Trouillat, *Monum.* II, 709). — *Olimberg*, 1235 (Als. dipl. I, 374). — *Præposito ecclesiæ de Olimberc, ord. S. Augustini*, 1248 (Als. dipl. I, 484). — *Olinberk*, 1260-1261 (Trouillat, *Monum.* II, 95-111). — *Transtulit moniales que fuerunt in monasterio Oelenberg*, 1275 (ibid. II, 673). — *Præpositus de Olenberg*, 1291 (ibid. II, 496). — *Die von Ellenburg*, 1278-1493 (reg. d'Unterlinden). — *Monast. Montis Oliveti*, 1487 (Als. dipl. II, 427). — *Ollenberg*, 1576 (Speckel). — *Ollenberg*, 1644 (Merian, *Top. Als.* carte). — *Olleberg*, 1644 (ibid. p. 51).

Olevret (Le Bois), forêt, c^ne de Fêche-l'Église. — *Bois aux levrets* (anc. cadastre). — *Bois d'Olveret* (Dépôt de la guerre).

Olino, anc. ville romaine citée par la notice des dignités de l'empire d'Occident : *Sub dispositione viri spectabilis ducis provinciæ Sequanici, milites Latavienses, Olinone.* — Quelques auteurs la placent à Holé, près de Bâle, tandis que d'autres la placent avec plus de vraisemblance à Ölenberg.

Ollwiller, château et ferme, c^ne de Hartmannswiller. — *In curia sua Ollewilr*, 1249 (Als. dipl. I, 402). — *Olwilr*, 1260 (Als. dipl. I, 430). — *Curiam dictam Ollevilr sitam in banno de Sulze*, 1261 (ibid. 435). — *Castrum apud Ollewilre*, 1269 (Als. dipl. I, 462). — *In Nolliwilre castro prope Sultz*, 1277 (Ann. de Colmar, 62). — *Apud Ollinwilr*, 1291 (Trouillat, *Monum.* II, 509). — Ancien alleu, devenu fief oblat de l'év. de Strasbourg en 1261 (Als. dipl. I, 435).

Chef-lieu d'un bailliage de la subdélégation de Colmar, comprenant : Berrwiller, Biesheim, Cernay et Steinbach, Geiswasser, Meyenheim, Munwiller, Reiningen, Rimbach (c^on de Guebwiller), Ruelisheim, Schweighausen, Staffelfelden, Vogelgrün et Wittelsheim.

Olschburn, c^ne de Soultz.

Oltingen, c^on de Ferrette. — *Ooltingen*, 1141 (Trouillat, *Monum.* I, 283). — *Petr. de Oltingen*, 1241 (*ibid.* II, 54).—*Henricus cellarius in Oltingen*, 1277 (*ibid.* II, 281). — Paroisse du décanat de Leymenthäl (Lib. marc.). — Dépendait de la mairie de Bouxwiller. — Cour colongère. — Voy. LUTTER.

OMEISBERG, c^{ne} de Burbach-le-Bas.

OMEISENECKEN, c^{ne} de Niffer.

OMEISENRAIN, c^{ne} d'Orschwihr.

ORBEY, c^{on} de la Poutroye. — *De villicatione quæ dicitur Orbeiz*, 1050 (Als. dipl. I, 163). — *Urbeiss*, 1441 (urb. de Ribeaupierre). — *Vrbeisz*, xve siècle (statuts de la confrérie du Rosaire). — *Orbe* (Engelhardt, *Wand. Vog.* 4). — Paroisse du décanat d'*ultra colles Ottonis* (Lib. marc.). — Cour colongère. Chef-lieu du bailliage d'Orbey ou seigneurie de Hohenack, comprenant tout le canton actuel de la Poutroye.

ORBST, canton du territoire de Wintzenheim. — *Am Orbesch*, 1433 (urb. de Marbach).

ORCH, ruiss. c^{nes} de Holtzwihr, Colmar et Illhäusern.

ORDON-FAHI (L'), forêt, c^{ne} de Botans. — *Lourdon fahi* (anc. cadastre).

ORDON-FIEF (L'), mont. c^{ne} du Puix (c^{on} de Giromagny). — *Le haut de l'ourdon fieff* (anc. cadastre).

ORDON-VERRIER (L'), mont. c^{ne} de Giromagny. — *L'Ourdon-Verrier* (anc. cadastre).

ORENZACH, anc. vill. du baill. de Seppois-le-Haut, probablement MERTZEN. — *Oerenzach*, 1286 (Mone, *Zeitschrift*, VII, 173-452). — *Orenzach*, 1303, dans l'original et *Grenzach* dans Trouillat (*Monum.* III, 61). — *Cunr. de Ornzach*, 1317 (rôle de la seign. de Belfort).

ORGERIES (LES), c^{ne} de Fontenelle.

ORGEVAL (L'), canton des territ. de Perouse et Vézelois. —*En Orge vaulx*, 1655 (cens. du chap. de Belfort).

ORME (L'), c^{nes} de Buc, Réchésy et Urcerey. — *Le contour de l'Orme*, 1582 (terr. de Saint-Ulrich).

ONSCUWIHR, c^{on} de Guebwiller, primitivement du c^{on} de Soultz. — *Otalesviler*, 728 (Als. dipl. I, 9). — *Aliswilre*, xiiie siècle (Als. ill. IV, 209). — *Rudolffi de Alswilre*, 1245 (Als. dipl. I, 389). — *Olsswilr*, 1371 (urb. de la comm^{rie} de Soultz). — *Alsswiler vel Orsswiler*, 1490 (urb. de Marbach). — *Orssweyler*, 1531 (rôle de Gundolsheim). — *Urswihr*, 1576 (Speckel). — *Orschwiler*, 1662 (Bernhard Buechinger). — Paroisse du décanat de *citra colles Ottonis* (Lib. marc.). — Ancien château situé dans le village. — *Das Schloss zu Orschweyr*, 1722 (Mossmann, *Chron. Guebw*. 380). — Relevait du baill. d'Eguisheim et plus tard de la prévôté de Rouffach.

ORTHEL, canton du territ. d'Eguisheim. — *Im Orthel*, 1682 (rôle d'Eguisheim).

ORTLESHAG, canton du territ. de Wittenheim.

OSENBIHR, h. c^{ne} de Pfaffenheim. — *In Ossenbüren*, 1489 (urb. de Marbach). — *Biren*, 1576 (Speckel). — *Biren*, 1644 (Merian, *Top. Als.* carte). — Cassini met *Haszenberg*.

OSPARHAG ou OSPERHAG, c^{ne} de Werentzhausen, 1460 (rôles de Saint-Morand).

ÖSPENLING, vign. c^{ne} de Gueberschwihr.

ÖSSELE (AUF DER), canton du territ. d'Uberstrass.

OSSENBACH ou OSENBACH, c^{on} de Rouffach. — *Ohsenbach*, 1255 (Als. dipl. I, 415). — *Ohsenbach*, 1278-1493 (reg. d'Unterlinden). — Paroisse du décanat de *citra colles Ottonis* (Lib. marc.). — Dép. du baill. d'Eguisheim et plus tard de la prévôté de Rouffach.

OSSIÈRES (AUX), f. c^{ne} de l'Allemand-Rombach.

OSTBACH, ruiss. c^{ne} de Pfaffenheim.

OSTBURG, mont. c^{ne} de Gueberschwihr.

OSTEIN, mont. c^{ne} de Willer (c^{on} de Thann). — *Osteinruntz*, ruiss. (carte hydrog.)

OSTERBACH, ruiss. c^{ne} d'Eschbach.

OSTERBACH, ruiss. c^{ne} de Friessen, qui déverse ses eaux dans la rigole d'alimentation du canal du Rhône au Rhin.

OSTERBÄCHLE, mine de fer, c^{ne} de Willer (c^{on} de Thann). — *Bey der Osterbach*, 1341 (Als. dipl. II, 171).

OSTERBÄCHLE, ruiss. c^{ne} de Breitenbach, affluent du Thannbächle.

OSTERBERG, vign. c^{ne} de Ribeauvillé. — *An Osterberge*, 1308 (abb. de Pairis, C. 4, C. 24). — *Osterberg*, 1475 (reg. des domin. de Colmar).

OSTERFELD, c^{nes} de Dessenheim et de Dietwiller.

OSTERGASSE, c^{ne} de Jebsheim. — 1456 (censier de la cellenie de Munster).

OSTERLENGEN, cantons des territ. de Bernwiller et de Magstatt-le-Bas. — *Vff der Oster Lenge*, 1601 (terr. de Magstatt).

OSTERMATTEN, c^{ne} de Burbach-le-Haut, 1568 (terr. de Massevaux).

OSTHEIM, c^{on} de Kaysersberg, primitivement du c^{on} de Riquewihr. — *Osthaim*, 785 (Grandidier, *Hist. d'Als.* p. j, I, 43). — *Ostheim*, 987 (*ibid*. 154). — *Osthein... Ostein*, 1278-1493 (reg. d'Unterlinden). — Paroisse du décanat d'*ultra colles Ottonis* (Lib. marc.). — Ostheim dépendait de la seigneurie de Riquewihr.

OSTHEIM, vill. détruit près d'Isenheim. — *Hosthaim et in ea marca*, 811 (Als. dipl. I, 61). — *Villa Hostheim, sita in Pago Elesazzen, in comit. Sundgouue*, 1049 (Als. ill. III, 265). — *Hosteim*, 1135 (Grandidier, *Hist. d'Als.* p. j, II, 294). — *Lutolt de Osteim*, 1194 (Als. dipl. I, 305). — *Dom. Henrici vicarij perpetui in Hoesten*, 1284 (Trouillat, *Monum.* II, 402).—*Ostheim*, 1382 (rôle d'Isenheim). — *Ostein*, 1576 (Speckel). — *Ostein* (Cassini).— Au xv° siècle, paroisse du décanat de *citra colles Ottonis* (Lib. marc.). — Ancien château.

OTTENBRUNNEN (ZE), c^{ne} de Buetwiller. — 1421 (rôles de Saint-Morand).

OTTENRÜCKEN, mont. c^{ne} de Sondernach.

OTTENRUNTZ, ruiss. c^{ne} de Sondernach, affluent de la Fecht.

OTTENSBÜHL, coll. — Voy. COLLES OTTONIS.

OTTERLOCH, c^{ne} d'Aspach.

OTTERLOCH, f. c^{ne} de Sultzeren. — *Troüe de l'Outre* (Cassini).

OTTERMATTEN, canton du territ. de Waldighofen.

OTTERSPACH, c^{ne} de Moosch. — 1550 (urb. de St-Amarin).

OTTERTHAL, vallée, c^{ne} de Kaysersberg.

OTTMARSHEIM, c^{on} de Habsheim. — *Othmareshaim*, 801 (Als. dipl. I, 60). — *Otmarshein*, 1239 (Trouillat, *Monum.* I, 550).—*Petro milite de Otmarsheim*, 1265 (ibid. II, 160). — *Turrim in Ottmarscheim destruxerunt*, 1268 (ibid. II, 186). — *Orthmarsheim*, 1662 (Bern. Buechinger). — Paroisse du décanat de *citra Rhenum* (Lib. marc.).

Chef-lieu d'une prévôté du bailliage inférieur de Landser, comprenant Bantzenheim, Blodelsheim et Rumersheim. — Ancien bureau principal des péages et résidence d'un receveur fiscal, *landweibel*, qui était «commis à toute la recette des archiducs dans la seigneurie de Landser, à l'inspection sur les domaines et sur la police, et était greffier du bas bailliage de Landser» (inv. de la seign. de Landser).

Couvent de bénédictines, fondé au xi° siècle. — *Monasterium sanctæ Mariæ in Otmersheim*, 1063 (Grandidier, *Hist. d'Als.* p. j, II, 121). — *Abbatis monasterii Sanctæ Mariæ de Otmersheim*, 1153 (Als. dipl. I, 480). — *Abbatisse vero et capitulo dominarum de Otmarshein*, 1275 (Trouillat, Mon. II, 264).

OTZENTHAL, canton du territ. de Blotzheim. — *In Oezuntal*, 1279 (Trouillat, *Monum.* II, 314).

OTZENWILLER, vill. détruit près de Rammersmatt et de Roderen, dont il ne reste plus que le nom d'*Artzwiller grund* dans la première de ces communes. — *Jacques d'Otzenwiller*, 1348 (Trouillat, *Monum.* III, reg. 858). — *Otzenwilr*, 1361 (Als. dipl. II, 239). — *Oczvilr... Oczenwilr... Oczswilr... Vczwilr... Otzwilr... ze obern Oczenwilr... Ottenswilr... Ottenczwilr*, 1421 (rôles de Saint-Morand).—*Arzenheim*, 1766 (Kl. Thann. Chron. 12 et 32).

OUCHATTES, EUCHATTES, OEUCHOTTES, c^{nes} de Châtenois, Chavannes-sur-l'Étang, Florimont, Meroux, Offemont et Vourvenans. — *És Oychottes... En la Ouyatte*, 1655 (cens. du chap. de Belfort).

OUCHEMATTEN ou HEUSCHMATTE, c^{ne} de Levoncourt.

OUCHES (Ès), canton du territ. d'Auxelles-Haut. — *Sur un curtil et une ouche appelée és-Ouches*, 1655 (cens. du chap. de Belfort).

OUCUES (Ès), c^{nes} de Bavilliers, Bermont, Giromagny et Vézelois. — *És Oüches*, 1627 (cens. du chap. de Belfort). — *És Oyches dessus*, 1655 (ibid.). — *Es Oyches*, 1655 (ibid.).

OUTRE-LA-VIE, c^{ne} de Sternenberg.

OUTRE-L'EAU, c^{ne} de Novillard.

OYE, vill. détruit entre Bermont et Châtenois, dont il ne reste plus que les dénominations de *bois d'Oye, côte d'Oye, champ d'Oye*, etc. données à des cantons du finage de Bermont. — *Oys*, 1147 (Trouillat, *Monum.* I, 302). — *Ze Öye*, 1350 (urb. de Belfort). — *Ogey*, 1394 (urb. des pays d'Autr.).

P

PABSTGASSE, rue, c^{ne} de Housen. — *Die Bobestgasse*, 1429 (urb. de Marbach).

PAGE (LE), canton du territ. de Valdoye. — *És champs le paige*, 1655 (cens. du chap. de Belfort).

PAIRIS, h. c^{ne} d'Orbey. — Anc. abbaye de l'ordre de Cîteaux, fondée en 1138; réunie comme prieuré, en 1453, à l'abbaye de Maulbronn, puis détachée de cette dernière pour être incorporée à l'abbaye de Lucelle. — *Predium quod dicitur vetus Pairis*, 1209 (Als. dipl. I, 319). — *Abbatem Perisiensem*, 1222 (ibid. 348). — *Monasterii Parisiensis*, 1224 (ibid. 351). — *Venerabili abbati et conventui de Paris, Cysterciensis Ordinis*, 1239 (ibid. 382). — *In Peris*, 1280 (Annales de Colmar, 90). — *Monach. de Barhus*, 1303 (ibid. 194). — *Das alte Paris*, 1318 (Als. dipl. II, 121).

PALE (LA), forêt, c^{nes} de Bermont et de Sevenans. — *En la Pale*, 1655 (cens. du chap. de Belfort). — *La Pêle* (anc. cadastre).

PÂLE (LA), c^{nes} de Chèvremont, Courtavon, Dorans et Trétudans.

PALEROY, mont. c^{nes} de Gros-Magny et d'Étueffont-Haut.

PÄLLET, canton du territ. de Liebsdorf.

PALMEN, canton du territ. de Ligsdorf.
PALMENACKER, c^{ne} de Soultz. — *Apud agrum palmarum*, 1296 (abb. de Pairis, C. 4, C. 18).
PALMENBERG, coll. c^{ne} de Wittersdorf.
PALMENWALD, c^{nes} de Bettlach et de Wattwiller.
PALMENWINCKEL, c^{ne} de Colmar.
PANTOFFEL-RITTENEN, c^{ne} de Village-Neuf.
PAPETERIE (LA), en allemand PAPIERMÜHLE, c^{ne} de Luttenbach. — *Papetrie* (Cassini).
PAPETERIE (LA), usine, c^{ne} d'Orbey.
PAPETERIE (LA), en allemand PAPIERMÜHLE, c^{ne} de Ribeauvillé.
PAPETERIE (LA), tissage, c^{ne} de Roppentzwiller. — *Le Tissage* (tabl. des dist.).
PAPETERIE (LA), c^{ne} de Turckheim.
PAPIERMÜHLE, anc. papeterie à Colmar. — *Auf der Papiermühle*, 1632 (Belager. von Colm. 13-33).
PÂQUIS (LE), c^{nes} de la Collonge, Lutran, Reppe et Valdieu. — *Le Paisquier*, 1390 (urb. de Froide-Fontaine). — *Le Paquier*, 1581 (terrier de Saint-Ulrich).
PÂQUIS (Le), forêt, c^{ne} du Puix (c^{on} de Delle).
PARADIES, canton du territ. de Bartenheim.
PARADIES, canton du territ. de Bettendorf.
PARADIES, canton du territ. de Burnhaupt-le-Haut.
PARADIES, canton du territ. de Leymen.
PARADIES, canton du territ. d'Orschwihr. — *In dem Paradise*, 1490 (urb. de Marbach).
PARADIES, canton du territ. de Zillisheim, etc.
PARADIS, f. c^{ne} de Florimont. — *Paratis* (Dépôt de la guerre).
PARADISMATTEN, c^{ne} de Burnhaupt-le-Bas.
PARCOURS, pât. c^{ne} de Chèvremont. — *Garcours* (cad.).
PARISERECK, éc. c^{ne} de Traubach-le-Haut.
PARROT, c^{ne} de Vézelois. — *Y Parrol*, 1655 (cens. du chap. de Belfort).
PARTAGE (AU), c^{nes} d'Offemont et de Vourvenans. — *És Partaiges*, 1616 (cens. du chap. de Belfort). — *Pargage* (cad.).
PARTERRE (AU), c^{nes} de Lutran et de Moval.
PANU (LA), étang, c^{ne} de Suarce.
PASLES (LES), f^s, c^{ne} de Beaucourt.
PATAT, forêt, c^{ne} de Vellescot. — *Bois des Padats* (anc. cadastre).
PÂTE, PATET, PATETTE, c^{nes} d'Argiésans, Châtenois et Trétudans.
PATER NOSTER, forêt, c^{ne} de Sainte-Croix-en-Plaine. — *Ime Pater Noster*, 1484 (abb. de Sainte-Croix).
PATOTTE (LA), c^{nes} de Danjoutin et de Meroux.
PATOUILLET (LE), lavoir de mine, c^{ne} de Châtenois.
PATOUILLET (LE), en allemand ERZWÄSCH, lavoir de mine, c^{ne} de Winckel.

PATSCHY, h. — Voy. BATSCHY.
PATTURES (LES), f. c^{ne} du Bonhomme. — *In buttir*, 1441 (urb. de Ribeaupierre).
PAULRATH, coll. c^{ne} de Luemschwiller.
PECCAL (FOSSÉ DU), anciennement PESCAL, ruiss. c^{ne} de Courtavon, affluent du Corbery. — *Pré du Pasqual*, 1391 (Trouillat, *Monum.* IV, 822).
PELLE (LA), c^{ne} de Vourvenans.
PÉPINIÈRE (LA), enclos, c^{ne} de Belfort.
PÉPINIÈRE (LA), maison isolée, c^{ne} de Colmar.
PEQUIROT, forêt, c^{nes} de Florimont et de Montreux-Jeune. — *Le Paisquerot*, xve siècle (urb. de Froide-Fontaine). — *Le Pequirat* (anc. cadastre).
PERCHATTES (EN), c^{ne} d'Andelnans, 1655 (cens. du chap. de Belfort).
PERCHE (LA), forêt, c^{nes} de Danjoutin et de Perouse.
PERCHE (LE), f. c^{ne} de la Madeleine.
PERIER, c^{nes} de Bessoncourt et de Petit-Croix. — *Le champ du Perie*, 1365 (urb. de Froide-Fontaine). — *A Perier*, 1468 (ibid.).
PERIÈRE (LA), c^{nes} de Chèvremont, Moval et Sevenans.
PERIÈRES (LES), PEIRIÈRES, PRIÈRES, c^{nes} de Banvillars, Bermont et Dorans.
PERIS (VFF DIE), c^{ne} de Dannemarie, 1421 (rôles de Saint-Morand).
PEROUSE, c^{on} de Belfort. — *In Pago Pefferauga, in marca Roabach*, 792 (Als. dipl. I, 57). — *Curtem Pheterhusen*, 1241 (Trouillat, *Monum.* I, 556). — *Jeannet de Perouse*, 1295 (ibid. II, 595). — *Ze perrusen.... von pherusen*, 1394 (urb. des pays d'Autr.). — *Pfetterhusen.... Pfetterusen*, 1427 (comptes des seign. de Belfort et Rosemont). — *Perus*, 1576 (Speckel). — *Pfefferhausen* (Baquol). — Formait, avec Offemont, une mairie de la prévôté de Belfort. — *Das meyertum pheterhusen*, 1394 (urb. des pays d'Autr.).
PEROUSE, c^{ne}. — Voy. PFETTERHAUSEN.
PEROUSE (LA), c^{nes} d'Essert et de Grandvillars. — *La vie de la Perusse*, xve siècle (urb. de Froide-Fontaine).
PERRENCE, canton du territ. de Danjoutin. — *Sur la Perence*, 1655 (cens. du chap. de Belfort).
PERRENEY, canton du territ. de Bermont. — *En Perreney*, 1655 (cens. du chap. de Belfort). — *En Pernez* (cad.).
PERREUSE-GOUTTE, h. c^{ne} de l'Allemand-Rombach. — *Zu Birregoutte*, 1441 (urb. de Ribeaupierre).
PERREUSE-GOUTTE ou PIERRE-GOUTTE, f. c^{ne} de Fréland. — *Steynbach*, 1441 (urb. de Ribeaupierre). — *Pierre-Jegoutte* (Cass.). — *Prusegoutte* (anc. cad.).
PERTUIS (LE), c^{nes} d'Offemont et de Vézelois. — *Champ du Pertuis*, 1655 (cens. du chap. de Belfort).

Peterlewald, forêt, c^ne de Mollau.
Peternitt, mont. entre Rimbach, Bühl et Guebwiller. — *Do man sant Peter Niget*, 1314 (Mossmann, *Chron. Gueb.* 408 et 416). — *Sant Peters Nyge*, 1453 (cart. de Murbach).
Petersbach, anc. forêt, c^ne de Burbach-le-Haut. — *Persbach* (Cassini).
Petiot (Le), canton des territ. de Morvillars et de Mésiré.
Petit-Bourg (Étang du), c^ne de Roppe.
Petit-Château (Le), f. c^ne de Florimont.
Petitcroix, en allemand Klein-Kreuz, c^on de Fontaine. — *Capellam de Pilicors*, 1105 (Als. dipl. I, 186). — *Petit Creux*, 1295 (Trouillat, *Monum.* II, 595). — *L'esglise de notre dame de petit Cropt.... petit gropt*, 1390 (urb. de Froide-Fontaine). — *Die cappell von piticorp*, 1492 (*ibid.*). — *Petitcrocq*, 1613 (rôle de Petitcroix).—*Petitcrop*, 1655 (cens. du chap. de Belfort). — Au xve siècle, *Bittikropff* était une paroisse du décanat du Sundgau (Lib. marc.). — Dép. de la grande mairie de l'Assise.
Petite-Dollern, ruiss. affluent de la Dollern, c^ne de Reiningen.
Petite-Ferme (La), f. c^ne de Florimont.
Petite-Fontaine, en allemand Klein-Brunn, c^on de Massevaux. — *Brun*, 1576 (Speckel). — *Dz dorff Brun*, 1628 (inv. de la seign. de Rougemont). — Relevait de la seign. de Rougemont.
Petite-Hollande, campagne, c^ce de Volgelsheim, près de Neuf-Brisach. — *Petite-Hollande* (Cassini).
Petite-Lièpvre, en allemand Klein-Leberau, h. c^ne de Sainte-Marie-aux-Mines. — *Zu Kleinen Lebero*, 1441 (urb. de Ribeaupierre). — *Klein Leberow*, 1507 (Als. dipl. II, 446).
Petite-Verrerie (La), en allemand Hinterglashütt, h. c^ne de Ribeauvillé.
Petit-Guida, m^in, c^ne d'Orbey.
Petit-Haut, h. c^ne de Sainte-Marie-aux-Mines.
Petit-Landau, en allemand Klein-Landau, c^on de Habsheim. — *Landovwa*, 1303 (Trouillat, *Monum.* III, 47).— *Landeck*, 1576, cité avec château par Speckel. — *Landauw*, 1722 (Mossmann, *Chron. Gueb.* 381). — Dép. du baill. d'Eschentzwiller.
Petit-Moulin (Le), m^in, c^ne de Goldbach.
Petit-Moulin (Le), m^in, c^ne d'Isenheim.
Petit-Rombach, h. et ruiss. c^ne de Sainte-Croix-aux-Mines. — *Ex inde in tertia Rumbach*, 854 (Als. dipl. I, 84).
Peucheleus, c^ne de Danjoutin.
Peute-Planche ou Poëte-Planche, c^ne de Courtavon.
Peutpré ou Poëpre, forêt, c^ne de Croix.
Pfaffans, c^ue. — Voy. Phaffans.

Pfaffemertränck, ruiss. c^ne de Soultzmatt, affluent de l'Ohmbach.
Pfaffenacker, cantons des territ. d'Attenschwiller et de Neuwiller.
Pfaffenacker, canton du territ. de Bettendorf. — *Pfaffenacker*, 1351 (reg. Lucell.).
Pfaffenacker, canton du territ. de Francken.
Pfaffenboden, c^ne d'Hirsingen.
Pfaffenburn, canton du territ. de Riquewihr. — *Zuo Phaffenburne*, xive siècle (cens. de Riquewihr).
Pfaffengarten, canton du territ. de Folgensbourg.
Pfaffenhaag, canton du territ. de Feldbach. — *Neben den Pfaffenhaag*, 1616 (terr. de Feldbach).
Pfaffenheim, c^on de Rouffach, primitivement du c^on d'Eguisheim. — *Papanhaime*, 739 (Tradit. Wizenb. 22). — *Wernhero causidico de Pfaphfinheim*, 1186 (Als. dipl. I, 102). — *Paphenheim*, 1190 (Mone, *Zeitschrift*, XI, 320). — *Wernherus causidicus de Fafenheim*, 1215 (Herrgott, II, 221). — *Apud Phaphinetum*, 1253 (Annales de Colmar, 18). — *Rûdolfus de Phaffinheim*, 1264 (Trouillat, *Monum.* II, 138). — *In Phaphinheim*, 1281 (Annales de Colmar, 100). — *Phapfenhem*, xiiie siècle (Als. ill. IV, 220). — *Paffenhen*, 1489 (urb. de Marbach). — Paroisse du décanat de *citra colles Ottonis* (Lib. marc.). — Dép. du baill. d'Eguisheim et plus tard de la prévôté de Rouffach. — Cour colongère. — Maladrerie. — *By dem Malatzbrücklin*, 1489 (urb. de Marbach).
Pfaffenhöltzle, canton du territ. de Fröningen.
Pfaffenhuet, c^ne de Niedermorschwiller.
Pfaffenkopf, c^ne de Kientzheim.
Pfaffenlachen, c^ne de Seppois-le-Bas.
Pfaffenlitt, f. c^ne de Sultzeren. — *Pfaflit* (Cassini).
Pfaffenloch ou Neuhaus, f. c^ne de Lucelle.
Pfaffenmatten, prés, c^nes de Courtavon, Heidwiller, Obermorschwiller, Sultzeren.—*Pfaffen matte*, 1456 (cens. de la cellenie de Munster).
Pfaffenschluck, c^ne de Sigolsheim. — *In Pfaffenslucke*, 1328 (urb. de Pairis).
Pfaffenstreng, c^ne de Spechbach-le-Haut.
Pfaffenthal, c^ne de Carspach. — *Ze pfaffental*, 1421 (rôles de Saint-Morand).
Pfaffenwäldle, c^ne de Saint-Ulrich.
Pfaffenweg, c^nes d'Emlingen et de Hirtzbach. — *Der pfaffen weg*, 1421 (rôles de Saint-Morand).
Pfaffenwerd, c^ne de Francken.
Pfaffenweyer, étang, c^ne de Bisel.
Pfäffling, canton du territ. de Largitzen.
Pfahlgrün, c^nes de Blodelsheim et de Fessenheim.
Pfälacker, c^ne d'Eschentzwiller.
Pfannenstiel, forêt, c^ne d'Ammertzwiller.

Pfannenstiel, canton du territ. de Habsheim. — *Jn Phannenstil*, 1284 (cens. de Saint-Alban). — *Im Pfannenstil*, 1514 (reg. des préb. de Mulhouse).

Pfannenstiel, c^{nes} de Gildwiller, Hirtzbach, Manspach, Ruelisheim et Werentzhausen. — *Der Pfannenstil*, 1460 (rôles de Saint-Morand).

Pfanthal, canton du territ. de Steinbrunn-le-Bas. — *Im Pfauwenthal*, 1548 (urb. de l'hôp. de Mulh.).

Pfarrenacker, c^{nes} de Felleringen et de Sentheim. — *An sanct Geörgen Pharrenackher*, 1568 (terrier de Massevaux).

Pfarrenberg, c^{ne} de Sewen, 1567 (terr. de Massevaux).

Pfarrenheim, c^{ne} de Dolleren, 1567 (terr. de Massevaux).

Pfarrhurst, forêt, c^{nes} d'Andolsheim et de Sundhofen.

Pfarrmatt, prés, c^{nes} de Reiningen et de Saint-Hippolyte.

Pfastatt, c^{on} Nord de Mulhouse, primitivement du c^{on} de Lutterbach. — *Phasstat*, 1301 (Trouillat, *Monum*. III, 15). — *Pfaffstatt*, 1548 (urb. de l'hôp. de Mulhouse). — *Pachstatt*, 1576 (Speckel). — *Pfaffstatt*, 1580 (Wurstisen, *Basl. Chron.* 431). — C'est probablement à cet endroit que s'applique le *Finstatinse*, cité, en 790, par Grandidier, *Hist. d'Als.* p. j, I, 49. — Fief de l'évêché de Bâle (Als. ill. IV, 97). — En dernier lieu, Pfastatt fit partie du baill. de Brunstatt.

Pfauacker, c^{ne} de Reiningen.

Pfeden, h. c^{ne} de Dolleren. — *An Phäden... an den Pfeden*, 1567 (terr. de Massevaux).

Pfeffer (Auf dem), canton du territ. de Colmar.

Pfeffingen, c^{ne}. — Voy. Phaffans.

Pfeller, canton du territ. de Sigolsheim. — *An dem Phellor*, 1278-1493 (reg. d'Unterlinden).

Pfeller, c^{ne} de Mittelwihr. — *In dem Pfeller*, 1328 (urb. de Pairis).

Pfeller, c^{nes} d'Obermorschwihr et de Vögtlinshofen. — *In dem Pfeller*, 1424 (urb. de Marbach).

Pfengmatten, c^{ne} de Felleringen.

Pfentzen, c^{ne} de Roderen (c^{on} de Thann).

Pferchwasen, h. — Voy. Ferchwasen.

Pferdallmenden, c^{ne} de Kingersheim.

Pfergel, c^{nes} de Bergheim, Rorschwihr et Soultzmatt. — *Hinder phergelin*, 1328 (urb. de Pairis). — *Jn der pfergelin*, 1453 (reg. de Soultzmatt).

Pfersig et Pfersigacker, c^{nes} de Henflingen et d'Hirsingen. — *Am pfersichacker*, 1460 (rôles de Saint-Morand).

Pfersigberg, coll. c^{ne} d'Eguisheim. — *An dem Pfarichberge*, 1424 (urb. de Marbach). — *An dem Pferrichberge*, 1508 (rôles d'Eguisheim). — *An dem Pfersigberg*, 1514 (ibid.).

Pfetterhausen, en français Perouse, c^{on} d'Hirsingen. — *Petrosa*, 731 (Als. dipl. I, 14, et Trouillat, *Monum*. III, 668). — *Perosa*, 1139 (Trouillat, *Monum*. I, 277). — *In parochia Sancti Leodegarii de Phetterhusen*, 1296 (ibid. II, 615). — *Paruse*, 1299 (ibid. II, 674). — *Pheterosa*, 1305 (ibid. III, 88). — *Scellé par Jehan, vicaire de l'église Notre-Dame de Perouse, et par Morin, vicaire de l'église de Saint-Légier, au même lieu*, 1331 (ibid. III, 747). — *Terre de Burnevesin et de Perouse*, 1343 (ibid. III, 552). — Au xve siècle, deux paroisses du décanat de l'Ajoye, savoir : *Pfetterhausen-le-Bas* et *Pfetterhausen-le-Haut.* — *Ecclesia superioris Phetterhusen*, 1400 (Trouillat, *Monum*. IV, 636). — *Rector in inferiori Pfetterhusen*, 1441 (Vautrey, *Lib. marc.* 33). — Chef-lieu d'une mairie du baill. de Ferrette, dont dép. Bisel-Ferrette. — Cour colongère. — *Dinckhoff zu Pfetterhusen*, 1347 (Trouillat, *Monum*. III, notes, 603).

Pfiffen, c^{ne} de Sewen. — *Im Pfiffen obwendig dem Sew*, 1567 (terr. de Massevaux).

Pfiffenacker, c^{ne} de Spechbach-le-Haut.

Pfiffer (Auf dem), coll. c^{ne} de Buschwiller.

Pfifferacker, c^{ne} de Reiningen.

Pfiffenfeld, c^{ne} d'Uberkümen.

Pfifferlin, vign. c^{ne} de Rixheim. — *Uffs Pfifferlin*, 1548 (urb. de l'hôp. de Mulhouse).

Pfingstallmend, c^{ne} de Hagenbach.

Pfingstberg, mont. c^{ne} de Soultzmatt. — *An dem Grossen Pfingesberg... Kleine Pfingstberg*, 1453 (reg. de Soultzmatt).

Pfingstbrunnen, source, c^{ne} de Geispitzen.

Pfingstrieth, c^{ne} de Rantzwiller.

Pfingsthal, c^{nes} de Luemschwiller, Obermorschwiller et Murbach. — *Pfingst tal*, 1453 (cart. de Murbach).

Pfingstwasen, cantons des territ. d'Aspach-le-Bas et de Rouffach.

Pfintzen, c^{ne} de Rammersmatt.

Pfindweyer, étang, c^{ne} de Dirlinsdorf.

Pfint, c^{ne}. — Voy. Ferrette.

Pfistermatt, c^{ne} de Munster. — *Pfystermatte*, 1456 (cens. de la cellenie de Munster).

Pflatteracker, c^{ne} de Niedermuespach.

Pflattermühle, m^{in}, c^{ne} de Burnhaupt-le-Bas.

Pfleck, c^{ne} d'Ingersheim.

Pfleck, canton du territ. de Wettolsheim. — *Uff der Pflecke*, 1475 (reg. des domin. de Colmar). — *Im Pfleg... Pflegh*, 1490 (urb. de Marbach).

Pfleck, canton du territ. d'Isenheim. — *In der Phlecke*, 1382 (Stoffel, *Weisth.* 129).

Pflentzer, canton du territ. de Cernay. — *Im Pflentzer*, 1472 (reg. des préb. de Mulhouse).

PFLENTZER, canton du territ. de Turckheim. — *In den Pflentzer*, 1407 (cens. de la camerene de Munster).

PFLENTZER, c^{nes} de Beblenheim, Bergheim, Eguisheim, Guebwiller, Katzenthal et Sigolsheim. — *In dem Pflentzer*, 1328 (urb. de Pairis).

PFLETSCH ou PFLITSCH, cantons des territ. de Bernwiller, Brunstatt, Falckwiller et Hirsingen.

PFLETSCHACKER, canton du territ. de Rimbach (Guebwiller).

PFLINSZACKER, c^{ne} de Wihr-au-Val, 1452 (rôle de Wihr).

PFLITSCHBURG, vign. c^{ne} de Riquewihr.

PFLÖSCH, éc. c^{ne} de Thann.

PFLÖSCHACKER, c^{ne} de Balschwiller, 1629 (rôle de Balschwiller).

PFLÜCKLÉ, anc. ferme, c^{on} de Sondernach. — *Pfliten* (Cassini).

PFLÜE, anc. f. c^{ne} de Breitenbach. — *Flich* (Cassini).

PFLUTTENACKER, c^{ne} de Liebsdorf.

PFLUTTENBERG, coll. c^{ne} de Steinbrunn-le-Haut.

PFOR (IN DER), c^{ne} de Soultzmatt, 1381 (urb. de la comm^{ie} de Soultz).

PFORSMATT, c^{ne} de Ligsdorf. — *Bey der Pforstflü*, 1349 (reg. Lucell.).

PFOSEN, canton des territ. de Cernay et d'Uffholtz. — *Im Pfossen*, 1472 (reg. des préb. de Mulhouse).

PFUL, c^{nes} de Berrwiller, Bühl et Mollau. — *Vff den pfůl... in den pfůlen*, 1453 (cart. de Murbach). — *An den runs der das wasser vss dem pfůl treit in die louche*, 1453 (ibid.). — *Bei dem pful*, 1550 (urb. de St-Amarin).

PFULBEN, vign. c^{ne} d'Ammerschwihr.

PFULENSTÜCK, c^{ne} de Gueberschwihr, 1488 (urb. de Marbach).

PFULMATTEN, c^{nes} de Felleringen, Mühlbach et Orschwihr. — *In der pfůlmatten*, 1456 (cens. de la cellenie de Munster).

PFUNDIS, cantons des territ. de Pfetterhausen et de Seppois-le-Haut. — *Ze Pontels*, 1299 (reg. Lucell.).

PHAFFANS, en allemand PFEFFINGEN, c^{on} de Fontaine. — *Alb. de Fafen*, 1168 (Trouillat, Monum. I, 347). — *Decimas parochiæ de Phaffans*, 1284 (ibid. II, 395). — *Faffans*, 1375 (Mone, Zeitschrift, XI, 334). — *Pafon*, 1577 (Speckel). — *In dem kilchspil Pfeffingen*, 1628 (inv. de la seigneurie de Rougemont). — *Phaffans*, 1655 (cens. du chap. de Belfort). — Paroisse du décanat du Sundgau (Lib. marc.). — La paroisse de Phaffans, en tant que juridiction temporelle, relevait de la seigneurie de Rougemont (Als. ill. IV, 137). Elle se composait des villages de Bethonvilliers, la Collonge, Denney, Eguenigue, Menoncourt, Phaffans, Roppe, Vétrigne, et d'une partie de Bessoncourt; on l'appelait *la Baroche*.

PHENNINGTURN, h. c^{ne} du Puix (c^{on} de Giromagny). — *Le Phenigtorne* (Rev. d'Als. VIII, 25). — *Fainitorne* (Dépôt de la guerre). — *Pfening Thurn* (anc. cad.).

PHINAROCHE, f. c^{ne} de la Baroche. — *L'enclos du Phainarauche* (anc. cadastre).

PICABO, anc. chapelle, c^{ne} de Belfort. — *Le curtil de la chapelle Picabo*, 1655 (cens. du chap. de Belfort).

PIÉE (LE HAUT DE LA), anc. colonge, c^{ne} de Grosne. — *Coulonge du hault de la pied*, 1629 (cens. du prieuré de Meroux).

PIÉE D'ARGENT (LA), c^{ne} de Bavilliers.

PIÉE DE CHAPELA (LA), c^{ne} de Morvillars (anc. cadastre).

PIÉE DE LA GRANDE-NAU (LA), c^{ne} de Fontaine (anc. cadastre).

PIÉE DES BOIS (LA), c^{nes} de Bermont et de Dorans.

PIERBASMATTEN, m. isolée, c^{ne} de Felleringen.

PIERRE-COMBELLE, f^{re}, c^{ne} de Fréland.

PIERRE-DE-LUSSE, canton du territ. de Sainte-Croix-aux-Mines.

PIERREMATT, m. isolée, c^{ne} de Burbach-le-Haut.

PIERRE-SAINT-DELE (LA) ou SAINT-DEICOLE, canton du territ. de la Chapelle-sous-Chaux.

PIERRE-VIRE-TROIS-TOURS (EN LA), c^{ne} de Meroux, 1655 (cens. du chap. de Belfort).

PIFFEU (LE), mont. c^{ne} d'Étueffont-Haut.

PIGNAT, c^{ne} de Chèvremont.

PILONS (LES), usine, c^{ne} de Châtenois.

PILONS (LES), usine, c^{ne} de Delle.

PILONS (LES), anc. usine, c^{ne} du Puix (c^{on} de Giromagny).

PILTZ, canton du territ. de Pfetterhausen.

PINESSE, m^{in}, c^{ne} d'Orbey.

PIPLER, canton du territ. de Metzeral.

PLAINOT, c^{ne} de Chèvremont.

PLANCHE (LA), f. c^{ne} de Gros-Magny.

PLANCHE (LA), h. c^{ne} de Vescemont.

PLANCHE-DES-BELLES-FILLES (LA), mont. c^{ne} du Puix (c^{on} de Giromagny).

PLANCHES (ÈS), c^{ne} de Bermont, 1655 (censier du chap. de Belfort).

PLANCHETTE (LA), f. c^{ne} de Denney. — *Ès-Planchotes*, 1655 (cens. du chap. de Belfort).

PLANCHETTES (AUX), c^{nes} de Romagny (c^{on} de Dannemarie) et de Saint-Germain.

PLANCHEWASEN, pât. c^{ne} de Felleringen.

PLAT (SUR LE), ff^{es}, c^{ne} d'Orbey.

PLATTEN, mont. c^{ne} de Lutter.

PLATTENRITTI, c^{ne} de Sondersdorf.

PLATTENWALD, forêt, c^{ne} de Winckel.

PLATTWEG, c^{ne} de Herlisheim.

LENOT (LE), h. cne de Vescemont. — *Plainot* (tabl. des dist.).

LESTERICH (AM), cne de Soultzmatt, 1489 (urb. de Marbach).

LIXBURG, anc. château, cne de Wintzenheim. — *In castro Plixiberg*, 1276 (Ann. des de Colm. 58). — *Cum castro Blixperch*, 1298 (Chron. de Colm. 348). — *Die burg ze Blixperg*, 1336 (Als. dipl. II, 153).—*Der fogt von Blicksperg*, xive siècle (Stoffel, *Weisth.* 181). — *Plickhsperckh*, 1456 (cens. de la cellerie de Munster). — *Flicksperg*, 1576 (Speckel). — *Pflicteburg* (Cassini). — L'avouerie du château dépendait de la Reichsvogtey de Kaysersberg.

LON, cnes d'Aspach-le-Bas, Feldbach, Fessenheim et Fröningen.

LOSERAT, cne de Magny.

OËPRÉ, forêt. — Voy. PEUTPRÉ.

OIL-DU-CHIEN, cantons des territ. du Bonhomme et du Salbert.

OINT-DU-JOUR, anc. f. cne de Sainte-Marie-aux-Mines (Cassini).

OINATS (AUX), cne d'Offemont.

OIRERET, cne de Saint-Dizier.

OIRIÈRE (LA), cne de Suarce.

OMMERAIE (LA), cne de Bavilliers. — *La pomeray*, 1468 (urb. de Froide-Fontaine).

OMMERAIT, vill. détruit. — Voy. BAUMGARTEN.

OMMEROTS (ÈS), cne de Châtenois.

ONT D'ALLEMAGNE (LE), cne de Bessoncourt.

ONT-DE-DORNACH, maison isolée, cne de Brunstatt.

ONT DE LAVERNE (LE), cne de Montreux-Vieux.

ONT-DE-RETZWILLER, éc. cne de Retzwiller. — *Bruckenmühle* (carte hydrogr.).

ONT-DU-BOUC, maison isolée. — Voy. BOCKBRUCK.

ONT DU RHIN, en allemand RHEINBRUCK, dépendance de Biesheim. — Bac (Dépôt de la guerre).

ONTHOINE, en allemand ROTHENBURGER STEG, cne de Rougemont. — 1628 (inv. de la seign. de Rougemont).

ONTIN, canton du territ. de Levoncourt.

ONT RUE (LE), cnes de Chavanatte et de Suarce.

ONT VAUBAN, en allem. ROTHBRUCK, cne de Felleringen.

OPERMÜHLE, min, cne de Leymen.

ORTE-DE-FER (MINE DE LA), cne de Sainte-Marie-aux-Mines.

POSTGÄSSLE, chemin, cne de Burnhaupt-le-Haut.

POSTSTRASS (ALTE), nom de l'ancienne route de Cernay à Soultz. — Voy. ALTSTRASS et BERGSTRASS.

POSTWEG (ALTE), chemin, cne de Heiteren.

POUGEVIE, canton du territ. de Magny.

POUGEVIE, chemin, cne de Perouse. — *En pouge vie*, 1655 (cens. du chap. de Belfort).

POURASSE (LA), f. cne de Sainte-Croix-aux-Mines.

POUTROYE (LA), en allemand SCHNIERLACH, chef-lieu de canton, arrond. de Colmar. — *Ecclesia de Sconerloch*, xiie siècle (Als. dipl. I, 478). — *Scônerlach… Schônerlach*, 1441 (urb. de Ribeaupierre). — *Schônnörlach*, xve siècle (statuts de la confrérie du Rosaire). — *La Poutroye*, 1698 (Stoffel, *Weisth.* 223). — *Lapoultroye* (anc. cadastre). — Paroisse du décanat d'*ultra colles Ottonis* (Lib. marc.) — Dépendait de la seigneurie de Hohenack.

Lapoultroye, la poultre oie, *pulchra aqua?*

PRÄGELSWASEN, cne de Dirlinsdorf.

PRAIE (LA), ruiss. cnes de Meroux et de Vézelois.

PRAILLE (LA), min, cne d'Eschène-Autrage. — *Moulin-Laperelle* (anc. cadastre.).

PRAILLE (LA), cne d'Urcerey. — *En la Paralle*, 1655 (cens. du chap. de Belfort).

PRAIRET (AU), cne de Perouse. — *Au Prairez*, 1628 (cens. du chap. de Belfort).

PRAIRONS (LES), cne de Vézelois.

PRATMATTEN, cne de Burbach-le-Haut. — *Die prat matten*, 1568 (terr. de Massevaux).

PRÄTORACKER, terre donnée en jouissance au prêteur royal de Colmar, dans le ban de Sainte-Croix-en-Plaine.

PRÉ (LE), h. cne de Sainte-Marie-aux-Mines.

PRÉ-BACOT, f. cne d'Orbey. — *Prés-Bracon* (Cassini).

PRÉCHAMPS, h. cne de Fréland.

PRECHTMÜHLE, canton du territ. d'Éteimbes. — *Im Prechtmölin*, 1472 (reg. des préb. de Mulhouse). — *In Precht Mölin*, 1567 (urb. des redev. en deniers de Mulhouse).

PRÉ DU TAUREAU, cnes de Banvillars, Bavilliers, Châtenois, Eschène-Autrage, etc.

PRÉ DU VERRAT, cnes de Châtenois, Romagny (con de Dannemarie), etc.

PRÉ-FUYET, f. cne de la Madeleine.

PRÉ-GEORGES, f. cne de Sainte-Croix-aux-Mines.

PRÉ-GREVILLE, f. et ruiss. cne de Sainte-Croix-aux-Mines.

PRÉ L'AMOUR, cnes de Chèvremont et de Montreux-Château. — Voy. MOURE (LA).

PRELATMÜHLE, min, cne de Turckheim.

PRÉ LE LOUP, cne de Lutran.

PRÉ-MAIGRAT, f. cne de Sainte-Croix-aux-Mines.

PRÉ MERANT, cne de Belfort.

PRÉ MOURÉ, cne de Magny.

PRÉRAT, canton du territ. de Trétudans.

PRÉRAT (LE), ruiss. cne de Suarce.

PRÉRÉBOIS, ffes, cne de l'Allemand-Rombach. — *Presreibois* (Cassini).

PRÉ-RENARD, f. cne de Sainte-Croix-aux-Mines.

Pré Rosaire, c^{ne} d'Essert.

Prénot (En), c^{nes} de Trétudans et de Vézelois. — *Ès Prairots*, 1655 (cens. du chap. de Belfort).

Prés au Fèvre, c^{ne} de Vézelois.

Prés-Bourbets (Les), h. c^{ne} du Puix (c^{on} de Giromagny).

Prés-Guenez (Les), quartier au Puix (c^{on} de Giromagny). — *Le Pré-Surnez* (tabl. des dist.). — *Les prés Guenet* (anc. cadastre).

Presidentsacker, c^{ne} d'Ingersheim.

Prés-Mont (Ruisseau des), c^{ne} de Lièpvre, affluent de la Liepvrette.

Prés-Rozées, f. c^{ne} du Puix (c^{on} de Giromagny).

Prêtre (Le), h. c^{ne} de Vescemont.

Preuse (La), c^{nes} de Novillard, Perouse, etc. — *Le champz de la purusse*, 1427 (urb. de Froide-Fontaine). — *D'en Peruce*, 1655 (cens. du chap. de Belfort).

Pré-Vareth, f. c^{ne} de Sainte-Croix-aux-Mines. — *Prevarecq* (Cassini).

Preyez (Les), ruiss. c^{nes} de Sevenans et d'Andelnans. — *En Prayelz*, 1655 (cens. du chap. de Belfort).

Prieuré (En), c^{ne} de Buc.

Prinzessenbrünnle, source sur la montagne du Judenhut.

Probstmatten, c^{ne} de Dirlinsdorf.

Probstwald, c^{ne} de Hagenthal-le-Haut.

Probstweyer, c^{nes} de Hirtzbach, Largitzen et Mörnach.

Prudhomme, forêt, c^{ne} de la Chapelle-sous-Chaux.

Pucignat, canton du territ. de Levoncourt.

Puix (Le), en allemand Sood, c^{en} de Delle. — *In villa et banno dicta ad Puteum prope Swerzze*, 1290 (Trouillat, *Monum.* II, 486. — *In banno et confinio ville de Puteo*, 1313 (ibid. III, 186). — *Sott*, 1576 (Speckel). — Dépendait de la seigneurie de Florimont.

Puix (Le), en allemand Soda, c^{ne} de Giromagny. — *Soden*, 1394 (urb. des pays d'Autr.). — *Pois*, 1427 (comptes des seigneuries de Belfort et Rosemont). — Paroisse du décanat de Granges (alm. d'Als. de 1783). — Dépendait de la mairie du Haut-Rosemont.

Pultruntz, anc. nom d'un ruiss. c^{ne} de Staffelfelden. — *Uff den pulto Runs*, 1512 (urb. de la comm^{rie} de Soultz).

Pulvermatten, c^{ne} de Kientzheim.

Pulvermühle, m^{in}, c^{ne} de Volgelsheim. — Moulin à poudre (Dépôt de la guerre).

Pulversheim, c^{ne} d'Ensisheim. — *In fine Volfrigeshaim*, 768 (Als. dipl. I, 40). — *Welfricheshen*, 1004 (Laguill. pr. 24). — *Wlfricheshen*, 1004 (Grandidier, *Hist. d'Als.* p. j, I, 199). — *Wulfersheim*, 1335 (Als. ill. IV, notes, 245). — *Bulversheim*, autrefois *Wulfersheim* (ibid.). — *Wulffersheim*, 1583-1620 (reg. des fiefs wurtemb.). — *Bulversheim* (Cassini). — Paroisse du décanat de *citra colles Ottonis* (Lib. marc.). — Dép. du baill. de Bollwiller.

Purberg, vign. c^{ne} d'Ammerschwihr. — *Purpert* et *Purperthal* (anc. cadastre).

Pünné, canton du territ. de Pfetterhausen.

Q

Quaderfeld, vign. c^{ne} de Mittelwihr. — *Im Quattervelde*, 1328 (urb. de Pairis). — *Im Quaterfeld*, 1475 (reg. des domin. de Colmar).

Quadrefoue (La), f. c^{ne} de la Baroche (anc. cadastre).

Quanche (La), prés, c^{ne} de Trétudans.

Quaqueine (La), c^{ne} de Meroux. — *Les Caquaines* (anc. cadastre).

Quarrés (Les), c^{nes} de Dorans et d'Essert.

Quasimont, h. c^{ne} d'Évette.

Quatelbach, canal de dérivation de l'Ill, qui a son point de départ au-dessous de Mulhouse et son point de jonction à Ensisheim. — Il porte aussi le nom de *Mühlbach*. — *Quatelbach*, 1532 (Mercklen, *Hist. d'Ensish.* I, 118). — *Quatelbach*, 1549 (Als. dipl. II, 467). — *Mulbach flu.*, 1576 (Speckel).

Quechis, c^{ne} de Châtenois.

Quecklinboden, canton du territ. de Heimsbrunn.

Quedemaine, c^{ne} de Châtenois. — *En la Quedemennes*, 1655 (cens. du chap. de Belfort). — Voy. Condemine (La).

Quell, canton du territ. de Soultzmatt. — *Im Qwele*, 1433 (urb. de Marbach).

Quellenruntz, ruiss. c^{ne} de Sondernach.

Quellmatt, prés, c^{ne} de Colmar.

Querbach, ruiss. c^{nes} de Hattstatt et de Vögtlinshofen.

Quesnoy, forêt, c^{ne} de Delle.

Quetschmatt, f. c^{ne} de Soultz.

Queue d'Agace, c^{nes} de Banvillars et de Châtenois.

Queue d'Alaudre, c^{nes} d'Argiésans, Botans et Danjoutin.

Queue-de-Chatte (Le), anc. étang et prés du territoire d'Éloye. — *Coutschates*, cadastre de Romagny (c^{on} de Dannemarie).

Queue-de-l'A (La), c^{ne} de Fréland. — *La Queue de Las* (Cassini).

Queue-du-Mail, c^{ne} de Dorans.
Quid (Im), forêt, c^{ne} d'Oltingen.
Quifrance (La), anc. f. c^{ne} du Bonhomme (anc. cad.).
Quillery, prés, c^{ne} de Châtenois.
Quinckmättlin, c^{ne} de Hüssern, 1550 (urb. de Saint-Amarin).
Quinquemanne, canton du territ. de Banvillars.
Quinquerelle, c^{ne} de Chavanatte. — *La Quiquerelle* (anc. cadastre). — Ce nom germanisé se retrouve à Bisel sous la forme de *Gigenrell*.
Quinquerelle, f. c^{ne} de la Baroche.
Quirinbach, ruiss. c^{ne} d'Orschwihr, affluent du Fogelbach. — *Quirenbach* (anc. cadastre).

Quitterlingen, c^{ne} de Rammersmatt. — *By dem Quetterling*, 1421, et *in dem Quitterlingen*, d'une écriture plus récente (rôles de Saint-Morand).
Quoillate (En), Goilliade, Couillarde ou Couyate, c^{nes} de Meroux, de Sevenans, de Trétudans et d'Urcerey.
Quoye (La), la Coue, la Quâ, c^{nes} d'Anjoutey, de Sevenans et de Valdoye.
Qwerben, canton du territ. de Sondernach.
Qwerenweg, c^{nes} d'Aspach-le-Bas et de Niedermorschwihr. — *Ze Querenwege*, 1328 (urb. de Pairis). — *Am Querchenweg*, 1475 (reg. des domin. de Colmar).

R

Rabennest, c^{ne} de Colmar.
Rabourg, mont. c^{nes} de Rimbach-Zell et de Soultz. — *Im Rabbourg* (anc. cadastre).
Racheisen, c^{ne} de Flaxlanden.
Racinée (Sur la), c^{ne} de Lutran.
Racines (Les), forêt, c^{ne} de Botans.
Radbrunnen, en français Puits à roues, puits dans la Hart, c^{ne} de Battenheim, près duquel se trouvent plusieurs tumulus.
Rädersdorf, c^{on} de Ferrette. — *Raiscort*, 1148 (Trouillat, *Monum.* I, 309). — *Rascort*, 1179 (*ibid.* 372). — *Ad curtem de Redirstorf*, 1234 (*ibid.* 536). — *In dem houe ze Redirstorf*, 1270 (*ibid.* II, 201). — *Retersdorf*, 1308 (*ibid.* III, 132). — *Redersdorf*, 1309 (Mone, *Zeitschrift*, IV, 372). — *Raderstorf*, 1317 (Trouillat, *Monum.* III, 259). — Paroisse du décanat de Leymenthal (Lib. marc.). — Dép. de la mairie de Wolschwiller.
Rädersheim, c^{on} de Soultz. — *In marcha Ratherishoim*, 774 (Als. dipl. I, 47). — *Rethereshem*, 1135 (Grandidier, *Hist. d'Als.* p. j, II, 294). — *Reteresheim*, xiie siècle, cit. an. 817 (Als. dipl. I, 66). — *Retirsheim*, 1271 (Trouillat, *Monum.* II, 215). — Paroisse du décanat de *citra colles Ottonis* (Lib. marc.). — Dép. de la seign. d'Isenheim.
Rädersmatt, ff^{es}, c^{ne} de Sultzeren. — *Riedersmatt* (tabl. des dist.).
Rages (Courtes- et Longues-), c^{nes} de Dorans et de Réchésy.
Ragie-au-Bailly, forêt, c^{ne} de Chèvremont.
Ragie-au-Curé, forêt, c^{ne} de Grosne.
Ragie-au-Maire, c^{ne} de Vellescot.
Ragie-au-Verrat, c^{ne} de Bourogne.
Ragie-Chamberly, forêt, c^{ne} de Brebotte.

Ragie-des-Chiens, ruiss. c^{ne} de Chavanatte.
Ragie-Oure (La), c^{ne} de Chèvremont.
Ragie-Quillovrai, cantons des territ. de Botans et de Bourogne. — *Les Ragiers Queuloverais* (ancien cadastre).
Raichênes, forêts, c^{nes} de Bermont, Boron, Chavannes-les-Grands, Courcelles et Romagny (c^{on} de Dannemarie). — *Es rays chaînes*, 1580 (terr. de Saint-Ulrich). — *Au reychêne* (anc. cadastre).
Raifold, forêt, c^{ne} de Fêche-l'Église. — *Le Reifolle* (anc. cadastre).
Rain, c^{nes} de Bergheim, Eschbach, Feldbach, Moos, Neuwiller, Rantzwiller et Ruelisheim.
Rain (Le), ff^{es}, c^{ne} d'Orbey. — *Sur le Rain* (Cassini).
Rainacker, c^{ne} de Ranspach-le-Haut.
Rainboden, c^{ne} de Felleringen.
Raincorne, f. c^{ne} de Saint-Hippolyte. — *Reinkorn* (tabl. des dist.).
Rain-de-l'Autel, f. c^{ne} de la Poutroye. — *Rain de l'Hautel* (Dépôt de la guerre).
Rain-de-l'Église, h. c^{ne} de la Baroche.
Rain-de-l'Horloge, montagne, c^{ne} de Sainte-Marie-aux-Mines.
Rain-de-Saint-Blaise, ff^{es}, c^{ne} de Sainte-Marie-aux-Mines.
Rain-des-Brulattes, c^{ne} de Lièpvre.
Rain-des-Chênes, mont. c^{ne} d'Orbey.
Rain-des-Fourches, canton du territ. du Bonhomme.
Rain-des-Verrières, c^{ne} de l'Allemand-Rombach.
Rain-du-Houff, c^{ne} de Sainte-Croix-aux-Mines.
Rainfeld, c^{ne} de Gildwiller.
Raingott ou Reingott, ff^{es}, c^{ne} d'Oderen.
Rainhag, c^{ne} de Sternenberg.
Rainmatte, c^{nes} de Hundsbach, Ligsdorf et Mörnach.

RAINWEG, anc. chemin qui suivait la berge du rideau de la Hart.
RALAINE (LA), f. c^ne de Sainte-Croix-aux-Mines.
RAMMELSTEIN, rocher entre Ribeauvillé et Sainte-Croix-aux-Mines, au-dessus de Thannenkirch. — *Reinnolzstein*, 1320 (Weisthümer, I, 666). — *Reinolzstein... Reinnolzstein... Rimmoltstein*, 1551 (rôles de Bergheim). — *Remoltzstein*, 1717 (rôle de Sigolsheim).
RAMMELSTEIN, rocher, c^ne de Rouffach. — *Am Rampolstein... Rampelstein im Farberg*, 1543 (rôle de Rouffach).
RAMMERSMATT, c^on de Thann. — *In Ramprechtes matten*, 1323 (Trouillat, *Monum.* III, 315). — *Rammersmat*, 1361 (Als. dipl. II, 239). — *Ramsmatt*, 1576 (Speckel). — *Rammerstadt*, 1766 (Kleine Thanner Chron. 12). — Paroisse du décanat du Sundgau (Lib. marc.). — Dépendait de la juridiction de la ville de Thann. — Cour colongère dont les appels étaient portés à Spechbach-le-Haut.
RAMPFWALD, c^ne de Sondernach.
RAMSTEINMATTEN, c^on de Tagolsheim.
RAN (DOZ LE), c^ne de Menoncourt, 1655 (cens. du chap. de Belfort).
RANCK, c^nes de Balschwiller, *am Rannckh*, 1629 (rôle de Balschwiller); — de Bergheim, *vff die Rencke*, 1441 (urb. de Ribeaupierre); — de Geispitzen, de Gueberschwihr, etc.
RÄNCKLIN, c^nes de Jettingen et de Mittelmuespach.
RANCKMATTEN, c^nes de Geishausen et d'Illzach.
RAND (AM), c^ne de Tagsdorf.
RANG (SUR LE), c^nes de Bavilliers, de Charmois et de Magny.
RANGEN, vign. renommé à Thann et à Vieux-Thann. — *In monte am Rangen*, 1342 (reg. S. Amar.). — *Rangenberg*, 1541 (Kleine Thanner Chron. 36). — *Am Rangen.. am nideren... am oberen Rangen*, 1581 (urb. de Thann).
RANGENBERG, coll. c^ne de Dietwiller.
RANGGRABEN, c^ne de Buschwiller.
RANGIERS (LES), f. c^ne de Courcelles. — *Métairie de Heranger* (anc. cadastre). — *Les Régiers* (Dépôt de la guerre). — *La ferme des Régies* (tabl. des dist.).
RANGIGOUTTE, ruiss. c^ne de Sainte-Croix-aux-Mines.
RANSPACH, c^on de Saint-Amarin. — *Ranspach*, 1394 (cart. de Murbach). — *Ranspach*, 1477 (reg. S. Amar.). — *Raunspach*, 1576 (Speckel). — *Ramsbach* (Engelhardt, *Wand. Vog.* 24). — Dép. du baill. de Saint-Amarin. — Cour colongère.
RANSPACH ou HOHRAINRUNTZ, ruiss. c^ne de Ranspach.
RANSPACH-LE-BAS, en allemand NIEDERRANSPACH, c^on d'Huningue. — *Ramengas*, x^e s^e (Grandidier, *Hist. d'Als.* p. j, 79). — *Ranspach*, 1103 (Trouillat, *Monum.* I, 216). — *Ramispach*, 1133 (Als. ill. IV, 141). — *Ramspach*, 1152 (Als. dipl. I, 236). — *Rudolphus de Ramspach*, 1213 (Trouillat, *Monum.* I, 466). — *Plebanum in Ramspach*, 1286 (ibid. II, 435). — *Ze Nidern Ramspach*, 1303 (ibid. III, 58). — *Inferioris Ramspach*, 1307 (ibid. III, 115): — Paroisse du décanat d'*inter colles* (Lib. marc.). — Dép. de la prév. de Michelbach-le-Haut.

Le ruisseau de Ranspach se joint à celui de Michelbach à Michelbach-le-Haut, où les deux réunis prennent le nom d'Altebach.

RANSPACH-LE-HAUT, en allemand OBERRANSPACH, c^on d'Huningue. — *Ze obern Ramspach*, 1303 (Trouillat, *Monum.* III, 58). — *Superioris Ramspach*, 1307 (ibid. 115). — Dép. de la prévôté de Michelbach-le-Haut.
RANTZACKER, c^ne de Jettingen. — *Vff den Rantzacker*, 1540 (terr. de Saint-Alban).
RANTZGASSEN, c^ne de Helfrantzkirch, 1535 (terr. de Saint-Alban).
RANTZWILLER, c^ne de Landser. — *Rantheswilre*, 1090 (Trouillat, *Monum.* II, 7). — *Randoltzwilr*, 1303 (ibid. III, 57). — *Randoltzwilre*, 1307 (ibid. 115). — *Randolczwilr*, 1495 (reg. de Saint-Alban). — Paroisse du décanat d'*inter colles* (Lib. marc.). — Dépendait de la prévôté de Landser.
RAPINE (LA), ruiss. c^nes de la Chapelle-sous-Rougemont et d'Angeot, affluent de l'Aine. — *La Rapaine*, 1776 (liasse des baux emphyt. du fonds Mazarin).
RAPPENBÜHL, canton du territ. d'Orbey. — *Am Rappen bühel*, 1441 (urb. de Ribeaupierre).
RAPPENECK, c^ne de Kembs, 1495 (reg. de Saint-Alban).
RAPPENFLÜHE, canton du territ. de Rouffach. — *In Rappenfluch*, 1489 (urb. de Marbach).
RAPPENGARTEN, canton du territ. de Hartmannswiller. — *Rappengart*, 1453 (cart. de Murbach).
RAPPENKOPF, f. c^ne de Sultzeren.
RAPPENSCHNABEL, canton du territ. de Hausgauen.
RAPPENSTEIN, rochers, c^ne de Munster (Braesch, 29).
RAPPENTANZ, cantons des territ. de Berentzwiller, Colmar, Ribeauvillé et Roderen.
RAPPENTHAL, c^nes de Wintzenheim et de Wettolsheim. — *Rappental*, 1490 (urb. de Marbach).
RAPPOLTSTEIN, anc. chât. — Voy. RIBEAUPIERRE.
RAPPOLTSWEILER, c^ne. — Voy. RIBEAUVILLÉ.
RAPPSTRENG, c^ne de Spechbach-le-Bas.
RAST, canton des territ. de Bitschwiller et de Massevaux. — *Inn ein grundt so man nennt den Rasst*, 1550 (urb. de Saint-Amarin).
RÄSTEL et RÄSTELWALD, c^ne de Köstlach.
RÂTEAU (LE), c^nes de Meroux et de Vézelois.

RATFELD, canton du territ. d'Ensisheim. — *Im Rad-Veldt*, 1616 (Merck. *Hist. d'Ensish.* II, 125).
RATIVAUX, canton des territ. de Bavilliers et de Banvillars. — *En Raythiualx*, xv° s° (urb. de Froide-Fontaine).— *In Ratievaulx*, 1603... *In Rotievaulx*, 1629 (cens. du chap. de Belfort).
RATTE (LA), canton du territ. de Roppe.
RATTE (LA), ruiss. c^{nes} de Saint-Dizier et de Lebetain.
RATTENACKER, c^{ne} de Luemschwiller.
RATTENWEYER, c^{ne} de Spechbach-le-Bas.
RÄUBERTWEG, chemin, c^{ne} de Hegenheim.
RAUCHACKER et RAUCHALLMEND, c^{ne} de Burnhaupt-le-Haut.
RAUCHSTEIN, c^{ne} de Leimbach.
RAUENBÜHL, c^{ne} de Ribeauvillé. — *In Ruhenbüel*, 1328 (urb. de Pairis). — *Ruhenbühl*, 1475 (reg. des domin. de Colmar).
RAUENHUBEL, canton du territ. d'Huningue.
RAUENTHAL ou VAL-DE-PHAUNOUX, h. c^{ne} de Sainte-Marie-aux-Mines. — *Phénoux* (Dépôt de la guerre). — *Goutte du Faunoux* (carte hydrogr.).
RAUHENTHAL, vall. c^{ne} de Guebwiller. — *Ruwenthal*... *Rohendal acker*, 1394 (cart. de Murbach).
RAURACI, ancien peuple cité par César (*Comment.* lib. I, cap. v). — Il a dû habiter entre les Sequani et les Helvetii, ou, en Alsace, l'ancien comté de Ferrette et le Leymenthal.
RAUSS, ruiss. c^{ne} de Berentzwiller. — *Vff Rauszmatten*, 1421 (rôles de Saint-Morand).
RAUSS (IM), c^{ne} de Leymen.
RAVANE (LA), f. c^{ne} de Sainte-Croix-aux-Mines.
REBACKERKOPF, c^{nes} de Tagolsheim et de Walheim. — *Rebackerkopf*, 1552 (rôles de Saint-Morand, n° 10).
REBBERG, noms de collines à Altkirch, Bendorf, Burbach-le-Bas, Dornach, Guewenheim, Hegenheim, Hohroth; Mulhouse, *Raebberg*, xvii° siècle (Mülh. Gesch. 181); Sultzeren et Wittersdorf.
REBEN, c^{nes} de Bettlach, Biederthal, Bouxwiller, Dürmenach, Fislis, Lutter, Niedermuespach, Oberlag, Oltingen, Waldighofen, Winckel, etc.
REBGARTEN, c^{nes} de Blotzheim, Helfrantzkirch, Hundsbach, Leymen, Ranspach-le-Haut et Zimmersheim.
RECARPERATTE (LA), ruiss. c^{nes} de Chavanatte et de Chavannes-les-Grands. — *La Carperat* (anc. cadastre).
RECH, canton du territ. de Lucelle. — *In dem Reche*, 1367 (regist. Lucell.).
RECH (AUF DEM), canton du territ. de Hochstatt.
RECH (IM), c^{ne} de Magstatt-le-Bas. — *Dass Räch*... *jm Rächboden* (terr. de Magstatt).
RECHELOT, c^{ne} de Vézelois.
RECHEPERCK, mont. et f. — Voy. REISBERG.
RECHEN (AM), canton du territ. de Fröningen.

RÉCHÉSY, en allemand RÖSCHLACH ou RÖSCHLI, c^{on} de Delle. — *Humbertus, miles, de Raschesi*... *Ego vero decanus et plebanus de Raschesi*, 1291 (Trouillat, *Monum.* II, 492). — *Dom. Petri de Reschesye, decani Elsgaudie*, 1299 (*ibid.* 675). — *Ecclesie in Rösschelis*, 1299 (*ibid.* 731). — *Rector in Röschelins*, 1441 (Vautrey, *Lib. marc.* 33). — Paroisse du décanat de l'Ajoye (Lib. marc.). — Mairie du domaine de Delle. — Ancien château.
RECHOT, c^{ne} de Vézelois.
RECHOTTE, c^{on} de Belfort. — *Rechiote*... *Rechiottes*, 1347 (urb. de Froide-Fontaine). — Dépendait de la mairie de Novillard.
RECHTENBACH, c^{nes} de Weegscheid et de Mitzach. — *Im Rechtembach*, 1567 (terr. de Massevaux). — *Berg genant Rechterbachkopff*, 1550 (urb. de St-Amarin).
RECKENACKER, c^{nes} de Bisel et de Roderen (c^{on} de Thann).
RECKENMATTEN, c^{ne} de Reiningen.
RECKHOLDER, c^{nes} de Dietwiller, de Jettingen, de Magstatt-le-Bas et de Magstatt-le-Haut, *dass rekholder*, 1565 (urb. de Landser); de Mulhouse, *jm Reckholter*, 1562 (reg. des préb. de Mulh.); de Ranspach-le-Haut, *ze den Recholder*, 1421 (rôles de Saint-Morand); et de Waltenheim.
RECKHOLDER, cantons des territ. d'Eguisheim, — *in reggoltern*, 1433 (urb. de Marbach), et de Mittelwihr.
RECKHOLDERACKER, c^{ne} de Sternenberg.
RECKHOLDERBERG, coll. c^{nes} de Brunstatt et Didenheim.
RECKHOLDERBOCK, c^{ne} de Geiswasser.
RECKHOLDERFELD, c^{ne} de Hombourg.
RECKHOLDERHAG, c^{ne} d'Illzach.
RECKHOLDERSTREIN, c^{ne} de Spechbach-le-Haut.
RECKWILLER, vill. détruit, près des Capucins, c^{ne} de Blotzheim. — *Zu Rockhwiler*, 1565 (reg. des préb. de Mulhouse). — *Reckwiller* (anc. cadastre).
RECOURBEAU (AU), c^{ne} de Bavilliers. — *En Recourbel*, xv° siècle... *Recorbey*, 1468 (urb. de Froide-Fontaine).
RECOUVRANCE, c^{on} de Delle. — *Recouvrantia*, 1105 (Als. dipl. I, 186). — *Recourance*, 1390 (urb. de Froide-Fontaine). — Dép. de la mairie de Grosne.
REDELSPERG, canton du territ. de Roppentzwiller.
REDLEN, f. c^{ne} de Murbach. — *Redel* (Cassini).
REDLESHALLEN, c^{ne} de Köstlach.
REFLINGER-HOF, fief tenu par les nobles de Refelingen, c^{nes} de Mittelwihr et Beblenheim. — *M. D^{ni} Joannis de Röfflingen militis*, 1394 (necrol. Pairis). — *Engelharten von Refelingen*, 1416 (Als. dipl. II, 323). — *Refflinger schloesslin*... *Refflinger-Hoff*, 1324 et suiv. (inv. des arch. dép. E. p. 8). — *Der von Rofflingen dinkhoff gein Zellenberg* (Stoffel, *Weisth.* 238). — *Item der gut von Refelingen*, 1404 (*ibid.* 146).

Regelschaft, canton du territ. de Reguisheim.
Regelsperg, c^ne de Hagenbach.
Regelswasen, anc. f. c^ne de Sondernach (Cassini).
Reggenhausen, village détruit, près de Ribeauvillé. — *In Rechenhusen*, 770 (Als. dipl. I, 104). — *In Rechenhusen curtim dominicam cum salica terra... et capella ipsius loci*, 814 (Grandidier, *Église de Strasbourg*, p. j, II, 157). — *Plebanus de Rechinhusin*, 1302 (Annales de Colmar, 186). — *Am Reckenhusen weg*, 1475 (reg. des domin. de Colmar). — Au xve siècle, paroisse du décanat d'*ultra colles Ottonis* (Lib. marc.).
Réguiseur, forêt, c^ne de l'Allemand-Rombach.
Reguisheim, c^on d'Ensisheim. — *In banno Regenesheim*, 817 (Als. dipl. I, 66). — *Regeneshen*, 1004 (Grandidier, *Hist. d'Alsace*, p. j, I, 199). — *Hesso de Regensheim*, 1196 (Als. dipl. I, 305). — *Rodolfo et Johanne de Regensheim*, 1266 (Trouillat, *Monum.* II, 167). — *Jacobus de Reginshein*, 1271 (ibid. 215). — *Rexheim*, 1576 (Speckel). — *Regessheim*, xviie siècle (Mülhauser Gesch. 20). — *Rexenheimb*, 1723 (Mossmann, *Chron. Gueb.* 177). — Paroisse du décanat de *citra colles Ottonis* (Lib. marc.). — Cour colongère. — *Unn dez Thinghofs ze Regensheim*, 1303 (Trouillat, *Monum.* III, 69). — Dép. du baill. de Bollwiller.
Rehbach, anc. ermitage, c^ne de Kaysersberg. — *Hermitage de Rhebach* (Cassini). — *Reichbach* (anc. cad.). — *Rechbach* (Dépôt de la guerre).
Reuberg, c^ne de Sainte-Marie-aux-Mines.
Rehhag, cantons des territ. de Hindlingen, — *zu Rechag*, 1548 (urb. de l'hôp. de Mulhouse); de Burnhaupt-le-Haut et de Hochstatt.
Rehlingen, canton du territ. de Gildwiller. — *Reehlingen feld* (anc. cadastre).
Rehthal, c^ne d'Orschwihr. — *Im Reherthal*, 1453 (cart. de Murbach).
Rehwand, mont. c^ne de Krüth.
Reichbachsäge, scierie, c^ne de Ligsdorf. — *Reinbachsäge* (carte hydrog.).
Reichenberg, ancien château près de Bergheim. — *Philippo de Rychenberc*, 1236 (Als. dipl. I, 378). — *Comitissa de Richinberc*, 1281 (Annales de Colmar, 96). — *Walther von Richenberg*, 1291 (Als. dipl. II, 46). — *In castro Richemberg*, 1314 (ibid. 110). — *Den alten thurn zu Richenberg*, 1404 (ibid. 312). — *Zw. der graffen von Reichenberg*, 1551, cit. ann. 1307 (rôles de Bergheim).
Reichenberg, mont. c^ne de Weegscheid.
Reichenstein, ancien château près de Riquewihr. — *Castrum Richenstein*, 1269 (Annales de Colmar, 30). — *Nicolaus de Richenstein*, 1278-1493 (reg. d'Unterlinden). — *Claus zorn von Bulach genannt von Richenstein*, 1425 (Als. dipl. II, 339). — *Reichenstein*, xviiie siècle (Kriegs Theatr. carte).
Reicugarten, forêt, c^ne de Leimbach.
Reignière (La), c^nes de Bavilliers et de Foussemagne.
Reinboldshürst, c^ne de Heidwiller, 1421 (rôles de Saint-Morand).
Reinboldsziehl, c^ne de Carspach. — *Reymboltzyl*, 1420 (Stoffel, *Weisth.* 36). — *Reboltzille*, 1421 (rôles de Saint-Morand).
Reineck, ancien château près de Leymen, détruit en 1515 et employé à la restauration de la citadelle de Landskron, près de laquelle il a dû être situé (Als. ill. IV, 83).
Reinevière (La), c^ne d'Étueffont-Bas.
Reingott, ff^s. — Voy. Raingott.
Reinhardsboden, c^ne de Reininger, 1577 (rôle de Deckwiller).
Reinhardsloch, c^ne de Breitenbach, 1407 (-éens. de la camerene de Munster).
Reinhardstein, rocher, c^ne de Sainte-Marie-aux-Mines. — *Zwüschent dem Bockestein und Kemhartzsteyn*, 1399 (Als. dipl. II, 303). — (Kem. incorrect pour *Remh.*). — *Reynhartzsteyn*, 1441 (urb. de Ribeaup.).
Reinhardswald, c^ne de Niedermorschwiller, 1537 (rôle de cette commune).
Reiningen, c^on Nord de Mulhouse, primitivement du c^on de Lutterbach. — *Reiningen*, cit. ann. 837 (Als. dipl. I, 107). — *Reinnungen*, xiie siècle (ibid. 478). — *Jacob de Reiningen*, 1304 (Trouillat, *Monum.* III, 81). — *Reiningen*, 1305 (Mone, *Zeitschrift*, VII, 174). — *Reningen*, 1576 (Speckel). — Paroisse du décanat du Sundgau (alm. d'Als. de 1783). — Formait une mairie du baill. de Thann, dont dépendait Hausen. — *Daz ampt Reinigin*, 1394 (urb. des pays d'Autr.). — Cour colongère (*Alsatia* de 1854-1855, p. 32 et 46).
Reiningerstrass, nom que porte à Aspach-le-Bas, à Fröningen et à Illfurth une ancienne voie allant de la première de ces communes à la dernière, par Reiningen. A Hochstatt on l'appelle *Altestrass*, et à partir d'Illfurth *Altkircherweg*. — *Die Strass* (Dépôt de la guerre).
Reinkopf, mont. c^nes de Metzeral et de Wildenstein. — *Der Rauhe vnnd Schnëeschmeltzin nach, vff ein berg haist der Reukopff... Rewkopff, da sannt amerin herrschafft, Lothringen vnnd Munster zusammen stossen*, 1550 (urb. de Saint-Amarin). — *Den kahlen Rinkopf* (Engelhardt, *Wand. Vog.* 14).
Reisberg, Riesberg ou Recheperck, mont. et f. c^ne du Bonhomme.
Rembel, c^ne de Zimmersheim.

Rembelsgasse, canton du territ. de Wentzwiller.
Rembois, c^{ne} de la Poutroye.
Remelsperg, mont. c^{ne} de Zellenberg. — *Reinboltzperge... im Reymelssberge*, 1441 (urb. de Ribeaupierre). — *Im Rymelsperg... in dem niedern römelsperg... in niederen rumerssberg*, 1475 (reg. des domin. de Colmar). — *Am oberen Reinboltzberg... ahm oberen Remmelsperg... in nidern Rymmelsperg... uf den mittel rümmelsperg*, 1568 (rôle de Zellenberg). — *Rumelsperg* (ancien cadastre).
Remoirel, étang, c^{ne} de Sermamagny.
Remomont, f. c^{ne} d'Orbey. — *Rumimunt*, 1184 (Als. dipl. I, 281). — *Prædium Rumimunt*, 1209 (*ibid.* 319). — *Ramimund*, 1318 (*ibid.* II, 121).
Remspach, h. c^{ne} de Linthal. — *La Remsmatte* (tabl. des dist.).
Renaudé (Étang), c^{ne} de Leval. — *Ein weyher genandt Rinaldes*, 1628 (inv. de la seign. de Rougemont).
Renauroche, anc. f. c^{ne} du Bonhomme.
Renchel, c^{ne} de Vieux-Thann.
Renckel, c^{ne} de Kientzheim.
Rengelsprung, mieux Rendelsbrunn, canton du territ. de Ribeauvillé. — *Jn Remmental*, 1308 (abb. de Pairis, C. 4, C. 24). — *In remtal*, 1328 (urb. de Pairis). — *Rengesbruonnen*, 1278-1493 (reg. d'Unterlinden). — *Zu Regelsburnen*, 1475 (reg. des domin. de Colmar). — *Rengelsbrunnen* (anc. cadastre).
Rennbach, h. c^{ne} de Geishausen. — *Rheinbach* (Cassini).
Rennenberg, coll. c^{nes} de Brunstatt, de Niedermorschwiller et de Valdieu.
Renner (Im), canton du territ. de Sigolsheim.
Renngraben, ruiss. c^{nes} de Rouffach et de Gundolsheim. — *Neben dem rengraben... renendengraben... rynendengraben*, 1489 (urb. de Marbach). — *Uff den Rinnenden graben*, 1531 (rôle de Gundolsheim). — *Rhenngraben*, 1543 (rôle de Rouffach). — *Rinngraben* (carte hydrogr.).
Rennlisberg, c^{ne} de Kappelen.
Rennschmitt, usine, c^{ne} d'Oberbruck.
Rennweg, chemin, c^{ne} de Bergheim.
Rennweg, ancien chemin, c^{ne} de Herlisheim. — *Uff den finstern renweg*, 1490 (urb. de Marbach).
Rennweg, nom que l'on donne à Rixheim, Zimmersheim, Habsheim et Ottmarsheim à un ancien chemin allant de Brunstatt à Ottmarsheim par les hauteurs, entre Rixheim et Zimmersheim. — *Ahm Rennweeg*, 1630 (cens. d'Ottmarsheim).
Rennweg, ancien chemin, c^{nes} de Rouffach et de Munwiller. — *Am renweg*, 1489 (urb. de Marbach).
Rennweg, c^{ne} de Wuenheim. — *Nebent dem renweg*, 1290 (reg. de Saint-Léonard).

Rentzbrunn et Rendtsperg, c^{nes} de Moosch et de Storckensohn, 1550 (urb. de Saint-Amarin).
Rentzengruben, c^{ne} d'Aspach-le-Haut.
Rentzenholtz (Am), c^{ne} de Traubach-le-Bas, 1460 (rôles de Saint-Morand).
Rèpe (La), c^{ne} de Châtenois.
Rèpes (Aux), c^{ne} de Vourvenans.
Repeu, c^{nes} d'Argiésans et de Châtenois.
Reppe, en allemand Rispach, c^{on} de Fontaine. — *Rinspach*, 1331 (Trouillat, *Monum.* III, 411). — *Rispach*, 1460 (rôles de Saint-Morand). — *Rispa*, 1576 (Speckel). — *Reichspach*, 1579 (rôle de Guewenheim). — *Ripa*, 1644 (Merian. *Top. Als.* carte). — Formait une mairie de la seigneurie de Thann. — Le *ru de Reppe* ou *Rispach* est un ruisseau (*ibid.*).
Reppe (La), c^{ne} de Bavilliers. — *En la Respe*, xve s^e (urb. de Froide-Fontaine).
Reppe (La), ruiss. c^{ne} de Delle. — *La Rèpe* (carte hydrogr.).
Reschen, c^{ne} de Katzenthal.
Reschenberg, c^{ne} de Dolleren, 1567 (terr. de Mass.).
Reschendühl, canton du territ. de Zillisheim.
Reselsberg, c^{ne} de Hirtzbach.
Résille, forêt, c^{nes} de Morvillars et de Mésiré.
Resillon (Le), c^{ne} de Lutran.
Resillonzug, c^{ne} de Dessenheim.
Ressenbach, ruiss. c^{ne} de Hundsbach.
Ressenette, c^{ne} d'Urcerey.
Ressinot, c^{ne} de Vourvenans.
Retzwillen, en français Rieveler, c^{on} de Dannemarie. — *Apud Ratierviller*, 1251 (urb. de Froide-Fontaine). — *A Ratieviller*, 1413 (*ibid.*). — *Retzwil*, 1576 (Speckel). — *Reczweiller*, 1578 (Stoffel, Weisth. 30). — Dép. de l'avouerie de Traubach.
Reuilles (Sous), c^{ne} de Vézelois.
Révales (Les), ff^{es}, c^{ne} d'Étueffont-Bas.
Réveratte (La), ruiss. c^{nes} de Brebotte, Sevenans et Trétudans.
Reverattes (Les), c^{nes} de Charmois et de Levoncourt. — *Raiverattes* (cad.).
Reverette (La), canton du territ. de Joncherey.
Reverotte (La), canton des territ. de la Chapelle-sous-Chaux, de Châtenois et de Moval. — *Raverotte* (cad.).
Reviernuntz, ruiss. c^{ne} d'Altenbach, affluent du Weisbach. — *Rehwier* (anc. cadastre). — *Brefierruntz* (carte hydrogr.).
Rexermühle, mⁱⁿ, c^{ne} de Reguisheim.
Reyeleue, canton. — Voy. Eyeleu.
Rhylach, c^{ne} d'Eguisheim. — *Reimlachenweg*, 1348 (abb. de Sainte-Croix).
Rheinbach, ruiss. c^{ne} de Friessen, affluent de la Largue.

RHEINFELDERHOF, f. c^ne de Ruestenhart. — *Grangiam Ringevelden*, 1228 (Necrol. Pairis). — *Curiam nostram Rinvelden, sitam in banno Balgova*, 1307 (Als. dipl. II, 86). — *Rheinfeld*, 1576 (Speckel). — *Rheinfelderhof* (Cassini). — Elle avait un ban particulier.

RHEINMÜHLE, m^in, c^ne d'Artzenheim.

RHEINSCHLUETH, c^be de Colmar.

RHEINSTRASS OU RHEINSTRÄSSLE, anc. voie romaine qui longeait la rive gauche du Rhin d'un bout à l'autre du département.

De Brisach à Kembs, elle présente une ligne droite que l'on peut encore suivre sur le terrain : un tronçon en est indiqué sur la carte du Dépôt de la guerre, depuis Heiteren jusqu'à Blodelsheim, à l'entrée de la forêt domaniale de la Hart. De ce point, elle va rejoindre la route impériale actuelle, à l'endroit où celle-ci fait un coude en sortant de Bantzenheim, vers le midi. Sur ce parcours elle est encore bien conservée dans l'intérieur de la forêt, tandis que dans les champs elle est à peine reconnaissable, assez cependant pour n'en pas perdre la trace en la suivant. De Bantzenheim à Hombourg, elle suit la route actuelle, en laissant le village d'Ottmarsheim à gauche, jusqu'à un autre coude que celle-ci fait avant d'entrer dans Hombourg. Elle quitte alors la route et se dirige, toujours en ligne droite, vers le pont du canal à Niffer, au delà duquel le tracé en est de nouveau indiqué sur la carte du Dépôt de la guerre. Ici encore elle est assez bien conservée dans les parties boisées qu'elle traverse, tandis que dans les champs elle est presque effacée. Ainsi il y a, des deux côtés du chemin de Petit-Landau à Habsheim, dans la Vorhart, des tronçons en bon état de conservation, qui ne laissent aucun doute sur la direction de la voie.

Il est à observer que le tracé indiqué par la carte du Dépôt de la guerre entre le pont de Niffer et Saint-Martin n'est pas la vraie ligne, comme on vient de le voir : cette partie est connue sous le nom d'*Altestrass* et doit être un ancien chemin, mais n'est pas la voie romaine.

Au nord de Brisach, elle passait par Biesheim et Kuenheim, d'où elle se dirigeait, par les bans de Baltzenheim, Artzenheim et Jebsheim, vers Grussenheim, où elle se confondait avec la voie qui est indiquée sous le nom de *Landstrass* dans ce Dictionnaire.

Elle porte les noms de *Rheinsträsel* à Baltzenheim (anc. cad.); — *Hohestrass*, à Kuenheim; — *Hohe Strauss*, 1400 (Mone, *Urgesch. Bad.*), à Grussenheim; — *Hohe Strasz*, 1376 (rôle de Grussenheim), à Artzenheim; — *Hochsträsel* (anc. cad.), à Volgelsheim; — *vff die hochenn Strassen*, 1543 (rôle de Volgelsheim), à Rumersheim et à Ottmarsheim; — enfin celui de *Römerweg*, à Heiteren.

RHEINSTRÄSSLE, nom d'un ancien chemin, c^nes de Mulhouse et de Riedisheim, aboutissant à l'Illzachersträssle. — *Am Reinenweg*, 1548 (urb. de l'hôp. de Mulhouse).

RHEINWALD, forêt, c^ne de Heiteren.

RHIN (LE), fleuve qui forme la limite orientale du département, auquel il a donné son nom.

RHÔME, ruiss. qui prend sa source à Auxelles-Haut et se jette dans la Savoureuse à Sermamagny, après avoir traversé Auxelles-Bas et Chaux.

RIBBERG, c^nes de Niedermorschwiller et de Rixheim. — *Am Riedperg*, 1537 (rôle de Niedermorschwiller).

RIBE (LA), ancien foulon à chanvre, c^ne de Dirlinsdorf.

RIBE (LA), usine, c^ne de Bettendorf.

RIBEAUGOUTTE, en allemand KLEIN-RAPPOLTSTEIN (Als. ill. IV, 288), h. c^ne de la Poutroye.

RIBEAUPIERRE, en allemand RAPPOLTSTEIN, latinisé RUPISPOLETA, ancien château sur une montagne au-dessus de Ribeauvillé. — *Rapoldestein*, 1084 (Trouillat, *Monum.* I, 204). — *Castrum Raboldstein*, 1111 (ibid. 234). — *Adelbertus nobilis homo... de Rapolstein*, 1146 (ibid. 294). — *Die jungherren von Alten Castele*, 1262 (ibid. II, 121). — *Jeu Ourris sires de Rabbapierre*, 1274 (Als. dipl. II, 6). — *Anselmum de Rabaldi Petra*, 1288 (Als. dipl. II, 40). — *Je Anseis de Rabapierre*, 1290 (ibid. 43). — *Anshelmo de Rapoltstein*, 1303 (Mone, *Zeitschrift*, IV, 285). — *Burg hohen Rapoltzsteine die man auch nennet Altenkasten*, 1341 (Als. dipl. II, 172). — *Castrum Rapoltzteyen superius in vulgari Altenkastel*, 1371 (Trouillat, *Monum.* IV, 303). — *Brune herre zu der hohen Rapoltzstein*, 1378 (Als. dipl. II, 276). — *Brun de Ribaupierre*, 1387 (ibid. 285). — *Prope Robustam petram*, 1397 (Trouillat, *Monum.* IV, 606). — *Sire de la haulte Ribautpierre*, 1399 (Als. dipl. II, 307). — *Der von Altenkastell*, 1441 (urb. de Ribeaupierre). — *Comté de Ribeaupierre*, 1712 (ordonn. d'Alsace, II, 499).

Chef-lieu d'une seigneurie relevant de l'évêché de Bâle et érigée en comté au XVIIe siècle. Lors du partage de la seigneurie entre les membres de la famille de Ribeaupierre, fait en 1298, le château de Haut-Ribeaupierre forma une seigneurie particulière, qui comprenait la ville basse de Ribeauvillé, Ellenwiller, Zellenberg, Riquewihr, Beblenheim, Mittelwihr, Bennwihr, Ostheim et Katzenwangen (Als. dipl. II, 69). — Les deux châteaux inférieurs, savoir : Grand-Ribeaupierre ou Saint-Ulrich et la

Roche ou Girsperg formèrent une seconde seigneurie et Hohenack la troisième. — Voy. Hohenack et Saint-Ulrich.

Plus tard la seigneurie entière se trouve divisée en huit bailliages, dont les chefs-lieux étaient Bergheim, Guémar, Heiteren, Orbey, Ribeauvillé, Sainte-Marie-aux-Mines, Wihr-au-Val et Zellenberg; enfin, après l'organisation de l'intendance d'Alsace, elle ne forma plus qu'un bailliage de la subdélégation de Colmar.

Ribeauvillé, en allemand Rappoltsweiler, chef-lieu de canton, arrondissement de Colmar. — *In Ratbaldo Vilare*, 768 (Als. dipl. I, 41).—*Ratpoldesuuilare*, 896 (*ibid.* 97). — *Uille Rapolswilr*, 1162 (Trouillat, *Monum.* I, 343). — *Rectori de Rapolzwilr*, 1284 (Mone, *Zeitschrift*, IV, 360). — *Rabaviler*, 1288, (Als. dipl. II, 40). — *Rappolzwilr*, 1278-1493 (reg. d'Unterlinden). — *Rapolzweyer oder Rapoltzweyler* (Merian, *Top. Als.* 32). — *Rabschwihr*, 1724 (Mossmann, *Chron. Gueb.* 118).
— La ville était divisée anciennement en quatre parties, savoir : la ville neuve, la vieille ville, la haute ville et la basse ville. — *Die Nuwe stat... die Alte stat*, 1298 (Als. dipl. II, 69). — *In der Oberstatt*, 1325 (*ibid.* 134). — *In der nidern Statt*, 1338 (*ibid.* 162). — Paroisse du décanat d'*ultra colles Ottonis* (Lib. marc.).

Chef-lieu d'un bailliage de la seigneurie de Ribeaupierre, dont faisait partie Thannenkirch.

Il y avait à Ribeauvillé : 1° un couvent d'augustins, fondé en 1297 (alm. d'Als. de 1783); 2° un hospice dont la chapelle sert aujourd'hui de halle aux blés (Straub, *Statist. monum. des cantons de Kaysersberg et de Ribeauvillé*, p. 27); 3° une léproserie (*Armen lutt Husz*).—*Guthleuthauss* (anc. cad.).

Ribelspach, ruiss. et f. c^{ne} de Wasserbourg. — *An der Ryppelspach... Rippelsbach*, 1441 (urb. de Ribeaupierre). — *Riepelspach* (tabl. des dist.).

Ribematten, c^{nes} de Burnhaupt-le-Bas, de Dirlinsdorf, de Saint-Ulrich et de Schwoben.

Ribenacker, c^{ne} d'Hirsingen.

Ribetschiberg, coll. à Stetten.

Ribois (Le), forêt à Eschêne, Novillard et Rechotte. — *Rubois*, 1569-1641 (inv. des arch. dép. C., 33).

Richardsacker, c^{ne} de Ligsdorf.

Richardsgarten, c^{ne} de Rixheim.

Richardshäuser, h. c^{ne} de Kembs.

Richbourg, canton du territ. de Kirchberg.

Richenwiller, canton du territ. d'Orschwihr, cit. ann. 1453. — *In orswilr bañ am richenwilr* (cart. de Murbach).

Richersperg, coll. à Balschwiller. — *Auf dem Richersperg*, 1629 (rôle de Balschwiller).

Richersthal, vall. à Bühl et à Guebwiller. —Anc. lieu habité. — *Hüsser die lagen in dem Richerstall*, 1162 Mossmann, *Chron. Gueb.* 399). — *Ze Richerstal da die Mûrbach jn die löche gat*, 1394... *Richertal*, 1453 (cart. de Murbach). — *Die in dem Richardsthal*, 1724 (Mossmann, *Chron. Gueb.* 7).

Richertsägerten, c^{ne} de Brunstatt.

Richerstuhl, rocher à Bühl.— *An dem Richter stuol*, 1453 (cart. de Murbach).

Richerstuhl, c^{ne} d'Eguisheim.—*Disenthalb des richtestûles inwendig des herweges zûhende vf den herlishein phad*, 1334 (abb. de Pairis, C. 4, C. 18).

Richwiller, c^{on} Nord de Mulhouse, primitivement du canton de Lutterbach. — *Reichwiller*, 1576 (Speckel). — Dép. du baill. de Brunstatt.

Rickelsperg, coll. à Thann. —*Am Rickhelsperg*, 1581 (urb. de Thann). — *Unden an dem Rickelspurg*, 1766 (Kl. Thann. Chron.). — *Rigelsburg* (cad.).

Rickerleberg, coll. à Eglingen et à Wolfersdorf.

Rickerlesperg, coll. à Burnhaupt-le-Haut.

Rideau de la Hart, en allem. Hartrain, ravin ou rive d'un ancien lit du Rhin, qui traverse la forêt de la Hart à partir de la chaussée de Kembs jusqu'à sa limite septentrionale et dont le parcours est indiqué en partie par la carte du Dépôt de la guerre. — *Von dem Hartreine vntzen in den Rhin*, 1340 (Trouillat, *Monum.* III, 511).

Riechtematten, c^{ne} de Geispitzen. — *Uff dt Riechtematten*, 1537 (terr. de Saint-Alban).

Ried, nom usité dans les environs de Colmar pour désigner une partie du canton d'Andolsheim, notamment les villages qui finissent en *wihr*, comme : Bischwihr, Fortschwihr, Holtzwihr, Riedwihr, Wihren-Plaine, Wickerswihr. — *Syfridtzwiller im Ryeth*, 1490 (urb. de Marbach).

Ried (Im), grande étendue de prés entre Colmar et Illhæusern. — *De quodam suo campo seu agro culto et inculto qui vulgariter apud eos dicitur Rit*, 1291 (Als. dipl. II, 47). — *Im Riedt*, 1724 (Mossmaun, *Chron. Gueb.* 104).

Riedgraben, ruiss. à Illhæusern (Dépôt de la guerre).

Riedingen, canton du territ. de Bréchaumont. — Les *Rietingerfeld* et les *Rietingermatten* sont cités dans l'anc. cadastre.

Riedisheim, c^{on} de Habsheim. — *Ruodeneskeim*, xe siècle (Grandidier, *Hist. d'Als.* p. j, II, 79). — *Ruodeshein*, 1278-1493 (reg. d'Unterlinden). — *Rüedissheim*, xviie siècle (Mülhauser Gesch. 168). — Paroisse du décanat d'*inter colles* (Lib. marc.). — Dép. du baill. de Brunstatt.

Il a dû exister un village du même nom entre Ensisheim, Hirtzfelden et la rivière d'Ill, à en juger d'après les citations suivantes, lesquelles ne peuvent pas s'appliquer à la commune actuelle de Riedisheim : *usque ad Rudinisheim; — deinde tenus flumen quod dicitur Hilla et sic per limitem usque Habnhunisheim*, 1004 et 1040 (Trouillat, *Monum*. I, 145 et 168). — La position assignée à ce village sur les confins de la Hart et sur les bords de l'Ill irait mieux à Ruelisheim : il faudrait alors lire *Rulichisheim* au lieu de *Rudinisheim*.

Riedweg, chemin à Habsheim et à Eschentzwiller. — *Rytweg*, 1545 (reg. des préb. de Mulhouse).

Riedweg, chemin, c^{ne} de Rixheim. — *An den Rütwege*, 1495 (reg. de Saint-Alban).

Riedweyer, c^{ne} de Steinbrunn-le-Haut. — *Am Riedwiger*, 1548 (urb. de l'hôp. de Mulhouse).

Riedwihr, c^{on} d'Andolsheim, primitivement du c^{on} de Horbourg. —*Rietwilr*, 1303 (Trouillat, *Monum*. III, 44). — *Rietwilr... Riethweyr*, 1456 (cens. de la cellenie de Munster). — *Rüettweyler*, 1609 (reg. des fiefs würtemb.). — *Riethweyer*, 1632 (Belagerung von Colmar, 29). — Paroisse du décanat de *citra colles Ottonis* (alm. d'Als. de 1783). — Fief. — Dépendait en dernier lieu du baill. d'Ensisheim et Sainte-Croix. — Cour colongère.

Rientzlisweg, chemin, c^{ne} de Fülleren.

Rierevescemont, c^{on} de Giromagny. — Cette commune se compose des quatre hameaux de Chantoiseau, Milandre, Brinveau et Louvière, qui ensemble sont appelés : *Derrière-Vescemont* ou *Rierevescemont*.

Riesberg, mont. et f. — Voy. Reisberg.

Riesenwald (Le), f. et ruiss. c^{ne} de Rimbach, c^{on} de Massevaux.

Riesmatt, f. c^{ne} de Sultzeren. — *Riestmatt* (Cassini).

Riespach, c^{on} d'Hirsingen. — *Rudenspach*, 1271 (Trouillat, *Monum*. II, 205). — *Rüdisbach*, 1361 (*ibid*. IV, 167). — *Rünspach*, xive s^e (Stoffel, *Weisth*. 3). — *Rüspach*, 1490 (rôles de St-Morand). — Paroisse du décanat du Sundgau (Lib. marc.). — Cour colongère, dont la marche s'étendait jusqu'au Senckelstein. — Anc. mairie du comté de Ferrette, réunie au xviie s^e à celle de Grentzingen. — *Das meygertum ze Runspach*, 1394 (urb. des pays d'Autr.).

Le ruisseau de Riespach prend sa source à Vieux-Ferrette et se jette dans l'Ill à Oberdorf.

Rieth (Cass.), anc. f. c^{ne} de Luttenbach.

Rieth, cantons des territ. de Bettendorf, Burnhaupt-le-Bas, Cernay et Steinbach, — *vor dem Riete*, 1271 (parchem. de Lucelle); — Dietwiller, Habsheim, Hegenheim, Landser; Niederhergheim, — *in deme riete*, 1312 (abb. de Sainte-Croix); *jn dem Ryetth*, 1490 (urb. de Marbach); — Obermorschwiller, Ranspach-le-Bas, Schwoben, Spechbach-le-Haut, Walbach (L.), Waldighofen et Zässingen.

Riethacken, c^{nes} d'Eglingen, Hausgauen, Jettingen et Sausheim. — *Am rietacher*, 1540 (terr. de Saint-Alban).

Riethbächle, ruiss. à Metzeral, affl. du Wolmsahbach.

Riethbrunnen, c^{ne} de Hagenbach.

Riethgraben, cantons des territ. de Dürmenach et de Magstatt-le-Haut.

Riethgraben, ruiss. à Heywiller, affluent de la Walbach (Dépôt de la guerre).

Riethjurthen, c^{ne} de Folgensbourg.

Riethklang, canton du territ. de Metzeral.

Riethmatten, c^{nes} de Berentzwiller, Hausgauen, Heidwiller, Hundsbach, Ranspach-le-Haut, Reiningen et Stetten.

Riethmisch, c^{ne} de Bettendorf.

Riethmühle, mⁱⁿ, c^{ne} d'Illhäusern.

Riethstreng, c^{nes} de Francken et de Schwoben.

Riethstück, c^{ne} de Ballersdorf.

Riethtschüppelen, c^{ne} de Dirlinsdorf.

Riethtschuppen, c^{ne} de Schweighausen.

Riethurst, c^{ne} de Jettingen.

Riethwald, c^{nes} de Hohroth et de Wasserbourg.

Rieveler, c^{ne}. — Voy. Retzwiller.

Riff (Le Grand- et le Petit-), canton du territ. de Levoncourt.

Riffenacker, c^{ne} de Guewenheim. — *Am Reüffackher*, 1569 (terr. de Massevaux).

Riffenhag, c^{ne} de Traubach-le-Bas.

Riffenlachen, c^{ne} de Mörnach. — *Zu Rifenlache*, 1317 (reg. Lucell.).

Riffenloch, c^{nes} de Bergheim et de Ribeauvillé. — *Jm Riffenloche*, 1441 (urb. de Ribeaupierre).

Riffenmättle, c^{nes} de Hochstatt et de Riedisheim.

Riffert, c^{ne} d'Eglingen. — *Ze ritfurt*, 1421 (rôles de Saint-Morand).

Rifferts, c^{ne} de Burbach-le-Bas.

Rigel (In dem), c^{nes} de Bennwihr et de Mittelwihr, 1328 (urb. de Pairis).

Rigelländer, c^{ne} de Tagolsheim. — *An dem Rigelandern*, 1421 (rôles de Saint-Morand). — *Riggellender*, 1597 (terr. de Tagolsheim).

Rigole d'alimentation du canal du Rhône au Rhin. — Elle a 14,275 mètres de longueur depuis Friessen jusqu'à Valdieu; dans ce parcours, elle traverse les territoires de Hindlingen, Strueth, Saint-Ulrich, Altenach, Manspach, Retzwiller et Lutran.

Rigole de Wiedensohlen. — Elle prend les eaux du canal Vauban à Neuf-Brisach et les déverse dans la Blind, à Jebsheim.

Rimbach, c^on de Guebwiller, primitivement du c^on de Soultz. — *An den Rintpach weg*, 1314 (Mossmann, *Chron. Gueb.* 408). — *Rintbach*, 1576 (Speckel). — Dép. du baill. d'Ollwiller.

Le ruisseau de Rimbach prend sa source au-dessus du village du même nom, traverse Rimbach-Zell, Jungholtz, Soultz, Rædersheim, et se réunit à la Lauch au-dessus de Rouffach. — *Ultra rivulum fluentem de Rinpach*, 1291 (Trouillat, *Monum.* II, 510).

Rimbach, c^on de Massevaux. — *Rimbach*, 1482 (Stoffel, *Weisth.* 85). — *Jn Rindtbach*, 1567 (terr. de Massevaux). — *Zu Reinpach, vnder der linden*, 1579... *Rimbach*, 1691 (rôle de Guewenheim). — *Rintpach*, 1576 (Speckel). — Dép. de la juridiction du plaid de Guewenheim et plus tard du baill. de Massevaux.

Le ruisseau de Rimbach afflue à la Dollern.

Rimbachkopf, mont. à Rimbach, c^on de Massevaux. — *Auf Rimpachkopff*, 1550 (urb. de St-Amarin).

Rimbach-Zell, c^on de Guebwiller, primitiv^t du c^on de Soultz. — *Cella sancti Petri*, 817 (Als. dipl. I, 66). — *Wider Zelle*, 1314 (Mossm. *Chron. Gueb.* 408). — *Wider Celle*, xve s^e (*ibid.* 416). — *Rint-Zell*, 1576 (Speckel). — Dép. du baill. de Soultz.

Rimdismatt, canton du territ. de Rimbach (Massevaux). — *Rindtpachsmatten*, 1567 (terr. de Massevaux).

Rimbrecht, c^ne de Murbach. — *An Reinbrechtz gewer*, 1394 (cart. de Murbach).

Rimeliswald, forêt, c^ne de Moos.

Rimelshürst, c^ne de Sentheim. — *Rimlingsshurst... Rümelins hurst*, 1568 (terr. de Massevaux).

Rimelsmatten, c^ne de Bernwiller. — *Rimelsen matten* (anc. cadastre).

Rimelstain, c^ne d'Urbès, 1550 (urb. de St-Amarin).

Rimlishof, f. c^ne de Bühl. — *Rimlishoff*, 1724, cit. an. 1542 (Mossmann, *Chron. Gueb.* p. 235). — *Remlenshoff* (Cassini).

Rimmel, c^ne de Katzenthal.

Rimpelswiller, vill. détruit, c^ne de Sentheim, près de la filature actuelle. — *Zu Reinboltzweyler... Reinmoltzwyler... Rimboltzweiller... Rimoltzweiler... Bey der nidern müle*, 1568 (terr. de Massevaux).

Rincken (In den), c^nes de Kientzheim et de Sigolsheim. — 1328 (urb. de Pairis).

Rinckenwinckel, c^on de Pfetterhausen.

Ring (Im), canton du territ. d'Eguisheim. — *In dem Ringe*, 1429 (urb. de Marbach).

Ring (Im), c^ne de Luemschwiller, 1548 (urb. de l'hôp. de Mulhouse).

Ringelbach, ruiss. à Sultzeren, affl. de la Petite-Fecht.

Ringelstein, anc. château sur un rocher isolé, près de Massevaux. — *Castrum Massmunster*, 1362 (Trouillat, *Monum.* IV, 188).

Ringelweg, chemin à Heimersdorf.

Ringelweg, chemin à Rixheim.

Ringenhäusle, canton du territ. de Carspach.

Ringenthal ou Rinckenthal, vallée à Zimmerbach. — *Im Rinkendal*, xive siècle (rôle de Zimmerbach). — *Im Ringkenthal*, 1452 (rôle de Wihr-au-Val).

Rinlisgraben (Der), ruisseau cité en 1413 (rôle de Balschwiller).

Rinstigel, c^ne de Housen. — *Vff den Rinck stigel*, 1490 (urb. de Marbach).

Rintweg, c^ne de Grussenheim, 1373 (rôle de Grussenheim).

Ripp, c^ne de Ligsdorf.

Ripperschmatten, c^nes de Ranspach, — *Rippersmatten*, 1550 (urb. de St-Amarin), — et de Seppois-le-Haut, 1681 (reg. Lucell.).

Ripperstein, c^ne de Moosch. — *Neben dem Ripperstain*, 1550 (urb. de St-Amarin).

Riquewihr, c^ne de Kaysersberg, prim^t ch.-l. de canton. — *Richenwilre*, xiie siècle (Als. dipl. I, 478). — *Dom. de Horburc villam Richenwiler muro circumdedit et munivit*, 1291 (Annales de Colmar, 148). — *German von Richenwilr*, 1303 (Als. dipl. II, 78). — *Richenwilre die Stat*, 1324 (ibid. 132). — *Vogteye zu Richenwire*, 1366 (ibid. 251). — *In Richwilr prope Robustam Petram*, 1397 (Trouillat, *Monum.* IV, 606). — *Reichenweyer oder Reichenweyler*, 1644 (Merian, *Top. Als.* 32). — *Riquevir*, 1710 (ordonn. d'Als. II, 480). — Paroisse du décanat d'*ultra colles Ottonis* (Lib. marc.).

Chef-lieu d'une seigneurie relevant du comté de Horbourg. — *Seigneurie de Richenwir*, 1680 (ord. d'Als. I, 124). — Hunawihr, Beblenheim, Mittelwihr, Ostheim et Aubure en dépendaient.

Rischberg, mont. entre Wasserbourg et Luttenbach. — *Jm Richolsperge... Richelsperge*, 1441 (urb. de Ribeaupierre).

Rishag, c^nes de Balschwiller et de Gildwiller.

Rispacu, c^ne. — Voy. Reppe.

Rispel, h. c^te de Mühlbach. — *Räspel* (tabl. des dist.).

Riss, c^ne de Schweighausen.

Rissbühl (Am), c^ne de Malmerspach, 1550 (urb. de St-Amarin).

Risser (Das), canton du territ. de Heywiller.

Risseren, c^ne de Roppentzwiller.

Ristthal ou Riesthal, cantons des territ. de Brunstatt, Riedisheim et Ribeauvillé. — *Jm Rützthall*, 1561 (reg. des préb. de Mulhouse).

Ristel, mont. entre Zimmersheim et Rixheim, sur laquelle il y a plusieurs puits et fours à plâtre. — *An dem rihtstůl*, 1290 (reg. de Saint-Léonard). — *Am Richtstuol*, 1563 (reg. des préb. de Mulhouse). —

Auf dem ristell, 1766 (livre terrier d'Eschentzwiller). — *Plâtrières* (Dépôt de la guerre).

Ristel, c^ie d'Ossenbach. — *Im Rychstäl*, 1489 (urb. de Marbach).

Ristel, c^ne de Wolschwiller. — *Vor dem Rüstal*, 1342 (reg. Lucell.).

Ristenbach, c^ne de Thann.

Ristenburn, canton du territ. d'Orbey, cité en 1441 (urb. de Ribeaupierre).

Ritel, f. c^ne de Wildenstein.

Ritt, c^nes de Feldbach, — *vf die Reüth... vf der Reiten*, 1616 (terr. de Feldbach), — Hausgauen, Köstlach, Liebsdorf, Moos, Oberlarg et Steinsultz.

Rittacker, c^nes de Bendorf, Rädersdorf et Roppentzwiller.

Ritten, c^ne d'Hirsingen.

Rittenen, cantons des territ. de Grentzingen et de Village-Neuf. — *An den langen rütten*, 1290 (reg. de Saint-Léonard).

Rittenweg, c^ne de Galfingen.

Ritterallmend, c^ne de Brinighofen.

Ritterpfad, c^ne d'Aspach-le-Haut et de Ribeauvillé.

Ritterweg, ancien chemin, c^ne d'Andolsheim.

Rittgraben, c^ne de Jettingen. — *Neben dem Rüttgraben*, 1540 (terr. de Saint-Alban).

Ritthaag, c^ne de Fröningen.

Rittiacker, c^ne de Fislis.

Rittiberg, coll. à Brinckheim.

Rittifeld, c^nes de Hagenthal-le-Haut et de Kiffis.

Rittimatt, f. c^ne de Wolschwiller. — *Grange Neuritte matt* (Cassini).

Rittireben, c^nes de Bettlach et de Liebentzwiller.

Rittispitz, c^ne d'Oltingen.

Rittiweg, c^ne d'Ottmarsheim.

Rittlen, c^nes d'Altenach, de Bendorf, — *zu ruttelin*, 1329 (reg. Lucell.), — et d'Oberlarg.

Rittloch, c^nes de Hunawihr et de Ribeauvillé. — *In dem Rüteloch*, 1328 (urb. de Pairis). — *Im Reytloch*, 1568 (rôle de Zellenberg).

Rittmatten, c^nes de Hochstatt et de Largitzen.

Rittmühle, m^in, c^ne de Steinsultz.

Rittschul, cantons des territ. d'Eschentzwiller, de Kingersheim et de Rixheim.

Ritty, c^nes de Blotzheim, Ligsdorf et Schlierbach.

Ritty (La), f. c^ne de Lymen.

Rittybach, ruiss. c^ne de Hagenthal-le-Haut.

Ritzberg, coll. c^ne d'Illfurth.

Ritzenthal, c^ne de Rouffach, derrière Wintzfelden. — *Ritzental*, 1489 (urb. de Marbach). — *Ritzenthal* (Cassini).

Ritzenwörth, c^nes d'Huningue et de Village-Neuf.

Rivière (La), canton de Fontaine. — *In Ryefier*, 1441 (Vautrey, *Lib. marc.* 26). — *Rifir*, 1576 (Speckel). — *Riuiere*, 1579 (rôle de Guewenheim). — *Rifir*, 1644 (Merian, carte). — Paroisse du décanat du Sundgau (*Lib. marc.*). — Dép. de la mairie d'Angeot.

Rixengasse, éc. c^nes de Mulhouse et de Riedisheim. — *An der Richsen Gassenn*, 1582 (reg. des préb. de Mulhouse).

Rixheim, c^on de Habsheim. — *Richenesheim*, 823 (Laguille, pr. 16). — *Richensheim*, 1194 (Trouillat, *Monum.* I, 433). — *Wernherus de Richensheim*, 1255 (Als. dipl. I, 415). — *In banno ville de Richenshein*, 1292 (Trouillat, *Monum.* II, 519). — *Richesheim*, 1333 (Mone, *Zeitschrift*, IV, 380). — *Richssheim*, 1580 (Wurstisen, *Basl. Chron.* 431). — *Richsen*, 1662 (Bern. Buechinger). — Paroisse du décanat d'*inter colles* (alm. d'Als. de 1783). — Prévôté du baill. inférieur de Landser. — Cimetière fortifié : *Cimiterium Richisheim prorsus delevit*, 1272 (Ann. de Colmar, 36). — Léproserie, *gegenn dem guottennhauss*, 1544 (reg. des pres. de Mulhouse).

Comm^ie de l'ordre Teutonique, à laquelle étaient réunies les maisons de l'ordre de Mulhouse et Bâle. — Au rég. du couvent de Saint-Légier à Rixheim, 1343 ('Trouillat, III, *reg.* 812). — *Zu Rixen... ein Johanniter Commendarey*, 1724, cit. ann. 1646 (Mossmann, *Chron. Gueb.* 291). — Voir «*Des hohen Teutschen-Ritter-Orders hochlöbl. Balley Elsas und Burgund Wappen-Calender*» ann. 1750.

Cour colongère. — *Der Dinkhoff ze Rychisheim*, 1532 (Burckhardt, 202.)

Röbel, c^ei de Mittelwihr. — *Im röbelin*, 1328 (urb. de Pairis).

Roberg, mont. c^ne de Dirlinsdorf.

Robinot, c^ne de Sainte-Marie-aux-Mines.

Robins grab, c^ne de Beblenheim, 1328 (urb. de Pairis).

Roc (Sur le), c^nes de Chèvremont et d'Urcerey.

Roche (La), nom du château fort au-dessus de Belfort. — *Sur la roche... rouche*, 1655 (cens. du chap. de Belfort).

Roche (La), f. c^ne du Bonhomme.

Roche des Fées (La), c^ne de Sainte-Marie-aux-Mines.

Roche-des-Violons (La), forêt, c^ne de Lièpvre.

Rochelle (La), f. c^ne de Fréland (Cassini).

Roches du Levrier (Les), mont. c^ne du Puix (c^on de Giromagny).

Rochette (La), f. c^ne de la Baroche.

Rochette (La), c^nes de Bermont et de Vourvenans.

Rochure, h. c^ne de la Baroche.

Rockenwald, c^ne de Felleringen, 1550 (urb. de Saint-Amarin).

Rockmatten, canton du territ. de Bendorf. — *In der Rochmatten*, 1329 (reg. Lucell.).

Rode, c^{nes} de Kientzheim, — *an dem rode*, 1328 (urb. de Pairis); de Riquewihr, — *ab dem rode*, xiv^e s^e (cens. de Riquewihr); de Soultz, — *in deme efftern rode*, 1296 (abb. de Pairis, C. 4, C. 18); de Werentzhausen, — *jm rod... roden*, 1460 (rôles de Saint-Morand).

Rodel, canton du territ. de Flaxlanden.

Rodelsperg, coll. c^{nes} de Kientzheim et de Sigolsheim. — *Radolzberge*, 1320 (Weisth. I, 665). — *In rötelsberge*, 1328 (urb. de Pairis). — *Im rottelsperg*, 1734 (rôles de Kientzheim).

Roderen, c^{on} de Ribeauvillé. — *Rodern*, 1305 (Mone, *Zeitschrift*, VII, 174). — *Bilgerinus plebanus in Rodern*, 1370 (Dorlan, *Not. hist. sur l'Als.* 203). — *Rodderen*, xve siècle (statuts de la confrérie du Rosaire). — Paroisse du décanat d'*ultra colles Ottonis* (Lib. marc.). — Roderen dépendait du baill. de Bergheim.

Roderen, c^{on} de Thann. — *Ecclesia de Hohenroderen*, xiie siècle (Als. dipl. I, 478). — *Rector ecclesie parochialis in Hoenrode*, 1343 (Trouillat, *Monum.* III, 313). — *Horatern*, 1644 (Merian, *Topogr. Als.* carte). — *Rothern*, 1672 (Kleine Thanner Chron. 53). — Paroisse du décanat de Massevaux (Alm. d'Als. de 1783). — Cour colongère. Chef-lieu d'une mairie de la seigneurie de Thann, dont dépendaient Leimbach, Otzenwiller et Rammersmatt. — *Hohenroderen den Hof und das Meyertume*, 1359 (Als. dipl. II, 236). — *Das Gericht ze Hohenrodern, darzu gehorent die Dörffer... Rammersmatt, Otzenwilr u. Leimbach*, 1361 (ibid. 239). — En cette même année 1361, cette mairie fut réunie à la juridiction de la ville de Thann, dont ses habitants devinrent bourgeois.

Roderen, canton du territ. de Blotzheim. — *An das rodern*, 1568 (urb. de Landser). — *In der Oderen* (anc. cadastre). — Un chemin conduisant dans ce canton s'appelle *Roderenweg* à Hesingen, et sur l'anc. cadastre, *Roderweg*. — Voy. Rothmishof.

Roderen, c^{nes} de Lutterbach, Sainte-Croix-en-Plaine et Uffheim. — *In der Roder*, 1548 (reg. des préb. de Mulhouse). — *An den Roderen*, 1312 (abb. de Sainte-Croix). — *Zm Roderen*, 1533 (terr. de Saint-Alban).

Rödlen, c^{nes} de Bitschwiller, Hüsseren (c^{on} de Wintzenheim), Illzach, Reiningen et Sainte-Croix-en-Plaine. — *Im Rödlin*, 1550 (urb. de St-Amarin). — *Daz rödlin... rodelin*, 1488 (urb. de Marbach). — *Ime Redelin*, 1484 (abb. de Sainte-Croix).

Rödlesruntz, canton du territ. de Sondernach.

Rogernenkopf, île du Rhin, c^{re} d'Ottmarsheim.

Roggenbach, ancien château à Niedermorschwiller, démoli lors de la Révolution et dont l'emplacement a gardé le nom. — *Johaña võ Roggẽbach*, 1580, cit. ann. 1480 (Wurstisen, *Basl. Chron.* 463).

Roggenberg, coll. c^{ne} de Michelbach-le-Bas.

Roggenberg, mont. entre Altkirch et Hirsingen.

Roggenhausen, c^{on} d'Ensisheim. — *Daz torf ze Roggenhusen*, 1303 (Trouillat, *Monum.* III, 45). — *Rokenhusen*, xive siècle (Mone, *Zeitschrift*, XIV, 7). — *Rockhenhausen*, 1609 (reg. des fiefs würtembergeois). — Paroisse du décanat de *citra Rhenum* (Lib. marc.). — Dépendait du baill. inférieur de Landser.

Rohnen, ruiss. c^{ne} de Niederbruck. — *Rauna... vss der Rona... jm Ruena... Ronenbach*, 1568 (terr. de Massevaux).

Rohr, c^{nes} de Jettingen et de Zässingen. — *Zû Ror*, 1540 (terr. de Saint-Alban).

Rohr (Au), c^{ne} de Courtavon.

Rohrach, canton du territ. de Colmar. — *Zwischent Jlle und Rorich... zwisch. Rorach vñ Yll*, 1475 (reg. des domin. de Colmar).

Rohracker, c^{nes} de Berentzwiller, Bernwiller, Dornach, Hausgauen et Hundsbach. — *Am Roracker*, 1421 (rôles de Saint-Morand).

Rohrbach, ruiss. c^{ne} de Bernwiller.

Rohrbach, ruiss. c^{ne} de Hagenbach.

Röhrbach, c^{ne} de Geishausen. — *Im Rörbach... Röherbach... Rcherbach*, 1550 (urb. de St-Amarin).

Rohrberg, c^{ne} de Niedermorschwiller.

Rohrboden, c^{ne} d'Illhäusern.

Röhre (Auf der), c^{ne} de Balschwiller. — *Uf die Rör*, 1629 (rôle de Balschwiller).

Rohrgraben, ruiss. c^{ne} de Soultz.

Rohrhag, c^{ne} de Folgensbourg.

Rohrmatten, c^{nes} de Burnhaupt-le-Haut, Guewenheim, Hirsingen et Wittersdorf.

Rohrmühl, c^{ne} de Colmar.

Rohrstreng, c^{ne} de Carspach.

Rohrthal, c^{ne} d'Ammerschwihr.

Rolandsthal, canton du territ. du Bonhomme, cité en 1441. — *Jn Rulandes Thal* (urb. de Ribeaupierre).

Rölingen, anc. nom de la partie du village de Walheim située à droite de l'Ill; un canton de pré du ban de Tagolsheim en a conservé le nom de *Rölingermatten*. — *Rollingum*, 823 (Laguille, pr. 16). — *Rölingen*, 823 (Als. dipl. I, 70). — *Heinricus de Rölingen*, 1296 (Trouillat, *Monum.* II, 604). — *Sant Ludgeryen gůt von Rölingen*, 1421 (rôles de Saint-Morand). — *Rector in Rülingen*, 1441 (Vautrey, *Lib. marc.* 22).

Rölingen (Im), canton du territ. de Willer (c°° d'Altkirch).

Rolisen, source entre Habsheim et Rixheim, habitée, au temps jadis, par les ondines que la légende appelle *Roliserwible*. — *Ze Razhein*, 1284 (cens. de Saint-Alban). — *Ze Rolshein*, 1495 (reg. de Saint-Alban). — *Ze Rolshein*, 1489 (terr. de Saint-Alban). — *Im Rolissen*, 1701 (terr. de Notre-Dame-des-Champs).

Roll (La), f. c°° de Lautenbach-Zell. — *Rool* (Cassini).

Rollachen, canton du territ. de Largitzen.

Rollberg, vign. c°°° de Cernay et de Vieux-Thann. — *An den Rollberg*, 1766 (Kleine Thann. Chron. 79).

Rollenberg, c°° de Burbach-le-Bas et de Sentheim, 1568 (terr. de Massevaux).

Röllenstein, canton du territ. d'Hausgauen.

Rolly (Im), canton du territ. d'Ensisheim.

Romagny, en allemand Willeren, c°° de Dannemarie. — *Zu Wilarn*, 1316 (reg. Lucell.). — *Wilr*, 1351 (titres originaux de fiefs du fonds Mazarin). — *Romengney*, 1390 (urb. de Froide-Fontaine). — *Ruemengni*, 1458 (Als. dipl. II, 392). — *Weilen*, 1576 (Speckel). — *Willer* (anc. cadastre). — Dép. du domaine de Montreux.

Romagny, en allemand Welschennest, c°° de Massevaux. — *Esche*, 1565-1585 (inv. des arch. départ., C. p. 75.). — *Welschennest*, 1579 (rôle de Guewenheim). — *Weltschnest*, 1620 (inv. de la seign. de Rougemont). — Dép. de la seign. de Rougemont.

Romansthal, c°° d'Uffholtz.

Romansweyer, c°° de Jettingen.

Romatte, c°° d'Andelnans.

Romberg, canton des territ. de Rammersmatt et de Roderen (c°° de Thann). — *In monte dicto Romûnt*, 1323 (Trouillat, *Monum.* III, 315). — *Vor dem Rom... Romen... Roman*, 1421 (rôles de Saint-Morand). — *Im Rumen*, 1470 (urb. des redev. en deniers de Mulhouse). — *Rohm* (cad.).

Römelisloch, canton du territ. de Neuwiller.

Römer, canton du territ. d'Ammerschwihr. — *Acker dem man spricht am Römer*, 1441 (urb. de Ribeaupierre).

Römer, canton du territ. de Biesheim. — *Rohmer* (cad.).

Römersträssle, nom que l'on donne à Uberstrass, Largitzen, Hirtzbach, Bettendorf, Willer, Schwoben, Hausgauen, Hundsbach, Francken, Jettingen et Berentzwiller, à la voie romaine de Mandeure à Augusta, par Larga, dont le tracé est indiqué par la carte du Dépôt de la guerre depuis Bettendorf jusqu'à Folgensbourg. Un peu au-dessus de Folgensbourg, cette voie traverse la route actuelle de Moulins à Bâle, passe par l'ancien Münchendorf, par Wentzwiller et Buschwiller et revient joindre la route moderne au-dessus de Hesingen. Cette route porte aussi le nom d'*Englischsträssle* à Heimersdor et à Hirsingen et celui de *Hochsträssle* à Berentzwiller. — *An die hohe strosse*, 1421 (rôles de Saint Morand). — Voy. Bergstrass, Hochsträssle, Landsträssle et Rheinstrass.

Römerweg. — Voy. Bergstrass et Rheinstrass.

Rompat, c°° d'Auxelles-Bas. — *Erompat* (anc. cad.).

Rompeux, c°°° de Courcelles et de Froide-Fontaine. — *Es Rompeux*, 1427 (urb. de Froide-Fontaine).

Rompore, m. isolée, c°° de Rammersmatt. — *Rumbor* (cadastre).

Rompré, c°°° d'Argiésans, Buc, Charmois, Essert, Lutran et Rougemont. — *A Romprelz*, xv° siècle (urb. de Froide-Fontaine). — *Sur le Romp prelz*, 1441 (ibid.). — *Perro ab der Runden matten*, 1628 (inv. de la seign. de Rougemont).

Ronchamps, anc. f. c°° de Saint-Nicolas-des-Bois. — *Le Ronds champs* (anc. cadastre).

Rondat, c°°° de Bessoncourt et de Phaffans. — *Au ha de Rondat*, 1655 (cens. du chap. de Belfort). — *A vaulx de Rondat*, 1655 (ibid.).

Rondbochat, canton du territ. de Vauthiermont.

Rond-Boëschet, canton du territ. de Courtavon.

Rond-Bosquet, forêt, c°° de Châtenois.

Rondé, c°°° de Belfort, Courtavon, Danjoutin, Lutra et Meroux. — *Ès Randez*, 1599 (cens. du chap. de Belfort).

Rondehag, c°° d'Oberlarg.

Rondelle, île. — Voy. Ile Napoléon.

Rondenoz (La), c°° de Lutran.

Rondes-Planches, c°° de Chèvremont.

Rond-Gazon (Le), anc. f. c°° du Bonhomme.

Ronis, forêt, c°° de Michelbach-le-Haut. — *Im rönis* 1535 (terr. de Saint-Alban). — *Dass Raniss*, 156 (urb. de Landser).

Ron-lez-Châtenois, m°°, c°° de Châtenois.

Roos, f. c°° de Sultzeren.

Roppe, en allemand Roppach, c°° de Belfort. — *I marca Roabach*, 792 (Als. dipl. I, 57). — *Ropac* 797 (Trouillat, *Monum.* I, 85). — *Rotbach*, 82 (Laguille, pr. 16). — *Gysela de Rodebach*, 1278 1493 (reg. d'Unterlinden). — *Roppe*, 137 (Mone, *Zeitschrift*, XI, 333). — *Rospach*, 139 (urb. des pays d'Autr.). — *Conradus von Roppach* 1766, cit. ann. 1446 (Kleine Thann. Chron. 21) — Dép. de la paroisse de Phaffans. — Ancien château.

Roppelsgarten, c°° d'Eguisheim. — *Rappoltzgarten* 1514 (rôle d'Eguisheim). — *Im roppelssgarten* 1514 (ibid.).

Roppelsgrütt, c^{nes} de Colmar et de Wihr-en-Plaine. — *Zû Ripoldes gerüte*, 1433 (urb. de Marbach). — *Jn roppeldesgerute*, 1490 (*ibid.*).

Roppentzwiller, c^{on} de Ferrette. — *Raprechtzwilr*, 1394 (urb. des pays d'Autr.). — *Raperswilr*, 1421 (rôles de Saint-Morand). — *Rappentzwirl*... *Rappeenswilr*... 1460; *Roppenschwiler*, 1479 (rôles de St-Morand). — Dép. de la mairie de Grentzingen.

Roppisruntz, ruiss. c^{ne} de Massevaux.

Rorschwihr, c^{on} de Ribeauvillé. — *Radaldivillare*, 1114 (Grandidier, *Hist. d'Alsace*, p. j, II, 220). — *Radavillare*, 1140 (Als. ill. IV, 272). — *Rorswilre*, 1282 (Als. dipl. II, 24). — *Rorswilr*, 1344 (Mone, *Zeitschrift*, IV, 460). — *Rorssweiller*, 1592 (Hertzog, *Chron. Als.* liv. III, 10). — En français *Raviller* (Als. ill. IV, 272). — Paroisse du décanat d'*ultra colles Ottonis* (Lib. marc.). — Dép. du baill. de Bergheim.

Il est à remarquer que, depuis Rorschwihr jusqu'à Orschwihr, la terminaison *vilare* se trouve rendue par *wihr*, tandis que pour les communes situées soit au nord soit au sud de ces deux points, elle est rendue par *willer* : Orschwiller, Guebwiller.

Rösbach ou Rösbächle, c^{nes} de Gommersdorf et de Traubach-le-Bas.

Rosburg, coll. — Voy. Rossburg.

Röschlach ou Röschli, c^{on}. — Voy. Réchésy.

Röselstein, c^{ne} de Turckheim. — *Am Röselstein*, 1475 (reg. des domin. de Colmar).

Rosemont, anc. chât. c^{ne} de Rierevescemont. — Chef-lieu d'une seigneurie relevant de celle de Belfort. — Le château de Rosemont, la mairie du Val, Sermamagny, Chaux, la Chapelle, le Puits, Giromagny, Vescemont, Rougegoutte, Grosmagny, Evette, Oie, Leuppe, Forschelon, Essert, Baviliers, Urcerey, Argiesans, Banvillar, 1347 (Trouillat, *Monum.* III, regestes, 847). — *Rosenfels*, 1366 (Als. dipl. II, 250). — *Vssz Rosenfeils vnd escher* (Assise) *herrschafft*, 1450 (urb. de Froide-Fontaine). — *In unser Ampt genant Rosenvels*, 1467 (Als. dipl. II, 402). — *Herrschaft Beffort mit sambt dem Rösenfelser Thal*, 1492 (Als. ill. IV, 135). — Lieutenant de Rosemont, 1782 (Beschreib. des Elsasses, 87).

La seigneurie de Rosemont se subdivisait en deux mairies : 1° celle du Haut-Rosemont, ou mairie du Val, en allemand *Rosenfelserthal*, chef-lieu Chaux; 2° celle du Bas-Rosemont, chef-lieu Argiesans. Les mairies de Meroux et d'Étueffont-Haut ressortissaient aussi à la justice du Rosenfelserthal.

Rosemontoise (La), ruiss. qui prend naissance au pied du rocher de Rosemont et se jette dans la Savoureuse. — *Rose* (inv. des arch. départ. C., 127).

Rosen, c^{nes} de Hagenbach et de Zillisheim. — *Zû Rosen*, 1421 (rôles de Saint-Morand).

Rosenacker, c^{nes} de Mittelmuespach et de Linsdorf.

Rosenau (La), c^{on} d'Huningue. Le territoire de cette commune dépendait autrefois d'Istein, sur la rive droite du Rhin.

Rosenbaum, c^{ne} de Murbach. — *By dem rosembôme*, 1453 (cart. de Murbach).

Rosenberg, coll. c^{ne} de Ligsdorf.

Rosenberg, mont. à Kientzheim. — *Rossenburg*, 1717 (rôle de Sigolsheim). — *Im Rossenberg*, 1734 (rôle de Kientzheim). — *Rosenbourg* (cad.).

Rosenberg, mont. à Wettolsheim. — *An dem Ressenberge*, 1429; *am Rosenberg*, 1488 (urb. de Marbach).

Rosenburg, coll. à Geispitzen, au-dessus de Holzkirch.

Rosenburg, vign. à Thann. — *Am Rosemberg*, 1538 (reg. des préb. de Mulhouse). — *Rosenburg*, 1766 (Kleine Thann. Chron. 76).

Rosenfeld, c^{nes} de Bennwihr et de Sigolsheim. — *Jn dem rosenuelt*, 1407 (cens. de la camerene de Munster). — *Im Rossenveldt*, 1717 (rôle de Sigolsheim).

Rosengarten, forêt à Cernay (Dépôt de la guerre).

Rosengarten, cantons à Hochstatt, à Niedermorschwiller et à Ungersheim.

Rosenkrantz, vill. détruit, c^{ne} de Housen, sur la route de Colmar. — *Rosenkrantz*, 1643 (Hunckler, *Gesch. Colm.* carte). — *Rossenkrantz*, 1644 (Merian, *Top. Als.* carte). — *Rosenkrantz*, xviiie siècle (Kriegs Theatr. carte). — Chap. du Rosaire (Cassini).

Rosenkrantzacker, terres données en jouissance au sacristain, pour tenir le chapelet du soir, à Aspach-le-Bas, Eschentzwiller, Habsheim, etc.

Rosenmatten, c^{ne} de Guewenheim.

Rosenmattgesick, ruiss. c^{ne} de Sewen.

Rosnoz (Es), c^{ne} de Suarce.

Rossberg, f. c^{ne} du Bonhomme.

Rossberg, mont. à Bendorf et à Heimersdorf.

Rossberg, mont. entre Moosch, Weegscheid et Burbach-le-Haut. — *Rosberg*, 1550 (urb. de St-Amarin). — *Gegen dem hohen Rossberg*, 1766 (Kleine Thann. Chron. 74).

Rossbergsick, f. c^{ne} de Weegscheid. — *Jm Rossberg gesig*, 1567 (terr. de Massevaux). — *Rosenberggesicht* (anc. cad.). — *Rossberggesick* (carte hydrog.).

Rossbrunnen, source à Oberlarg, au pied du chât. de Morimont (Rev. d'Als. de 1855, p. 559).

Rossbrunnen, c^{ne} de Wattwiller. — *By dem Rossburnen*, 1394 (cart. de Murbach).

Rossburg ou Rosburg, coll. c^{ne} de Riedisheim. — *Am Rossberg*, 1563 (reg. des préb. de Mulhouse).

Rossburn ou Roscuborn, vill. détruit, c^{ne} de Fülleren. — *Rulsburen*, 1394 (urb. des pays d'Autr.). — *Von*

Rûlsburn, 1421 (rôles de Saint-Morand). — *Rûlspurnen*, 1460 (ibid.). — *Ruschburn*, 1548 (urb. de l'hôp. de Mulhouse). — Au XVe siècle, *Rûlisbrunn* est cité entre Saint-Léger, près de Carspach, et Largitzen, comme paroisse du décanat du Sundgau (Vautrey, *Lib. marc.* 20). — Ruines et restes d'un fossé d'enceinte. Le chemin qui y conduit porte le nom de *Schlossweg*, chemin du château.

Rossée (En), cantons des territ. de Buc et d'Urcerey.

Rosselwasen, h. c[ne] de Stosswihr.

Rosserat, canton du territ. d'Oberlarg.

Rossers (In der), anc. f. à Pfetterhausen. — *Item due curie site in loco dicto ze Rôseris*, 1299 (Trouillat, *Monum.* II, 731).

Rossenspach, ruiss. à Pfetterhausen.

Rossévaux, c[ne] de Buc.

Rossière (En), c[nes] de Chèvremont, Vézelois et Vourvenans. — *En Rosiere*, 1655 (cens. du chap. de Belfort).

Rosskopf, canton du territ. de Hohroth.

Rossläger, c[ne] de Rixheim.

Rosslauf, vign. c[nes] de Bergholtz et de Gueberschwihr. — *Jn dem Rosslouff*, 1488 (urb. de Marbach).

Rossmatten, c[nes] de Bergheim, Roppentzwiller et Waldighofen.

Rost, c[ne] de Neuwiller.

Rösz (In der), c[nes] de Dietwiller, Kappelen et Mollau. — *In der Ries* (cadastre). — *Vff die Rosz*, 1550 (urb. de Saint-Amarin).

Roth, h. c[ne] de Mühlbach. — *Roth* (Cassini).

Roth, c[nes] de Bergheim, Bernwiller, Buschwiller, Saint-Hippolyte et Sausheim.

Rothacker, c[nes] de Bouxwiller, Eglingen, Hartmannswiller, Henflingen et Luttenbach. — *Jn dem Rotten acker*, 1514 (urb. de la comm[rie] de Soultz). — *An dem Rodacker*, 1421 (rôles de Saint-Morand).

Rothbruck, pont. — Voy. Pont Vauban.

Rothemann (Im), canton du territ. de Feldbach. — *Beim Rothenmann*, 1616 (terr. de Feldbach).

Rothenbach, f. c[ne] de Wildenstein (Dépôt de la guerre).

Rothendach, mont. au fond des deux vallées de Münster et de Saint-Amarin, sur la limite de la Lorraine. — *Vff ein berg haist der hinnder Rotenbachkopff... der forder Rotenbachkopff... vber den Rotenbachwasen*, 1550 (urb. de St-Amarin). — *Rotabac* (Rev. d'Als. VII, 307). — *Die First von Rotabach* (Engelhardt, *Wand. Vog.* 14).

Rothenbach, ruiss. à Bitschwiller, affl. de la Thur. — *In loco Rottenbach*, 1477 (reg. de Saint-Amarin).

Rothenbach, ruiss. à Turckheim. — *Im Rotenbach*, 1422 (reg. des domin. de Colmar).

Rothenberg, f. c[ne] de Ribeauvillé et de Bergheim. — *In dem rotenberge*, 1328 (urb. de Pairis).

Rothenberg, coll. à Schweighausen et à Reiningen. — *Am Rodtberg*, 1577 (rôle de Reiningen).

Rothenberg, coll. à Spechbach-le-Haut.

Rothenberg, coll. à Wintzenheim.

Rothenbiehl, coll. à Hundsbach et à Hausgauen.

Rothenboden, c[nes] de Cernay et de Schweighausen.

Rothenbrand, mont. à Massevaux et Burbach-le-Haut.

Rothenbruckmühle, m[in], c[ne] de Colmar.

Rothengraben ou Rothgraben, c[nes] de Bühl et de Colmar.

Rothengrund, c[nes] de Bettendorf et de Sentheim. — *Im Rottengründt*, 1568 (terr. de Massevaux).

Rothenhag, c[ne] de Schwoben.

Rothenhubel, tumulus à Rixheim.

Rothenhubel ou Rothe Hübel, canton du territ. de Francken.

Rothenkreuz, en français la Croix rousse, croix à Blotzheim, Hirsingen, Ottmarsheim, Rixheim, Steinbrunn-le-Haut et Turckheim.

Rothenmeer, canton du territ. de Bergheim.

Rothenmeer, h. c[ne] de Dornach.

Rothenreben, c[ne] de Fröningen.

Rothenstreng, c[ne] d'Enschingen. — *An den roten strengen*, 1421 (rôles de Saint-Morand).

Rothenstück, c[nes] de Flaxlanden, de Hagenthal-le-Bas et de Zimmersheim.

Rothgedenn, c[ne] de Roderen (c[on] de Ribeauvillé).

Rothgerle, f. c[ne] de Vogelgrün.

Rothuerd, canton du territ. de Winckel. — *An der Rottenerden*, 1431 (reg. Lucell.). — *Am Rottenherd*, 1658 (ibid.).

Rothhurst, c[ne] de Rammersmatt.

Rothlaiblen, forêt, c[nes] de Colmar et de Housen. — *Silvam que dicitur Rothlöbe eandemque vocabant Furban*, 1167 (Mone, *Zeitschrift*, XI, 318). — *Rotleybe... 1429, vff daz Rotleib*, 1490 (urb. de Marbach).

Rothlaiblen, forêt, c[nes] de Hirtzfelden, Reguisheim et Meyenheim. — *Rotleiplen* (Cassini).

Rothlaub, canton du territ. de Linsdorf.

Rothleiblen, forêt, c[ne] de Riedisheim.

Röthling, c[nes] de Gildwiller et de Traubach-le-Bas.

Rothmatten, c[nes] de Bisel, de Blotzheim et de Munster. — *Roten matte*, 1456 (cens. de la collen. de Munster).

Rothmishof, c'est le nom qu'on donne, à Buschwiller, aux ruines d'un ancien château. D'après la tradition locale, la dernière habitante de ce château a dû s'appeler *Stöcketlerin de Rodern* et a légué la forêt du *Stocket* aux deux communes de Buschwiller et de Hegenheim. — Voy. Roderen (Blotzheim).

Rothmiss, vallée, c[ne] de Krüth. — *Inn ein Tobell, ist ein moss oder Riedt, haist die Rote miess*, 1550 (urb. de Saint-Amarin).

Rothbain, c^ne de Soultz.
Rothrieth, c^ne de Stosswihr.
Rothschür, canton du territoire de Wittelsheim. — *Rotenscheure*, 1376 (Trouillat, *Monum.* IV, reg. 745).
Rothwasen ou Rouge-Gazon, mont. c^ne de Storckensohn.
Rothwasser, c^ne de Roppentzwiller.
Rötling, canton du territ. de Zellenberg, cité en 1441 (urb. de Ribeaupierre).
Rotzat (Inn der), c^ne de Mollau, 1550 (urb. de Saint-Amarin).
Rotzel, canton du territ. de Roderen (c^on de Ribeauvillé).
Rouchot, forêts, c^nes de Bretten, Felon, Vétrigne et Charmois. — *Au Rouchat*, 1427 (urb. de Froide-Fontaine).
Rouchot (Chemin du), à Bessoncourt.
Rouchotte, forêt, c^nes de Bavilliers et de Botans. — *En Ronchot*, 1655 (cens. du chap. de Belfort).
Rouellat (Bois), c^ne du Puix (c^on de Dannemarie).
Rouellat (Fosse), c^ne de Suarce.
Rouellat (Prés), c^ne de Vellescot.
Rouffach, ch.-l. de canton, arrond. de Colmar. — *In pago qui vocatur Rubiaco*, 662 (Grandidier, *Église de Strasb.* I, p. j, 27). — *In opido Rubiaco*, 763 (Als. dipl. I, 39). — *Actum villa Rubac*, 912 (dom Calmet, *Hist. de Lorraine*, I, 335). — *Rubiaca*, 1098 (Grandidier, *Hist. d'Als.* p. j, II, 172). — *Rubiacum in comitatu Illecich*, xiie siècle (ibid. II, 13). — *Ruvache*, 1184 (Als. dipl. I, 281). — *Conrado Causidico de Rubiacho*, 1186 (ibid. 102). — *Advocacia Rubeacensi*, 1200 (ibid. 309). — *Rufiacum villa*, 1215 (Herrgott, II, 221). — *Hugo de Rvvach*, 1271 (Trouillat, *Monum.* II, 216). — *Episcopus Argent. fossato divisit novum castrum ab antiquo in villa Rubeacensi*, 1278 (Ann. de Colmar, 72). — *In districtu Rubracensi*, 1299 (Als. dipl. II, 73). — *Rufach, Burg und Stadt*, 1403 (ibid. 311). — *De Rubeaquis*, 1727, cit. ann. 1464 (Thann. Chron. I, 617). — Chef-lieu du mundat supérieur, et, à ce titre, résidence du bailli supérieur (Obervogt), qui avait sous lui les baillis de Soultz et d'Eguisheim (Als. ill. IV, 300). — Le baill. de Rouffach ne comprenait alors que la ville de Rouffach et la moitié de Westhalten.
Après l'organisation de l'intendance d'Alsace, Rouffach fut le chef-lieu d'un bailliage de la subdélégation de Guebwiller, comprenant les prévôtés (Stabhaltereien) de Rouffach, Eguisheim et Soultz. — *Bailliage de Ruffach*, 1680 (ordonn. d'Alsace, I, 124).

La prévôté de Rouffach se composait alors de Gueberschwihr, Gundolsheim, Orschwihr, Ossenbach, Pfaffenheim, Rouffach, Soultzmatt et Westhalten.

Cour colongère. Au xiiie s^e, les hommes d'Alschwiller, Bleyenheim, Eguisheim, Gueberschwihr, Gundolsheim, Hattstatt, Hirtzfelden, Kingersheim, Lautenbach, Meyenheim, Munwiller, Orschwihr, Pfaffenheim, Soultz, Soultzmatt, Ungersheim, Vögtlinshofen et Wittenheim assistaient aux plaids de Rouffach (Als. ill. IV, 220).

Paroisse du décanat de *citra colles Ottonis* (Lib. marc.).

Commanderie de l'ordre Teutonique, établie anciennement à Sundheim (Als. ill. IV, 205, et Alm. d'Als. de 1783).

Maison hospitalière de l'ordre du Saint-Esprit (Merian, *Topog. Als.* 33). — *Nebent dem heiligen geist von Ruffach*, 1484 (abb. de Sainte-Croix).

Couvent de bénédictins dit de *Saint-Valentin*, fondé en 1183 par des moines bénédictins venus de N.-D.-de-Campis, au faubourg de Metz (Als. ill. IV, 193). — *Translatione monasterii S. Johannis Baptiste juxta castrum vestrum prope muros Rubiacenses ad capellam S. Margarethe intra muros*, 1299 (Als. dipl. II, 72). — *Philip. prior. prioratus Rubracensis ordinis Sancti Benedicti*, 1323 (ibid. 130).— *Grosse Wallfahrt zu den Reliquien S. Valentini*, 1644 (Merian, *Topog. Als.* 33). — *An 1507 verbrandte das Benediktiner Closter zu sankt Valentin in Ruffach*, 1724 (Mossmann, *Chron. Guebw.* 100).

Couvent de récollets ou de franciscains. — *Minoribus fratribus de Rubiaco*, 1288 (Trouillat, *Monum.* II, 453). — *Minderen Brüder Barfüsser*, dépendant de la custodie de Strasbourg, 1580 (Wurstisen, *Basl. Chron.* 121).

Rouge-Gazon, mont. — Voy. Rothwasen.
Rougecoutte, c^on de Giromagny. — *Rusegüt*, 1394 (urb. des pays d'Autr.). — *Rougegoutte*, 1655 (cens. du chap. de Belfort). — Paroisse du décanat de Granges (alm. d'Als. de 1783). — Dép. de la mairie du Haut-Rosemont. — Anciennement ch.-l. d'une mairie. — *Meigerthum von Roschegotte*, 1427 (compte des seign. de Belfort et Rosemont).
Rouge-Grange, f. c^ne de la Baroche.
Rougemont, en allemand Rothenberg ou Rothenburg, c^on de Massevaux. — *Theobaldus de Rubeo monte*, 1105 (Als. dipl. I, 184). — *De Rubeo monte*, 1234 (Trouillat, *Monum.* II, 712-713). — *Dietherich von Rotinberc*, 1278 (ibid. II, 289). — *Roigemont*, 1295 (ibid. II, 595). — *Sires de Roigemont en Alsais*, 1309 (ibid. III, 144). — *Rotenburg*, 1337 (ibid. III, 466). — *Rotenberg*, 1366 (Als. dipl.

II, 250). — *Rottenbergk mit dem ganzen Rottenbergerthal,* 1579 (rôle de Guewenheim).

Deux anciens châteaux : l'*Oberburg* ou *Hoheburg* et le *Niederburg.* La Dame blanche revient ici comme dans beaucoup d'autres châteaux ruinés (Revue d'Als. III, 118). — *Von Ratenberg der hohenburg,* 1394 (urb. des pays d'Autr.). — En 1576, la carte de Speckel représente : « *Rott,* » vill. et « *Rottenburg,* » chât.

Chef-lieu d'une seigneurie relevant du comté de Ferrette et comprenant Leval, Saint-Germain, Romagny, Saint-Nicolas-des-Bois, Petite-Fontaine, Felon, et la paroisse de Phaffans. — Après l'organisation de l'intendance d'Alsace, Rougemont fut réuni au baill. de Massevaux.

Paroisse du décanat du Sundgau (Lib. marc.).

ROUGEMONTS (LES), canton du territ. de la Chapelle-sous-Chaux.

ROUGE-PIERRE, c^{ne} d'Urcerey.

ROUGE-POIRIER, c^{nes} de Meroux et de Courtavon.

ROUGE-RAIN, c^{ne} de Sainte-Marie-aux-Mines.

ROUGES-ÉTANGS, étangs, c^{ne} de Leval.

ROUGES-TERRES, c^{ne} de Danjoutin. — *Ès rouges terres,* 1655 (cens. du chap. de Belfort).

ROUGE-VIE (CHEMIN DE LA), de Meroux à Vézelois.

ROUGE-VIE (LA), chemin à Étueffont-Haut.

ROUGIÈRES, c^{ne} de Romagny (c^{on} de Dannemarie).

ROUGIGOUTTE, h. c^{ne} de Sainte-Croix-aux-Mines.

ROUILLEHAUT, fief à Danjoutin. — *La terre Roillehaut,* 1474 (urb. de Froide-Fontaine). — *Das gut zu Damp Justin genant Ruillehault gut,* 1533 (urb. de Belfort). — Le porteur de ce bien était tenu d'assister aux trois assises (*gerichte*) de Danjoutin.

ROUILLENEY, c^{nes} d'Auxelles-Haut et du Puix (c^{on} de Giromagny). — *In rouilleney... ès roilleneux,* 1655 (cens. du chap. de Belfort).

ROUSSIAUX, c^{ne} du Salbert.

ROYEUX, forêt, c^{ne} de l'Allemand-Rombach.

RU (LE), ruiss. c^{ne} de Bessoncourt. — *Entre les Ruts,* 1656 (cens. du chap. de Belfort).

RU (LE), ruiss. c^{ne} d'Offemont. — *Le Rux,* 1655 (cens. du chap. de Belfort).

RU (LE), ruiss. c^{ne} de Vézelois. — *Le Rupt,* 1655 (cens. du chap. de Belfort).

RUANT (LA GOUTTE-), m. isolée, c^{ne} du Puix (c^{on} de Giromagny).

RUBACKER, c^{nes} de Courtavon, Ligsdorf et Riespach.

RUBBEN : c'est le nom que doit avoir porté, d'après la tradition, un ancien château dont les fondations existent sur les bords de la Largue, à environ 200 mètres au-dessus de Seppois-le-Haut. La forêt qui est près de là s'appelle encore *Rubbenhaag.*

RUBENHAGEL, canton du territ. de Kaysersberg.

RÜBLACH, ruiss. venant de Nambsheim et se perdan dans le Rhin à Obersaasheim (Dépôt de la guerre).

RUBSOMENKOPF, mont. entre Bitschwiller et Thann. — *Vff einen hohen berg, an einem ort so man nennt der Ruobsomenkopff,* 1550 (urb. de Saint-Amarin).

RUDOLF (LE GRAND- et LE PETIT-), étangs et forêt c^{ne} de Roppe.

RUEBENWEG, chemin de Hombourg à la Hart.

RUECHBERG, mont. à Massevaux, Lauw et Burbach-le-Bas. — *Ruchberg* (Engelhardt, *Wand. Vog.* 29).

RUEDENBACH, c^{ne} d'Hirsingen. — *Ruoderbach,* 1303 (Trouillat, *Monum.* III, 60). — *Ruderbach,* 1359 (Als. dipl. II, 236). — Relev. du baill. d'Hirsingen

RUEDERBACH, ruiss. c^{ne} de Ruederbach; affl. de l'Ill.

RUEDERBRUNNEN, c^{nes} de Seppois-le-Bas et le-Haut.

RUEDERSBACH, ruiss. à Linthal.

RUEDERSBRUNNEN, c^{ne} de Brunstatt, 1553 (reg. des préb de Mulhouse).

RUEDERSTAL, anc. f. à Bühl. — *Ruderstal, sweige... a dem rüdelstal,* 1453 (cart. de Murbach).

RUEDLINGEN, cité en 1342 dans les environs d'Aspach le-Haut (reg. de Saint-Amarin).

RUELBRUNNEN, source à Münchendorf, près de Folgens bourg.

RUELISHEIM, c^{on} de Habsheim. — *Ruoleichesheim,* 817 (Als. dip. I, 66). — *Rolichesheim,* 1187 (Als. dipl I, 278). — *Ruolechesheim,* xiie siècle (Grandidier Hist. d'Als. p. j, II, 22). — *Ruolishein,* 1303 (Trouillat, *Monum.* III, 48). — Paroisse du décana de *citra colles Ottonis* (Lib. marc.). — Relevait du baill. d'Ollwiller. — Cour colongère.

RUELLE-TOUCHE, forêt, c^{ne} de Sevenans-et-Leupe.

RUEPFACKER, c^{ne} de Hausgauen.

RUESBRUNNEN, source à Jettingen. — *Gegen dem rüssbronnen,* 1540 (terr. de St-Alban). — Voy. RAUSS

RUESCH, c^{nes} de Colmar, — *apud arborem que dicitu zem rueste,* 1259 (Mone, *Zeitschrift,* XI, 321) d'Appenwihr, — *vff der Rüste,* 1498 (terrier de Saint-Alban); et de Heidwiller, — *bi dem Rüste* 1421 (rôles de Saint-Morand).

RUESCHFELD, c^{ne} d'Ensisheim.

RUESCHFELDELE, c^{ne} de Sainte-Croix-en-Plaine.

RUESLOCH, c^{ne} de Rammersmatt.

RUESTENHART, c^{on} d'Ensisheim. — *Ruochesheim,* 1040 (Als. dipl. I, 160). — *Lodewicus miles de Rocsheim,* 1265 (parchem. Lucell.). — *Daz torf ze Ruochshein,* 1303 (Trouillat, *Monum.* III, 45). — *Vf Rücheshein weg,* 1407 (cens. de la camerene de Munster). — *Vff den Rochssen weg,* 1490 (urb. de Marbach). — M. Trouillat (*Monum.* I, 145 et 168) écrit *Buonheim* et *Buocheim,* ce qui est inexact

Au xv° siècle, *Ruochsheim*, que M. Trouillat prend à tort pour Rixheim, était une paroisse du décanat de *citra Rhenum* (Lib. marc.). — Le vill. de *Ruechsheim* ou *Rueschen* ayant été détruit, il fut reconstruit en 1692, et prit alors le nom de *Rueschenhart* ou *Ruestenhart*. Avant la Révolution, il fit partie du baill. de Heiteren.

RUESTENHART, canton du territ. de Heimersdorf.

RUETHEN (IN DER), c^{nes} de Berentzwiller et de Jettingen, — *in der Rûten*, 1421 (rôles de Saint-Morand); de Buetwiller, — *in der Rûten*, 1421 (*ibid.*); de Knöringen, de Köstlach et de Magstatt-le-Haut, — *an der Rûten*, 1537 (terr. de Saint-Alban).

RUETHENACKER, c^{ne} d'Uberstrass.

RUETHENSTRENG, c^{ne} de Heywiller.

RUETHERSBRUNN, source, c^{ne} de Soultz. — *Zu Rûcerbrunnen... iuxta Rûthersbrunnen*, 1272 (Trouillat, *Monum.* II, 222-223). — *Ze Rûthersbrvnnen*, 1290 (reg. de Saint-Léonard).

RUETSCHBRUNNEN, c^{ne} de Manspach.

RUETZENBACH, ruiss. à Hüssern. — *In Rontzenbach*, 1550 (urb. de Saint-Amarin).

RUHBERG, c^{ne} de Heimersdorf.

RUHENLEHE, anc. pierre de limite à Wiedensohlen. — *An den Stein die Ruhenlehe*, 1364 (Stoffel, *Weisth.* 162).

RUHHEBEL, c^{ne} de Mollau.

RUHMATTEN, c^{ne} de Dirlinsdorf.

RUHSCHLEIF, c^{ne} de Ribeauvillé.

RUHSTEIN, c^{ne} de Günspach.

RUHUNLEUUA (Trouillat, *Monum.* I, 145) et RUHUNLEVVA (*ibid.* 168), cité en 1004 et 1040, sur les confins de la Hart. D'après le rang qu'il occupe dans la série des villages cités aux passages indiqués, ce nom paraît devoir s'appliquer au village actuel de Roggenhausen.

RUISSEAU DE LA VILLE, c^{nes} d'Éteimbes et de Romagny (c^{on} de Dannemarie).

RUISSEAU DES BASSES-HUTTES, c^{ne} d'Orbey. — *Hüttebach*, 1441 (urb. de Ribeaupierre).

RUISSEAU DES MINES, c^{ne} du Puix (c^{on} de Giromagny).

RUISSEAU DES NOYERS, c^{ne} de Lièpvre.

RUISSEAU DES SAPINETS, c^{ne} du Puix (c^{on} de Giromagny).

RUISSEAU DU ROUGE, c^{ne} d'Orbey. — *Rotenbach*, 1318 (Als. dipl. II, 121). — *Rotenbach*, 1441 (urb. de Ribeaupierre).

RUMENHUBEL, c^{ne} d'Huningue.

RUMERSBACH, h. c^{ne} de Felleringen, et ruiss. qui afflue à la Thur. — *Jnn Rummerspach*, 1550 (urb. de Saint-Amarin). — *Rammersbach* (carte hydrogr.).

RUMERSHEIM, c^{on} d'Ensisheim. — *Daz torf ze Rumershein*, 1303 (Trouillat, *Monum.* III, 46). — *Das dorff Rumersheim*, 1394 (urb. des pays d'Autr.) — Paroisse du décanat de *citra Rhenum* (Lib. marc.). — Dép. de la prévôté d'Ottmarsheim.

RUMERSHEIM, canton à Bergheim et à Saint-Hippolyte. — *Zu Rumerschin*, 1551 (rôles de Bergheim). — *Rumerschein*, 1660 (Rev. d'Als. de 1854, p. 137).

RUMERSTHAL, canton du territ. d'Ammerschwihr. — *Vor Rumerstal*, 1328 (urb. de Pairis). — *Im Rumersthal*, 1475 (cens. des domin. de Colmar).

RUMESCH (IN DER), *Rûmesch, Rumschen*, c^{ne} de Rammersmatt, 1421 (rôles de Saint-Morand).

RUMESTEIN (ZUM), c^{ne} de Rädersheim, 1453 (cart. de Murbach).

RUMPELSGASS, vign. c^{ne} de Rorschwihr.

RUNCKENBÜHL, mont. à Sultzeren. — Le ruisseau dit *Runckenbühlruntz* est un affluent du Seebach.

RUNDGERUNTZ, ruiss. c^{ne} de Krüth (carte hydrogr.).

RUNDKOPF, mont. à Rouffach et à Sewen.

RUNDMATT, c^{nes} de Metzeral et de Wildenstein.

RUNSCHENSEEWALD, f. c^{ne} de Krüth (tabl. des dist.).

RUNSCHY, mine de fer, c^{ne} de Krüth. — *Runtz See* (Dépôt de la guerre).

RUNSENHÜBEL, canton du territ. d'Huningue.

RUNTZ, éc. c^{ne} de Mulhouse. — *Jm Runs*, 1562 (reg. des préb. de Mulhouse).

RUNTZ, mⁱⁿ, c^{ne} de Geishausen.

RUNTZ (AM), c^{ne} de Bergheim.

RUOT (LE), c^{ne} de Vétrigne.

RUOTTE (LA) ou LA RUATTE, c^{ne} de Bavilliers, 1655 (cens. du chap. de Belfort).

RUPERSPERC, c^{ne} de Weegscheid, 1550 (urb. de Saint-Amarin).

RUPF, canton du territ. de Hegenheim.

RUSENAU, c^{ne} de Balschwiller.

RUSSE, c^{ne} de Pfetterhausen.

RUSSENWEG, anc. chemin de Blodelsheim au Rhin (anc. cadastre).

RUSSISCHE STRASS, chemin à Petit-Landau, passant près des redoutes.

RUSWINCKEL, c^{ne} de Retzwiller.

RUTHEMSTALL, h. c^{ne} de Bitschwiller. — *Jnn Rudemansstall*, 1550 (urb. de Saint-Amarin). — *Fourneau de Rudensthall* (Cassini).

RUTHENBUCKEL, canton du territ. de Riquewihr.

RUTHENWADEL, canton du territ. de Colmar.

RÜTSCHELE, c^{ne} de Sondersdorf. — *In der Rutschlen*, 1348 (reg. Lucell.).

RUTTI, canton du territ. de Pulversheim.

S

Saal (Im) ou Auf dem Sahl, canton des territ. de Riespach et de Waldighofen.

Saalacker, canton des territoires de Berentzwiller et de Knöringen. — *Zer salen*, 1421 (rôles de Saint-Morand).

Saalfeld, c^{ne} de Manspach.

Saalhof, f. c^{ne} de Kiffis. — *Saalhoff*, 1570 (reg. Lucell.). — *La Cense de Saalhoff* avait un ban particulier (anc. cadastre).

Saalhurst, canton du territ. de Wentzwiller.

Saalmatten, canton des territoires de Dirlinsdorf et de Niedermuespach.

Saalweg, c^{ne} de Kingersheim.

Sabbat, canton du territ. de Bendorf. — *Jm Sabete*, 1329 (reg. Lucell.).

Sachiron, c^{nes} de Châtenois et de Courtavon.

Sacramentmatten, nom d'un canton du territ. de Mulhouse, cité en 1568 (reg. des préb. de Mulhouse).

Säfflenhäg, c^{ne} de Merxheim.

Säffler, canton du territ. d'Ungersheim. — *Im Seffler* (anc. cadastre).

Sägebach, ruiss. c^{ne} de Wasserbourg. — *Der Seggebach*, 1441 (urb. de Ribeaupierre).

Sägerkopf, coll. c^{ne} de Lucelle.

Sägersberg, c^{ne} de Moosch. — *An seggersberg*, 1550 (urb. de Saint-Amarin).

Sägerthal, c^{ne} de Sainte-Marie-aux-Mines.

Sägmattenmühle, mⁱⁿ, c^{ne} de Turckheim.

Sägmühle, éc. c^{ne} de Kaysersberg.

Sägmühle, anc. scierie à Colmar. — *Die Sägmühlen vor der Stadt*, 1632 (Belager. von Colmar, 27).

Sägmühle, scierie à Heimersdorf. — *La Scierie* (tabl. des dist.).

Säring, vign. c^{ne} de Guebwiller. — *Am Säring*, 1453 (cart. de Murbach). — *Am Saehring*, 1723 (Mossmann, *Chron. Gueb.* 268).

Sailsbach, f. c^{ne} d'Eschbach. — *Silsbach* (Cassini). — *Seilsben* (tabl. des dist.).

Saint-Alexis, f. c^{ne} de Kaysersberg.

Saint-Amarin, ch.-l. de canton, arrond. de Belfort. — Ancienne collégiale sous l'invocation de saint Projet et de saint Marin ou Amarin. — *De Sancto Amarino*, 1135 (Grandidier, *Hist. d'Als.* p. j, II, 294). — *Scultetus de Sancto Amarino*, 1194 (Als. dipl. I, 302). — *Prepositus S. Amerini*, 1207 (Mone, *Zeitschrift*, IV, 220). — *Prepositum et capitulum S. Amarini*, 1254 (Als. dipl. I, 410). — *Dno Hartemanno de S. Amarino*, 1262 (ibid. I, 445). — *Meister Johannes von Sand Heimmerin*, 1316 (urb. d la commanderie de Soultz). — *Ecclesia S. S. Projecti et Amarini*, 1441 (Als. dipl. II, 368). — *Z Sanct Thamarin*, 1480 (ibid. II, 413). — *S. Damarin*, 1576 (Speckel). — Paroisse du décanat d Massevaux (alm. d'Alsace de 1783). La collégial de Saint-Amarin fut transférée à Thann en 144 (Als. dipl. II, 366). — D'après Hunckler (Leben der heil. des Els. p. 10), l'ancien nom de Saint Amarin était *Doroangus*; voy. aussi Grandidier *Hist. d'Als.* p. j, II, 59.

Hôpital fondé en 1343 (reg. de Saint-Amarin).

Chef-lieu de l'un des baill. de la principauté d Murbach, comprenant Altenbach, Bitschwiller, Felleringen, Geishausen, Goldbach, Hüssern, Krüth Malmerspach, Mitzach, Mollau, Moosch, Moschbach, Neuhausen, Oderen, Ranspach, Storckensohn, Urbès, Werschholtz et Willer. — Après l'organisation de l'intendance d'Alsace, ce baill. fu réuni à celui de Guebwiller.

Saint-André, f. c^{ne} de Florimont. — *Curey de sainc Andrey*, 1466 (urb. de Froide-Fontaine). — *S. Andreas*, 1576 (Speckel). — *S. André*, succursale (Cassini). — Saint-André avait jadis un ban particulier.

Saint-André, anc. chapelle, c^{ne} de Strueth.

Saint-André, mont. et forêt, c^{ne} de Vescemont.

Saint-Antoine, chapelle, c^{ne} d'Uffholtz. — *Capella sancti Anthonii*, 1406 (Als. dipl. II, 315).

Saint-Apollinaire, f. c^{ne} de Michelbach-le-Haut. — Anc. prieuré de l'ordre de Cîteaux incorporé à l'abb. de Lucelle en 1253. — *Beate Dei Genitricis semperque Virginis Mychelenbacensem ecclesiam*, 1144 (Trouillat, *Monum.* I, 287). — *Monast. Michelenbach, cisterciensis ordinis*, 1253 (Trouillat, *Monum.* I, 593). — *Domus seu eccles. S. Apollinaris in Michelnbach*, 1334 (Trouillat, *Monum.* III, 436). — *S. Apolonari*, 1576 (Speckel). — *S. Apollinaris oder vom gemeinen Volck Polloronüs genandt*, 1662 (Bern. Buechinger, 124).

Saint-Blaise, en allemand Sanct-Blasien, h. c^{nes} de Bettlach, Linsdorf et Oltingen. — *De parochia Lunarischilche cum ecclesia*, 1139 (Trouillat, *Monum.* I, 277). — *De parochia Lunarsschilche cum ecclesia eiusdem uille*, 1178 (ibid. I, 366). — *Lulliskilch*, 1302-1314 (ibid. III, 23-203). — *Lülliskilch*, 1334 (*ibid.* III, 437). — *Zu Liliskirch oder Linchstorf... In Banno villæ de Liliskirch*, 1316-1341 (reg. Lucell.). — *Plebanatus in Liliskilch prope Oltingen wulgariter nominatus in Sancto Blasio*, 1486 (Trouillat, *Monum.* III, *Notes*, 205). — *S. Blesz*, 1576 (Speckel). — Au xve siècle, paroisse du décanat de Leymenthal (Lib. marc.).

SAINT-BLAISE, en allemand HELMANNSGEREUTH, h. c^{nes} de Sainte-Croix-aux-Mines et de Sainte-Marie-aux-Mines. — *Sanctus Blasius*, 1078 (Grandidier, *Hist. d'Als.* p. j, II, 143). — *Sanct Bläsien*, 1441 (urb. de Ribeaupierre). — *Sanct Bläsy*, 1507 (Als. dipl. II, 446). — Saint-Blaise avait un ban particulier.

SAINT-BLAISE, source, c^{ne} de Tagsdorf.

SAINT-BRICE, en allemand SANCT-BRITZGEN, anc. chapelle, c^{ne} de Hausgauen. — *Ritzing* (Dépôt de la guerre). — Reste de l'ancien vill. de Dennach.

SAINT-BRICE, en allemand SANCT-BRITZGI, chapelle et ermitage, c^{ne} d'Oltingen. — *Zu der Capelle Sanct Britzien*, 1412 (Als. dipl. II, 321). — *Sant Brictien gůt*, 1489 (terr. de Saint-Alban). — *S. Brix*, 1576 (Speckel). — *Saint-Prix* (Cassini).

SAINT-BRICE, montagne. — Voy. BRITZGYBERG.

SAINT-CÔME, en allemand SANCT-COSMAN, c^{on} de Fontaine. —*Rector in Engelmanswilr sancti Cosme*, 1441 (Vautrey, *Lib. marc.* 26). — *S. Gosman*, 1576 (Speckel). — *S. Cosman*, 1579 (rôle de Guewenheim). — Au xve siècle, Saint-Cosme ou *Engelmanswiller* formait une paroisse du décanat du Sundgau (Lib. marc.). — Dép. de la mairie d'Angeot. — Pendant la Révolution, ce village faisait partie de la c^{ne} de Belmagny.

SAINT-CÔME, anc. f. entre Bergheim et Guémar. — *S. Cosman*, 1576 (Speckel).

SAINT-CONRAD, c^{ne} d'Ammerschwihr. — *In banno Ammerswilr bi sant cůnrat... ze sant Cůnrat vor Sygoltzhein*, 1328 (urb. de Pairis).

SAINT-CORNEILLE, anc. chapelle sur la montagne dite *Cornelyberg*, à Murbach. — *Capelle sancti Cornelii*, 1335 (Als. dipl. II, 151). — *S. Cornelien Halden*, 1453 (cart. de Murbach).—*Saint-Corneille* (Cassini).

SAINT-DANIEL (QUARTIER DE), dépendance du Puix (c^{on} de Giromagny). — Ancienne mine d'argent.

SAINT-DIÉ (RUISSEAU DE), en allem. DIETELSBACH, ruiss. et source, c^{nes} de Katzenthal et d'Ingersheim. — *Ad S. Deodati fontem*, 1114 (Grandidier, *Hist. d'Als.* p. j, II, 218). — *Vf sant Thiedoltzbach... sant Deodatzbach*, 1328 (urb. de Pairis). — *Ze ôngershein bi Sant Dyedatzbach*, 1371 (reg. de Saint-Martin). — *Zuo sant Diedatzburne*, 1407 (cens. de la camerene de Munster).

SAINT-DIZIER, en allem. SANCT-STÖRIGEN, c^{on} de Delle.

— *Ad montem, cujus nunc vocabulum est Sancti Desiderii*, vers 672 (Actes de Saint-Dizier, Trouillat, *Monum.* I, 56). — *Cum basilica ubi S. Desiderius in corpore quiescit*, 728 (Als. dipl. I, 9). —*Basilicæ videlicet sancti Desiderii et sanctæ Susannæ*, 913 (*ibid.* 111). — *Advocatus Sancti Desiderii*, 1150 (Trouillat, *Monum.* I, 316). — *Willermus, plebanus de Sancto Desiderio et Johannes vicarius ejus*, 1232 (*ibid.* I, 525). — *Daz torf ze Sant Sthôrgien*, 1303 (*ibid.* III, 63). —*Sant Sterie... sant Steire... sant Stire.... sant Stere*, 1394 (urb. des pays d'Autr.). — *Saint Desier*, xve siècle (urb. de Froide-Fontaine). — Paroisse du décanat de l'Ajoye (alm. d'Als. de 1783).

Chef-lieu d'une mairie déjà citée en 1303, *meyertvon ze Sant Sthôrgien* (Trouillat, *Monum.* III, 63). — Cette mairie dépendait de la seigneurie de Delle et comprenait : Beaucourt, Croix, Fêche-l'Église, Lebetain, Montbouton, Saint-Dizier-le-Bas ou val de Saint-Dizier, Saint-Dizier-le-Haut et Villars-le-Sec.

SAINTE-AFFRE, chapelle sur le *Sanct-Affraberg*, c^{ne} de Hirtzbach, près de laquelle se trouve une source qui est le but d'un pèlerinage fréquenté par les enfants malades. Ancienne église paroissiale de Hirtzbach-le-Haut. — *Rector sancte Afre in Hirtzbach*, 1441 (Vautrey, *Lib. marc.* 20).

SAINTE-AFFRE, ancienne chapelle à Grussenheim. — *Sant Aferen phat*, 1376 (rôle de Grussenheim).

SAINTE-ANNE, anc. chapelle à Colmar. — *Gegen sant Annan am Graben*, 1363 (Curios. d'Als. I, xi).

SAINTE-ANNE, chapelle, c^{ne} de Rädersheim (Cassini).

SAINTE-ANNE, chapelle, c^{ne} de Sigolsheim.

SAINTE-ANNE, chapelle, c^{ne} de Soultz (Dépôt de la guerre et Cassini).

SAINTE-BARBE, chapelle à Altenach. — *Cappellanus sancte Barbare*, 1441 (Vautrey, *Lib. marc.* 21). — *Altkirch* (Dépôt de la guerre).

SAINTE-BARBE, chapelle à Hattstatt et à Vögtlinshofen (Cassini).

SAINTE-BARBE, chapelle aux Hautes-Huttes, à Orbey.

SAINTE-BARBE, anc. mines à Sainte-Marie-aux-Mines et à Auxelles-Haut.

SAINTE-BOULE (CHAMPS DE), canton du territ. de Fréland.

SAINTE-BRIGITTE (RUISSEAU DE), c^{ne} d'Éguenigue.

SAINTE-CATHERINE, ancienne chapelle près de Soultz. — *Bey Sant Catherinen*, 1542 (urb. de la comm^{rie} de Soultz).

SAINTE-COLOMBE, ancienne église qualifiée d'emplacement de la paroisse dans l'ancien cadastre, entre Fessenheim et Blodelsheim, et dont le nom s'est conservé dans le «*Columbawäldele*». — *S. Clum.*

1576 (Speckel). — *Sainte-Colombe* (Cassini).— *Sainte-Colombe* (Kriegs Theatr. carte).

Sainte-Croix, ancienne chapelle et ermitage à Saint-Hippolyte (Cassini).

Sainte-Croix, chapelle très-anc. à Seppois-le-Haut.

Sainte-Croix, chapelle et pèlerinage sur le Sonnenberg, au-dessus de Wihr-au-Val. — Voy. Saint-Martin.

Sainte-Croix-aux-Mines, en allemand Sanct-Kreuz-im-Lebenthal, c^{on} de Sainte-Marie-aux-Mines, primitivement ch.-l. de canton. —*Sant-Crütze*, 1441 (urb. de Ribeaupierre). — Paroisse du décanat de Schelestadt (alm. d'Als. de 1783). — Dép. du baill. de Saint-Dié en Lorraine.

Sainte-Croix-en-Plaine, en allemand Heilig-Kreuz, c^{on} de Colmar, primitivement du c^{on} de Rouffach. — Abb. de femmes, fondée sur le territ. de Woffenheim par les parents du pape Léon IX et soumise directement au Saint-Siége. Cette abbaye fournissait la rose d'or que les papes décernaient chaque année, le dimanche de *Lætare*, à des personnes couronnées. — *Ecclesiam patris mei Hugonis*, 1050 (Als. dipl. I, 163). — *Monasterium Sanctæ Crucis*, 1074 (Trouillat, *Monum.* I, 189). — *Monasterium Sancte Crucis Woffenheim*, 1092 (Grandidier, *Hist. d'Als.* p. j, II, 158). — *Wohferneheim et sancta crux, quod solvit rosam auream*, 1192 (Muratori, *Antiq. ital.* V, 876). —*Sanctam Crucem oppidum destruxit*, 1250 (Ann. de Colmar, 16). — *Videlicet dem heiligen Crutze*, 1251 (Als. dipl. I, 406). — *Abbatissa de S. Cruce*, 1279 (Ann. de Colmar, 80). — *Crucem quoque Sanctam cum propugnaculis expugnabant*, 1298 (ibid. 174). — *Sigillum civitatis Sancte Crucis*, 1349 (abb. de Ste-Croix). — *Der apptissin vnn dem Cappitel gemeinlich des Closters in der Stat zem heilgen Crüze*, 1416 (ibid.). — Paroisse du décanat de *citra Rhenum* (Lib. marc.). — Anc. château, *das Schloss und Stettlin zum heiligen Creutz*, 1512 (Als. dipl. II, 449). — Léproserie ou *Gutleuthaus*. — *By dem gütten husz*, 1484 (abb. de Sainte-Croix). — *Guthleuthenhaus*, 1721 (ibid.).—Anc. hôpital. — *Gestorben in dem spital*, 1588 (reg. des décès de la commune).

Anc. alleu des comtes d'Eguisheim, plus tard fief de l'évêché de Strasbourg, Sainte-Croix forma en dernier lieu un bailliage avec Ensisheim, sous le titre de «bailliage d'Ensisheim et Sainte-Croix.»— *Le département de Sainte-Croix*, 1690 (abb. de Sainte-Croix). — Voy. Ensisheim.

Sainte-Gertrude, chapelle dans un vallon derrière Wettolsheim, reste de l'ancien village d'Altdorf.

Saint-Éloy, anc. chapelle près de Bretten (Cassini). —*S.-Loi*, 1576 (Speckel).

Saint-Éloy, anc. chapelle, reste de l'ancien village de Hammerstatt (Cassini).

Sainte-Madeleine, anc. ermitage près de Vieux-Thann. — *Herm. de la Magdelaine* (Cassini).

Sainte-Marguerite, anc. chapelle à Wittenheim. — *Capellam S. Margarete*, xe siècle (Grandidier, *Hist. d'Als.* p. j, II, 74).

Sainte-Marie-aux-Mines, en allemand Markirch, ch.-l. de canton, arrond. de Colmar. — *Sancta Maria*, 1078 (Grandidier, *Hist. d'Als.* p. j, II, 143). — *Markirch*, 1441 (urb. de Ribeaupierre). — *Fanum S. Mariæ* (Als. ill. IV, 290). — *Sancta Maria ad Fodinas* (Baquol).

Avant la Révolution, la ville était divisée en deux parties par la Liepvrette ou Landbach : l'une d'elles était de langue allemande et dépendait de la seigneurie de Ribeaupierre, dont elle formait un bailliage avec Fertru, Saint-Blaise, Échery, Surlattes et Petite-Lièpvre; l'autre était de langue française et appartenait à la Lorraine.

Les deux paroisses de la ville, savoir: Saint-Louis, pour la partie Alsace, et Sainte-Madeleine, pour la partie Lorraine, dépendaient du décanat de Schelestadt (alm. d'Als. de 1783). — Couvent de cordeliers, fondé en 1617.

Sainte-Odile, anc. chapelle à Chavannes-les-Grands.

Sainte-Odile, chapelle près de Heimersdorf, portant le millésime de dcccccxxxviii (*sic*).

Sainte-Odile, chapelle à Hundsbach, qui servait anciennement d'église paroissiale à Hundsbach et aux neuf villages qui en dépendaient.

Sainte-Odile, anc. chapelle près de Rouffach. —*Sainte-Odille* (Cassini).

Sainte-Odile, anc. église près de la léproserie, à Thann. — *Siechen-haus samt Sant Odilien Kirchen*, 1766, cit. ann. 1402 (Kleine Thann. Chron. 23). — *Fangt man an die alte Sant Odilien Capell an dem gewesten Siechenhaus abzubrechen*, 1762 (*ibid.* 63).

Sainte-Polona, anc. chapelle sur le Bollenberg, d'après la Revue d'Als. de 1859, p. 53.

Saint-Erhard, anc. chapelle de l'hôpital à Ensisheim. — *Sant Erhard*, 1584 (Mercklen, *Hist. d'Ensish.* II, 190).

Saint-Erhard, ancienne chapelle à Massevaux. — *Sant Erhardts Kappel... sanct Erhardts spittal*, 1568 (terr. de Massevaux).

Saint-Erhard, anc. chapellenie à Thann. — *Bona Capellanie hospitalis*, 1470 (reg. de Saint-Amarin).

Saint-Erhard, h. c^{ne} de Kaysersberg.

Saint-Étienne, anc. chapelle près de Rouffach (Cassini).

Sainte-Walbourg, chapelle au Helgenbrunn, c^{ne} de Leymen.

SAINT-FRIDOLIN, anc. chapelle entre Hartmannswiller et Bollwiller. — *Sant Fridelin* (Cassini). — *Sanct Fridelinus* (anc. cadastre). — Voy. SANCT-FRIDOLIN-BACH.

SAINT-GAL, anc. chapelle près d'Orschwihr. — *In banno ville de Alswilr, prope capellam Sancti Galli,* 1292 (Trouillat, *Monum.* II, 521). — *Capelle Sancti Galli,* 1335 (Als. dipl. II, 151).

SAINT-GANGOLPHE, h. chapelle et fontaine, c^{ne} de Lautenbach : voy. *Alsatia* de 1858-1860, p. 258. — *S. Gan.* 1576 (Speckel). — *S. Gengoff* (Cassini).

SAINT-GENEZ, chapelle et f. c^{ne} d'Orbey.

SAINT-GENEZ, source près de Chèvremont (Rev. d'Als. II, 482).

SAINT-GEORGES, en allemand BEIM RITTER S. GEÖRG, anc. chapelle à Francken.

SAINT-GEORGES, ancienne chapelle près de Soultz, reste du village d'Alschwiller. — *Sancto Georgio,* 1288 (Trouillat, *Monum.* II, 453). — *Zu Sant Jœrgen,* 1407 (urb. de la comm^{rie} de Soultz). — *Capellanus in Alswilr Sancti Georgii,* xve siècle (Lib. marc.). — *S. Jorg,* 1576 (Speckel). — *S. Jörg,* 1644 (Merian, *Top. Als.* carte). — Voy. sur la butte Saint-Georges, la Revue d'Als. IV, 159.

SAINT-GEORGES, ancienne église dont les ruines existent encore sur un monticule près de Ligsdorf. — *Uor Sant Gerien,* 1330 (reg. Lucell.). — *Kirchen zue Sankt Geörgen,* xvie siècle (Als. ill., IV, notes, 77).

SAINT-GEORGES, f. c^{ne} d'Ensisheim, reste de l'ancien village de Bowoltsheim. — Ancienne chapelle. — *Cappellanus sancti Georii in Bowoltzhein,* 1441 (Vautrey, *Lib. marc.* 15).

SAINT-GEORGES, anc. mine à Giromagny.

SAINT-GEORGES, vign. c^{ne} de Bergheim.

SAINT-GERMAIN, c^{ne} de Fontaine. — *Capellam S. Germani in Castro,* xe siècle (Grandidier, *Hist. d'Als.* p. j, II, 76). — *S. German,* 1579 (rôle de Guewenheim). — Relevait de la seigneurie de Rougemont. — Voy. CHÂTELET, c^{ne} de Saint-Germain.

SAINT-GERMAIN ou BRUDERHÄUSLE, source et anc. ermitage, c^{ne} de Wiedensohlen. — *Eccl. S. Germani in sylva nostra Widensal,* 1650 (Nécrol. de Pairis). — *Saint-Germain, hermit.* (Cassini).

SAINT-GILLES, en all. SANCT-GILGEN, f. c^{ne} de Wintzenheim. — Ancien prieuré. — *Zû Gylgen burne,* 1389 (urb. de Marbach). — *S. Gilg,* 1576 (Speckel). — *Sanct-Gilgen,* 1662 (Bern. Buechinger). — *Saint-Gile,* xviiie siècle (Kriegs Theatr. carte). — Cour colongère. — *Sant-Gylien,* xive siècle (Stoffel, *Weisth.* 179). — Cette cour avait un ban particulier.

SAINT-GOMBERT, ancien nom d'une source à Bühl. — *Sanct Gumbrechts burne,* 1453 (cart. de Murbach).

SAINT-GRÉGOIRE. — Une famille s'intitulait de ce nom. — *Henricus de S. Gregório,* 1222 (Als. dipl. I, 349). — Voy. MUNSTER.

SAINT-GUILLAUME, anc. mines à Giromagny et à Sainte-Marie-aux-Mines. — Voy. ÉCHERY.

SAINT-HIPPOLYTE, en allemand SANCT-PILT, c^{on} de Ribeauvillé. — Anc. église fondée sur le territ. d'Orschwiller : voy. AUDALDOVILARE. — *Audaldovillare ubi sanctus Ipolitus requiescit,* 777 (Grandidier, *Égl. de Strasbourg,* p. j, II, 125). — *Signum Ottonis, presbiteri de Sancto Ypelito,* xiie siècle (Revue d'Als. de 1859, p. 563). — *Sanctum Hippolitum,* 1250 (Als. dipl., I, 403). — *Sanpült,* 1269 (*ibid.* 466). — *Villam Sancti Ypolyti,* 1287 (Ann. de Colmar, 126). — *Oppidum Sanctum Ypolitum,* 1316 (Als. dipl. II, 120). — *Sand Bölten,* 1351 (*ibid.* 202). — *Saincte-Ypolith... Saincte Polieth,* 1365 (*ibid.* 246). — *Sanct Pullit... statt Sanct Pult,* 1369 (*ibid.* 257-258). — *S. Pildt,* 1592 (Hertzog, *Chron. Als.* liv. V, 125). — *Ville de Saint-Hypolite,* 1680 (Ordonn. d'Als. I, 124). — Paroisse du décanat de Schelestadt (alman. d'Als. de 1783). — Bailliage lorrain. — *Bailliage de Saint-Hyppolite,* 1694 (Ordonn. d'Als. I, 274). — Cour colongère dont la marche s'étendait depuis le sommet des Vosges jusqu'à la Blind et depuis le Strengbach jusqu'à la Liepvrette (Stoffel, *Weisth.* 249).

SAINT-JACQUES, ancienne mine, c^{ne} de Sainte-Marie-aux-Mines.

SAINT-JEAN, f. c^{ne} d'Ensisheim, reste de l'anc. village de Machtolsheim. — Anc. chapelle. — *S. Johann,* 1576 (Speckel). — *S. Ian,* 1644 (Merian, *Top. Als.* carte).

SAINT-JOOS ou SANCT-JOOS, anc. chapelle à Colmar.

SAINT-JOST, anc. chapelle près de Pfaffenheim (Cassini).

SAINT-LÉGER, en allem. SANCT-LUCKHART, h. c^{ne} de Manspach. — *Rector sancti Lùggeri prope Altenach,* 1441 (Vautrey, *Lib. marc.* 21). — *S. Glückhard,* 1562 (reg. des préb. de Mulhouse). — *S. Cliquert* (anc. cadastre). — *S. Lucar,* 1576 (Speckel). — Paroisse du décanat du Sundgau (Lib. marc.). — Dép. de la mairie de la Largue.

SAINT-LÉGER, en allemand SANCT-GLÜCKERN, vill. détruit dont il n'existe plus qu'une chapelle entre Hirtzbach et Carspach. — *Decima villae S. Lütgeri... in banno S. Lùtgeri,* 1160 (Trouillat, *Monum.* II, notes, 25-95). — *In villa sancte Lukere,* 1232 (Mone, *Zeitschrift,* IV, 222). — *Saint-Léger* (Cassini). — Au xve siècle, paroisse du décanat du Sundgau (Lib. marc.). — Cours colongères. — *Dinghof zu Sant-Lükart,* 1354... *Sant-Lückers Dünckhof,* 1448 (Stoffel, *Weisth.* 18 et 20).

Saint-Léon, ancienne chapellenie à Sainte-Croix-en-Plaine. — *Sant leons capplan*, 1416 (abb. de Sainte-Croix).

Saint-Léonard, anc. chapelle au-dessous de Schauenberg, c^{ne} de Pfaffenheim, près de laquelle existait autrefois un couvent de femmes. — *Anno 1258 verbran das frowen closter zu sanct Lienhart bey Pfaffenheim* (Mat. Berler, 21). — *S. Lien.* 1576 (Speckel). — *Saint-Léonard* (Cassini).

Saint-Léonard (Étang de), à Romagny (c^{on} de Massevaux).

Saint-Louis, c^{on} d'Huningue. — Érigé en commune, en 1793, sous le nom de *Bourglibre*. Le nom de Saint-Louis lui fut donné lors de la Restauration, du nom d'une ancienne chapelle qui avait existé antérieurement en ce lieu. — *Saint-Louis*, xviiie siècle (Atlas géogr.).

Saint-Marc, couvent, c^{ne} de Gueberschwihr, fondé par le roi Dagobert, brûlé en 1101 et restauré en 1105 (Mat. Berler, 15-20). — *Abpt zu sanct Marx, ganant sanct Sigmundt*, cit. ann. 960 (*ibid.* 11). — *Cellam S. Marci*, 1178 (Als. dipl. I, 267). — *Claustrum S. Marci devastavit*, 1298 (Annales de Colmar, 176). — *Monaster. S. Marci, quod in districtu Rubiacensi prope Geblisvilre in montanis situm est*, 1299 (Mone, *Zeitschrift*, VI, 426). — Une communauté de femmes était établie près de ce couvent. — *Die closterfrowen der Meckte Zell*, cit. ann. 1181 (Mat. Berler, 17). — *Monasterium olim monialium S. Marci prope Castrum nostrum Egesheim*, 1338 (Als. dipl. II, 160). La supérieure prenait le titre de : *Meisterin des claustiers zu sanct Marx, do man spricht der Megden-cell* (Grandid. Œuvres inéd. I, 144). — Anciennement *Saint-Sigismond* (Als. ill. III, 514). — Dép. du décanat de Marckolsheim (alm. d'Als. de 1783).

Saint-Marc, anc. chapelle près de Riedisheim, reste de l'anc. vill. de Leibersheim. — *Zû löbretzheim gelegen, by sant Marx, stosset vff die Cappell*, 1489 (terr. de Saint-Alban). — *By Sanct Marx*, 1556 (reg. des préb. de Mulhouse). — *Bei Sanct Marxen Cappellen*, xviie siècle, cit. ann. 1486 (Mülhauser Gesch. 162).

Saint-Marc, anc. chapelle, c^{ne} de Saint-Amarin. — *Capelle consecrate in honore beati Marci, prope oppidum S. Amarini, in loco dicto am houwenstein*, 1342 (reg. de Saint-Amarin).

Saint-Martin, anc. église et cimetière entre Oltingen et Rädersdorf. — *In ecclesia S. Martini de Oltingen*, 1334 (Trouillat, *Monum.* III, 436).

Saint-Martin, tuilerie, c^{ne} de Petit-Landau. — Église détruite dont il ne reste que les fondations et anc. cimetière. — *Saint-Martin*, 1576 (Speckel).

Saint-Martin, chapelle à Grandvillars.

Saint-Martin, église et anc. ermitage sur le cimetière d'Ensisheim. — *Eccles. sancti Martini extra-muros*, 1435 (Mercklen, *Hist. d'Ensish.* II, 66). — *Saint-Martin* (Cassini).

Saint-Martin, anc. chapelle près de Wihr-au-Val. — *Capellam sancti Martinj sitam infra terminos parrochie de wilre*, 1234 (Rev. d'Als. II, 234). — *Saint-Martin*, 1576 (Speckel).

Saint-Maurice, anc. chapelle près de Sigolsheim. — *Capellam S. Mauritii sitam in Sigolzheim*, 1222 (Als. dipl. I, 349). — *Cujusdam capellæ Sigoltshemensis in colle sitæ*, 1222 (Trouillat, *Monum.* I, 487). — *Supra fontem prope curiam et capellam S. Mauricii*, 1279 (Annales de Colmar, 78). — *Sanctissimus papa Leo capellam superioris curie in Sigoltzheim in honore S. Mauritii et al. sanct. consecravit*, 1312 (Grandidier, Œuvres inéd. II, 58). — Voy. Oberhof.

Saint-Maximin, en allemand Sanct-Schmasmann. — Anc. chapelle et pèlerinage près de Guémar. Cette chapelle ayant été détruite pendant la Révolution, le pèlerinage a été transféré dans l'église paroissiale.

Saint-Michel, anc. chapelle près de Guebwiller. — *Von der Rinckmuren biss zû der kü Cappele vnd zû dem querichgesselin*, 1453 (cart. de Murbach). — *Capell... ob der Burg Angrädt, zu Ehren des heiligen Ertzengels Michaelis gebauwen, in welcher die Grädter undt obere Thäler giengten*, 1725, cit. ann. 1164 (Mossmann, *Chron. Gueb.* 8).

Saint-Michel, anc. chapelle dont il ne reste que les ruines au-dessus d'Escheltzheim, c^{ne} de Rixheim. — *Zu Sanct Michel*, 1544 (reg. des pres. de Mulhouse).

Saint-Morand, h. c^{ne} d'Altkirch. — Prieuré fondé en 1106. — *Monasterium Altichica*, 1107 (Trouillat, *Monum.* I, 228). — *Rudolphus prior de Altechilchen*, 1144 (*ibid.* II, 709). — *Chuono prior de Altichilcha*, 1184 (Als. dipl. I, 281). — *Nos C. prior de Altkilch, Cluniacensis ordinis*, 1287 (Trouillat, *Monum.* II, 450). — *Monasterium sanctorum Morandi et Christophori in Altkirchen*, 1289 (*ibid.* 477). — *S. Möränt*, 1576 (Speckel).

Saint-Morand (Petit), en allemand Klein Sanct-Morand, anc. prieuré de l'ordre de Cluny, à l'entrée de la vallée, derrière Ribeauvillé; il dépendait de celui d'Altkirch (Als. ill. IV, 263, et V, 350).

Saint-Morand, fontaine à Gildwiller.

Saint-Nicolas, chapelle, c^{ne} d'Aspach-le-Haut.

Saint-Nicolas, chapelle près de Bartenheim (Cassini).

Saint-Nicolas, anc. chapelle, c^{ne} d'Ottmarsheim. — *Bei Sant Niclauss Cappellen*, 1630 (cens. d'Ottmarsheim).

Saint-Nicolas, anc. chapelle à Réchésy. — *Chapelle Monsieur Saint Nicolas*, 1582 (terr. de S‑Ulrich).

Saint-Nicolas, anc. chapelle, c^{ne} de Rimbach (c^{on} de Massevaux).

Saint-Nicolas, anc. chapelle, c^{ne} de Soultz. — *Bei Sant Claussen*, 1542 (urb. de la comm^{rie} de Soultz).

Saint-Nicolas, en allemand Sanct-Claus, anc. chapelle près de Soulzmatt. — *Hinder sant Clausen kapell im obern tall*, 1453 (reg. de Soultzmatt).

Saint-Nicolas, anc. chapelle, c^{ne} de Zässingen.

Saint-Nicolas, anc. mines à Giromagny et à Sainte-Marie-aux-Mines.

Saint-Nicolas-des-Bois, en allemand Sanct-Claus im Wald, autrefois Belval ou Bellevaux, h. c^{ne} de Rougemont. — Prieuré de l'ordre de Citeaux, fondé en 1193. — *Odone abbate de Bella valle*, 1223 (Trouillat, *Monum.* I, 439). — *Ecclesie beati Nicolai de Rubeo monte*, 1234 (*ibid.* II, 712). — *Seint Nicolas dou Bos... li moine de Saint-Nicolas*, 1260 (*ibid.* II, 722). — *Cartæ de Bellevaux*, xvie siècle (*ibid.* II, 712, notes). — *Sant Claus im Waldt*, 1579 (rôles de Guewenheim). — Saint-Nicolas avait un ban particulier.

Saint-Nicolas-Runtz, ruisseau, c^{ne} de Krüth; affluent de la Thur.

Saint-Paul, anciennes mines à Giromagny et à Sainte-Marie-aux-Mines.

Saint-Philippe, h. c^{ne} de Sainte-Marie-aux-Mines. — Bas-Saint-Philippe, anc. mine, *ibid.*

Saint-Pierre, en allemand Sanct-Peter, anc. f. près de Bergheim. — *Jn Sanct Petershoue*, 1369 (Stoffel, *Weisth.* 244). — *S. Pett.* 1576 (Speckel). — *Saint-Pierre et hermitage* (Cassini).

Saint-Pierre, h. c^{nes} de Giromagny et du Puix; anc. mines.

Saint-Pierre, en allemand Sanct-Peter, h. c^{ne} de Lucelle. — Anciennement *Lumschwiller*. — *Allodium apud Lumeswilre*, 1218 (Trouillat, *Monum.* I, 472). — *Lumeswilr*, 1224 (*ibid.* I, 495).

Saint-Pierre-sur-l'Hate (Dépôt de la guerre). — Voy. Surlattes.

Saint-Remy, anc. église près de Hegenheim (Cassini).

Saint-Remy, fontaine à Sainte-Croix-aux-Mines.

Saint-Romain, chapelle près de Reiningen, sur l'emplacement du vill. détruit de Deckwiller.

Saint-Sang, anc. mine, c^{ne} de Sainte-Marie-aux-Mines.

Saint-Sébastien, anc. église près d'Ammerschwihr (Cassini).

Saint-Sébastien, c^{ne} de Pulversheim.

Saint-Sébastien, anc. chapelle à Riedisheim. — *By Sanct Baschions Käppelin jnn Ruedissenn*, 1562 (reg. des préb. de Mulhouse).

Saint-Sébastien, chapelle près de Wattwiller (Cassini). — *Des heiligen Sebastiani Capellen*, 1724, cit. an. 1508 (Mossmann, *Chron. Gueb.* 101).

Saint-Séverin, en allemand Sanct-Grümmen, chapelle, c^{ne} de Bennwihr. — *S. Seueri patroni in Cazwangen*, 1650 (Nécrol. de Pairis). — *In Sant Grümmenveldt*, 1717 (rôle de Sigolsheim). — *Chapelle Saint-Chrême* (Cassini).

Saint-Sigismond, anc. chapelle à Steinbrunn-le-Haut.

Saint-Thiébaut, source à Danjoutin. — *Soub S. Beule*, 1655 (cens. du chap. de Belfort). — *Sous S. Thiébaut* (cad.). — *Fontaine de Saint-Thiébeusse* (Revue d'Als. II, 482).

Saint-Ulrich, c^{on} de Hirsingen. — Ancien prieuré de chanoines réguliers de Saint-Augustin. — *Winethero de Sancto Odalrico*, 1106 (Trouillat, *Monum.* I, 226). — *Ecclesiam sancti Olderici et parrochialia jus*, 1177 (Als. dipl. I, 263). — *In Reinhaldum priorem Sancti Ulrici*, 1208 (Trouillat, *Monum.* I, 446). — *Gerardo priore Sancti Ulrici*, 1237 (*ibid.* I, 547). — *Le preuost de Saint-Oury*, 1266 (*ibid.* II, 165). — *Monasterii sancti Vlrici*, 1289 (*ibid.* II, 471). — *Prieuré Monsieur Saint Ulrich*, 1582 (terr. de Saint-Ulrich). — Prieuré cédé aux jésuites en 1261. — Dép. de la mairie de la Largue.

Saint-Ulrich, l'un des trois châteaux de Ribeaupierre. — *Castrum Rapolczstein inferius, in vulgari Niderburg*, 1371 (Trouillat, *Mon.* IV, 303). — *Die grosse veste Rappoltstein*, 1419 (Als. ill. IV, 260). — *Item die gros vesti Rappoltzstein*, 1440 (Als. dipl. II, 363). — *Vf den trigen Schlessern, hoch Rapolstein, Sant Ulrich und Girsberg*, xve s^e (Als. ill. IV, 260). — Lors du partage de la seigneurie de Ribeaupierre, en 1298, Saint-Ulrich forma avec Girsperg une seigneurie particulière qui comprenait la ville haute de Ribeauvillé, Bergheim, Roderen et Rorschwihr. — Voy. sur la chapelle de Saint-Ulrich, Revue d'Als. de 1860, p. 413.

Saint-Urbain, anc. chapelle sur le Rangen, près de Thann. — *Sant Urbans Capellen an dem Rangenberg*, 1766 (Kleine Thann. Chron. 79).

Saint-Vandrille, chapelle à la Baroche. — *S. Vendrille* (Cassini).

Saint-Vincent, anc. chapelle à Bessoncourt. — *Deuant la chappelle de Saint-Vincent*, 1655 (cens. du chap. de Belfort).

Saint-Wendelin, chapelle près de Burnhaupt-le-Bas (Cassini).

Saint-Wendelin, anc. chapelle à Heywiller.

Saint-Wendelin, anc. chapelle à Niedermorschwihr, d'où est venu le nom de *Wendlingsthal* au vallon où elle se trouvait.

Saint-Wolfgang, chapelle située entre Kappelen et Stetten. — C'est de cette chapelle que la c^{ne} de Kappelen, anciennement Chapellon, a tiré son nom.

Saint-Wolfgang, anc. chapelle près d'Eglingen (Cassini).

Saint-Yves, anc. chapellenie à Eschentzwiller. — *Cappellanus sancti Yfonis*, 1441 (Vautrey, *Lib. marc.* 28). — *Sant Yuer*, 1489 (terr. de St-Alban). — *Sanct Yuons gutt*, 1545 (reg. des préb. de Mulhouse).

Salamon (Au haut de), c^{ne} de Danjoutin.

Salbert (Le), c^{on} de Belfort. — *La forest du Salebert*, 1472 (Revue d'Als. de 1864, p. 535). — *Desoubz Saleberg*, 1474 (urb. de Froide-Fontaine). — *La cense du Mont* et *les censes du Petit Salbert* (anc. cad.). — Cette commune, toute moderne, a été formée du hameau de *la Forêt* et de maisons éparses sur le bas du versant nord de la montagne du Salbert.

Salchgrube, c^{ne} de Traubach-le-Bas. — *Ze end der salha grůbe... salhengrůben*, 1460 (rôles de Saint-Morand).

Salés (Les), forêt, c^{nes} de Trétudans et de Vourvenans. — *Ez Sallé*, 1686-1786 (inv. des arch. dép. C. 1360).

Salheim wege (Am), c^{ne} de Katzenthal, 1328 (urb. de Pairis).

Sallenwinden, canton du territ. d'Eschentzwiller. — *Zuo allen Winden*, 1631 (terr. d'Eschentzwiller).

Sallwing, canton du territ. d'Oberlarg.

Saltzbach, ruiss. à Metzeral, affl. du Mittlachruntz.

Saltzbrunn, canton du territ. de Carspach.

Saltzbrunnen, sources à Flaxlanden, *Salhbrunnen*, 1548 (urb. de l'hôp. de Mulhouse); à Massevaux, *Saltzprunnen*, 1558 (terr. de Massevaux); à Rixheim, *Saltz Brunnen*, 1544 (reg. des pres. de Mulhouse).

Saltzbrunnen, source à Michelbach-le-Haut. — *Vff den Saltzbrunnen*, 1535 (terr. de Saint-Alban).

Saltzbrünnle, source à Hagenbach. — *Zer Zalczburnen hurst*, 1421 (rôles de Saint-Morand). — *Salzbrunn*, 1614 (Alsatia de 1856-1857, p. 297).

Saltzbrünnle, source à Hochstatt.

Salvermatten et Salverboden, prés à Illzach. — *Vff die Salue matten*, 1552 (terr. d'Illzach). — *Salveymatten*, 1561 (reg. des préb. de Mulhouse).

Salveygarten, canton du territ. de Guémar (anc. cad.).

Sambach, ruisseau à Bergheim. — *Sandbach* (inv. des arch. de Bergheim, p. 16).

Samelsmühle, mⁱⁿ, c^{ne} de Metzeral.

Sametenwinckel, canton du territ. de Colmar. — *Jn semden winckel*, 1475 (reg. des domin. de Colmar).

Sammel, canton du territ. de Riedisheim.

Samstagberg, montagne, c^{ne} de Vieux-Ferrette.

Sanabdines (Les), f. c^{ne} d'Auxelles-Bas. — *Les Senardines* (anc. cadastre).

Sanct-Bilder-Scheidgraben, fossé-ruisseau allant d l'Eckenbach au Thannenkircherbach.

Sanct-Claus im Wald, h. — Voy. Saint-Nicolas-des Bois.

Sanct-Columban, source à Gueberschwihr. — *A Strůt wege zu Sant Columban bornen*, 1487 (urb de Marbach).

Sanct-Cosman, c^{ne}. — Voy. Saint-Côme.

Sanct-Fridolinbach, ruiss. c^{nes} de Soultz et de Bollwiller

Sanct-Glückern, vill. détruit. — Voy. Saint-Léger.

Sanct-Grümmen, chapelle. — Voy. Saint-Séverin.

Sanct-Imersberg, mont. à Wihr-au-Val et à Günspach — *Sant Ymmersberg*, 1456 (cens. de la cellenie d Munster).

Sanct-Jacobsberg, coll. c^{ne} de Brunstatt.

Sanct-Johann, canton du territ. de Lutterbach.

Sanct-Johannsbrunnen, source à Uberstrass, au pie du Haulenberg, coll. sur le sommet de laquelle s trouve une chapelle de Saint-Jean.

Sanct-Johannsthal, en français Val de Saint-Jean, f c^{ne} de Kaysersberg; anc. couvent de récollets, transféré à Kaysersberg en 1483. — *Saint-Jean*, XVIIIe siècle (Kriegs Theatr. carte).

Sanct-Kreuz-im-Leberthal, c^{ne}. — Voy. Sainte-Croix-aux-Mines.

Sanct-Luckhart, h. — Voy. Saint-Léger.

Sanct-Michels Ban, anc. ban particulier près de Housen. — *Bannus S. Mychahelis, iuxta villam Husen*, 1278-1493 (reg. d'Unterlinden). — *In Sant Michels ban*, 1499 (urb. de Marbach).

Sanct-Morands-Ruhe, chapelle, c^{ne} d'Altkirch. — *Sanct Morands stein*, 1552 (rôles de Saint-Morand, n° 10).

Sanct-Peters-Brünnlen, source, c^{ne} de Habsheim. — *Zu Sanct-Peters Brunnen*, 1517 (reg. des préb. de Mulhouse).

Sanct-Pilt, c^{ne}. — Voy. Saint-Hippolyte.

Sanct-Schmasmann, anc. chapelle. — Voy. Saint-Maximin.

Sanct-Sébastians-Bann, anc. ban particulier à Beblenheim et à Zellenberg. — *In Sanct Sebastians Bann zue Bebelheim*, 1568 (rôle de Zellenberg). — *Sebastians feld* (anc. cadastre). — Voy. Altheim.

Sanct-Störigen, c^{ne}. — Voy. Saint-Dizier.

Sand, c^{nes} d'Ammerschwihr, Guebwiller et Wettolsheim. — *Zů Sande*, 1328 (urb. de Pairis). — *Zesande*, 1453 (cart. de Murbach). — *Zu Sande*, 1488 (urb. de Marbach).

Sandberg, c^{nes} de Kaysersberg et de Kientzheim.

Sandbuckel, éc. c^{ne} de Munster.

Sandmühle, mⁱⁿ, c^{ne} de Colmar.

Sandozville, établissement industriel. — Voy. Fabrique Sandoz-Baudry.

SANDRAIN, c^nes d'Eguisheim, Hirsingen et Pfaffenheim.
SANTORNERFELD, c^ne de Traubach-le-Haut.
SAPPENHEIM, village détruit entre Bantzenheim et Ottmarsheim. — *Sapine cum ecclesia*, xe siècle (Grandidier, *Hist. d'Als.* p. j, II, 79). — *Huoba in Sapenheim*, 1227 (Herrgott, II, 232). — *Das dorf ze Sappenhein*, 1303 (Trouillat, *Monum.* III, 47). — Les dénominations de *Sappenheimer Bann* et de *Sappenheimer Rain* subsistent encore. — *Sabenen ban*, 1476 (urb. de Landser). — *In Sappenheimer Pann*, 1630 (cens. d'Ottmarsheim). — *Sabenbann* (ancien cad.). Au xve siècle, paroisse du décanat de *citra Rhenum* (Lib. marc.).
SAPPEUX (LES), forêts, c^nes de Froide-Fontaine et d'Offemont. — Voy. ESSAPEUX.
SAQUINET, canton des territ. de Mésiré et de Morvillars.
SÄRGEN (IN DEN), canton du territ. de Riquewihr. — *In den Serken*, xive siècle (cens. de Riquewihr).
SARRASIN (ÈS), c^ne de Danjoutin.
SARRAY, c^ne de Suarce.
SARRÉS (LES), c^nes de Chèvremont et de Perouse.
SASHECK, f. c^ne de Sondernach. — *Sassheck* (anc. cad.).
SÄSSERLE, h. c^ne de Breitenbach. — *Seserlen* (Cassini). — *Sösserlein* (tabl. des dist.).
SATTEL, f. c^ne de Stosswihr. — *Satel* (Cassini).
SATTELESE, anc. vill. indiqué, en 1576, sur la carte de Speckel, au sud de Schlierbach. — *Hinder dem gütten lüt hus jn der sattellösi neben an dem eichgraben*, 1489 (terr. de St-Alban). — *Jtem von dem kempser Rein an heruss bitz auf die Landstrass gegen der Sattellöse... von der Hartt rauss, bey der Sattellöse, vnnd ob dem guttlcüt hauss*, 1565 (urb. de Landser).
SATTELKOPF, mont. entre Stosswihr et Mühlbach.
SAUACKER, c^nes de Dornach et de Reiningen.
SAUBACH ou SAUGRABEN, ruiss. c^nes de Jebsheim et de Colmar.
SÄUBURN, c^ne de Thann.
SAUCE ou SAULCE, canton du territ. de Bourogne. — *En la Saulce*, 1655 (cens. du chap. de Belfort).
SAUCE, cantons des territ. de Chèvremont, de Meroux et de Réchésy. — *En la Sausse*, 1655 (cens. du chap. de Belfort). — *En la grosse saulse*, 1582 (terr. de Saint-Alban).
SAUCES (AUX), c^ne d'Urcerey.
SAUCES ou ÉTANG DES SAUSSES, c^ne de Vellescot.
SAUCY ou SAULCY, canton du territ. de Menoncourt — *Au Saulcy*, 1655 (cens. du chap. de Belfort).
SAUCY ou LE SAUSSEY, canton du territ. de Suarce.
SAUCY, canton du territ. de Trétudans. — *Derrier Saulcy*, 1604 (cens. du chap. de Belfort). — *Les Saucets* (cad.).
SAUCY, c^ne de Vétrigne. — *Prés Sausy* (anc. cadastre).

SAUER, c^ne de Fessenheim.
SAUERBODEN, c^ne de Ruederbach.
SAUERRIETHBRUNN, c^ne de Sondernach.
SAUFFANG, c^ne de Wintzenheim.
SAUGRABEN, ruisseau. — Voy. SAUBACH.
SAUKOPF, canton du territ. de Wasserbourg.
SAUKÖPFLE, c^ne de Walbach (c^on de Wintzenheim).
SAULÄGER, c^nes de Baldersheim, Bergheim, Kuenheim et Wittersdorf.
SAULOCH, c^nes de Bettendorf, Brunstatt, Francken, Niedermorschwiller, Sainte-Croix-en-Plaine et Schweighausen.
SAUMAGES (LES), canton du territ. d'Auxelles-Bas.
SÄUMATTEN, c^nes d'Oberlarg, Winckel et Zimmersheim.
SAUPFAD, c^ne de Colmar.
SAUPLÖNLE, c^ne de Feldkirch.
SAURE (CHAMP DU), c^ne d'Auxelles-Haut, 1655 (cens. du chap. de Belfort).
SAURUNTZ, ruiss. à Metzeral, affluent du Mittlachbach.
SAURUNTZ, ruiss. à Sierentz qui va se perdre dans les prairies vers la Hart. Il est formé de plusieurs petits ruisseaux, du nom de *Mühlbach*, venant de Rantzwiller, Kœtzingen, Gutzwiller et Magstatt-le-Haut.
SAUSERMÜHLE, m^in, c^ne de Sausheim. — *Hinder der Sauwischeim mülin*, 1568 (reg. des préb. de Mulh.).
SAUSHEIM, c^ne de Habsheim. — *Sowaneshaim*, 801 (Als. dipl. I, 60). — *Sowinasheim*, 829 (Als. ill. III, 625). — *In Sunckouue Souuenisheim*, 903 (Als. dipl. I, 101). — *Hartlieb. de Souisheim*, 1149 (Trouillat, *Monum.* II, 710). — *Sovwensheim*, 1303 (ibid. III, 48). — *Sauwessheim*, 1549 (Als. ill. II, 467). — *Sobissheim*, 1583-1620 (reg. des fiefs würtemb.). — *Sauwissheim*, xviie siècle (Mülhauser Gesch. 108). — Paroisse du décanat de *citra colles Ottonis* (Lib. marc.). — Chef-lieu d'une prévôté du bailliage inférieur de Landser, comprenant Baldersheim et Battenheim.
SAUSSATTES (AUX), c^ne de Valdieu.
SAUT-DE-LA-TRUITE, cascade au Puix (c^on de Giromagny).
SAUWASEN, c^nes d'Enschingen, Ribeauvillé et Sigolsheim. — *Im Sauwaszen*, 1717 (rôle de Sigolsheim).
SAUWEID, c^ne d'Eguisheim.
SAVAMONT, c^ne. — Voy. SIGOLSHEIM.
SAVOUREUSE (LA), rivière qui prend sa source dans la croupe du Ballon d'Alsace, passe près de Belfort et se jette dans l'Allaine, dans le département du Doubs. — *Sauoureuse*, 1695 (liasse des baux emphyt. du fonds Mazarin).
SAXENMATT, f. c^ne de Ribeauvillé. — *La Sackermatte* (tabl. des dist.).
SCHABIS, f. c^nes de Kingersheim et de Richwiller.
SCHABIS, c^ne de Leimbach.

Schächer (Beim), «la croix du bon larron,» à Aspach-le-Bas, Gueberschwihr, Reiningen, Schlierbach, Uffholtz et Waldighofen.

Schadelburn, c^ne de Dolleren, 1567 (terr. de Mass.).

Schaden (An dem), c^ne de Katzenthal, 1328 (urb. de Pairis).

Schadenburn, c^ne d'Eguisheim, 1424 (urb. de Marbach). — Zû Stadenburnen, 1508 (rôles d'Eguisheim).

Schäferey, ancienne f. à Heimersdorf. — La Bergerie (anc. cadastre).

Schäferhäglen, c^ne de Traubach-le-Bas.

Schäferhof, canton du territ. de Schlierbach.

Schäferhof, f. c^ne d'Aspach-le-Haut. — Schäferhof zue Erbenheim, mit hauss, etc. vff dem Ochssenveld, 1581 (urb. de Thann). — La Chafferhof (Cassini). — La Bergerie (anc. cadastre).

Schäferhof, f. c^ne de Kembs.

Schäferhültzle, c^ne de Bernwiller.

Schäferie (La), canton du territ. de Montreux-Vieux.

Schäferthal, vallon, et Schäferthalrain, chaume, c^ne de Metzeral. — Voy. Notre-Dame-de-Schäferthal.

Schäffer (Auf dem), canton du territ. de Riedisheim. — Jm Scheffert, 1582 (reg. des préb. de Mulhouse).

Schäfferhärtle, canton du territ. de Wittersdorf.

Schäffert et Schäffertfirste, f. et mont. c^ne de Krüth. — Schauffret (Dépôt de la guerre). — Schaffert Melckerei (anc. cadastre).

Schäffertruntz ou Chèvregoutte, ruiss. c^ne de Krüth; affluent du Glasserruntz.

Schaffhause, canton du territ. de Sainte-Marie-aux-Mines (anc. cadastre).

Schaffnat (Gross-), c^ne. — Voy. Chavannes-les-Grands.

Schaffnat (Klein-), c^ne. — Voy. Chavanatte.

Schalleren, c^ne de Stosswihr.

Schalm ou Chalm, mont. c^nes de Felleringen et d'Oderen.

Schalmruntz ou Schalmenruntz, ruiss. c^ne d'Oderen.

Schamgraben, c^ne de Waldighofen.

Schämm ou Schemme, c^ne d'Aspach-le-Bas.

Schämm, c^ne de Buetwiller. — An der Schemmen... Scham, 1421 (rôles de Saint-Morand).

Schämm, c^nes d'Enschingen et de Spechbach-le-Bas. — An der Schemme, 1421 (rôles de Saint-Morand).

Schämm, c^ne de Moosch. — In der Schemen... Schemmaten, 1550 (urb. de St-Amarin).

Schämm, c^ne de Rimbach. — Am Schem, 1567 (terr. de Massevaux).

Schämm, canton du territ. de Balschwiller. — Auf die Schämen, 1629 (rôle de Balschwiller). — Schemme (cad.).

Schämm, cantons des territ. d'Eguisheim et de Wettolsheim. — An der Schemin, 1433... Am Scheme, 1488 (urb. de Marbach).

Schämm, canton du territ. d'Eschentzwiller. — An der Scham, 1548 (urb. de l'hôp. de Mulhouse).

Schämm, canton du territ. de Grussenheim. — In den Schemmen... Schammen, 1373 (rôle de Grussenh.).

Schämm, canton du territ. de Riedisheim. — In der Schame, 1495 (reg. de Saint-Alban). — Jm Schemacker, 1563 (urb. de l'hôp. de Mulhouse).

Schanckenstein, c^ne de Sentheim. — Am zschanckenstein... Zanckenstein, 1568 (terr. de Massevaux).

Schanckerberg ou Tschanckerberg, c^ne de Michelbach.

Schandara, c^ne de Burbach-le-Haut.

Schantz, canton du territ. de Habsheim.

Schantz, anc. redoute à Niffer et à Petit-Landau.

Schäntzel, maison forestière, c^ne de Roderen (c^on de Ribeauvillé).

Schäntzelwörth, c^ne de Sentheim. — Am Zschänselwördte... Zantzelwördt, 1568 (terr. de Massevaux).

Schäntzle, nom qu'ont conservé les redoutes élevées par les Suédois, pendant la guerre de Trente ans, près de Wattwiller (Rev. d'Als. IV, 565).

Schäntzle, enceinte formée par un fossé d'une étendue considérable sur le sommet de la mont. entre Rantzwiller et Steinbrunn-le-Bas. — Cette position dominait, d'un côté, la route romaine de Larga à Kembs, par Hohkirch, et, de l'autre, les établissements de Steinbrunn. — Voy. Taufsteinbrunn.

Schäntzle, cantons des territ. de Hundsbach et de Willer.

Schäntzle (Beim), canton des territ. de Colmar et de Wettolsheim.

Schäntzlen (Im), c^ne de Cernay.

Schäntzlenloch, caverne dans la mont., c^ne de Mörnach.

Schantzmatt, c^ne de Murbach. — Schanczmatte, 1453 (cart. de Murbach).

Schantzwasen, canton du territ. de Stosswihr. — Schangwaszen (Cassini).

Scharfrichtershaus, anc. maison du bourreau, près d'Huningue.

Scharley (Im), cantons des territoires de Blotzheim et de Schlierbach. — Vff das Scharly, 1489 (terr. de Saint-Alban).

Scharmeyen (Nieder- et Ober-), c^ne de Roderen (Thann).

Scharstrengen (In den), c^ne de Grussenheim, 1373 (rôle de Grussenheim).

Scharte (In der), canton du territ. de Riedisheim. — Jn der Scharten, 1548 (urb. de l'hôp. de Mulhouse).

Schartenacker, canton du territ. de Bettendorf.

Schartenacker, canton du territ. de Herlisheim. — Schartenacker, 1490 (urb. de Marbach).

Schautz, f. c^ne de Lucelle.

Schattenberg, mont. c^ne de Kirchberg.

Schatz (Im), c^nes de Brunstatt et de Bühl. — In den Scheczen, 1453 (cart. de Murbach).

SCHAUENBERG, f. c^{ne} de Dolleren. — Voy. NOTRE-DAME-DE-SCHAUENBERG.

SCHAUENBERG, c^{ne} de Niedermorschwihr. — *Vnder dem Schöwenberg wege*, 1328 (urb. de Pairis).

SCHAUFFERT, canton du territ. de Heywiller.

SCHEDELERSBÜHL, nom d'un canton du territ. de Sainte-Croix-en-Plaine, en 1312. — *Schedelers bvhele* (abbaye de Sainte-Croix).

SCHEELENBACH, ruiss. c^{ne} d'Isenheim.

SCHEFFELACKER, c^{ne} de Fülleren.

SCHEFFELBACH, c^{ne} de Massevaux, 1568 (terrier de Massevaux).

SCHEFFERSTEIN, c^{ne} de Rimbach, 1567 (terrier de Massevaux).

SCHEFFHART (DURCH DEN), canton du territ. de Soultzmatt, en 1453 (urb. de Marbach).

SCHEIBLINGEN, canton du territ. de Soultzmatt. — *Schöberlingen*, 1278-1493 (reg. d'Unterlinden). — *Am Schiblinge*, 1453 (reg. de Soultzmatt). — *An den Schybeling weg*, 1489 (urb. de Marbach).

SCHEIDBERG, c^{ne} de Sentheim. — *Am Scheidtberg*, 1568 (terr. de Massevaux).

SCHEIDELRAIN, c^{ne} d'Ossenbach.

SCHEIDGRABEN, fossé entre Bergheim et Guémar.

SCHEIDWEG, c^{nes} de Hattstatt et de Traubach-le-Haut. — *Obend dem Schede wege*, 1488 (urb. de Marbach).

SCHELBEL, c^{ne} de Sondernach.

SCHELLBACHRAIN, canton du territ. de Ranspach-le-Haut.

SCHELLENBERG, mont. c^{ne} de Felleringen.

SCHELLENBERG, coll. c^{ne} de Willer (c^{on} d'Altkirch).

SCHELLENKÖNIG, c^{ne} de Turckheim.

SCHELLENMUNG, f. c^{ne} de Sultzeren. — *Chalemuns* (Cassini).

SCHELLENRAIN, cantons des territ. de Hagenthal-le-Bas et de Hagenthal-le-Haut.

SCHELLENSCHLEIF, c^{ne} de Mollau, 1550 (urb. de Saint-Amarin).

SCHELMACKER, cantons des territ. de Bennwihr, Katzenthal et Obermuespach.

SCHELMEN (HAUT- et BAS-), canton du territ. de Heywiller.

SCHELMENBODEN, canton du territ. de Hochstatt. — *Jm Schelm*, 1548 (urb. de l'hôp. de Mulhouse).

SCHELMENGASS, canton du territ. de Mittelwihr.

SCHELMENGRABEN (BY DEM), canton du territ. de Gundolsheim, en 1531 (rôle de Gundolsheim).

SCHELMENKOPF, f. c^{ne} de Ribeauvillé.

SCHELMENPFAD, sentier, c^{ne} de Rixheim.

SCHEMEL (DER), c^{ne} de Berrwiller, 1453 (cart. de Murbach).

SCHEMMENBACH, SCHEMBACH ou SCHEMMENRUNS, c^{ne} de Moosch, 1550 (urb. de Saint-Amarin).

SCHENCKENWÜST, anc. chapelle à Guebwiller. — *Vnd was die Capell sanct Nicolavs cappel yr luitkirch*, 1162 (Mossmann, *Chron. Gueb.* 400). — *In disz thal zue vnszer lieben frauwen Cappel in Schenckenwust genandt*, 1445 (ibid. 63 et 423). — *Sancti Nicolai Capell, alwo absonderlich die Mueter Gottes verehret wird*, 1724, cit. ann. 1164 (ibid. 8).

SCHENGEBRAND, c^{ne} de Sondernach.

SCHERACKER, c^{ne} de Bernwiller.

SCHERBIGLÄNDER et SCHERBIGMATTEN, canton du territ. de Heywiller.

SCHERLENTZGRUND ou SCHERLETZGRUND, canton du territ. de Kiffis.

SCHERMATT, c^{nes} de Mittelmuespach, Sigolsheim et Wittersdorf. — *Schermaussmatten*, 1717 (rôle de Sigolsheim).

SCHERRER (AM), c^{ne} de Pfetterhausen.

SCHIBMATTEN, c^{ne} de Lutter.

SCHIEBACH, ruiss. à Stosswihr, affl. de la Petite-Fecht.

SCHIEFERETSCH, c^{ne} de Ligsdorf et de Sondersdorf. — *Schifferätsch* (anc. cadastre).

SCHIEFERKOPF, mont. c^{ne} de Lautenbach.

SCHIESSENRAIN, canton du territ. de Steinbrunn-le-Haut.

SCHIESSLOCH, h. c^{ne} de Metzeral.

SCHIESSROTH, cantons des territ. de Metzeral et de Mühlbach.

SCHIFF, c^{ne} de Mittelwihr.

SCHIFFMATTEN, c^{ne} de Mühlbach.

SCHIFFMÜHLE, anc. m^{in} sur bateau, c^{ne} d'Huningue.

SCHILBENACKER, c^{ne} de Hirtzbach.

SCHILCKMATT, c^{ne} de Brunstatt.

SCHILD (IM), réunion de fours à plâtre, c^{ne} de Zimmersheim. — *An dem Schiltberg*, 1290 (reg. de St-Léonard). — *Jm Schildt*, 1563 (reg. des préb. de Mulh.).

SCHILD, c^{nes} de Dirlinsdorf, Massevaux, Reiningen, Steinbrunn-le-Haut et Thann. — *Am Schilt*, 1568 (terr. de Massevaux). — *Vinee site am Enchenberck dicte der Schilt*, 1342 (reg. de Saint-Amarin).

SCHILDBRÜNNLEN, source, c^{ne} de Habsheim.

SCHILDGRABEN, c^{ne} de Colmar. — *By dem Schiltgraben*, 1475 (reg. des domin. de Colmar).

SCHILDMATTEN, f. c^{ne} de Sultzeren. — *Scheildmatt* (Cassini).

SCHILLIG, h. c^{ne} de Thannenkirch.

SCHILLINGSGRABEN, c^{ne} de Hagenbach. — *An dem Schillinges graben* (rôles de Saint-Morand).

SCHILLINGWEYER, étang, c^{ne} de Seppois-le-Bas.

SCHIMBERG, mont. c^{ne} de Bühl. — *An dem Schunberg*, 1314 (Mossmann, *Chron. Gueb.* 408). — *Scheinberg*, 1445 (ibid. 423). — *Am Schünberg*, 1453 (cart. de Murbach). — *An dem Schüneberge*, 1453 (reg. de Soultzmatt).

Schimmebächle, ruiss. formant limite entre Hindlingen et Strueth et se jetant dans la rigole d'alimentation. — *In der Schimenbach*, 1615 (terr. de Strueth).

Schimmel, canton des territ. de Heidwiller et de Hirtzbach.

Schimmel, f. et m. de campagne, c^{ne} de Massevaux.

Schimmelhau, c^{ne} de Wuenheim.

Schimmelmatt, c^{ne} de Geishausen, 1550 (urb. de Saint-Amarin).

Schimmelmatten, canton du territ. de Linsdorf.

Schimmelrain, coll. à Guebwiller. — *Schimelrein*, 1453 (cart. de Murbach).

Schimmelrain, coll. à Hartmannswiller, où l'on trouve des restes de fondations romaines, des débris de poteries, de tuiles, etc. (Voy. Als. ill. III, 159). — *Vff dem Schimmelrein*, 1438 (urb. de la comm^{rie} de Soultz).

Schimmelritt, canton du territ. de Dietwiller. — *Schimmelrith*, 1766 (livre terrier d'Eschentzwiller).

Schindacker, c^{nes} d'Aspach et d'Illzach.

Schindelbach, ruiss. c^{ne} de Lautenbach-Zell. — *Jn die Schindelbach*, 1453 (cart. de Murbach).

Schindelrück, mont. à Felleringen et à Oderen.

Schindelstein, c^{ne} de Niederbruck. — *Am Schindelstein*, 1568 (terr. de Massevaux).

Schindelthal, ruiss. c^{ne} de Soultz.

Schinderacker, c^{nes} de Schlierbach et de Winckel.

Schinderbrünnle, c^{ne} de Hochstatt.

Schindergasse, c^{ne} de Hagenbach.

Schinderhag, cantons des territ. de Dornach et de Niedermorschwiller.

Schinderhöltzlen, canton du territ. de Spechbach-le-Bas.

Schinderwald, c^{nes} de Reiningen et de Schweighausen.

Schinderweg, c^{ne} de Ballersdorf.

Schindlach : c'est le nom de la Lauch à Merxheim, Gundolsheim, Herlisheim et Sainte-Croix-en-Plaine. — *By den Schendelachen*, 1453 (cart. de Murbach). — *Im Schintlach... Die Schintlache*, 1475 (reg. des domin. de Colmar). — *Schindlachbach* (carte hydrographique).

Schirbach, f. c^{ne} de Sultzeren.

Schirbächel, c^{ne} de Willer (c^{on} de Thann).

Schirhof, c^{ne} d'Oderen.

Schirm (Oberen- et Niederen-), f. c^{nes} de Burbach-le-Haut et de Massevaux. — *Am Schürm*, 1568 (terr. de Massevaux).

Schirmach, c^{ne} de Dolleren. — *In Shyrmach... Schürmach*, 1567 (terr. de Massevaux).

Schirmattruntz, ruiss. c^{ne} de Saint-Amarin.

Schirrhag, c^{ne} de Saint-Ulrich.

Schlangägerten, c^{ne} de Hundsbach.

Schlangen, c^{nes} de Flaxlanden et d'Obermorschwiller.

Schlangenacker, c^{ne} de Riespach.

Schlangenbach, anc. mⁱⁿ à Lautenbach-Zell. — *Zû Schlangenbach, sege vnd mülin*, 1459 (cart. de Murbach).

Schlangengässle, c^{ne} de Colmar.

Schlangengiesen, bras du Rhin à Heiteren.

Schlangengraben, ruiss. c^{ne} de Traubach-le-Haut.

Schlangenjuhrten, c^{ne} de Kappelen.

Schlangenloch, c^{ne} de Seppois-le-Haut.

Schlangenmatten, c^{nes} de Niedermuespach et de Schweighausen.

Schlangenrain, c^{nes} de Hombourg et de Wittelsheim.

Schlangensprung, c^{ne} de Buschwiller.

Schlangenthal, vallée à Soultzbach.

Schlangenwald, c^{ne} de Rammersmatt.

Schlangenweyer, c^{ne} de Dirlinsdorf.

Schlangenwinckel, c^{ne} d'Eguisheim.

Schlatt, canton du territ. de Munwiller. — *Zuhet dorch den slatte*, 1490 (urb. de Marbach).

Schlatt, canton du territ. de Pfaffenheim.

Schlatt, canton du territ. de Turckheim. — *Am Slatten*, 1422 (reg. des domin. de Colmar). — *Am Slatt*, 1456 (reg. de la cellenie de Munster).

Schlatt, canton du territ. de Wentzwiller.

Schlatt, c^{nes} de Traubach-le-Bas et de Traubach-le-Haut. — *Jm Schlat*, 1421 (rôles de Saint-Morand). — *Jnn der Schlat*, 1548 (urb. de l'hôp. de Mulh.).

Schlatten (Im), c^{ne} de Dolleren. — 1567 (terr. de Massevaux).

Schlattermättlen, c^{ne} de Murbach.

Schlechtenberg, coll. c^{ne} de Rixheim.

Schlechtenhart, canton du territ. de Turckheim. — *Slechtenhart*, 1407 (cens. de la camerene de Munster). — *Slettenhart*, 1278-1493 (reg. d'Unterlinden).

Schlechtwinckel et Schlechtwinckelblüdene, c^{ne} de Bendorf.

Schleckmatten, c^{ne} de Thann.

Schleidenburg, coll. c^{ne} de Geispitzen. — *Am Schlödinger*, 1521 (reg. des préb. de Mulhouse).

Schleif, f. c^{ne} de Sultzeren. — *By der sleyff*, 1456 (cens. de la cellenie de Munster).

Schleif, glissoire pour la descente des sapins au bas de la montagne, c^{ne} de Bitschwiller. — *Bei der Schleiffen*, 1550 (urb. de Saint-Amarin).

Schlestadt (Décanat de). — Le décanat ou archiprêtré de Schlestadt, dépendant du diocèse de Strasbourg, comprenait les paroisses de Saint-Blaise, Sainte-Marie-aux-Mines, Sainte-Croix-aux-Mines, Saint-Hippolyte et Lièpvre (alm. d'Als. de 1783, p. 52).

Schletzenburg, canton des territ. de Cernay et de Steinbach. — *Zů dem gemerck genant der Slettstein*, 1467 (cart. de Murbach).

Schleye (Auf der), cant. du territ. de Wihr-en-Plaine.

Schleyenmühle, m^{in}, c^{ne} de Soultz. — *Schielmühl* (carte hydrog.).

Schlierbach, c^{on} de Landser. — *Heinricus de Slierbach*, 1221 (Trouillat, *Monum.* II, 40). — *Incurato in Slierbach*, 1286 (*ibid.* 421). — Paroisse du décanat d'*inter colles* (Lib. marc.). — Anc. château, qui, d'après la tradition, aurait été converti en maladrerie, ainsi que semble le prouver le nom de *Maltzengarten* conservé à son emplacement. — *... burge, die man do nemet Slierbach*, xve siècle (Trouillat, *Monum.* IV, 149). — Prévôté du bailliage supérieur de Landser. — Lieutenance des eaux et forêts dépendant de la grande maîtrise d'Ensisheim, 1694 (Mercklen, *Hist. d'Ensisheim*, II, 305).

Le ruisseau de Schlierbach prend sa source dans le ban de Steinbrunn-le-Bas et se perd dans les terres, au-dessous du village.

Schlife, aiguiserie, c^{ne} de Mitzach.

Schlifels, h. c^{ne} de Felleringen. — *Schlifel* (Dépôt de la guerre).

Schlifmühle, m^{in}, c^{ne} de Rouffach. — *In der Slyff*, 1489 (urb. de Marbach).

Schlifmühle, m^{in}, c^{ne} de Steinbrunn-le-Bas.

Schlimmgrub, c^{nes} de Bergheim et de Guémar. — *An der Schöilmengrüben*, 1475 (reg. des domin. de Colmar).

Schlincken (Im), c^{ne} de Weegscheid, 1567 (terrier de Massevaux).

Schlittberg, coll. c^{ne} de Schlierbach. — *Am Schlytberg*, 1544 (reg. des pres. de Mulhouse).

Schlittenhubel, c^{ne} de Brunstatt.

Schlittweg, chemins, c^{nes} de Battenheim, Bernwiller, Burnhaupt-le-Haut, Colmar, Enschingen, Sainte-Croix-en-Plaine et Turckheim. — Supra *Slittiweg*, 1259 (Mone, *Zeitschrift*, II, 321). — *Slitweg*, 1421 (rôles de Saint-Morand). — *Slitweg*, 1484 (abb. de Sainte-Croix). — *Slitwege*, 1328 (urb. de Pairis).

Schlitzberg, coll. c^{ne} de Fislis. — *Ze dem Slitzberge*, 1297 (Trouillat, *Monum.* II, 645).

Schlitzgraben, canton du territ. de Steinbrunn-le-Haut.

Schlitzpfad, c^{ne} d'Appenwihr. — *Vff dem Slitzpfade*, 1489 (terr. de Saint-Alban).

Schlofstreng, c^{nes} de Schwoben et de Tagsdorf.

Schloss, en français le Château, m. de campagne et f. c^{ne} de Hombourg. — *Sucrerie* (Dépôt de la guerre).

Schloss, m. isolée, c^{ne} de Michelbach.

Schloss, f. c^{ne} d'Oberhergheim. — *Château d'Oberherckeim* (Cassini).

Schloss, établissement industriel, c^{ne} de Staffelfelden. — *Hofelden* (Cass.). — *Château* (Dépôt de la guerre).

Schlossberg, f. c^{ne} de Massevaux.

Schlossberg et Schlossmatt, f. c^{ne} de Munster.

Schlossberg, vign. c^{nes} de Katzenthal, Kientzheim et Thann.

Schlosshof, quartier à Altenach.

Schlossmatt, f. c^{ne} de Wasserbourg.

Schlossmoos, c^{ne} de Steinbrunn-le-Haut.

Schlossmühle, m^{in}, c^{ne} de Bergheim, près de Reichenberg.

Schlossweg, anc. chemin d'Eschentzwiller à Hombourg, primitivement au château de Butenheim.

Schlossweyer, étang, c^{ne} de Traubach-le-Haut.

Schlucht (Col de la), c^{ne} de Stosswihr. — *In der Schluocht*, 1407 (cens. de la camerene de Munster).

Schluck (Hinter der), c^{ne} de Sainte-Croix-en-Plaine.

Schlück (Le Bas- et le Haut-), en allemand Unterschlück et Oberschlück, f. c^{ne} d'Aubure. — ? *In der Slutten*, 1475 (reg. des domin. de Colmar). — *Le Chelocq* (Cassini).

Schlücklin, canton du territ. d'Eguisheim. — *Im Schlickhlin... Schlückhlin*, 1682 (rôles d'Eguisheim).

Schlumgraben, c^{ne} de Gommersdorf.

Schlummacker, c^{ne} de Falckwiller.

Schlumpfgesick, ruiss. c^{ne} de Dolleren.

Schlung, canton du territ. de Bendorf.

Schlung, canton du territ. de Breitenbach. — *In dem Slunde*, 1407 (censier de la camerene de Munster).

Schlung, c^{ne} de Carspach. — *Vff den Schlunt*, 1421 (rôles de Saint-Morand).

Schlung, forêt, c^{ne} de Saint-Amarin.

Schlungbächile, ruiss. c^{ne} de Sondernach.

Schlunggraben, c^{ne} de Lutterbach.

Schlupfwald, c^{ne} de Katzenthal.

Schluraff, f. c^{ne} de Ligsdorf. — *Schlourhaff* (Cassini).

Schlüssel, mont. c^{ne} de Soultz.

Schlüsselacker, c^{ne} de Wentzwiller.

Schlüsselberg, anc. nom d'une coll. à Habsheim. — *Zem Slüsselberge sub fonte*, 1284 (cens. de Saint-Alban).

Schlüsselmatt, c^{ne} de Wolschwiller.

Schlüsselstain, c^{ne} d'Urbès, 1550 (urb. de Saint-Amarin).

Schlüsselstein, rocher, c^{ne} de Ribeauvillé.

Schmalenbach, nom d'un ruiss. à Eguisheim, en 1488 (urb. de Marbach).

Schmalenthal, vall. et ruiss. à Ossenbach. — *Schmalendan*, 1453 (reg. de Soultzmatt).

Schmalersberg, c^ne de Neuwiller.
Schmalholtz, forêt, c^ne de Holtzwihr.
Schmalrain, c^ne de Weegscheid.
Schmelenacker, c^ne de Dieffmatten. — *Schmählinacker* (cadastre).
Schmeltze, en français la Fonderie, h. c^ne de Bitschwiller.
Schmeltze, en français la Fonderie, h. c^ne de Metzeral.
Schmeltzmatt, c^ne d'Oberbruck, 1567 (terr. de Massevaux).
Schmeltzwasen, h. c^ne de Stosswihr. — *Schmeltzwassen* (Cassini).
Schmeracker, c^ne de Sentheim, 1568 (terr. de Massevaux).
Schmerfeld, c^ne de Rouffach.
Schmerhag, c^ne de Michelbach-le-Haut, 1537 (terr. de Saint-Alban).
Schmerleibe (In der), c^ne de Heywiller, 1489 (terr. de Saint-Alban).
Schmerweg, c^ne de Dieffmatten et de Manspach. — *Am Smerwege*, 1421 (rôles de Saint-Morand).
Schmetterling, cant. du territ. de Soppe-le-Bas.
Schmidenberg, montagne, c^ne de Saint-Amarin. — *Am Schmidtberg*, 1550 (urb. de Saint-Amarin). — *Schmiedberg* (Engelhardt, *Wand. Vog.* 23).
Schmiedel (Die), en franç. la Forge, f. c^ne de Sultzeren.
Schmittacker, c^nes de Hesingen, Köstlach, Mühlbach, Strueth, Willer (c^on d'Altkirch).
Schmitte (Bei der), c^ne de Kembs. — *Prope fabricam*, 1284 (cens. de Saint-Alban).
Schmitthübel, cant. du territ. de Ligsdorf.
Schmittireben, c^ne de Neuwiller.
Schmittlé, c^ne de Courtavon.
Schmittlesmühle, m^in, c^ne de Metzeral.
Schmittmatt, c^ne de Burbach-le-Haut, 1568 (terr. de Massevaux).
Schmittomen, c^ne de Grussenheim.
Schmittsloch, c^ne de Felleringen.
Schmittsmatt, anc. f. à Stosswihr (Cassini).
Schmittswald, c^ne de Dieffmatten.
Schnaller, cant. du territ. de Hirtzbach.
Schnappahnen-Lager ou Camp des Chenapans, vaste enceinte de fossés, renfermant un grand nombre de tumulus, dans la Hart, c^nes de Battenheim et de Baldersheim.
Schnappahnenweg, anc. chemin à Blotzheim, venant de Colomonis et rejoignant la route impériale n° 66, entre Dreihäuser et Haberhäuser. — *Oben am Senabhanen weg* (anc. cadastre).
Schnapsacker, dépendance de Linthal. — *Schnepracher* (Cassini).

Schneckenacker, c^nes de Baldersheim, Colmar, Heimersdorf, Ligsdorf, Sierentz et Vieux-Ferrette.
Schneckenberg, coll. à Bartenheim et à Blotzheim. — *Am Sneggenberge*, 1290 (reg. de Saint-Léonard). — *Der Schneckenberg*, 1568 (urb. de Landser). — D'après la tradition, la Haute Chasse (der fürig Jäger) s'y fait entendre de temps à autre.
Schneckenberg, coll. à Lucelle et à Roderen (c^on de Thann).
Schneckenbrunnen, canton du territ. d'Aspach. — *Zu Schneckenburg*, 1520 (reg. Lucell.).
Schneckenfurch, c^ne de Folgensbourg.
Schneckenrain, c^nes de Burbach-le-Bas et de Merxheim.
Schneckenrod, canton du territ. d'Eguisheim. — *Am Snecken rode*, 1389 (urb. de Marbach).
Schneckensprung, c^ne de Rorschwihr.
Schneckenthor, c^ne de Kientzheim.
Schneeplatz, c^ne de Sainte-Marie-aux-Mines.
Schnegelberg, c^ne d'Ingersheim, 1475 (reg. des domin. de Colmar).
Schneide, canton du territ. de Turckheim. — *An Sneyte*, 1407 (cens. de la camerene de Munster).
Schneidenbach, ruiss. c^ne de Mühlbach; affluent du Luttenbächle.
Schneideruntz, c^ne de Sultzeren.
Schneidholtz, forêt, c^ne de Bergheim. — *Schnaizberg*, 1627 (*Alsatia* de 1856-1857, p. 335).
Schneiget, h. c^ne de Stosswihr. — *Schneiten* (Cassini).
Schnellenbühl, canton du territ. de Wittersdorf.
Schnellenweg, chemin à Blotzheim (anc. cadastre).
Schnepfenplon, c^ne de Biesheim.
Schnepfenrieth, anc. f. c^ne de Sondernach. — *Schnepefeunrieth* (Cassini).
Schneppenstangen, cantons des territ. de Baldersheim et de Niffer.
Schneulinsgarten, anc. cour à Eguisheim où se tenaient les plaids de la colonge de Girsperg. — *Vff dem hoff, jn Snewlins gartten*, 1508 (Stoffel, *Weisth.* 166).
Schniderling, canton du territ. de Neuwiller.
Schnierlach, c^ne. — Voy. Poutroye (La).
Schnokenbrünnle, source, c^ne de Wintzenheim.
Schofacker, c^nes de Biederthal, Habsheim, Köstlach et Oltingen.
Schofberg, coll. c^ne de Rixheim. — *Jm Schoffberg*, 1522 (reg. des préb. de Mulhouse).
Schofberg, vign. c^ne de Zimmersheim.
Schofböden, c^ne de Wentzwiller.
Schöffach, canton du territ. de Colmar. — *Die Scheffach... Schaffat*, 1441 (urb. de Ribeaupierre). — *Im Schöffach*, 1475 (reg. des domin. de Colmar).
Schöffelweg, c^ne de Traubach-le-Bas. — *Vff den Schöffelwege... in dem Schöfftelin*, 1421 (rôles de Saint-

Morand). — *Vff den Schöfflinsweg*, 1548 (urb. de l'hôp. de Mulhouse).

SCHOFLACHEN, c^{nes} de Helfrantzkirch et de Stetten.

SCHOFLITT, c^{nes} d'Eguisheim, Wettolsheim et Wintzenheim. — *An der Schofliten*, 1441 (urb. de Marbach). — *An der Schaiffluten*, 1487 (ibid.). — *An der Schofflyt*, 1488 (ibid.). — *Schoffleid* (anc. cad.).

SCHOFMATT, c^{nes} d'Aspach-le-Bas, Feldbach et Ligsdorf.

SCHOFSCHÜR, anc. f. c^{ne} de Riespach. — *Grange au mouton* (Cassini).

SCHOFSCHWENCKE, c^{nes} de Bendorf et de Seppois-le-Bas.

SCHOFWEG, c^{ne} de Bergheim.

SCHOLGENBURG, vign. c^{ne} de Berrwiller.

SCHOLIS, f. c^{ne} de Lucelle. — *Chals*, 1136 (Trouillat, *Monum.* I, 263). — *Scholitz*, 1580 (Wurstisen, *Basl. Chron.* 61).

SCHOLLACKER, c^{nes} de Cernay, Reiningen et Schweighausen.

SCHÖNBÄUMLEN, c^{ne} de Sigolsheim. — *Bi dem Schônen bôumelin*, 1328 (urb. de Pairis).

SCHÖNBRUNN, canton du territ. de Hindlingen. — *By dem Schönennburnenn*, 1548 (urb. de l'hôp. de Mulh.).

SCHÖNEICHLENWEYER, c^{nes} de Dirlinsdorf et de Liebsdorf. — *Schöneichenweyer*, 1658 (reg. Lucell.).

SCHÖNENBERG, c^{nes} d'Orschwihr et de Rammersmatt.

SCHÖNENBERG, f. c^{ne} de Sondersdorf. — *Grange Schönenberg* (Cassini). — Anc. château. — *Castro Schonenberc*, 1271 (Trouillat, *Monum.* II, 206).

SCHÖNENBERG, vignoble à Riquewihr et à Zellenberg. — *Schönenberg*, xive siècle (cens. de Riquewihr). — *Am Schönerberg*, 1441 (urb. de Ribeaupierre). — *Ann Schonnenberg*, 1568 (rôle de Zellenberg).

SCHÖNEN BÖSWICHT (IN DEM), c^{ne} de Schlierbach. — 1489 (terr. de Saint-Alban). — *Im Boesswicht* (anc. cadastre).

SCHÖNENBURCH (MOULIN DE), c^{ne} de Hagenthal-le-Bas.

SCHÖNENBÜHL, c^{nes} de Dolleren et de Sewen. — *Am Schönen puchel*, 1567 (terr. de Massevaux).

SCHÖNENFURTH, c^{ne} de Jebsheim. — 1475 (reg. des domin. de Colmar).

SCHÖNENKLANG, anc. f. à Breitenbach. — *Schönenklanck* (Cassini).

SCHÖNENSTEINBACH, h. c^{ne} de Wittenheim. — Ancien couvent de femmes. — *Das wirdig gotshus ze Schonsteinbach*, 1396 (Als. dipl. II, 297). — *Monasterium sancte Brigide de Schoenensteinbach*, ord. S. Augustini, 1397 (ibid. 301-302). — Schönensteinbach avait un ban particulier.

SCHÖNENWÖRTH, canton du territ. de Colmar. — *Ze Schönenwert*, 1371 (reg. de Saint-Martin).

SCHÖNMATT, f. c^{ne} de Rimbach. — *Schöne math*, 1567 (terr. de Massevaux).

SCHÖNMATT, c^{ne} de Sondernach. — *Schöne matte*, 1456 (cens. de la cellenie de Munster).

SCHÖNRUNTZ, ruiss. à Linthal, affluent de la Lauch.

SCHÖPFERBACH, c^{ne} de Felleringen.

SCHOPFSBERG, c^{ne} de Sewen, 1567 (terr. de Massevaux).

SCHÖPFY (IN DEN), canton du territ. de Francken.

SCHOPPENACKER, c^{ne} de Largitzen.

SCHOPPENGRÜBEN, c^{ne} de Hagenthal-le-Bas.

SCHOPPENWIHR, m. de campagne, c^{ne} d'Ostheim. — *Jn Schoppwiller*, 1490 (urb. de Marbach). — *Schoppenwihr*, xviiie siècle (Kriegs Theatr. carte). — Au xve siècle, *Schapenwilr* figure comme paroisse du décanat d'*ultra colles Ottonis* (Lib. marc.). — Schoppenwihr avait un ban particulier.

SCHOR, c^{ne} de Reiningen.

SCHORACKER, canton du territ. de Largitzen.

SCHOREN, canton du territ. de Mulhouse. — *Jm Scharenn*, 1558 (reg. des préb. de Mulhouse).

SCHOREN, c^{ne} de Ranspach-le-Bas. — *Jm Schoren*, 1421 (rôles de Saint-Morand). — *Vff dem Schorren*, 1537 (terr. de Saint-Alban).

SCHOREN (AM), c^{ne} de Sentheim. — 1568 (terr. de Massevaux).

SCHORENBERG, canton du territ. de Hirsingen.

SCHORENFELD, c^{ne} de Helfrantzkirch.

SCHORENMATTEN, c^{ne} de Bisel.

SCHORENRAIN, c^{ne} de Rixheim.

SCHORFELD, c^{ne} d'Ensisheim.

SCHORHAG, c^{ne} de Buetwiller, 1629 (rôle de Balschwiller).

SCHORLENGRABEN, c^{ne} de Buschwiller.

SCHORR (AUF DER), c^{nes} de Colmar et de Housen. — *An der Schorre*, 1490 (urb. de Marbach).

SCHOSRAIN, c^{ne} de Kaysersberg. — *Chosen Rhein* (anc. cadastre).

SCHÖSSLEBERG, coll. c^{ne} de Westhalten.

SCHRANCK, nom d'un anc. chemin à Kiflis.

SCHRANCKENFELS, anc. château, c^{ne} de Soultzbach. — *Jo. de Scranckenwels*, 1261 (Als. dipl. I, 432). — *Den von Schranckenfels*, 1339 (ibid. II, 164). — *Schrankenfels*, 1407 (censier de la camerene de Munster). — *Schreckenfelsz*, 1576 (Speckel). — *Schvanckenfelden* (Cassini).

On donne aussi ce nom à une pierre brute qui forme la limite des bans de Soultzbach, Gueberschwihr et Vögtlinshofen. — Le *Schranckenfelsweg* passe sur la limite des forêts de ces deux dernières communes et conduit au Schranckenfels et au Bildstöckle, séparés l'un de l'autre par 25 bornes.

SCHRANNEN (VFF DER), c^{ne} de Bühl, 1394 (cart. de Murbach).

Schnätzmännle, rocher, c^{ne} de Hohroth.
Schrawasen, canton du territ. de Carspach. — *Bi dem Shrûwasen*, 1421 (rôles de Saint-Morand).
Schrehag, c^{ne} de Pfetterhausen.
Schrentzen, canton du territ. de Largitzen.
Schrezelin (Jm), c^{ne} d'Obermorschwihr, 1364 (urb. de la comm^{rie} de Soultz).
Schribersgarten, c^{ne} de Hirsingen.
Schribersmatten, pré qui était donné en jouissance au secrétaire de la mairie, à Balschwiller, à Mulhouse et à Rixheim. — *Jn Schribersmatten*, 1555 (reg. des préh. de Mulhouse).
Schribersnoden, ruiss. c^{ne} de Pfetterhausen. —*Schreibersnodengraben* (carte hydrog.).
Schribersweyer, c^{ne} de Heimersdorf.
Schrindling, c^{ne} de Zimmerbach. — *Am Schründling*, xive siècle (rôle de Zimmerbach).
Schrindlinger (Im), canton du territ. de Willer (c^{on} d'Altkirch).
Schröder (Im), canton du territ. de Sigolsheim.
Schrötel, canton du territ. de Soultzmatt. — *Schrettal*, 1453 (reg. de Soultzmatt). — *Schroteltal... im Schrottental*, 1489 (urb. de Marbach).
Schrötingen, canton du territ. de Riquewihr. — *Predivm quoddam sitvm in Scrotinge*, 1168 (Trouillat, Monum. II, 16). — *Scrolegin*, 1184 (Als. dipl. I, 281). — *Jn Srodinc*, 1267 (abb. de Pairis, C. 4, C. 29). — *Zu Schröttingen*, 1441 (urb. de Ribeaupierre). — *Vineas in Scrötinger* (Curiosités d'Als. II, 216).
Schuepis, forêt, c^{ne} de Hartmannswiller. — *Ein wald heisset Schüppusz*, 1453 (cart. de Murbach).
Schuepis, c^{ne} de Sainte-Croix-en-Plaine. — *Marpachacker im Schuposz*, 1490 (urb. de Marbach).
Schu-Étrées, c^{ne}. — Voy. Uberstrass.
Schuffel, c^{ne} de Wihr-au-Val. — *In der Schufeln*, 1529 (rôle de Wihr).
Schüffelacker, c^{ne} de Blotzheim.
Schuffelrain, canton du territ. de Wentzwiller.
Schuffelrück, mont. à Krüth et à Wildenstein.
Schuffeneck, nom d'un canton rural de la c^{ne} d'Aspach-le-Bas.
Schüffeneck, c^{ne} de Dietwiller. — *Schiffeneck*, 1544 (reg. des pres. de Mulhouse).
Schulacker, canton des territ. de Baldersheim et de Buschwiller.
Schulberg, c^{ne} de Sainte-Marie-aux-Mines.
Schuleracker, c^{ne} de Waldighofen.
Schulergarten, c^{ne} de Spechbach-le-Haut.
Schulermühle, mⁱⁿ, c^{ne} de Guewenheim.
Schulerthal, vall. c^{ne} de Murbach. — *In dem Schülerthal*, 1453 (cart. de Murbach).

Schulgarten, c^{ne} de Sainte-Croix-en-Plaine.
Schulmatten, canton du territ. de Bernwiller.
Schulmeisterboden, c^{ne} de Flaxlanden.
Schultzbach, h. c^{ne} d'Orbey.
Schupferen, c^{ne} de Stosswihr.
Schützenacker, cantons des territ. de Brunstatt et de Hirtzbach.
Schützengraben, c^{ne} de Rouffach.
Schützenmatten, prés, c^{ne} d'Ensisheim.
Schützenmauer, cantons des territ. de Blotzheim, Illzach et Stetten.
Schützenrain, en français Butte des Arquebusiers. — Ce nom se retrouve dans un grand nombre de localités du département. Il désigne une cible et une maisonnette pour les tireurs, placées généralement à peu de distance des habitations. Comme il est, à peu de variantes près, le même partout, il paraît inutile de le répéter. Il suffira de citer quelques anciennes dénominations pour déterminer la date de leur origine : *By dem Schützrein*, 1453, à Soultzmatt (reg. de Soultzmatt); — *Schutzreyn*, 1456, à Wihr-au-Val (cens. de la cellerie de Munster); — *am Schutzrein*, 1475, à Kaysersberg (reg. des domin. de Colmar); — *am Schützreyn*, 1489, à Rouffach (urb. de Marbach).
Schützenplatz, c^{ne} de Landser.
Schützle, c^{nes} de Soultz et de Bühl. — *In das Schúczelin*, 1453 (cart. de Murbach).
Schutzmatt, canton du territ. de Hohroth.
Schwaderlachen, c^{ne} d'Ottmarsheim, 1631 (cens. d'Ottmarsheim).
Schwalbennest, canton du territ. de Metzeral.
Schwalben, coll. à Zillisheim.
Schwalmenbunn, canton du territ. de Wentzwiller.
Schwälmlen (Am), canton du territ. de Mörnach.
Schwalmlöchen, c^{ne} de Brunstatt.
Schwartzach, f. — Voy. Bourse-Noire (La).
Schwartzacker, c^{nes} d'Illzach, Hagenthal-le-Bas, Largitzen, Mulhouse, Riedisheim et Traubach-le-Haut.
Schwartzboden, c^{nes} de Habsheim et de Rixheim.
Schwartze Hart, c^{ne} de Schlierbach.
Schwartzenbach, anc. f. c^{ne} de Bühl. — *Swartzenbach, eine sweige*, 1453 (cart. de Murbach).
Schwartzenbach, ruiss. c^{ne} de Bühl; affl. de la Lauch.
Schwartzenbach, ruiss. c^{ne} de Soultz. — *In der Schwartzenbach*, 1542 (urb. de la commanderie de Soultz).
Schwartzenberg, mont. à Bühl. — *Schwartzenberge*, 1394 (cart. de Murbach).
Schwartzenberg, c^{ne} de Ribeauvillé. — *Schwartzberg* (anc. cad.).
Schwartzenbruck, pont, c^{ne} d'Obermuespach.

SCHWARTZENBURG, anc. chât. près de Munster.— *Usque ad montem, qui appellatur Suuarzimberg*, 823 (cart. de Munster).— *Suarchenberg*, 1261 (ibid.).— *Die vesten Schwartzenberg*, 1396 (Als. dipl. II, 298). — *Jacob Beyer her zu Schwartzenburg*, 1456 (cens. de la cellenie de Munster).
SCHWARTZENGRUND, c^{ne} de Brunstatt.
SCHWARTZENHAG, c^{ne} de Neuwiller.
SCHWARTZENSTOCK, cantons des territ. de Baldersheim, Buschwiller et Dirlinsdorf.
SCHWARTZENTANN, anc. couvent de chanoinesses régulières de Saint-Augustin, dont il ne reste plus que les ruines, au fond de la vallée de Soultzmatt : incorporé au couvent de Schönensteinbach au commencement du XVIe siècle. — *Dedicatum est antiquum oratorium Swarcendan in honore beate Marie virginis*, 1124 (Trouillat, *Monum.* III, 666). — *Schwartzindanii chorus monasterii consecratur*, 1214 (Annales de Colmar, 6). — *Claustrum Schwartzin devastavit*, 1298 (ibid. 176). — *In monasterio monialium in Nigro Pino ordinis sancti Augustini*, 1487 (Als. dipl. II, 426). — *Schwartz Dan*, 1576 (Speckel).
SCHWARTZENWAND, c^{ue} de Willer (c^{on} de Thann).
SCHWARTZHOHR et SCHWARTZHOHRRAIN, canton des territ. de Helfrantzkirch et de Jettingen. — *Zum Schwartzen horn... am Schwartzen hohreyn*, 1540 (terr. de Saint-Alban).
SCHWARTZHÜRSTLE, c^{nes} de Balgau et de Fessenheim.
SCHWÄRTZIG, c^{ne} de Bergheim.
SCHWARTZKOPF, mont. à l'est du Tännichel, c^{ne} de Ribeauvillé.
SCHWARTZMATTEN, c^{nes} de Heimersdorf, de Schwoben et de Walheim.
SCHWARTZ MOÑASS, c^{ne} de Balschwiller.
SCHWARTZ RHEINLACHSTRUETH, c^{ne} de Colmar.
SCHWEBELBRUNN, source, c^{ne} de Rixheim.
SCHWEBELHURST, canton du territ. de Burnhaupt-le-Bas.
SCHWEBELMATT, c^{ne} de Michelbach.
SCHWEBELRITTENEN, canton du territ. de Village-Neuf.
SCHWEFELMATT, c^{nes} de Pulversheim et de Traubach-le-Haut.
SCHWEIBACH, ruiss. c^{ne} de Fislis.
SCHWEIBACH, ruiss. c^{ne} de Moosch.
SCHWEIBERG, coll. c^{ue} de Bouxwiller.
SCHWEIG, c^{ne} de Herlisheim.
SCHWEIGGARTEN, c^{ne} de Murbach.— *Sweiggarten*, 1453 (cart. de Murbach).
SCHWEIGHAUSEN, c^{on} de Cernay.— *Apud Suuecose*, 1251 (urb. de Froide-Fontaine). — *Scweichusen*, 1271 (Trouillat, *Monum.* II, 205). — *Suueighausen*...

Schweichusen, 1333 (ibid. III, 424-425). — *A Suecouse*, 1413 (urb. de Froide-Fontaine). — *Die Vestung Schweighausen*, 1580 (Wurstisen, *Basl. Chron.* 431). — Ancien château. — Fief de la seigneurie de Thann. — Après l'organisation de l'intendance d'Alsace, Schweighausen a fait partie du baill. d'Ollwiller.
SCHWEIGHAUSEN, h. c^{ne} de Lautenbach. — *Sweigkhusen*, 1453 (cart. de Murbach). — *Schwighusz*, 1576 (Speckel). — *Schweighaus*, 1644 (Merian, *Top. Als.* carte). — *Schireghoff* (Cassini).
SCHWEIGHOF, f. c^{ne} d'Altkirch. — *In den Zweikhoue ze Altkilch*, 1347 (Trouillat, *Monum.* III, 602). — *In dem Schweikhoff*, 1349 (ibid. 614).
SCHWEIGHOF, anc. f. à Eguisheim et à Hüsseren. — *In dem Sweyghoff*, 1487 (urb. de Marbach).
SCHWEIGHOF, anc. f. c^{nes} de Munwiller et de Rouffach. — *Der hoff genant den Schweickghoff gelegen in Ruffach bann*, cit. ann. 1294 (Mat. Berler, 23). — *Jm Sweickhoff velde*, 1490 (urb. de Marbach). — *Schweighoffen feld* (anc. cadastre).
SCHWEIGHOF, anc. f. c^{ne} de Saint-Amarin. — *Zu vogelbach ist ein hofstat am Schweighoff*, 1550 (urb. de Saint-Amarin).
SCHWEIGHOF, anc. f. à Wuenheim. — *Im Sweickhof*, 1290 (reg. de Saint-Léonard). — *Jm Schweigkhoff*, 1438 (urb. de la comm^{rie} de Soultz).
SCHWEIGKOPF, c^{ne} de Katzenthal.
SCHWEIGKOPF, c^{ne} de Manspach. — *Jn dem Sweichof*, 1460 (rôles de Saint-Morand).
SCHWEINBACH, c^{nes} d'Aspach-le-Haut et de Roderen (c^{on} de Thann).
SCHWEINFELD, mont. entre Altenbach et Soultz. — *An ein kopff haisst am Schweinfelldt*, 1550 (urb. de Saint-Amarin).
SCHWEINFURTH, c^{ne} de Lutterbach. — *Schwinfurt*, 1581 (Stoffel, *Weisth.* 99).
SCHWEINGARTEN, vign. c^{ne} de Habsheim.— *In der Swingarte*, 1284 (cens. de Saint-Alban).— *Am Schwynngarten*, 1544 (reg. des pres. de Mulhouse).
SCHWEINGRUB, c^{ne} de Bettlach. — *Zu der Swingrüben*, 1489 (terr. de Saint-Alban).
SCHWEINMATTEN, f. c^{ne} de Griesbach.
SCHWEINSBACH, h. c^{ne} de Stosswihr. — *Sweinsbach*, 1411 (cart. de Munster).— *Sweinspach*, 1456 (cens. de la cellenie de Munster).— *Schweinspach* (Cass.).
SCHWEINSPERUNTZ, ruiss. c^{ne} de Stosswihr.
SCHWEISEL, SCHWEISELFEIL et SCHWEISELWALD, mont. et forêt à Metzeral. — *Schweisenwasen*, 1550 (urb. de Saint-Amarin).
SCHWEITZERSTRASS et SCHWEITZERWEG, anc. route partant de la voie romaine de Milan à Mayence, à la

hauteur de Balgau, et se dirigeant sur Sundhofen, par Dessenheim, Hettenschlag et Appenwihr. — L'anc. cadastre la désigne sous le nom de *Schweitzerstrass* à Dessenheim, et sous celui de *Schweitzerweg* à Appenwihr.

SCHWENCKEL, canton du territ. d'Uffheim. — *Jm Schwenckel*, 1533 (terr. de Saint-Alban).

SCHWENCKEL, vign. c^{ne} de Mittelwihr.—*In dem Swenckel*, 1328 (urb. de Pairis). — *Jn dem Swenkel*, 1407 (cens. de la camererie de Munster).

SCHWENCKENBACH, c^{ne} de Moosch, 1550 (urb. de Saint-Amarin).

SCHWENDACKER, c^{ne} de Traubach-le-Haut.

SCHWENDLIN (Im), c^{ne} de Sewen, 1567 (terr. de Massev.).

SCHWENDMATTEN, c^{ne} de Weegscheid, 1567 (terr. de Massevaux).

SCHWENG, f. c^{ne} de Luttenbach. — *Schwendes mat*, 1339 (Stoffel, *Weisth*. 186). — *Schengen* (Cassini).

SCHWENGEMATTEN, c^{ne} de Traubach-le-Haut. — *Jn der schwende mat*, 1460 (rôles de Saint-Morand).

SCHWERTACKER, canton des territ. d'Eschentzwiller et de Wittenheim.

SCHWERTZ, c^{ne}. — Voy. SUARCE.

SCHWERTZELEN, ruiss. — Voy. SUARCINE.

SCUWICHING, canton du territ. de Gundolsheim. — *In dem Swichinge*, 1453 (cart. de Murbach).

SCHWICHING, c^{ne} de Spechbach-le-Haut. — *Am Swiching*, 1421 (rôles de Saint-Morand).

SCHWICHLING, vign. c^{ne} de Rorschwihr. — *Schweichling* (anc. cad.).

SCHWINENBÜHL, c^{ne} de Massevaux. — *Am Schwinnenpühel*, 1568 (terr. de Massevaux).

SCHWINGELBERG, canton du territ. d'Illfurth.

SCHWITZERWALD, forêts, c^{nes} de Courtavon et de Felleringen.

SCHWOBACKER, c^{ne} de Pfaffenheim.

SCHWOBEN, c^{on} d'Altkirch. — *Swaben*, 1460 (rôles de Saint-Morand). — *Schwoben*, 1576 (Speckel). — *Schwobach* (Als. ill. IV, 93). — Dép. de la mairie du Hundsbacherthal.

SCHWOBENACKER, c^{ne} de Dirlinsdorf.

SCHWOBENSCHLAG, c^{ne} de Sainte-Marie-aux-Mines.

SCHWOBSMATTE, c^{nes} d'Eschbach. — *Swobsmatte*, 1456 (cens. de la cellenie de Munster), et de Michelbach-le-Haut, — *jnn Swabsmatten*, 1535 (terr. de Saint-Alban). — *Schwogsmatt* (cad.).

SCHWOBSTHAL, canton du territ. de Rouffach. — *Jm Swobstal*, 1489 (urb. de Marbach).

SCIERIE (LA), en allem. DIE SÄGE ou SÄGMÜHLE, scieries is. sans nom propre, c^{nes} de l'Allemand-Rombach, Bendorf, Burbach-le-Bas, Dirlinsdorf, Dolleren, Felleringen, Giromagny, Hüssern (c^{on} de Saint-Amarin), Krüth, Lautenbach, Levoncourt, Lièpvre, Ligsdorf, Linthal, Lucelle, Luttenbach, Lutter, Mollau, Moosch, Mühlbach, Murbach, Oberlarg, Oderen, Orbey, la Poutroye, Rädersdorf, Ranspach, Ribeauvillé, Rimbachzell, Sainte-Croix-aux-Mines, Sainte-Marie-aux-Mines, Soultzmatt, Storckensohn, Stosswihr, Uffholtz, Vescemont, Wasserbourg, Wihr-au-Val, Willer (c^{on} de Thann).

SCIERIE (QUARTIER DE LA), h. c^{ne} du Puix (c^{on} de Giromagny).

SCIERIE BOEHLER, c^{ne} de Sondersdorf.

SCIERIE COLIN, c^{ne} du Puix (c^{on} de Giromagny).

SCIERIE COMMUNALE (LA), c^{ne} de Fréland.

SCIERIE DU BAS (LA), c^{ne} du Bonhomme.

SCIERIE DU BAS (LA), c^{ne} de Rimbach (c^{on} de Massev.).

SCIERIE DU BAS (LA), c^{ne} de Willer (c^{on} de Thann).

SCIERIE DU HAUT (LA), c^{ne} de Willer (c^{on} de Thann).

SCIERIE GIRARDIN, c^{ne} d'Orbey.

SCIERIE HAXAIRE, c^{ne} de Fréland.

SCIERIE HERGOTT, c^{ne} de Lautenbach.

SCIERIE KAUFFMANN, c^{ne} de Sondersdorf.

SCIERIE KUNTZMANN, c^{ne} de Lièpvre.

SCIERIE MANNHEIMER, c^{ne} d'Uffholtz.

SEBANATTES, canton du territ. d'Etueffont-Haut. — Ce nom germanisé se retrouve sous la forme de *Zewenett*, *Sebenet*, à Munster.

SEBELEN (IM) ou SEWELEN, cant. des territ. de Fröningen, Hochstatt, Illfurth, etc.

SEDLING, c^{ne} d'Aspach-le-Bas.

SEBLOCH, c^{ne} de Zellenberg.

SEBSCHLATTEN, ruiss. à Stosswihr, affluent du Hundsmissbach.

SEC-PRÉ, c^{nes} de Reppe et de Suarce.

SEDELHOF (AM), c^{ne} de Michelbach-le-Haut, 1535 (terr. de Saint-Alban).

SEE (AUF DEM), c^{nes} de Felleringen et d'Urbès. — *Neben dem Seë*, 1550 (urb. de Saint-Amarin).

SEE (IM), canton des territ. de Berentzwiller et de Mittelmuespach. — *Im Sewe*, 1421 (rôles de Saint-Morand).

SEEBACH, h. c^{ne} de Sewen. — *Vff die Sebach... Sewbach*, 1567 (terr. de Massevaux).

SEEBACH, m. isolée, c^{ne} de Rimbach. — *Hoffstatt zu Seebach*, 1567 (terr. de Massevaux).

SEEBACH ou BELCUENBACH, ruiss. sortant du lac du Ballon et se jetant dans la Lauch au-dessus de Lautenbach-Zell.

SEEBACH, ruiss., sortant du Darensee, c^{ne} de Sultzeren, affluent de la Petite-Fecht.

SEEBACH, ruiss. c^{ne} d'Urbès, affluent de la Thur.

SEEBERG, c^{ne} de Mollau, 1550 (urb. de Saint-Amarin).

SEEBODEN, c^{ne} de Richwiller.

SEEFELD, cⁿᵉ de Bergheim. — *In dem Sewol*, 1475 (reg. des domin. de Colmar).

SEEGRABEN, cⁿᵉ de Hirsingen.

SEEHOLTZ, cⁿᵉ de Mittelmuespach.

SEEKOPF, canton du territ. de Riedisheim. — *Vff dem Seüwkopff*, 1544 (reg. des pres. de Mulhouse). — *Vff dem Seckhopf*, 1582 (reg. des préb. de Mulh.).

SEEKOPF, mont. cⁿᵉ de Rimbach (cᵒⁿ de Massevaux).

SEELACHEN, cⁿᵉ de Bernwiller.

SEELACKER, cant. des territ. de Cernay-Steinbach, de Luemschwiller et de Steinbrunn-le-Haut. — *Jn dem Selacker*, 1460 (rôles de Saint-Morand).

SEELBOURG, forêt et maison de garde, cⁿᵉ de Riquewihr. — *Seelberg* (tabl. des distances).

SEELENBRAIN, coll. cⁿᵉ de Buschwiller.

SEELGRET, canton du territ. de Mittelwihr. — Anc. œuvres de l'église.

SEELGUT, canton du territ. d'Eschentzwiller. — *Neben dem Selgut*, 1548 (urb. de l'hôp. de Mulhouse).

SEELHÄGLEN, cⁿᵉ de Traubach-le-Haut.

SEELOCH, cⁿᵉ de Wittenheim.

SEELWALD, mont. — Voy. SOLMONT.

SEEMATT, cⁿᵉˢ de Hirtzbach et de Largitzen.

SEESATTEL, mont. cⁿᵉ de Wildenstein.

SEESTÄDTLERUNTZ, ruiss. à Metzeral, affl. du Kolbenbach.

SEESTETT, cⁿᵉ de Dolleren. — *In Seestett vnden am Kratzen*, 1567 (terr. de Massevaux).

SEGENKOPF, mieux SÄGENKOPF, mont. cⁿᵉ de Lauw.

SEICHLING, canton du territ. de Guebwiller.

SEILACKER, cⁿᵉˢ d'Eschbach, de Heimersdorf, de Schlierbach.

SEILGRABEN, canton du territ. d'Aspach-le-Bas.

SEILHOF, anc. f. cⁿᵉ de Sausheim.

SEILLER, anciennement *Heiligenholtz*, forêt, cⁿᵉ de Roppentzwiller.

SEIWLEN, canton du territ. de Colmar, cité au xvᵉ siècle. — *Zů dem Sewelin... Zum Sebelin*, 1475 (reg. des domin. de Colmar).

SEIWLEN, canton du territ. de Riquewihr, cité au xivᵉ siècle : *in dem Sewelin* (cens. de Riquewihr).

SEIWLEN, canton du territ. de Sainte-Croix-en-Plaine. — *Sewelin*, 1312... *Süwelin*, 1436 (abb. de Sainte-Croix).

SELBERG, mont. cⁿᵉ de Breitenbach.

SELISMATTEN, cⁿᵉ de Berentzwiller, 1421 (rôles de Saint-Morand).

SELTENMIST, cⁿᵉ de Zimmersheim.

SELTZBACH, cⁿᵉ d'Oberbruck. — *Vff der Seltzbach... im Seeltzpach*, 1567 (terr. de Massevaux).

SELTZERSBACH, ruiss. cᵘᵉ de Sultzeren.

SEMBACH, ruiss. à Riquewihr et à Mittelwihr, affl. de la Haut-Rhin.

Fecht. — *Am Senbach*, 1328 (urb. de Pairis). — *An den Sembach*, 1441 (urb. de Ribeaupierre). — *Im Sempach*, 1568 (rôle de Zellenberg).

SEMBERG, coll. à Illfurth, Luemschwiller et Tagolsheim. — *Am Semberge*, 1421 (rôles de Saint-Morand). — *Jm Senberg*, 1548 (urb. de l'hôp. de Mulhouse).

SEMDT (IM), cantons des territ. de Dirlinsdorf, de Colmar, — *in dem Semden... in dem Semeden...* 1371 (reg. de Saint-Martin), et de Hartmannswiller, — *in dem Semde*, 1453 (cart. de Murbach).

SEMDTMATTENWINCKEL (IM), canton du territ. de Folgensbourg.

SEMETMATTEN, cⁿᵉ de Felleringen, 1550 (urb. de Saint-Amarin).

SEMWALD, forêt, cⁿᵉ de Colmar.

SENAILLE (LA), cⁿᵉ de Vourvenans.

SENCKELSTEIN, anc. pierre de limite entre Hundspach et Willer. — Un plaid landgravial y a été tenu en 1276. — *Presideremus sedi justiciarie provincialis placiti habiti apud Senkelsten juxta Hunspach* (Curios. d'Als. 2ᵉ année, p. 127). — *Von wilre vncz zů dem Senckelstein*, xivᵉ siècle (Stoffel, *Weisth.* 6).

SENDENBACH, h. cⁿᵉ de Mühlbach. — *Sendethenbach*, 1339 (Als. dipl. II, 166). — *Sentenbach zelle*, 1339 (Stoffel, *Weisth.* 189). — *Sendechtenbach*, 1407 (cens. de la camerene de Munster). — *Sendenbach* (Cassini).

SENGEL, cⁿᵉ de Reguisheim.

SENGELBERG, coll. cⁿᵉ de Bruebach. — *Am Singerberg*, 1560 (reg. des préb. de Mulhouse).

SENGELGRABEN, cⁿᵉ de Rumersheim.

SENGEN, canton des territ. de Sainte-Croix-en-Plaine et de Niederhergheim. — *Vor dem Sengohen*, 1312 (abb. de Sainte-Croix). — *Vff das Sengheho... Sengeheho*, 1490 (urb. de Marbach).

SENGEREN, h. cⁿᵉˢ de Lautenbach-Zell et de Linthal. — *In Senre*, 1335 (cart. de Murbach). — *Zu Seinr... Seynr*, 1394 (ibid.). — *Die von Seinre*, 1419 (ibid.). — *Die von Sünre*, 1419 (Als. dipl. II, 335). — *Sengen*, 1576 (Speckel). — *Sengeren*, 1724 (Mossmann, *Chron. Gueb.* 126). — *Sanger* et *Sengeren* (Cassini).

SENGERSHOFF (IN), cⁿᵉ de Sewen, 1567 (terr. de Massevaux).

SENGLEN, cⁿᵉ de Fessenheim.

SENGUENOTTE, cⁿᵉ de Meroux.

SENNHEIM, cⁿᵉ. — Voy. CERNAY.

SENNHÜTTE, f. cⁿᵉ de Heimersdorf. — *Cense des Sennmatten* (anc. cadastre).

SENNY, mont. et forêt, cⁿᵉ d'Oberlarg.

SENTHEIM, cᵒⁿ de Massevaux. — *Rector in Senten*, 1441 (Vautrey, *Lib. marc.* 24). — *Senten*, 1576 (Speckel).

23

— *Sentheim*... *Senten*, 1579 (rôle de Guewenheim). — Paroisse du décanat de Massevaux (alm. d'Als. de 1783). — Dép. de la juridiction du plaid de Guewenheim et en dernier lieu du bailliage de Massevaux.

SEPPOIS-LE-BAS, c^{ou} de Hirsingen, en allemand NIEDERSEPT. — *Sape*, 1256 (Trouillat, *Monum.* I, 639). — *Borquinus de Sapoi*, 1257 (ibid. 649). — *Petrus de Septe*, 1269 (ibid. II, 193). — *La barroiche de Saipoy*, 1370 (ibid. IV, 290). — *Sapois*... *Sappoy*... *Seppoix*, 1582 (terr. de Saint-Ulrich). — *Sept pois* (Cassini). — Paroisse du décanat de l'Ajoye (Lib. marc.). — Ancienne seigneurie et château. — Dans l'organisation de l'intendance, Seppois-le-Bas fit partie du bailliage de Delle.

SEPPOIS-LE-HAUT, c^{ou} de Hirsingen, en allemand OBERSEPT. — Ch.-l. d'une mairie comprenant, en 1303, Bisel, Blent, Largitzen, Orenzach ou Mertzen, Réchésy, Seppois-le-Bas et Uberstrass. — *Daz Meiertũn ze Sept... in daz ampt ze Sept*, 1303 (Trouillat, *Monum.* III, 61). — Plus tard, ce bailliage se trouva réduit au seul village de Seppois et relevait de la seigneurie de Delle.

SEPTEREN, forêt, c^{ne} de Wittersdorf.

SEQUANI, ancien peuple gaulois qui habitait entre la Saône et le Rhin, le Jura et les Vosges, et par conséquent la plus grande partie de la Haute-Alsace (Als. ill. I, 31).

SERMAMAGNY, c^{ou} de Giromagny. — *Surmanmenny*, 1394 (urb. des pays d'Autr.). — *Samermenigny*, 1427 (comptes des seign. de Belfort et Rosemont). — *Surmainmengny*, 1533 (urb. de Belfort). — *Schirmamenga*, 1572 (Mone, *Zeitschrift*, IX, 79). — *Sarmamaigny*, 1655 (cens. du chapitre de Belfort). — Dépendait de la mairie du Haut-Rosemont.

SERMERSHEIM, vill. détr. près de Reguisheim, dont l'emplacement est encore marqué d'une croix par la carte de Cassini. — *Sarmenzo*, 1022 (Als. dipl. I, 152). — *Capella etiam in villa quae Sarmenza dicitur, in ipsam curtim porte pertinens, in banno Regeneseheim*, xiie siècle, cit. an. 817 (Als. dipl. I, 66). — *Hern Jacob vnn hern Berchtolt den Sermenzern*, 1303 (Trouillat, *Monum.* III, 67). — *Zu Sermenze*, 1510 (Mat. Berler, 38).

SESSELMATT, c^{ne} de Breitenbach.

SESSMUREN (VFF DER), c^{ne} d'Obermorschwihr, 1364 (urb. de la comm^{lie} de Soultz).

SETZ, BLAUSETZ et SCHWARTZE SETZ, canton du territ. de Habsheim. — *In der Sezzi*, 1284 (cens. de Saint-Alban). — *Jnn Schwartze Setze*, 1516. — *Jnn der Setz*, 1517 (reg. des préb. de Mulhouse).

SETZ, c^{ne} de Berrwiller. — *Rebũ in dem gesectt*, 140 (cart. de Murbach).

SEVENANS, c^{on} de Belfort. — *Severnens*, 1147 (Trouillat, *Monum.* I, 302). — *Vernans*, 1342 (Als. dipl. II 175). — *Vfernas*, 1394 (urb. des pays d'Autr.). — *Seuernans*... *Sifernans*, 1427 (comptes de seign. de Belfort et Rosemont). — *Sevonäns*, 1641 (Merian, *Top. Als.* 7). — *Sevenans*, 1655 (cens. d. chap. de Belfort). — Dép. de la grande mairie d l'Assise.

SEVERAN, canton du territ. d'Oberlarg.

SEVIRONCOURT, c^{ne} de Châtenois.

SEWEN, c^{on} de Massevaux. — *Rector in Sewen*, 144 (Vautrey, *Lib. marc.* 23). — *Seben*, 1576 (Speckel) — *Sewen*, 1579 (rôle de Guewenheim). — Paroiss du décanat de Massevaux (alm. d'Alsace de 1783) — Ancien pèlerinage à Notre-Dame de Sewen. — Sewen dépendait autrefois de la juridiction du plaid de Guewenheim et en dernier lieu du bailliage d Massevaux.

SEWENTHAL ou VAL DE SEWEN. — *Sebenthal* (Als. ill IV, 157).

SEYBRÜNNLE, canton du territ. de Hochstatt. — *Sumbrunnen*, 1561 (urb. de l'hôp. de Mulhouse).

SEYWILLER, SEUWILLER ou SEILLER, nom d'un canto à Hagenthal-le-Bas et à Buschwiller, dont la terminaison en *willer* dénote un ancien lieu habité. C'es peut-être le même endroit que le *Sebewilre* cité e 1207 par Mone, *Zeitschrift*, IV, 220.

SIBACH, h. c^{ne} de Felleringen. — *Seëbach*, 1550 (urb de Saint-Amarin). — *Seebach* (carte hydrog.). — *Sybach* (inv. des arch. dép. C, p. 127). — *Siebach* (Dépôt de la guerre). — *Sibach* (cadastre).

SICKERT, c^{on} de Massevaux. — *Von Sickert*, 1482 (Stoffel, *Weisth.* 85). — *Sigger*, 1568 (terr. d Massevaux). — *Sicken*, 1576 (Speckel). — *Sickhert* 1691 (rôle de Guewenheim). — Dépendait de la juridiction du plaid de Guewenheim et en dernie lieu du baill. de Massevaux.

SICKERTMÜHLE, m^{in}, c^{ne} de Niederbruck.

SIDEMSTALL, f. c^{ne} de Bitschwiller. — *An Sidemstall... inn Sydemstall*, 1550 (urb. de Saint-Amarin).

SIEBENBETT, c^{nes} d'Emlingen et de Zillisheim.

SIEBENFURCH, c^{ne} de Flaxlanden.

SIEBENFÜSS, chemin à Hirtzbach.

SIEBENFUSS, sentier à Emlingen.

SIEBENIE (QUARTIER DE LA), dép. du Puix (c^{on} de Giromagny). — *La Sibérie* (tabl. des dist.).

SIEBEN JUCHARTEN, c^{ne} de Riedisheim.

SIEBENKEHR, c^{ne} de Baldersheim.

SIEBENLINDEN (ZU), c^{ne} d'Eguisheim, 1488 (urb. de Marbach).

IEDENPLÄTZ, c^{ne} de Pfaffenheim.

IEBENSCHUHWEG, chemin à Gildwiller.

IEBENSEILER, canton du territ. de Geiswasser.

IEDELBERG, c^{ne} de Moosch. — *Reben am Sidelberg... Seidelberg*, 1550 (urb. de Saint-Amarin).

IEDENFADEN, canton du territ. de Riquewihr. — *An dem sydenfaden*, 1475 (reg. des domin. de Colmar). — *Sidenbaden* (anc. cadastre).

IERENTZ, c^{on} de Landser. — *Actum Serencia villa*, 835 (Als. dipl. I, 77). — *Sierenz Elsatiæ superioris nobilem vicum*, 916 (Trouillat, *Monum.* I, 129). — *Siernze... Syernza*, 915-973 (*ibid.* III, 516). — *Scirenza*, 1146 (Mone, *Zeitschrift*, IV, 214). — *Curtine de Sirenza*, 1146 (Trouillat, *Monum.* I, 296). — *Sierentze*, 1147 (Als. dipl. I, 232). — *Sirrinco*, 1233 (Trouillat, *Monum.* II, 47). — *Wernhero de Sierntza*, 1275 (*ibid.* 265). — En 916, vill. noble, dont dépendaient Geispitzen, Uffheim, Waltenheim et une partie de Bartenheim (Trouillat, *Monum.* I, 129). — Paroisse du décanat d'*inter colles* (alm. d'Als. de 1783), l'église paroissiale se trouvant à Hohkirch. — Deux cours colongères, dont l'une, celle dite *Niederhof*, allait en appel à l'autre, dite *Einsiedlerhof*. — Après la réunion à la France, Sierentz devint fief royal et ressortissait au bailliage supérieur de Landser pour la justice.

IESLING, canton du territ. de Bettendorf.

IESWINCKEL, nom usité pour désigner les quartiers pauvres dans beaucoup d'endroits : Brunstatt, Eschentzwiller, Habsheim, Mulhouse (rue Bonhonnière), etc.

IFFERTSBÄUMEN (BEI), c^{ne} de Magstatt-le-Bas. — *Bey Scyfriedtsbeümen*, 1609 (terr. de Magstatt).

IFFERTSBRUNNEN, c^{ne} de Stetten. — *Ob dem Sifritzbrunnen*, 1290 (reg. de Saint-Léonard).

IFFERTSHÄG, c^{ne} de Gildwiller.

IFFERTSHÖLTZLEN, forêt, c^{ne} de Sainte-Croix-en-Plaine.

IFFROIX (LE CHAMP DE), à Froide-Fontaine (anc. cad.). — *Champz Suffroy*, xve siècle (urb. de Froide-Fontaine).

IGEBOTTEN HAGE, canton cité en 1717 à Merxheim (rôle de Merxheim).

IGEBOTTEN WERDE, canton cité en 1364 à Wiedensohlen (rôle de Wiedensohlen).

IGELBRUNNEN, source, c^{ne} de Soultz, citée en 1291 (Trouillat, *Monum.* II, 510).

IGELSPACH, c^{ne} de Kirchberg, 1567 (terr. de Massevaux).

IGELSPACH, ruiss. à Manspach.

IGESHEIM, nom d'un village cité par Laguille et par Schœpflin et dont l'emplacement n'a pas pu être retrouvé jusqu'ici. — *Sigenesheim*, 823 (Laguille, pr. 16). — *Behrtoldus de Sigesheim*, 1214 (Als. dipl. I, 327).

SIGLINSACKER, canton du territ. de Luemschwiller. — *Ann Sigelins Acker*, 1548 (urb. de l'hôp. de Mulhouse).

SIGLINSTHAL, vall. à Wintzenheim. — *Vor Sigilins tal*, 1259 (Mone, *Zeitschrift*, XI, 322). — *Ze Siglinstal*, 1389 (urb. de Marbach).

SIGLISTHAL, c^{ne} de Zimmersheim, 1489 (terr. de Saint-Alban). — *Jm Sygenstalt*, 1544 (reg. des pres. de Mulhouse).

SIGOLSHEIM, en français SAVAMONT, c^{on} de Kaysersberg, primitiv^t du c^{on} d'Ammerschwihr. — *In fine Sigolt marca*, 768 (Als. dipl. I, 41). — *Sigoltesheim*, 823 (Laguille, pr. 16). — *Juxta montem Sigwaldi*, 833 (Nithard, lib. I, cap. IV, dans dom Bouquet, tom. VI et VII, p. 68 et 12). — *In monte Sigoldo*, 866-884 (Grandidier, *Hist. d'Als.* p. j, 1, 84-95). — *Sigolshem*, 889 (*ibid.* I, 94). — *Heziso de Sigoltisheim*, 1149 (Trouillat, *Monum.* II, 710). — *Sigolzhein*, 1278-1493 (reg. d'Unterlinden). — Paroisse du décanat d'*ultra colles Ottonis* (Lib. marc.). — Dépendait de la seign. de Hohlandspurg. — Maladrerie, dont l'existence est rappelée par le nom d'un champ déjà cité, en 1407.

Cour colongère, dont la marche forestière ou *Waldmark* était commune entre les sept cours de Guémar-le-Haut, Hunawihr, Ingersheim, Kientzheim, Meywihr, Mittelwihr et Sigolsheim. — *Dirre vorstere sint sibene von siben houen die umbe dise waltmarc gelegen sint*, 1320 (Weisth. I, 666). — Cette marche commençait au ruisseau de Mühlbach (Strengbach), dans la vallée de Ribeauvillé, remontait jusqu'au Rammelstein, d'où elle suivait les hauteurs par derrière Pairis jusqu'à Metzeral, dans la vallée de Munster, et revenait par le cours de la Fecht. — *In Sigoltesheim curtis dominica cum omnibus appendiciis suis vineis et agris et pratis mansus censuales et serviles mancipia utriusque sexus... Medietas dominii sive banni de tota marcha in ipsam curtim dominicam cum foresta et omni utilitate pertinet*, XIIe siècle, cit. ann. 817 (Als. dipl. I, 67).

SILACKER, anc. f. à Mühlbach. — *Silæcker* (Cassini).

SILBACH, ruiss. à Burbach-le-Bas et à Sentheim, affl. de la Dollern. — *In der Seebach... Seebach Runss* (en marge) *Sölbach Runss*, 1568 (terr. de Massevaux). — *Wer su Senten, zu Sebach vnd in der Oewen meyen kan... welche zu Senten, zu Seelbach vnd in der Awen gesesen sindt* (Stoffel, *Weisth.* 82).

SILBENACKER, c^{ne} de Schlierbach.

SILBERACKERN, c^{ne} de Gommersdorf.

SILBERBERG, coll. à Aspach-le-Bas.

Silberberg, coll. à Zillisheim. — *Vff dem Silberberg*, 1548 (urb. de l'hôp. de Mulhouse).

Silberberg, vign. c^{ne} de Rorschwihr.

Silbergrub, c^{ne} de Hüssern. — *Vff der Silbergruoben im Winckel*, 1550 (urb. de Saint-Amarin).

Silbergruben, c^{ne} de Rammersmatt. — *Bi der Silbergrüben*, 1421 (rôle de Saint-Morand).

Silberloch, caverne à Lucelle (*Alsatia* de 1856-1857, p. 127).

Silbermatt, c^{ne} de Wittelsheim.

Silberruntz, ruiss. c^{ne} de Colmar.

Silberstein (Im), canton du territ. de Dietwiller.

Silberwald, forêt, c^{ne} de Stosswihr.

Sile, c^{nes} de Rimbach, — *in der Sillen*, 1567 (terr. de Massevaux), et de Sondernach, — *ab dem Syle*, 1456 (cens. de la cellenie de Munster).

Silethal, ruines d'un couvent de femmes, c^{ue} de Ribeauvillé, anc. territ. d'Ellenwiller. — *Henin von Sile*, 1371 (reg. de Saint-Martin). — *S. Nicolas de Syle* est cité comme prieuré, du décanat d'*ultra colles Ottonis*, xve siècle (Lib. marc.). — *Silethal*, 1278-1493 (reg. d'Unterlinden). — *Im Siltal*, 1328 (urb. de Pairis). — *In dem Syltal*, 1475 (reg. des domin. de Colmar). — *In Schlettstatt seind anno 1258 die Closterfrauwen in Sylo genandt, in die Statt eingezogen, als sie zuvor bey einem Berg bey Rapperschweiller gewohnet*, 1724 (Mossm. *Chron. Gueb.* 15).

Silhurst, canton du territ. de Courtavon.

Silmatten, c^{ne} de Burbach-le-Haut, de Mollau et de Sultzeren.

Silweg, c^{ne} de Wattwiller.

Simelsberg, c^{ne} d'Uffholtz.

Simlisberg, colline à Heimsbrunn et à Niedermorschwiller. — *Simansberg... am Simelsberg*, 1537 (rôle de Niedermorschwiller).

Simmelsee, marais près du Hoheneck (Braesch, p. 18).

Simmerstöcklen, f. c^{ne} de Massevaux. — *Oberensimmerstöcklen*, f. et *Untersimmerstöcklen*, f. (Braesch, p. 18).

Simonshaus, anc. maison isolée près du Rhin, c^{ne} de Blotzheim.

Simonshof, mont. à Kiffis. — L'ancienne *cense de Simmeshoff* avait un ban particulier, qui comprenait les fermes de Grossböden, Horny, Hütten et Steiner (anc. cadastre).

Simonsrain, c^{ne} de Winckel.

Simsel, canton du territ. de Hundsbach.

Sinckloch, cantons des territ. de Luemschwiller et d'Obermorschwiller.

Sindering, canton du territ. de Lutterbach. — *Senderong* (anc. cadastre).

Sinewelmatten, c^{nes} de Wasserbourg, — *Synwellen matten*, 1441 (urb. de Ribeaupierre); de Werentzhausen, — *Sinewelmate*, 1460 (rôles de Saint Morand); de Zimmersheim, — *by der Sinwelen maten*, 1489 (terr. de Saint-Alban).

Sinne, canal ou fossé à Ammerschwihr. — *By de Synnen*, 1475 (reg. des domin. de Colmar).

Sinne, canal ou fossé à Colmar. — *Synne*, 1475 (reg. des domin. de Colmar).

Sinne, canal ou fossé à Mulhouse.

Sinne, canal ou fossé à Soultzmatt. — *By der alte Synne*, 1453 (reg. de Soultzmatt).

Sintzel, c^{ne} de Liebentzwiller.

Sire-Claude (Étang), c^{ne} de Suarce.

Sirène (La), nom donné pendant le dernier siècle à village de Volgelsheim. — *La Sirenne* (Cassini).

Sobache (Grand- et Petit-), h. c^{ne} de Sainte-Croix-aux-Mines.

Sod, anc. éc. c^{nes} de Kirchberg et de Weegscheid. — *Haus, hof... gelegen zu dem Sodt*, 1567 (terr. d Massevaux).

Soda, c^{ne}. — Voy. Puix (Le), c^{on} de Giromagny.

Sodfeld, maison isolée, c^{ne} de Felleringen. — *An der Sotdtfelldt... Sotfellt*, 1550 (urb. de Saint-Amarin).

Sodlen, forêt, c^{ne} de Riedisheim.

Södlen, vign. c^{ne} de Wintzenheim.

Sodwald, c^{ue} de Ranspach. — *An dem Sodtwalde*, 155 (urb. de Saint-Amarin).

Sohrboden, c^{ne} de Jettingen.

Sohrbrünnen, c^{ne} d'Eschentzwiller. — *Soorbrunnen* 1771 (terr. d'Eschentzwiller).

Sohrgraben, c^{ne} de la Rosenau. — *Sargraben* (cad.)

Sohrhütte, baraque, dans la Vorhart de Hombourg couverte de roseaux, *sohr-rohr*.

Sohrmatten, c^{nes} de Ligsdorf, — *Sarmatte*, 1329 (reg Lucell.); de Neuwiller, de Rädersdorf, de Stetten — *Sormatten* (cadastre).

Sohrwinckel, c^{ne} de Willer (c^{on} d'Altkirch).

Sol, canton du territ. de Hüsseren (c^{on} de Wintzenheim), cité en 1488 : *Jm Sole... Im Gesól* (urb. d Marbach).

Sol, canton du territ. de Ligsdorf, cité en 1431 : *be dem Sol* (regist. Lucell.).

Sol, c^{ne} de Volgelsheim. — *Vncz an Sól... vnz z gesol*, 1404 (Stoffel, *Weisth.* 146, 147).

Solate (En la), c^{ne} de Meroux, 1655 (cens. du chap de Belfort.

Solberg, h. c^{nes} de Munster et d'Eschbach. — *A dem Solgeberge*, 1339 (Als. dipl. II, 165). — *Solberg* (Cassini).

Soldatengoben, canton du territ. d'Eglingen.

Sôles (Les), c^{ne} de Botans.

Solle (La), c^{ne} d'Andelnans.

Solhurst, c^{ne} de Colmar.

Solmont ou Seelwald, mont. à Krüth.
Sombres (Les), h. c^{ne} de Chaux.
Sombres (Les), dépend. de Petit-Magny. — *Esombre* (anc. cadastre).
Sombres-Mousseux, h. c^{ne} du Puix (c^{on} de Giromagny).
Sombrot, c^{ne} de Saint-Germain.
Sommerau, anc. f. c^{ne} de Rouffach. — *Der hoff genant summerauge vor uralten zeytten genant sunnenrauch*, cit. ann. 1294 (Mat. Berler, 23). — *Der von Sumeraw*, 1489 (terr. de Saint-Alban).
Sommerberg, mont. à Bergheim.
Sommerhalden, c^{nes} de Rammersmatt et de Soultzmatt. — *An der Summerhalden*, 1421 (rôles de Saint-Morand).
Sommerhaul, c^{ne} de Stosswihr.
Sommerlitt, c^{nes} de Metzeral et de Roderen. — *An der Sumerliten*, 1328 (urb. de Pairis).
Sommersberg, vign. à Ammerschwihr et à Katzenthal.
Sommensoser, canton du territ. de Sultzeren.
Sonderholtz, c^{ne} de Saint-Hippolyte.
Sondernach, c^{on} de Munster. — *Zuo Sundernahin*, 1456 (cens. de la cellenie de Munster). — Cour colongère. — A fait partie de la communauté indivise du val de Munster.
Sondersdorf, c^{on} de Ferrette. — *Sundroltestorff*, 1146 (Trouillat, *Monum.* I, 293). — *Sunderolsdorf*, 1251 (ibid. I, 590). — *Rector ecclesie in Svnderstorf*, 1284 (ibid. II, 392). — Paroisse du décanat de l'Ajoye (Lib. marc.). — Dép. de la mairie de Wolschwiller.
Sonnenberg, coll. à Bartenheim.
Sonnenberg, mont. à Walbach et à Wihr-au-Val.
Sonnenberg, vign. à Riquewihr.
Sonnenfeld, c^{ne} d'Eglingen.
Sonnenfiechten, c^{ne} de Neuwiller.
Sonnenglantz, canton du territ. de Waldighofen.
Sonnengläntzlen, canton au Bollenberg, c^{ne} de Rouffach.
Sonnenglitzer, c^{ne} de Baldersheim.
Sonnenglitzer, vign. à Rixheim, à Uffheim et à Walheim.
Sonnenköpple ou Zinnigköpfle, mont. c^{ne} de Soultzmatt.
Sonnenloch, c^{ne} d'Eschentzwiller.
Sonnenlueger, c^{nes} de Spechbach-le-Haut et de Largitzen.
Sonnenrain, c^{nes} de Baldersheim et de Sausheim.
Sonnerain, canton du territ. de Giromagny. — *La vie du Sonnerain*, 1655 (cens. du chap. de Belfort).
Sood, c^{ne}. — Voy. Puix (Le), c^{on} de Delle.
Soppe-le-Bas, en allemand Nieder-Sultzbach, c^{on} de Massevaux. — *Teywino de Suspa*, 1105 (Trouillat, *Monum.* I, 226). — *Otto de Sulcebach*, 1185 (parchem. Lucell.). — *Otto de Subibach*, 1188 (Trouillat, I, 415). — *Rector in inferiori Sultzbach*, 1441 (Vautrey, *Lib. marc.* 25). — *N. Sultzbach*, 1576 (Speckel). — Paroisse du décanat de Massevaux (alm. d'Als. de 1783). — Dépendait de la mairie de Soppe-le-Haut. — Cour colongère dont les limites (*Gerainde*) étaient la Hanenbach, l'Eckenbach, le Gresson et le Hagenbach stumpff (*Alsatia* de 1854-1855, p. 72-80).
Soppe-le-Haut, en allemand Ober-Sultzbach, c^{on} de Massevaux. — *Rector in superiori Sultzbach*, 1441 (Vautrey, *Lib. marc.* 25). — *O. Sultzbach*, 1576 (Speckel). — *Ober Sultzbach*, 1579 (rôle de Guewenheim). — Paroisse du décanat de Massevaux (alm. d'Als. de 1783). — Chef-lieu d'une mairie de la seign. de Thann, comprenant Dieffmatten, Mortzwiller et Soppe-le-Bas. — *Das ampt Sulzbach*, 1394 (urb. des pays d'Autr.). — *Jnn dem mayerthumb Sultzbach*, 1507 (Stoffel, *Weisth.* 71).
Sorboledäum (Bei), c^{ne} de Mörnach.
Sösenöte (Zu), c^{ne} de Dirlinsdorf, 1318 (reg. Lucell.).
Souillards, prés, c^{ne} de la Chapelle-sous-Chaux.
Souillère (La), ruiss. c^{ne} de Buc.
Souilleux, c^{nes} d'Essert, — *en Soilliez*, 1474 (urb. de Froide-Fontaine), et de Suarce, — *aux Soiyeux* (cadastre).
Soultz ou Ober-Soultz, ch.-l. de canton, arrond. de Colmar. — *Sulze*, 708 (Grandidier, *Égl. de Strasb.* p. j, I, 25.) — *In banno Sultza*, 1022 (Als. dipl. I, 152). — *Heinricus miles de Sulza*, 1184 (Trouillat, *Monum.* II, 711). — *In banno Sulce*, 1260 (ibid. II, 96). — *In banno municipii Sultza*, 1260 (Als. dipl. I, 430). — *In Sulcz prope Rubiacum*, 1284 (Ann. de Colmar, 52). — *Dom. H. uicarius in Sulze*, 1284 (Trouillat, *Monum.* II, 402). — *Sulz, burg und stadt*, 1403 (Als. dipl. II, 311). — *F. militis de Sultze dicti Buckeler*, 1650 (necrol. Pairis).

Chef-lieu d'un baill. du mundat supérieur, comprenant Hartmannswiller, Rimbachzell et Wuenheim. — *Bailliage de Sultz*, 1680 (ordonn. d'Als. I, 124). — Dans l'organisation de l'intendance d'Alsace, ce bailliage ne forma plus qu'une prévôté (Stabhalterei) de celui de Rouffach.

Cour de la porte ou *Kapelhof, curtis portæ*. — xiie siècle, cit. ann. 817, *in Sulza curtis dominica cum omnibus pertinentiis suis, id est ecclesia cum decimis suis* (Als. dipl. I, 66). — La marche de cette cour s'étendait depuis le sommet du Ballon jusqu'au Nonnenbruch : « *A jugo montis qui Peleus dicitur usque ad saltum qui Munebruchi vocatur* (Revue d'Alsace, VIII, 549)» et jusqu'à Rädersheim : « *Quæ marcha orditur in jugo montis qui Peleus dicitur et pertingit in descensu usque per medium ville quæ Retereshenn vocatur* (Als. dipl. I, 66).

Paroisse du décanat de *citra colles Ottonis* (Lib. marc.).

Maison succursale du couvent de Lieu-Croissant ou des Trois-Rois, en allemand *Wachsstatt*, près de l'Isle-sur-le-Doubs. — *Capellam in Sulze ad ecclesiam Loci crescentis; Cisterciensis ordinis, Bisuntinensis diocœsis pertinentem*, 1254 (Trouillat, I, 605). — *Prouisor capelle in Sulze*, 1287 (*ibid.* II, 452). — *Fratribus commorantibus in cappella Loci crescentis in Sultz*, 1303 (*ibid.* III, 39). — *Das closter Wahstatt*, 1510 (Mat. Berler, 36). — Cette chapelle dépendait primitivement du domaine d'Ollwiller.

Commanderie de l'ordre de Malte. — *Dominis de Sancto-Johanne*, 1288 (Trouillat, *Monum.* II, 453). — *Frater Jacobus commendator in Sulze domus, ordinis hospitalis sancti Johannis Jherosolim.* 1291 (*ibid.* II, 509). — Commandeur des maisons des hospitaliers de Saint-Jean à Soultz et à Mulhouse, 1344 (*ibid.* III, 827). — *Comenthur zu Sultz, Colmar vnd Dorlisheim*, 1542 (urb. de cette comm^{ie}).

Léproserie. — *Capellanus Sancte Margarethe leprosorum*, xiie siècle (Lib. marc.). — *Ante domum leprosorum*, 1291 (Trouillat, *Monum.* II, 510). — Léproserie de Soultz, 1343 (Trouillat, *Regestes*, III, 809). — Réunie à l'hôpital, suivant édit. du 27 juillet 1739 (Mercklen, *Hist. d'Ensish.* I, 334).

Hôpital des pauvres. — *Hospitali in Sultze*, 1340 (Trouillat, *Monum.* III, 526).

Couvent de capucins (alm. d'Als. de 1783).

Soultzbach, c^{on} de Munster, primitivement du c^{on} de Turckheim. — *Den mendat ze Sulzbach*, 1274 (Als. dipl. II, 3). — *Castellum Sulzbach muris et fossato cingitur*, 1275 (Ann. de Colmar, 48). — *Steinlindis de Sulzbach*, 1278-1493 (reg. d'Unterlinden). — Paroisse du décanat d'*ultra colles Ottonis* (Lib. marc.). — Bains minéraux. — *Sawerbrunnen*, 1644 (Mérian, *Top. Als.* 43). — Voy. Sultzbach.

Soultzmatt, c^{on} de Rouffach. — *Sulhmata curte episcopali*, 1044 (Grandidier, *Hist. d'Als.* p. j, I, 246). — *Sifridus de Sultzmate*, 1261 (cart. de Munster). — *Heinrich der burggrave von Sultzmatten*, 1263 (Als. dipl. I, 448). — *Sultzmatin... vallem Sultzmatin*, 1280, 1298 (Ann. de Colmar, 90 et 174). — *Sulzmatte*, 1278-1493 (reg. d'Unterlinden). — Paroisse du décanat de *citra colles Ottonis* (Lib. marc.). — Dépendait du bailliage d'Eguisheim, et plus tard de la prévôté de Rouffach. — Cour colongère dont la marche s'étendait sur toute la vallée. — Léproserie dont l'existence est rappelée en 1453, par cette citation : *By dem Siechhuse* (reg. de Soultzmatt).

Soultzmatt-les-Bains, en allemand Sultzmatter Bar ou Sauerbrunnen, établiss. de bains, c^{ue} de Soultzmatt. — *By der Badstuben*, 1453 (reg. de Soultzmatt).

Source-Nord, h. c^{ne} d'Orbey.

Sous-la-Chaussée, c^{ne} de Perouse. — *Soub la Chaussé*, 1655 (cens. du chap. de Belfort).

Sous-la-Côte, quartier à Giromagny.

Sous-le-Mont, f. c^{ne} de Belfort.

Spahlacker, canton du territ. de Bruebach. — *Am Spalackher*, 1561 (reg. des préb. de Mulhouse).

Spahlacker, canton du territ. de Wentzwiller.

Spahlen, c^{nes} de Katzenthal, — *am Spalen*, 1560 (abb. de Pairis, c. 12); de Lutter, — *an den Spalen*, 1495 (reg. de Saint-Alban); de Ranspach-le-Haut, — *ze Spalen*, 1495 (*ibid.*).

Spahlengässle, chemin à Blotzheim.

Spahlenweg, chemin à Uberstrass.

Spahnst, c^{ne} de Sundhofen.

Spaltgarten, c^{ne} de Zimmersheim. — *Jm Spalen garten*, 1489 (terr. de Saint-Alban).

Spanischkreuz, croix, c^{ne} de Reiningen.

Sparenacker, c^{nes} de Buschwiller; de Feldbach, — *am Spärenacker*, 1616 (terr. de Feldbach); d'Obermuespach; de Roppentzwiller, — *Sparenacker*, 1421 (rôles de Saint-Morand).

Sparengarten, c^{ne} de Niedermuespach.

Sparenlitzel, c^{ne} de Hagenbach.

Sparenmatten, c^{nes} de Dieffmatten, de Fröningen, de Hirtzbach et d'Illfurth.

Spatzenhag, c^{ne} de Falckwiller.

Spebach, forêt, c^{ne} de Florimont. — *Reinbaudus de Esppespa*, 1187 (Trouillat, *Monum.* II, 28). — L'espebach (anc. cad.).

Spechbach, ruiss. qui prend sa source dans le ban de Soppe-le-Bas, traverse celui de Burnhaupt-le-Bas, Bernwiller, les deux Spechbach, et se jette dans la Largue à Brinighofen. — *Von der Bischoffbach vntz an die Spechbach*, 1394 (rôle de Gildwiller).

Spechbach-le-Bas, en allemand Niederspechbach, c^{on} d'Altkirch. — *Spechbach*, 823 (Laguille, pr. 16). — *Heinricus de Spehpach*, 1258 (Trouillat, *Monum.* I, 653). — *Nider Spechbach*, 1452 (rôles de Saint-Morand). — *Speckbach... Spechtbach*, 1460 (*ibid.*). — Ancien château : *Castrum Spehbach*, 1271 (Trouillat, *Monum.* II, 205). — *Die halbe burg ze Spechbach*, 1314 (Als. dipl. II, 108). — Relevait de l'avouerie de Burnhaupt. — Cour colongère dont les appels étaient portés à celle d'Huningue (Weisthümer, I, 652).

SPECHBACH-LE-HAUT ou OBERSPECHBACH, c°" d'Altkirch. — *Spechbach*, 1420 (Stoffel, *Weisth.* 45). — *Rector in superiori Spechbach*, 1441 (Vautrey, *Lib. marc.* 26). — Cour colongère qui connaissait des appels de toutes les cours de Saint-Morand, savoir: Aspach, Berentzwiller, Buetwiller, Carspach, Enschingen, Grentzingen, Henflingen, Rammersmatt, Tagsdorf, Werentzhausen et Wittersdorf. — Ancien château. — Paroisse du décanat du Sundgau (Lib. marc.). — Spechbach-le-Haut relevait de l'avouerie de Burnhaupt.

SPECHTENMATT, canton du territ. de Hirtzbach.

SPECK (DIE), c^{te} de Colmar.

SPECK (DIE), c^{ne} d'Oberhergheim. — *Hynwendig der Specke*, 1490 (urb. de Marbach).

SPECK (LES EAUX DE LA), à Bergheim.

SPECK (VFF DEM), c^{ne} de Berrwiller, 1453 (cart. de Murbach).

SPECKACKER, c^{ne} de Francken.

SPECKE (IN DER), canton du territ. de Buetwiller, cité en 1629 (rôle de Balschwiller).

SPECKERSACKER, c^{ne} de Waldighofen.

SPECKMATTEN, c^{ne} de Liebsdorf.

SPELTERMATTEN, c^{ne} de Bollwiller.

SPELTERSREBEN, c^{ne} de Brinckheim.

SPELTLINGER ou SPÄLTLINGER, cantons des territoires d'Obermorschwiller et de Tagsdorf.

SPELUNCK (BY DER), c^{ne} de Murbach, 1453 (cart. de Murbach).

SPENGLER (AUF DEM), canton du territ. de Geispitzen. — *Vff dem Spengler*, 1521 (reg. des préb. de Mulhouse).

SPENGLERACKER, canton du territ. d'Obermorschwiller.

SPENGLERHAG, canton du territ. de Niedermorschwiller.

SPENGLERSKÖPFFLE ou SPENGLERSRITT, coll. à Oberlarg (*Alsatia* de 1858-1860, p. 250).

SPENGLING, c^{ne} d'Uffholtz.

SPERBELSLÖCHLY, canton du territ. de Buschwiller.

SPERBERGRABEN, fossé à Sainte-Croix-en-Plaine. — *Sperwerlochgraben*, 1352 (abb. de Sainte-Croix).

SPERBERSWINCKEL, c^{ne} de Rixheim.

SPERHAG, c^{ne} de Hagenthal-le-Haut.

SPICHER (DEN), coll. c^{ne} de Mittelmuespach.

SPIEGEL (IM), cantons des territ. de Guebwiller, Habsheim, — *jm Spiegel*, 1701 (terr. de Notre-Dame-des-Champs); Mulhouse, Wiedensohlen et Wintzenheim.

SPIEGELBERG (AM), c^{ne} de Sentheim, 1568 (terr. de Massevaux).

SPIEGELBURG, anc. chât. près de Rouffach (Als. ill. IV, 204). — *Spygelburg*, 1478-1506 (Mat. Berler, 91).

SPIEGELHAG, c^{ne} d'Aspach-le-Bas.

SPIEGELSBRÜNNLE, c^{ne} de Merxheim. — *Vff Spiegelins bürnelin*, 1453 (cart. de Murbach).

SPIEGOUTTE, f. c^{ne} de Lièpvre. — *Aspigoutte* (carte hydrog.).

SPIELBERG, coll. à Oltingen. — *Zum Spielberg*, 1414 (rôle d'Oltingen).

SPIÉMONT, mont. c^{ne} de Lièpvre.

SPILACKER, c^{ne} d'Aspach.

SPILBRUNNEN, c^{ne} de Hüssern, 1550 (urb. de Saint-Amarin).

SPILGASSE, canton du territ. de Wintzenheim. — *Vor Spilgass*, 1487 (urb. de Marbach).

SPILHOF, anc. cour à Habsheim, où se tenaient les plaids des colongers de cet endroit. — *Au Spilhof, sous les tilleuls*, cit. ann. 1380 (Trouillat, *Monum. regestes*, IV, 762).

SPILPLATZ, c^{ne} de Burbach-le-Bas, 1569 (terr. de Massevaux).

SPILWEG, anc. chemins à Buetwiller, — *Spilweg*, 1421 (rôles de Saint-Morand); à Guebwiller, — *vff den Spilwege*, 1453 (cart. de Murbach); à Rimbach, — *Spilweg*, 1567 (terr. de Massevaux); à Tagsdorf, — *vf den Spilweg*, 1421 (rôles de Saint-Morand); à Turckheim, cité entre 1278 et 1493 (reg. d'Unterlinden).

SPILWEG, anc. place publique à Rixheim, où se tenaient les plaids des colongers. — *Vff dem Blaz den man sprichet Spilweg*, 1532 (Burckhardt, *die Hofrödel*, p. 202-208).

SPIMBELBODEN, c^{ne} de Francken.

SPIRICHBAUM, c^{nes} de Sondernach, — *bi dem Spirichboume*, 1456 (cens. de la cellenie de Munster), et d'Eguisheim, — *jm Spórszbôm*, 1488 (urb. de Marbach).

SPIRICHER (IM) ou SPILCHER, cantons des territ. de Kingersheim (terr. de 1667) et de Traubach-le-Haut.

SPITALACKER, c^{ne} de Feldbach. — *Am Spitelacker*, 1616 (terr. de Feldbach).

SPITALFELD, c^{nes} de Niffer et de Petit-Landau.

SPITELACKER, h. c^{ne} de Munster. — *Spitalzell*, 1339 (Stoffel, *Weisth.* 189). — *Spietalacker* (Cassini).

SPITZ, mont. à Thann. — *A Spitze usque ad Steigere*, 1269 (Als. dipl. I, 464).

SPITZENBERG, forêt, c^{ne} de Rorschwihr.

SPITZENSTEIN, c^{ne} de Weegscheid. — *An einen hohen berg oder kopff genannt Spitzfürst*, 1550 (urb. de Saint-Amarin).

SPITZFELSEN, rochers, c^{ne} de Stosswihr.

SPITZKOPF, mont. c^{ne} de Rimbach. — *An ein berg oder kopf Spitzkopff*, 1550 (urb. de Saint-Amarin).

SPÖCKLINSMATT, c^{ne} de Colmar.

SPOREN, vign. c^{ne} de Riquewihr.

Sporer (Im), canton du territ. de Habsheim. — *Jm Sparer*, 1548 (urb. de l'hôp. de Mulhouse).
Spreteich, c^ne de Werentzhausen.
Sprintzerle, canton du territ. de Hirtzbach.
Spritzel (Im), canton du territ. d'Obermorschwiller.
Stabeymühle, m^in, c^ne de Metzeral.
Stabula, anc. ville romaine. — *Cambetem, Stabula, Argentovariam* (ex Itinerario Antonini). — Sa position réelle est inconnue; on la place ordinairement un peu au sud de Bantzenheim.
Stack, canton du territ. de Carspach.
Stadtmühle, établiss. industriel, c^ne de Turckheim.
Stadtmühle, m^in, c^ne de Kaysersberg.
Staffel (Auf dem), c^ne de Heidwiller.
Staffelfelden, c^on de Cernay. — *Daz torf ze Stafeluelden*, 1303 (Trouillat, *Mon.* III, 49). — *Hugo de Staffelvelden*, 1317 (*ibid.* 703). — *Stock und thvrn in der Burg Staffelden*, 1478 (Als. ill. IV, notes, 171). — Anc. chât. cité dès 1310 (*ibid.*). — Paroisse du décanat de *citra colles Ottonis* (Lib. marc.).
Staffelgrund, c^ne de Grentzingen.
Stafflenhöhe, mont. c^ne de Bendorf. — *Zu Staffel*, 1329 (reg. Lucell.).
Stahlberg, f. c^ne de Weegscheid.
Stahlhag, forêt, c^ne de Dirlinsdorf.
Starckenbach, h. — Voy. Faurupt.
Starckenstruetu, c^nes de Gommersdorf et de Hagenbach. — *Zû Starcken strût*, 1421 (rôles de Saint-Morand).
Station (La), stations isolées du chemin de fer, le plus souvent avec une auberge, c^nes de Bartenheim, Bennwihr, Chèvremont, Eguisheim, Guémar, Habsheim, Herlisheim, Merxheim, Ostheim, Ribeauvillé, Rixheim, Rouffach, Wittelsheim.
Staubig, c^ne de Luemschwiller.
Stauffen (Nieder- et Ober-), c^nes. — Voy. Étueffont-Bas et Étueffont-Haut.
Stauffen, mont. au-dessus de Soultzbach. — *Werhern Burcharten vnd Heinrichen gebrüder von Stouffen*, 1365 (cart. de Munster). — *Vntz an den hohen Stouffen*, 1441 (urb. de Ribeaupierre). — *Stauffen* (Cassini).
Stauffenbach, ruiss. c^ne de Wihr-au-Val.
Stauffenberg, mont. à Thann. — *Uf einem Berge, genant der Stouffen*, 1468 (Schilling, 19). — *Auf dem Staufenberg*, 1541 (Kl. Thanner Chron. 36).
Stauffenstein, pierre de limite sur le Stauffen, entre les c^nes d'Eguisheim, Hüsseren et Vöglinshofen.
Steckelgass, c^ne d'Eguisheim. — *In Steckelgassen*, 1424 (urb. de Marbach).
Steckelmatt, c^ne de Mollau, 1550 (urb. de Saint-Amarin).

Steckenhalde, c^ne de Wasserbourg, 1441 (urb. de Ribeaupierre).
Steckenlitt, vign. c^ne de Wihr-au-Val. — *Vnder Steckenlite*, 1452 (reg. des domin. de Colmar). — *Steckleid* (anc. cad.).
Stegmatten, c^nes d'Aspach-le-Bas, Balschwiller, Burnhaupt-le-Bas, Burnhaupt-le-Haut, Buschwiller, Courtavon, Feldbach, Heidwiller, etc.
Stegmühle, m^in, c^ne de Soultzmatt. — *Zwissen der Hagmüllen vnd der Stegmülen*, 1453 (reg. de Soultzmatt).
Stegmühle, m^in, c^ne de Hegenheim.
Stehlisburn, Stehlisgass, Stehlisstück, c^nes de Soultz, Wuenheim et Hartmannswiller, 1410, 1438, 1453 (urb. de la comm^rie de Soultz et cart. de Murbach).
Stehlisnoden, c^ne de Pfetterhausen.
Stehlisrain, c^ne de Lutter.
Steige ou Col de Bussang, c^ne d'Urbès. — *A Spitze usque ad Steigere*, 1269 (Als. dipl. I, 464). — *Vber die Steig*, 1495 (reg. de Saint-Amarin). — *An Lothringen staig*, 1550 (urb. de Saint-Amarin).
Steige ou Col de la Bresse, c^ne de Wildenstein. — *Bramont Pasz* (Engelhardt, *Wand. Vog.* 15).
Steige ou Col du Ventron, c^ne d'Oderen. — *Uber die Winderberger Stœig*, xviie siècle (Mulh. Gesch. 121).
Steigenberg, c^ne de Ballersdorf.
Steigfelsenwasen ou Steigkopf, canton du territ. d'Urbès. — *Staigkopff*, 1550 (urb. de Saint-Amarin).
Steinach, c^ne de Metzeral. — *Steinachs montag*, 1339 (Stoffel, *Weisth.* 189).
Steinacker, c^nes de Berentzwiller, Bettendorf, Feldbach, — *am Steinakher*, 1616 (terr. de Feldb.), etc.
Steinbach, c^on de Cernay. — *Cellarium de Steinbach*, 1187 (Trouillat, *Monum.* I, 409). — *Grangiam de Steinbach*, 1224 (*ibid.* 495). — Paroisse du décanat de *citra colles Ottonis* (Lib. marc.). — Dép. de la prévôté de Cernay.
Steinbach, dép. de Sainte-Croix-aux-Mines. — *Stagnbach*, 854 (Als. dipl. I, 84).
Steinbach, ruiss. à Gueberschwihr. — *An der Steynbach*, 1487 (urb. de Marbach).
Steinbach, ruiss. à Heimersdorf et à Hirsingen, affluent de l'Ill. — *Steintenbach*, 1580 (urb. des redev. en deniers de Mulh.). — D'après la tradition locale, il aurait existé un village du même nom sur ce ruisseau, près de la voie romaine de Larga à Augusta.
Steinbach, ruisseaux à Dieffmatten; à Enschingen, — *nechst der Steinbach* (rôles de Saint-Morand); à Francken.
Steinbach (Welschen), c^ne. — Voy. Éteimbes.
Steinbächle, canal usinier qui traverse les banlieues de Niedermorschwiller, Dornach et Mulhouse. — *Daz Steinbächlin*, 1562 (reg. des préb. de Mul-

house). — *Das Steinbächlin*, xviie siècle (Mülhauser Geschichten, 25).
STEINBÄCHLE, ruiss. à Walbach (c^{on} de Landser).
STEINBADELÄNDER, c^{ue} d'Aspach-le-Haut.
STEINBERG, coll. c^{nes} de Folgensbourg, Knöringen, Obermuespach et Berentzwiller. — *Vff dem Steinberg*, 1421 (rôles de Saint-Morand).
STEINBERG, coll. à Zillisheim.
STEINBERGEL, f. c^{ne} de Felleringen.
STEINBOCK, canton du territ. de Carspach.
STEINBRUCK, usine, c^{ne} de Sickert.
STEINBRÜCKEL, h. c^{ne} de Bitschwiller.
STEINBRUNN, ancien château représenté, en 1579, par la carte de Speckel, près du Rhin, à la hauteur de Fessenheim.
STEINBRUNN-LE-BAS ou NIEDERSTEINBRUNN, c^{on} de Landser. — *Steinenbrun*, 823 (Als. dipl. I, 70). — *Heinricus de Steinbrunne*, 1207 (Trouillat, *Monum.* II, 36). — *Wernherus de Steinburnen*, 1276 (*ibid.* II, 269). — *Henrico de Steneborne*, 1280 (*ibid.* II, 330). — *Nidern Steininbvrnen*, 1303 (*ibid.* III, 57). — *Item en lai terre de Stheinnebourne*, 1317 (*ibid.* III, 257). — Paroisse du décanat d'*inter colles*. — *Rector in Steinbrunnen sancti Leodegarii... Rector in Steinbrunnen sancti Laurencii*, 1441 (Vautrey, *Lib. marc.* 28). — Chât. 1576 (Speckel). — Fief vassal de la bannière de Landser, ressortissant au bailliage de Brunstatt pour la justice.
STEINBRUNN-LE-HAUT ou OBERSTEINBRUNN, c^{ne} de Landser. — *Obern Steynenbrun... Robin von Steinenbrunn, ein fryhen*, 1341 (Trouillat, *Monum.* III, notes, 531). — Paroisse du décanat d'*inter colles*. — *Rector in superiori Steinbrunnen*, 1441 (Vautrey, *Lib. marc.* 28). — Chât. 1576 (Speckel). — *Die Burckh zů Steinennbrunn mit graben*, 1359 (Trouillat, *Monum.* IV, 141). — Fief vassal de la bannière de Landser, ressortissant au baill. de Brunstatt pour la justice.
STEINBUCHS, c^{nes} d'Ingersheim et de Niedermorschwihr. — *Am Steinbves... am Steinböss*, 1328 (urb. de Pairis).
STEINBUCHS, c^{ne} de Wentzwiller.
STEINBY, mines de fer et forêt à Thann. — *In dem Steinbach-Ey oder Thal*, 1766 (Thanner Chron. I, 21). — Le ruisseau qui s'y forme porte aussi le nom de *Steinruntz*. — *Am Stainbach runsche*, 1395 (urb. des pays d'Autr.).
STEINDEBACH, ruiss. à Soultzbach.
STEINDERÜCK, mont. c^{ne} d'Oderen. — *Steinlerück* (cadastre).
STEINEN (IN DER), canton du territ. de Rixheim. — *Jn der Steinen*, 1555 (reg. des préb. de Mulhouse).
STEINENGESICK, ruiss. c^{ne} de Sewen.

STEINENKREUZ, canton du territ. de Ribeauvillé.
STEINENKREUZ, anc. croix et maison de campagne, c^{ne} de Colmar. — *Bi dem steinin crüze*, 1371 (reg. de Saint-Martin).
STEINENKREUZ, anc. croix à Thann. — *Vntz an dz steinnen crütze ze Tann*, xve s^e (Stoffel, *Weisth.* 105).
STEINER, f. c^{ne} de Kiffis.
STEINERSTRÄSSLE, chemin à Ensisheim.
STEINERT, c^{ne} de Niedermorschwiller. — *Im Steinhart*, 1537 (rôle de Niedermorschwiller).
STEINFURTH, c^{ne} de Balschwiller, 1629 (rôle de Balschwiller).
STEINGASSMÜHLE, mⁱⁿ, c^{ne} de Sigolsheim.
STEINGLITZER, c^{nes} de Turckheim, — *am steinglitz*, 1475 (reg. des domin. de Colmar); de Buetwiller, — *bi dem Stengilcz*, 1421 (rôles de Saint-Morand); et de Dolleren, — *an Stengaltzen*, 1567 (terr. de Massevaux).
STEINGRABEN, anc. mine dans la partie supérieure de la vallée de la Thur, c^{ne} d'Urbès.
STEINGRUB, f. c^{ne} de Munster. — *La Carrière* (tabl. des distances).
STEINGRUB, maison isolée, c^{ne} de Vögtlinshofen. — *La Carrière* (tabl. des distances).
STEINHEIM, c^{ne} de Dolleren. — *Walther von Steinhin*, 1394 (urb. des pays d'Autr.). — *Im Steinheim zwischen der miltern vnd vordern seg*, 1567 (terr. de Massevaux).
STEINKLÖTZ, forêt, c^{ne} de Bitschwiller. — *Steingletz* (cad.).
STEINLAND, c^{nes} de Hausgauen et de Ranspach-le-Bas. — *Jm Steinland*, 1537 (terr. de Saint-Alban).
STEINLEBACH, mont. et f. c^{nes} de Felleringen et d'Oderen. — *Vff ein kopff haist der Stentenbach kopff*, 1550 (urb. de Saint-Amarin). — *Ob den Firsten von Steintebach* (Engelhardt, *Wand. Vog.* 18).
STEINMATT, f. c^{ne} de Geishausen (Cassini).
STEINMATT, f. c^{ne} d'Orbey.
STEINMATTENMÜHLE, mⁱⁿ, c^{ne} de Leymen. — *Steinmühl* (carte hydrogr.).
STEINMÜHLE, mⁱⁿ, c^{ne} de Colmar.
STEINMÜHLE, canton du territ. d'Oberlarg, au milieu des champs, où il y a des restes de fondations sous terre.
STEINRODEL ou STEINRUDEL, cantons des territ. de Heidwiller, de Hochstatt, — *an dem Steinrodel*, 1290 (reg. de Saint-Léonard), de Kingersheim, de Reiningen, de Richwiller et de Rixheim.
STEINSCHLEIFFEN (AN DER), c^{ne} de Bühl, 1453 (cart. de Murbach).
STEINSTRASS, c^{ne} de Sentheim, 1568 (terr. de Massev.).
STEINSULTZ, c^{on} de Hirsingen. — *Steinsultz*, 1430 (comptes de la seign. de Ferrette). — Paroisse du

décanat du Sundgau. — *Rector in Steinsultz*, 1441 (Vautrey, *Lib. marc.* 19). — Dép. de la mairie de Grentzingen.
STEINTHAL, c^{nes} de Ribeauvillé et de Soultzbach.
STEINWASEN, mont. c^{ne} de Metzeral. — *Steinwasenkopf*, (Engelhardt, *Wand. Vog.* 15).
STEINWEG, nom que l'on donne, à Heidwiller, à un chemin qui allait à Bâle et que l'on présume avoir été une route romaine.
STEINWEG, chemin de Lutterbach à l'ancien hameau de Kleindorf.
STELLHURST, c^{ne} de Heimsbrunn.
STELLIPLON, c^{ne} de Bettlach.
STELLWEGEN, c^{ne} d'Illhäusern (inv. des arch. départ. E, 1150).
STELLY, cantons des territ. de Hagenthal-le-Haut, de Liebentzwiller et d'Oberlarg.
STELTZE (AN DER), c^{ne} de Seppois-le-Bas.
STELTZENACKER, c^{ne} de Schweighausen.
STELTZENBACH, ruiss. à Eglingen.
STELTZENMATTEN, c^{ne} de Schlierbach.
STELTZENWÖRTH, c^{nes} d'Huningue et de Village-Neuf.
STEMBERG, mont. c^{ne} de Sondernach (Dépôt de la guerre).
STEMPELRAIN, forêt, c^{ne} de Willer (c^{on} de Thann). — *An Stumpfelrain*, 1550 (urb. de Saint-Amarin). — *Stimpfelrain* (cad.).
STEMPPEN, f. c^{ne} de Stosswihr.
STEMPFLINSBERG ou STEMLISBERG, fermes, c^{nes} de Breitenbach et de Luttenbach. — *Stemlberg*, 1576 (Speckel). — *Stemlesberg* (Cassini).
STENDENSTEIN, canton du territ. de Krüth.
STENGELBERG, canton du territ. de Zimmersheim. — *Am Stengellberg*, 1766 (livre terr. d'Eschentzwiller).
STENGELHOLTZ (AM), c^{ne} de Dolleren, 1567 (terr. de Massevaux).
STERNENBERG, c^{on} de Dannemarie. — *Ze Sternenberg*, 1394 (urb. des pays d'Autr.). — *Von Sternenberg*, 1421 (rôles de Saint-Morand). — *Sternberg*, 1576 (Speckel). — Relevait de l'avouerie de Traubach.
STERNENBRUNNEN, c^{ne} de Liebentzwiller, 1489 (terr. de Saint-Alban).
STERNENMATTEN, c^{ne} de Dietwiller.
STERNENMÜHLE, m^{in}, c^{ne} de Rouffach.
STERNSEE, lac, c^{ne} de Rimbach, c^{on} de Massevaux. — *Terneseë*, 1550 (urb. de Saint-Amarin).
STETTELACHEN, canton du territ. de Niederhergheim. — *In der Stette lache*, 1313 (abb. de Sainte-Croix).
STETTELWEG, c^{nes} de Berentzwiller et de Jettingen. — *Vf den Stettelweg*, 1421 (rôles de Saint-Morand).
STETTEN, c^{on} de Landser. — *Stetten*, 973 (Trouillat, *Monum.* III, 516). — *Stetin*, 1196 (*ibid.* II, 32). — *Dietricus de Steten*, 1276 (*ibid.* II, 268). —
C. incuratus ecclesie in Stetten, 1293 (*ibid.* 551). — Paroisse du décanat d'*inter colles* (Lib. marc.). — Dépendait de la prévôté de Kappelen.
STETTEN, canton du territ. d'Oberlarg.
STETTEN (IN DER), canton du territ. de Hagenthal-le-Bas.
STEYE, éc. c^{ne} de Kirchberg. — *Vff der Steig*, 1567 (terr. de Massevaux).
STICH (AUF DEM), canton du territ. d'Eguisheim.
STICH (IM), canton du territ. de Schlierbach.
STICHMÜHLE, m^{in}, c^{ne} de Kembs. — *Von dem Stich*, 1568 (urb. de Landser).
STICHRAIN, rideau ou ravin qui prend son origine au ban de Saint-Louis et longe les bans de Blotzheim, de Bartenheim et de Kembs. — A Bartenheim, on l'appelle *Bleyenrain*.
STICHWEG, vign. c^{ne} de Gueberschwihr.
STICKELBACHRUNS, c^{ne} de Moosch, 1550 (urb. de Saint-Amarin).
STICKELMATTEN, c^{ne} de Dolleren, 1567 (terr. de Massevaux).
STICKELMATTEN, c^{ne} de Felleringen, 1550 (urb. de Saint-Amarin). — *Stückelrain* (cad.).
STIEGELENWEG, c^{ne} d'Ottmarsheim.
STIEGELGARTEN, c^{ne} de Brunstatt.
STIEGELKOPF, c^{ne} de Nambsheim.
STIEGELLEN, c^{ne} d'Enschingen, 1421 (rôles de Saint-Morand).
STIEGELPFADE (AM), c^{ne} de Soultzmatt, 1489 (urb. de Marbach).
STIERENHURST, c^{ne} de Colmar.
STIERMATTE, c^{nes} de Bitschwiller, de Bühl, etc. — *Stiermatte*, 1394 (cart. de Murbach).
STIERMATTE, f. c^{ne} de Mitzach.
STIERRAINY, mont. c^{ne} de Winckel.
STIFTMATTEN, prés, c^{ne} de Habsheim. — Anc. propriété de l'abbaye (*Stift*) d'Ottmarsheim.
STIFTSÄGE, f. c^{ne} de Lauw. — *Scierie du couvent* (carte hydrog.). — *Stiff Jäger* (tabl. des dist.).
STILLENBACH, ruiss. à Sultzeren, affluent de la Petite-Fecht.
STILTZENFLÜH, coll. à Ligsdorf. — *In die Stilzenflü*, citée en 1431 (reg. Lucell.).
STINNE, cantons des territ. d'Eguisheim et de Hesingen.
STINNE (AN DER), canton du territ. de Heidwiller.
STIRTZEL, canton du territ. d'Uffholtz.
STÖCK, c^{ne} de Sausheim.
STOCKA, h. c^{ne} de Mühlbach. — *Stockach... Storkach*, 1456 (cens. de la cellerie de Munster). — *Stiocka* (Cassini).
STOCKACH, c^{ne} de Zimmerbach. — *Zu Stoccach*, XIVe s^e (rôle de Zimmerbach).

STOCKACKER, c^{nes} de Berentzwiller, Bettendorf, Bisel, Buetwiller, Massevaux, Rixheim et Werentzhausen. — *In der Stockachin*, 1460 (rôles de Saint-Morand).
STOCKBRUNNEN, ruiss. c^{ne} de Jebsheim.
STOCKELBERG, c^{ne} de Mulhouse, 1548 (urb. de l'hôp.).
STÖCKEN, h. c^{ne} de Massevaux. — *Stöcken*, 1568 (terr. de Massevaux). — *Zu Stockken*, 1579 (rôle de Guewenheim).
STÖCKET, forêt, c^{nes} de Buschwiller et de Hegenheim.
STOCKETEN, c^{nes} de Berentzwiller, — *in der Stockecz*, 1421 (rôles de Saint-Morand); de Bettlach, — *Stockenden* (cad.); de Dürmenach, de Hagenthalle-Bas, de Hombourg, de Jettingen, — *an Stockatten... am Stockarten*, 1540 (terr. de Saint-Alban); de Köstlach, de Magstatt-le-Haut, — *jnn Stockatten* 1537 (terr. de Saint-Alban), etc.
STÖCKETEN ou GSTÖCKTEN, canton du territ. de Ballersdorf.
STÖCKETENBERG, c^{ne} de Hirtzbach.
STOCKETENMATTEN, c^{ne} de Hausgauen.
STÖCKETLEN, c^{nes} de Bendorf, Dirlinsdorf, Heimersdorf et Wolschwiller.
STOCKFELD, canton du territ. de Knöringen.
STOCKHOLTZ, c^{ne} de Grentzingen. — *Ob dem Stockolcz*, 1421 (rôles de Saint-Morand). — *Vff das Storkholcz*, 1460 (ibid.).
STÖCKLIN (IM), cantons des territ. de Pfastatt, Sainte-Croix-en-Plaine et Zillisheim. — *Jm Stöcklin*, 1561 (urb. de l'hôp. de Mulhouse).
STÖCKLISWEYER, anc. étang à Seppois-le-Bas. — *Stäcklinsweyer*, 1681 (reg. Lucell.).
STOCKMATT, c^{nes} de Bouxwiller, d'Eglingen, — *vff die Stockmatten*, 1421 (rôles de Saint-Morand); de Holtzwihr, de Sainte-Croix-en-Plaine, — *in Stocmate*, 1312 (abb. de Sainte-Croix); de Stosswihr, de Wittelsheim, etc.
STÖCKWEYER, anc. étang à Hochstatt. — *Stockwejer*, 1561 (urb. de l'hôp. de Mulhouse).
STÖCKY, c^{ne} de Bitschwiller. — *Berg oder kopff den mann nennt Stockenhaim... vor Stochem,... inn Stockenhin*, 1550 (urb. de Saint-Amarin).
STOFFELBERG, coll. c^{ne} de Riedisheim.
STOFFELGASSE, chemin de Carspach à Fülleren.
STOFFELSWEYER, étang, c^{ne} de Bisel.
STOLLENACKER, cantons des territ. d'Oberdorf et de Waldighofen.
STOLLENGART, canton du territ. de Colmar, cité en 1475 (reg. des domin. de Colmar).
STOLLENHURST, cantons des territ. de Mulhouse et de Pfastatt.
STOLLENMATTEN, c^{ne} d'Oderen.
STOLTZENWEG, canton du territ. de Feldbach.

STOLTZER, canton du territ. d'Eschentzwiller.
STORCKENACKER, c^{ne} de Waltenheim.
STORCKENHOLTZWEYER, étang, c^{ne} de Seppois-le-Bas.
STORCKENKOPF, mont. c^{nes} de Geishausen, Lautenbach-Zell et Ranspach. — *An ein kopff heist der Sturch*, 1550 (urb. de Saint-Amarin).
STORCKENNEST, cantons des territ. de Bettendorf, Brinighofen, Courtavon, Falckwiller, Sainte-Croix-en-Plaine et Niedermorschwiller.
STORCKENSOHN, c^{on} de Saint-Amarin. — *Storckisowe*, 1216 (cart. de Murbach). — *Storckisaw... Storckensaw*, 1550 (urb. de Saint-Amarin). — *Storckaw*, 1576 (Speckel). — Dép. du baill. de Saint-Amarin.
STORCKMATTEN, c^{ne} de Lutter.
STÖRENBURG, anc. château entre Hüssern et Mitzach. — *Dno Henrico dicto Stære*, 1254 (Als. dipl. I, 411). — *Wallstein*, 1576 (Speckel). — *Fr. Angelus Stör von Störenburg*, 1766, cit. ann. 1395 (Kl. Thanner Chron. 20).
STORENLOCH, forêt, c^{ne} de Bühl.
STORREN (ZE), c^{ne} de Werentzhausen, 1460 (rôles de Saint-Morand).
STÖSSEL, c^{ne} de Spechbach-le-Haut.
STÖSSENBRUCH, canton du territ. de Niedermorschwiller. — *Vff Stessenbrûch*, 1537 (rôle de Niedermorschwiller).
STOSSWIHR, c^{ne} de Munster. — *In uilla que dicitur Stozzesuuilare*, 783 (tradit. Wizenburg. 90). — *In uilla Stozzesuuilla*, 787 (ibid. 91). — *Juxta villulam, que Scottenwilre vocatur*, XIIe siècle, cit. ann. 817 (Als. dipl. I, 67, et Grandidier, *Hist. d'Als.* p. j. II, 17). — *Stotzenwiller*, 1439, copie du XVIe siècle (rôle de Munster). — *Stoswilr*, 1356 (cens. de la cellenie de Munster). — Dépendait de la communauté indivise du val de Munster.
STÖSSY, canton du territ. de Kiffis.
STRANG (DER), c^{nes} de Bettendorf, de Leimbach, de Mulhouse, de Riedisheim et de Sondernach. — *Ab dem Strangen*, 1456 (cens. de la cellenie de Munster).
STRANGMATTEN, c^{ne} d'Enschingen.
STRASBOURG (DIOCÈSE DE). Ce diocèse, dont le département du Haut-Rhin fait actuellement partie, n'en comprenait, avant la Révolution, que quelques paroisses des deux décanats de Marckolsheim et de Schlestadt. — Voy. ces deux noms.
STRÄSS, c^{nes} de Felleringen et de Krüth. — *Die Sträs*, 1550 (urb. de Saint-Amarin). — *Stresselberg* (anc. cadastre).
STRAUBACKER, f. c^{ne} de Wasserbourg. — *Strubenacker*, 1441 (urb. de Ribeaupierre). — *Stroubacker* (Cass.).
STRAUBENWEYER, c^{ne} de Pfetterhausen.

STRAUBERG, mont. près du Kalenwasen, c^ne de Wasserbourg. — *Am Strouwenberge*, 1441 (urb. de Ribeaupierre). — *Strauberg* (Cassini).
STREITBERG, c^ne de Rumersheim.
STRELER (AM), c^ne de Beblenheim, 1475 (reg. des domin. de Colmar).
STRENG, c^nes de Bisel, de Dürmenach, de Feldbach, — *an der Strangen*, 1616 (terr. de Feldbach); de Heidwiller, de Heimersdorf, de Kientzheim, — *in den Strengen*, 1328 (urb. de Pairis), etc.
STRENGACKER, c^nes de Habsheim et de Hausgauen.
STRENGBACH, riv. qui vient du fond du val de Ribeauvillé et se jette dans la Fecht à Guémar. — *Usque in amnem qui Mulibach vocatur*, XIIe siècle, cit. ann. 817 (Als. dipl. I, 67). — *Indewendig dez Mvlebaches*, 1298 (ibid. II, 69). — *Mulebach*, 1320 (Weisthümer, I, 666). — *Die Strengbach*, 1644 (Merian, *Top. Als.* 19). — *Den Mühlbach vor Rappollschweyler*, 1734 (rôle de Kientzheim).
STRENGENGRABEN, ruiss. c^ne de Hirsingen.
STRENGENWEG, c^nes de Berentzwiller et de Habsheim.
STRENGFELD, c^nes d'Ostheim et de Sainte-Croix-en-Plaine. — *Ime strengen velde*, 1484 (abb. de Sainte-Croix).
STRENGHURST, c^ne de Wickerschwihr.
STRENGLÄNGE, c^ne de Hesingen.
STRENGSTRÄSSLE, chemin, c^ne de Muntzenheim.
STRIBACH, ruiss. à Kientzheim. — *Strickbach*, 1734 (rôle de Kientzheim). — *Streibach* (cad.).
STRIBICH, c^ne de Sentheim. — *Stribich*, 1568 (terr. de Massevaux).
STRIBICHER, vign. c^ne d'Eguisheim. — *In dem Strubichere*, 1424 (urb. de Marbach). — *Jm Strippicher*, 1682 (rôles d'Eguisheim).
STRICKERMÜHLE, anc. m^in, c^ne de Niederhergheim.
STRIEDEL, f. c^ne de Dolleren. — *Strittel* (anc. cadastre).
STRIET, f. c^ne de Sultzeren.
STRINTZIG, canton du territ. de Kirchberg.
STRITTACKER, c^ne de Hundsbach.
STRITTFELD, c^ne de Pfastatt. — *Jm Stryttfeld*, 1522 (reg. des préb. de Mulhouse).
STRITTGRÜN, île du Rhin, à Nambsheim.
STRITTMATT, cantons des territ. de Mühlbach et de Sainte-Croix-en-Plaine.
STRITTWALD, forêt, c^ne de Bergheim. — *Streitwald*, (inv. des arch. de Bergh. 16).
STROBACH, c^ne de Colmar.
STROHHÖFLE, anc. f. à Altkirch.
STROHSTATT ou VILLE DE PAILLE, nom d'une petite ville bâtie par Louis XIV dans l'île de Paille, c^ne de Biesheim, et détruite en vertu du traité de Ryswick. — Le conseil souverain d'Alsace y a siégé de 1681 à 1698. — *En la nouvelle ville de Brisac dans l'isle du Rhin*, 1681 (ordonn. d'Als. I, 139). — *Fait à la ville neuve de Brisac*, 1691 (ibid. I, 245). — *Le bailliage de la ville neuve de Brisac*, 1694 (ibid. I, 276). — *Die neüe Statt*, 1697 (Kriegs Theatr. pl. 32). — *Ville de Paille* (Cassini). — *Saint-Louis* (Als. ill. IV, 65 et 184).
STRUBENACKER, c^ne de Francken.
STRUBENBÜL, c^ne de Köstlach, 1333 (reg. Lucell.).
STRUBENKREUTZ, c^ne de Dieffmatten.
STRUET, h. c^ne de Kirchberg. — *Im Ewerssloch, ob dem dorff, bei der struot,... in Euferssloch*, 1567 (terr. de Massevaux). — *Struetmühl* (cart. hydrog.).
STRUET (LA), fabrique, c^ne d'Illzach et de Kingersheim.
STRUETBERG, coll. c^nes de Brinckheim, d'Emlingen et de Tagsdorf. — *Am dem Strütbül*, 1421 (rôles de Saint-Morand).
STRUETH, c^on d'Hirsingen, en français ESCHE ou ESSERT. — *Struet*, 1144 (Trouillat, *Monum.* II, 708). — *Strut*, 1394 (urb. des pays d'Autr.). — Dépendait de la mairie de la Largue.
STRUETH, c^nes de Bettendorf, de Blotzheim, de Dolleren, — *in der Struot*, 1567 (terr. de Massevaux); de Henflingen, — *bi der Strüt*, 1421 (rôles de Saint-Morand); de Jettingen, — *ob der Strütt*, 1540 (terr. de Saint-Alban); de Vögtlinshofen, — *von dem nöhelin dem man spricht die strüt*, 1433 (urb. de Marbach), etc.
STRUETHACKER, c^ne d'Illzach.
STRUETHBÄCHLE, ruiss. c^ne d'Oltingen, affluent de l'Ill.
STRUETHBODEN, c^nes de Burnhaupt-le-Bas et de Willer (c^on d'Altkirch).
STRUETHMÜHLE, m^in, c^ne de Strueth.
STRUNTZENFLÜHE, c^ne d'Orbey, 1441 (urb. de Ribeaupierre).
STRUNTZENTHAL, canton du territ. de Heimsbrunn.
STUBENBACH, ruisseau à Berrwiller, cité en 1453 (cart. de Murbach).
STUBENBRUNNEN, c^ne de Hirtzbach.
STUBENDURST, c^ne de Bennwihr.
STUBENMATTEN, c^ne de Gundolsheim, 1531 (rôle de Gundolsheim).
STUBENRAUCH, canton du territ. de Berentzwiller.
STUBENRÄUCHLEN, vign. c^ne de Habsheim. — *Vff denn Stuben Röuchlin*, 1516 (reg. des préb. de Mulh.).
STÜCKENFELD, c^ne de Traubach-le-Haut.
STÜCKER, c^nes de Geispitzen et d'Oberlarg.
STUDAU, canton du territ. de Colmar. — *Jm Stútouw*, 1475 (reg. des domin. de Colmar).
STUDENWALD, c^ne de Rammersmatt.
STUDERKOPF, c^nes de Biesheim et de Kuenheim.

STUDIGBACH, ruiss. c^{ne} de Murbach. — *In das Studach*, 1453 (cart. de Murbach).

STÜDLING, c^{ne} de Ranspach, 1550 (urb. de St-Amarin).

STUMPFKOPF, mont. à Soultzbach. — *Stumenkopf* (Dépôt de la guerre).

STUNDRUEFERSMÄTTLEN, pré, c^{ne} d'Ungersheim.

STURMERSBERG (UF), c^{ne} de Mittelwihr, 1328 (urb. de Pairis).

STUTZ (UNTER DEM), c^{ne} de Kiffis.

STUTZFELD, c^{ne} de Balschwiller.

SUARCE, en all. SCHWERTZ, c^{on} de Dannemarie. — *Suarza*, 823 (Als. dipl. I, 70). — *Henrico de Soerce*, 1105 (urb. de Froide-Fontaine). — *Henric. de Suerz... de Suercha*, 1105 (Trouillat, Monum. I, 221-226). — *Suarca*, 1264 (ibid. II, 148). — *Schwertz*, 1458 (Als. dipl. II, 393). — *Suerze* (Cassini). — Paroisse du décanat du Sundgau (Lib. marc.). — Mairie de la seign. de Delle. — *Das meygertum Swertz*, 1394 (urb. des pays d'Autr.).

SUARCINE, en all. SCHWERTZELEN ou SCHWARTZBÄCHLE, ruiss. qui prend sa source sur le territoire de Réchésy, suit la limite de ceux d'Uberstrass, Friessen et Hindlingen, traverse Suarce et Chavanatte et se déverse dans le canal du Rhône au Rhin, à Magny. — *Die Schwertze*, 1458 (Als. dipl. II, 393). — *La Suersine* (Cassini). — *La Souarcine, la Souartzine* (anc. cad.).

SUDEL, mont. à Massevaux et à Rougemont.

SUDEL (LE), f. c^{ne} de Soultz. — *Sudell* (Cassini).

SUDELHÜTTEN, f. c^{nes} de Massevaux et de Rougemont. — *La Sudle* (anc. cad.).

SUDLOCH, c^{ne} d'Obersaasheim.

SUISSE (LA), h. c^{ne} de Thannenkirch.

SUISSES (MAISON DES), ferme de l'anc. territ. de Saint-André (anc. cad.).

SULTZ, canton du territ. de Magstatt-le-Bas. — *Uff die Sulz*, 1609 (terr. de Magstatt).

SULTZ (IN DER), canton du territ. de Ribeauvillé. — *In der Sulzze*, 1278-1493 (reg. d'Unterlinden). — *In der Sultz*, 1475 (reg. des domin. de Colmar).

SULTZ (IN DER), canton du territ. de Rixheim.

SULTZACKER (AM), c^{ne} de Jettingen, 1540 (terr. de Saint-Alban).

SULTZBACH, ruiss. qui prend sa source à Mortzwiller, passe par Soppe-le-Bas, Soppe-le-Haut, Dieffmatten, Gildwiller, Falckwiller, et va se jeter dans la Largue à Balschwiller. — *An der Sulzbach*, 1625 (rôle de Gildwiller). — *Auf die Sultzbach*, 1629 (rôle de Balschwiller).

SULTZBACH, ruiss. à Gundolsheim. — *Vff den Sultzbach... Vff die vsser Sultzbach... Vff die jnner Sultzbach*, 1531 (rôle de Gundolsheim).

SULTZBACH, ruiss. c^{nes} de Soultzbach et de Wasserbourg, affluent de la Fecht. — *Der Sultzbach*, 1441 (urb. de Ribeaupierre).

SULTZBACH, ruiss. à Weegscheid, aff. de la Dollern. — *Neben der Sultzbach*, 1567 (terr. de Massevaux).

SULTZBACH (NIEDER- et OBER-), c^{nes}. — Voy. SOPPE-LE-BAS et SOPPE-LE-HAUT.

SULTZBERG, c^{ne} de Riedisheim, 1548 (urb. de l'hôp. de Mulhouse).

SULTZBERG, c^{ne} de Soultzmatt. — *Am Sultzenberg*, 1489 (urb. de Marbach).

SULTZERÉN, c^{on} de Munster. — *Sulzenheim*, 1320 (Weisthümer, I, 666). — *Sultzerhein*, 1339 (Als. dipl. II, 166). — *Sultzerhin*, 1456 (cens. de la cellenie de Munster). — Dépendait de la communauté indivise du val de Munster.

SULTZERMATTEN, f. c^{ne} de Sultzeren.

SUMPF, canton des territ. d'Ingersheim et de Katzenthal. — *In dem sumphe*, 1328 (urb. de Pairis). — *Im Sumpffe*, 1475 (reg. des domin. de Colmar).

SUMPF et SUMPFWALD, forêt, c^{ne} de Sewen. — *Im Sumpff*, 1567 (terr. de Massevaux).

SUMPFEN, ruiss. c^{nes} de Feldkirch, d'Ungersheim et de Merxheim, affluent du Wobach. — *Fluviolum Sumphone*, 780 (Als. dipl. I, 52). — *Fluviolo Sunfone*, 784 (Als. dipl. I, 53). — *Nebent dem Sumpff in Blwenhin bann*, 1531 (rôle de Gundolsheim). — *Sumpf Bächel* (anc. cad.).

SUNDENMÜHL, m^{in}, c^{ne} de Rouffach. — *Sontheym molin*, 1489 (urb. de Marbach). — *Von dem hoffe zu Furtmulen zu Suntheim*, 1510 (Mat. Berler, 35).

SUNDGAU, ancien pays ainsi appelé (*pays du Sud*) par opposition au Nordgau (*pays du Nord*). Il comprenait primitivement toute la Haute Alsace, mais fut réduit en dernier lieu à peu près aux arrondissements actuels de Belfort et de Mulhouse. — *In pago Helisacensi et in parte ipsius pagi, qui vocatur Sundgeüüi*, 899 (cart. de Munster). — *In pago Suntgowe*, 1025 (Als. dipl. I, 156). — *In pago Elesazen, in comitatu Suntgowe*, 1049 (Als. dipl. I, 163). — *In der graueschafft genant Sunchowe*, 1049 (cart. de Murbach). — *Würant ritere von Suntgowe*, 1278 (Trouillat, Monum. II, 286). — *Sundgovia*, XIVe s^e (Als. dipl. II, 184). — *Sontgaüw*, XVIIe siècle (Mülhauser Gesch. 17).

Décanat du diocèse de Bâle. D'après le Lib. marc. de 1441 à 1469, ce décanat renfermait cent six paroisses et monastères. — *Diethelmi archidiaconi Suncg.* 1283 (Trouillat, Monum. II, 378). — *Decanatus Suntgowiæ*, 1298 (ibid. 671). — Dans la deuxième moitié du XVIIe s^e, le décanat du Sundgau fut partagé en deux portions à peu près égales en étendue, dont l'une conserva le nom de *Capitulum Sundgaudiæ* et dont l'autre fut nommée *Capitulum Mazopolitanum* ou *de Massevaux* (Trouillat, *Mon.* I, LXXIV et suiv.). Enfin, en 1779, le *Capitulum Sundgaudiæ* fut encore réduit de vingt-neuf paroisses aux dépens d'un nouveau décanat qui fut rattaché au dioc. de Besançon.—Voy. BESANÇON (DIOCÈSE DE).

Le décanat du Sundgau ainsi réduit se composait encore des paroisses d'Altkirch, Ammertzwiller, Aspach-le-Bas, Aspach-le-Haut, Ballersdorf, Balschwiller, Bernwiller, Bettendorf, Burnhaupt-le-Bas, Burnhaupt-le-Haut, Carspach, Didenheim, Dornach, Eglingen, Feldbach, Fröningen, Galfingen, Grentzingen, Heidwiller, Heimsbrunn, Hirsingen, Hirtzbach, Illfurth, Lutterbach, Niedermorschwiller, Pfastatt, Reiningen, Riespach, Schweighausen, Spechbach-le-Bas, Spechbach-le-Haut, Steinsultz, Tagolsheim, Thann, Waldighofen, Walheim, Willer (c^{on} d'Altkirch), Wittelsheim, Wittersdorf, et des vicariats d'Aspach et de Hochstatt.

SUNDHEIM, vill. détr. près de Rouffach. — *Ecclesia dominorum Theutonicorum in Suntheim... consecratur,* 1278 (Ann. de Colmar, 74). — *Johañs rûdolff Elnhart comenthur zu Mulhussen und zu Sunthein, Tutsches ordens,* 1461 (cart. de Murb.). — *Sunthein,* 1490 (urb. de Marbach). — Au xve s^e, paroisse du décanat de *citra colles Ottonis* (Lib. marc.). — La maison de l'ordre Teutonique fut transférée à Soultz. Un couvent de femmes qui s'y trouvait aussi fut transféré à Guebwiller vers 1289 (Ann. de Colmar, 140).

SUNDHOFEN, c^{on} d'Andolsheim, primitiv^t du c^{on} de Rouffach.— *Suntor,* 768 (Als. dipl. I, 42). — *Sundhoüa,* 896 (cart. de Munster). — *Hoso de Sontove,* 1296 (Als. dipl. I, 357). — *In Svnthoven,* 1303 (Trouillat, *Monum.* III, 38). — Paroisse du décanat de *citra Rhenum* (Lib. marc.). — Dép. du comté de Horbourg. — Cour colongère. — *Curiam nostram in Sunchhofen dictam Dinghof,* 1269 (Als. dipl. I, 463).

SUNTBRACHEN, canton des territ. de Bendorf et de Ligsdorf. — *Sunprachen,* 1349 (reg. Lucell.). — *Die gemeine Suntbraten,* 1431 (*ibid.*).

SUNTEL, canton du territ. d'Eguisheim. — *Suntliten,* 1389 (urb. de Marbach). — *An der Suntlitt,* 1514 (rôles d'Eguisheim). — *In der Sundel,* 1682 (*ibid.*).

SUNTGASSE, cantons des territ. de Gueberschwihr, — *jn der Suntgassen,* 1487 (urb. de Marbach); de Merxheim, — *vff die Suntgassen,* 1453 (cart. de Murbach); d'Eguisheim, — *Suntgassen,* 1424 (rôles d'Eguisheim).

SUPENSECK, c^{ne} de Burbach-le-Haut.

SUPPENKOCH, c^{ne} de Meyenheim.

SUREMATTEN, c^{ne} de Hausgauen.

SURENWEYER, c^{ne} de Galfingen.

SURGAND, canton du territ. de Bisel.

SURHANPETMATT, c^{ne} de Sainte-Croix-en-Plaine.

SURISACKER, c^{ne} de Fislis.

SURLATTES, en allemand ZYLLHARDT, h. c^{ne} de Sainte-Marie-aux-Mines (Als. ill. IV, 291). — *Sifrido de Zulnhart, milite,* 1397 (Trouillat, *Monum.* IV, 607). — *Zilenhart* ou *sur l'ate* (anc. cad.). — *Sur l'Hate* (Dépôt de la guerre).

SURLING, canton du territ. de Soultzmatt. — *Uff den Surling,* 1489 (urb. de Marbach).

SURPENSE, f. c^{ne} de Sainte-Croix-aux-Mines. — *Churpence* (Cassini).

SUSCITÉ (LA), f. c^{ne} de Sainte-Marie-aux-Mines. — *Sucité* (carte hydrog.).

SÜSSEN BURN., c^{ne} de Guebwiller, 1338 (cart. de Murbach).

SUTTACKER, canton du territ. de Hagenthal-le-Bas.

SUTTEN, canton du territ. de Mulhouse. — *Jnn der Suten,* 1548 (urb. de l'hôp. de Mulhouse).

SUTTEN (IN DEN), canton du territ. de Berrwiller.

SUTTER (IM), c^{ne} de Schlierbach.

SUTTERLEY, forêt, c^{ne} d'Oderen.

SUTTERLINSGARTEN, c^{ne} de Willer (c^{on} d'Altkirch).

SUZE (FONTAINE DE LA), c^{ne} de Bermont.

T

TAFELHURST, c^{ne} de Henflingen, 1421 (rôles de Saint-Morand).

TAFELWALD, forêt, c^{ne} de Sainte-Croix-en-Plaine.

TAGOLSHEIM, c^{on} d'Altkirch. — *Dagolfesheim,* 977 (Als. dipl. I, 130). — *Tageltzen,* 1458 (rôles de Saint-Morand). — *Tagolczhein,* 1460 (*ibid.*). — *Dagoltzheim,* xviie siècle (Mülhauser Gesch. 30). — Fut détaché, vers la fin du xviie siècle, de la mairie du Hundsbacherthal, pour former, avec Aspach et Obermorschwiller, une mairie particulière.

TAGSDORF, c^{on} d'Altkirch. — *Tagstorff,* 1421 (rôles de Saint-Morand). — *Dagestdorf... tagstdorf,* 1459... 1463 (rôles de Saint-Morand). — *Dagstorf,* 1576 (Speckel). — Faisait partie de la mairie du Hundsbacherthal.

TAILLANDERIE (LA), en allemand DIE SCHARSCHMIEDE,

usines isolées, c^{nes} de Bergheim, Breitenbach, Bühl, Günspach et Sainte-Marie-aux-Mines.

TAILLE (LA), c^{ne} de Bretten.

TAILLEAU (LA), c^{ne} de Bavilliers. — *Ou ault de la Tailler*, xv° siècle (urb. de Froide-Fontaine).— *Derrier la tellier... tellieux*, 1462 (ibid.). — *En la Taillez*, 1581 (cens. du chap. de Belfort).

TAILLES (LES), forêt, c^{ne} de Vellescot.

TAILLIATE (LA), forêt, c^{ne} de Boron. — *La Taillade* (anc. cadastre).

TALCHLE, f. c^{ne} de Ranspach. — *Jnn dem Dälckellin*, 1550 (urb. de Saint-Amarin). — Voy. DÖLCHLE.

TAMMERHAG, c^{ne} de Buetwiller. — *Vff der Tamerhage... bi dem Tammerigen hag... zen Tamberg hage... zem Tamburge hag*, 1421 (rôles de Saint-Morand).

TANLACH ou TANLOCH, c^{ne} de Berrwiller, 1453 (cart. de Murbach).

TÄNNCHEL, ham. et mont. c^{nes} de Thannenkirch et de Ribeauvillé. — *Tennichel*, 1441 (urb. de Ribeaupierre). — *Tenchel* (Engelbardt, *Wand. Voy.* 69). — *Thännigel* (Piton, *Promenades Alsac.* 29).

TANNERSCHLATKOPFF, mont. c^{ne} de Krüth, 1550 (urb. de Saint-Amarin).

TANNZAPFENMÜHLE, mⁱⁿ, c^{ne} de Ribeauvillé.

TANTZLAUBEN, canton du territ. de Herlisheim. — *By der Tantzloben*, 1490 (urb. de Marbach).

TANTZMATTENBERG, canton du territ. de Largitzen.

TANWILLER, vill. détruit, derrière Soultzmatt. — *Danwilr... Tanwilr*, 1453 (reg. de Soultzmatt).— *Tanwiler*, 1489 (urb. de Marbach) — *Damwiller*, 1576 (Speckel). — *Damwiler*, xviii° siècle (Kriegs Theatr. carte). — *Thannweiler* (Cassini).

TANWILLERBACH, ruiss. c^{ne} de Soultzmatt.

TAPPE (LA), c^{ne} d'Argiésans.

TAPPENMETZGER, c^{ne} de Ruederbach.

TAPPERT, canton du territ. de Folgensbourg.

TARDIEU (LA GOUTTE), ruiss. c^{ne} d'Anjoutey.

TASCH, ruiss. c^{ne} de Zimmerbach.

TASCHE, forêt, c^{ne} de Wolfersdorf.

TÄSCHE ou DESCHEN, c^{ne} d'Aspach-le-Bas.

TÄSCHELACKER, c^{ne} de Mittelmuespach.

TÄSCHELHURST, c^{ne} de Housen.

TÄSCHELMATT, c^{ne} de Carspach. — *Von der Teschelmatten*, 1421 (rôles de Saint-Morand).

TÄSCHELREBEN, c^{ne} de Guewenheim. — *In Täschen räben*, 1569 (terr. de Massevaux).

TÄSCHLIHBÖDEL, pât. c^{ne} d'Oderen.

TÄSCHMATTEN, canton du territ. de Dirlinsdorf.

TASSENIÈRE, c^{ne} de Bavilliers et de Montreux-Jeune.— *La Casenière*, xv° siècle (urb. de Froide-Fontaine).

TATTENBACH, ruiss. c^{nes} de Kötzingen et de Magstatt-le-Bas.— *Vff Tattenbach*, 1609 (terr. de Magst.-le-Bas).

TAUBENGARTEN, c^{ne} de Spechbach-le-Haut. — *By den Tubaden*, 1421 (rôles de Saint-Morand).

TAUBENKLANG, canton du territ. de Sultzeren.

TAUBENRAIN, c^{ne} de Burnhaupt-le-Haut et de Guewenheim. — *Vff dem Thoman Rain*, en marge, *Daumenrain*, 1569 (terr. de Massevaux).

TÄUFERSMÜHLE, mⁱⁿ, c^{ne} de Sainte-Croix-en-Plaine. — *Dietermannsmühle* (tabl. des dist.).

TAUFSTEINBRUNN, chapelle et source, c^{ne} de Steinbrunnle-Bas. — *Sainte-Apolline* (Cassini). — Pèlerinage fréquenté, le jour de la *Sainte-Apolline*, pour les maux de dents, et le jour de la *Sainte-Odile*, pour les maux d'yeux. — Dans le lieu où se trouvent cette source et celle de *Colmarsbrunn*, l'on a découvert beaucoup de débris de poteries, de tuiles et de briques, des monnaies romaines, des camées, des agrafes, des clefs, des fragments d'armes, etc. D'après la tradition locale, il y aurait existé une ville du nom de *Petit-Colmar*.

TAUPRAIE, h. c^{ne} de Fréland.— *La Tauperie* (anc. cad.). — *Taupré* (tabl. des dist.).

TEINTURERIE (LA), c^{ne} de Sainte-Marie-aux-Mines.

TELLENBÜHL, anc. nom d'une butte à Eguisheim. — *An dem tellen bühel*, 1389 (urb. de Marbach).

TEMPEL, éc. c^{ne} de Dirlinsdorf.

TEMPEL, canton du territ. de Leimbach.

TEMPELHOF, f. c^{ne} de Bergheim. — *Tempelhoff*, 1475 (reg. des domin. de Colmar).— *Commanderie* (Cassini). — Ancien couvent de Templiers, réuni en 1312 à la préceptorerie des Joannites de Schlestadt (Baquol).

TEMPELSBAUM, c^{ne} de Kientzheim. — *Im Kämpflinsbaum*, 1734 (rôle de Kientzheim).

TERREAUX (ÈS), c^{ne} de Chavannes-les-Grands, 1580 (terr. de Saint-Ulrich).

TERREAUX (SUR LES), cantons des territ. de Florimont et de Vézelois.

TERRIÈRE (LA), c^{ne} de Danjoutin.

TERTELEN, c^{ne} de Burbach-le-Haut. — *Am Tertter... am Terttele... wald so genant würdet Terttelin*, 1568 (terr. de Massevaux).

TÊTE-DE-CHAUX, mont. à Chaux.

TÊTE-DE-FAUX, mont. à la Poutroye.

TÊTE-DE-FELLERINGEN ou PETIT-DRUMONT, mont. c^{ne} de Felleringen. — *Vber den Felingskopff der schneëschmeltze nach*, 1550 (urb. de Saint-Amarin).

TÊTE-DES-ALLEMANDS, mont. à Urbès. — *Bis an den berg Thurnkopff*, 1550 (urb. de Saint-Amarin).

TÊTE-DES-NEUF-BOIS, montagne à Storckensohn et à Urbès.— *Vff den berg den man nennt Neuwäldkopff*, 1550 (urb. de Saint-Amarin). — *Neuwald*, forêt, à Urbès.

Tête-des-Planches, mont. à Auxelles-Haut et au Puix (c^{on} de Giromagny).
Tête-du-Chien, mont. à Saint-Amarin. — *Der Hundtswasen*, 1550 (urb. de Saint-Amarin).
Tête-du-Fayart, mont. c^{ce} de la Madeleine.
Tête-du-Marquaire, mont. à Aubure.
Tête-du-Miliou, mont. à Auxelles-Bas et à Giromagny.
Tête-du-Mineur, mont. à Rierevescemont.
Tête-du-Moine, mont. à Rougemont, la Madeleine et Étueffont-Haut. — *Tête-le-Moine* (anc. cadastre).
Tête-Saint-Jean, mont. à Auxelles-Haut.
Tètre (Le), c^{nes} d'Essert et du Puix (c^{on} de Dannemarie).
Tetzberg, forêt, c^{nes} de Balschwiller, d'Ammertzwiller et de Gildwiller. — *Tenczenberg*, 1421 (rôles de Saint-Morand).
Teufelsacker, cantons des territ. de Ribeauvillé et d'Aubure. — *Tüfelsacker*, 1441 (urb. de Ribeaupierre). — *Au Champ-du-Diable*, à Aubure.
Teufelsgasse, canton du territ. de Village-Neuf.
Teufelsgässle, c^{ne} de Schlierbach.
Teufelsgrund, c^{ne} de Thann.
Teufelshöltzlen, forêt à Brinckheim.
Teufelsichert, c^{ne} d'Eguisheim.
Teufelskopf, canton du territ. de Fréland. — *Vff des Tüfelskopff*, 1441 (urb. de Ribeaupierre).
Teufelsloch, canton des territ. d'Emlingen et de Luemschwiller.
Teufelsloch, m. de garde, c^{ne} de Saint-Hippolyte.
Teufelslöchle, canton des territ. d'Uberstrass et de Seppois-le-Bas.
Teufelsrücken, canton du territ. de Luemschwiller. — *Teufflersrücken*, 1557 (reg. des préb. de Mulh.).
Teufelsthurm, anc. tour des fortifications de Mulhouse. —*By Teuffelsthurn*, 1556 (reg. des préb. de Mulh.).
Teutschtual, vallée à Oberlarg et à Winckel.
Thal, c^{on} d'Appenwihr. — *Jn dem tal*, 1489 (terr. de Saint-Alban).
Thalacker, c^{nes} de Baldersheim et d'Eguisheim. — *In Talacker*, 1424 (rôles d'Eguisheim).
Thale (La), l'une des parties du vill. d'Auxelles-Haut.
Thâle (La), c^{ne} de Bavilliers. — *En la Talle*, xve siècle (urb. de Froide-Fontaine).
Thalenberg, coll. à Ballersdorf.
Thalhorn, m. isolée, c^{ne} de Felleringen.
Thalhueben, c^{ne} de Colmar. — *In den talhuoben*, 1475 (reg. des domin. de Colmar).
Thalmatten, c^{nes} d'Aspach, Buschwiller, Hausgauen et Uberstrass.
Thalrain, c^{on} d'Emlingen.
Thalung, mont. à Massevaux.
Thann, ch.-l. de canton, arrond. de Belfort. — *Her Erchinsint von Tanne*, 1202 (Als. dipl. I, 484).

— *Ottone Roubario de Tanne*, 1262 (*ibid.* I, 445).
— *Villicus opidi Thanne, h. villicus ville Thanne... ac universitas tam opidi quam ville Thanno*, 1304 (Als. dipl. II, 81). — *In ecclesia parrochiali Thanne*, 1304 (*ibid.*). — *Unser vest und statt ze Tann*, 1361 (Als. dipl. II, 239). — *Eccles. sancti Theobaldi in Thannis*, 1456 (Als. dipl. II, 391). — *Dann*, 1576 (Speckel). — Forme latinisée, *Pinetum*.

Ch.-l. d'une seign. ou comté relevant du comté de Ferrette. — *Die Herrschaft und Empter Thann, so zu dem Schloss Engelburg gehören*, 1506 (Als. ill. IV, notes, 101). — *Seigneurie de Thannes*, 1659 (ord. d'Als. I, 18). — Cette seign. était subdivisée en : 1° la juridiction (Gericht) de Thann; 2° les avoueries (Vogteyen) de Burnhaupt et de Traubach; 3° les mairies de Balschwiller, Soppe, Reiningen et Reppe. — La juridiction de la ville de Thann comprenait Roderen, Leimbach et Rammersmatt, qui formaient anciennement une mairie, Aspach-le-Haut et Vieux-Thann. — Après l'organisation de l'intendance d'Alsace, la seigneurie de Thann forma un bailliage de la subdélégation de Colmar.

Paroisse du décanat du Sundgau (Lib. marc.). — En 1441, la collégiale de Saint-Amarin fut transférée *gen Thann und S. Tyboldskirchen* (Als. dipl. II, 366). — Thann doit son origine au pèlerinage de Saint-Thiébaut. Un chemin conduisait au bord du Rhin portait encore le nom de *Bilgerweg*, «chemin des pèlerins,» au siècle dernier : voy. ce nom.

Hôpital. — *Der alte Spitthal allhie zu St Erhard*, 1766, cit. ann. 1325 (Kl. Thanner Chron. 19).
— *Cappellanus Sancti Spiritus hospitalis*, 1441 (Vautrey, *Lib. marc.* 23).

Léproserie. — *Das gute Leuthen- oder Siechen-Haus*, 1766, cit. ann. 1400 (Kl. Thanner Chron. 23). — Réunie à l'hôpital suivant édit du 27 juillet 1739 (Mercklen, *Hist. d'Ensisheim*, I, 334).

Couvent de cordeliers. — *Den Parfüzzorn ze tanne*, 1394 (urb. des pays d'Autr.). — *Minderer Brüder Barfüsser*, dépendant en 1580 de la custodie de Bâle (Wurstisen, *Basl. Chron.*).

Couvent de capucins fondé en 1622 sur le *Bungert* ou *Bunggarten* (Kl. Thanner Chron. 47).

Thann (Auf), anc. f. à Breitenbach. — *Adann* (Cass.)
Thann (Vieux), c^{ne}. — Voy. Vieux-Thann.
Thannach, h. — Voy. Thannet.
Thannacker, c^{ne} d'Aspach.
Thannäckerle, c^{ne} de Colmar.
Thannbach, ruiss. c^{ne} de Balschwiller.
Thannbächle, ruiss. c^{ne} de Breitenbach.
Thannekopf, ruiss. c^{ne} d'Auxelles-Haut.
Thannenberg, c^{ne} de Roppentzwiller.

DÉPARTEMENT DU HAUT-RHIN.

Thannenkirch, c^on de Ribeauvillé. — *Die vrowe von Tannekilche*, 1308 (abb. de Pairis, C. 4, C. 24). — *Ze Tanneklich*, 1344 (Trouillat, *Monum.* III, 562). — *Tannenkilch*, 1370 (*ibid.* IV, 296). — *Tannenkyrch*, 1441 (urb. de Ribeaupierre). — *Annakirch*, 1644 (Merian, *Top. Als.* carte). — Paroisse du décanat d'*ultra colles Ottonis* (Lib. marc.). — Dép. du baill. de Ribeauvillé.

Thannenkircherbach, ruiss. c^nes de Thannenkirch et de Bergheim, affluent de l'Ill.

Thannenwald, forêt et chalet à Mulhouse. — *Thannwaldt*, 1558 (reg. des préb. de Mulhouse).

Thannet, en allem. Thannach, h. c^ne d'Orbey. — *Tangnäch*, 1420 (abb. de Pairis, C. 4, C. 16). — *Tangnach*... *Tangnow*... *Vlrich von Tannach*, 1441 (urb. de Ribeaupierre).

Thannhag, c^ne de Roppentzwiller.

Thannhürstlen, c^ne de Rouffach.

Thännle, anc. f. à Mühlbach. — *Thænnlen* (Cassini).

Thannwald, h. c^ne de Leymen.

Thannweg, anc. chemin à Steinbrunn-le-Bas, rejoignant le Bilgerweg à Bruebach.

Thanober, anc. f. à Burbach-le-Haut (Cassini).

Thegrass, canton du territ. de Sultzeren.

Theil (Au), c^ne de Dorans.

Theillergrund, c^ne de Baltzenheim.

Theuerbrunnen, sources à Friessen, à Heimersdorf et à Landser. — Ce nom leur vient de ce que, dans la croyance populaire, leur débordement présage une année de cherté.

Thiancourt, c^on de Delle. — *Thecort*, 1303 (Trouillat, *Monum.* III, 62). — *Par le chesne de Tyoncourt*, 1360 (*ibid.* IV, 143). — *Thioncourt*, xve siècle (urb. de Froide-Fontaine). — Dép. de la seigneurie de Grandvillars. — Le chêne de Thiancourt formait limite entre l'Alsace et la principauté de l'ancien évêché de Bâle.

Thiebersloch, c^ne de Traubach-le-Haut. — *Dietbrechsloch*... *dieprechtsloch*... *tieppersloch*, 1460 (rôles de Saint-Morand).

Thieboldsbrunnen, c^ne de Kientzheim. — *Zů diepoltzburne*, 1407 (cens. de la camerene de Munster).

Thieboldshag, c^ne de Wolfersdorf.

Thielen, canton. — Voy. Dielen.

Thiémont, f. c^ne de Meroux. — *En thiemont*, 1347 (urb. de Froide-Fontaine). — *Lethiemont* (anc. cad.).

Thierenbach, h. — Voy. Notre-Dame-de-Thierenbach.

Thiergarten, cantons des territ. de Bernwiller, Pfetterhausen, Saint-Ulrich, Schwoben, Spechbach-le-Bas.

Thiergärtlen, canton du territ. de Blodelsheim.

Thiergärtlen, canton du territ. de Housen. — *Dier gertelin*, 1429 (urb. de Marbach).

Thiergärtlen, cantons à Katzenthal et à Sigolsheim.— *Im Thiergärdtlin*, 1717 (rôle de Sigolsheim).

Thierheim, vill. détruit près de Heiteren, dont il ne reste plus que la chapelle dite *Notre-Dame-de-Thierhurst*. — *Tierhein*, 1282 (Ann. de Colmar, 106). — *Daz torf ze Thiernhein*, 1303 (Trouillat, *Monum.* III, 46). — *Wernher der schultheis von Tiernheim*, 1314 (Als. dipl. II, 108). — *Tiernhein*, 1334 (Moné, *Zeitschrift*, V, 247). — *Tyrnen*, 1517-1582 (inv. des arch. départ. E, 1261).

Thierlach, ruiss. venant de Balgau et se réunissant au Rhin près de Volgelsheim, après avoir traversé Heiteren, Obersaasheim et Algolsheim. — *Dierlach* (Cassini).

Thierleslachen, c^ne de Seppois-le-Bas.

Thiombe, quartier de la c^ne de Chèvremont.

Thoracker, vign. à Lutterbach, où se trouvait l'ancien château.

Thoren, canton du territ. de Rixheim. — *Jm Thorenn*, 1549.... *Jm Doren*, 1555 (reg. des préb. de Mulhouse).

Thorguth, dépendance de Kientzheim.

Thormatt, canton du territ. de Reiningen.

Thormatten, c^ne de Moosch. — *Vff Tormatten*, 1550 (urb. de Saint-Amarin).

Thormattenbach, ruiss. c^ne de Wihr-au-Val.

Thornweg, c^ne de Burnhaupt-le-Haut.

Thur (La), riv. — *Auf der tur*, 1394 (urb. des pays d'Autr.). — *Thür*, 1450 (Als. dipl. II, 385). — *An der Taur... die Taur*, 1550 (urb. de Saint-Amarin). — *Die Thura*, 1644 (Merian, *Top. Als.* 43). — Elle prend sa source dans la montagne du Ventron, au fond de la vallée de Saint-Amarin, et se jette dans l'Ill au-dessous d'Ensisheim, après avoir donné naissance au canal des Douze Moulins ou *rigole de la Thur*. Ce canal débouche près de Pulversheim et se réunit à l'Ill au-dessous de Horbourg.

Thurbach, ruiss. qui vient de la banlieue de Helfrantzkirch, traverse celle de Michelbach-le-Bas et se jette dans l'Altebach à Blotzheim. — *Thurr-bach* (Dépôt de la guerre).

Thurbächle, ruiss. c^nes de Wittenheim et d'Ensisheim, affluent du Dollernbächle (Dépôt de la guerre).

Thuriot ou Thurillot, c^nes d'Eschêne-Autrage et de Rechotte.

Thurnbourg ou Dornenbourg, petit château détruit, c^ne de Wintzenheim. — *Linck de Dorneburg*, 1601 (Als. ill. IV, 184).

Thurnwald, forêt située le long de la Thur, c^nes d'Oberentzen, Niederentzen, Biltzheim et Oberhergheim.

Tibremont, h. c^ne de Fréland. — *Thibermont* (Cassini).

Tich, c^ne de Reiningen.

TICHEGRUND (LA), anc. mine à Auxelles-Haut et à Giromagny. — *Tige gronde* (carte hydrog.).
TICHELACKER, c^{ne} d'Eschentzwiller.
TICHELNWEYER, c^{ne} d'Altenach.
TICHMATTEN, c^{nes} de Brinighofen, Burnhaupt-le-Bas, Emlingen, Fröningen et Jettingen.
TICKLING (IM), c^{ne} de Hagenbach. — *Am Tucklin*, 1548 (urb. de l'hôp. de Mulhouse).
TIEFBACH, c^{ne} de Carspach. — *Dieffenbach*, 1614 (*Alsatia* de 1856-1857, p. 297).
TIEFBACH, ruiss. c^{nes} de Traubach-le-Bas et de Wolfersdorf.
TIEFENACKER, f. c^{ne} de Mühlbach.
TIEFENBACH, ruiss. c^{ne} de Wintzenheim. — *Tiefenbach*, 1259 (Mone, *Zeitschrift*, XI, 321). — *Vff die Diffenbach... Vff dene Dyeffenbach*, 1488 (urb. de Marbach).
TIEFENBACH, ruiss. à Burbach-le-Haut, Hagenbach, Obermorschwiller et Wuenheim. — *Dieffenbach*, 1568 (terr. de Massevaux). — *In der tüffenbach*, 1421 (rôles de Saint-Morand).
TIEFENGESICK, ruiss. c^{ne} de Sewen. — *An das dieffgesig*, 1567 (terr. de Massevaux).
TIEFENGRUND, c^{ne} de Ranspach-le-Bas. — *Jm Tieffengrundt*, 1537 (terr. de Saint-Alban).
TIEFENRUNTZ, ruiss. c^{ne} de Krüth.
TIEFENTHAL, vall. à Guebwiller. — Ancien lieu habité. — *Tieffental*, 1490 (urb. de Marbach). — *Die in dem Tieffenthal*, 1724 (Mossmann, *Chron. Gueb.* 7).
TIEFENTHAL, c^{nes} de Geispitzen, Kientzheim, Schlierbach et Tagolsheim. — *Jm Tieffenthal*, 1537 (terr. de Saint-Alban). — *Jm tieffental*, 1489 (*ibid.*). — *Im Theiffenthall*, 1597 (rôles de Saint-Morand, n° 11).
TIEFKEL, c^{ne} de Weegscheid. — *In Dieffkell*, 1667 (terr. de Massevaux).
TIEFMATTEN, c^{nes} de Fislis, Köstlach, Mörnach, Pfetterhausen et Felleringen. — *Dieffmatten*, 1550 (urb. de Saint-Amarin).
TIEFWÄSLE, c^{ne} de Felleringen. — *In ein Tobellin, heisst das Tieffveselin*, 1550 (urb. de Saint-Amarin).
TIGEL (IM), c^{ne} de Holtzwihr. — 1475 (reg. des domin. de Colmar).
TILLIÈRE (LA), c^{nes} de Belfort et d'Essert. — *Proche la Tielliere*, 1655 (cens. du chap. de Belfort).
TILLON (AU), c^{ne} de Suarce.
TILLOT, c^{nes} de Bavilliers, Meroux et Vézelois. — *La Tillot*, XVe siècle (urb. de Froide-Fontaine).
TIMPFEL, cantons. — Voy. DIMPFEL.
TINACKER, canton du territ. de Carspach.
TIPPELBACH, c^{ne} de Cernay. — *Düpelbach* (ancien cadastre).
TISCHLÄNDER, c^{ne} de Soppe-le-Bas.

TISCHLATKOPF, c^{ne} de Krüth. — *An ein berg haist der Tischlat kopff*, 1550 (urb. de Saint-Amarin).
TIVOLI, quartiers à Belfort et à Mulhouse.
TOBEL, canton. — Voy. DOBEL.
TOCHGRUBEN, canton du territ. d'Eguisheim. — *I tochgruben*, 1424 (urb. de Marbach). — *In dochgruben... Tochgruben*, 1508 (rôles d'Eguisheim) — *Dochtgruoben*, 1660 (*ibid.*).
TODANGSTMATTEN, prés à Reguisheim, grevés anciennement d'une fondation pour sonner la cloche, le jeudi soir, en souvenir de l'agonie du Seigneur, au jardin des Oliviers.
TODTENGRABEN, canton du territ. de Dornach.
TODTENLOCH, canton du territ. de Hochstatt.
TODTENMATTEN, c^{ne} de Hundsbach.
TODTENMEER, c^{ne} de Hirtzbach.
TODTENPFAD, canton du territ. de Bergheim.
TODTENRAIN, c^{ne} de Bitschwiller.
TODTENWASSEN, c^{ne} de Dirlinsdorf. — *Jn dem Totenwasser*, 1318 (reg. Lucell.).
TODTENWEG, chemin de Moos à Dirlinsdorf.
TODTENWEG, chemin de Niedermorschwiller à Lutterbach.
TODTENWEG, chemins à Illfurth, à Didenheim et à Walheim.
TOLLENHUND, c^{ne} de Bergheim. — *Dollenhund* (cad.).
TOLLGRABEN (AUF DEM), canton du territ. de Hundsbach.
TOMBOIS, c^{nes} d'Argiésans et de Trétudans.
TONISWEYER ou ÉTANG DE SAINT-ANTOINE, c^{ne} de Pfetterhausen.
TONNAYATTE, canton du territ. de Levoncourt.
TONTI, canton du territ. de Riedisheim.
TONVAL (SUR LE), c^{ne} de Danjoutin.
TORSCHENWINCKEL, canton du territ. de Reiningen.
TOSENACKER (IM), c^{ne} de Soultzmatt. — 1489 (urb. de Marbach).
TOSENBERG, c^{ne} d'Urbès. — *Da der Runss von dem Tosenberg in die matten rinnt*, 1550 (urb. de Saint-Amarin).
TOULLE (LA), prés, c^{nes} de Lutran et de Valdieu.
TOURAMONT, c^{ne} de Meroux.
TOURNIES (LES), f. c^{ne} du Bonhomme. — *Les Tournées* (Cassini).
TOUSSAINT, anc. mine à Sainte-Marie-aux-Mines.
TRAGENBACH, f. c^{ne} de Sainte-Croix-aux-Mines.
TRÄNCKENBERG, coll. c^{ne} de Zillisheim. — *Trenckberg* (anc. cadastre).
TRAPPENFELD, c^{ne} d'Ingersheim. — *Vf dem trappenvelde*, 1328 (urb. de Pairis).
TRAUBACH, ruiss. qui prend sa source dans un étang au-dessus de Bretten et se jette dans la Largue, sur

le ban de Gommersdorf, après avoir traversé Bretten, Belmagny, Guevenatten et les deux Traubach.

Ce ruisseau a donné son nom à une avouerie de la seigneurie de Thann, qui comprenait les quatre mairies de Dannemarie, Traubach-le-Haut, Falckwiller et Bretten. — *Das Ampt Trobach*, 1394 (urb. des pays d'Autr.).

Traubach-le-Bas ou Niedertraubach, c^{on} de Dannemarie. — *Curtem de Trobe*, 1226 (Als. dipl. I, 355). — *Hugone de Trûbach*, 1266 (Trouillat, *Monum.* II, 167). — *Trobach*, 1347 (Herrgott, III, 673). — *Nidren Tröbach*, 1421 (rôles de Saint-Morand). — *N. Drubach*, 1576 (Speckel). — *Thrauwbach*, 1578 (Stoffel, *Weisth.* 27). — *Nidertrobach*, 1662 (Bern. Buechinger). — Dépendait de la mairie de Traubach-le-Haut.

Traubach-le-Haut ou Obertraubach, c^{on} de Dannemarie. — *Trôbach*, 1421 (rôles de Saint-Morand). — *O. Drubach*, 1576 (Speckel). — Paroisse du décanat de Massevaux (alm. d'Als. de 1783). — Chef-lieu d'une mairie de l'avouerie de Traubach, comprenant Traubach-le-Bas et Guevenatten.

Il y avait entre les deux villages précités un anc. château qui est déjà appelé *Burgstall* en 1454 (Als. ill. IV, 109).

Trauegott, anc. mine à Sainte-Marie-aux-Mines.

Trauweyer et Trauwasen, c^{nes} de Falckwiller et de Traubach-le-Haut.

Trée (Vorder- et Hinter-), mont. à Felleringen et à Oderen. — *Berg genannt der Trögkopff*, 1550 (urb. de St-Amarin). — *Trehfirste* (Engelhardt, *Wand. Vog.* 17).

Le Tréelochrück en est une suite. — Le Tréelochruntz est un ruisseau qui y prend sa source.

Treffskenacker, c^{ne} de Dirlinsdorf.

Tréfilerie (La), m. isolée et usine, c^{ne} de Lucelle.

Tréfilerie (La), usine, c^{ne} de Niederbruck.

Treille (La), c^{ne} de Banvillars.

Tremblat, c^{nes} de Charmois et de Reppe. — *La ragie des Tramlas* (cadastre). — *És Tramblatz*, 1580 (terr. de Saint-Ulrich).

Tremblée (La), c^{ne} d'Angeot.

Tremblet (Le), forêt, c^{ne} de Bourogne.

Tremblet (Le), ruiss. c^{ne} d'Essert. — *Le Tremblat*, 1474 (urb. de Froide-Fontaine). — *Le Tremblai* (Dépôt de la guerre).

Tremblot, c^{ne} de Chèvremont.

Trentingen. — *Der hoff ze Ballschweyler hat vier gereinde, das erste die haneback, das ander die Thentingen*, etc. 1413 (rôle de Balschwiller).

Trentlingerberg, mont. c^{ne} d'Illfurth.

Tresonvilliers, champs, c^{ne} de Vézelois (anc. cadastre).

Trétudans, c^{on} de Belfort. — *Capella de Trestudens*, 1147 (Trouillat, *Monum.* 1, 301). — *Cum capella de Trestoudens*, 1177 (ibid. 361). — *Huguenin de Tretoudans*, 1333 (ibid. III, 432). — *Peter von Troscholtingen*, 1347 (Herrgott, III, 673). — *Johanne de Trestoudans milite*, 1390 (urb. de Froide-Fontaine). — *Trosdeldingen*, 1573 (urb. de Belfort, n° 16, liasses 14 à 18). — *Trestudans*, 1615 (cens. du chap. de Belfort). — *Tretudan*, 1734 (cens. du prieuré de Meroux). — Dépendait de la grande mairie de l'Assise.

Triaucourt, c^{ne}. — Voy. Dirlinsdorf.

Tribelskopf, mont. à Niederbruck. — *An Treübelwaldt... treibelwaldt*, 1568 (terr. de Massevaux). — *Tribelkopf* (anc. cadastre).

Triboulé (Le), ruiss. c^{ne} d'Offemont.

Triboullet, c^{ne} de Grandvillars, xve siècle (urb. de Froide-Fontaine).

Triller (Im), canton du territ. de Francken.

Trilleten, canton du territ. de Bantzenheim.

Trimont, montagne. — Voy. Drumont.

Tringue (La), h. c^{ne} de la Baroche. — *La Trenck* (anc. cadastre).

Trinité (La), anc. chapelle, c^{ne} de Bitschwiller.

Triole (És), c^{nes} d'Andelnans, Rechotte et Sevenans. — *Etriolle... aux Triolles* (cadastre).

Tripptrapp, c^{ne} de Bernwiller.

Trockene moos, c^{ne} d'Eglingen.

Trockenthal, c^{ne} de Ribeauvillé.

Troglache, c^{ne} de Carspach. — *Vff die troglachen*, 1421 (rôles de Saint-Morand).

Trois-Chênes (Les), c^{ne} de Chèvremont.

Trois-Épis (Les), h. — Voy. Notre-Dame-des-Trois-Épis.

Trois-Maisons (Les), f. c^{ne} de Helfrantzkirch. — *Les Trois maisons, poste* (Cassini). — Enclos de la poste (anc. cadastre).

Trois-Maisons (Les), en allem. die Dreihäuser, f. c^{ne} de Niedermuespach. — *Les Trois maisons* (Cassini).

Trois-Pucelles (Les), nom jadis donné aux trois châteaux de Rosemont, Auxelles et Passavant, ce dernier situé près de Champagney, dans la Haute-Saône.

Trois-Rois (Les), anc. mine à Sainte-Marie-aux-Mines.

Trois-Tombeaux (Les) ou les Trois-Dames, en allemand die Drei-Gräber, pèlerinage, c^{ne} de Wentzwiller, dans la forêt du Langenholtz. — *Bey den Trey gröber* (ancien cadastre).

Tromburn, c^{ne} de Traubach-Bas. — *Jm Drumburnnen*, 1548 (urb. de l'hôp. de Mulhouse).

Tronchat ou Tronchot, c^{nes} de Châtenois, Chèvremont et Sevenans.

Trossenbourg (Souss), cité en 1604 à Danjoutin (cens. du chap. de Belfort).

TROTTACKER, vign. à Ribeauvillé.
TROTTBERG, mont. à Guebwiller. — *Trotberg*, 1394 (cart. de Munster). — *An dem Trottenberg*, 1405 (Als. dipl. II, 313).
TROTTHOFEN, canton du territ. de Bühl, anc. lieu habité. — *Petro de Trochofen... Petro, Borchardo, Hugone, fratribus germanis de Trochofen*, 1264-1266 (Trouillat, *Monum.* II, 151-166-167). — *Rŭdigeri de Trothouen*, 1296 (*ibid.* 628). — *Zu trothouen ein houestatt*, 1382 (rôle d'Isenheim). —*Trothoven, sweige... Die von Trothouen*, 1453 (cart. de Murbach).
TROTTRAIN, c^ne de Blotzheim.
TROTTSTEIN, cantons des territ. d'Ammerschwihr, Bergheim, Burbach-le-Bas, Ingersheim et Reguisheim. — *Bei dem drotstein*, 1569 (terr. de Massevaux). — *Drottstein* (anc. cadastre).
TROU-DE-MADAME (LE), canton du territ. de Bavilliers.
TROU-DES-TRONCES (LE), f. c^ne de la Poutroye. — *In der Trungkrüben*, 1441 (urb. de Ribeaupierre). — *Le Trou des troncs* (anc. cadastre).
TROU-DU-LOUP (LE), c^nes de la Madeleine et de Lutran.
TROVAIRE (LE), ruiss. à Perouse et à Chèvremont, affl. de la Clavière. — *Trovaivre* (Dépôt de la guerre).
TROYE, quartier à Eschentzwiller. — *In der Troygassen*, 1766 (livre terr. d'Eschentzwiller).
TRUBACH, ruiss. c^ne d'Aspach-le-Haut. — *In der druobach*, 1342 (reg. de Saint-Amarin).
TRÜBELBERG, mont. c^ne de Soultz. — *Borquardus miles de Sulze seu de Trubelberc*, 1210 (Trouillat, *Monum.* I, 456). — *Burchardus miles de Trubelberg*, 1249 (*ibid.* 582). — *Buorcardus miles de Trublenberch*, 1249 (Als. dipl. I, 402). — *In eodem banno Sultze in Terubelberge*, 1340 (Trouillat, *Monum.* III, 526). — *Gerdrudis de Trübelberg*, 1278-1493 (reg. d'Unterlinden).
TRUCHE (LA), forêt, c^ne de Grandvillars. — *Trusch* (Dépôt de la guerre).
TRUCHES (LES), c^ne de Perouse. — *Le champ des Treuches*, 1655 (cens. du chap. de Belfort).
TRUNTZENSCHLAGER, c^ne d'Ensisheim.
TRUSSBÜHL, anc. nom d'une colline à Ligsdorf. — *In der Trusspühel*, 1431 (reg. Lucell.).
TRUTMÜHLE, anc. m^in, à Steinbrunn. — *Molendinum nostrum dictum Trutmülin situm in Steinburnen*, 1276 (Trouillat, *Monum.* II, 269).
TRUTWIE (DAS), c^ne de Mulhouse.
TSCHA, c^ne. — Voy. CHAUX.
TSCHABRUNNEN, canton du territ. de Rimbach (c^on de Massevaux).
TSCHADERAT, côte à Winckel.
TSCHAMBEL, c^ne de Retzwiller.
TSCHÄMBELE, c^ne de Reiningen.

TSCHAR, h. c^ne d'Oderen. — *Tschave* (tabl. des dist.).
TSCHARRUNTZ, ruiss. c^ne d'Oderen.
TSCHÄSLIS, canton du territ. de Pfetterhausen. — *Zu Schesal*, 1338 (reg. Lucell.).
TSCHASSWEYER, étang, c^ne de Pfetterhausen.
TSCHÄTI, c^ne de Burbach-le-Haut.
TSCHELL (BEIN), c^ne de Roderen (c^on de Thann).
TSCHIMPOLIE, coteau à Oberlarg.
TSCHOBEN, canton du territ. de Zillisheim.
TSCHOBISCHEHURST, c^ne de Hochstatt.
TSCHÖBLER, canton du territ. de Feldbach. — *Zschöppler... an dem Schepler*, 1616 (terr. de Feldbach).
TSCHÖTSCHY ou TSCHIEUTSCHY, en patois QUIEUTSCHY, mont. c^ne d'Oberlarg.
TSCHUBELACKER, c^ne d'Oltingen.
TSCHUCKERT, canton du territ. de Hochstatt.
TSCHUPPENBACH, ruiss. à Burnhaupt-le-Bas.
TSCHUPPENHORN, canton du territ. de Köstlach.
TUBACH, ruiss. — Voy. DUBACH.
TUDENSTEIN ou DUDENSTEIN, c^nes de Katzenthal.
TUEDENMATTE, c^nes de Murbach et d'Orbey. — *Tütenmatte... in dem tütenstal*, 1453 (cart. de Murbach). — *Tüdenmatte*, 1441 (urb. de Ribeaupierre).
TUILERIE (LA), en allem. DIE ZIEGELSCHEUR, tuileries isolées sans nom spécial, c^nes de Bavilliers, Bennwihr, Bettlach, Dirlinsdorf, Eglingen, Fessenheim, Florimont, Grandvillars, Gueberschwihr, Guémar, Hattstatt, Kaysersberg, Niederbergheim, Sierentz, Soultz, Wihr-au-Val, Zimmersheim.
TULBERG, forêt, c^ne de Felleringen. — *Der Thulenberg facht an jnn odern ban am figelstos*, 1550 (urb. de Saint-Amarin).
TULLMATTEN, canton du territ. de Metzeral.
TUMBÜHL, c^ne d'Eschbach.
TÜMPFEL ou DÜMPFEL, cantons des territ. de Buetwiller et de Seppois-le Bas. — *In dem tümphil... in dem tümpfe*, 1421 (rôles de Saint-Morand).
TŮRANDES REIN, c^ne de Rammersmatt. — 1421 (rôles de Saint-Morand).
TURCKHEIM, c^on de Wintzenheim, primitivement ch.-l. de canton. — *Thurincheim*, 896 (cart. de Munster). — *In marca Duringheim*, 899 (*ibid.*). — *Turencheim*, vers 1094 (abb. de Sainte-Croix). — *Turenchem*, 1254 (Als. dipl. I, 411). — *Villa Turinchem*, 1295 (Ann. de Colmar, 166). — *Ludewig von Turenkhein*, 1303 (Als. dipl. II, 78). — *Ut eandem villam nostram Durenkem in oppidum construant*, 1312 (*ibid.* II, 99). — *Der stat zue Türekhaim*, 1313 (*ibid.* 107). — *Duerenkhen*, 1313 (abb. de Sainte-Croix). — *Turnkein*, 1347 (Als. dipl. II, 187). — *Dürckenhain*, 1370 (*ibid.* 264). — *Türickhein... Türickon*, 1441 (Vautrey, *Lib.*

marc. 67-68). — *Thurinkin*, 1456 (cens. de la cellenie de Munster). — *Oppidulum Thuringi*, 1644 (Merian, *Top. Als.* 44). — Paroisse du décanat d'*ultra colles Ottonis* (Lib. marc.). — Anc. ville libre impériale, faisant partie de la décapole alsacienne; toutefois, le tiers en dépendait de la seigneurie de Hohlandspurg. — Cour colongère, qui avait la même marche forestière que celle de Sigolsheim. — *Ze Durinckeim in den dinchof*, 1320 (Weisthüm. I, 666).

Couvent de catherinettes, dont les bâtiments portent encore le nom de Frauenhof (Baquol). — *Nebent vnser fröwen oder uebent der ewigen spende*, 1328 (urb. de Pairis).

Turque Magny, canton du territ. de Gros-Magny, cité dans l'anc. cadastre.

Tutelburn, canton. — Voy. Dudelburn.

Tuyau-Fourneau, forêt, c^ne de Boron.

Twerren (In der), cantons des territ. de Helfrantzkirch, Jettingen et Werentzhausen. — *Vff den tweren*, 1460 (rôles de Saint-Morand). — *Ob dem twerriet*, 1540 (terr. de Saint-Alban).

U

Ubelhuser, canton du territ. de Zillisheim.

Uberkümen, c^on de Dannemarie. — *Vbriken... vberkein... vbrickein... vbergin*, 1421 (rôles de Saint-Morand). — *Vberkin*, avec château, 1576 (Speckel). — *Vberkim... Vberkimb... Uberkumb*, 1629 (rôle de Balschwiller). — *Uberkimen* (Cassini). — Dép. de la mairie de Balschwiller.

Uberrain, c^ne de Mittelmuespach.

Uberstrass, en français patois Schu-Étrées, c^on de Hirsingen. — *Henricus de vberstrasse*, 1284 (cens. de Saint-Alban). — *Vberstraz*, 1303 (Trouillat, *Monum.* III, 61). — Dép. de la mairie de la Largue.

Uberzwerche Risser, c^ne de Hausgauen.

Uberzwerche Weg, chemin, c^ne de Sainte-Croix-en-Plaine.

Uelihag, canton du territ. de Carspach.

Uetelbach, anc. nom d'un ruisseau à Gueberschwihr. — *Neben der vtelbach... wtelbach*, 1488 (urb. de Marbach).

Uetelsberg, c^ne de Manspach. — *An dem vdelsperge*, 1421 et 1460 (rôles de Saint-Morand).

Uetenfurt, c^ne de Werentzhausen. — *In der vtenfurt*, 1460 (rôles de Saint-Morand).

Uetenlach, c^ne de Sainte-Croix-en-Plaine. — *In der vtenlache*, 1372 (abb. de Sainte-Croix).

Uetwiller, anc. vill. c^ne de Balschwiller. — *Ze vtwilr*, 1421 (rôles de Saint-Morand). — *N. meisters kinden von vtwilr*, 1421 (*ibid.*).

Uffbach, c^ne de Mollau. — *Zu vffbach am Brendlin... zu vffenbach in den bitzen*, 1550 (urb. de St-Amarin).

Uffhagen ou Uffenhagen, c^ne d'Altenach.

Uffheim, c^on de Landser. — *Vffheim*, 1103 (Trouillat, *Monum.* I, 216). — *Vfheim*, 1146 (Als. dipl. I, 232). — *Dom. Cůnradus miles de Vfhein*, 1286 (Trouillat, *Monum.* II, 421). — *Auffheim*, xviie s^e (Mülhauser Gesch. 54). — Paroisse du décanat d'*inter colles* (Lib. marc.). — Dépendait de la prévôté de Kappelen. — Anc. château dont l'emplacement porte encore le nom de *Burg*.

Uffholtz, c^on de Cernay. — *Aufoldus*, 769 (cart. de Munster). — *Uffholtz*, 823 (Laguille, pr. 16). — *Rueggero de Hufoz*, 1210 (Trouillat, *Monum.* I, 457). — *Rudegerus de Uffolz*, 1214 (Als. dipl. I, 327). — *Rudegerus quondam miles de Hufoltz*, 1245 (*ibid.* I, 389). — *Auffholtz*, xviie siècle (Mülhauser Gesch. 172). — Paroisse du décanat de *citra colles Ottonis* (Lib. marc.). — Dépendait du baill. de Wattwiller. — Cour colongère.

Uffmatten, c^ne de Hirsingen.

Ulersperg, c^ne de Dolleren. — *An Ulrichsperg... am Vlersperg*, 1567 (terr. de Massevaux).

Ullise, mont. et forêt, c^ne du Puix (c^on de Giromagny). — *Goutte Saint-Ullysse*, ruisseau (carte hydrogr.).

Umbruch, canton du territ. de Baldersheim.

Ungehün, canton du territ. de Reguisheim.

Ungehürenberg, coll. c^ne de Kappelen.

Ungehüren plüh, c^ne de Turckheim. — *Reben heissz der hvngehür pflůg*, 1328 (urb. de Pairis).

Ungehürenhöltzle, longue lanière de forêt, c^nes de Didenheim, Dornach et Niedermorschwiller, probablement une ancienne route. — *Jm vngehürenholtzlin*, 1548 (urb. de l'hôp. de Mulhouse). — *Ungehür hötzlen* (anc. cadastre).

Ungersermühle, m^in, c^ne d'Ungersheim.

Ungersheim, c^on de Soultz, primitiv^t du c^on d'Ensisheim. — *In fine vel marca Anngehiseshaim... Actum Angelhise curte publice*, 768 (Als. dipl. I, 40). — *In villa Enghiseheim marca*, 768 (*ibid.* 41). — *In fine vel in marca que vocatur Anngishaim... una fronte fluviolo Sunfone*, 784 (*ibid.* 53). — Grandidier, en reproduisant cette charte, écrit *Unngisheim* (Hist. d'Als. I, p. j, 43). — *Cunradus de An-*

gersheim, 1214 (Als. dipl. I, 327). — Petrus de Ongersheim, 1256 (ibid. 417). —Ungersheim, 1259 (ibid. 427). — Hongerisheim, xiii° siècle (Als. ill. IV, 220). — Daz torf ze Ongersheim, 1303 (Trouillat, Monum. III, 49). — Zû Oengersheim, 1382 (Stoffel, Weisth. 127). — Ongershin, 1394 (urb. des pays d'Autr.). — Ungrischeim, 1576 (Speckel). — Vngrisheim, 1644 (Merian, Top. Als. carte). — Ungerschen, 1723 (Mossmann, Chron. Gueb. 218). — Paroisse du décanat de citra colles Ottonis (Lib. marc.). — Dép. pour un tiers de la ville d'Ensisheim et pour deux tiers de la seign. et plus tard du baill. de Bollwiller.

UNGLÜCKWÄLDELE, c^{ne} d'Eguisheim.

UNGUT, m. seigneuriale (Edelsitz) à Colmar. — It. hanman Ungût armiger, syfrid Ungûtz sun, ab sim hus, 1360 (Curios. d'Als. I, 111).

UNSENBODEN, f. c^{ne} de Niederbruck. — An Vntzenboden, 1568 (terr. de Massevaux).

UNTERBERG, c^{ne} de Bennwihr.

UNTERBERS, f. c^{ne} de Rimbach, c^{on} de Massevaux. — Niedersbers (Dépôt de la guerre).

UNTER DER LINDEN, m. isolée, c^{ne} de Rimbach. — Hauss, hoff, gelegen vnder der Linden, 1567 (terr. de Mass.). — Vnder der linden, 1579 (Stoffel, Weisth. 81).

UNTERESÄGE, scierie, c^{ne} de Sewen.

UNTERLINDENMÜHLE, m^{in}, c^{ne} de Colmar.

UNTERLINGER, mont. c^{ne} de Guebwiller.

UNTERMÜHLE, m^{in}, c^{ne} d'Ammerschwihr.

UNTERMÜHLE, m^{in}, c^{ne} d'Ensisheim.

UNTERMÜHLE, m^{in}, c^{ne} de Kientzheim.

UNTERMÜHLE, m^{in}, c^{ne} de Meyenheim.

UNTERMÜHLE, m^{in}, c^{ne} de Munwiller. — Moulin Inférieur (tabl. des dist.).

UNTERMÜHLE, m^{in}, c^{ne} d'Obersaasheim. — Moulin Bas (Dépôt de la guerre).

UNTERSPIEGEL, h. c^{ne} de Kientzheim. — Im vnderen Spiegell, 1734 (rôle de Kientzheim).

UNTERWESSER, c^{ne} de Guebwiller. — Zû vnder wesser... Zû vnderwessen... Das vnderwasz rûnselin, 1453 (cart. de Murbach).

URBACH, c^{ne}. — Voy. FRÉLAND.

URBAN, canton du territ. de Sierentz.

URBEN (IM), canton du territ. de Riedisheim.

URBÈS, c^{on} de Saint-Amarin. — Urbeis, 1216 (cart. de Murbach). — In villa Vrbeis, 1357 (reg. de Saint-Amarin. — Zu ober Vrbays, 1495 (ibid.) — Urbis, 1576 (Speckel). — Urbs, 1580 (Wurstisen, Basl. Chron. carte). — Urbis, 1654 (Merian, Top. Als. Anhang, 58). — Dép. du baill. de Saint-Amarin.

URCEREY, c^{on} de Belfort. — Vrcerey, 1625 (cens. du prieuré de Meroux). — Urserey, 1644 (Merian,

Top. Als. 7). — Urcerey dépendait de la mairie du Bas-Rosemont.

URHAU, canton du territ. de Balschwiller. — Vrhaupt... neben dem vrhaus, 1629 (rôle de Balschwiller).

URHAU, canton des territ. de Mulhouse et d'Illzach. — Vffs Murhauw, 1553 (terr. d'Illzach). —Gegen den Vrhauw, 1562 (reg. des préb. de Mulhouse).

URHAU ou OHRHAU, canton du territ. de Wentzwiller.

URHAU ou ORHAU, canton du territ. de Willer (c^{on} d'Altkirch).

URHURST, c^{ne} de Buetwiller, 1421 (rôles de Saint-Morand).

URLENBERG, coll. c^{ne} de Folgensbourg. — .Uthlenberg (anc. cadastre).

URLIBACH, c^{ne} d'Uffheim. — Vrlebach... Vrlibachberg, 1533 (terr. de Saint-Alban).

URLISMATTEN, c^{nes} de Dolleren et de Sewen. — In Urlissmatten... Vrlichsmatten... Vrlitzmatten, 1567 (terr. de Massevaux).

URLOS ou URLOSET, canton du territ. de Bantzenheim.

URSCHENHEIM, c^{on} d'Andolsheim, primitiv^t du c^{on} de Horbourg. — Veratesheim, 817 (Als. ill. III, 507). — Uresheim, 987 (Grandidier, Hist. d'Als. p. j, I, 154). — Vrsheim, 1318 (Mone, Zeitschrift, V, 247). — Vrssheim, 1475 (reg. des domin. de Colmar). — Dépendait du directoire de la noblesse de l'Alsace inférieure.

URSELBACH, c^{on} de Dolleren. — Vrselbach, 1567 (terr. de Massevaux).

UNSERIX (L'), ruiss. c^{ne} d'Essert.

URSPRUNG, canton du territ. d'Eschentzwiller. — Vff dem Vrsprung, 1544 (reg. des pres. de Mulhouse).

URSPRUNG, f. et maison de garde, c^{ne} de Riquewihr. — Vnz dem Vrsprung, 1551 (rôles de Bergheim). — Cense de l'Ursprung, xviii° siècle (inv. des arch. départ. E. p. 35).

URUNCÆ, anc. ville romaine. — Ravracis, Artalbino, Vruncis, Monte-Brisiaco (ex itinerario Antonini); suivant les éditions, on lit Urincis, Orincis, Vtirencis et Vtirentis. — Gramato, Larga, Vruncis, Monte-Brisaco (ibid.; voy. Als. ill. III, 330). — Les auteurs ne sont pas d'accord sur l'emplacement de cette ville. Reichard (Thesaurus topographicus) le met à Brunstatt; Schœpflin (Als. ill. I, 606), à Illzach; Max. de Ring (Établissements des Germains) à Rixheim; Simler (in notis ad itinerarium) et Guillimann (Habsburgiaca) à Ensisheim. D'autres le cherchent encore à Sierentz, à Mulhouse, etc.

Il est certain qu'Uruncæ se trouvait à un endroit où se réunissaient les deux routes venant de Rauracis et de Larga : or, ce point se rencontre à Rixheim, où passait l'ancienne voie de Rauracis et où aboutit un herweg, venant de Tagsdorf par Bruebach. D'après la tradition locale on y a déjà trouvé des restes de fondations aux lieux dits *Grünfeld* et *Steinen*.

URUS, anc. f. c^{ne} de Sultzeren (Cassini).
USCHLAG, c^{ne} de Munster.
USHAU, canton du territ. de Biesheim.
USINE ANDRÉ, c^{ne} de Vieux-Thann.
USINE DES PINS (L'), dépendance de l'île Napoléon, c^{ne} de Sausheim.
USINE EBERHARD, c^{ne} de Kaysersberg.
USINE HOLL, c^{ne} de Kaysersberg.
USINE MERTZDORF, c^{ne} de Vieux-Thann.
USINE MEYER, c^{ne} de Guebwiller.
USINE MÜLLER, c^{ne} de Thann.
USINE STEHLIN, c^{ne} de Bitschwiller.
USINE STOECKLIN, c^{ne} de Kaysersberg.
USSERBACH, c^{ne} de Rädersheim. — *Neben der vsserbach*, 1453 (cart. de Murbach).
USSERDORF, section du village de Tagolsheim.
USSWILLER, vill. détruit près de Bernwiller, dont il ne reste plus que des noms de cantons ruraux tels que *Usswillerfeld*, etc. — *Jn Ussweiler bann*, 1483 (Stoffel, *Weisth.* 65).

V

VACHE (LA), c^{ne} d'Urcerey.
VACHERIE (LA), c^{ne} de Vézelois.
VACHERIE (LA), f. c^{ne} de Burbach-le-Bas.
VACHERIE (LA), f. c^{ne} d'Oberlarg. — *La Vacherie* (Cass.).
VACHERIE (LA), forêt, c^{ne} de Saint-Côme.
VACHERIE (LA), quartier à Méziré.
VACHOT (EN), c^{ne} de Chèvremont.
VAIVRE (LA), canton du territ. de Bavilliers. — *Devant la Vaivre*, 1632 (cens. du chap. de Belfort).
VAIVRE (LA), canton du territ. de Buc. — *Y Vaivre*, 1655 (cens. du chap. de Belfort).
VAIVRE (LA), canton du territ. de Fêche-l'Église. — *La Voivre* (anc. cadastre).
VAIVRE (LA), forêt, c^{nes} d'Évette, d'Éloye, de Rougegoutte et de Sermamagny. — *Forêt de la Waivre* (Dépôt de la guerre).
VAIVRE (LA), h. c^{ne} de Chaux. — *Vaivre*, 1656 (cens. du chap. de Belfort).
VAIVRE (LA), c^{nes} de Grandvillars et de Morvillars.
VALACHIE, éc. c^{ne} de Mulhouse.
VAL DE LIÈPVRE, en allemand LEBERTHAL. — *In valle Leporis*, 1078 (Grand. *Hist. d'Als.* p. j, II, 143). — *Per vallem Leberach*, 1316 (Als. dipl. II, 120). — *Läberachthal*, 1342 (Trouillat, *Monum.* III, 547). — Cette vallée traverse le canton de Sainte-Marie-aux-Mines et se confond avec le val de Villé dans le département du Bas-Rhin.
VAL-DE-PHAUNOUX, h. — Voy. RAUENTHAL.
VAL DE ROSEMONT, en allem. ROSENFELSERTHAL ou ROSENTHAL (Als. ill. IV, 119). — Cette vallée comprend la plus grande partie du canton de Giromagny.
VAL DE SAINT-AMARIN ou FROIDEVAL (Als. ill. IV, 222). — *Pedagium in valle Amarini*, 1229 (Als. dipl. I, 365). — Cette vallée comprend tout le canton de Saint-Amarin et une partie de celui de Thann.
VAL-DE-SAINT-DIZIER (LE) ou SAINT-DIZIER-LE-BAS, h. c^{ne} de Saint-Dizier. — *En la fin du val de St-Dizier*, 1342 (Trouillat, III, *regestes*, 799). — *Saint-Disier-le-Bas*, 1690 (liasse des baux emphyt. de Mazarin).
VAL DE SAINT-GEORGES, nom de la vallée de Soultzmatt. — *Vallem Sultzmatin*, 1298 (Ann. de Colmar, 90).
VAL DE SAINT-GRÉGOIRE, en allem. MUNSTERTHAL. — *In valle sancti Gregorii*, 1235 (Als. dipl. I, 372). — *In Münstertal*, 1339 (*ibid.* II, 163). — Cette vallée comprend tout le canton de Munster et une partie de celui de Wintzenheim.
VAL DES ANGES, vallée. — Voy. ENGELTHAL et MADELEINE (LA).
VALDIEU, c^{ne} de Dannemarie, en allem. GRUN IM GOTTESTHAL. — *Zu Ponnern*, 1456 (Als. dipl. II, 392). — *Zu Bronnern oder Grun bey Getzthal*, 1562 (*ibid.* notes, 392). — *Gotstal*, 1576 (Speckel). — Dépendait du domaine de Montreux. — Prieuré de l'ordre de Saint-Benoît. — *Dom. abb. Vallis Dei ordinis Sancti Benedicti*, 1320. (Trouillat. *Monum.* III, 289). — *Der apt von Gruen*, 1394 (urb. des pays d'Autr.). — *Der apt von Grün*, 1421 (rôles de Saint-Morand). — *L'abbaïe et monastère de Vauldieu*, 1580 (terr. du prieuré de Saint-Ulrich). — *Religiouse personne monssieur Ferri abbé de Vauldey*, 1402 (Mone, *Zeitschrift*, XI, 337).
VAL D'ORBEY. — *In valle S. Urbani*... *Urbis Thal* (Als. dipl. I, notes, 163). — *Ex valle Vrbeis*, 1322 (Necrol. Pairis). — *In valle Urbeis*, XIVe siècle (Mone, *Zeitschrift*, XIV, 7). — *Vrbensthal*, 1662 (Bern. Buechinger). — *Urbestahl*, 1724 (Mossmann, *Chron. Gueb.* 276). — *Orbethal* (Engelhardt, *Wand. Vog.* 2). — Cette vallée comprend tout le canton de la Poutroye.

Valdoye, c^on de Belfort. — *Wedo*, 1350 (urb. de Belfort). — *Vaydhoye*, 1617 (censier du prieuré de Meroux). — *Vaidoye*... *Vaidhoye*... *Vaidhoy*... *Vauldoye*... *Vaudoye*, 1621-1655 (cens. du chap. de Belfort). — *Val d'Hoy* (Als. ill. V, 895). — Paroisse du décanat de Granges (alm. d'Als. de 1783). — Dépendait de la mairie du Haut-Rosemont.

Vancelle (Ruisseau de la), c^ne de Lièpvre. — *Bovolini cella*, 859 (Als. dipl. I, 84).

Vannerettes (Les), c^nes du Salbert.

Vannet (Le), canton du territ. de Villars-le-Sec.

Vannottes (Les), cantons des territ. d'Andelnans et de Danjoutin.

Vanouège, forêt, c^ne de Grosne. — *Le vannoge* (anc. cadastre).

Varannatte (La), c^ne de Botans.

Varanne (La), c^ne de Sevenans.

Varannes (Aux), c^ne de Dorans.

Varonne (La), canton des territ. d'Andelnans et de Botans. — *Sur la Varaune*, 1655 (cens. du chap. de Belfort). — *Lavaronne* (anc. cadastre).

Varonne (La), ruiss. c^ne de Bourogne. — *La Vérone* (carte hydr.).

Varonne (La), c^nes de Belfort, de Châtenois, de Danjoutin, de Florimont. — *Les Voironnes* (anc. cad.).

Vasai, prés, c^ne de Meroux.

Vauche (La), h. c^ne de Montreux-Château (Baquol).

Vaurrière, f. c^ne de l'Allemand-Rombach.

Vautembach, f. c^ne de Lièpvre. — *Votenbach* (carte hydrog.).

Vauthiermont, en all. Waltmersberg, c^on de Fontaine. — *In vico Waldarses et in marcka Baronewillare*, 796 (Als. dipl. I, 59): voy. Belmagny. — *Waltersberg*, 1576 (Speckel). — *Walterspergh*, 1579 (rôle de Guewenheim). — *Vauthiermont*, 1655 (cens. du chap. de Belfort). — Paroisse du décanat du Sundgau (Lib. marc.). — Dép. de la mairie d'Angeot.

Vautreu (Sous), c^ne d'Argiésans.

Vaye (Le), c^nes de Courtavon et de Vézelois.

Vazon (Le), c^ne de Suarce.

Veau (Sur le), c^nes d'Eschêne-Autrage et de Rechotte.

Veaux (Sur les), c^nes de la Chapelle-sous-Chaux, — *Sur les neaux*, 1630 (cens. du chap. de Belfort); de Lutran, — *Pâquis-Évau* (cad.); de Perouse, etc.

Vellescot, en all. Hanedorf, c^on de Delle. — *Vellecort*, 1105 (Als. dipl. I, 186). — *Vellescont*, 1252 (urb. de Froide-Fontaine). — *In villa de Velle escont*, 1365 (ibid.). — *Vellescotz*, 1618 (cens. du prieuré de Meroux). — *Hanetorff*, 1644 (Merian, Top. Als. carte). — *Vellescoqz*... *Vellescocqz*, 1656 (cens. du chap. de Belfort). — *Vellecot* (Cassini). — Dép. de la mairie de Grosne.

Vendeline (La), ruiss. qui prend sa source à Vendelincourt, en Suisse, et se jette dans la Cavatte à Florimont, après avoir traversé Réchésy et Courtelevant.

Ventron (Le Grand-), en allemand Winterung, mont. au-dessus de Wildenstein. — *Auff den Winterungkopff*, 1550 (urb. de Saint-Amarin). — *De Ventron* (Engelhardt, Wand. Vog. 22).

Ventron (Le Petit-), en allemand Klein Winterung, mont. à Krüth et à Oderen. — *Die Wintenberger Stäig*, XVIIe siècle (Mülhauser Gesch. 121).

Verbottenhägle, forêt, c^ne de Buschwiller.

Verbottenstück, c^nes de Bisel et de Soppe-le-Bas.

Verbrand, c^ne d'Eschbach.

Verdrentenrücken, c^ne de Sondernach.

Verdayeux (Le), ruiss. c^ne d'Éloye.

Verdot, c^nes de Bavilliers, de Chèvremont, de Danjoutin et d'Eschêne-Autrage. — *A Verdot*, 1468 (urb. de Froide-Fontaine).

Verdot, forêt, c^ne de Grandvillars.

Verdoyens (Les), c^ne d'Argiésans, 1655 (cens. du chap. de Belfort).

Vernatte (La), c^ne de Bavilliers, XVe siècle (urb. de Froide-Fontaine).

Vernattes, forêt, c^nes de Chavannes-les-Grands et de Lutran.

Vernes du Beute-Pré (Fossé des), ruiss. c^ne de Courtavon. — *Fossé des Vernes du poipré* (carte hydr.).

Verney, c^ne de Denney. — *Es prelz du Verney*, 1655 (cens. du chap. de Belfort).

Vernois, Vernoit ou Vernoy, c^nes de Bessoncourt, — *dessoub le Vernoy*, 1655 (cens. du chap. de Belfort); de Chèvremont, d'Eschêne-Autrage, — *les champs du Vernoy*, XVe siècle (urb. de Froide-Fontaine); d'Essert, de Grandvillars, — *en Vernoy* (ibid.); de Montreux-Château, de Perouse, de Roppe, de Suarce, de Vellescot.

Verpillière, canton du territ. de Danjoutin. — *En Vourpilliere*, 1655 (cens. du chap. de Belfort).

Verpillière (La), c^nes de Dorans et de Froide-Fontaine. — *La Vulpeilliere*, XVe siècle (urb. de Froide-Fontaine).

Verrerie (La), en allemand die Glashütte, h. c^nes de Lucelle, Oberlarg et Winckel.

Versadue (La), c^ne d'Offemont, 1655 (cens. du chap. de Belfort).

Versames (Ès), c^ne de Grandvillars, XVe siècle (urb. de Froide-Fontaine).

Verse (La), f. c^ne de Fréland.

Verse (La), f. c^ne du Bonhomme.

Verseigne (La), canton du territ. de Vétrigne.

Vers-Pairis, h. c^ne d'Orbey. — *Verspairis* (Cassini).

VERTÉE (EN), cne de Buc.
VERTURETTE (LA), cne d'Essert.
VESCEMONT, en allem. WESSENBERG, con de Giromagny. — *Hugo de Wessenberch*, 1276 (Mone, *Zeitschrift*, III, 360). — *Wissemont*, 1533 (urb. de Belfort). — *Juncker Hansen von Wessenburg*, 1662 (Bern. Buechinger). — Ancien château. — Dépendait de la mairie du Haut-Rosemont. — Anciennement ch.-l. d'une mairie. — *Meigerthum von Wissenberg*, 1427 (comptes des seign. de Belfort et Rosemont).
VESENET, cne de Bourogne. — *L'oche du Visenet*, 1390 (urb. de Froide-Fontaine). — *Au Veseney*, 1655 (cens. du chap. de Belfort).
VESPRÉ, f. et ruiss. cne de Lièpvre. — *Vesprez* (Cassini).
VESS, cne de Buetwiller. — *In dem Vess... vesse... fes*, 1421 (rôles de Saint-Morand).
VETERANSECK, canton du territ. de Heimsbrunn.
VÉTRIGNE, en allemand WÜRTERINGEN, con de Belfort. — *Wurteringen*, 1347 (Hergott, III, 673). M. Trouillat, en regestant la charte de 1347, ajoute, dans la table alphabétique du 3e volume, la forme de *Victoringa*? — *Wadtringen*, 1427 (comptes des seign. de Belfort et Rosemont). — *Wentroigne*, 1573 (urb. de Belfort, n° 16).— Dép. de la paroisse de Phaffans.
VEVERAS, anc. étang, cne de Courtavon.
VEYEL, cne de Roderen (con de Thann). — *Die Vyelmatten*, 1465 (reg. des préb. de Mulhouse).
VEYELGARTEN, cne de Sigolsheim. — *Im Violgarthen*, 1717 (rôle de Sigolsheim).
VÉZELOIS, en allemand WIESWALD, con de Belfort. — *Vezelois*, 1295 (Trouillat, Mon. II, 595).— *Wissewalhen*, 1394 (urb. des pays d'Autr.). — *Wisewald*, 1427 (comptes des seign. de Belfort et Rosemont). — *Vaizellay*, 1449 (Revue d'Als. de 1860, p. 158). — *Vezelois*, 1655 (censier du chap. de Belfort).— *Vezeloy*, 1687 (censier du prieuré de Meroux). — *Wieswald*, 1782 (Beschreibung des Elsasses, 87). — Peut-être conviendrait-il de citer M. Trouillat, Mon. I, 347, *Winsilingen*, de l'an 1168. — Paroisse du décanat de Granges (alm. d'Als. de 1783). — Dépendait de la mairie de Meroux.
VIANNATTES (LES), cne de Romagny (con de Dannemarie).
VIAUX, forêt, cnes de la Collonge et de Fontaine.
VIAUX (ÈS), cne de Magny.
VIAUX (LE PRÉ DES), cne de Gros-Magny.
VIDEGRANGE, cne de Châtenois.
VIE COMMUNE (LA), chemin, cne de la Chapelle-sous-Chaux.
VIE D'AISANCE, chemin, cne de la Chapelle-sous-Chaux, 1630 (cens. du chap. de Belfort).
VIE DE FORTUNE, anc. chemin à Meroux. — *En la vie de Fortune*, 1655 (cens. du chap. de Belfort).

VIE-DE-PIERRE (LA), cantons des territ. de Banvillars et de Courcelles.
VIE-DE-PORRENTRUY (LA), forêt, cne de Lebetain.
VIE DES CHARETTES (LA), cnes de Montreux-Château et de Petit-Croix. — *En la vie des charattes*, xve siècle (urb. de Froide-Fontaine).
VIE DES MORTS (LA), cne de Chavannes-les-Grands, 1580 (terr. de Saint-Ulrich).
VIE-DE-SUARCE (LA), dépendance du Puix (con de Dannemarie).
VIE DU CHIEN ENRAGÉ (LA), cne de Chavannes-les-Grands, 1580 (terr. de Saint-Ulrich).
VIE-ÉDAME (LA), cne de Lutran.
VIEHWEG, cnes de Bergheim, Blotzheim, Dietwiller, Eguisheim, Eschentzwiller, Geispitzen, Habsheim, Hesingen, Hombourg, Huningue, Ranspach-le-Bas, — *am Vychweg*, 1537 (terr. de Saint-Alban); Soultzmatt, — *an dem vihe weg*, 1453 (reg. de Soultzmatt), etc.
VIEILLE-CROIX, cne de Vézelois.
VIEILLE-POSTE (LA), en allem. ALTE POST ou STEINHUBEL, f. cne de Mittelmuespach. — *Maître de poste à Maison-Rouge*, 1704 (Armorial d'Als. 385). — *Maison rouge, cabaret* (Cassini).
VIEILLE-VERRERIE, en allemand ALTE GLASHÜTTE, f. cne de Soultz.
VIEILLE-VILLE (LA), éc. cne d'Évette (anc. cadastre).
VIE-ROBÉ, f. cne de Courcelles. — *Robersweg*, 1544 (urb. des redev. en deniers de Mulhouse).
VIEUX-CHÂTEAU, éc. cne d'Essert.
VIEUX-CHÂTEAU, éc. cne de Rougemont.
VIEUX-FERRETTE, en allemand ALTEN PFIRDT, con de Ferrette. — *In villa et banno de Alten Phirta*, 1269 (Trouillat, Monum. II, 193). — *Johannes de Weteri Phireto*, 1277 (ibid. 281). — *In villa et banno de Altenphirt*, 1286 (Mone, Zeitschrift, VII, 173). — *Alt Pfirt*, avec château, 1576 (Speckel). — Paroisse du décanat de Leymenthal (Lib. marc.). — Dép. de la mairie de Mörnach.
VIEUX-GAZON, anc. f. cne du Bonhomme.
VIEUX-LEUS (LES), cne du Salbert.
VIEUX-THANN, en allemand ALT THANN, con de Thann. — *Tanne veteri*, 1236 (Als. dipl. I, 375). — *Dorff ze Alten Thann*, 1361 (ibid. II, 239). — *Alt Dann*, 1576 (Speckel). — Il dépendait de la juridiction de la ville de Thann. — Couvent de religieuses de l'ordre de Saint-Augustin, qui passa aux dominicaines en 1534 (Kleine Thanner Chron. 6-7).

Au xve siècle, l'assemblée des musiciens de la Haute Alsace se tenait à Vieux-Thann. — *Dilectis nobis in Christo fistulatoribus tubicinis et minis societatis et confraterniæ villæ Alten Thann nuncupatæ atque cæteris in instrumentis musicalibus, lusoribus societatis et confraterniœ ejusdem tam in dicta villa quam in civitatibus et diœces. Basiliensis et Argentinensis constitutis*, 1480 (Revue d'Als. de 1866, p. 573).

VIGNATTE (LA), c^{ne} d'Essert.

VIGNE (LA), f. c^{ne} d'Oberlarg, ordinairement *Hinter-Schloss*. — Habitation bâtie par la famille de *Vignacourt*, auprès de Morimont. — *Grange derrière le château* (Cassini).

VIGNIES (LES), c^{ne} de Vourvenans.

VILENTI, nom qu'à Fêche-l'Église l'on donne à une ancienne voie romaine. D'après la Statistique du département du Haut-Rhin, p. 413, ce nom serait la corruption de celui de *Via Lentuli*. — L'ancien cadastre de Delle l'appelle *la Villentier* et *la Vie jolibois* entre Delle et Fêche-l'Église et *la Planche Griboulet* entre Delle et Saint-André; entre ce dernier endroit et Courcelles, il l'indique sous le nom de *Vie de pierre*.

VILLAGE-NEUF (LE), en allem. NEUDORF, c^{on} d'Huningue. — *Neudorff*, XVIIIe s^e (Atlas). — Ce village ne date que de 1680 et porta le nom de *Grand-Huningue* jusqu'en 1793, où il fut appelé Village-Neuf. Lors de la construction de la place d'Huningue, les habitants de l'ancien village allèrent s'établir à quelque distance et fondèrent le Village-Neuf.

VILLARS-LE-SEC, c^{on} de Delle. — *Altare de Villare sicco*, 1040 (Grandidier, *Hist. d'Als.* p. j, 1, 241). — *Daz torf ze Viler*, 1303 (Trouillat, *Monum.* III, 63). — Dépendait de la mairie de Saint-Dizier.

VILLARS-LE-SEC, vill. détruit près de Châtenois. — *Ze viler*, 1350 (urb. de Belfort). — *Ze viler*, 1394 (urb. des pays d'Autr.). — *Viller-le-Sac*, 1533 (urb. de Belfort). — *Veller-lou-sec* (Als. ill. IV, 118). — Les cantons dits *Essecvillard* et *Combe de Villard* rappellent encore ce village.

VILLE (DEVANT LA), c^{nes} d'Andelnans, de Châtenois et de Meroux. — *Devant la ville*, 1655 (cens. du chap. de Belfort).

VILLE (DOZ LA), c^{ne} d'Offemont, 1629 (cens. du chap. de Belfort).

VILLE (L'ÉTANG DE LA), c^{nes} de Chavannes-les-Grands, de Magny, de Massevaux et de Suarce.

VILLE (SOUS LA), c^{nes} de Buc, de Reppe, — *dessous la velle*, 1581 (terr. de Saint-Ulrich), de Magny, de Romagny et de Vézelois.

VILLE (SUR LA), c^{nes} de Banvillars, de Bavilliers, — *une ouche dict sur la ville*, 1589 (cens. du chap. de Belfort); de Chèvremont, de Dorans, de Froide-Fontaine, — *dessus la ville*, XVe siècle (urb. de Froide-Fontaine); de Lutran, — *sus la ville*, 1418 (*ibid.*); de Magny, de Petit-Croix, de Roppe et de Vézelois.

VILLIATE (LA RAGIE), c^{ne} de Suarce.

VINETTE, c^{ne} d'Urcerey.

VIOLETTE (LA), f. c^{ne} du Bonhomme. — *La Violette*, 1683-1787 (inv. des arch. départ. E. 1519).

VIVITZ, c^{nes} d'Ammerschwihr, de Bergheim, de Kientzheim et de Sigolsheim. — *In dem Vifitzze... vivitz... fifitz... viuitz...*, 1318 (urb. de Pairis).

VOGEL (IM), vign. c^{ne} de Buschwiller.

VOGELACKER, coll. c^{ne} de Dornach.

VOGELBACH, h. c^{ne} de Saint-Amarin. — *Vogelbach*, 1342 (reg. de St-Amarin). — *Vogelbach*, 1394 (cart. de Murbach). — La collégiale de Saint-Amarin avait son siége dans ce hameau. — *Chorherrenstift im Vogelbach bey Sanct Amarin*, 1766, cit. ann. 1255 (Kl. Thanner Chron. 6). — Schœpflin (Als. ill. IV, 235) lui donne le titre de village.

VOGELBACH, ruiss. c^{ne} de Turckheim. — *Vntz in vogelbach... Fügelbach*, 1422 (rôle de Turckheim).— *Vogelbacher Runss* (Cassini).

VÖGELE (IM), vign. c^{ne} de Rixheim.

VÖGELENWASEN, c^{ne} de Rouffach.

VOGELGRÜN, c^{on} de Neuf-Brisach.

VOGELHÄRTH, coll. c^{ne} de Schlierbach.

VOGELHEIMEN, canton du territ. de Heimsbrunn.

VOGELHERD, canton des territ. d'Emlingen et de Tagsdorf.

VOGELHOLTZ, canton de la Hart à Habsheim et à Dietwiller. — *Jnn der Vogelhurst*, 1565 (urb. de Landser).

VOGELHÜTTEN, canton du territ. d'Oberlarg.

VÖGELINSACKER, c^{ne} de Willer (c^{on} d'Altkirch).

VOGELSBERG, mont. c^{ne} de Hohroth.

VOGELSGESANG, f. c^{ne} de Ruederbach.

VOGELSGESANG, c^{nes} d'Altkirch, — *am Vogelgesange*, 1460 (rôles de Saint-Morand), de Bergheim, de Blotzheim, — *an dem vogelsange*, 1290 (reg. de Saint-Léonard), de Burnhaupt-le-Haut, de Dirlinsdorf, d'Eguisheim, de Heimsbrunn, de Hirtzbach, de Mulhouse, — *jm vogelgsang*, 1556 (reg. des préb. de Mulhouse); de Ribeauvillé, — *im vogelsange*, 1328 (urb. de Pairis); de Sainte-Croix-en-Plaine, etc.

VÖGLEN, c^{ne} de Michelbach-le-Haut. — *Jm fögeler... by dem Vogeler*, 1489 (terr. de Saint-Alban).

VÖGLER, canton du territ. de Mittelmuespach. — *Zû dem Vôgeler*, 1489 (terr. de Saint-Alban).

VOGLER (IM), canton du territ. de Habsheim. — *Jm Vogler*, 1522 (reg. des préb. de Mulhouse).

VÖGTLINSHOFEN, c^{on} de Wintzenheim, primitiv^t du c^{ou} d'Eguisheim. — *Fockelinishoven*, XIIIe siècle (Als. ill. IV, 220). — *Vochilishofen*, 1298 (Annales et Chron. de Colmar, 340). — *Vöckliszhoffen... Vöcklinszhoffen*, 1433 (urb. de Marbach). — *Vocklisshôuen... Vocklishofen... Fockelsshouen*, 1487-1488 (urb. de Marbach). — Paroisse du décanat de *citra colles Ottonis* (Lib. marc.). — Le territoire de cette commune est indivis avec celui de Hattstatt.

Vogtmatten, c^{ne} de Waldighofen.

Vogtsmatt, c^{ne} de Breitenbach. — *Vogtes matt*, 1456 (cens. de la cellenie de Munster).

Voici, mont. c^{ne} de Fréland.

Voie-aux-Vaches, c^{ne} de la Rivière.

Voinaie, forêt, c^{ne} de Delle.

Voinat, canton du territ. de Bretten.

Voinat, ruiss. c^{ne} d'Éteimbes.

Voiné, c^{nes} de Bermont et de Trétudans.

Voinet, forêt, c^{ne} de Cravanche.

Voinié (Étang), c^{ne} de Suarce.

Voirimont ou Verimont (Grand- et Petit-), f. c^{ne} de Fréland.

Voisenat (Au), c^{ne} de Réchésy, 1582 (terr. de St-Ulrich).

Voisinet, éc. c^{ne} de Giromagny.

Volbecheux, c^{ne} de l'Allemand-Rombach.

Volckenau, c^{ne} de Kuenheim. — *Volckhenowe*, 1513 (Stoffel, *Weisth.* 214).

Volckenbühl, c^{ne} de Falckwiller.

Volgelsheim, c^{on} de Neuf-Brisach.— *Folcoaldeshaime*, 739 (Tradit. Wizenburg. 24). — *Folcolfesheim*, 742 (*ibid.* 53). — *Erginbold de Volcholvisheim*, 1149 (Trouillat, *Monum.* II, 710). — *Volcholdesheim*, xiie siècle (Grandidier, *Hist. d'Als.* p. j, II, 34). — *Hesso miles quidam de Volchotheim*, 1196 (Als. dipl. I, 304). — *Ab Erkenboldo de Wolchosheim*, 1265 (parchem. de Lucelle). — *Volkoltzhein*, 1294 (Mone, *Zeitschrift*, V, 247). — *Volkelshein*, 1342 (*ibid.* XI, 330).— *Volckolczhein*, 1404 (rôle de Logelnheim). — *Wolkelsheim*, 1576 (Speckel). —Paroisse du décanat de *citra Rhenum* (Lib. marc.). — Dép. du comté de Horbourg. — Cour colongère (Stoffel, *Weisth.* 156).

Voliquelles (Les), c^{ne} de Bermont. — *Pré de la Wolquelle* (anc. cad.).

Vomer (Bi dem), c^{ne} de Manspach, 1460 (rôles de Saint-Morand).

Vonentat, c^{ne} de Bavilliers. — *A Vainetal*, 1468 (urb. de Froide-Fontaine). — *Au Voynetal... en vannetat... vainetat... venetat*, xve siècle (*ibid.*). — *Au volanta* (cadastre).

Vorberg, nom de coll. à Cernay et à Hochstatt.

Vorbetten, c^{ne} de Luemschwiller.

Vorburg, vign. à Habsheim. — D'après la tradition locale, le sommet de cette colline, qui porte le nom de *Jünkerlé*, aurait été couronné d'un château. — *An der Vorberge*, 1284 (censier de Saint-Alban). — *Vff den vorbergen*, 1495 (reg. de Saint-Alban). — *Vorberg*, 1544 (reg. des pres. de Mulhouse).

Vorderberg, f. c^{ne} de Hohroth.

Vorderbühl, h. c^{ne} de Sondernach.

Vorderlohn, c^{ne} de Bitschwiller.

Vorderschneiget, f. c^{ne} de Stosswihr.

Vorgasse, éc. c^{ne} de Willer (c^{on} de Thann). — *An vorgassen*, 1550 (urb. de Saint-Amarin).

Vorgott, canton du territ. de Felleringen.

Vorhart ou Junckerenhart, forêt, c^{nes} de Niffer, Petit-Landau et Hombourg.

Vorhofkopf, mont. c^{ne} de Kaysersberg. — *Im Vorhoff*, 1441 (urb. de Ribeaupierre).

Vorzell, c^{ne} de Munster. — *Vorderzell*, 1339 (Stoffel, *Weisth.* 189).

Vosges, en all. Wasgau, chaîne de montagnes qui forme la limite occidentale du département. — *Silva vosagus* (carte théodosienne). — *Vosego Maxsiiminus V. S. L. L.* (Gruter, *Inscript.* I, 94). — Lucain (*Pharsal.* lib. I) chante :

Castraque, quæ *Vogesi* curvam super ardua rupem
Pugnaces pictis cohibebant Lingonas armis.

Ad desertum Vosagi, vers 672 (actes de Saint-Dizier, chez Trouillat, *Monum.* I, 56). — *In heremo qui vocatur Vosagus*, 728 (Laguille, pr. 9). — *In eremo vasta Vosago*, 738 (Grandidier, *Hist. d'Als.* p. j, II, 95). —*In Vageso*, 747 (Als. dipl. I, 16). — *Wassaçus*, vers 825 (Ermoldus Nigellus chez Pertz, *Monum. Germ.* II, 517). — *Der Wesge*, 1303 (Trouillat, *Monum.* III, 61).—*Wasichin*, 1592 (Hertzog, *Chron. Als.* liv. vi^e, 196). — *Am Waszgaw*, 1592 (*ibid.*).

Voudre (Les prés), c^{nes} de Bermont et de Trétudans. — *Au prelz voudre*, 1656 (cens. du chap. de Belfort). — *Pré houdre* (anc. cadastre).

Vougnegoutte, f. c^{ne} de l'Allemand-Rombach. — *Vongnygoutte* (carte hydrog.).

Vouhay (Le), canton du territ. de Châtenois. — *Sur le Vouhay*, 1632 (cens. du chap. de Belfort).

Voujapré, c^{ne} de l'Allemand-Rombach.

Voulhimont, f. c^{ne} de l'Allemand-Rombach. — *Houlehimont* (Cassini).

Vourangoutte, f. c^{ne} de l'Allemand-Rombach.

Vourvenans, c^{on} de Belfort. — *Volvenens*, 1147 (Trouillat, *Monum.* I, 302). — *Wourvenans*, 1533 (urb. de Belfort). — *Wurwenans*, 1573 (*ibid.* n° 16). — Dépendait de la mairie de Châtenois.

Vrai-Bois, c^{ne} de Châtenois.

Vraie (En), Haut-du-Vraie et Fosse-des-Vraies, c^{nes} de Meroux et de Vézelois. — *En Veray*, 1655 (cens. du chap. de Belfort).

Vraie-Côte (La), h. c^{ne} de Sainte-Croix-aux-Mines.

Vraie-Fontaine, c^{ne} d'Essert. — *Le rupt de vray fontaine*, xve siècle (urb. de Froide-Fontaine).

W

Wachsthal, c^ne d'Oderen.

Wacht, f. c^ne de Hombourg, autrefois poste fortifié (Baquol).

Wacht (Auf der), c^ne de Bergheim.

Wachtenloch, c^ne de Blodelsheim, 1489 (terr. de St-Alban).

Wachtkopf, canton du territ. d'Ottmarsheim.

Wachtlenberg, c^ne de Rantzwiller.

Wachtlengraben, c^ne de Leymen.

Wachtmatten, c^ne de Liebentzwiller. — *Zû der wacht*, 1489 (terr. de Saint-Alban).

Wackenbrunnen, c^ne d'Obermorschwiller, 1421 (rôles de Saint-Morand).

Wagenbourg, anc. château à Soultzmatt (Als. ill. IV, 202).

Wagenstall, c^ne de Bergholtz. — *Am wagenstal*, 1348 (urb. de la comm^ie de Soultz); de Bühl, — *wagenstal*, 1394 (cart. de Murbach), de Dornach, etc.

Wagenthalbach, ruiss. c^ne de Sewen.

Wahlenbourg, nom de celui des trois châteaux d'Eguisheim qui est situé au milieu (Als. ill. III, notes, 299). — *In castro Egensheim dicto der Walhenburg cum suis attinentiis, videlicet dem heiligen Crutze et Woffenheim*, 1251 (Als. dipl. I, 406). — *Das ander Walenburg*, 1517 (Mat. Berler, 12). — *Mittelburg zu der hohen Egisheim* (Als. ill. IV, 173). — D'après l'ancienne orthographe de ce nom, il faudrait écrire *Walchenbourg* et non *Wahlenbourg*.

Wahlenmatten, c^ne de Felleringen.

Wahlhag, c^ne d'Aspach-le-Bas.

Wahlthal, canton du territ. de Tagsdorf.

Walbach, c^ne de Landser. — *Villicum de Walpach*, 1293 (Trouillat, *Monum.* II, 554). — La carte de Speckel cite ce village en deux parties, *Walbach-le-Bas* et *Walbach-le-Haut*. — Paroisse du décanat d'*inter colles*. — Dépendait de la mairie du Val de Hundsbach.

Le ruiss. de Walbach est un affl. de la Hundsbach. — *Von der Walpach*, 1421 (rôles de Saint-Morand).

Walbach, c^on de Wintzenheim, primitiv^t du c^on de Turckheim. — *Walbach*, 1339 (Als. dipl. II, 165). — *Walribach*, 1394 (urb. des pays d'Autr.). — *Wallembach*, 1441 (Lib. marc. 7). — *Item die zwey dorffere Walbach*, 1507 (Als. dipl. II, 446). — Paroisse du décanat d'*ultra colles Ottonis* (Lib. marc.). — Dépendait du baill. de Wihr-au-Val. — Maladrerie dite *Gutleuthaus*.

Le ruiss. de Walbach, appelé aujourd'hui *Winckelbach*, est un affluent de la Fecht.

Walbächle, ruiss. à Sondernach. — *Bi Walebechelin*, 1456 (cens. de la coll. de Munster).

Waldetswiller, vill. détruit entre Bruebach et Flaxlanden. — *Curia Jacobi de Walpertzwile*, 1290 (Basel, 95). — *Zu Waldtburtzwyler*, 1524 (reg. des préb. de Mulh.). — *Zu Walbartzwyller... Wallpatzweiller*, 1544 (reg. des pres. de Mulh.). — *Zu Walpertzweiller... Walbachwiler*, 1548 (urb. de l'hôp. de Mulh.). — *Jn Walpurtzwyler*, 1564 (reg. des préb. de Mulh.). — *Weil*, 1576 (Speckel).

Walbourg, forêt, c^ne de Riquewihr.

Walbreit, canton du territ. de Reguisheim.

Walchen, éc. c^ne de Thann.

Walchenbach, ruiss. à Werentzhausen. — *Vff der Walchen bach*, 1460 (rôles de Saint-Morand).

Walchenberg, coll. à Werentzhausen. — *Am Walchenberg... Walkenberg*, 1460 (rôles de Saint-Morand). — Il y a aussi un *Walchenweg*.

Walcke, foulon à drap, c^ne de Dornach.

Walcke, foulon à drap, c^ne de Krüth.

Waldacker, c^nes de Leymen, Niedermuespach et Roppentzwiller.

Waldbach, ruiss. c^ne d'Ammerschwihr, vient de la Baroche et se jette dans la Weiss près de Sigolsheim. — Il porte le nom de *Sandbach* en amont d'Ammerschwihr, et en aval celui de *Kuttelbach*.

Waldbächle, ruiss. c^ne de Günspach.

Waldburg, coll. à Hochstatt.

Waldburn, source à Gommersdorf. — *Waldenburn* (anc. cadastre).

Waldeck, anc. château près de Leymen, ruiné par le tremblement de terre de 1356. — *Castrum Waldecke*, 1149 (Trouillat, *Monum.* I, 314). — *Waldek*, xve siècle (Basel, 533). — *Waldeck*, 1544 (Seb. Munster, *Cosmographie*, 260).

Wälderlen, c^ne de Traubach-le-Haut.

Waldhusen, cité à Bergholtz : — *By Waldthusenbrunnen jnn Bergholtz Bann*, en 1554 (reg. des préb. de Mulhouse).

Waldighofen, c^on de Hirsingen. — *Waltikouen*, 1315 (Trouillat, *Monum.* III, 209). — *Johannis de Waltikofen*, 1371 (Basel, 309). — *Waltikouen*, 1394 (urb. des pays d'Autr.). — Paroisse du décanat du Sundgau (Lib. marc.). — Château (Speckel). — Dép. de la mairie de Grentzingen.

WALDLACHEN, c^{nes} de Hindlingen et de Seppois-le-Bas.
WALDMATTEN, f. c^{ne} de Massevaux.
WALDMATTEN, c^{nes} de Brinighofen, de Gueberschwihr, de Soultz et de Wuenheim.
WALDMÜHLE, usine, c^{ne} de Heimersdorf.
WALDRUNTZ, ruiss. c^{ne} de Moosch.
WALDWEYER, c^{ne} de Balschwiller.
WALENWEG (NEBEN ALTEN), c^{ne} de Sentheim, 1568 (terr. de Massevaux).
WALETZRAIN, c^{on} de Liebsdorf.
WALHEIM, c^{on} d'Altkirch. — *Ze Walhen*, 1347 (Trouillat, *Monum.* III, 602). — *Walhen*, 1460 (rôles de Saint-Morand). — *Walenheim*, 1548 (urb. de l'hôp. de Mulhouse). — *Wallen*, 1576 (Speckel).
— Ce village a été formé des deux villages de Crispingen et de Rölingen; il dépendait de la mairie du Val de Hundsbach.
WALHEIMERHÖLTZLE, forêt, c^{ne} d'Altkirch. — *Crispingerhöltzle*, 1608 (rôles de Saint-Morand, C. 576).
WALLACKER, maison isolée, c^{ne} de Felleringen.
WALLENDEN-BRUNNEN (BI DEM), c^{ne} de Stetten, 1315 (reg. de Saint-Léonard).
WALLENRIETH, c^{ne} de Zässingen.
WALLERMATTEN, c^{nes} de Mörnach et de Feldbach. — *Vff die Wallermatten*, 1616 (terr. de Feldbach).
WALLISACKER, canton du territ. de Hausgauen.
WALLISBERG, coll. c^{ue} de Friessen. — *Wellisberg* (anc. cadastre).
WALSOSERSMATT, f. c^{ne} de Hohroth.
WALSPACH, ruiss. à Munster.
WALTENHEIM, c^{on} de Landser. — *Otto de Waltenheim*, 1215 (Trouillat, *Monum.* I, 468). — *Hans von Waltenheim*, 1580, cit. an. 1462 (Wurstisen, *Basl. Chron.* 391). — Waltenheim dép. de la prévôté de Landser.
WALTFALHEN (BI DER), c^{ne} de Hagenbach, 1421 (rôles de Saint-Morand).
WALTHERSBERG, c^{ne}. — Voy. VAUTHIERMONT.
WALTZENACKER, c^{ne} de Traubach-le-Haut, 1460 (rôles de Saint-Morand).
WALTZMATTEN, c^{nes} d'Obermorschwiller et de Schwoben.
WAMMESTER, c^{ne} de Schlierbach.
WAMSTACKER ou WAMMISTACKER, c^{nes} d'Aspach et de Hecken.
WAMSTERMATTEN, c^{ne} de Gommersdorf.
WANGEL (AUF DEM), canton du territ. de Buschwiller.
WANGELT, c^{ne} de Hattstatt.
WANGENBERG, canton du territ. de Weegscheid. — *Wagenberg*, 1567 (terr. de Massevaux).
WANN, c^{nes} de Breitenbach et de Schlierbach.
WANNE, c^{nes} de Dolleren et de Rimbach. — *Vff der Wannen*, 1567 (terr. de Massevaux).

WANNE, vign. c^{ne} de Guebwiller. — *Die Wannen*, 1394 (cart. de Murbach).
WANNE, canton du territ. de Wintzenheim. — *Vff der Wannen*, 1407 (cens. de la camerene de Munster).
WANNE (LA), dép. de Mulhouse et de Riedisheim. — — *In der Wannen*, 1561 (reg. des préb. de Mulh.).
WANNEN, c^{nes} d'Enschingen, de Flaxlanden, de Hagenbach, de Neuwiller et de Wolschwiller.
WANNENBODEN, c^{nes} de Dornach, de Kappelen et de Steinbrunn-le-Haut.
WANNENHOLTZ, c^{nes} de Luemschwiller et d'Obermorschwiller.
WARANANGUS, nom cité dans un document du VIIIe siècle et que Schœpflin applique à Gueberschwihr. — *Waranangus, que dicitur villare Eberhardo*, 728 (Als. dipl. I, 9).
WARMGESENG, c^{ne} de Fislis.
WARTKAPELLE, anc. chapelle, en partie taillée dans le roc, à Winckel. Une source qui se trouvait devant cette chapelle attirait dans le temps beaucoup de pèlerins. A peu de distance, on voit un tertre qui renferme des fondations et que l'on croit être les restes d'un ancien château de la famille de Wart. — *Wart-Cappell*, 1567 (Revue d'Als. V, 179).
WARTSTEIN, rochers, c^{ne} de Wintzenheim. — *Der kleine wartstein*, 1475 (reg. des domin. de Colmar).
WASEMEN, c^{ne} de Brunstatt.
WASEN, canton du territ. de Sainte-Croix-en-Plaine. — *By dem wasemen*, 1436 (abb. de Sainte-Croix).
WASEN, éc. c^{ne} de Dirlinsdorf.
WASEN, h. c^{ne} de Munster.
WASENTHOR, c^{ne} de Massevaux. — *Vor dem Wasenthor*, 1568 (terr. de Massevaux).
WASGAU, chaîne de montagnes. — Voy. VOSGES.
WÄSLE, c^{ne} de Rouffach. — *Zu Weseline*, 1510 (Mat. Berler, 28).
WASSERACKER, c^{ne} de Mörnach.
WASSERBODEN, c^{ne} de Hochstatt.
WASSERBOURG, c^{on} de Munster, primitiv^t du c^{on} de Turckheim. — *Ze Wassenberg*, 1344 (Trouillat, *Mon.* III, 582). — *Wassenberg*, 1441 (urb. de Ribeaup.). — *Wassemberg*, 1456 (cens. de la cell. de Munster).
— Anc. château au-dessus du village que Speckel représente sous le nom de *Waszenburg*, tandis qu'il cite le village sous le nom de *Wasen*. — *Die vestin und dorff Wasserberg*, 1594 (Als. ill. IV, notes, 284). — La carte du Dépôt de la guerre nomme ce château *Straubourg*. — Baquol (p. 496) cite deux châteaux depuis longtemps disparus, dit-il, savoir: *Stœrenbourg* et *Petit-Strasbourg*, qui ne paraissent être que des variantes du nom du même château, ainsi que le *Stœrenbourg* de l'Als. ill. V, 344.

Paroisse du décanat d'*ultra colles Ottonis* (Lib. marc.). — Dépendait du baill. de Wihr-au-Val.

WASSERFALL, f. et ruiss. c^ne de Sewen. — *Wasserpfad* (carte hydrogr.).

WASSERFALL (ZUM), ancien couvent de franciscains, situé sur le territoire de l'ancien village de Lengenberg, près de Marbach, et détruit pendant la guerre des paysans. — *In der wasser vallen*, 1433 (urb. de Marbach).

WASSERFELS, maison de garde, c^ne de Kaysersberg.

WASSERFELSLOCHBÄCHLE, ruiss. à Metzeral, affluent du Wolmsahbach.

WASSERFURCH, c^nes de Berrwiller, de Burbach-le-Haut, — *ab der Wasserfurchin*, 1568 (terr. de Massevaux); de Helfrantzkirch, de Heywiller et Tagsdorf, de Hochstatt, de Niedermorschwiller, — *in der wasserfurch*, 1537 (rôles de Niedermorschwiller); de Schweighausen, etc.

WASSERGALLEN, cantons des territ. de Magstatt-le-Bas, Sausheim et Uffheim. — *Jnn der Wassergallen*, 1533 (terr. de Saint-Alban).

WASSERGALLENSTRENG, c^ne de Hecken.

WASSERHAUS, maison isolée, c^ne de Falckwiller (Cassini). — *Cense de Wasserhaus* (anc. cadastre).

WASSERLAND, c^nes de Rixheim, de Schlierbach, — *im Wasserland*, 1489 (terr. de Saint-Alban); de Wettolsheim, — *im Wasserlande*, 1488 (urb. de Marbach).

WÄSSERLING, canton du territ. de Bettendorf.

WASSENSCHLEIF, c^ne de Bergheim.

WASSERSTELTZ, ancien château à Soultzmatt (Als. ill. IV, 202). — *Von Wassersteltz*, 1564 (Mossmann, *Chron. Gueb.* 465). — *Henrich von Wassersteltz*, 1580 (Chr. Wurstisen, *Basl. Chron.* 72). — *Hannss Melchior Heggetzer von Wassersteltz*, 1660 (rôles d'Eguisheim).

WASSERTHAL, vallée, c^ne de Wettolsheim.

WÄSSERUNG, éc. c^ne de Mulhouse.

WATTLISPERG, c^ne de Jettingen, 1540 (terr. de Saint-Alban).

WATTWILLER, c^on de Cernay. — *Wattoneviler*, 728 (Als. dipl. I, 9). — *Waddenwilre*, 1135 (Als. ill. IV, 228). — *Nantwigo de Watwilre*, 1186 (Als. dipl. I, 102). — *Ecclesie de Watewilre*, 1194 (Trouillat, *Monum.* I, 432). — *Ville de Wattewilre*, 1256 (Als. dipl. I, 417). — *Castellum Wattwire*, 1293 (Annales de Colmar, 158). — *Dv Stat ze Watwilr*, 1303 (Trouillat, *Monum.* III, 49). — *Watwilr die statt*, 1358 (Als. dipl. II, 25). — *Jaicquet de Vatonuillers*, 1389 (Trouillat, *Monum.* IV, 522). — *Ze Wattenwilre*, 1394 (urb. des pays d'Autr.). — *Watwil*, 1576 (Speckel). — *Wattweil*, 1592 (Hertzog, *Chron.*

Als. liv. 6°, 292). — Paroisse du décanat de *citra colles Ottonis* (Lib. marc.).

Ch.-l. de l'un des trois bailliages de la principauté de Murbach, confondus en un seul lors de l'organisation de l'intendance d'Alsace; Uffholz en dépendait. — Cour colongère. — *Dinghoffes zu Wattwilre*, 1397 (Als. dipl. II, 299).

Bains d'eaux minérales.

Anc. couvent qui prit la règle de Saint-Dominique en 1336 (Baquol, 497).

WAXWINCKEL, c^ne de Hirsingen.

WECHTERLI-BAN, c^ne de Moosch, 1550 (urb. de Saint-Amarin).

WECKENBERG ou WEGGENBERG, anc. château près de Wattwiller, qui prit plus tard le nom de *Hagenbach* (Baquol, 497). — *Hagenbach*, 1468 (Schilling, 23).

WECKENTHAL, f. c^ne de Berrwiller; anc. château détruit en 1652. — *Weckentall*, 1576 (Speckel). — *Weckenthal*, 1644 (Merian, *Top. Als.* carte). — *Wackenthal*, 1662, cit. ann. 1474 (Bern. Buechinger).

WECKENTHAL, c^ne de Thann.

WECKMUND, le troisième des trois châteaux d'Eguisheim. — *Das dritt Weckmundt*, 1517 (Mat. Berler, 12).

WECKOLSHEIM, c^on de Neuf-Brisach : pron. *Wäckeltshen*. — *In villa Achiltihaim*, 792 (Als. dipl. I, 56). — *Wekelthein*, 1213 (ibid. 324). — *Ze Wegolthein*, 1302 (Monc, *Zeitschrift*, V, 247). — *Wekoltzhein*, 1365 (cart. de Murbach). — *Von dem hofe ze Wegholtzheim*, 1394 (urb. des pays d'Autr.). — *Weckelczhein*, 1404 (rôle de Logelnheim). — Dépendait du baill. de Heiteren. — Les bans de Weckolsheim et de Hettenschlag sont restés longtemps indivis.

WEEGSCHEID, c^on de Massevaux. — *Wegscheidt....* *Wegscheydt*, 1567 (terr. de Massevaux). — Dép. de la juridiction du plaid de Guewenheim et en dernier lieu du baill. de Massevaux.

WEGADEN, c^ne de Buetwiller, 1421 (rôles de Saint-Morand).

WEGBECHERSGUT, c^ne de Chalampé.

WEGELITEN (AN DEN), c^ne de Turckheim, 1407 (cens. de la camerene de Munster).

WEGESODE, anc. rue à Turckheim, siège d'une famille noble. — *Iohs de Wegesoden... Agnes de Wegesot*, 1278-1493 (reg. d'Unterlinden). — *Der von Wegesode*, 1407 (cens. de la camerene de Munster). — *Peter Baldemar von Wegesat*, 1416 (Als. dipl. II, 324). — *In der wegsoden gassen*, 1475 (reg. des domin. de Colmar).

WEGGENBERG, anc. château. — Voy. WECKENBERG.

Weglanden, c^{nes} de Hochstatt, de Mittelwihr, de Spechbach-le-Haut et de Guebwiller. — *Zu Weglanden*, 1441 (cart. de Murbach).
Weglang, c^{nes} de Gundolsheim et de Buetwiller. — *An der Weglangen*, 1421 (rôles de Saint-Morand).
Weglänge, c^{nes} de Blotzheim et de Magstatt-le-Haut.
Weglengen, nom d'un canton à Burnhaupt-le-Haut.
Weibach, ruiss. à Niedermorschwihr et à Ingersheim, affluent de la Fecht. — *Vf den Wegebach*, 1328 (urb. de Pairis). — *Neben dem Weybach*, 1560 (abh. de Pairis, C. 12). — *Weybach* (Cassini).
Weibelàbach, canton de vignes à Colmar. — *In dem Weibelambaht... Weibelampt*, 1371 (reg. de Saint-Martin de Colmar).
Weibelacker, terres à Bergheim, anc. jouissance du Weibel ou sergent.
Weibelgarten, c^{ne} d'Orschwihr.
Weibelmatten, c^{nes} de Guewenheim, de Hirsingen et de Herlisheim. — *Neben der Weibel matt*, 1482 (urb. de Marbach).
Weibermatten, c^{ne} de Wolfersdorf.
Weiberwittfeld, c^{ne} d'Oderen.
Weichsling, c^{ne} de Rimbach, 1567 (terr. de Massevaux).
Weinacker, c^{ne} d'Ossenbach.
Weinbach, dép. de Kientzheim. — Anc. couvent de capucins (alm. d'Als. de 1783). — Au xve siècle, *Winbach prope et extra Kaysersberg* est cité comme monastère du décanat d'*ultra colles Ottonis* (Lib. marc.). — *Vimbach les-capucins* (Cassini).
Weinbaum, c^{ne} de Bergheim.
Weinberg, c^{ne} de Rantzwiller.
Weinbrunnen, source à Hundsbach.
Weinbrunner, vign. c^{ne} de Beblenheim.
Weingarten, c^{nes} de Biederthal, de Seppois-le-Bas, d'Uffholtz, de Turckheim, — *im Wingarten*, 1465 (cens. de la cellenie de Munster); de Vögtlinshofen, — *jn dem Wingarten*, 1488 (urb. de Marbach).
Weingässlen, c^{ne} de Mulhouse.
Weinstrass, anc. chemin à Bruebach, cité en 1515 (urb. des redev. en deniers de Mulhouse).
Weinweg, chemin de Kiffis à Ferrette.
Weiss (la), rivière qui sort du lac Blanc, c^{ne} d'Orbey, traverse le val d'Orbey, passe à Kaysersberg et se jette dans la Fecht, c^{ne} de Bennwihr.
  A son origine elle porte le nom de *Blancrupt*, en allemand Weissbach. — *In den Wissenbach*, 1318 (Als. dipl. II, 121). — *Jm wiszen Seisbach*, 1441 (urb. de Ribeaupierre).
Weissbach, ruiss. à Willer, affl. de la Thur. — *Wisebach*, 1135 (Grandidier, *Hist. d'Als.* p. j, II, 294).
Weissbarth, c^{ne} d'Eguisheim.

Weisse Mauer, mont. entre Linthal et Sondernach.
Weissenberg, c^{ne} de Herlisheim. — *Am Wissenberg*, 1482 (urb. de Marbach). — *Wisenberge*, 1433 (ibid.).
Weissengrund, c^{ne} de Mittelwihr. — *In dem Wissengrunde*, 1328 (urb. de Pairis). — *Jm Wissengrunt*, 1475 (reg. des domin. de Colmar).
Weissenmauerruntz, ruiss. affluent du Seebach, à Sultzeren.
Weissgländ, c^{ne} de Sondersdorf. — *An dem Visgelende*, 1329 (reg. Lucell.).
Weissgriebe, c^{ne} de Seppois-le-Bas.
Weisskirch, h. et anc. église, c^{ne} de Leymen. — *Decimam in Wisskilch*, 1307 (Trouillat, *Monum.* III, 115). — *Incurat. in Wiskilch*, 1334 (ibid. 437). — Cité au xve siècle comme paroisse du décanat de Leymenthal (Lib. marc.).
Weisskopf, c^{ne} de Heimersdorf.
Weisskrüth, c^{ne} de Sewen. — *Jm Weissen gereüth*, 1567 (terr. de Massevaux).
Weisslend, c^{ne} de Liebentzwiller. — *Uber Wislingen*, 1489 (terr. de Saint-Alban).
Weissling, c^{ne} de Schweighausen.
Weissmauer, c^{ne} de Kientzheim.
Weitenberg, coll. à Spechbach-le-Bas.
Weitschluck, canton du territ. d'Herlisheim. — *Jn der witten schlucken*, 1514 (rôles d'Eguisheim).
Welbach ou Wilbach, ruiss. à Mitzach.
Welmett, canton du territ. de Waldighofen.
Welsche Ban ou Ban Français, nom donné dans d'anc. documents au c^{on} actuel de la Poutroye. — *Im Limbach ahm Welschen bahn*, 1441 (rôle de Kientzheim).
Welschenberg, coll. c^{nes} de Steinbrunn-le-Bas et de Bruebach. — *Welschberg* (anc. cadastre).
Welschengrütt, c^{ne} de Burbach-le-Bas.
Welschenlarg, c^{ne}. — Voy. Oberlarg.
Welschwasen, c^{ne} de Hirtzbach.
Weltithal, c^{ne} de Sainte-Marie-aux-Mines.
Wenck, c^{ne} de Zellenberg. — *In der Wenkh*, 1568 (rôles de Zellenberg).
Wenckenbach, c^{ne} de Dolleren. — *An die Wenckhenbach*, 1567 (terr. de Massevaux).
Wendelbaum, c^{ne} de Michelbach-le-Haut. — *Bym Wenthelen bom*, 1535 (terr. de Saint-Alban).
Wendelenweg, nom d'un chemin à Obermuespach.
Wendelsweg, nom d'un chemin à Ottmarsheim.
Wendlingsthal, vallée, c^{ne} d'Ammerschwihr.
Wenneline, c^{ne} de Zimmerbach, xive siècle (rôle de Zimmerbach).
Wentzwiller, c^{on} d'Huningue. — *De huoba Wenswihre*, 1233 (Trouillat, *Monum.* I, 533). — *Hugo de Wendesweiler*, 1253 (ibid. I, 592). — *Plebanus de Wendeswihre*, 1258 (ibid. I, 653). — *Heinric de*

Wenswilr, 1286 (ibid. II, 460). — *Pleban. in Wenzwiler*, 1334 (ibid. III, 437). — Paroisse du décanat de Leymenthal. — Fief du comté de Ferrette.

Werb, c^{nes} d'Appenwihr, — *vff die Werben*, 1489 (terr. de Saint-Alban); d'Eguisheim, de Geispitzen, — *am Werbe*, 1290 (reg. de Saint-Léonard); de Magstatt-le-Bas, — *jn der Werbe*, 1609 (terr. de Magstatt); de Sondernach, — *vff der Werben*, 1456 (cens. de la cellenie de Munster); de Saint-Hippolyte, etc.

Werbenmühl, mⁱⁿ, c^{ne} de Sierentz. — *Werben* (tabl. des dist.).

Werd, éc. c^{ne} de Sewen. — *Ab zweyen heüsern, gärten vnd ackher vnd ab einer matten gelegen an dem werd*, 1567 (terr. de Massevaux).

Werentzhausen, c^{on} de Ferrette. — *Werentzhusen*, 1394 (urb. des pays d'Autr.). — *Werentzhusen*, 1420 (rôles de Saint-Morand). — Dépendait de la mairie de Bouxwiller. — Cour colongère dont les appels étaient portés à Spechbach-le-Haut (*Alsatia* de 1854-1855, p. 41).

Weringers-Burne (Zu), fontaine à Soultzmatt, citée en 1453 (urb. de Marbach). — *Zu wergerynsbron... born*, 1489 (urb. de Marbach).

Werrenmatt, c^{ne} de Hirtzbach.

Werschholtz, usine, c^{ne} de Moosch. — *Werlischolz*, 1335 (reg. de Saint-Amarin). — *Wehrholz*, 1576 (Speckel). — *Werholtz*, 1644 (Merian, *Top. Als.* carte). — *Village de Werschholtz et Brandt* (anc. cadastre).

Werschmatt, f. c^{nes} de Felleringen et d'Oderen. — *Werssmätlinn*, 1550 (urb. de Saint-Amarin). — *Vorder Werschmatt et Hinter Werschmatt* (ancien cadastre). — *Werschbach* (carte hydrog.).

Wersperg, c^{ne} de Massevaux, 1568 (terr. de Massev.).

Werth, c^{ne} de Wolfersdorf.

Werther (Auf der), canton du territ. de Fröningen.

Weschbach ou Wetschbe, f. c^{ne} de Stosswihr. — Le *Wetschbebach* est un affluent de la Petite-Fecht.

Weschbach, ruiss. à Dietwiller. — *Wespachgraben*, 1631 (livre terrier d'Eschentzwiller). — *In der Weschbach*, 1766 (*ibid.*).

Weschberg, c^{ne} de Mittelwihr.

Weschelbach, dép. de Geishausen (Dépôt de la guerre).

Wespenhägle, c^{ne} de Hagenbach.

Wessenberg, c^{ne}. — Voy. Vescemont.

Wessenberg, forêt à Liebentzwiller.

Wesserling, h. c^{ne} de Hüssern (c^{on} de Saint-Amarin). — *Zuo Wesserlingen*, 1550 (urb. de Saint-Amarin). — *Cölln (hodie Wesserling) vor diesem ein Statt*, 1724 ('Thann. Chron. Prolegomena). — *Zu diesen Indien (indienne) welches schon lang uf dem sogenannten Wesserling in dem Sanct Amarinthal fabriciert wird*, 1765 (Kl. Thanner Chron. 67).

Westerfeld, cantons des territ. d'Ensisheim, de Gueberschwihr, — *jm Westerfelde*, 1488 (urb. de Marbach), de Burnhaupt-le-Bas et de Burnhaupt-le-Haut.

Westergraben, ruiss. à Colmar. — *Westernd*, 1259 (Mone, *Zeitschrift*, XI, 321). — *Vff die Westernahe*, 1490 (urb. de Marbach).

Westhalten, c^{on} de Rouffach. — *Westhalda*, 1103 (Trouillat, *Monum.* I, 216). — *Westhalden*, 1489 (urb. de Marbach). — Paroisse du décanat de *citra colles Ottonis* (Lib. marc.). — Relevait par moitié des baill. de Rouffach et d'Eguisheim, de manière qu'une partie des habitants avaient droit de cité à Rouffach et l'autre partie à Soultzmatt. En dernier lieu, Westhalten dép. de la prévôté de Rouffach.

Westhuser, c^{ne} de Katzenthal.

Wetschbe, f. — Voy. Weschbach.

Wetschennest, c^{ne}. — Voy. Romagny (c^{on} de Massevaux).

Wettolsheim, c^{ne} de Wintzenheim, primitiv^t du c^{on} d'Eguisheim. — *Otho de Wetthelsein*, 1226 (Als. dipl. I, 357). — *Wetilsheim*, 1278 (Annales de Colmar, 72). — *Ville de Wedelzheim*, 1319 (Als. dipl. II, 123). — *Wetilsshein... Wettelsshein*, 1429-1433 (urb. de Marbach). — Relevait du baill. et plus tard de la prévôté d'Eguisheim.

Wetzelberg, c^{ne} de Traubach-le-Bas. — *Am Wetzelsperg*, 1548 (urb. de l'hôp. de Mulhouse).

Wetzstein, f. c^{ne} de Sultzeren. — *Wedtzstein* (Cassini). — *Westeinwasen* (Dépôt de la guerre).

Wetzstein, c^{nes} d'Ossenbach, — *jm wezsteyn*, 1489 (urb. de Marbach), et de Zimmersheim, — *vff dem Wetzstein*, 1563 (reg. des préb. de Mulhouse).

Wexel, canton du territ. de Steinbrunn-le-Haut. — *Am Wechsel*, 1548 (urb. de l'hôp. de Mulhouse).

Wexelmatten, c^{ne} de Bergheim.

Weyer, h. c^{nes} de Hohroth et de Mühlbach. — *Ze Wiger*, 1339 (Als. dipl. II, 166). — *Zu weiger*, xvie siècle (rôle de Munster).

Weyer, l'ancien *Vivarius peregrinorum*, à l'entrée du vallon de Murbach, auprès de Bühl, où se fixa d'abord saint Pirmin avant d'aller fonder l'abbaye de Murbach. — *Vivarius peregrinorum*, 728 (Laguille, pr. 11). — Au xve siècle l'abbaye y avait encore une ferme. — *Wigere, eine sweige*, 1453 (cart. de Murbach).

Weyerbach, ruisseau formé de plusieurs petits cours d'eau venant de la vallée de Steinbrunn et de Landser et portant en quelques endroits le nom de *Mühlbach*. — *Iuxta riuum dictum Wigenbach*, 1284 (cens. de Saint-Alban). — *Vff der Wygenbach*, 1536 (terr. de Saint-Alban). — *Weyerbach*, 1766 (terr.

d'Eschentzwiller). — Au-dessous de Dietwiller, il se perd presque en entier dans les prés et n'envoie qu'une petite partie de ses eaux jusque vis-à-vis de Habsheim, dans un fossé appelé *Feldbachgraben*. — *Auff dem Veldtgraben*, 1565 (urb. de Landser). — *Veldtbachgraben*, 1631 (terrier d'Eschentzwiller).
WEYERBÄCHLE, ruisseau, c^{ne} de Ribeauvillé, affluent du Strengbach. — *Jm Weybach* (anc. cadastre).
WEYERBURN, c^{ne} de Thann. — *Jm Weyerbrunnen*, 1581 (urb. de Thann).
WEYERLACHEN, c^{ne} de Largitzen.
WEYERLE, c^{ne} d'Enschingen. — *Vf dz Wigerlin*, 1421 (rôles de Saint-Morand).
WEYERMATTEN, c^{nes} de Berentzwiller, de Burnhaupt-le-Bas, de Bettlach, de Guebwiller, — *Wygermatten*, 1341 (cart. de Murbach); de Niedermorschwiller, — *vff die Weygermatten*, 1548 (urb. de l'hôp. de Mulhouse); de Soultzmatt, — *die Wygermatten*, 1453 (reg. de Soultzmatt); de Werentzhausen, etc.
WEYERMÄTTLE, f. c^{nes} de Hattstatt et de Vœgtlinshofen. — *Truchsess* (tabl. des dist.).
WEYERRUNTZ, ruiss. à Metzeral, affl. du Kolbenbach.
WEYERTHAL, c^{ne} de Kaÿsersberg.
WEZ (LE RUPT DE LA), c^{ne} de Bretagne.
WIBELISUOLTZ, c^{ne} de Dirlinsdorf, 1315 (reg. Lucell.).
WIBELSPERG, canton du territ. de Berrwiller. — *An dem Wibelsperge*, 1453 (cart. de Murbach).
WIBETHAL, c^{ne} de Niedermorschwihr, 1420 (abb. de Pairis, C. 4, C. 16).
WICKENBÄCHLE, f. c^{ne} de Bitschwiller. — *Wickenbechlin*, 1550 (urb. de Saint-Amarin).
WICKENBROCH, c^{ne} de Willer (c^{on} de Thann).
WICKERSCHWIHR, c^{on} d'Andolsheim, primitiv^t du c^{on} de Horbourg. — *Wichereswiler*, 728 (Laguille, p. 12). — *Wicherebint*, 728 (Als. dipl. I, 9). — *In Wichario villa*, 1128 (Grandid. *Hist. d'Als.* p. j, II, 270). — *Wicherswilr*, 1220 (cart. de Murbach). — *Wickersswilr*, 1475 (reg. des domin. de Colmar). — Elle ne formait qu'une commune avec Holtzwihr jusque dans ces dernières années, où elle a été érigée en commune séparée.
WICKERSGRUND, c^{ne} de Dirlinsdorf, 1314 (reg. Lucell.).
WICKRAMSBRUNNFELD, c^{ce} de Colmar.
WIDACH, c^{ne} de Merxheim. — *Zue Widohe... vntz Widehe*, 1717 (Stoffel, *Weisth.* 129).
WIDACKER, c^{nes} de Bouxwiller, Sainte-Croix-en-Plaine et Sentheim, — *Widackher*, 1568 (terr. de Massevaux); d'Ungersheim, etc.
WIDAH, f. c^{ne} de Mühlbach. — *Ze Widach*, 1339 (Als. dipl. II, 166). — *Wydach*, 1456 (cens. de la cellenie de Munster). — *Wida* (Cassini).

WIDBACH, c^{ne} de Mollau, 1550 (urb. de St-Amarin).
WIDEN (ZU DEN), anc. manse (*hube*) à Burbach-le-Bas. — *Zu Niderburbach zu den widen*, 1579 (Stoffel, *Weisth.* 81).
WIDENBACH, ruiss. à Metzeral, affluent du Kolbenbach. — *Videnbach* (Cassini).
WIDENDACH, ruiss. c^{ne} de Sternenberg.
WIDENBERG, coll. à Flaxlanden.
WIDENFELD, c^{ce} de Magstatt-le-Haut.
WIDENMATTEN, c^{nes} de Heywiller, Burnhaupt-le-Bas et Hunawihr, — *in widen matten... Ze widinin matten*, 1328 (urb. de Pairis); de Ruederbach, de Wittenheim, etc.
WIDENMÜSSLE, c^{ne} de Metzeral.
WIDERSBACH, ruiss. à Lautenbach-Zell, affluent de la Lauch. — *Wittersbach*, 1453 (cart. de Murbach). — *Wiedersbach* (anc. cadastre).
WIDHÄRTLE, c^{ne} de Hegenheim.
WIDLIN, c^{ne} de Fessenheim.
WIDOLF, c^{ne} de Spechbach-le-Haut.
WIDPFÄHL, c^{ne} de Nambsheim.
WIEDENSOHLEN, c^{on} d'Andolsheim, primitiv^t du c^{on} de Horbourg. — *Widensole*; 987 (Grandid. *Hist. d'Als.* p. j, I, 154). — *In Widensoln*, 1187 (Als. dipl. I, 279). — *R. de Widinsol*, xiiie siècle (Rosmann, *Gesch. Bris.* 196). — *Wydensol*, 1475 (reg. des domin. de Colmar). — *Weydensoll*, 1513 (rôle de Kuenheim. — *Widensul*, 1515 (abb. de Sainte-Croix). — *In sylva Widensal*, 1650 (Necrol. Pairis). — Paroisse du décanat de Marckolsheim (alm. d'Als. de 1783). — Dépendait du baill. d'Ensisheim et Sainte-Croix. — Cour colongère (*Alsatia* de 1854-1855, p. 74).
WIEDSOHLEN, vign. c^{ne} de Katzenthal.
WIEHREN, c^{nes} de Bartenheim, — *in der wierin* (anc. cadastre), et de Berentzwiller, — *zer würin, in der wûri*, 1421 (rôles de Saint-Morand).
WIESWALD, c^{ne}. — Voy. VÉZELOIS.
WIGENHEIM, ancien lieu habité près d'Uffholtz. — *Curiam de Wigehem*, 1156 (Trouillat, *Monum.* I, 328). — *Curiam de Wigenn*, 1179 (ibid. I, 375). — *Curiam de Wigem*, 1181 (ibid. I, 380). — *Grangiam de Wigenheim*, 1187-1224 (ibid. I, 409 et 495). — *Rvdegerus de Wichein*, 1271 (ibid. II, 216). — *Domino de Wigehein*, 1272 (ibid. II, 224). — *Rudolphus von Wiggenheim zu Uffholtz im Elsas*, 1340 (Bern. Buechinger, 150).
WIGHUS (ZUM), anc. domaine noble à Zillisheim. — *Agnes de Liebstein, uxor Joannis dicti zum Wighus de Silisheim, armigeri*, 1359 (reg. Lucell.). — *Ulric zem Wighus de Zillisheim*, 1361 (Trouillat, *Monum.* IV, reg. 682).

Wihr, h. c^{ne} de Stosswihr. — *? Ultra Vachonnam juxta Lucelwilre*, 817 (Als. dipl. I, 67).

Wihr, vill. détruit entre Ammerschwihr, Ingersheim et Katzenthal, à l'endroit où se trouve la source de Saint-Dié. — *Wilra*, xiiie siècle (Grandidier, *Hist. d'Als.* p. j, II, 40). — *Ze Morswilre vnd ze Wilre*, 1298 (Als. dipl. II, 69). — *In Wilrtal... in Wilrelachen*, 1328 (urb. de Pairis). — *Wilre gevelde*, 1407 (cèns. de la camerene de Munster). — C'est en ce lieu que se retira saint Dié, lorsqu'il quitta le *tumultum populi*.

Wihr-au-Val, c^{on} de Wintzenheim, primitiv^t du c^{on} de Turckheim. — D'après Schœpflin, ce lieu s'appelait anciennement *Bonifacii Vilare*, 896 (cart. de Munster). — *Ecclesiam in Wilre*, 1120 (Als. dipl. I, 195). — *Rudolfo plebano de Wilre*, 1234 (Revue d'Als. II, 234). — *Oppidum Wilre*, 1279 (Ann. de Colmar, 84). — *Wilre castrum atque castellum*, 1293 (ibid. 160). — *Von der veste... Ze Wilre... burg und stette zu Wilre*, 1303 (Als. dipl. 80-82). — *Wilr bi Girsperg*, 1344 (Mone, *Zeitschrift*, IV, 460). — *Wilr im Münstertal*, 1475 (reg. des domin. de Colmar). — *Weiller*, 1592 (Hertzog, *Chron. Als.* liv. 5e, 129). — Paroisse du décanat d'*ultra colles Ottonis* (Lib. marc.).

Ch.-l. d'un baill. de la seign. de Ribeaupierre, comprenant Walbach, une partie de Zimmerbach, Günspach, Griesbach et Wasserbourg.

Cour colongère. — *Ze wilre in den dinchof*, 1320 (Weisth. I, 666). — *Item den dinghoff zu Wilre im Münsterthal*, 1410 (Als. dipl. II, 319).

Wihr-en-Plaine, c^{on} d'Andolsheim, primitiv^t du c^{on} d'Horbourg. — *Wilr by Horbourg*, 1344 (Mone, *Zeitschrift*, IV, 460). — *Wilr by Horburg*, 1475 (reg. des domin. de Colmar). — Paroisse du décanat d'*ultra colles Ottonis* (Lib. marc.). — Dépendait du baill. de Zellenberg. — Cour colongère (*Alsatia* de 1854-1855, p. 66).

Ce village s'appelait anciennement *Sifriedswiler*, ainsi que le prouvent les citations ci-après, savoir: *Syfridwilr... von einem halben strengen, zuhet über den Bischoffswilre weg*, 1433 (urb. de Marbach). — *Jn Syfridtzwiler im Ryeth... vber dem bischoffwiler weg... widder die jlle*, 1490 (ibid.).

Wilbach, ruiss. — Voy. Welbach.

Wildägert, c^{ne} de Sainte-Croix-en-Plaine. — *Bey der Wilden ägert*, 1502 (abb. de Sainte-Croix).

Wildbach, c^{ne} de Mitzach, 1550 (urb. de Saint-Amarin).

Wildenach, c^{ne} de Rammersmatt, 1421 (rôles de Saint-Morand).

Wildenbach, ruiss. à Ruederbach.

Wildenpurte (Bi der), c^{ne} de Colmar, 1371 (reg. de Saint-Martin).

Wildengrund, c^{ne} de Burbach-le-Bas.

Wildenstein, c^{on} de Saint-Amarin. — *Der berg Wildenstein*, 1312 (Als. dipl. II, 102). — *Melchior von Wildenstein*, 1766, cit. an. 1460 (Kl. Thanner Chron. 21). — Anc. château sur un rocher isolé dans la vallée.

Wildenbrunn, canton du territ. de Bettendorf.

Wildhag, c^{ne} de Sentheim. — *An den Wildthag*, 1568 (terr. de Massevaux).

Wildmühle, anc. nom d'un moulin à Uffheim, aujourd'hui appelé *Schultzenmühle*, d'après le nom de son propriétaire. — *Wilmühl* (Cassini).

Wildpfädt, canton du territ. de Metzeral.

Wildshag, anc. parc de chasse à Winckel.

Wilhelmsberg et Wilhelmsgesig, c^{ne} de Rimbach, 1567 (terr. de Massevaux).

Wilhelmsburn, c^{ne} de Guebwiller. — *An wilemms burnen*, 1394 (cart. de Murbach).

Willenburg, dép. de Kirchberg.

Willer, c^{on} d'Altkirch. — *Wilare*, 1195 (Mone, *Zeitschrift*, IV, 219). — *In villa dicta Wilre*, 1305 (Trouillat, *Monum.* III, 91). — Paroisse du décanat du Sundgau (Lib. marc.). — Dépendait de la mairie du val de Hundsbach.

Willer, c^{on} de Thann. — *In villa Wilri*, 1191 (Als. dipl. I, 296). — *Heinigisel de Wilre*, 1216 (ibid. I, 332). — *Ad ecclesiam parrochialem in Wilre prope Thann*, 1357 (reg. de Saint-Amarin). — *Wilr*, 1394 (cart. de Murbach). — *St-Weiller* (Cassini). — C'était une paroisse du décanat de Massevaux (alm. d'Alsace de 1783). — Dépendait du baill. de Saint-Amarin.

Willer, canton du territ. d'Aspach-le-Bas. — *Cûnwiller*, 1342 (reg. de Saint-Amarin). — *Herrenweg auf Wüller... Willermatten* (cadastre).

Willer, vill. détruit, près de Bergheim. — *Imwilr*, xve siècle (statuts de la confrérie du Rosaire). — *In wiler*, 1576 (Speckel). — *Weill*, 1586 (Revue d'Als. IX, 570).

Willer, c^{ne} de Ranspach-le-Bas. — *Jm Wyler.... vf wylerbach*, 1537 (terr. de Saint-Alban).

Willer, chapelle et ermitage, c^{ne} de Wolschwiller. — *Saint-Jean de Nepomuck* (Cassini). — *Ermitage Saint-Jean* (Dépôt de la guerre).

Willerbach, forêt et ruisseau, affluent de la Dollern, c^{ne} de Massevaux. — *Neben der Weilerpach*, 1568 (terr. de Massevaux).

Willerbach, ruisseau qui prend sa source près du Wintenhof, passe à Willer et se jette dans l'Ill à Bettendorf. Il porte aussi le nom de *Mühlbach*.

WILLERBERG, WILLERFELD, WILLERMATTEN et WILLERSTRENG, coll. c^{nes} de Luemschwiller, de Tagolsheim et de Walheim.
WILLERBÜHL, c^{ne} de Hunawihr. — *In Honwilr ban in dem wilrbühel*, 1328 (urb. de Pairis).
WILLÉRÉ, section de Seppois-le-Bas. — *Auf dem wilre*, 1545 (urb. des redev. en deniers de Mulhouse).
WILLEREN, c^{ne}. — Voy. ROMAGNY (c^{on} de Dannemarie).
WILLEREY (IM), canton du territ. de Leymen.
WILLERFELD, canton des territ. de Winckel et de Bendorf, où la tradition place un anc. village (*Alsatia* de 1858-1860, p. 250). — *Viler* est cité, en 1441, comme paroisse entre Bendorf, d'une part, et Ligsdorf et Winckel, d'autre part (Lib. marc. 61).
WILLERHAG et WILLERMATTEN, c^{ne} d'Obermuespach.
WILLERHOF, c^{ne} de Fislis.
WILLERSPITZ, c^{ne} de Liebsdorf.
WILLERWEG, chemin, c^{ne} de Fessenheim.
WILLISFURT, c^{ne} de Kembs, 1495 (reg. de St-Alban).
WILPELIN, c^{ne} de Pfetterhausen. — *Wilplin.... Wilpeletin... Wilpelier... in der Wilprin*, 1299 (reg. Lucell.).
WILSPACH, ruiss. à Wintzenheim.
WINCKEL, en français VANCHELLE, c^{on} de Ferrette. — *Winchelein*, 1146 (Trouillat, *Monum.* I, 293). — *Winchele*, 1156 (*ibid.* I, 328). — *Winchil* (*in villa-*), 1180 (*ibid.* I, 383). — *Grangiam de Wenckeles... ecclesiam de Winckeles*, 1187 (*ibid.* 409). — *Wincklen*, 1188 (*ibid.* I, 462). — *Wernherus de Winkel*, 1213 (*ibid.* I, 462). — Paroisse du décanat de l'Ajoye (Lib. marc.). — Dépendait de la mairie de Mörnach.
WINCKEL, éc. c^{ne} du Puix (c^{on} de Giromagny).
WINCKEL, f. c^{ne} de Sultzeren.
WINCKEL, c^{nes} de Baldersheim, de Berentzwiller, de Hirtzbach, de Hüssern (c^{on} de Saint-Amarin), d'Illzach, de Largitzen, de Niedermuespach, de Riedisheim, de Saint-Ulrich et de Seppois-le-Haut. — *In dem Winckel*, 1412 (reg. Lucell.).
WINCKELACKER, c^{nes} d'Aspach le-Bas, de Dornach, de Heimersdorf, etc.
WINCKELMATT, f. c^{ne} de Saint-Amarin.
WINCKELMATTEN, c^{nes} de Bouxwiller, de Dirlinsdorf, — *Winkelmatten*, 1555 (reg. Lucell.), et d'Eguisheim.
WINCKELMÜHLE, mⁱⁿ, c^{ne} de Cernay.
WINDACKER, c^{ne} de Hüssern (c^{on} de Saint-Amarin).
WINDBERG, mont. c^{ne} de Westhalten.
WINDBRECHT, c^{ne} de Murbach.
WINDECK, anc. château près de Katzenthal. — *Cum castris Hohenack et Winech*, 1251 (Laguille, pr. 38). — *Item castra Hohennag et Windecke*, 1251 (Als. dipl. I, 406). — *Dominus de Winegk*, 1262 (Annales et Chron. de Colmar, 300). — *Brun von Windecke*, 1291 (Als. dipl. II, 46). — *D. Henrici militis de Winecke*, 1299 (Necrol. Pairis). — *Winneg*, 1359 (Als. dipl. II, 236). — *Windecke*, 1373 (*ibid.* 268). — *De Bechtoldo de Windeck*, 1481 (*ibid.* 422). — *Weinneck*, XVIIIe s^e (Kriegs Theatr. carte).
WINDENBACH, ruiss. c^{ne} de la Baroche. — *Windersbach* (anc. cadastre).
WINDMÜHLE, anc. moulin à vent à Habsheim, cité en 1536 : *neben dem Wyndtmülylouch* (terr. de Saint-Alban).
WINDSPIEL, f. c^{ne} de Hunawihr, près de l'ancien ban d'Erlach. — *Visspiel* ou *Fayoll* (Cassini). — *Wissbühl* (anc. cadastre).
WINGENTHAL, c^{ne} de Geispitzen. — *In Windelthal*, 1495 (reg. de Saint-Alban). — *Gegen Wygenthal*, 1521 (reg. des préb. de Mulhouse). — *Wyndenthal*, 1537 (terr. de Saint-Alban). — *Auff Wyngenthal*, 1625 (reg. des pres. de Mulhouse).
WINLING, canton du territ. de Habsheim.
WINTBRUCK, anc. f. à Burbach-le-Haut (Cassini).
WINTBÜHL, coll. à Herlisheim. — *Wintbyehel*, 1389 (urb. de Marbach). — *Vff dem wintbühel*, 1475 (reg. des domin. de Colmar).
WINTENHOF, f. c^{ne} de Willer (c^{on} d'Altkirch).
WINTENHOF, anc. f. à Ribeauvillé. — *Windehoue*, 1278-1493 (reg. d'Unterlinden).
WINTER (IM), c^{ne} de Merxheim.
WINTERBAN, c^{ne} de Roppe. — *Winderbach* (anc. cad.). — *Winterbenn* (cadastre).
WINTERBERG, c^{ne} de Katzenthal. — *An dem Winterberge*, 1328 (urb. de Pairis). — *Am wyntterberg.... Wyndterberg*, 1560 (abb. de Pairis, C. 12).
WINTERHAGEL, c^{ne} de Sondernach.
WINTERHALDEN, c^{nes} d'Ammerschwihr, — *winterhalden*, 1441 (urb. de Ribeaupierre); de Niedermorschwihr et Turckheim, — *an der winterhalden*, 1328 (urb. de Pairis); de Soultz, — *an der winterhaldenn*, 1346 (urb. de la comm^{rie} de Soultz); de Sainte-Marie-aux-Mines.
WINTERHAULEN, c^{ne} d'Illfurth.
WINTERLITT, c^{ne} de Hohroth.
WINTERSCHE WASEN, c^{ne} de Krüth. — *Inn ein Tobell haist der wintersche wasen*, 1550 (urb. de Saint-Amarin). — *Vinterhée* (Dépôt de la guerre).
WINTERSTIGY, canton des territ. de Magstatt-le-Bas et d'Ufheim. — *In den Winderstügen*, 1568 (urb. de Landser). — *Wünterstügen*, 1609 (terr. de Magstatt).
WINTERTHAL, c^{ne} de Turckheim, 1298-1493 (reg. d'Unterlinden).
WINTERUNG, mont. — Voy. VENTRON.

WINTZENHEIM, ch.-l. de c^on, arrond. de Colmar, primitiv^t du c^on de Turckheim. — ? *In fine vel marcka Wingishaim*, 786 (Als. dipl. I, 54). — *Vuinzenheim*, 880 (ibid. I, 90). — *Capella in Vincinheim*, 952 (Grandidier, *Hist. d'Alsace*, p. j, I, 118). — *Ecclesia in Wintzenheim*, 953 (ibid. I, 119). — *Das torf ze Wincenheim*, 1303 (Trouillat, *Monum.* III, 52). — *Wincinheim*, 1303 (Ann. de Colmar, 202). — *In den sennen ze T. und ze Wintzheim*, 1361 (Als. dipl. II, 240). — Paroisse du décanat d'*ultra colles Ottonis* (Lib. marc.). — Dépendait de la seigneurie de Hohlandspurg. — Cour colongère. — *Maison franche ou dinckoot*, scise hors et près du bourg de Vingzenheim, 1683 (Revue d'Als. III, 465, IV, 77, V, 188).

WINTZENHÄUSLEN, en français VENDANGEOIR (Cassini), maisons de garde-vignes dans toutes les communes de l'arrond. de Mulhouse où l'on cultive la vigne.

WINTZFELDEN, h. c^ne de Soultzmatt. — *Wingoltzvelden*, 1255 (Als. dipl. I, 415). — *Adelheit de Wilgoltzvelden*, 1278-1493 (reg. d'Unterlinden). — *Winigotzfelden*, 1433 (urb. de Marbach). — *Wingoltzfelden... Wiengerssfelden*, 1453 (reg. de Soultzmatt). — Au XVe siècle, paroisse du décanat de *citra colles Ottonis* (Lib. marc.). — C'est du nom du patron de cette église que la vallée de Soultzmatt s'appelle *Val de Saint-Georges*. — Dép. du baill. d'Eguisheim, et, plus tard, de la prévôté de Rouffach.

WIRATTENMÜHLE, m^in. — Voy. HAULYMÜHLE.

WIRBELKOPF ou LANGENFELDERKOPF, mont. entre Linthal et Sondernach.

WIRLINGSWEG, anc. chemin à Pfastatt. — *Vff denn wirgeling weg... An wirlins weg*, 1548 (urb. de l'hôp. de Mulhouse).

WIRLINSBODEN, canton du territ. de Mittelmuespach.

WISLINGEN BAUM, c^ne de Niedermorschwihr. — *Zûm wislingen boume*, 1328 (urb. de Pairis).

WISSENGRABEN, c^ne de Didenheim.

WISSENSTEIN, c^ne d'Oberbruck. — *Jm wissenstein... Wissenthall*, 1567 (terr. de Massevaux).

WISSERETT, c^ne de Katzenthal.

WISSERT, canton du territ. de Wettolsheim.

WISSORT, mont. c^nes de Linthal, Metzeral et Sondernach.

WITENAM, cité en 1318, dans les environs de Pairis. — *In den telren vn den bergen Witenans* (abb. de Pairis).

WITGISAU, anc. nom du comté de Horbourg (Als. ill. III, 336). — *Die gaueschafft Witckisowe*, 1324 (Als. dipl. II, 132). — *Die Graffschafft von Wickels-Owe*, 1644 (Merian, *Top. Als.* 32).

WITLINGEN (ZE), c^ne de Carspach, 1421 (rôles de Saint-Morand).

WITSEELWALD, c^ne de Willer (c^on de Thann). — *Witzel*, (cadastre).

WITTELSHEIM, c^on de Cernay. — *Witoltzheim*, 1301 (Trouillat, *Monum.* III, 15). — *Rector in Wittoltzheim*, 1441 (Vautrey, *Lib. marc.* 22). — *Witelzin... Witeltzheim*, 1450 (Als. dipl. II, 385). — Paroisse du décanat du Sundgau (Lib. marc.). — Dép. du baill. d'Ollwiller.

WITTELSROHR, c^ne de Wittersdorf.

WITTEMBOURG ou WICKEMBOURG, canton du territ. d'Ensisheim.

WITTENBERG, coll. c^ne de Bruebach. — *Jm Wittenberg*, 1548 (urb. de l'hôp. de Mulhouse).

WITTENHEIM, c^on Nord de Mulhouse, primitiv^t du c^on de Lutterbach. — *De villa que dicitur Witanhaim*, 829 (Als. dipl. I, 74). — *In Vuittenckheim marcha*, 1094 (Rhenanus, *Germ.* 295). — *Witenheim*, 1195 (Mone, *Zeitschrift*, IV, 220). — *Chunrad de Wittenheim*, 1315 (Als. dipl. II, 110). — *Her Gigennagel von Wittenhein*, 1371 (reg. de Saint-Martin). — Anc. château. — Paroisse du décanat de *citra colles Ottonis* (Lib. marc.). — Dépendait du baill. d'Eschentzwiller.

WITTENMÜHLE, m^in, c^ne de Colmar. — *Capella sancti Antonii sita in curia... dicta zû widen in dem houe*, 1324 (abb. de Pairis, C. 3). — *An der mûle ze Widen*, 1360 (Curios. d'Als. I, IX). — *In curia nostra Widen extra muros Colmarienses*, 1650 (Necrol. Pairis). — *Zuo der witen mülen*, XVe siècle (statuts de la confrérie du Rosaire). — *Die Weidenmühle*, 1632 (Belagerung von Colmar, 32). — *S. Guidonismühl*, 1643 (Hunckler, *Gesch. Colmar*, carte).

WITTENSTAL (IN DEM), c^ne de Murbach, 1453 (cart. de Murbach).

WITTENTHAL, f. c^ne de Hohroth. — *Im Witendal*, 1339 (Als. dipl. II, 166). — *Jm Wüttenthalle*, 1339 (Stoffel, *Weisth.* 188). — *In dem Witental*, 1407 (cens. de la camérène de Munster). — *Witenthal* (Cassini).

WITTERSDORF, c^on d'Altkirch. — *Ecclesiam et decimas de Witestorf*, 1139 (Trouillat, *Monum.* I, 277). — *Bernerus de Witterstorf*, 1188 (ibid. I, 415). — *Ecclesiam Witersdorf*, 1290 (ibid. II, 480). — *Witterz dorff*, 1451 (rôles de Saint-Morand). — Wittersdorff formait une paroisse du décanat du Sundgau (Lib. marc.) et faisait partie de la mairie du val de Hundsbach.

WITTERSPENG, c^ne de Carspach. — *An dem Willersperg*, 1421 (rôles de Saint-Morand).

WITTHUM ou WIDEM, anc. douaires d'église à Aspach-le-Bas et à Niffer.

WITTHUM, c^ne de Buetwiller. — *Oberhalb dem gewideme*, 1421 (rôles de Saint-Morand).

WITTHUM, c^ne de Guewenheim. — *Neben dem gewidmen... gewidem*, 1569 (terr. de Massevaux).

WITTHUM ou WIDUM, anc. douaires d'église à Heimersdorf et à Hirsingen.

WITTHUM ou WYDEM, anc. douaire d'église à Illzach (terr. de 1553).

WITTHUM ou QUEDEM, ancien douaire d'église à Largitzen.

WITTHUM ou GWIDUM, ancien douaire d'église à Neuwiller.

WITTHUM, anc. douaire à Rantzwiller. — *Widem*, 1515 (reg. des préb. de Mulhouse).

WITTHUM, anc. douaire d'église à Sainte-Croix-en-Plaine. — *Vff den Widemmen*, 1278-1493 (reg. d'Unterlinden).

WITTHUM ou WIDOM, anc. douaire d'église à Winckel. — *Neben dem Quidum*, 1658 (reg. Lucell.). — *Gouidumb* (anc. cadastre).

WITTHUM ou WIDUMB, anc. douaire d'église à Wittersdorf.

WITTHUM ou WITHUM, anc. douaire d'église à Zillisheim.

WITTHUMBODEN ou GWIDUMBODEN, anc. douaire d'église à Berentzwiller.

WITTHUMHAG ou WIDUM-HAAG, anc. douaire d'église à Bettlach.

WITTHUMRAIN ou QUITUMRAIN, ancien douaire d'église à Linsdorf. — *Wideme*, 1316 (reg. Lucell.).

WITTHUMSTRENG ou GEWIDEM-STRENG, ancien douaire d'église à Köstlach.

WITTMATT, c^nes de Hirtzbach et d'Uffheim. — *Vff wyttenmatten*, 1533 (terr. de Saint-Alban).

WITTNAU, c^ne de Blotzheim. — *Ze witnöwe... wittenöwe*, 1290 (reg. de Saint-Léonard).

WOBACH, ruiss. à Feldkirch, Ungersheim, Merxheim, Meyenheim, Gundolsheim et Rouffach. — *Vff dem wogbach*, 1531 (rôle de Gundolsheim). — *Wepach*, 1543 (urb. de Marbach). — *Watpach*, 1717 (rôle de Merxheim). — *Wohbach* (carte hydrog.).

WOFFENHEIM, vill. détruit près de Sainte-Croix-en-Plaine. — *Woffenheim*, 1092 (Grandidier, *Hist. d'Als.* p. j, II, 158). — *Ecclesie in Woffenheim*, 1251 (Als. dipl. I, 406). — *Cun. de Waffenhein*, 1253 (cart. de Murbach). — *Waltherus de Wofinhein*, 1278 (abb. de Sainte-Croix). — *Baldemarus de Woffenhein*, 1404 (rôle de Logelnheim). — *Wüffenheim*, 1433 (urb. de Marbach). — *Wolfenen*, 1576 (Speckel). — Au xve s^e, paroisse du décanat de *citra Rhenum* (Lib. marc.). — Cour colongère. — *Den dinghoff, das gerichte, das meigertum und die banwartume zu Woffenheim*, 1344 (Als. dipl. II, notes, 179).

WOFFENTHAL, c^ne d'Eschentzwiller. — *Im woffenthall*, 1548 (urb. de l'hôp. de Mulhouse). — *Im Wolfenthall*, 1771 (terr. d'Eschentzwiller).

WOG (AN DER), c^nes de Bettendorf et de Brunstatt.

WOGACKER, c^ne d'Enschingen et de Mühlbach.

WOGMATTE, c^ne de Staffelfelden, 1512 (urb. de la comm^rie de Soultz).

WOLF, dép. de Kientzheim. — *Jm wolffe*, 1441 (urb. de Ribeaupierre). — *Im Wolff*, 1734 (rôle de Kientzheim).

WOLF (IM), c^ne de Willer (c^on d'Altkirch).

WOLFACKER, c^nes de Baldersheim, Bettlach, Hirsingen, Liebsdorf, Niffer et Kembs, Riedisheim, Rantzwiller, Stetten, etc. — *Wolffackher*, 1515 (reg. des préb. de Mulhouse).

WOLFBODEN, c^ne de Mittelmuespach.

WOLFBURN, canton du territ. de Soultzmatt. — *Zu Wolffburn*, 1453 (reg. de Soultzmatt).

WOLFELSBACH, c^nes de Retzwiller et de Wolfersdorf.

WOLFENHAG, c^ne de Heidwiller.

WOLFENKEHL, canton du territ. de Riquewihr. — *In der Wolferkein*, 1441 (urb. de Ribeaupierre).

WOLFENLOCH, c^nes de Brunstatt, Reiningen et Wattwiller.

WOLFENSBRUNN, source, c^ne de Hundsbach.

WOLFERSBERG, montagne, c^nes de Bitschwiller et de Weegscheid. — *Wolffsperg*, 1567 (terr. de Massevaux).

WOLFERSDORF, en français WOLFICOURT, c^on de Dannemarie. — *Wulferstorff*, 1394 (urb. des pays d'Autr.). — *Wullferssdorf*, 1581 (urb. de Thann). — *Wullferstorf*, 1629 (rôle de Balschwiller). — Dépendait de la mairie de Dannemarie.

WOLFERSMATTEN, c^ne de Sternenberg.

WOLFERSTHAL, c^ne de Moosch. — *Inn Wollffers stall*, 1550 (urb. de Saint-Amarin).

WOLFERT, cantons des territ. d'Uberkümen et de Wittersdorf.

WOLFFBACH, f. c^ne de Sultzeren.

WOLFGALGEN, c^nes de Blodelsheim, 1489 (terr. de Saint-Alban); de Hesingen, 1489 (ibid.); de Walheim, 1597 (rôles de Saint-Morand, n° 11).

WOLFGANG (IM), c^ne d'Eschentzwiller.

WOLFGANTZEN, c^on de Neuf-Brisach. — *Wolfgangesheim*, 1004-1044 (Grandidier, *Hist. d'Als.* p. j, I, 246, 199). — *Wernero de Wolfgangisheim*, 1240 (Schmidt, *Chap. S. Thomas*, 311). — *Ze Wolfganxhen*, 1231 (Mone, *Zeitschrift*, V, 247). — *Wolfgansheim*, 1353 (ibid. 248). — *Wolffgangssheim*, 1543 (rôle de Volgelsheim). — *Wolfgans*, 1576

(Speckel). — Paroisse du décanat de *citra Rhenum* (Lib. marc.). — Dépendait, en 1303, du bailliage d'Ensisheim, plus tard du comté et enfin du baill. de Horbourg.

Wolfgärten, deux parcs avec maisons de chasse, dans la Hart. Le premier, l'*Ober-Wolfgarten*, était situé à la hauteur de Dietwiller et de Schlierbach; le deuxième, le *Nieder-Wolfgarten*, à la hauteur de Battenheim. — *Wolffgærten*, 1620 (inv. des arch. départ. C. 821).

Wolfgassen, c^{ne} de Steinbrunn-le-Haut.

Wolfgraben, canton du territ. de Luemschwiller.

Wolfhag, c^{nes} de Blotzheim, de Guebwiller, — *wolfhag*, 1394 (cart. de Murbach); de Knöringen, de Lutter, de Michelbach-le-Haut, — *jm wolfhag*, 1535 (terrier de Saint-Alban); de Schweighausen, de Soultz, de Soultzmatt, — *jn dem wolfhage*, 1453 (reg. de Soultzmatt), etc.

Wolfhägle, c^{ne} de Gildwiller.

Wolfhöhle, c^{nes} d'Andolsheim, — *zer wolfhüllen*, 1278-1493 (reg. d'Unterlinden), de Bergheim, etc.

Wolfhütte, canton du territ. de Battenheim.

Wolficourt, c^{ne}. — Voy. Wolfersdorf.

Wolfjogele, canton du territ. de Buschwiller.

Wolflachen, c^{nes} de Balschwiller, — *auf der wolfflach*, 1629 (rôle de Balschwiller), et de Rädersheim, 1453 (cart. de Murbach).

Wölfling, c^{nes} de Burbach-le-Haut, — *bey dem wolffling*, 1568 (terr. de Massevaux), et de Gildwiller.

Wölfling, canton du territ. de Zimmerbach. — *By Wölflinge*, xive siècle (rôle de Zimmerbach.).

Wölflisgrund, c^{nes} de Kappelen et de Stetten.

Wolfloch, coll. c^{ne} de Brinckheim.

Wolfloch, cantons des territ. de Colmar, de Habsheim, de Jettingen, de Kiffis, de Ranspach-le-Bas, — *vſs Wolfflouch*, 1537 (terr. de Saint-Alban); d'Ammerschwihr, — *in Wolfeloche*, 1328 (urb. de Pairis), etc.

Wolfmatten, c^{nes} d'Eschentzwiller, de Niedermuespach, etc.

Wolfpfadt, c^{nes} de Dolleren, 1567 (terr. de Massevaux), et de Ribeauvillé, — *an dem wolfphade*, 1328 (urb. de Pairis).

Wolfsdächle, canton du territ. de Sondernach.

Wolfsberg, canton du territ. de Sternenberg.

Wolfsbrunn, canton du territ. de Hausgauen.

Wolfsbrunnen, source, c^{ne} de Rorschwihr.

Wolfsgarten, c^{ne} de Mulhouse.

Wolfsgasse, c^{ne} de Burnhaupt-le-Bas.

Wolfsgrub, cantons des territ. de Herlisheim, Lautenbach-Zell, Balschwiller, Berentzwiller, Carspach, Eglingen, Rammersmatt, — *vff der Wolfsgrüb*, 1421 (rôles de Saint-Morand); Aspach-le-Bas, Hagenbach, Soultz, — *zû der Wolfgrüben*, 1296 (abb. de Pairis, C. 4, C. 18), et Uffholtz, 1453 (cart. de Murbach), etc.

Wolfsgrütt, canton du territ. de Wasserbourg. — *In Wolfesgerüte*, 1441 (urb. de Ribeaupierre).

Wolfshag, c^{ne} de Mörnach.

Wolfsheckle, c^{ne} de Saint-Ulrich.

Wolfshöhle, caverne à Bouxwiller.

Wolfshurst, canton du territ. de Hochstatt.

Wolfskopf, mont. entre Uffholtz et Willer. — *Wollffskopff*, 1550 (urb. de Saint-Amarin).

Wolfsküdel, c^{ne} de Sausheim.

Wolfsloch et Wolfslochberg, c^{nes} de Feldbach et de Traubach-le-Haut.

Wolfsmatten, c^{nes} de Dirlinsdorf et d'Oberlarg.

Wolfsnotu, canton du territ. de Wihr-au-Val. — *An Wolffrotte*, 1452 (rôle de Wihr-au-Val).

Wolfstatt, canton du territ. de Willer (c^{on} de Thann).

Wolfswinckel, c^{nes} de Sainte Croix-en-Plaine et de Wettolsheim. — *Jm wolffwinckel*, 1488 (urb. de Marbach). — *Im wollffswinckel*, 1603 (abb. de Sainte-Croix).

Wolfweg, c^{ne} de Lutterbach.

Wolfwinckel, c^{ne} de Hirsingen.

Wolhausen, vign. à Thann (kleine Thanner Chron. 76). — La terminaison en *hausen* dénote un ancien lieu habité. La famille de Wolhusen citée par Trouillat était-elle originaire de cet endroit? — *Arnoldo de Wolhusen*, 1225 (Trouillat, *Monum.* I, 503). — *Marquardus de Wolhusen*, 1265 (ibid. II, 153). — *Johannes de Wolhusen*, 1345 (ibid. III, 565). — *Waldhusen* (cadastre).

Woll, anc. vill. c^{ne} de Wildenstein. — *Ward das dorff Woll verbrent*, 1466 (Mat. Berler, 75). — *Inn ein Tobell da der pfadt vs dem Oderthal hienüber gehn Woll geët, haist der pfadt der Wollpfadt... vff den Pfadt der vonn Woll inns Munsterthal geët*, 1550 (urb. de Saint-Amarin).

Wöllengrabenruntz, ruiss. à Wildenstein. — *Wellergraben* (carte hydrog.).

Wolmsau, mont. — Voy. Wurmsau.

Wolscher, canton du territ. de Thann.

Wolschwiller, c^{ne} de Ferrette. — *Wolfeswile*, 1231 (Trouillat, *Monum.* I, 523). — *Wolfswilre*, 1233 (ibid. I, 527). — *Ecclesiam in Wolfswiler*, 1250 (Mone, *Zeitschrift*, IV, 228). — *Ecclesiam in Wolswile*, 1250 (Trouillat, *Monum.* I, 583). — *Wolswilr*, 1316 (ibid. III, 246). — *In banno Woluiswilr*, 1317 (ibid. III, 249). — Paroisse du décanat de Leymenthal (Lib. marc.). — Cour colongère (Weisthümer, I, 650).

Wolschwiller était le chef-lieu d'une mairie du comté de Ferrette, qui comprenait les vill. de Kiffis, Ligsdorf, Lutter, Rädersdorf et Sondersdorf.

Wormhof, c^{ne} de Leimbach.

Wörthen, c^{ne} de Heiteren.

Wuenheim, c^{on} de Soultz. — *Rodulfo de Hunach*, 1210 (Trouillat, *Monum.* I, 457). — *Albert de Vûna*... *Albert de Wovnach*, 1271-1272 (*ibid.* II, 216-224). — *Dom. Wernheri vicarii in Wûnach*, 1284 (*ibid.* II, 390). — *Reunbolt von Wonach*, 1362 (urb. de la comm^{rie} de Soultz). — *Reinbolt von wunach*, 1377 (*ibid.*). — *Bunen*, 1576 (Speckel). — *Wohnheim*, 1662 (Bern. Bucchinger). — *Wunnenheim* (Als. ill. IV, 209). — Paroisse du décanat de *citra colles Ottonis* (Lib. marc.). — Relevait du baill. de Soultz. Prieuré de religieux du tiers ordre de Saint-François à *Wonheim* (Als. ill. IV, 209).

Wuenheimerbach, ruiss. c^{ne} de Wuenheim. — *Ultra ripam de Wunach*, 1291 (Trouillat, *Monum.* II, 510). — On l'appelle aujourd'hui *Waldbach*. L'ancien cadastre le nommait *Harbach*.

Wüest, cantons des territ. de Hausgauen, Riquewihr, — *in den Wüsten*, 1328 (urb. de Pairis); de Sentheim, *an der Wüest*, 1568 (terr. de Massevaux); de Traubach-le-Haut, — *in der Wüsti*, 1421... *an der Wüsten*, 1460 (rôles de Saint-Morand).

Wüestacker, c^{nes} de Baldersheim et de Herlisheim. — *In banno de Herlesheim in loco qui dicitur Wostacker*, 1226 (Schmitt, *S. Thomas*, 305).

Wüestgrund, mine de fer à Bitschwiller.

Wüestematten, c^{nes} de Buschwiller, de Dirlinsdorf, de Kappelen, de Mörnach, d'Oltingen, de Riespach, de Saint-Ulrich, de Schlierbach et de Schwoben.

Wüesten, c^{ne} de Cernay. — *In der wüstin*, 1271 (parch. de Lucelle).

Wüestenberg, c^{ne} de Rammersmatt.

Wüestenhag, c^{nes} de Guewenheim et de Traubach-le-Haut.

Wüestenhurst, c^{ne} d'Uberkümen.

Wüestenloch, c^{ne} de Sainte-Marie-aux-Mines.

Wüestenrücken, mont. à Saint-Amarin.

Wüestlen (Im), canton du territ. d'Eschentzwiller.

Wüestmatt, f. c^{ne} de Breitenbach. — *Wüstmatten*, 1456 (cens. de la cellenie de Munster).

Wüestruntz, ruiss. c^{te} de Lautenbach, affluent de la Lauch.

Wüestruntz, ruiss. à Metzeral, affluent du Leymelthalruntz.

Wüestruntz, ruiss. à Metzeral, affluent du Wurmsahbach.

Wüestruntz, ruiss. à Mitzach, affluent du Hohruntz. — *Viestruntz* (carte hydrog.).

Wüestruntz, ruiss. à Sondernach, affluent du Brandmattenruntz.

Wüestweyer, c^{nes} de Fülleren et de Hirsingen.

Wuhr, c^{nes} d'Appenwihr, — *bi dem wûr*, 1489 (terr. de Saint-Alban); de Tagolsheim, — *in dem wûre*, 1421 (rôles de Saint-Morand).

Wuhr, nom de la digue du Rhin à Bantzenheim. — *Rheinwuohr*, 1688 (terr. de Bantzenheim).

Wunenberg, anc. domaine noble dont l'emplacement est incertain, peut-être à Soultz. La famille de ce nom était alliée à celle de Laubgass. — *Bartholomeus de Winenberg*, mil. 1289 (Trouillat, *Monum.* II, 469). — *Hugues de Wunnenberg*, 1343 (*ibid. Regestes*, III, 811). — *Theobaldus de Wünenberg*, 1371 (Oelenberg. histor.). — *Barthelemy de Vnnenberg*, 1519 (reg. de Morimont).

Wurmbach, ruisseau qui prend sa source près de Helfrantzkirch et qui, après avoir passé sur les bans de Kappelen, Brinckheim et Bartenheim, va se perdre vers la Hart.

Wurmgarten, c^{ne} de Rimbach. — *Im obern wurmgartten*... *ann Wurmbssgartten*, 1567 (terr. de Massevaux).

Wurmlach, c^{ne} de Herlisheim. — *Wuernlach*... *Wurenlach*... *Wormlach*, 1488-1490 (urb. de Marbach).

Wurmmatte, c^{ne} de Hochstatt.

Wurmsacker, canton du territoire de Spechbach-le-Bas.

Wurmsau ou Wolmsau, mont. c^{ne} de Metzeral.

Wurmsaubach ou Wolmsaubach, ruiss. c^{ne} de Metzeral, affluent de la Fecht.

Wurmspiel ou Wormspel, mont. à Metzeral.

Wurmthal, canton du territ. d'Oberhergheim. — *Wurmtal*, 1453 (cart. de Murbach).

Wurmthal, c^{ne} de Ribeauvillé.

Würteringen, c^{ne}. — Voy. Vétrigne.

Wurtzbühl, c^{ne} de Mörnach.

Wurtzel, maison de garde, c^{ne} de Bergheim.

Wurtzel (Ober), forêt à Wuenheim.

Wurtzelbrunnen, source, c^{ne} de Colmar.

Wurtzelstein, rocher, c^{ne} de Stosswihr : d'après la légende, c'était un ancien lieu de réunion des sorcières (Bræsch, 23).

Wurtzlen (In der), c^{ne} de Hagenbach. — *In der wurczelen*, 1421 (rôles de Saint-Morand).

Wurtzlenacker, c^{ne} de Saint-Ulrich.

Wurtzmühle, anc. m^{in} à Colmar. — *Wurtzmühlen vor der Stadt*, 1632 (Belagerung von Colmar, 27).

Wuwer (Vff den), c^{ne} de Werentzhausen, 1460 (rôles de Saint-Morand).

Wydem, anc. douaire d'église. — Voy. Witthum.

Y

Yèbles (Les), c^{ne} de Botans.

Yetzlinsperg, c^{ne} de Sewen, 1567 (terr. de Massev.).

Z

Zäckenberg, h. c^{ne} de Kirchberg. — *Sackenberg* (Dépôt de la guerre).

Zagel (Im), c^{nes} de Jettingen, — *ob dem Zagel,* 1540 (terr. de Saint-Alban); de Werentzhausen et de Zimmersheim, — *jm Zagelboden,* 1489 (*ibid.*).

Zahnacker, vign. renommé, c^{ne} de Ribeauvillé.

Zallenwinden, c^{ne} d'Ammerschwihr. — *Ze allen winden,* 1328 (urb. de Pairis).

Zallenwinden, canton du territ. de Soultz. — *Zu allen winden,* 1463 (urb. de la comm^{rie} de Soultz).

Zanckacker, c^{ne} de Habsheim.

Zanckmatten, c^{ne} de Schlierbach.

Zangelen (In der), c^{ne} de Hundsbach.

Zappen, c^{ne} de Kembs. — *Zaphen,* 1284 (censier de Saint-Alban). — *Versus Zapfen,* 1495 (reg. de Saint-Alban).

Zapfholder, c^{nes} de Leymen et de Niedermorschwiller.

Zarmwiller, c^{ne}. — Voy. Charmois.

Zäsingen, c^{on} de Landser. — *Zazingen,* 1225 (Trouillat, *Monum.* I, 500). — *Hezelo de Zezingen,* 1235 (cart. de Murbach). — *Heinrich von Zessingen,* 1274 (Trouillat, *Monum.* II, 256). — *Cezingen,* 1290 (reg. de Saint-Léonard) — *Monsire Ruodolf de Säsinge,* 1360 (Trouillat, *Monum.* IV, 155). — *Cessingen,* xve siècle (Mone, *Zeitschrift,* VII, 184). — Zäsingen dépendait de la mairie du val de Hundsbach.

Zebacker, canton du territ. de Berentzwiller.

Zeckenwäldele, c^{ne} de Burnhaupt-le-Haut.

Zeich, canton du territ. de Bendorf. — *Zu Eich,* 1329 (reg. Lucell.).

Zeismatten, c^{ne} de Heiteren.

Zeissenthal, c^{ne} de Soultzmatt. — *Jm Zeyssenthal,* 1489 (urb. de Marbach).

Zeiswiller, anc. vill. cité entre Brinckheim, Kapellen et Michelbach-le-Bas. — *Heinricus de Zeiswilre,* (Trouillat, *Monum.* II, 94). — *Villici de Zeiswilr,* 1284 (cens. de Saint-Alban). — *Minutam decimam in Capella, Zeiswilr et Brünchein,* 1290 (reg. de Saint-Léonard). — *In Ceiswilre... Ceizwirl... minuta decima in Cappellen, in Ceiswilr, Brünken,* 1290

(*ibid.*). — A Hausgauen, il y avait un pré qui s'appelait *Zeisswilr matten,* 1495 (reg. de Saint-Alban).

Zell, c^{ne}. — Voy. Baroche (La).

Zellenberg, c^{on} de Kaysersberg, primitiv^t du c^{on} de Riquewihr. — *Celeberch,* x^e s^e (Grandid. *Hist. d'Als.* p. j, II, 79). — *Ad Cellemberch casa dominica,* 1120 (Als. dipl. I, 198). — *Cellanberge,* 1128 (Grandidier, *Hist. d'Als.* p. j, II, 270). — *Cellisberch... Celliberch,* 1287 (Annales de Colmar, 128). — *Callenberg, burge und stat,* 1324 (Als. dipl. II, 132). — Paroisse du décanat d'*ultra colles Ottonis* (Lib. marc.). — Anc. château. — *Munitionem... in summitate montis dicti Zellemberg,* 1252 (Als. dipl. I, 408). — Cour colongère.

Ch.-l. d'un bailliage de la seigneurie de Ribeaupierre, comprenant Bennwihr, Housen et Wihr-en-Plaine.

Zellendberg, mont. à Munster.

Zen Eichen, anc. ferme à Pfetferhausen. — *Item una curia sita in loco dicto zen Eichen,* 1299 (Trouillat, *Monum.* II, 731).

Zenne (Zue), c^{ne} d'Urbès. — *Jnn ein sattell oder grundt heist zue Zenne,* 1550 (urb. de Saint-Amarin).

Zennerhag, c^{ne} de Retzwiller.

Zennhag, c^{ne} de Ballersdorf.

Zentnerhag, c^{ne} de Bettlach.

Zepfling, c^{ne} de Traubach-le-Bas. — *By dem zefeling, Zepffling,* 1460 (rôles de Saint-Morand).

Zesenbach, canton du territ. de Bisel.

Zettelberg, canton du territ. de Hausgauen.

Zewenett, anc. f. à Hohroth. — *Sebenet* (Cassini).

Zeyerstall, canton du territ. de Wintzenheim.

Ziebering, canton du territ. d'Aspach.

Ziegelacker, dép. de Lautenbach.

Ziegelacker, c^{nes} de Habsheim, de Manspach, de Retzwiller et de Seppois-le-Haut.

Ziegelbach, ruiss. c^{ne} de Hartmannswiller.

Ziegelfeld, c^{ne} de Bettlach.

Ziegelhöltzle, c^{ne} de Village-Neuf.

Ziegelsbach, ruiss. à Friessen, affluent de la Largue.

Ziegelschür, f. et tuilerie, c^{ne} de Schlierbach.

EGELSCHÜR, h. c^{ne} de Bitschwiller. — *Hinder der tzigellscheüren*, 1550 (urb. de Saint-Amarin). — *La Tuilerie* (tabl. des dist.).

EGELSCHÜR, h. — Voy. LIESBACH.

EGELSCHÜR, tuilerie, c^{ne} de Flaxlanden.

EGELSCHÜR, tuilerie, c^{ne} de Soultzmatt. — *Hinter der Ziegelschüre... By dem Ziegelofen*, 1453 (rôle de Soultzmatt).

EGELWEG, c^{nes} de Bergheim et de Habsheim.

EGELWEINGARTEN, c^{ne} de Bergholtz. — *Zügelins wingarte*, 1394 (cart. de Murbach).

EGERHÜRSTLE, c^{ne} de Baldersheim.

EGERMATTEN, c^{nes} de Brinighofen et d'Ottmarsheim. — *Die Ziger Matten*, 1630 (cens. d'Ottmarsheim).

EGLER, canton du territ. de Bettendorf, à l'endroit où les deux voies d'Augusta et de Cambes se séparent. — Il s'y trouve beaucoup de débris de tuiles, et des restes de fondations ont été reconnus au point de bifurcation même des deux routes.

EGLER, c^{ne} de Köstlach.

EDL, c^{nes} de Helfrantzkirch et Stetten, — *an der zil*, 1566 (reg. des préb. de Mulhouse); de Gommersdorf, de Knöringen, etc.

EHLACKER, c^{nes} de Niedermorschwiller et de Ligsdorf. — *Zihlacker*, 1431 (reg. Lucell.).

EHLBACH, ruiss. à Willer (c^{on} d'Altkirch).

EHLBRUNNEN, source, c^{ne} de Rixheim.

EHLEGERTEN, c^{ne} de Michelbach-le-Bas.

EHLFELD, c^{nes} d'Aspach et de Heidwiller.

EHLHAG, c^{ne} de Burnhaupt-le-Haut.

EHLHÖLTZLE, c^{ne} de Carspach.

EHLMATTEN, c^{ne} de Mittelmuespach.

EHLWEG, c^{nes} de Seppois-le-Haut et de Wentzwiller.

ELLERY, canton du territ. de Berentzwiller.

ELLESBRUNNEN, c^{ne} de Dolleren, 1567 (terr. de Massevaux).

ELLHAUSEN, anc. château à Soultzmatt. — *Hinter Züllhuss... Züllhusen*, 1453 (reg. de Soultzmatt).

ELLIG, c^{ne} de Berentzwiller. — *Zilhag*, 1421 (rôles de Saint-Morand).

ELLISHEIM, c^{on} Sud de Mulhouse, primitivem^t du c^{on} de Lutterbach. — *In marca Zullineshaim*, 792 (Als. dipl. I, 57). — *Zullenessheim*, 823 (ibid. I, 70). — *Plebanus de Zullenshem*, 1210 (Trouillat, *Monum.* I, 455). — *Züllishein*, 1278-1493 (reg. d'Unterlinden). — *Züllishein*, 1293 (Annales de Colmar, 158). — *Zileiss*, 1576 (Speckel). — Paroisse du décanat d'*inter colles* (Lib. marc.). — Mairie de la seign. de Thann. — *Das Ampt Zullesein*, 1394 (urb. des pays d'Autr.). — Château construit en 1291. — *Gegen Züllissen zu dem Schloss*, 1468 (Schilling, 18). — Cour colongère dont les appels étaient portés à Guewenheim (*Alsatia* de 1854-1855, p. 32).

ZIMMERAX (IN DER), canton du territ. de Kientzheim, cité en 1734 (rôle de Kientzheim).

ZIMMERBACH, c^{on} de Wintzenheim, primitiv^t du c^{on} de Turckheim. — *Acta... apud Zimberbach*, 1234 (Rev. d'Als. II, 234). — *Zinberbach*, 1278-1493 (reg. d'Unterlinden). — *Zymberbach*, 1410 (Als. dipl. II, 319). — *Zimerbach*, 1507 (ibid. II, 446). — Paroisse du décanat d'*ultra colles Ottonis* (Lib. marc.). — Zimmerbach dépendait en partie du bailliage de Wihr-au-Val et en partie de la ville de Turckheim.

ZIMMERLEH, c^{ne} de Soultzmatt. — *Am zmberlehen*, 1453 (reg. de Soultzmatt).

ZIMMERLIN, mont. entre Orbey et le Bonhomme.

ZIMMERPLATZ, maison isolée, c^{ne} de Saint-Hippolyte.

ZIMMERSHEIM, c^{on} de Habsheim. — *Wernhero de Zumershein*, 1275 (Trouillat, *Monum.* II, 265). — *Zümersshein*, 1290 (reg. de Saint-Léonard). — *Villicus de Zvmersheim*, 1293 (Trouillat, *Monum.* II, 545). — *Zümershein*, 1303 (ibid. III, 56). — *Vnser frauwen guot zu Zymmerssenn*, 1544 (reg. des pres. de Mulhouse). — Dép. du baill. d'Eschentzwiller. — Paroisse du décanat d'*inter colles* (Lib. marc.). — Cour colongère.

ZINCKEN, c^{ne} de Bisel.

ZINCKEN, f. c^{ne} de Günspach.

ZINDENMATT, c^{nes} de Dirlinsdorf et de Köstlach.

ZINN (HINDER DER), c^{ne} de Schwoben.

ZINNIGKÖPFLE, mont. — Voy. SONNENKÖPFLE.

ZINSMEISTERMATT, c^{ne} de Colmar.

ZINTZELHURST, c^{ne} de Carspach.

ZIPFELMÜHLE, mⁱⁿ, c^{ne} de Soultz.

ZIPPERLEN, c^{ne} de Bergholtz-Zell.

ZISELBACH, ruiss. c^{ne} de Gueberschwihr.

ZISSELMATTEN, c^{ne} d'Altenach.

ZITONEN, canton du territ. d'Oltingen.

ZOBELHURST, canton du territ. de Berrwiller, cité en 1453 (cart. de Murbach).

ZOBELSMATT, c^{ne} de Reiningen.

ZOBELWEYER, ancien étang, c^{ne} de Balschwiller. — *Zobelwyger*, 1516 (reg. des préb. de Mulhouse). — *Zobellswiger*, 1629 (rôle de Balschwiller). — La famille Zobel d'Eptingen avait des biens dans cette commune.

ZOBELWEYER, anc. étang à Hagenthal-le-Haut.

ZOLGEN, canton du territ. de Luemschwiller. — *Zu Solgenn*, 1548 (urb. de l'hôp. de Mulhouse).

ZOLLBÜHL, anc. péage à Nambsheim. — *Da lit öch ein buhel da zü hôret ein kleiner zol vf dem Rhine*, 1303 (Trouillat, *Monum.* III, 46).

ZOLLBURG, canton du territ. de Massevaux. — *Am Zollenberg*, 1568 (terr. de Massevaux).
ZOLLEREN (IN DER), canton du territ. de Tagsdorf. — — *Bi der Zollermen*, 1421 (rôles de Saint-Morand).
ZOLLHÄUSEL, c^ne de Bergheim.
ZOLLHÄUSER, éc. c^ne d'Ensisheim. — *Jm Zollhausz*, 1616 (Mercklen, *Hist. d'Ensisheim*, II, 125). — *Le Fauxbourg* (Cassini).
ZOLLHÄUSLEN et ZOLLHÄUSLENSCHLAG, canton et forêt du territ. de Cernay.
ZOLLHUBEL, coll. à Hagenthal-le-Haut.
ZOTTIANA FEUDA, anc. fief du collége des jésuites d'Ensisheim aux territ. d'Ensisheim et de Pulversheim.
ZUCKERBERG, canton des territ. de Brunstatt et de Riedisheim.
ZUCKERLOCH, c^ne de Seppois-le-Bas.
ZUCKERPLON, c^ne de Reiningen.
ZUCKMANTEL, canton de l'anc. territ. d'Ellenwiller. — *Im Zuckemantel neben der Kùningin gût von Vngeren*, 1328 (urb. de Pairis). — *Zuchmantele*, 1278-1493 (reg. d'Unterlinden).
ZUEFLUSS, anc. f. c^ne de Munster. — *Zu Flusz*, 1576 (Speckel). — *Flus* (Cassini). — *La cense de Zuefluss* (anc. cadastre).
ZÜGERHÖFLE, anc. f. c^ne d'Altkirch.
ZUM BÜHL, canton du territ. de Sondersdorf. — *Zum Bôul*, 1348 (reg. Lucell.).
ZUMERSEN, c^ne de Rammersmatt. — *In der Zümerssen*, 1421 (rôles de Saint-Morand).
ZUM RUST, cour seigneuriale (Edelsitz) à Colmar. — *Der zem Rûste hof, lit in Rûstergasse*, 1367 (Curiosités d'Als. II, xxv). — *Apud arborem que dicitur zem rûste*, 1259 (Mone, *Zeitschrift*, XI, 321).
ZUM STEG, c^ne de Dolleren, 1567 (terr. de Massevaux).
ZURHEN, forêt, c^ne de Vieux-Thann.

ZURHENWALD, forêt, c^ne de Rixheim, ancienne propriété de la famille de *Zu-Rhein*.
ZUR LINDEN, c^nes de Dolleren, 1567 (terr. de Massevaux), et de Rouffach, — *ad tyliam*, 1510 (Mat. Berler, 34).
ZWEIKREUZERBERG, c^ne de Gueberschwihr.
ZWERCHBERG, mont. c^nes de Walbach et de Wihr-au-Val.
ZWERCHGASSE, c^ne de Guebwiller. — *Der dinckhoff zû Zwerissgassen by Angrät*, 1453 (cart. de Murbach). — *Zû dem querich gesselin*, 1453 (ibid.).
ZWEREN, c^ne de Berentzwiller.
ZWERENACKER, c^ne d'Oltingen.
ZWICK, c^ne de Werentzhausen. — *Jm wick*, 1460 (rôles de Saint-Morand).
ZWIGBACH, ruiss. c^ne de Waldighofen. — *Zwickbach* (anc. cadastre).
ZWIGEN, c^ne de Bettlach. — *Zen Zwygen*, 1489 (terr. de Saint-Alban).
ZWIGENHOLTZ, c^ne de Knöringen.
ZWIGNURST, c^ne de Grentzingen.
ZWIGMATT, c^nes de Hesingen, de Niedermuespach, de Tagolsheim, de Waldighofen et de Walheim.
ZWIGMÄTTELKOPF, c^ne de Soultzmatt.
ZWIGSTRENG et ZWIGWEG, c^ne de Schwoben.
ZWINGOLF (IM), canton du territ. de Mulhouse, cité en 1562 (reg. des préb. de Mulhouse).
ZWIRBELBACH, ruiss. c^ne de Soultzmatt.
ZWIREN, c^ne de Hundsbach et de Walbach. — *Im zwirn* (cad.).
ZWÖLF BETT, c^ne de Dieffmatten.
ZWÖLFJUCHARTEN, c^nes de Luemschwiller, de Schwoben, de Steinbrunn-le-Haut et de Village-Neuf.
ZWÖLFTAGEN, c^ne de Bergheim.
ZWÖLFVIERTEL, c^ne de Habsheim.
ZYLLHARDT, h. — Voy. SURLATTES.

APPENDICE.

EXTRAIT DU LIBER MARCARUM

DU DIOCÈSE DE BÂLE,

D'APRÈS UNE COPIE INSÉRÉE DANS L'URBAIRE DES PAYS D'AUTRICHE

DES ANNÉES 1394 ET SUIVANTES.

DECANATUS VLTRA OTENSPUHEL.

Item, primo Rector jn *Bergheim*, lx marcas [1].
It. vicarius *jbid.* xx markas.
It. primissarius *ibid.* iii mark.
It. capellanus Sancti Jacobi, ii+ mark.
It. ———— Sancte Katherine, iii+ marc.
It. ———— Sancti Thome, ii+ marc.
It. ———— Sancti Petri, v marc.
It. ———— Hospitalis, i+ marc.
It. ———— Sancte Marie Magdalene, iiii marc.
It. vicarius jn *Rodern*, iiii marc.
It. vicarius jn *Roswilr*, v marc.
It. primissarius *ibid.* iii marc.
It. Tannenkilch, viii marc.
It. rector jn *Rapoltzwilr*, vl marc.
It. vicarius *ibid.* xx marc.
It. primissarius *ibid.* iii marc.
It. capellanus Hospitalis *ibid.* iii marc.
It. ———— Sancti Nicolai *ibid.* iii marc.
It. cappellani Sancti Michahelis Qerlibet (?) *ibid.* iii marc.
It. cappellanus Omnium Sanctorum, i+ marc.

Item, cappellanus Sancte Margarethe, iii+ marc.
It. ———— Sancti Martini et Anthonii, v marc.
It. ———— Sancte Margarethe secundus, iii+ marc.
It. ———— Sancti Germani, i+ marc.
It. ———— Sancti Vdalrici jn Castro *Rapolczstein*, ii marc.
It. rector jn *Hunswilr*, x marc.
It. vicarius *ibid.* iiii+ marc.
It. primissarius *ibid.* iii marc.
It. capellanus *ibid.* iii marc.
It. dominus prior jn *Sile*, v marc.
It. in ecclesia *Ellewilr*, xx marc.
It. vicarius *ibid.* viii marc.
It. cappellanus *ibid.* ii marc.
It. rector jn *Reggenhusen*, iiii marc.
It. vicarius *ibid.* iii marc.
It. rector in *Richenwilr*, l marc.
It. vicarius *ibid.* viii marc.
It. cappellanus Sancte Katherine, vi marc.
It. ———— Sancti Nicolai, iii marc.
It. primissarius *ibid.* iii marc.

---

[1] Les marcs indiquent le chiffre des taxes que les prêtres payaient à l'évêque de Bâle, et peuvent servir à reconnaître l'importance de leurs offices.

Item, cappellanus Sancte Marie, IIII marc.
It. ——— Sancti Michahelis, III marc.
It. ——— Hospitalis, III marc.
It. ——— Sancte Johannis Bap^{te}, III marc.
It. in *Zellenberg*, XV marc.
It. vicarius *ibid.* V marc.
It. primissarius *ibid.* III+ marc.
It. cappellanus *ibid.*
It. rector jn *Bebelhein* Sancti Sebastiani, X marc.
It. vicarius *ibid.* III marc.
It. vicarius Sancti Martini *ibid.* III+ marc.
It. rector *Mittelwilr*, VI marc. Exempti de S. Deodato.
It. vicarius *ibid.* II+ marc.
It. rector jn *Kaczwangen*, XV marc.
It. vicarius *ibid.* III marc.
It. rector jn *Benwilr*, XVI marc.
It. vicarius *jbid.* IIII marc.
It. cappellanus *ibid.* III marc.
It. ——— S. Katherine *ibid.* II marc.
It. rector jn *Sigolczheim*, L marc.
It. vicarius *ibid.* VII marc.
It. primissarius *ibid.* II+ marc.
It. cappellanus *ibid.* S. Marie, III marc.
It. ——— jn *Schoppenwilr*, II+ marc.
It. ——— S. Crucis, II+ marc.
It. ——— Sancti Nicolai, II+ marc.
It. ——— Sancti Johannis Bap^{te}, II+ marc.
It. rector jn *Konschin Sancte Regule*, XX marc.
It. vicarius *ibid.* IIII marc.
It. vicarius jn *Konsheim superiori*, V marc.
It. primissarius *jbid.* III marc.
It. cappellanus S. Katherine *ibid.* III+ marc.
It. ——— Sancti Nicolai, III marc.
It. vicarius in *Kaysersperg*, VIII marc.
It. primissarius *ibid.* III marc.
It. cappellanus Sancte Marie, III marc.
It. ——— Sancti Nicolai, III marc.
It. ——— Hospitalis, III marc.
It. ——— Sancti Michahelis dominorum de *Stiuey*, III marc.
It. in Ecclesia *Amerswilr*, XXXV marc. Mon. *Veltpach*.
It. incuris *ibid.* VIII marc.
It. primissarius *ibid.* II+ marc.
It. cappellanus Sancte Marie *ibid.* II marc.
It. ——— Sancti Viti, II marc.
It. ——— Sancti Johannis, II marcas.
It. rector in *Vrbach*, II marc.
It. vicarius *ibid.* II marcas.
It. cappellanus *ibid.* I marc.
It. rector in *Minrewilr*, XXXV marc.
It. jncuratus *ibid.* VI marc.
It. cappellanus *ibid.* III marc.

Item, *Ongesheim*, L marc. de *Sancto Deodato*.
It. jncuratus *ibid.* VI+ marc.
It. primissarius *ibid.* II+ marc.
It. Kaczendal cappellanus, III marc.
It. cappellanus Sancti Leodogarii, IIII marc.
It. rector jn *Turikein*, L marc.
It. vicarius *ibid.* V marc.
It. primissarius *ibid.* V marc.
It. cappellanus Sancti Simphoriani, II marc.
It. ——— Sancte Katherine, III marc.
It. ——— Sancti Michahelis, II+ marc.
It. ——— Sancti Johannis Bap^{te}, II+ marc.
It. rector jn *Schinerlach*, III marc.
It. vicarius *ibid.* II marc.
It. jn *Vrbas*, IIII marc.
It. cappellanus *domus Judelin*, III marc.
It. vicarius jn *Czel*, II marc.
It. cappellanus jn *Hohennigk*, III marc.
It. rector jn *Morswilr*, XXX marc.
It. vicarius *jbid.* V marc.
It. primissarius *ibid.* III marc.
It. rector jn *Zimmerbachen*, XV marc.
It. vicarius *ibid.* III+ marc.
It. cappellanus *jbid.* III marc.
It. ——— jn *Walribach*, II+ marc.
It. ——— jn *Girsperg*, VI marc.
It. ——— *ibid.* II marc.
It. rector jn *Wilre prope Girsperg*, XII marc.
It. vicarius *ibid.* IIII marc.
It. cappellanus *ibid.* III marc.
It. monasterium *Vallis Sancti Gregorii*, C marc.
It. incuratus *ibid.* VIII marc.
It. cappellanus jn *Mullibach*, III marc.
It. rector in *Wassemberg*, IIII+ marc.
It. vicarius *ibid.* II+ marc.
It. rector jn *Sultzbach*, II+ marc.
It. cappellanus *ibid.* III marc.
It. rector jn *Wintzenhaim*, X marc.
It. vicarius *ibid.* IIII marc.
It. primissarius I+ marc.
It. rector jn *Wettelshein*, L marc.
It. incuratus *ibid.* VII marc.
It. cappellanus Sancti Martini, VI marc.
It. ——— Sancti Nicolai, I+ marc.
It. vicarius jn *Egishein*, IIII+ marc.
It. primissarius *ibid.* III+ marc.
It. cappellanus Sancti Nicolai, II+ marc.
It. ——— Sancte Marie, I marc.
It. ——— nouus Sancti Laurentii, I+ marc.
It. ——— Sancti Anthonii, I marc.
It. ——— Sancte Katherine, I marc.
It. vicarius in *Morswilr prope Hadstat*, VI marc.

APPENDICE.

Item, vicarius in *Husern*, *ibid.* ıı+ marc.
It. rector in *Herlisheim*, xvııı marc.
It. vicarius *ibid.* v+ marc.
It. primissarius *ibid.* ııı+ marc.
It. cappellanus Sancti Nicolai, ıı+ marc.
It. ——— jn Castro, ıı+ marc.
It. ——— Sancti Johannis Bap^{te}, ıı+ marc.
It. rector jn *Ansolczheim*, x marc.
It. vicarius *jbid.* ııı marc.
It. rector jn *Horburg*, l marc.
It. vicarius *ibid.* ıı marc.
It. vicarius jn *Wilr*, ıı marc.
It. vicarius jn *Thenhein*, ııı marc.
It. alter dicti de Nortgassen, ıı+ marc.
It. cappelanus Sancte Marie *ibid.* vı marc.
It. rector jn *Bischofzwilr*, ııı marc.
It. vicarius *ibid.* ıı marc.
It. rector jn *Holtzwilr*, xv marc.
It. vicarius *ibid.* ıııı marc.
It. rector jn *Husen*, vı marc.
It. vicarius *jbid.* ııı marc.
It. rector in *Osthein*, xv marc.
It. vicarius *ibid.* ıı+ marc.
It. rector jn superiori *Gemer*, vı marc.
It. vicarius *ibid.* ıı+ marc.
It. rector jn inferiori *Gemer*, x marc.
It. vicarius *ibid.* ıııı marc.
It. canonici *Columbani*, c marc.
It. canonici prebendati sunt, xvı marc.
It. XVII cappellani sunt prebendati.
It. duo cappellani S. Nicolai vnus ı+ marc. Secundus ııı marc.
It. cappellanus Sancti Laurencii, ıı marc.
It. ——— Sancti Marci, ı marc.
It. ——— Sancti Johannis Bap^{te}, ı+ marc.
It. ——— Sancti Oswaldi, ı marc. cum vno fercone.

Item, cappellanus secundus, ı marc.
It. ——— Sancti Pauli, ııı marc.
It. ——— trium Regum, ıı marc.
It. ——— S. Leonhardi, ııı+ marc.
It. ——— S. Erhardi, ıı marc.
It. ——— S. Anthonii, ıı marc.
It. ——— secundus, ı+ marc.
It. ——— S. Michahelis, ıı marc. cum vno fercone.
It. cappellanus S. Anne, ı+ marc.
It. ——— jn Ambitu, ıı+ marc.
It. ——— S. Alexii, ııı marc.
It. ——— S. Erasmi de Nortgassen, v marc.
It. ——— S. Bartholomei, ıı marc.
It. ——— S. Barbare, ıı marc.
It. ——— S. Bartholomei, ıı marc.
It. ——— dicti de Stouei, ıı+ marc.
It. ——— Sancti Galli, ıı marc.
It. ——— nouus de Rapoltzwilr, ııı marc.
It. ——— S. Jacobi, ıı marc.
It. ——— secundus, ıı marc.
It. altare nouum domini Wernheri de Hadstat, ı marc.
   Summa mcccxlııı marc.

EXEMPTI JN EODEM DECANATU.

It. primo jn *Berghein* Johanni, xx marc.
It. capp^{ai} S. Michahelis jn stiuei *Keysersperg*, ııı marc.
It. *Conheim* et *Kaysersperg*, xı marc.
It. domini de *Sancto Deodato*, ııı marc.
It. domini de *Alspach*, l marc.
It. monasterium *Peris*, cc marc.
It. mon. Sancte Katharine, *ibid.* xxx marc.
It. Johannite jn *Colubarium*, lx marc.
It. prior Sancti Petri *Colubar.* vı marc.
It. mon. Vnterlinden, cc marc.
   Summa m°vıııı^cxx marce vnd v+ marc.

DECANATUS CITRA OTENSPUHEL.

Item, primo Incuratus in *Senhin*, xıııı marcas.
It. cappellanus Gernant, ıı marc.
It. ——— Hospitalis, ıı marc.
It. ——— Sancte Marie dominorum de *Phirt*, ııı marc.
It. cappellanus Protenus (*sic*), ıı marc.
It. primissarius jn *Steinpach*, ııı marc.
It. secundus Cappellanus, ıı marc.
It. cappellanus domini decani, ıı marc.
It. incuratus jn *Vfholtz*, xıııı marc.
It. cappellanus prioris misse, v marc.

Item, cappellanus Sancte Marie, ıı marc.
It. ——— Sancti Anthonii, ı marc.
It. ——— Nolaus, ııı marc.
It. ——— Sancti Michahelis, ı+ marc.
It. ——— Sancte Katherine, ı marc.
It. incuratus jn *Watwil*, x marc.
It. primissarius *ibid.* ııı marc.
It. cappellanus Sancte Marie, ıı+ marc.
It. ——— Sancte Margarethe, vı marc.
It. ——— Sancti Nicolai, ıı marc.
It. ——— in *Berwilr*, ııı marc.

Item, vicarius in *Berwilr*, IIII marc.
It. rector jn *Hartmanswilr*, xx marc.
It. vicarius *jbid.* vi marc.
It. cappellanus primus, vi marc.
It. ———— secundus, III marc.
It. Winnach, IIII marc.
It. primissarius *ibid.* III marc.
It. rector jn *Alraczwilr*, III marc.
It. incuratus *jbid.* III marc.
It. rector jn *Sulcz*, LXX marc.
It. vicarius *jbid.* XIIII marc.
It. cappellanus jn *Jungholcz*, IIII marc.
It. ———— Sancte Crucis, v marc.
It. ———— s. *Michahel*, III+ marc.
It. ———— Sculteti, III marc.
It. ———— s. Marie Magdalene, III marc.
It. ———— Corporis Christi de Nouo, II marc.
It. ———— Hospitalis jn *Sulcz*, III marc.
It. ———— Sancte Katherine, v marc.
It. ———— Corporis Christi, II marc.
It. ———— s. Jacobi, II marc.
It. ———— Domini Waldener, III marc.
It. ———— jn *Aswilr*, III marc.
It. ———— s. Margarethe jn domo leprosorum, II marc.
It. incuratus jn *Gebwilr*, xv marc.
It. cappellanus S. Johannis, III marc.
It. ———— prioris misse, vi marc.
It. ———— S. Katherine, vi marc.
It. ———— Sancti Panthaleonis, IIII marc.
It. ———— S. Michahelis, III marc.
It. ———— S. Martini, III marc.
It. ———— (An) Grat, III marc.
It. ———— Hospitalis, III marc.
It. ———— S. Andree, III marc.
It. hospitalis molitorum, III marc.
It. magister operis, III marc.
It. cappellanus trium Regum, III marc.
It. ———— Petri et Pauli dominorum de *Ongershein*, III marc.
It. rector jn *Bergholcz*, xx marc.
It. vicarius *ibid.* IIII marc.
It. cappellanus Cappelle, II+ marc.
It. rector jn *Olswilr*, XII marc.
It. vicarius *ibid.* v marc.
It. cappellanus *ibid.* II+ marc.
It. incuratus in *Sulczmat*, XII marc.
It. cappellanus Germani, III marc.
It. ———— s. Nicolai, III marc.
It. ———— s. Erbardi, II+ marc.
It. rector jn *Ochsenbach*, v marc.
It. vicarius *ibid.* III marc.

Item, vicarius jn *Wingoluelden*, III marc.
It. ———— jn *Westholden*, v marc.
It. ———— jn *Suntheim*, vi marc.
It. rector ecclesie *Rubiacensis*, LXX marc.
It. vicarius *jbid.* XII marc.
It. cappellanus Sancti Laurencii, III marc.
It. ———— prioris misse, v marc.
It. ———— Hospitalis, II+ marc.
It. ———— Sancte Crucis, II+ marc.
It. ———— Sancti Nicolai, v marc.
It. ———— Sancti Johannis Bap^{te}, IIII marc.
It. rector in *Phaffenheim*, xx marc.
It. vicarius *ibid.* VIII marc.
It. cappellanus Sancte Marie, IIII marc.
It. ———— prioris misse, III+ marc.
It. ———— Sancte Crucis, II marc.
It. rector jn *Gebilswilr*, xxx marc.
It. vicarius *jbid.* VIII marc.
It. cappellanus *ibid.* III marc.
It. primissarius *ibid.* III marc.
It. cappellanus *Hawenstain*, III marc.
It. rector jn *Hadstat*, XVI marc.
It. vicarius *ibid.* IIII marc.
It. cappellanus Sancte Marie, VIII marc.
It. ———— Sancti Blasii, III marc.
It. ———— Germani, II+ marc.
It. rector jn *Eishein superiori*, XII marc.
It. vicarius *jbid.* III marc.
It. rector jn *medio Eishein*, VIII marc.
It. vicarius *ibid.* III marc.
It. cappellanus *ibid.* III marc.
It. rector jn *inferiori Eishein*, VIII marc.
It. vicarius *ibid.* III+ marc.
It. rector in *Munwilr*, VIII marc.
It. vicarius *ibid.* vi marc.
It. rector in *Meygenheim*, x marc.
It. vicarius *ibid.* vi marc.
It. rector jn *Regesheim*, XVI marc.
It. vicarius *ibid.* IIII marc.
It. cappellanus *jbid.* III marc.
It. rector jn *Ensisheim*, XXIIII marc.
It. vicarius *ibid.* x marc.
It. cappellanus prioris misse, III marc.
It. ———— Sancte Katherine, III marc.
It. ———— Sancti Nicolai, III marc.
It. ———— Hospitalis, III marc.
It. ———— Dominorum de Ruchshein, III+ marc.
It. ———— Sancte Marie, III+ marc.
It. ———— Domini ze loben, III marc.
It. ———— Reruarii, III marc.
It. ———— Sancti Martini, III marc.
It. ———— Sancti Jodoci.

Item, vicarius in *Macholczhein*, IIII marc.
It. rector jn *Battenhein*, VI marc.
It. vicarius *ibid.* III marc.
It. rector in *Rilshein*, VIII marc.
It. vicarius *ibid.* IIII marc.
It. rector jn *Baltershein*, VI marc.
It. vicarius *ibid.* III marc.
It. rector jn *Ilczig*, XVI marc.
It. vicarius *jbid.* V marc.
It. cappellanus jn *Sowesheim*, III marc.
It. vicarius jn *Wittenheim*, IIII marc.
It. cappellanus jn *Küngershein*, II+ marc.
It. rector jn *Wulfershein*, X marc.
It. vicarius *ibid.* III marc.
It. rector jn *Staffeluelden*, IIII marc.
It. vicarius *ibid.* II marc.
It. cappellanus Castri, VI marc.
It. ———— Domini Heinrici de Masmunster, IIII marc.
It. rector jn *Veltkilch*, XII marc.
It. vicarius *jbid.* V marc.
It. vicarius jn *Rettersheim*, IIII marc.
It. vicarius jn *Ongërsheim*, V marc.
It. cappellanus jn *Ongersheim*, III marc.
It. rector jn *Gundolczheim*, XII marc.
It. vicarius *ibid.* IIII marc.
It. cappellanus Sancte Marie, III marc.
It. ———— prioris misse, IIII marc.
It. incuratus in *Merkisheim*, IIII+ marc.

Item, cappellanus in *Merkisheim*, III marc.
It. rector in *Isenheim*, XXXII marc.
It. vicarius *ibid.* V marc.
It. cappellanus domini de domo, IIII marc.
It. ———— in *Osthein*, III+ marc.
It. monasterium *Marpacense*, LXX marc.
It. pro monast. et ecclesiis suis vicz *Wettolheim*, *Herlisheim* et *Wolfenhein*, solis insuper de marc. IIII den.
It. monast. *Goltpachen*, XIIII marc.
It. monast. *Steinbach* (*schönen*), XIIII marc.
It. rector jn *Buhel*, X marc.
It. vicarius *ibid.* IIII marc.
It. primissarius *ibid.* IIII marc.
It. cappellanus secundus, IIII marc.
It. ———— prioris misse, IIII marc.

EXEMPTI IN EODEM DECANATU.

It. Johannite jn *Sultz*, C marcas.
It. locus Crescentis *jbid.* XX marc.
It. Theotunici in *Gebwilr*, XXX marc.
It. Dominus *Murbacensis* et capellani *jbid.* CCC.
It. Dominus de porta angelica, XV marc.
It. Theotunici in *Sunthein*, XXX marc.
It. prior Sancti Valentini in *Bibiaco* (pour *Rubiaco*), XV marc.
It. Sanctus Spiritus *ibid.* V marc.
It. monast. *Thiernbach*, X marc.
    Summa exemptorum et non exemptorum M°V°LVIIII + marc.

DECANATUS CITRA RHENUM.

Item, primo rector in *Kemps*, XI marcas.
It. vicarius *jbid.* IIII marc.
It. rector jn *Büttenhein*, XXVIII marc.
It. vicarius *ibid.* III marc.
It. cappellanus in *Honberg*, II+ marc.
It. rector jn *Otmersheim*, III marc.
It. vicarius *ibid.* II+ marc.
It. vicarius in *Sappenheim*, II marc.
It. rector in *Banczenheim*, IX marc.
It. vicarius *ibid.* II marc.
It. rector jn *Rumersheim*, VII+ marc.
It. vicarius *ibid.* II+ mark.
It. rector in *Hamerstat*, I+ marc.
It. vicarius *ibid.* II marc.
It. rector in *Blodolczheim*, V marc.
It. vicarius *jbid.* III marc.
It. rector jn *Vessenhein*, VI marc.
It. vicarius *jbid.* IIII marc.
It. cappellanus *ibid.* XII marc.

Item, rector jn *Balgew*, XIX marc.
It. vicarius *ibid.* III marc.
It. rector in *Heiternhein*, XX marc.
It. vicarius *ibid.* III marc.
It. rector in *Volkelczhein*, XX marc.
It. vicarius *ibid.* III marc.
It. vicarius jn *Sachsen*, II+ marc.
It. vicarius jn *Wolfganshein*, II+ marc.
It. rector jn oden *Burghein*, V marc.
It. vicarius *ibid.* III+ marc.
It. rector jn *Sunthofen*, XVI marc.
It. incuratus *ibid.* IIII marc.
It. rector in *Lagelnhein*, XXII marc.
It. vicarius *ibid.* III+ marc.
It. primissarius *ibid.* III+ marc.
It. rector jn *Wolfenheim*, XX marc.
It. incuratus *ibid.* III+ marc.
It. primissarius *ibid.* III+ marc.

Item, incuratus monast. *Sancte Crucis*, III marc.
It. ecclesie *Tungsheim*, VI marc.
It. incuratus *ibid.* V marc.
It. primissarius in *Sancta Cruce*, III marc.
It. cappellanus Beate Marie Virginis, III marc.
It. ecclesia *Inferiori Hernken*, XX marc.
It. vicarius *ibid.* V marc.
It. primissarius *jbid.* IIII marc.
It. incuratus in *Hernkein Superiori*, VI marc.
It. ecclesia *Biloczhein*, IX marc.
It. incuratus *jbid.* IIII+ marc.
It. rector jn *Tessenhin*, X marc.
It. vicarius *ibid.* III+ marc.

Item, vicarius jn *Ruhshein*, III marc.
It. cappellanus *ibid.* IIII+ marc.
It. rector jn *Hirczfelden*, XVII marc.
It. vicarius *ibid.* III marc.
It. primissarius *ibid.* III marc.
It. vicarius jn *Rogenhusen*, III marc.
   Summa CCC XLIII+ marc.

EXEMPTI IN EODEM DECANATU.

Item, primo *Otmersheim*, X marcas.
It. monast. *Sancte Crucis*, LX marc.
It. *Nermseshein* (*sic* pour *Bisesheim*), XV marc.
   Summa IIII° LX marc.

DECANATUS SUNDGAUDIE.

Item, rector jn *Steinsulcz*, VIII marcas.
It. vicarius *jbid.* III marc.
It. rector jn *Grenczingin*, XX marc.
It. vicarius *jbid.* VI marc.
It. *Waltikofen* cappellanus, II marc.
It. rector in *Wilre prope Hunczbach*, X marc.
It. vicarius *ibid.* III marc.
It. rector jn *Hunczbach superiori*, VI marc.
It. vicarius *ibid.* I marc.
It. vicarius jn *Franken*, III marc.
It. rector in *Hunczbach inferiori*, XXII marc.
It. vicarius *jbid.* VI marc.
It. vicarius in *Walpach*, II marc.
It. rector jn *Superiori Morswilr*, VII marc.
It. vicarius *ibid.* III marc.
It. vicarius jn *Lumswilr*, IIII marc.
It. vicarius jn *Runspach*, II marc.
It. vicarius jn *Bettedorf*, III marc.
It. rector jn *Hirsingen*, XX marc.
It. vicarius *ibid.* V marc.
It. cappellanus *jbid.* II marc.
It. cappellanus jn *Heimerstorff*, I marc.
It. incuratus jn *Altkilch*, IX marc.
It. cappellanus Sancti Nicolai *ibid.* II marc.
It. ——— Sancti Morandi, II marc.
It. ——— trium Regum, I marc.
It. ——— Castri, III marc.
It. ——— Sancte Katherine, II marc.
It. ——— Sancti Bartholomei, I marc.
It. ——— Sanctorum Petri et Pauli, II marc.
It. rector ecclesie *Hirczbach inferiori*, V marc.
It. vicarius *ibid.* II marc.
It. vicarius S. *Luggeri prope Karolczpach*, IIII marc.
It. rector jn *Rulsburen*, V marc.
It. vicarius *ibid.* II marc.

Item, vicarius jn *Largitz*, II marc. Johannite.
It. rector jn *Karolspach*, XX marc. Cappell. Bassil.
It. vicarius *ibid.* IIII marc.
It. vicarius jn *Aspach*, III marc.
It. prepositus monast. *Sancti Vlrici*, LX marc.
It. vicarius *ibid.* III marc.
It. cappellanus Sancte Katherine, III marc.
It. ——— Sancti Nicolai, I marc.
It. vicarius jn *Morentz*, IIII marc.
It. rector jn *Altnach*, VII marc.
It. vicarius *ibid.* III marc.
It. jn *Walderstorff*, XVIII marc. Cappitulum Bassil.
It. incuratus *ibid.* IIII marc.
It. cappellanus *ibid.* duas marc.
It. cappella jn *Metterstorff*, II marc. Capitulum.
It. rector *Sancti Luggeri* (prope Damerkilch), VII ma
It. vicarius *ibid.* II marc.
It. rector jn *Damerkilch*, XIIII marc.
It. incuratus *ibid.* IX marc.
It. cappellanus Sancte Agnetis, II marc.
It. rector jn *Trobach*, XVI marc.
It. incuratus *ibid.* IIII marc.
It. cappellanus *ibid.* II marc.
It. rector in *Butwilr*, VI marc.
It. vicarius *ibid.* II marc.
It. incuratus jn *Hagenbach*, IIII marc.
It. cappellanus *ibid.* II marc.
It. rector jn *Giltwilr*, XX marc.
It. vicarius *ibid.* IIII marc.
It. cappellanus *ibid.* II marc.
It. cappellanus Sancte Katherine, II marc.
It. vicarius jn *Balswilr*, IIII marc.
It. cappellanus *ibid.* I+ marc.
It. rector in *Egelingen*, XIIII marc.
It. vicarius *ibid.* IIII marc.

APPENDICE.

It. rector jn *Heitwilr*, x marc.
It. vicarius *ibid*. iiii marc.
It. cappellanus *ibid*. ii marc.
It. rector et vicarius jn *Krispingen*, iiii marc.
It. rector jn *Rolingen*, iiii marc.
It. vicarius *ibid*. ii marc.
It. ecclesia *Witterstorff*, xx marc.
It. vicarius *ibid*. iiii marc.
It. rector ecclesie *Burnenkilch*, ix marc.
It. vicarius *ibid*. iiii marc.
It. cappellanus *ibid*. ii marc.
It. rector jn *Tudenheim*, xii marc.
It. vicarius *ibid*. ii marc.
It. rector jn *Durnich*, v+ marc. Luczelin.
It. vicarius *ibid*. ii marc.
It. vicarius jn *Luterbach*, iii marc.
It. cappellanus *ibid*. ii marc.
It. vicarius in *inferiori Morswilr*, iii marc.
It. primissarius *ibid*. ii marc.
It. vicarius in *Hemspurnen*, v marc.
It. vicarius jn *Freningin*, iii marc.
It. rector jn *Wittolczheim*, vii marc.
It. vicarius *ibid*. iii marc.
It. cappellanus *ibid*. ii marc.
It. rector jn *inferiori Aspach*, viii marc.
It. vicarius *jbid*. ii marc.
It. vicarius jn *superiori Aspach*, iii marc.
It. *Erbenhin*, ii+ marc.
It. rector in *Michelnbach*, iii marc.
It. rector jn *Hohenrodern*, xvi marc.
It. vicarius *jbid*. iiii marc.
It. cappellanus *ibid*. ii marc.
It. vicarius in *Ramersmatten*, iii marc.
It. capitulum *Sancti Amarini*, c marc.
It. rector Sancti Martini *ibid*. xi marc.
It. vicarius *ibid*. iii marc.
It. cappellanus Sancte Marie, ii marc.
It. ———— Sancti Johannis ewang. ii marc.
It. altare Sancti Nicolai, i+ marc.
It. cappellanus Sancti Martini in *valle Sancti Amarini*, ii marc.
It. rector jn *Mulow*, iii marc.
It. vicarius *ibid*. i marc.
It. vicarius jn *Wilr prope Tann*, ii+ marc.
It. incuratus jn *Tann*, xii marc.
It. cappellanus Sancte Marie, iii marc.
It. ———— Sancti Nicolai, iii marc.
It. ———— Sancte Crucis, iii marc.
It. ———— Sancti Michahelis et *villa Tann*, ii marc.
It. ———— quondam dicti altarum sûl (sic), ii marc.
It. cappellanus Omnium Sanctorum in villa, ii marc.

It. cappellanus Sancti Oswaldi, ii marc.
It. ———— Hospitalis, ii marc.
It. ———— Sancte Katherine in castro, ii marc.
It. ———— Sancti Geori.
It. ———— Sancte Katherine.
It. rector jn *Sewen*, xx marc.
It. vicarius *ibid*. v marc.
It. cappellanus *ibid*. ii marc.
It. monast. *Vallismasonis*, cc marc.
It. rector Sancti Martini, xii marc.
It. cappellanus altarium Marie Magdalene et Katherine in ecclesia S. Martini, i+ marc.
It. cappellanus maioris misse, vi marc.
It. ———— Dominorum, vi marc.
It. ———— Domini Reinaldi, vi marc.
It. ———— prebende militis, iii marc.
It. ———— Domini Hainrici Vallemasonis, ii marc.
It. ———— quondam dicti Glappach, ii+ marc.
It. incuratus *ibid*. viii marc.
It. primissarius S. Katherine, iii marc.
It. rector jn *Senten*, xx marc.
It. vicarius *ibid*. iiii marc.
It. rector jn *Gowenheim*, xiii marc.
It. vicarius *ibid*. iiii marc.
It. rector jn *superiori Burnhopten*, xx marc.
It. cappellanus *jbid*. ii marc.
It. rector jn *inferiori Sulczbach*, xii marc.
It. incuratus *jbid*.
It. rector jn *Stoffen*, vii marc. Luczel.
It. jn *Phafans*, xvii marc. Luczel.
It. vicarius *ibid*. iii marc.
It. cappellanus domini Francisci, iii marc.
It. ———— Sancte Katherine, ii marc.
It. ———— Sancti Nicolai, i+ marc.
It. ———— Sancte Margarethe, iii marc.
It. rector in *Geissenberg*, x marc.
It. rector et vicarius in *Nuwilr*, vi marc.
It. rector *Junioris Munstrol*, xxiiii marc.
It. vicarius *ibid. Munstrol*, ii marc.
It. cappellanus *Castri*, ii marc.
It. cappellanus *Burbottes*, ii marc.
It. cappellanus jn *Burnen*, ii marc.
It. rector jn *Golczat*, xviii marc.
It. cappellanus *ibid*. iii marc.
It. vicarius in *Bretten*, i marc.
It. cappellanus in *Rottenberg*, iii marc.
It. ———— secundus, i marc.
It. *cappella prope Rottenberg*, i marc.
It. rector jn *Engelmanswilr*, xv marc.
It. vicarius *jbid*. iii marc.
It. cappellanus *ibid*. ii marc.

Haut-Rhin.

It. cappellanus jn *Waltersperg*, ı+ marc.
It. vicarius *cappelle prope Rattenberg*, ı marc.
It. *Bittikropf*, ııı marc.
It. rector jn *Gruna*, xıııı marc.
It. vicarius *ibid*. vı marc.
It. rector jn *Swertz*, vıı marc.
It. vicarius *ibid*. ıı marc.
It. rector jn *superiori Spechbach*, xvı marc.
It. vicarius *ibid*. v marc.
It. cappellanus in *Galfingin*, ıı marc. (le texte porte *Gabingin*).
It. cappellanus jn *Brunkofen*, ıı marc.
It. rector in *inferiori Spechbach*, xx marc.
It. vicarius *ibid*. ıııı marc.

It. ecclesia *Bernwilr*, xvı marc.
It. vicarius *jbid*. v marc.

EXEMPTI IN EODEM DECANATU.

Item, *Altkilch*, lxxx marc.
It. Monast. *Luczel*, cc marc.
It. Monast. *Veltpach*, lxxx marc.
It. Monast. *Olenberg*, lxxx marc.
It. Monast. *Goczdal*, vıı marc.
It. prepositus *Sancti Nicolai*, vııı marc. (in sylvis).
It. prior de *Frigidifonte*, xl marc.
Summa mᵉ vıııᶜ lxıııı marc.
nᵒ cccᵒ lxı marc.

DECANATUS INTER COLLES.

Item, primo jn *Mülhusen* cappellanus Sancti Petri, ııı marcas.
It. cappellanus Sancte Katharine, ııı marc.
It. ———— Sancti Spiritus, ıı marc.
It. ———— Sancti Nicolai, ıııı marc.
It. ———— Sancti Nicolai secundus, ıı marc.
It. ———— Sancte Marie, ııı marc.
It. ———— Sancte Barbare, ıı marc.
It. ———— Sancti Johannis ewangᵗᵉ, ıııı marc.
It. ———— Sancte Crucis, ııı marc.
It. ———— cappelle Sancte Marie, ııı marc.
It. ———— Sancte Katherine extra muros, ııı marc.
It. ———— Sancti Jacobi, ııı marc.
It. ———— secundus Sancte Katherine, ııı marc.
It. ———— Hospitalis, ııı marc.
It. ———— Trium Regum, ııı marc.
It. ———— secundus Trium Regum, ııı marc.
It. ———— Sancti Gregori, ııı marc.
It. ———— Sancte Trinitatis, ıı marc.
It. rector jn *Brunstat*, vı marc.
It. vicarius *ibid*. ıııı marc.
It. cappellanus Sancte Marie, ııı marc.
It. ———— Sancte Katherine, ıı marc.
It. rector jn *Buren*, ııı marc.
It. jn *Zullesheim*, x marc.
It. vicarius *jbid*. ıııı marc.
It. cappellanus *jbid*. ıı marc.
It. vicarius jn *Flaslanden*, ııı marc.
It. incuratus in *Richshein*, vııı marc.
It. cappellanus *ibid*. ıı marc.
It. primissarius *jbid*. ıı marc.
It. rector in *Habichshein*, xıııı marc. Cappitulum S. Vrsicini.
It. incuratus, vı marc.

It. cappellanus S. Katherine, ıı marc.
It. rector jn *Oberndorff*, ıııı marc.
It. rector jn *Escholczwilr*, ıııı marc.
It. vicarius *ibid*. ııı marc.
It. rector jn *Zumershein*, ıııı marc.
It. vicarius *ibid*. ııı marc.
It. rector jn *Landser*, vıı marc.
It. vicarius *jbid*. ıııı marc.
It. cappellanus *ibid*. ıı marc.
It. rector jn *Brupach*, vıı marc.
It. vicarius *ibid*. ııı marc.
It. rector jn *Steinburnen* Sancti Leodogarii, vıı marc.
It. vicarius *jbid*. ııı marc.
It. rector jn *Steinburnen* Sancti Laurentii, vı marc.
It. vicarius *ibid*. ııı marc.
It. rector jn *Steinburnen superiori*, vı marc.
It. vicarius *ibid*. ıııı marc.
It. cappellanus *jbid*. ıı marc.
It. rector jn *Slierbach*, vııı marc.
It. vicarius *ibid*. v marc.
It. rector jn *Honkilch*, xvı marc.
It. vicarius *jbid*. v marc.
It. rector jn *Bartenheim*, ıı marc.
It. vicarius *jbid*. ıı marc.
It. rector jn *Blaczheim*, xxıııı marc.
It. vicarius *ibid*. ıııı marc.
It. cappellanus Sancte Marie, ııı marc.
It. ———— secundus, ıııı marc.
It. rector jn *Hesingen*, ıııı marc.
It. vicarius *jbid*. ıı marc.
It. vicarius jn *Hegenhein*, ııı marc.
It. rector jn *Ranspach*, vııı marc.
It. vicarius *ibid*. ıııı marc.
It. cappella *ibid*. ı+ marc.

APPENDICE.

It. rector jn *Knoringen*, viii marc.
It. vicarius *ibid.* iiii marc.
It. rector jn *Berolczwilr*, vi marc.
It. vicarius *ibid.* iiii marc.
It. rector jn *Vttingen*, vii marc.
It. vicarius *ibid.* iiii marc.
It. rector in *Helferatzkilch*, xi marc.
It. vicarius *ibid.* iiii marc.
It. rector jn *Magstatt*, xii marc.
It. vicarius *ibid.* iiii marc.
It. rector jn *Zessingen*, viii marc.
It. vicarius *ibid.* iiii marc.

It. rector in *Koczingen*, vi marc.
It. vicarius *ibid.* ii marc.
It. rector in *Randolczwilr*, vii marc.
It. vicarius *ibid.* ii marc.

EXEMPTI IN EODEM DECANATU.

Item, Theotonici in *Mulhüsen*, xxx marc.
It. Johannite *ibid.*
It. monast. Sancte Clare, *ibid.* xx marc.
It. monast. *Blaczheim*, xx marc.
 Summa iiii^c lx v + marc.
  ii^c xlviii marc.

DECANATUS JN LEYMENTHAL.

Item, rector in *Wisskilch*, x marcas.
It. vicarius *ibid.* iiii marc.
It. rector jn *Leymen*, v marc.
It. incuratus *ibid.* ii + marc.
It. cappellanus *ibid.* ii marc.
It. ———— jn *Buswilr*, + marc.
It. rector jn *Wolfwilr*, x marc.
It. vicarius *ibid.* iiii marc.
It. rector jn *Rederstorff*, v marc.
It. rector jn *Altingen* vnd ze *Luter*, xviii marcas, abbas Murbacensis.
It. vicarius jn *Oltingen*, iiii + marc.
It. vicarius jn *Lutra*, iii marc.
It. rector cappelle Sancte Katherine jn *Oltingen*, ii marc.
It. rector jn *Phirt* prepositus *ibid.* xvi marc.
It. primissarius *ibid.* ii marc.
It. rector jn *Lucpach*, iii marc.

It. vicarius *ibid.* ii marc.
It. rector jn *Lilliskilch*, viii + marc.
It. vicarius *ibid.* v marc.
It. cappellanus jn *Viselis*, ii marc.
It. rector jn *Műspach*, xvi marc.
It. incuris *ibid.* iiii marc.
It. rector in *Michelenbach* vnita monast. Lutzelen, vi marc.
It. incuris *ibid.* iiii marc.
It. jn *Volkolczsperg*, vi marc.
It. vicarius *ibid.* ii marc.
It. rector jn *Wantzwilr*, iiii marc.
It. vicarius *ibid.* ii marc.
It. rector jn *Superiori Hagendall*, v + marc.
It. rector jn *Inferiori Hagendal*, xii marc.
It. vicarius *ibid.* ii + marc.
It. rector jn *Buchswilr*, v marc.
It. vicarius *ibid.* iiii marc.

DECANATUS ELSGAUDIE.

Item, primo rector jn *Sunderstorff*, ii marcas.
It. vicarius *ibid.* ii marc.
It. rector jn *Keslach*, x marc.
It. vicarius *ibid.* iiii marc.
It. cappellanus Sancte Marie, + marc.
It. rector jn *Durlistorff*, xx marc. capitulum Bassil.
It. vicarius *ibid.* iiii marc.
It. rector jn *Lugstorff*, vi marc.
It. vicarius *ibid.* iiii marc.
It. rector jn *Bendorff*, ii marc.
It. rector jn *Largen*, iii marc.
It. vicarius *ibid.* ii marc.
It. rector jn *Lubendorff*, v marc.
It. vicarius *ibid.* ii marc.

It. rector jn *Otthendorff*, vi marc.
It. vicarius *ibid.* iii marc.
It. rector jn *superiori Phetterhusen*, v marc.
It. vicarius *ibid.* ii marc.
It. rector jn *inferiori Phetterhusen*, vi marc.
It. vicarius *ibid.* iii marc.
It. rector jn *Röchslis*, xii marc.
It. vicarius *ibid.* iiii marc.
It. cappellanus *ibid.* i marc.
It. rector jn *Septe*, x marc.
It. vicarius *ibid.* iiii marc.
It. cappellanus *ibid.* + marc.
It. vicarius jn *Bisol*, iii marc.
It. incuratus jn *Winkel*, iii marc.

TABLE DES FORMES ANCIENNES.

A

Aa (In der). *Ah (Die)* et *Hinter Ah.*
Abaisse (L'). *Bois-la-Baisse.*
Abbach. *Labba.*
Abbesse (Bois l'). *Bois-l'Abbesse.*
Abbunwilleri. *Appenwihr.*
Abeichen. *Abichen.*
Abholtenbach. *Affholderthal.*
Acherich. *Haut-Échery.*
Achiltibaim. *Weckolsheim.*
Achinisragni. *Hingrie* (La).
Ackherspil. *Eckenspiehl.*
Adann. *Thann (Auf)* (Breitenbach).
Adelans. *Andelnans.*
Adelonvorst. *Adelenforst.*
Adern. *Oderen.*
Adeslat. *Hattstatt.*
Admeswilre. *Attenschwiller.*
Adolsermühle, autre nom du *moulin Rudolf.*
Aeffter Ybach. *Ibach.*
Aenschossingen. *Enschingen.*
Aeschenbachgraben. *Eschengraben.*
Aeschentzweiler. *Eschentzwiller.*
Aexbruck. *Aspach-le-Pont.*
Aexenbrücke. *Aspach-le-Pont.*
Affemet. *Offemont.*
Affterhöffen. *Höfen.*
Agaishaim. *Aspach-le-Pont.*
Agelbach. *Agathathal.*
Agenbach. *Hagenbach.*
Agershüslen. *Auberge* (L').
Aginesheim. *Eguisheim.*
Agona valle. *Hagenthal-le-Bas.*
Agrum palmarum (apud). *Palmenacker.*
Aguelingues. *Eguenigue.*

Ah. *Hinter-Ah.*
Ahlenborn. *Allenburn.*
Ahörn. *Ohirn.*
Aioya. *Ajoye.*
Alaspac; Alaspoch. *Alspach.*
Albein. *Alben.*
Albrenden. *Olbrand.*
Alburios. *Aubure.*
Aldechiarcum. *Altkirch.*
Aldenberg. *Altenberg* (Stosswihr).
Aleburn. *Allenburn.*
Alenspach. *Alspach.*
Alesaciones; Alesatio. *Alsace.*
Alisbach. *Alspach.*
Aliswilre. *Orschwihr.*
Allericovillare. *Alschwiller.*
Alltencassten. *Kastelberg.*
Almeinde. *Allmend.*
Almswiller. *Ammertzwiller.*
Alosbach; Alospach. *Alspach.*
Alpes (Les). *Alben.*
Alratzwilr. *Alschwiller.*
Alreswilre; Alriswilre; Alrswilr. *Alschwiller.*
Alrichiswilre. *Alschwiller.*
Alruna. *Dollern.*
Alsa. *Ill.*
Alsace (Ballon d'). *Ballon d'Alsace.*
Alsais. *Alsace.*
Alsatia. *Alsace.*
Alsegaugensi (in pago). *Ajoye.*
Alswilre. *Orschwihr.*
Alt-Dann. *Vieux-Thann.*
Altdoroff. *Altdorf* (Wintzenheim).
Alte Altkircherstrass. *Altstrass* n° 5.
Alteclique, 1427 (urb. de Froide-Fontaine). *Altkirch.*
Alte Glashütte. *Vieille-Verrerie.*

Alte Kreywasen. *Altenkray.*
Alte Landstrass. *Altstrass* n° 6; *Bergstrass.*
Altenachfeld. *Dennach.*
Altenbrand. *Irrbühl.*
Altenburg. *Altenberg* (Bergheim et Kaysersberg).
Altenbvrge (juxta vallum zer), 1284 (cens. de Saint-Alban). *Alschburg.*
Alten Castele. *Ribeaupierre.*
Altendorff. *Altdorf* (Wintzenheim).
Altenkasten. *Ribeaupierre.*
Altenkirch (Bei der). *Edenburg.*
Alten Pfirdt; Altenphirt; Alten Phirta. *Vieux-Ferrette.*
Altenrod. *Altroth.*
Altensperg. *Alschburg.*
Altenwir. *Aubure.*
Alte Post. *Vieille-Poste.*
Alte Poststrass. *Bergstrass.*
Alte Schloss. *Küppelé.*
Altestat. *Ribeauvillé.*
Altestrass. *Bergstrass. Reiningerstrass* (Hochstatt).
Alte Sultzer Strass. *Hochsträssle* (Illzach).
Altbolvisherde. *Algolsheim.*
Altichlica. *Altkirch.*
Altickilca; Altikilcha. *Altkirch.*
Altikirch; Altkirchium. *Altkirch.*
Altkirch. *Sainte-Barbe* (Altenach).
Altkircherweg. *Reiningerstrass.*
Alt Münsterol. *Montreux-Vieux.*
Altnach. *Altenach.*
Altnaw. *Altau.*
Altolczheim. *Algolsheim.*
Altolvesheim. *Algolsheim.*
Altpùr, 1328 (urb. de Pairis). *Aubure.*

TABLE DES FORMES ANCIENNES.

Altschlossköpflein. *Girsperg* (Wihr-au-Val).
Alt Thann. *Vieux-Thann.*
Altwihr. *Aubure.*
Amalricho villa. *Ammerschwihr.*
Amaratvilla. *Ammertzwiller.*
Amarici villa. *Ammerschwihr.*
Ambferbach. *Ampfersbach.*
Amelricheswilre. *Ammerschwihr.*
Ameratzwilre. *Ammertzwiller.*
Amerswilr. *Ammerschwihr.*
Amidonnerie (L'). *Ammelemühle.*
Amiliswire; Amliswire. *Ammerschwihr.*
Amilrichisvvilare. *Ammerschwihr.*
Ammerethswile; Ammerchtwilre. *Ammertzwiller.*
Ammersweyer; Ammersweiher. *Ammerschwihr.*
Amricheswilre. *Ammerschwihr.*
Andellenains. *Andelnans.*
Andelnach. *Andelnans.*
Anderlés (Le haut d'). *Enderlé.*
Andolsheim. *Adolsheim.*
Androfroy, 1474 (urb. de Froide-Fontaine). *Eaux-Froides* (aux).
Anegred. *Angrätt.*
Anewilre. *Ernwiller.*
Angelica porta. *Guebwiller.*
Angeretho. *Angrätt.*
Angersheim. *Ingersheim. Ungersheim.*
Anges (Porte des). *Guebwiller.*
Anges (Val des). *Madeleine (La). Engelthal.*
Anget; Angeth. *Angeot.*
Angkhersgraben. *Anckersgraben.*
Angot. *Angeot.*
Angreté; Angreth. *Angrätt.*
Anguelburg. *Engelberg.*
Aniutel. *Anjoutey.*
Anna Brunn. *Hanenburn.*
Annakirch. *Thannenkirch.*
Annegis villa. *Esswiller.*
Annental. *Annathal.*
Annewilr. *Ernwiller.*
Anngehiseshaim. *Ungersheim.*
Anngbishaim. *Ingersheim.*
Anngishaim. *Ungersheim.*
Annuwilra; Annuwirre; Annuirre. *Ernwiller.*
Anschatingen; Anschettingen. *Anjoutey.*
Anschotzingen. *Enschingen.*
Anselheim. *Andolsheim.*
Ansoltzheim. *Andolsheim.*
Ansouisheim. *Andolsheim.*
Ansulfisheim. *Andolsheim.*
Antonistock. *Antoniwegle.*
Anuerd. *Envers (Les).*
Apholterdal. *Affholderthal.*

Appenbach. *Appenthalruntz.*
Appenwilare; Appenwiler. *Appenwihr.*
Appholteren. *Apfelthal.*
Arabacsheim. *Erbenheim.*
Arcenheim. *Artzenheim.*
Archiriaco. *Échery.*
Arckelsheim. *Algolsheim.*
Argesans. *Argiésans.*
Arkhenrain (Im). *Marckenrain* (Im).
Armansuiller. *Ammertzwiller.*
Armenspach; Aermesspach. *Ermenspach.*
Arrennest (Im), 1616 (terr. de Feldbach). *Arenest.*
Arschisan. *Argiésans.*
Arseau. *Arsot (L').*
Arswilr. *Alschwiller.*
Arthemanswilr. *Hartmannswiller.*
Artzwiller grund. *Otzenwiller.*
Arzenheim. *Artzenheim. Otzenwiller.*
Aschbach. *Aspach.*
Aschenbüttel. *Eschhäusle.*
Ascholteswire. *Eschentzwiller.*
Aspa. *Aspach-le-Bas.*
Aspach inferius. *Aspach-le-Bas.*
Aspigoutte. *Spiégoutte.*
Assatt. *Arsot (L').*
Assel. *Auxelles-Bas et Auxelles-Haut.*
Atemeswilre; Attemiswilr; Attemswilr. *Attenschwiller.*
Atmanswyle. *Attenschwiller.*
Atmeschwiler. *Attenschwiller.*
Atroige; Atrosche. *Autrage.*
Atroigne, 1468 (urb. de Froide-Fontaine). *Autrage.*
Attembach; Attenbach, 1537 (terr. de Saint-Alban). *Altebach (Stettin).*
Atlen Krache. *Altenkray.*
Auberge neuve (L'). *Neuewirthshaus.*
Aubeus (m^{in}). *Moulin des Beusses.*
Aucelle. *Auxelles-Bas.*
Auffheim. *Uffheim.*
Auffholtz. *Uffholtz.*
Auffrieth. *Hoffrieth.*
Aufoldus. *Uffholtz.*
Aulnes. *Goutte des Aulnes.*
Aultroige, 1468 (urb. de Froide-Fontaine). *Autrage.*
Auroff. *Hohenrupf.*
Auselle. *Auxelles-Bas.*
Autreigne. *Autrage.*
Autriche. *Autruche (L').*
Auw (L'). *Lauw.*
Auxois. *Alsace.*
Awe (In der). *Aue* (Hirsingen).
Axst (An der), 1453 (cart. de Murbach). *Ax.*
Azich. *Illzach.*

B

Babamebach. *Babersenbach.*
Babilenheim. *Boblenheim.*
Bachara (An der), 1535 (terrier de Saint-Alban). *Bacheren.*
Badacker. *Gueberschwihr.*
Bademéer. *Bad.*
Badstube. *Soultzmatt-les-Bains.*
Baganelles (Les). *Bagenelles (Les).*
Bagerelles. *Bagenelles (Les).*
Baisse (La). *Bois-la-Baisse.*
Balderichesdorff. *Ballersdorf.*
Baldewilre. *Balschwiller.*
Baldiswilr. *Balschwiller.*
Baldolfesheim; Baldolvesheim. *Baltzenheim.*
Baldultseim. *Baltzenheim.*
Balerdstorf. *Ballersdorf.*
Balgovwe; Balgowe. *Balgau.*
Ballonevillare. *Bollwiller.*
Balon (Le). *Belchenhütte.*
Balswiler. *Balschwiller.*
Balteresheim; Balthersheim. *Baldersheim.*
Balterstorff. *Ballersdorf.*
Baltolzhein. *Baltzenheim.*
Baltowiler. *Balschwiller.*
Bambeau. *Bambois.*
Bamlier. *Banvillars.*
Bammertacker. *Banwarthsacker.*
Bammerfland. *Banwarthsacker.*
Bancenhein. *Bantzenheim.*
Bansenhart; Bantzenhart. *Bantzemerhart.*
Banviler. *Banvillars.*
Barbeaux (Étang des). *Étang des Barbeaux.*
Barben; Barbenstein. *Hoh-Hattstatt.*
Barembach. *Bärenbach (Stosswihr).*
Barenberg. *Borberg.*
Barhus. *Pairis.*
Baroche (La). *Pfaffans.*
Baron. *Boron.*
Baronewillare. *Belmagny.*
Barozwilr. *Belmagny.*
Barrage. *Densche.*
Bars. *Barres (Les).*
Bartenhallen. *Bardenhalle.*
Barunwilare. *Bernwiller.*
Bas Breidhenbach. *Breitenbach.*
Basme. *Baume.*
Bas-Roche. *Baroche (La).*
Bas-Saint-Philippe. *Saint-Philippe.*
Basse-Gonte. *Goutte (La)* (Willer, c^{ne} de Thann).
Basse Marse. *Goutte de la Basse-Marse.*
Basse-Navigoutte. *Navégoutte.*

TABLE DES FORMES ANCIENNES.

Batenheim; Bathenheim. *Battenheim.*
Battu maigny. *Batumagny.*
Bauchets. *Bouchets.*
Baudricourt. *Ballersdorf.*
Bauillier. *Bavilliers.*
Bäumertfeld. *Baumgarten.*
Baumgart; Baungardhoff. *Baumerthof.*
Bautgival. *Bougival.*
Bavelier. *Bavilliers.*
Baywillier. *Bavilliers.*
Beagoutte. *Biagoutte.*
Beaucheval. *Bascheval.*
Bebelenheim; Bebelhein. *Beblenheim.*
Bebenwiler. *Bennwihr.*
Bebilnheim. *Beblenheim.*
Beblenheid. *Heit.*
Bebonisvillare; Bebonovillare. *Bennwihr.*
Bechelin. *Bächle.*
Bedendorf. *Bettendorf.*
Bedertan. *Biederthal.*
Befang. *Bifang* (Holtzwihr).
Befelier. *Bavilliers.*
Beffort; Befurt. *Belfort.*
Beguine; Begune. *Béhine.*
Behenelle. *Bagenelles* (*Les*).
Beheux; Behu. *La Beue.*
Beifang. *Bifang* (Ranspach-le-Haut).
Beilchen. *Ballon* (*Petit-*).
Beim César. *Hinterrain.*
Beinewilre. *Bennwihr.*
Beisz. *Biss.*
Belchen. *Ballon de Guebwiller.*
Belchenbach. *Seebach.*
Belchensee. *Ballon* (*Lac du*).
Belengrab. *Bönlesgrab.*
Beleus. *Ballon de Soultz.*
Belichen. *Ballon* (*Petit-*).
Belingweyger. *Bilisweyer.*
Belisle. *Belle-Ile.*
Bella valle. *Saint-Nicolas-des-Bois.*
Belle Fontaine. *Notre-Dame-de-Belle-Fontaine.*
Bellemonte; Bello monte. *Bermont.*
Belles-Filles. *Planche des Belles-Filles et Goutte de l'Étang des Belles-Filles.*
Bellevaux. *Saint-Nicolas-des-Bois.*
Bellifortis. *Belfort.*
Bellus mons. *Belmont* (Échery).
Bellvoirs. *Belle-Vaivre.*
Belval. *Saint-Nicolas-des-Bois.*
Bennendorf. *Bendorf.*
Benotte (Ès). *Burnhaupt-le-Bas.*
Bentzental. *Betzenthal.*
Benwilre. *Bennwihr.*
Berbotte. *Brobotte.*
Bercheim; Bercken. *Bergheim.*
Bercholz; Bercoz. *Bergholtz.*

Berendal; Berenthal. *Bärenthal* (Wintzenheim).
Bereswile. *Bertschwiller.*
Beretzweiler. *Bertschwiller.*
Berg (Am). *Am Berg.*
Bergerie. *Schäferey* et *Schäferhof.*
Berggasse. *Belvédère.*
Bergoltz Celle. *Bergholtz-Zell.*
Berbtenwinkel. *Bechtenwinckel.*
Berinhuson. *Bernhausen.*
Berkhein. *Bergheim.*
Berling. *Birlingen.*
Berlinslach. *Bärleslach.*
Bernetzweiler. *Belmagny.*
Bernewilr. *Bernwiller.*
Bernhardsweiler. *Belmagny.*
Bernhuit. *Bärenhütten.*
Bernhuson. *Bernhausen.*
Beroltzwillre; Beroltzwilr. *Bertschwiller.*
Beroltzwilr, 1290 (reg. de Saint-Léonard). *Berentzwiller.*
Bersib. *Birsig.*
Berssmatten. *Barschmatt.*
Bertiemont. *Brétiemont.*
Beschbach. *Béhine.*
Besching. *Bessoncourt.*
Bessins (Les). *Bassins* (*Les*).
Bestégoutte. *Bestigoutte.*
Betendorf. *Bettendorf.*
Bethlaica. *Bettlach.*
Bethwiler. *Bethonvilliers.*
Betlach. *Bettlach.*
Betonvelier. *Bethonvilliers.*
Bettewilr; Bettwiller. *Bethonvilliers.*
Beucinière. *Businière.*
Beusoire (Le). *Brézouars.*
Beusse (La). *La Beusse.*
Beusses; les Chésaux-sur-les-Beusses. *Moulin des Beusses.*
Beüvange. *Bifang* (Kuenheim).
Bewelier. *Bavilliers.*
Beyssingen. *Bessoncourt.*
Bèze (La). *Bois-la-Baisse.*
Bezzental. *Betzenthal.*
Bferch. *Ferchwasen.*
Biafort. *Belfort.*
Bibilismatten. *Biblismatten.*
Biechelberg. *Büchelberg.*
Biederdan. *Biederthal.*
Biederthama; Biederton. *Biederthal.*
Biedirtan. *Biederthal.*
Biehel. *Bühl.*
Biehl (Am). *Am Biehl.*
Biellach. *Bylachen.*
Bienath. *Bienette.*
Biesheimergiesen. *Grüngiesen.*
Biessiszheim; Bieszen. *Biesheim.*
Bietertan. *Biederthal.*

Bifand. *Bifang* (Walheim).
Bihl. *Bühl* (Sultzeren).
Biisisheim. *Biesheim.*
Bile (Le). *Bie.*
Bilenstein. *Bilstein.*
Bilgersträsslen. *Bilgerweg.*
Bilitzheim; Bilotzheim. *Biltzheim.*
Bilolzheim. *Biltzheim.*
Bincenberg. *Bintzbourg.*
Binzenberg. *Bintzbourg.*
Bircahe. *Bircken.*
Birck. *Buc.*
Biren. *Osenbühr.*
Birgl. *Brücklenmühle.*
Birgly. *Bürgle* (Neuwiller).
Birkach. *Bircken.*
Birr. *Buc.*
Birregoutte. *Perreuse-Goutte.*
Birrhägont, 1441 (urb. de Ribeaupierre). *Saint-Philippe.*
Birseck. *Birsig.*
Birsicus; Birsich. *Birsig.*
Bischbach; Pöschbach (cad. de Burbach-le-Haut). *Bischofbach.*
Bischingen. *Bessoncourt.*
Bischoffwilre; Bischoveswilre. *Bischwihr.*
Bischwilr. *Bischwihr.*
Bisol. *Bisel.*
Bissmühle. *Biss.*
Bittikropff. *Petitcroix.*
Bittmeni. *Magny* (*Petit-*).
Bitzede. *Bitz* (*Im*).
Biuange. *Bifang* (Kientzheim).
Blacars, 1421 (rôles de Saint-Morand). *Blatterst.*
Blachmunt. *Blochmunt.*
Blackwen. *Blauen* (*Der*).
Bladalsheim; Bladoltzeim. *Blodelsheim.*
Blanche mâ. *Blanc* (*Lac*).
Blanchiric. *Blanchisserie.*
Blanchut. *Blanschen.*
Blanckart; Blanghart. *Blanchert.*
Blanckwan. *Blauen* (*Der*).
Blatars (Der), 1421 (rôles de Saint-Morand). *Blatterst.*
Blathesheim; Blätisheim; Blatzheim. *Blotzheim.*
Blausetz. *Setz.*
Blawen. *Blauen.*
Bleiche. *Blanchisserie* (*La*).
Blenden. *Blent.*
Blenswilr. *Blieschwihr.*
Bletterlinsgasse. *Bleterlingen.*
Bleüwelattenn. *Bläulotmühle.*
Bleyenheimerfeld. *Bleyenheim.*
Bleyenrain. *Stichrain.*

Blicksperg. *Plixburg.*
Blienswilre. *Blieschwihr.*
Blindach. *Blind (La).*
Blinthahe. *Blind (La).*
Blixperg; Blixperch. *Plixburg.*
Blochmonder mühle. *Moulin Jean.*
Blochmont; Blolchmunt; Blomont. *Blochmunt.*
Blotzen; Blotzenheim. *Blotzheim.*
Bludenberg. *Brézouars.*
Blüegenberg. *Bleyenberg.*
Blulat. *Bläue.*
Blumenberg. *Florimont.*
Blumenthal. *Florival.*
Bluttenberg, 1581-1782 (inv. des arch. dép. E, 1522). *Brézouars.*
Blüwelatten. *Bläue.*
Bluwelhofe. *Blauelhof.*
Bluwenheim; Blüwelhein; Blwenhin. *Bleyenheim.*
Bobestgasse. *Pabstgasse.*
Bochsze. *Bux (Im).*
Bockes Reyn. *Bocksrain.*
Bocour; Bocourt. *Beaucourt.*
Bodeme. *Boden.*
Boëschet. *Böschet.*
Bœsswicht. *Schönen-Röswicht.*
Bohel. *Böhl.*
Bois aux levrets. *Olevret (Le Bois-).*
Bois des Capucins. *Capuzinerwald.*
Bois des Fourches. *Fourches (Bois des).*
Bois des Noues. *Noues (Les).*
Boiselin. *Bois-Zelin.*
Boisemont. *Bosemont.*
Bolle; Böll. *Bourogne.*
Bollenbach. *Molembach.*
Bollenburc. *Bollenberg.*
Bollenwilre; Bollewilre; Bolliwilre. *Bollwiller.*
Bollunwilre. *Bollwiller.*
Boloigne. *Bourogne.*
Bolswiller. *Balschwiller.*
Bolvelden. *Bollfeld.*
Bonaparte. *Haut-Ballon.*
Bongart. *Baumerthof et Baumgarten.*
Bonhommer Höhe. *Haut-du-Bonhomme.*
Bonifacii vilare. *Wihr-au-Val.*
Bon-Secours. *Notre-Dame-de-Bon-Secours.*
Boocor. *Beaucourt.*
Boreigne. *Bourogne.*
Boringen. *Bourogne.*
Bornhaup. *Burnhaupt-le-Bas et Burnhaupt-le-Haut.*
Boroigne. *Bourogne.*
Boroigne (Le mostier de), xvᵉ siècle (urb. de Froide-Fontaine). *Bourogne.*
Boronia. *Bourogne.*

Boschbranndt. *Bramont.*
Böse Bluemenberger meigertům. *Altkirch.*
Bostans; Bostant. *Botans.*
Bouchdern. *Buchteré.*
Bouchons (La Basse des). *Basse-des-Buissons (La).*
Boueschet. *Böschet.*
Bouillon (Mont). *Mont-Bouillon.*
Böul (Zum). *Zum Bühl.*
Boumgarten; Bovngarten. *Baumgarten.*
Bourbot. *Brebotte.*
Bourboutes; Bourbote, 1492 (urb. de Froide-Fontaine). *Brebotte.*
Bourghoff. *Burckhofen.*
Bourglibre. *Saint-Louis.*
Bourgonde; Bourgogne. *Bourgonce.*
Bouroingne. *Bourogne.*
Boux. *Boos.*
Bovolini cella. *Vancelle (Ruisseau de la).*
Bovoltzheim; Böwoltzhein. *Bowoltsheim.*
Bowoltsheim. *Saint-Georges.*
Boxwilr. *Bouxwiller.*
Bozemont. *Bosemont.*
Bozinsbeim. *Biesheim.*
Braggenhalde. *Brackenhalde.*
Braitfürst. *Breitfirst.*
Brakenheim (In loco dicto), 1296 (abb. de Pairis). *Brackenthor.*
Bramont Pasz. *Steige ou Col de la Bresse.*
Brandschatz. *Brandstatt.*
Brandt. *Werschholtz.*
Bratt. *Bretten.*
Braunschweiger dinghof. *Eguisheim.*
Bredtzel. *Bretzel.*
Brefierruntz. *Revierruntz.*
Bréhagoutte, anc. nom de Sᵗ-Philippe. Bréhagoutte avait un ban particulier.
Breilbach. *Alte Lauch.*
Breitla. *Breitlau.*
Breitschedel. *Frowiller.*
Bremunt. *Bramont.*
Bretaigne; Bretaine, 1365 et xvᵉ siècle (urb. de Froide-Fontaine). *Bretagne.*
Bretingen. *Brittingen.*
Brett; Bretta. *Bretagne.*
Bretzal. *Bretzel.*
Breuille (La). *Breuleux.*
Breulle. *Breuil.*
Breunigkhoven. *Brinighofen.*
Breusleu (Ès). *Brullés (Aux).*
Breusleux. *Breuleux.*
Breydembach. *Breitenbach.*
Breyel. *Breuil.*
Breythoff. *Broithof.*
Breytholtz. *Breitholtz.*
Breytscheidel. *Breitschädel.*
Briehl. *Breuil.*

Brinninghofen. *Brinighofen.*
Brinval. *Brinvau.*
Brisach (Neuf). *Neuf-Brisach.*
Bristelweg. *Brüstel.*
Britzerhag. *Butzerhag.*
Britzge (Die). *Dennach.*
Brochach. *Brochen.*
Brodtles. *Brettles.*
Broille. *Breuil.*
Brombach. *Brambach.*
Bromberg Strenckenn. *Brommerstrong.*
Bronacker. *Bornacker.*
Bronnern. *Valdieu.*
Brosset (Ès). *Bressatte.*
Bruchbach. *Bruebach.*
Brůchberg (Jm), 1489 (terr. de Saint-Alban). *Bruechberg.*
Brucken. *Niederbruck.*
Brucken mühle. *Pont de Retzwiller.*
Brückenschwiller. *Bréchaumont.*
Bruckhartzweiler. *Bréchaumont.*
Bruckwil. *Bréchaumont.*
Bruderbach. *Brebotte.*
Bruderhäusle. *Saint-Germain (Wiedensohlen).*
Brudpach. *Bruebach.*
Brügel. *Breuil.*
Bruhebach. *Bruebach.*
Bruhelgraben. *Breilgraben.*
Brühl. *Breuil.*
Brun. *Notre-Dame-de-Mariabrunn. Petite-Fontaine.*
Brunchein. *Brinckheim.*
Brunenkhin. *Brinckheim.*
Brunhalcztung. *Brunhilt.*
Brunbobetum. *Burnhaupt-le-Bas.*
Brunkein. *Brinckheim.*
Brunkofen. *Brinighofen.*
Brunn. *Fontaine.*
Brunn (Die cappel unser lieben frauwen zu), 1450 (Weisth. V, 368). *Notre-Dame-de-Mariabrunn.*
Brunnehoubeten. *Burnhaupt-le-Bas.*
Brunwarthsburg. *Brungardsburg.*
Bruonichove. *Brinighofen.*
Bruotpach. *Bruebach.*
Brygell. *Brueil (Le).*
B'setzte Runtz. *Hochstrâssle.*
Bû. *Buc.*
Büchelberg (Vff den), 1421 (rôles de Saint-Morand). *Büchelberg.*
Buchs; Buchsberg. *Boos et Buxberg.*
Buchswilre. *Bouxwiller.*
Bucinière. *Businière (La).*
Buck. *Bock.*
Buckeler. *Soultz. Bukkeler.*
Buesesheim; Buessisshein. *Biesheim.*
Buethenheim. *Butenheim.*

TABLE DES FORMES ANCIENNES.

Buczensheim. *Biesheim.*
Bugenthal. *Bougival.*
Buggeler. *Bukkeler.*
Buggenberg. *Buckenberg.*
Buhe (La). *La Beue.*
Buhel. *Bühl.*
Bühele. *Bühl.*
Bühel lachen. *Bühlach.*
Bühelstein. *Bilstein.*
Buhile. *Bühl.*
Buhswilre. *Bouxwiller.*
Buley (In der). *Boulay.*
Bulite. *Buchlitt.*
Bullions (Les). *Mont-Bouillon.*
Bulversheim. *Pulversheim.*
Bünde. *Bihne.*
Bunen. *Wuenheim.*
Bungert. *Thann.*
Bünin. *Bihne.*
Buocheim. *Ruestenhart.*
Buonheim. *Ruestenhart.*
Buorbach. *Burbach-le-Bas.*
Buotenhein. *Butenheim.*
Buotwiler; Buottweyler. *Buetwiller.*
Buozsensbein. *Biesheim.*
Bur. *Buc.*
Burbuche. *Berbuche.*
Bürckenhoff. *Birgenhof.*
Bürckfeld. *Bourgfelden.*
Burckheim. *Edenburg.*
Bürcklé. *Bürglé* (Bettendorf).
Buren. *Burnen.*
Burenhobten. *Burnhaupt-le-Haut.*
Bürenkilch. *Burnkirch.*
Burg. *Hochstatt.*
Burgelen. *Burgle.*
Burlenberg. *Birlenberg.*
Burlingen (Curia in), 1453 (cart. de Murbach). *Birlingen.*
Burn. *Fontaine.*
Burn. *Notre-Dame-de-Belle-Fontaine.*
Burnenbrunnen. *Burnen.*
Burnenkreuz. *Burnen.*
Burnhoupten. *Burnhaupt-le-Bas.*
Burnkilch. *Burnkirch.*
Burron. *Burnen.*
Bus, 1184, 1209 (Als. dipl. I, 281, 319). *Boos.*
Buschingen. *Bessoncourt.*
Bussincort. *Bessoncourt.*
Büssingen. *Bessoncourt.*
Bustewilre. *Buschwiller.*
Buswilr. *Buschwiller.*
Butinheim. *Butenheim.*
Butschwiller. *Bitschwiller.*
Buttenstal. *Bittenstahl.*
Butte-Saint-Georges. *Saint-Georges* (Soultz).

Buttir. *Patture.*
Buzinsheim. *Biesheim.*
Bybälys; Bybelinsmatte. *Biblismatten.*
Bych. *Bich.*
Byckenberg. *Bickenberg.*
Byfang. *Bifang* (Wentzwiller et Zimmersheim).
Byhl. *Bühl.*
Bylitzen. *Biltzheim.*
Byserich. *Bisserich.*
Bysol. *Bisel.*
Bysz. *Biss.*
Bytz; Bytzenn. *Bitz* (Im).
Byvanck. *Bifang* (Ostheim).

C

Cacheney. *Gaschney.*
Cæsaris mons. *Kaysersberg.*
Caille (Moulin de la). *Moulin de la Caille.*
Calcouene. *Kalchofen.*
Calmet; Callment. *Chalmont.*
Calmon (VII dem), à Bartenheim, 1533 (terr. de Saint-Alban). *Chalmont.*
Calvin. *Kälblin.*
Calvlin. *Kälbling.*
Cambetem. *Kembs.*
Camp des Chenapans. *Schnappahnen Lager.*
Campiduna. *Kembs.*
Campus mendacii. *Lügenfeld.*
Campus mentitus. *Lügenfeld.*
Canal. *Am Canal.*
Canal des douze moulins. *Thur.*
Canal Monsieur. *Canal du Rhône au Rhin.*
Canalmühle. *Moulin du Canal.*
Canal Napoléon. *Canal du Rhône au Rhin.*
Capel. *Kappelen.*
Capella. *Chapelle-sous-Rougemont* (La).
Cappelischa. *Chapelle-sous-Chaux* (La).
Caprà monte. *Chèvremont.*
Carlespach. *Carspach.*
Carollespac. *Carspach.*
Carperat. *Recarperatte.*
Carrière (La). *Steingrub.*
Castelet. *Châtelet* (Le).
Castellum Regis. *Kœnigsbourg* (Ensisheim).
Castelthal. *Kastelthal.*
Casteneyaco. *Châtenois.*
Castiney. *Châtenois.*
Castro (In). *Châtelet* (Saint-Germain).
Castrum Massmunster. *Ringelstein.*
Castrum Sancti-Amarini. *Friedburg.*
Castrum Thanne. *Engelburg.*

Cathenbach. *Kattenbach.*
Catherinettes. *Colmar.*
Caudemont. *Codomont.*
Cauvat. *Cavatte.*
Cazewangen. *Katzenwangen.*
Cazintal. *Katzenthal.*
Ceiswilre. *Zeiswiller.*
Celeberch. *Zellenberg.*
Cellanberge. *Zellenberg.*
Cella sancti Petri. *Rimbach-Zell.*
Celle. *Rimbach-Zell.*
Celle apud Lutenbach. *Lautenbach-Zell.*
Cellemberch. *Zellenberg.*
Cellenberg; Celliberch. *Zellenberg.*
Cense du bas. *Ferme Gœtz.*
César (Beim). *Hinterrain.*
Ceselache. *Köstlach.*
Cespite. *Geispitzen.*
Cessingen; Cezingen. *Zäsingen.*
Chaffenat. *Chavannes-les-Grands.*
Chafferhoff. *Schäferhof.*
Chainteriune. *Chanteraine.*
Chaisaulx (La communatelz de), xv° siècle (urb. de Froide-Fontaine). *Chésaux* (Les), c^{ne} de Montreux-Jeune.
Chalemuns. *Schellenmung.*
Challowe. *Challouet.*
Chalm. *Schalm.*
Chals. *Scholis.*
Chambeti. *Kembs.*
Chamespfadt. *Kamispfad.*
Champ-Chavelz. *Champ-de-Chevaux.*
Champ-du-Diable. *Teufelsacker.*
Champ-du-Mensonge. *Lügenfeld.*
Champmont. *Châmont.*
Champs arrebourg. *Arbour* (En).
Champs du Taureau. *Muniacker.*
Champs grevés. *Cœurvé.*
Champs Rebours. *Arbour* (En).
Chanseaux. *Chésaux* (Les) (Montreux-Jeune).
Chapelle du Petit-Lucelle. *Klösterlé.*
Chapellon. *Kappelen.*
Charbonnière. *Kohlhütte.*
Charmeau (Le). *Charme* (La).
Charmée (La). *Buchwald. Charmaille.*
Charmey. *Charmois.*
Charmottes (Étang des). *Étang des Charmottes.*
Charoltespach. *Carspach.*
Chas. *Chaux.*
Chäsales (Les). *Chésaux (Les)* (Éloye).
Chasaul du Hault. *Chesal-du-Haut.*
Chastelard. *Châtelet.*
Chastellany. *Chatelais.*
Chastenois; Chastenoy. *Châtenois.*

Château. *Schloss.*
Chatemberg. *Chalamber.*
Chatenajo; Chateneyo. *Châtenois.*
Chaudron (Haut du). *Haut-du-Chaudron.*
Chaulx. *Chaux.*
Chaussées (Les). *Chancés (Ès).*
Chazinthalo. *Katzenthal.*
Chelocq. *Schlück.*
Chembez; Chenbiz. *Kembs.*
Chemin de Brisach. *Alte Brisacher Strässle.*
Chenapans (Camp des). *Schnappahnen Lager.*
Chêne. *Notre-Dame-du-Chêne.*
Chenevrets (Les). *Genevraie.*
Chenez. *Chenor.*
Chermennier. *Germanien.*
Chesaul-Martin (Le), xve siècle (urb. de Froide-Fontaine). *Chesseaumartin.*
Cheselasche. *Köstlach.*
Chesilacha; Chesselacha; Cheslache. *Köstlach.*
Chesnois; Chesnoy. *Chénois.*
Chiblein. *Cheblin.*
Chieres (La). *Lachières.*
Chieuremont. *Chèvremont.*
Chinzicha. *Kintzingen.*
Chisée. *Chissait.*
Chnöringen. *Knöringen.*
Cholembra. *Colmar.*
Cholonpurum. *Colmar.*
Cholumbra. *Colmar.*
Choneim. *Kuenheim.*
Chonesheim. *Kientzheim.*
Chonneringen. *Knöringen.*
Chosen Rhein. *Schosrain.*
Chréienbade. *Kreyenbach.*
Christey. *Cristés (Les).*
Christ-halden. *Chrisch.*
Christwald. *Chrisch.*
Chunringen. *Knöringen.*
Chuntilingas. *Hindlingen.*
Churpence. *Surpense.*
Chyurimonte. *Chèvremont.*
Ciseaux (Château). *Château-Ciseaux.*
Clainin aw. *Kleinaug.*
Clavelière. *Clavière.*
Cleb (Jm). *Kleb.*
Clechiere. *Claichières.*
Clefelbach. *Kleffelbach.*
Cleinen dietweg. *Dietweg.*
Clematten. *Kleemmatten.*
Clemermatten. *Klemmerbach.*
Clingelbach. *Klingelbach.*
Clobweg. *Klobweg.*
Clösterlein. *Klösterle.*

Clynckfurte. *Klingfurt.*
Cnoringen. *Knöringen.*
Coensheim. *Kientzheim.*
Cohlambur. *Colmar.*
Colberg. *Kohlberg.*
Col de Bussang. *Steige* (Urbès).
Col de la Bresse. *Steige* (Wildenst.).
Col de la Schlucht. *Schlucht.*
Coldematt; Col de la matte. *Goldenmatt.*
Col du Ventron. *Steige* (Oderen).
Cölln. *Wesserling.*
Colmarsbrunn. *Taufsteinbrunn.*
Cölmen. *Cöln.*
Coloburg. *Colmar.*
Colrontz. *Kohlenruntz.*
Columb. *Colmar.*
Columbaria; Columbarium; Columbra. *Colmar.*
Columbawäldele. *Sainte-Colombe.*
Commanderie. *Appenwihr; Tempelhof.*
Condemes. *Condemine (La).*
Conenheim. *Kuenheim.*
Coneshaim; Consheim. *Kientzheim.*
Confluentis (monasterium). *Munster.*
Consteberg. *Gustiberg.*
Cönzingen. *Kintzingen.*
Coperie (La). *Cuberie (La).*
Corcelles. *Courcelles.*
Corchaton. *Courtavon.*
Cormandé. *Kermodé.*
Cornelyberg. *Saint-Corneille.*
Coue (La). *Quoye (La).*
Courbery. *Corbery.*
Courchevets (Les). *Corchevet.*
Cournoillière, xve s[e] (urb. de Froide-Fontaine). *Cunelière.*
Courons (Monts). *Monts Courons.*
Courteleuans. *Courtelevant.*
Courvesa; Courvisaberg. *Korvisa.*
Couvent (Scierie du). *Stiftsäge.*
Craches (Étang des). *Cratsch (Les).*
Craisson. *Gresson.*
Crauwelsch. *Cravanche.*
Cravoinche. *Cravanche.*
Creften. *Kraffl.*
Crimonde. *Kermodé.*
Crisbach. *Griesbach.*
Crispingerböltzle. *Walheimerhöltzle.*
Croix-aux-Mines (Sainte-). *Sainte-Croix-aux-Mines.*
Croix d'argent. *Creux-d'Argent.*
Croix-en-Plaine (Sainte-). *Sainte-Croix-en-Plaine.*
Croix rousse (La). *Rothenkreuz.*
Croix (Sainte). *Sainte-Croix.*
Crucem (Ad). *Croix.*
Crüczelingen. *Kreutzlingen.*
Cruzwilre. *Gutzwiller.*

Cuannehi; Cuenben. *Kuenheim.*
Cuenradsshürst. *Conradshurst.*
Cüensheim. *Kientzheim.*
Cumben. *Combe.*
Cundoltesheim. *Gundolsheim.*
Cunenheim; Cuonenheim. *Kuenheim.*
Cungerisheim. *Kingersheim.*
Cûnwiller. *Willer* (Aspach-le-Bas).
Curseelles. *Courcelles.*
Curteleuans. *Courtelevant.*
Curtis portæ. Voy. *Soultz.*
Curvée. *Cœurvé.*
Cuvotte. *Cavatte.*
Cvuis. *Kiffis.*

D

Dadarinse (in fine). *Delle.*
Dadenriet. *Delle.*
Dadila. *Delle.*
Dagestdorf. *Tagsdorf.*
Dagolfesheim. *Tagolsheim.*
Dagoltzheim. *Tagolsheim.*
Dagstorf. *Tagsdorf.*
Daile. *Delle.*
Dälckellin. *Talchle.*
Däliglein. *Dölchle.*
Damerkilch. *Dannemarie.*
Dammerkirch; Dammerskirich. *Dannemarie.*
Dampjustin. *Danjoutin.*
Dampnum justinum. *Danjoutin.*
Damwiller. *Tanwiller.*
Danamarachiricha. *Dannemarie.*
Danjastin. *Danjoutin.*
Dann. *Thann.*
Dannberg. *Dennenberg.*
Danso. *Danjoutin.*
Danwilr. *Tanwiller.*
Datira. *Delle.*
Dattenried. *Delle.*
Daumenrain. *Taubenrain.*
Debert, f. *Ferme-Debert.*
Dechunwilre. *Deckwiller.*
Deckenuuiler. *Deckwiller.*
Deckenwilre; Deckhweiler. *Deckwiller.*
Dela. *Delle.*
Delles. *Delle.*
Deloy. *Éloye.*
Deodatzbach (Sant). *Saint-Dié* (Ruisseau de).
Derney. *Denney.*
Deutsch-Luffendorf. *Luffendorf.*
Deutsch-Lundenbühl. *Lundenbühl.*
Deutsch-Rumbach. *Allemand-Rombach (L').*
Devin (Étang du). *Goutte de l'étang du Devin.*

TABLE DES FORMES ANCIENNES.

Deylé. *Delle.*
Diebspfad. *Diebsweg.*
Diedatzburne. *Saint-Dié (Ruisseau de).*
Diedolshausen. *Bonhomme (Le).*
Diefmatt. *Dieffmatten.*
Diele. *Delle.*
Diepberg. *Diebsberg.*
Diepoltzburne. *Thieboldsbrunnen.*
Dieprechswilr; Diepretzwilr. *Liebentzwiller.*
Dieprechtsloch. *Thiebersloch.*
Dieptal. *Diebthal.*
Diepweg. *Diebsweg.*
Dier gertelin. *Thiergärtlen.*
Dierhurst. *Notre-Dame de Thierhurst.*
Dieringe. *Denney.*
Dierlach. *Thierlach.*
Dietelsbach. *Saint-Dié (Ruisseau de).*
Dietermannsmühle. *Täufersmühle.*
Dietwilare; Dietwilr; Dietweiler. *Dietwiller.*
Diffenbach. *Tieffenbach* (Wintzenheim).
Dintzen. *Dintzheim.*
Dirembach. *Notre-Dame de Thierenbach.*
Diring. *Denney.*
Dirrenasch. *Notre-Dame de Thierhurst.*
Dirrenbach. *Dieribach.*
Dirrengewiller. *Dürrengebwiller.*
Dochgruben. *Tochgruben.*
Dogenbach. *Dockenbach.*
Doires en oires. *Dorenore.*
Domarkilke. *Dannemarie.*
Domna Maria. *Dannemarie.*
Domo (de). *Husenburg.*
Dompnemarie, 1418 (urb. de Froide-Fontaine). *Dannemarie.*
Domus Judelin. *Bonhomme (Le).*
Dorauss. *Dorans.*
Doren (Im). *Thoren (Im).*
Dorfbächle. *Aspach* (c^on d'Altkirch).
Dorhuson. *Dornhausen.*
Dorneburg. *Thurnbourg.*
Dornosa. *Dornhausen.*
Dornusen. *Dornhausen.*
Doroangus. *Saint-Amarin.*
Dorrenhusin. *Dornhausen.*
Drachenloch, cité au xvie siècle près de Rouffach. — *Ad foramen draconis* (Mat. Berler, 34).
Draviller, cité au xve siècle par l'urb. de Froide-Fontaine.
Dreien Ahren. *Notre-Dame-des-Trois-Épis.*
Dreien-Egisheim. *Eguisheim.*
Drei-Gräber. *Trois-Tombeaux.*
Dreihäuser. *Trois-Maisons (Les).*
Drei-Kirchen. *Notre-Dame-de-Dusenbach.*

Dresselruntz. *Dräselruntz.*
Dreyen-Ahren. *Notre-Dame-des-Trois-Épis.*
Drottstein. *Trottstein.*
Drubach. *Traubach.*
Drumburnen. *Tromburn.*
Dübenpfadt. *Diebsweg.*
Düdenheim. *Didenheim.*
Dudenstein. *Tudenstein.*
Düelen. *Dielen.*
Duerenkhen. *Turckheim.*
Dümpfel. *Tümpfel.*
Dunderen boden. *Donnerboden.*
Dupenhag. *Diebenhag.*
Duras. *Doris.*
Dürckenhain. *Turckheim.*
Durenkem. *Turckheim.*
Düringen. *Denney.*
Duringheim. *Turckheim.*
Durlensdorff. *Dirlinsdorf.*
Durlistorff. *Dirlinsdorf.*
Durnach; Durnich. *Dornach.*
Durnhussen. *Dornhausen.*
Durren-Enszbin. *Dürrenentzen.*
Dusenbach. *Notre-Dame-de-Dusenbach.*
Dyeffenbach. *Tieffenbach* (Wintzenheim).
Dyetatzbach. *Saint-Dié (Ruisseau de).*

E

Ebenöte. *Ebenig.*
Eberhardo villare. *Waranangus.*
Eberschneick. *Eberschneid.*
Ebichen. *Abichen.*
Ébourbettes (Les). *Bourbets (Es).*
Ebstall. *Ebstel.*
Ecclesia Buron. *Burnkirch.*
Echansez. *Chancés (Ès).*
Échaussées. *Chancés (Ès).*
Eckerich. *Échery et Haut-Échery.*
Eckersperg. *Eckersberg.*
Eckh. *An der Eck* (Oltingen).
Eckhenthal. *Eckenthal.*
Eckherspiel. *Eckenspiehl.*
Eckirch. *Échery et Haut-Échery.*
Écoires. *Coires (Ès).*
Écombattes (Les). *Combatte.*
Écorbierre (L'). *Corbières (Les).*
Écrevisse (M^in de l'). *Moulin de l'Écrevisse.*
Eegarten. *Egerten.*
Eerberg. *Ehrberg.*
Effain. *Fain (Le).*
Effoldert. *Affholderthal.*
Egedehsenberge. *Eidchsenberg.*
Egelgraben. *Nägelgraben. Negelgraben.*
Egelingen. *Eguenigue.*

Egellach. *Eyelach.*
Egenesheim; Egeneschen. *Eguisheim.*
Egensem. *Eguisheim.*
Egesheim. *Eguisheim.*
Egge. *An der Eck* (Sondersdorf).
Eggenhach. *Eckenbach.*
Eginesheim; Egisheim. *Eguisheim.*
Egkebrůch. *Eckenbruch.*
Egkrich. *Échery.*
Ehegarten. *Egerten.*
Ebespach. *Etzbach.*
Ehrlach. *Erlach.*
Eichberg. *Goldbach.*
Eiche. *Chêne (Le) (Fréland).*
Eichen (Zur). *Eschéne.*
Eichwald. *Chalampé.*
Eigen. *Grossey. Kleiney.*
Eigeszhein. *Niederentzen.*
Einolcztal. *Meinoltzthal.*
Einschissingen. *Enschingen.*
Einschlag. *Inschlag.*
Einsiedlen (Klein). *Hubach.*
Einsiedlerhof. *Sierentz.*
Einsiegesheim. *Ensisheim.*
Einsingen; Einsigen. *Enschingen.*
Eintreigne. *Hindlingen.*
Eischeim. *Niederentzen.*
Eisenbachruns. *Isenbach.*
Eisenburg. *Isenburg.*
Eisthoffan. *Étueffont-Bas.*
Eiszhein. *Niederentzen.*
Eitůfuu. *Étueffont-Bas.*
Ekartzbach. *Eggersbach.*
Ekberich. *Échery et Haut-Échery.*
Ekkenbach. *Eckenbach.*
Elberspach. *Ebersbach.*
Elisatio. *Alsace.*
Elisgaugium. *Ajoye.*
Ellenbach. *Ellbach.*
Ellenburg. *Ölenberg.*
Ellesperge. *Elsburg.*
Ellpach. *Ellbach.*
Ellus. *Ill.*
Elnbach. *Ellbach.*
Elsasz. *Alsace.*
Elsgau; Elsgaudia. *Ajoye.*
Elyzazen. *Alsace.*
Emelingen. *Emlingen.*
Emericourt. *Heimersdorf.*
Emersdorf. *Heimersdorf.*
Emespur. *Heimsbrunn.*
Emilingen. *Emlingen.*
Emme (Auf der). *Notre-Dame-des-Neiges, à Emme.*
Emmelingen. *Emlingen.*
Empenstal. *Enimenstal.*
Emsburn. *Heimsbrunn.*
Engelburne. *Engelbrunn.*

30.

Engelmanswiller. *Saint-Côme.*
Engelporte. *Guebwiller.*
Engelpurg. *Engelburg.*
Engelscheu furth. *Englische Furt.*
Engelschen Rein. *Englischsträssle.*
Engelsod; Engelsoot. *Angeot.*
Engenburnen. *Engenborn.*
Enghiseliaim. *Ungersheim.*
Engiville. *Ingersheim.*
Englingeheim. *Eglingen.*
Engsing. *Enschingen.*
Enguelnigues. *Eguenigue.*
Eniat. *Angeot.*
Enjutel. *Anjoutey.*
Ennweiller. *Ernwiller.*
Enoviant. *Novions.*
Enschide. *Anjoutey.*
Enschin. *Enschingen.*
Enschissingen. *Enschingen.*
Enseslieim. *Ensisheim.*
Ensichesheim; Ensichshein. *Ensisheim.*
Ensingesheim. *Ensisheim.*
Ensisshein. *Dürrenentzen.*
Enspach. *Entzenbach.*
Enspure. *Heimsbrunn.*
Ensseshein. *Ensisheim.*
Enswilr. *Esswiller.*
Ent ertranck (Do die). *Ententranck.*
Enuerd. *Envers (Les).*
Éperies (Les champs des). *Céperies.*
Erbe. *Ellbach.*
Erbet. *Arboit.*
Erbsheim. *Erbenheim.*
Erenspil. *Erlenspiel.*
Ergeschaus. *Argiésans.*
Erkerssmatt. *Ergersmatt.*
Erlach. *Erlen.*
Erlinspiel; Erlensbühel. *Erlenspiel.*
Ermsbach. *Ermenspach.*
Erpenstein. *Ebstein.*
Erscheschaus. *Argiésans.*
Erstal (Im). *Merstal (Im).*
Ertprust. *Erbersch.*
Ertzach. *Notre-Dame-des-Glaives* et *Largue.*
Erzwäsch. *Patouillet (Le).*
Es-Benotte. *Burnhaupt.*
Es-Bourbets. *Bourbets (Ès).*
Eschaine; Eschaines. *Eschêne.*
Esche. *Romagny (c^ⁿ de Massevaux).*
Eschelmer. *Hachimette.*
Escher dinghof. *Eguisheim.*
Escher herrschafft, 1450 (urb. de Froide-Fontaine). *Assise (L').*
Eschermury. *Hachimette.*
Eschiers. *Essert.*
Eschis; Eschich. *Assise (L').*

Eschispach. *Eschbach.*
Escholtzhein. *Escheltzheim.*
Escholtzweiler. *Eschentzwiller.*
Es-Errues. *Errues (Ès).*
Es Essard. *Esserts.*
Esgranges. *Granges (Aux).*
Esholtzwilre. *Eschentzwiller.*
Esloye. *Éloye.*
Esmnttengraben. *Etzmattengraben.*
Esombre. *Sombres (Les).*
Espach. *Eschbach.*
Espaisse (L'). *Espace (L').*
Espebach (L'). *Spebach.*
Essars. *Essert.*
Esscholtzwilr. *Eschentzwiller.*
Essecvillard. *Villars-le-Sec.*
Esselweg. *Eselsweg.*
Essis. *Assise (L').*
Estaimbes. *Éteimbes.*
Estueffon-dessus. *Étueffont-Haut.*
Estuefon; Estueffond. *Étueffont-Bas.*
Esvette. *Évette.*
Étang de la forge. *Forge (Étang de la).*
Étang du devin. *Goutte-de-l'Étang-du-Devin.*
Étang rettenant. *Doratenans.*
Eting. *Jettingen.*
Etisbach. *Etzbach.*
Etwilre. *Heidwiller.*
Euchberg. *Eichberg.*
Euchpübel. *Eichbühl.*
Euferssloch. *Struet.*
Euguilenges. *Eglingen.*
Eveneck. *Ebeneck.*
Eversberg. *Ebersberg.*
Ewerssloch. *Struet.*
Exars. *Essert.*
Exheim; Exen. *Eguisheim.*
Exspach. *Etzbach.*
Ey. *Grossey. Kleiney. Steinby.*
Eychelberg. *Eichelberg.*
Eygsshen. *Oberentzen.*
Eymerbach. *Eimerspach.*
Eynech. *Einig.*
Eynhartswinckel (Im). *Meyenhart.*
Eyserynnen Reyne. *Isenrain.*
Eysshein. *Oberentzen.*
Eysthein. *Niederentzen* et *Oberentzen.*
Eyswilr. *Esswiller.*
Eytauffen. *Étueffont-Bas.*
Ez-Bourbais. *Bourbets (Ès).*

F

Fabricam (Prope). *Schmitte (Bei der).*
Fabrik (Die). *Fabrique (La).*
Fachina. *Fecht.*
Fafen. *Phaffans.*

Fafenheim. *Pfaffenheim.*
Faferas. *Faverois.*
Faffans. *Phaffans.*
Fahir (Le). *Fahy (Le).*
Faillio (La); le Failly. *Fahy (Le).*
Fainitorne. *Phenningturn.*
Fanum Sanctæ Mariæ. *Sainte-Marie-aux-Mines.*
Farberg. *Forberg.*
Farrates. *Ferrette.*
Fasnack. *Fesseneck.*
Fauerois. *Faverois.*
Faulackber. *Fulacker.*
Faunoux. *Rauenthal.*
Faux (Tête de). *Tête-do-Faux.*
Faverach. *Faverois.*
Favoir. *Faveur.*
Fayart (Tête du). *Tête-du-Fayart.*
Fayoll. *Windspiel.*
Fays. *Fahy* et *Fayé.*
Feberc. *Faverois.*
Feid. *Heid (Uf).*
Felakirche; Felakyrchio. *Feldkirch* (c^ⁿ de Soultz).
Feldbachgraben. *Weyerbach.*
Felingskopff. *Tête-de-Felleringen.*
Fellsenkopff. *Felza.*
Felmette (La). *Fennematt (la Madeleine).*
Felringen. *Felleringen.*
Feohne. *Fecht.*
Ferbach. *Förmbach.*
Ferblanterie. *Blechschmitt.*
Ferchumus. *Firstmiss.*
Feringer. *Färie.*
Ferraite. *Ferrette.*
Ferrenbach, 1535 (terr. de Saint-Alban). *Förmbach.*
Ferretis; Ferrettes. *Ferrette.*
Fes. *Vess.*
Fête. *Faîte.*
Fetzenheim. *Fessenheim.*
Fey. *Fahy.*
Feywaldgraben. *Fahywaldgraben.*
Fezinhaim. *Fessenheim.*
Fichtenbaum. *Fichtenhof.*
Fifitz. *Vivitz.*
Filature (La). *Fabrique (La).*
Finckhelsshauss. *Finckenshausen.*
Finstatinse. *Pfastatt.*
Finsternwald. *Notre-Dame-de-Finsternwald.*
Firreta; Firretes. *Ferrette.*
Fin. *Fain.*
Fische. *Fêche-l'Église.*
Flaboteshcim. *Blotzheim.*
Flachlantisse. *Flaxlanden (Landser).*
Flachslanden. *Flaxlanden (Landser).*

TABLE DES FORMES ANCIENNES. 237

Flahslanden. *Flaxlanden* (Wintzenheim).
Flaviacum. *Mittelwihr.*
Flemer (Jm), 1560 (abb..de Pairis). *Flemmer.*
Fleschière, anc. nom d'une forêt cité en 1390, à Bavilliers, par l'urb. de Froide-Fontaine.
Flich. *Pflüe.*
Flicksperg. *Plixburg.*
Floridi montis. *Florimont.*
Florigeram vallem. *Florival.*
Florimont. *Heimburg.*
Flühe. *Flieg.*
Fockelinishoven. *Vögtlinshofen.*
Fockelsshouen. *Vögtlinshofen.*
Fögeler. *Vögler.*
Foigerotte. *Fougeret.*
Folcoaldeshaime. *Volgelsheim.*
Folcolfesheim. *Volgelsheim.*
Folkolzperg. *Folgensbourg.*
Follon. *Felon.*
Fonderie (La). *Schmeltze.*
Fontaine des enfants. *Helgenbrunn* (Leymen).
Fontaine S*t*-Remy. *Goutte de la Fontaine-Saint-Remy.*
Fontonel. *Fontenelle.*
Foragie (La). *Foragée* (La).
Forêt (La). *Salbert.*
Forge (La). *Schmiede.*
Forschelon. *Forêt* (La) (c*ne* du Salbert).
Forsland. *Fréland.*
Forstelen. *Forêt* (La) (c*ne* du Salbert).
Försterhauss. *Maison forestière.*
Forstertum. *Fürstenthümer.*
Fort de la Justice. *Justice.*
Fortelbach. *Fertrupt.*
Fort Mortier. *Mortier.*
Foru. *Faurupt.*
Fosse-Morandt. *Fosse-Morat.*
Fossé provincial. *Landgraben.*
Fouchy. *Fossbühl.*
Foulon. *Felon.*
Foulon. *Bläue* et *Ribe.*
Franchon; Francon. *Francken.*
Frauenn gesslin. *Frauengässlen.*
Frawenberg. *Frauenberg.*
Fraymont. *Fraimont.*
Frechone. *Friessen.*
Fredeua; Fredua. *Froidoval.*
Freinschtein. *Freundstein.*
Freningen; Frenningenn. *Fröningen.*
Frenkental. *Franckenthal.*
Freschwihr. *Fröschwihr.*
Fresland. *Fréland.*
Fress. *Frais.*

Friedenberg. *Friedburg.*
Frigida valle. *Froideval.*
Frigidus fons. *Froide-Fontaine.*
Frisenheim. *Friessen.*
Frison. *Friessen.*
Fritag. *Freytag.*
Froideaux. *Kaltwasser.*
Froideval. *Val de Saint-Amarin.*
Frönberg. *Frontenberg.*
Fronezelle. *Fronzell.*
Fronnelach. *Fronlach.*
Fronnengesicht. *Frongesick.*
Fronsel. *Fronzell.*
Fröschwilre tor, 1349 (Weisth. V, 387), porte à Rouffach, qui tire son nom de l'anc. vill. de Fröschwiller.
Froweiler. *Frowiller.*
Froydevaulx. *Froideval.*
Frundenstein. *Freundstein.*
Fruonzonis (Terra). *Freysonis.*
Fuchsmanien; Fuchsmeng. *Foussemagne.*
Fueletz. *Forlentz.*
Fügelbach. *Vogelbach.*
Fullon. *Felon.*
Fulradovilare. *Fortschwihr.*
Füolon. *Felon.*
Fuorholtz. *Fürholtz.*
Furlon. *Felon.*
Furnum calicum (Ad). *Kalchofen.*
Fürsam. *Frisam.*
Fürst (Auf der). *First.*
Furtelbach. *Fertrupt.*
Furtmulen. *Sundenmühle.*
Fuscharat; Fuscherath. *Futscherat.*
Füstlin. *Faustacker.*
Fuszmengin. *Foussemagne.*

G

Gabulwire. *Gueberschwihr.*
Gaignay (En). *Gainée* (En).
Gaille (La). *Lacaille.*
Galasse. *Fort Galasse.*
Galbühel. *Gallbishl* (Rouffach).
Galgenblüttene. *Galgenplatte.*
Galgenhöltzle. *Fourches* (Bois des).
Galgenstreng. *Galgenweg* (Heidwiller).
Galvingen. *Galfingen.*
Gänzbourg. *Geisbourg.*
Garcours. *Parcours.*
Gärdlen. *Gärtlen.*
Garmaringa marca. *Guémar.*
Gasmaringa marca. *Guémar.*
Gauersch. *Cravanche.*
Gazon-Martin. *Hoh-Ried.*
Gebelischeswiler; Geblischwiler. *Gueberschwihr.*

Gebelleswiler. *Gueberschwihr.*
Gebenwilre. *Guebwiller.*
Geberswiler; Gebeswilre. *Gueberschwihr.*
Gebiliswire; Gebilswilr. *Gueberschwihr.*
Gebiwilre. *Guebwiller.*
Geblinswilr; Gebliswilr. *Gueberschwihr.*
Gebreite (In der). *Breite.*
Gebunwilare. *Guebwiller.* *Dürrengebwiller.*
Gebwillerboden. *Dürrengebwiller.*
Gebwilre; Gebweiler. *Guebwiller.*
Gebwyler pfadt. *Dürrengebwiller.*
Gefell. *G'fell.*
Gefnatt. *Guevenatten.*
Gehägen (Vf das), 1489 (terr. de Saint-Alban). *Kägy.*
Geibenheim. *Guewenheim.*
Geilental. *Gildele.*
Geilmatte. *Gäuchmatt.*
Geiltal. *Gildele.*
Geisenberg. *Chèvremont.*
Geishubel. *Gisübel.*
Geisperg. *Chèvremont.*
Geispoltzhein. *Geispitzen.*
Geissenbach. *Geispach.*
Geissertal. *Geisthal.*
Geisshusen. *Geishausen.*
Geissinberch. *Chèvremont.*
Geissrick. *Geisenrücken.*
Gelhart. *Gellert.*
Gemare; Gemer; Gemirre. *Guémar.*
Gemein bann (Der). *Altheim.*
Genechey. *Étang Genechey.*
Genssberg. *Gantzenberg.*
Gerberbach. *Logelbach.*
Geremer. *Guémar.*
Geriswiler. *Gerschwiller.*
Germeri. *Guémar.*
Gernoda. *Gehrenoth.*
Gernoltznoden. *Geretznoden.*
Gerod. *Grod.*
Gerör; Geröre. *Grör.*
Gerspenbach. *Muespach.*
Gerswilr. *Gerschwiller.*
Gertlesrain; Gertlersten. *Gärtlen.*
Gerut; Gerit. *Krüth.*
Gerütlin. *Grütli.*
Gerütte. *Grütt.*
Gervilier. *Gerschwiller.*
Geseczt. *Setz.*
Gesig. *G'sig.*
Gesol; Gesôl. *Sol.*
Gestion. *Chestion.*
Gesweng. *Gschweng.*
Gethengraben. *Gettenbach.*
Gettenborn. *Jettenbrunnen.*
Getzthal. *Valdieu.*

Geuenat. *Guevenatten.*
Geuwne. *Guewenheim.*
Geweiler; Gewilr. *Guebwiller.*
Gewesser. *Gwässer.*
Gewidem. *Witthum.*
Gewidem streng. *Witthumstreng.*
Geysperg. *Geisberg.*
Geyssbüchel. *Geisbühl.*
Ghosmari. *Guémar.*
Ghöuw. *Gey (Im).*
Gilgsperg. *Gilsberg.*
Gillerbert. *Chalamber.*
Giltewilre. *Giltwiller.*
Gingersheim. *Kingersheim.*
Giradmengnj. *Giromagny.*
Giramaigny. *Giromagny.*
Girardmaigny. *Giromagny.*
Giromagny (Ballon de). *Ballon d'Alsace.*
Girsberg-dingbof. *Eguisheim.*
Girsbühel, 1433 (cart. de Murbach). *Gispel.*
Girwillari. *Gerschwiller.*
Gisibel; Gissibel. *Gisübel.*
Gladstain. *Glatstein.*
Glongmatten. *Klangmatten.*
Glaserie (La). *Closerie (La).*
Glashütte. *Verrerie (La).*
Glattacker. *Glockacker.*
Gláussière (La), 1571-1782 (inv. des arch. dép. E, 1510). *Closerie (La).*
Gleisten (Vff den). *Gleiss.*
Glendre. *Glaindres.*
Glückeren (S¹-). *Saint-Léger.*
Gnadoltsheim. *Adolsheim.*
Gnamaigny; Gnalmaigny. *Magny (Petit-).*
Gobingen. *Guewenheim.*
Göchfelde. *Gauchfeld.*
Göffenthal. *Geffenthal.*
Göichen burne. *Gäuchburn.*
Goldenberge. *Codomont.*
Goldigberg. *Larga.*
Golfing. *Galfingen.*
Golonsi. *Collonge (La).*
Goltbach. *Goldbach.*
Golt rode. *Goldrad.*
Gomacourt. *Gommersdorf.*
Gotatte. *Gouttatte (La).*
Gottesthal. *Valdieu.*
Götz (Ferme). *Ferme Götz.*
Götzenbach. *Gertzenbach.*
Gouchesvelde. *Gauchfeld.*
Gouidumb. *Witthum.*
Goumbe (Die). *Combe (La).*
Gouttarde. *Gouttate (La).*
Goutte au rue. *Goutory (La).*
Goutte du lys. *Ullise.*
Goutte-la-Miche. *Méche (La).*

Goutte S¹-Ullysse. *Ullise.*
Gouwerich. *Gaury.*
Gowinhaim; Göwenheim. *Guewenheim.*
Grabengesick. *Grabersick.*
Grade (La). *Garde (La).*
Grammont. *Gramatum.*
Grande-Borne. *Grattibonne.*
Grand-Gürné. *Gürné.*
Grand-Huningue. *Huningue.*
Grandivilario. *Grandvillars.*
Grand-Kembs. *Kembs.*
Grand-Pré. *Grossmatt.*
Grandtrait. *Longtrait.*
Grange (La), c⁰⁰ de Fontaine, en allem. *Schüre*. — *Schire*, 1479 (rôle de Guewenheim).
Grange au mouton. *Schofschür.*
Granmatten. *Gramatt.*
Grantveler. *Grandvillars.*
Grantvillers. *Grandvillars.*
Granwiller. *Grandvillars.*
Granzières. *Grandes-Hières (Les).*
Grasseten; Grassten gassen. *Grastigasse.*
Grate. *Grod.*
Grätel. *Mittel-Grätel.*
Gratelots. *Gratoulat.*
Graui (In der). *Graffe.*
Grawiller haag. *Granwiller haag.*
Grazo. *Gresson.*
Grémaux. *Kermode.*
Grengel. *Grendel.*
Grenouillère (La). *Fröschenweid.*
Grenzach. *Orenzach.*
Gressnaw. *Gressenau.*
Gresson-le-Moyen. *Mittelkratzen.*
Gretschy. *Cretschi.*
Greweling. *Greuling.*
Griboulet (Planche). *Vilenti.*
Grien (Jm). *Im Grün.*
Grienenwalt. *Notre-Dame-de-Grünenwald.*
Grims. *Krimbs.*
Grode. *Garde (La).*
Grona. *Grosne.*
Grosinhaim. *Grussenheim.*
Grosmagny. *Magny (Gros-).*
Gross-Annathal. *Annathal.*
Gross-Biebly. *Biebly.*
Gross-Bock. *Bock.*
Grossen dietweg. *Dietweg.*
Grossen Eigen (Im). *Grossey.*
Grossen pfingesberg. *Pfingstberg.*
Gross hasenlochruntz. *Hasenloch.*
Gross-Kohlberg. *Kohlberg (Le Grand).*
Gross-Lützel. *Lucelle.*
Gross-Menglatt. *Magny (Gros-).*
Gross-Rappolstein. *Saint-Ulrich.*

Gross-Rumbach. *Grand-Rombach.*
Gross-Schaffnat. *Chavannes-les-Grands.*
Groune. *Grosne.*
Grucinheim. *Grussenheim.*
Gruébaine (Le). *Grubaine (La).*
Gruholtz. *Groholtz.*
Grüllen gebreit. *Grillenbreit.*
Grumaigny. *Magny (Gros-).*
Grumenin. *Magny (Gros-).*
Grummbach. *Krummbach.*
Grün (Im). *Im Grün.*
Grund. *Combe.*
Gründelin. *Combatte.*
Grundtbachs methlin. *Grumbachs mättlen.*
Grüne hütte. *Baraque-Verte (La).*
Grünen See. *Darensee.*
Grünenwald. *Notre-Dame-de-Grünenwald.*
Grun im Gottesthal. *Valdieu.*
Grünweg. *Altstrass (Ensisheim, etc.).*
Gruone. *Grosne.*
Grüspach. *Griesbach.*
Grussenspach; Grussichspach. *Griesbach.*
Grüwell. *Greuel (Im).*
Gruzenheim. *Grussenheim.*
Gstöckten. *Stöcketen.*
Guebenatt. *Guevenatten.*
Guebwiller (Ballon de). *Ballon de Guebwiller.*
Guetenburg. *Judenburg.*
Guezwilre. *Gutzwiller.*
Gügerlin. *Gügerberg.*
Guibi. *Kibi.*
Guida (Petit). *Petit-Guida.*
Guidonismübl (S.). *Wittenmühle.*
Guioserie (La). *Closerie (La).*
Guirmari. *Guémar.*
Gulligacker. *Goldinhurst.*
Güllspurg. *Gilsberg.*
Gültweyler. *Giltwiller.*
Gumbet. *Combatte.*
Gumerstorff. *Gommersdorf.*
Gumme. *Combe.*
Gummersdorf. *Gommersdorf.*
Gumpen. *Combe.*
Gundodelsheim. *Gundolsheim.*
Gundolfisheim; Gundolvesheim. *Gundolsheim.*
Güninspach; Günischbach. *Günspach.*
Günnesbach. *Günspach.*
Gunon (Ballon). *Ballon Gunon.*
Gürst. *Girst.*
Gursula. *Courcelles.*
Gusegang. *Kiesganglauch.*
Güshübel. *Gisübel.*
Gusswiller. *Gutzwiller.*

TABLE DES FORMES ANCIENNES.

Gutenburg. *Judenburg.*
Gutenen. *Butenheim.*
Guthislenmatten. *Henflingen.*
Gutleuthenhaus. *Sainte - Croix - en - Plaine. Walbach* (Wintzenheim).
Gutlüthus. *Colmar.*
Guttleüthuss. *Isenheim.*
Gvntscherach. *Joncherey.*
Gwidum. *Witthum.*
Gygenthal. *Geigenthal.*
Gyldulfoviler. *Giltwiller.*
Gypsmühle. *Moulin à plâtre.*
Gyrsperg. *Girsperg.*

H

Haarbach. *Harbach.*
Haasiszera. *Hesingen.*
Habchensheim. *Habsheim.*
Habichenshein; Habichsheim. *Habsheim.*
Habichthal. *Habthal.*
Habuhinasheim. *Habsheim.*
Hachigoutte. *Bachigoutte.*
Hadestath; Hadistat. *Hattstatt.*
Hadmanswilre. *Attenschwiller.*
Haegon. *Hecken.*
Hagambac. *Hagenbach.*
Hagenbach. *Weckenberg.*
Hagindal. *Hagenthal-le-Bas.*
Hagineche. *Hageneck.*
Hagnach. *Hagenach.*
Haguenau. *Hagenach. Haguenon.*
Hahnenbrunnerruntz. *Hanenburn.*
Haite. *Notre-Dame-de-la-Heiden.*
Halden. *An der Halden. Hallen.*
Haleine (L'). *Allaine* (L').
Hallen. *Allaine* (L').
Haltkiliche. *Altkirch.*
Haltquilque. *Altkirch.*
Hamaristad. *Hammerstatt.*
Hamberg. *Hombourg.*
Hammerschmiede. *Martinet* (Le).
Hammersloch. *Hammersmatt.*
Hanberg. *Hombourg.*
Hanborn-firste. *Hanenburn.*
Hanbunde. *Hahnenbihne.*
Hanedorf; Hanetorff. *Vellescot.*
Hänflingen. *Henflingen.*
Hangysen. *Hengisen.*
Hapisheim. *Habsheim.*
Hapre. *Hautpré.*
Hapssheim. *Habsheim.*
Haragker. *Hartmühl.*
Harbach. *Wuenheimerbach.*
Harburch; Harburg. *Horbourg.*
Hardacker. *Hartmühl.*
Harmspach. *Ermenspach.*

Harrbach. *Hornbach.*
Harrues. *Errues* (Ès).
Hartbach. *Harbach.*
Hartrain. *Rideau de la Hart.*
Hasenbühl, nom moderne d'*Asenbühl.*
Hasenburg. *Husenburg.*
Häsingen. *Hesingen.*
Hasloch. *Hasenloch.*
Hassehat. *Arsot* (L').
Hassenberg. *Osenbühr.*
Hassinga. *Hesingen.*
Hatenschlag. *Hettenschlag.*
Hauldschborm weyher. *Étang des Charmottes.*
Haulte Espine. *Haute-Épine.*
Haulte feulle. *Haute-Feuille.*
Haulte-Ribautpierre. *Ribeaupierre.*
Hauplingen. *Huttingen.*
Hausen. *Housen.*
Hausermühl. *Diethausenmühle.*
Haushoff. *Leuhausen.*
Hauss (Vom). *Husenburg.*
Hausse rousse. *Housse-Rouge.*
Haussgauwen. *Hausgauen.*
Haut (Sur le). *Höhe* (La).
Haut Breidhenbach. *Ober Breitenbach.*
Haute-Assise. *Assise* (L').
Haute Chire. *Hauschir.*
Haute-Église. *Gildwiller.*
Haute Gonte. *Goutte* (Willer, c^{en} de Thann).
Haute-Navégoutte. *Navégoutte.*
Haut-Évette. *Haut-du-Mont.*
Haut-Roche. *Baroche* (La).
Hauwmuth. *Haumüetlen.*
Haynonts (Au). *Hénon* (Lo).
Heberg. *Hiberg.*
Hebsack. *Hebsacker.*
Hebsdorf. *Courtelevant.*
Hechimet. *Hachimette.*
Heffen. *Höffen.*
Hegelingen. *Eglingen.*
Hegensheim. *Eguisheim.*
Heger. *Häger.*
Hehlenback. *Hellhaag.*
Heidechten-bühel. *Heidenbühl.*
Heidelberg. *Heidenberg.*
Heiden. *Notre-Dame-de-la-Heiden.*
Heidenhöltzle. *Fastnachtbühl.*
Heiderheim. *Heiteren.*
Heidewilare. *Heidwiller.*
Heilbronn. *Helgenbrunn* (Leymen).
Heilgenweg. *Helgenweg* (Bergholtz).
Heilhof. *Heulhof.*
Heiligburnnen. *Helgenbrunn* (Éguisheim).
Heilig Creutz. *Sainte-Croix-en-Plaine.*
Heiligenbrunn. *Helgenbrunn* (Leymen).

Heiligen Crutze. *Sainte - Croix - en - Plaine.*
Heiligenholtz. *Seiller.*
Heiligenweg. *Helgenweg* (Bennwihr).
Heilig Kreuz. *Sainte-Croix-en-Plaine.*
Heiloch. *Hayloch.*
Heimbach. *Hoimbach.*
Heimbachgraben. *Himbach.*
Heimenwilr. *Heywiller.*
Heimoneweiler. *Heywiller.*
Heimsprung. *Heimsbrunn.*
Heimwilr. *Heywiller.*
Heinberge. *Heimburg.*
Heinwilre. *Heywiller.*
Heiterheim. *Heiteren.*
Heitewile. *Heidwiller.*
Hekingezheim. *Kingersheim.*
Helbling. *Kelbling.*
Helfenbein. *Notre-Dame-de-Helfenbein.*
Helferskhürch. *Helfrantzkirch.*
Helfratheschirche; Helfratzkilche. *Helfrantzkirch.*
Helgen Runs. *Heilige Runtz.*
Helhof. *Höll.*
Helisaz; Hellisazaas. *Alsace.*
Hell. *Höll.*
Hellackher. *Höllacker.*
Helligensteyn. *Helgenstein* (Wintzenh.).
Helmannsgereuth. *Saint-Blaise* (Sainte-Croix-aux-Mines).
Heloldowilare. *Holtzwihr.*
Helslen. *Höltzlen.*
Helwigisbühel. *Holmensbühl.*
Hemersdorf. *Heimersdorf.*
Hemflingen. *Henflingen.*
Hemisbrunnen; Hemsbrunnen. *Heimsbrunn.*
Hemniewilre. *Heywiller.*
Hempfling. *Henflingen.*
Hemsprunnen. *Heimsbrunn.*
Hennberg. *Heimburg.*
Hensbrun. *Heimsbrunn.*
Henwilr. *Heywiller.*
Henzelle. *Henezell.*
Heque (La). *Hecken.*
Heranger. *Rangiers* (Les).
Herbe. *Erbenheim.*
Herbeheim; Herbeim. *Erbenheim.*
Herbenn. *Erbenheim.*
Herbestorf. *Courtelevant.*
Herbstacker. *Hebsacker.*
Hercken. *Niederhergheim* et *Oberhergheim.*
Herestroyss. *Herrenstrass.*
Herewege. *Herrenweg.*
Herflu. *Herrenfluh.*
Herigkein. *Niederhergheim. Oberhergheim.*

Heringhein; Herinkeim. *Niederhergheim.*
Herleichesheim. *Herlisheim.*
Herlensheim; Herlesheim. *Herlisheim.*
Herlichesheim; Herlichisheim. *Herlisheim.*
Herlins weg. *Bilgerweg.*
Hermspach. *Ermenspach.*
Heroldespach. *Carspach.*
Herolin. *Herelen.*
Herpstorff. *Courtelevant.*
Herrfluch. *Herrenfluh.*
Herrstrasse. *Herrenstrass.*
Herrweeg. *Herrenweg.*
Herschaff (M^{in}). *Herschaftmühle.*
Herstein. *Hirtzenstein.*
Hertweg. *Herrenweg.*
Heruckheim; Heruncheim. *Niederhergheim et Oberhergheim.*
Herweg. *Herrenweg.*
Heslach. *Höslebach.*
Hesslin. *Höselen.*
Hetannerloch. *Hetenschlag.*
Hetesloch. *Hettenschlag.*
Hetewilr. *Heitwiller* (Gundolsheim).
Hetewilre. *Heidwiller.*
Hettenheim. *Hettenschlag.*
Hettensloch; Hetteslach. *Hettenschlag.*
Hetzenbübel. *Heitzenbühl.*
Heusel. *Henezell.*
Heuseren. *Hüsseren* (c^{on} de Wintzenheim).
Heute (Le). *Goutte-le-Heute (La).*
Hewle. *Heubelin.*
Heycot. *Haycot.*
Heydeberg. *Heidenberg.*
Heydenbach. *Heidenbach.*
Heyl. *Hayl.*
Heylgenburnen. *Helgenbrunn* (Éguisheim).
Heymberg. *Heimburg.*
Heymensprunen; Heymisbrunnen. *Heimsbrunn.*
Heymerthal, 1537 (terr. de St-Alban). *Heimath Thal.*
Heytern. *Heiteren.*
Heytewilare; Heytwilr. *Heidwiller.*
Hibolskirch. *Hipoltskirch.*
Hilbzen. *Hilsen.*
Hilciaco. *Illzach.*
Hilfertzritt. *Helfensritt.*
Hilla. *Ill.*
Hillis. *Illetz.*
Hilloneviller. *Ellenwiller.*
Hilschmatte. *Hülschmatten.*
Hiltprunnen, 1540 (terr. de St-Alban). *Hillbrunnen.*
Hiltzich. *Illzach.*

Himbelguth. *Imbelguth.*
Himlist. *Im List.*
Himmalrige. *Himmelrich.*
Hingersberge. *Hindersberg.*
Hinter Burbachruntz. *Burbachruntz.*
Hintere Birgmatte. *Birgmatte.*
Hinterglasbütt. *Petite-Verrerie (La).*
Hinter lauchen. *Oberlauchen.*
Hinter Lützelbach. *Lützelbach.*
Hinterschloss. *Vigne (La).*
Hinter Tree. *Trée.*
Hintling. *Hindlingen.*
Hintpach. *Himbach.*
Hirciuelden. *Hirtzfelden.*
Hirigen weg. *Irrigweg.*
Hirstein. *Hirtzenstein.*
Hirsüngen. *Hirsingen.*
Hirtzfluw. *Hirtzflühe.*
Hirtzmühle. *Hirtenmühle.*
Hirzebach. *Hirtzbach* (c^{on} de Hirsingen).
Hirzvelt; Hirzvelden. *Hirtzfelden.*
Hislesberg. *Hisberg.*
Hittenberg. *Hüttenberg.*
Hitzstein. *Hirtzenstein.*
Hobel. *Hubel.*
Hoblesberg. *Köblesberg.*
Hochbruck. *Haute-Broque.*
Hochenneich. *Hocheich.*
Hochenn Reyn. *Hohrain.*
Hochenn strassen. *Rheinstrass.*
Hochgericht. *Galgenberg* (Mulhouse).
Hochspach. *Hospach.*
Hochsträsel. *Rheinstrass.*
Hochvelden. *Haut des Chaumes.*
Hoönchirche. *Hohkirch.*
Hoenlit. *Hohlitt.*
Hoenmut. *Hohenmuet.*
Hoënrode. *Rodern* (c^{on} de Thann).
Hoenwege. *Hochweg.*
Hoesten. *Ostheim.*
Hofelden. *Schloss* (Staffelfelden).
Hoffen. *Höffen.*
Hoflie. *Hohflühe.*
Hohallen. *Hohhallen.*
Hohenburg dinghof. *Éguisheim.*
Hohen Egisheim. *Wahlenbourg.*
Hohenhattstatt. *Hoh Hattstatt.*
Hohenkilch. *Hohkirch.*
Hohenlansberg. *Hohlandspurg.*
Hohenmatten. *Hautpré.*
Hohennac; Hohennag. *Hohenack.*
Hohen Pfirdt. *Ferrette.*
Hohen Rapoltzsteine. *Ribeaupierre.*
Hohen Rein. *Hohrain.*
Hohenroden; Hohenrodh. *Hohroth.*
Hohenroderen. *Rodern* (c^{on} de Thann).
Hohenroph. *Hohenrupf.*

Hohen saalen. *Hosalen.*
Hohenstaden. *Hochstaden.*
Hohen Stouffen. *Stauffen.*
Hohestrass. *Hochsträssle. Herrenweg. Rheinstrass.*
Hohestrauss. *Rheinstrass.*
Hohewarte. *Haute-Garde.*
Hoheweg. *Hochweg.*
Hohinnac. *Hohenack.*
Hohpiel. *Hohbühl.*
Hohrainruntz. *Ranspach*, ruiss.
Hohrupf. *Hohenrupf.*
Höilderspach. *Hiltorspach.*
Hollalswilre. *Holtzwihr.*
Hollande (Petite). *Petite-Hollande (La).*
Hollenberg. *Hohlenberg.*
Holleswilre. *Holtzwihr.*
Holtzmühle. *Moulin des Bois* (Bessoncourt).
Holtzschlag. *Kohlschlag.*
Holtzwilr. *Holtzwihr.*
Hombourg. *Homberg.*
Honberg. *Homberg.*
Honeck. *Hoheneck.*
Honewilr. *Hunawihr.*
Hongerisheim. *Ungersheim.*
Honkilch. *Hohkirch.*
Honnenweyr. *Hunawihr.*
Honniville. *Hunawihr.*
Horatern. *Rodern* (c^{on} de Thann).
Horbach. *Hornbach.*
Horburhe; Horburc. *Horbourg.*
Hördtweg. *Herrenweg.*
Horeburg; Horenburc. *Horbourg.*
Horein. *Hohrain.*
Horey. *Hohrain.*
Horot.-*Hohroth.*
Horregassen. *Horgasse.*
Horuff. *Hohenrupf.*
Hörweg. *Herrenweg.*
Hospach. *Hospen.*
Hössenschlag. *Hessenschlag.*
Hostaden. *Hochstaden* (Luttenbach).
Hostat. *Hochstatt. Hotat (L').*
Hostatten. *Hochstaden* (Ammerschwihr).
Hosthaim; Hostein. *Ostheim.*
Hottingen. *Jettingen.*
Hottsburg. *Hattsburg.*
Houillère. *Kochersberg. Goutte de la Houillère.*
Houthingen. *Jettingen.*
Houtselhoff. *Hutzelhof.*
Houweluslin. *Heuhüslen.*
Houwenstein. *Saint-Marc* (Saint-Amarin).
Höwenstein. *Hawenstein.*
Hufholtz; Hufoz. *Uffholtz.*

TABLE DES FORMES ANCIENNES.

Hümmelreich. *Himmelrich.*
Hunach. *Wuenheim.*
Hunchebach. *Hundsbach.*
Hündelingen. *Hindlingen.*
Hundesbvnne. *Hundsbihne.*
Hûndesgassen. *Hundsgasse* (Carspach).
Hundesrucke. *Hundsrücken* (Cernay).
Hundiswasen. *Tête-du-Chien.*
Hûnenbübel. *Hunabühl.*
Hunenwilr. *Hunawihr.*
Hüngelsperg. *Hindersperg.*
Hungerborne; Hungerbürne. *Hungerbrunnen.*
Hungersheim. *Ingersheim.*
Hungervelde. *Hungerfeld.*
Hunigguckiin bovm. *Hunigeling.*
Hunnenwilr. *Hunawihr.*
Hunniville. *Hunawihr.*
Hûnrebach. *Hünerbach.*
Hûnrebühel. *Hünerbühl.*
Huntzgasse. *Hundsgasse* (Heidwiller).
Hunzebach. *Hundsbach.*
Hupoldesthiclon. *Hipoltskirch.*
Hupoldischilcba. *Hipoltskirch.*
Huppach. *Hubach.*
Hüppül. *Hübühl.*
Hürschprunnen. *Herschborn.*
Hus (De). *Husenburg.*
Huscowe; Huschowe. *Hausgauen.*
Husen. *Hausen, Housen. Husenfeld.*
Husenerschloss. *Husenburg.*
Huserin. *Hüsseren* (c⁰⁰ de Wintzenheim).
Huserschloss. *Husenburg.*
Husgauw. *Hausgauen.*
Huszen. *Hüssern* (cᵒⁿ de Sᵗ-Amarin).
Hütingen. *Jettingen.*
Hûtmatte. *Huetmatten.*
Hüttebach. *Ruisseau des Basses-Huttes.*
Huttes (Basses). *Basses-Huttes.*
Huttes (Hautes). *Hautes-Huttes.*
Huttigermühle. *Huttingen.*
Huttstetten (Ze)... Zer Hvtstet, 1380 (reg. du Steinenkloster de Bâle). *Hofstetten,*
Huwenloch. *Heuloch.*
Hvndelinsberge; Hûndelsberge. *Hindersberg.*
Hymelrich. *Himmelrich.*
Hyrslandt. *Hirschland.*

I

Ibisheim. *Jebsheim.*
Igelsbach. *Egelsbach.*
Ilchicha. *Illzach.*
Ilczich. *Illzach.*

Illa. *Ill.*
Illechick. *Illzach.*
Illefurt. *Illfurth.*
Illentspring. *Ill.*
Illenvûrt. *Illfurth.*
Illerthal. *Illerten.*
Illichick. *Illzach.*
Illienkopf. *Lilienkopf.*
Illitziche. *Illzach.*
Illzacher strass. *Hochsträssle.*
Ilzicha; Ilzecha. *Illzach.*
Imerill. *Merelles.*
Imersberg. *Sanct-Imersberg.*
Imprimerie (L'). *Fabrique* (*La*).
Im willer. *Willer* (Bergheim).
Incmersberg. *Einchmersperg.*
Inder aa. *Hinter-Ah.*
Ingelsod. *Angeot.*
Ingolsat. *Angeot.*
Ingwiller, vill. inconnu cité, en 1453, près de Rädersheim. — *Vff den ingwilr weg... nydwendig ingwilr* (cart. de Murbach).
Inwiler. *Willer* (Bergheim).
Ipsenhein. *Jebsheim.*
Isenburc. *Isenburg.*
Isinheim. *Isenheim.*
Itenbusen. *Diethausen-Mühle.*
Iutenloch. *Judenloch.*

J

Jabeaumont. *Jaboumont.*
Janesberg. *Johannisberg.*
Järmen. *Jermen.*
Jebenshein. *Jebsheim.*
Jebinesheim. *Jebsheim.*
Jebschen. *Jebsheim.*
Jellienkopf. *Lilienkopf.*
Jesslin. *Josen.*
Joel (La Grange). *Grange-Joël* (*La*).
Johannsbrunnen. *Sanct-Johannsbrunnen.*
Johannsbrünnlen (Sanct). *Obrendorf.*
Johannsthal. *Sanct-Johannsthal.*
Jonchet; Joncheot. *Jouchet.*
Joncoz. *Jungholtz.*
Jörmen. *Jermen.*
Jüdelinshuss. *Bonhomme* (*Le*).
Judengottsacker. *Cimetière juif* (*Le*).
Jüdlinsrain. *Jetelesrain.*
Jules César. *Chemin de Jules César.*
Juncheres; Juncherye. *Joncherey.*
Juncholz. *Jungholtz.*
Junckerbanchoff; Junckerhansenkopf. *Kohlberg* (*Le Petit-*).
Jnngeris. *Joncherey.*
Jungholz dinghof. *Munster.*

Jung Münsterol. *Montreux-Jeune.*
Jurassus. *Jura.*
Justice. *Galgen.*

K

Kacewang. *Katzenwangen.*
Kädererhäusel. *Ketterleshäusel.*
Kahlenberg. *Kalberg.*
Kaisbourg. *Geisbourg.*
Kaiserslachen. *Kayserslachen.*
Kalennberg. *Kalberg.*
Kalenwasen. *Ballon* (*Petit-*).
Kalgacker. *Galgacker.*
Kallenburg. *Kalberg.*
Kalmen; Kalmet. *Chalmont.*
Kaltarssenn (Vf dem). *Kalterst.*
Kaltbrunn. *Kaltenburn.*
Kaltenbach. *Krebsbächle.*
Kaltenborny. *Kaltenburn.*
Kaltenbrunn. *Froide-Fontaine.*
Kaltenbvrnen. *Froide-Fontaine.*
Kaltenthal. *Froideval.*
Kaltiherberg. *Emlingen.*
Kammespfadt. *Kamispfad.*
Kapelhof. *Soultz.*
Karlins weg. *Bilgerweg.*
Karlispach. *Carspach.*
Karolspach. *Carspach.*
Karspach; Karstbach. *Carspach.*
Kastelweege. *Castelweg.*
Kastenholtz. *Kastenwald.*
Kätschengratt. *Caschmatt.*
Kattenbach. *Kaltenbach* (cⁿᵉ de Dürmenach).
Katzenbach. *Katzenwiller.*
Katzendal. *Katzenthal.*
Katzenstein. *Kätzelstein.*
Katzenwangenbruck. *Katzenwangen.*
Katzewanck müle. *Katzenwangen.*
Katzinthal. *Katzenthal.*
Kaysers dinghof. *Éguisheim.*
Kazzematten. *Katzenmatten.*
Kazzental. *Katzenthal.*
Kcer. *Kehr.*
Keferloch; Kefferloch. *Käferloch.*
Kefersberge; Kefferberg. *Käferberg.*
Kefferlaub. *Käferlaub.*
Kegen (Das). *Kägy.*
Kehrlenbach. *Kärlenbach.*
Keiblachen. *Kaibylachen.*
Keil. *Kellacker.*
Keimps. *Kembs.*
Keisirsberg. *Kaysersberg.*
Kekingen; Kekingsem. *Kingersheim.*
Kelbling. *Kälblin.*
Kele (In dem). *Kehl* (*Im*).
Kelin. *Kälblin* (cⁿᵉ de Fréland).

TABLE DES FORMES ANCIENNES.

Kelle. *Kehl.*
Kellman. *Côln.*
Kelmenrain. *Chalmont.*
Kelmet. *Chalmont.*
Kelwyling. *Kälwling.*
Kembiz. *Kembs.*
Kemhartzstein. *Reinhardstein.*
Kemz. *Kembs.*
Kenenringuen. *Knöringen.*
Keracker. *Kehracker.*
Kerlisweeg. *Bilgerweg.*
Kermere. *Guémar.*
Kerpholtz. *Kerbholtz.*
Kesberg. *Käsberg.*
Kesche. *Ketsch.*
Kesselach. *Köstlach.*
Kestenholtz. *Châtenois.*
Kesyrsperch. *Kaysersberg.*
Ketzisbruck. *Katzenwangen.*
Ketzlerpfaad. *Kötzler.*
Keübengrub. *Kaibengrub.*
Keuerloch. *Käferloch.*
Keuonet. *Guevenatten.*
Keurvé. *Cœurvé.*
Keybacker. *Kaibacker.*
Keybenwüste. *Kaibenwüste.*
Keycrsberg. *Kaysersberg.*
Keyserstein. *Kayserstein.*
Keyszpfat. *Kiespfad.*
Khuenheim. *Kuenheim.*
Kiderlin. *Kitterlé.*
Kienberg. *Kühberg.*
Kieshübel. *Gisübel.*
Kilchberg. *Kirchberg.*
Kilchbühel. *Kilbel.*
Kilchhein. *Kirchheim.*
Kilchmatt. *Kilmat.*
Kilchpühel. *Kirchbühl.*
Kilchtal. *Kiltalberg.*
Killtbach. *Kilbach.*
Kilwartacker. *Kilbertacker.*
Kintzelen feld. *Kientzelin.*
Kintzingerfeld. *Kintzingen.*
Kintzingergasse. *Kintzingen.*
Kippen. *Küppenen.*
Kirchenboel. *Kilbel.*
Kirrenbourg. *Kürenbourg.*
Kissübel. *Gisübel.*
Kläfen. *Kleff.*
Klapperbach. *Kleberbach.*
Klasbronn. *Glasbirnen.*
Klebbach. *Klebach.*
Kleben. *Klebach.*
Kleckelberge. *Glöckelberg.*
Klein Annathal. *Annathal.*
Kleinbelchen. *Ballon (Petit-).*
Klein Biebly. *Biehly.*
Klein Bock. *Bock.*

Klein Brunn. *Petite-Fontaine.*
Klein-Chaffnat. *Chavanatte.*
Klein Einsiedlen. *Hubach.*
Kleinen Eigen. *Kleiney.*
Klein Hasenlochruntz. *Hasenloch.*
Klein-Kohlberg. *Kohlberg (Le Petit-).*
Klein-Kreuz. *Petit-Croix.*
Klein Landau. *Petit-Landau.*
Klein Leberau. *Petite-Lièpvre.*
Klein Menglatt. *Magny (Petit-).*
Klein Pfingstberg. *Pfingstberg.*
Klein Rappoltstein. *Ribeaugoutte.*
Klein-Sanct-Morand. *Saint-Morand (Petit-).*
Kleinthalbach. *Fecht.*
Klepfelbach. *Kleffelbach.*
Klepferhof. *Looshag.*
Klingelruntz. *Klingelle.*
Klingnaw. *Klingenau.*
Klinulis rein. *Kleinalles.*
Klûsterlin. *Klösterle.*
Koboltzacker. *Kobelsberg.*
Koehrenburg. *Kürenbourg.*
Köffholcz. *Kaufholtz.*
Kohlenbühl. *Gallebichl.*
Kohlhausen. *Grosskohlhausen et Kleinkohlhausen.*
Kolmere. *Cölmar.*
Kölmet. *Chalmont.*
Kolsenlack. *Kohlschlag.*
Komthurey. *Appenwihr.*
Köngerssheim. *Kingersheim.*
Konhusen. *Küehusen.*
Konisheim; Konsheim. *Kientzheim.*
Könisheim; Könshein. *Kientzheim.*
Köntzbeim. *Kientzheim.*
Korbusasz. *Korvisa.*
Korenbach; Körenbach. *Kürenbach.*
Köstenholz. *Kastenwald.*
Kotzen mathen. *Katzenmatten.*
Kowolsberg. *Kobelsberg.*
Kozenlande. *Katzenland.*
Kragenbach. *Kreyenbach.*
Kragen büchel. *Kreyenbühl.*
Krähenberg. *Kreyenberg.*
Kranckstan. *Granstall.*
Krasskopf. *Krastlen.*
Kratzen. *Gresson.*
Krebsbachruntz. *Krebsruntz.*
Krebsmühle. *Moulin de l'Écrevisse.*
Kreewinckel. *Krehwinckel.*
Kregenbach. *Kreyenbach.*
Kreienbach. *Kreyenbach.*
Kroms. *Krimbs.*
Krentzingen. *Grentzingen.*
Kretschy. *Cretschi.*
Kreüchenbach. *Kreyenbach.*
Kreutz. *Beim Kreutz.*

Kreutzbach. *Krützbach (Lautenbach)*
Kreuzstrasse. *Croisée-des-Routes.*
Kreywasen (Alte). *Altenkray.*
Krispingen. *Crispingen.*
Krist. *Chrisch.*
Kristburne. *Christbrunnen.*
Kritzbach. *Krützbach (Stosswihr).*
Krod. *Kroth.*
Krörberg. *Grör.*
Krottenstûl (Zum), cité, en 1535 près de Ranspach-le-Haut (terr. de Saint-Alban).
Kruholtz. *Groholtz.*
Krummelinge. *Grümling.*
Krümpell. *Grümble.*
Krutenowe. *Krutenau.*
Krütz. *Croix.*
Kryspingen. *Crispingen.*
Küfis. *Kiffis.*
Kugewasen. *Kühwasen.*
Kühlbach. *Kilbach.*
Külbert. *Kilbert.*
Kümelin. *Kummele.*
Kummerstroff. *Gommersdorf.*
Künberg. *Kühberg.*
Kühenhusen. *Küehusen.*
Kungersshin. *Kingersheim.*
Kùngesboume. *Königsbaum.*
Kunglieu. *Cunelière.*
Küngstuol. *Königstuhl.*
Kunhusen. *Küehusen.*
Küniglieren. *Cunelière.*
Kunsheim. *Kientzheim.*
Kuntzhof. *Gundshof.*
Kürenbach. *Kürenbach.*
Kurzel. *Courcelles.*
Küszpfat. *Kiespfad.*
Kutschenweg. *Bilgerweg. Burgweg.*
Kuttelbach. *Waldbach.*
Kvuis. *Kiffis.*
Kyach. *Keicht.*
Kyburg dinghof. *Éguisheim.*
Kyffelweg. *Kiffelweg.*
Kyssz (Im): *Kiespfad.*

L

La Baroche. *Baroche (La).*
Läberachtal. *Val-de-Lièpvre.*
Labeu. *Beu (La).*
Lac Blanc. *Blanc (Lac).*
Lachapelle. *Chapelle (La).*
Lacheraht stoin. *Locherstein.*
Lac Noir. *Noir (Lac).*
La Collonge. *Collonge (La).*
La Condamine. *Condamine (La).*
Lacus album. *Blanc (Lac).*
Lacus nigrum. *Noir (Lac).*

TABLE DES FORMES ANCIENNES.

Ladig. *Lattig.*
Lagelnheim. *Logelnheim. Dürrenlogelheim.*
Lagenheim; Lagelheim. *Logelnheim.*
Lagilrichem. *Logelnheim.*
Lagrange. *Grange (La).*
Laibetain. *Lebetain.*
Laimaha. *Liepvrette.*
Laisisse. *Assise (L').*
L'Allemand-Rombach. *Allemand-Rombach (L').*
Laltriff. *Altriff.*
La Madeleine. *Madeleine (La).*
La Mase. *Maze (La).*
La May. *Maie (La).*
Lamiotte. *Miotte (La).*
La Motte. *Motte (La).*
Lamprecht. *Lambert.*
Landauw. *Petit-Landau.*
Landeck. *Petit-Landau.*
Landesere; Landeschr. *Landser.*
Landeskrone. *Landskron.*
Landespurg. *Hohlandspurg.*
Landisera. *Landser.*
Landisperch. *Hohlandspurg.*
Landovwa. *Petit-Landau.*
Landscrona. *Landskron.*
Landsehr. *Landser.*
Landserweg. *Altstrass* (de Landser à Altkirch).
Landspurg; Landsperg. *Hohlandspurg.*
Landsträssle. *Hochsträssle.*
Langenfelderkopf. *Wirbelkopf.*
Langental. *Landel.*
Langenwasen. *Longtrait.*
Langmannwerckh. *Lammammert.*
Lansenwasen. *Lentzwasen.*
Lansere. *Landser.*
Lanspurc. *Hohlandspurg.*
Lantwatte. *Landwasser.*
Lantzberg. *Hohlandspurg.*
Lantzkron. *Landskron.*
Laperelle. *Praille (La).*
La Perouse. *Perouse (La).*
Lapis. *Girsberg.*
Lapoultroye. *Poutroye (La).*
La Poussiere. *Bussière (La).*
Lappelhaus. *Labelhaus.*
Lapperbuckel. *Laberenbuckel.*
Larga. *Niederlarg et Oberlarg.*
Largenhäuser. *Liesbach* (c^{ne} de Blotzheim).
Large-Pré. *Breitematt.*
Largis. *Largitzen.*
Larivière. *Rivière (La).*
La Roche. *Girsperg.*
Lärtzbach. *Lertzbach.*
Lassières. *Lachières.*

Lathoff. *Ladhoff.*
Lätzen Berg. *Letzenberg.*
Laubengassen. *Laubeck.*
Lauchenweyer. *Lauchen.*
Lauchmühl. *Lauchenmühle.*
Laufenbüchle. *Lauffach.*
Lausbühn. *Lüssbühn.*
Lausritt. *Lussritt.*
Laussbühl. *Lüssbiehl* (Sigolsheim).
Laussenberg. *Lüssberg* (Heywiller).
Lautenbach. *Luttenbach.*
Lautereich. *Luttereichwald.*
Lauther. *Lutter.*
Lauvecq. *Laubeck.*
Lavuncurt. *Levoncourt.*
Leberach. *Lièpvre. Liepvrette.*
Leberatzwiller. *Leibersheim.*
Leberau. *Lièpvre.*
Leberthal. *Val-de-Lièpvre.*
Lebeucourt. *Liebsdorf.*
Lebra. *Liepvrette.*
Lebrahense monasterium. *Lièpvre.*
Lebrotzhein, 1284 (cons. de Saint-Alban). *Leibersheim.*
Lechincourt. *Ligsdorf.*
Lehgibel. *Ligübel.*
Leiberscbegasse. *Leibersheim.*
Leimen. *Leymen.*
Leimental. *Leymenthal.*
Leimone. *Leymen.*
Leintal. *Linthal.*
Leis Bügel. *Lüssbuckel.*
Leiverathesheim. *Leibersheim.*
Lemblysperg; Lemelsporg. *Lenspurg.*
Lément. *Leyman.*
Lemental. *Leymenthal* (Wettolsheim).
Lempe. *Leupe.*
Lemsperg. *Lenspurg.*
Lentzenackher. *Lantzenacker.*
Leporensis cella. *Lièpvre.*
Lerchenvelde. *Lerchenfeld* (Sigolsheim).
Lerichen velde. *Lerchenfeld* (Zimmerbach).
Leütschen. *Leitschen.*
Leüttin. *Litt.*
Leüw. *Ley.*
Leuwertzeim. *Leibersheim.*
Levrier (Roches du). *Roches du Levrier.*
Lewe. *Leye.*
Lewenberg. *Leyenberg.*
Lewuncort. *Levoncourt.*
Leyhausenhof. *Leuhausen.*
Leymbach. *Leimbach.*
Libeten. *Liebenstein.*
Lichebach. *Luschbach.*
Lieben Frauen. *Notre-Dame.*

Liebenthal. *Lebetain.*
Liebesdorf. *Liebsdorf.*
Liebesthein. *Liebenstein.*
Liebstein. *Liebenstein.*
Liebtal. *Lebetain.*
Liedeschen Brun. *Leitschenbrunnen.*
Lieferscher. *Liverselle.*
Lieglein. *Lüeglen.*
Lielisine. *Holtzwihr.*
Liepretzwilr. *Liebentzwiller.*
Liesacker. *Lüssacker.*
Liesbiehl. *Lüssbiehl.*
Liesbüchel. *Lüssbiehl.*
Liesenbühl. *Lüssbiehl.*
Liespach. *Liesbach.*
Lieu-Croissant. *Soultz.*
Lilenselida. *Holtzwihr.*
Liliskilch; Liliskirch. *Saint-Blaise* (Bettlach).
Linchstorf. *Linsdorf.*
Lingelberg. *Lengenberg.*
Lintel. *Linthal.*
Lintpach. *Limbach.*
Liproch. *Libruck.*
Lisenmis. *Lissermiss.*
Lispel. *Lüspel.*
Lissberg. *Lüssberg* (Niedermorschwiller).
Lissbrunnen. *Lüssbrunnen.*
Lissfeld. *Lüssfeld.*
Lissgraben. *Lüssgraben.*
Lisshag. *Lüsshag.*
List (Im). *Im List.*
Lita; Lite. *Litt.*
Litten. *Notre-Dame-du-Chêne.*
Litzelbach. *Lützelbach.*
Lix (La). *Lice (La).*
Lobe (La). *Laube (La).*
Lobecke. *Laubeck.*
Löbegken walt. *Laubeck.*
Lobigassen. *Laubeck.*
Löbretzheim. *Saint-Marc.*
Lŏcha. *Lauch.*
Lochenschühe. *Lochschuh.*
Locherechtigen stein. *Locherstein.*
Locheretenstein. *Locherstein.*
Lochtelweyer. *Lachtelweyer.*
Loch Wirth. *Löchly.*
Loci-crescentis. *Soultz.*
Loebecke. *Laubeck.*
Loewenhausen. *Leuhausen.*
Loffcia. *Lauffach.*
Löffeldorf. *Cunelière.*
Loffichia. *Lauffach.*
Lögelin. *Lüeglen.*
Logenberge. *Logelenberg.*
Loglen. *Logelnheim.*
Lohegraben. *Lohgraben.*

Löhelin. *Löhly.*
Lohin. *Löhen.*
Loi (S.). *Saint-Éloy* (Bretten).
Loies. *Éloye.*
Loigerot. *Lozeral.*
Löllin. *Löhly.*
Lomiswiler. *Luemschwiller.*
Lone. *Lohn.*
Longchamps. *Langenfeld* (Kirchberg).
Longue Roye. *Longeroie.*
Lontenbach. *Lundenbach.*
Loon. *Lohn.*
Lopelhos. *Labelhaus.*
Lopestorff. *Liebsdorf.*
Loprande. *Laubbrand.*
Lörchenberg. *Lerchenberg.*
Lorettathal. *Notre-Dame-de-Lorette.*
Lorfaha. *Lauffach.*
Lorvelde. *Lohrfelde.*
Lotherechen stein. *Locherstein.*
Lothringen staig. *Steige* ou *Col de Buissang.*
Lott-Aspi. *Aspach* (c^{on} d'Altkirch).
Löubbrande. *Laubbrand.*
Löuchach. *Lauch.*
Louche. *Lusche.*
Louchepah. *Luschbach.*
Louisritt. *Lussritt.*
Loussberg. *Lüssberg.*
Löuweren. *Lauberrain.*
Lovechsberch. *Luxberg.*
Lovfaha. *Lauffach.*
Lowbegasse. *Laubeck.*
Löwenberg. *Leyenberg.*
Löwenkraft. *Leyenkraft.*
Löwenstein. *Lauenstein.*
Löwenwald. *Lehwald.*
Lowerin. *Lauberrain.*
Lowoncourt. *Levoncourt.*
Löw wolf. *Leywolf.*
Loyge. *Éloye.*
Lubendorf. *Levoncourt.*
Lucela. *Lucelle.*
Lucelaco. *Lucelle.*
Lucelain; Lucelan; Lucelans. *Lucelle.*
Lucelwilre. *Wihr* (Stosswihr).
Luchesdorff; Luchsdorf. *Ligsdorf.*
Luchsmatten. *Lustmatten.*
Lucicella. *Lucelle.*
Lucila. *Lucelle.*
Luckesmatten. *Ligsmatt.*
Ludra. *Lutran.*
Ludrischbrunn. *Ludringen.*
Lufendorf. *Levoncourt.*
Lugestorf. *Ligsdorf.*
Luginsmatten; Lugkinsmatten. *Ligsmatt.*
Luicstorff. *Ligsdorf.*

Lülenberg. *Lilienberg.*
Lullestorf. *Linsdorf.*
Lülliskilch. *Saint-Blaise* (Bettlach).
Lumeswilre; Lumschwiller. *Saint-Pierre* (Lucelle).
Lůmswilr; Lvemeswilr. *Luemschwiller.*
Lunarischilche. *Saint-Blaise* (Bettlach).
Lunarsschilche. *Saint-Blaise* (Bettlach).
Lünsenberg. *Linsenberg.*
Luotre. *Lutter.*
Luoverspach. *Luefersbach.*
Lupach. *Luppach.*
Luscelant. *Lucelle.*
Lůseböl; Lüsebühel; Lůsebuel. *Lüssbiehl.*
Lüssbücheli. *Alte Burg.*
Lutenbach. *Lautenbach.*
Lutenbach Celle. *Lautenbach-Zell.*
Luterbach. *Lutterbach.*
Lutinbacense. *Lautenbach.*
Lutra; Lutre. *Lutter.*
Lutrebach. *Lutterbach.*
Lutter. *Lutran.*
Lutterbach (Minor). *Kleindorf.*
Lutteren. *Lutran.*
Lültpach. *Luppach.*
Luttre. *Lutter.*
Lützel. *Lucelle.*
Lutzela. *Lucelle.*
Lützelhof. *Ensisheim.*
Luvendorf. *Levoncourt.*
Luxdorf. *Ligsdorf.*
Luzela; Luzelahe. *Lucelle.*
Luzzelenbach. *Lützelbach.*
Lydt. *Litt.*
Lyeferschell. *Liverselle.*
Lylly. *Lilly.*
Lymberg. *Limberg.*
Lynbach. *Limbach.*
Lyssbüchel. *Lüssbiehl* (Illzach).
Lyt. *Litt.*

M

Machstatt. *Magstatt-le-Bas.*
Machtolsheim. *Saint-Jean.*
Magesstet. *Magstatt-le-Bas.*
Magnier. *Magny* (Joncherey).
Mahstatt. *Magstatt.*
Maigny. *Magny* (Le).
Maingni-Bonnoil. *Magny* (Chèvremont).
Maison neuve (La). *Am Stutz.*
Maison rouge. *Vieille-Poste.*
Maisons du haut. *Auxelles-Haut.*
Maisonvaulx. *Massevaux.*
Malaczhag. *Maltzhag.*
Malatière. *Belfort. Maltière.*

Malatzbrücklin. *Pfaffenheim.*
Malberspach. *Malmerspach.*
Maletzbach. *Maltzbach.*
Malotzacker. *Maltzacker.*
Malsocie. *Malsaucy.*
Maltzacker. *Friessen.*
Maltzacker. *Munster.*
Maltzebrůch. *Maltzenbruch.*
Maltzenbrunnen. *Oberlarg.*
Maltzweg. *Altkirch.*
Malvaux. *Malevaux.*
Malwersbach. *Malmerspach.*
Mambert. *Mamberg.*
Mangelot. *Magny.*
Mannsperg. *Manis.*
Mantzenhall. *Martzehallen.*
Manwerck. *Mamberg.*
Marcbach. *Marbach.*
Marcheois. *Marchat.*
Marckolsheim. *Machtolsheim.*
Märcksweg. *Merckensweg.*
Margbach. *Marbach.*
Margbühel. *Marbühl.*
Märgenbach. *Merckenbach.*
Mariabronn. *Notre-Dame-de-Mariabrunn.*
Mariabrunn. *Notre-Dame-de-Belle-Fontaine.*
Maria Eich. *Notre-Dame-du-Chêne.*
Maria Helfenbein. *Notre-Dame-de-Helfenbein.*
Mariahilf. *Notre-Dame-de-Bon-Secours.*
Maria im Feld. *Notre-Dame-des-Champs.*
Maria Schnee. *Notre-Dame-des-Neiges.*
Marie (Sainte). *Notre-Dame-des-Champs.*
Marie-aux-Mines (Sainte). *Sainte-Marie-aux-Mines.*
Mariville. *Ammerschwihr.*
Markirch. *Sainte-Marie-aux-Mines.*
Markpach. *Marbach.*
Märle. *Merel.*
Marmenin; Marmennin. *Marmagny.*
Marppach. *Marbach.*
Marsch. *Merschy.*
Märschen. *Merschen.*
Marswil. *Mortzwiller.*
Martinet. *Hammerschmiede.*
Marxen. *Merxheim.*
Mase (La). *Maze* (La).
Masmünster. *Massevaux.*
Mason. *Màsat* (Le).
Masonis monasterium. *Massevaux.*
Mason Mostier. *Massevaux.*
Masopolis. *Massevaux.*
Masunual. *Massevaux.*
Matenheim. *Modenheim.*

TABLE DES FORMES ANCIENNES. 245

Matbinhaim. *Modenheim.*
Mathisen Husel (G^{re}). *Mathishaus.*
Matholzheim. *Machtolsheim.*
Mathunheim. *Modenheim.*
Mattenheim. *Modenheim.*
Mattmühl. *Mattenmühle* (Uffheim).
Mauer. *Francken.*
Maurobaccus. *Murbach.*
Mauront. *Moron.*
Maurowiler. *Niedermorschwiller.*
Mauvais esserts (Les). *Esserts (Les).*
May (La). *Maie (La).*
Mazopolis. *Massevaux.*
Mecerol. *Metzeral.*
Mechlenbach. *Michelbach.*
Medius Eysthein. *Mittelentzen.*
Megden-cell. *Saint-Marc.*
Megeisberg. *Mägeisberg.*
Meginheim. *Meyenheim.*
Meieneim. *Meyenheim.*
Meienhart. *Meyenhart.*
Meigenhart. *Meyenhart.*
Meigenheim. *Meyenheim.*
Meiginbanat? *Mainberte.*
Melckerbütte. *Hütten.*
Melkorn. *Molckenrain.*
Mempe. *Manspach.*
Mendelach. *Magny.*
Menenburn. *Monenbrunn.*
Menglatt. *Magny.*
Mennewege. *Menweg.*
Mennigstein. *Mengenstein.*
Merchenebeim; Merchenseim. *Merxheim.*
Merckeshein; Merckhisheimb. *Merxheim.*
Merille. *Merolles.*
Meritz. *Mertzen.*
Merkensheim. *Merxheim.*
Merlenruntz. *Merelruntz.*
Mernet; Mereneys. *Marnet.*
Merons. *Meroux.*
Meroulx; Meroulz. *Meroux.*
Mersberg. *Morimont.*
Mertelingen; Mertlingen. *Meroux.*
Mertzburnen. *Mertzenbrunn.*
Mertzenborn. *Mertzenbrunn.*
Mertzen ouw. *Mertzau.*
Meterol. *Metzeral.*
Mettenowe. *Mettenau.*
Meydersheim. *Müetersheim.*
Meynhartswinckel. *Meyenhart.*
Mezzerol. *Metzeral.*
Miche (Goutte la). *Mêche (La).*
Michelenberch. *Mechlenberg.*
Michellenbach; Michelnbach. *Michelbach-le-Bas.*
Michelveld. *Michelfelden.*

Midern. *Mitter.*
Mielles (Étang des). *Étang des Mielles.*
Miesz. *Misse.*
Mietersheim. *Müetersheim.*
Milaw. *Mollau.*
Milbach. *Mühlbach* (c^{rn} de Munster).
Milholmess. *Mühlholtzmiss.*
Milmen. *Mülmen.*
Mimingen. *Menoncourt.*
Mine de plomb. *Bleigrub.*
Mineur. *Goutte-du-Mineur.*
Mineur. *Tête-du-Mineur.*
Miningen. *Menoncourt.*
Minnewiler; Minnwilr. *Meywihr.*
Minrewilr. *Meywihr.*
Minrewire. *Meyburg.*
Minrremwilre. *Meywihr.*
Minsterueil le Chestel. *Montreux-Château.*
Mirtzbach. *Mitzach.*
Miserach. *Mésiré.*
Miserey. *Mésiré.*
Mitelemberch. *Mittelberg.*
Mitelen Müspach. *Mittelmuespach.*
Mitenwilre. *Mittelwihr.*
Mittegvilre. *Mittelwihr.*
Mittelach; Mittela. *Mittlachmühle.*
Mittelallmatt. *Altmatt.*
Mittelburg. *Wahlenburg.*
Mittelenwilr. *Mittelwihr.*
Mittel Hartzbächle. *Hartzbächle.*
Mittel nusse. *Nuss.*
Mittelweiler. *Mittelwihr.*
Mittelwilre. *Mittelwihr.*
Mittilinberk. *Mittelberg.*
Mitwir. *Mittelwihr.*
Modenheimer weg; Modenheimer-strass. *Hochträssle.*
Moderazboltz. *Müetersholtz.*
Moeche. *Mêche* (La).
Moidreux. *Moindry.*
Moisonual. *Massevaux.*
Molamont. *Moramont.*
Möllinen gotten. *Mellingotten.*
Molsacker. *Maltzacker.*
Monasteriolum Conflentis. *Munster.*
Monasterium Sanctæ Mariæ. *Ottmarsheim.*
Monasterium Sancti Gregorii. *Munster.*
Monbetun. *Montbouton.*
Monceau. *Monseau.*
Moncenhin. *Muntzenheim.*
Mönchhof. *Münchhof.*
Mönchsberg. *Müntzberg.*
Mondry. *Moindry.*
Monenburnen. *Monenbrunn.*
Monesensisbeim. *Muntzenheim.*
Monewiler. *Munwiller.*

Monjolet. *Montayatte.*
Mons Oliveti. *Olenberg.*
Monspach. *Manspach.*
Mons-Sigwaldi. *Sigolsheim.*
Monstereux le Châtel. *Montreux-Château.*
Monstrey. *Montreux.*
Mont (Cense du). *Salbert* (Le).
Montagne des Boules. *Boules (Montagne des).*
Montat. *Mundat Supérieur.*
Montceau. *Monseau.*
Montebetone. *Montbouton.*
Monte Sigoldo (In). *Sigolsheim. Oberhof.*
Montfermier. *Montfremier.*
Montlembach. *Molembach.*
Montlibre. *Kaysersberg.*
Montreux (Riv. des). *Aine (L').*
Montreux-libre. *Montreux-Château.*
Montsellard. *Mont-Sallé.*
Monttingol. *Montingo.*
Mönweg. *Menweg.*
Morbach. *Murbach.*
Morchenfeldd. *Mordfeld.*
Mörenkopf. *Märenkopf.*
Morenze; Mörentze. *Mertzen.*
Moreszwilere. *Obermorschwihr.*
Morfeld. *Mordfeld.*
Moritz; Möritzen; Moritzheim. *Mertzen.*
Moritzhaldenn. *Mauritzhäulen.*
Moritzweiler. *Mortzwiller.*
Mörlein. *Merel.*
Mörlingen. *Meroux.*
Mormaingny. *Mortzwiller.*
Mörschen. *Merschen.*
Morsperc; Mörsperg; Mörsperch; Mörspurg. *Morimont.*
Morsperg, cit. ann. 1200, à Gueberschwihr (Mat. Berler, 19).
Morswilare. *Obermorschwihr.*
Morswiller. *Morvillars.*
Morswilr. *Niedermorschwiller.*
Morswilre. *Niedermorschwihr.*
Morswilre. *Obermorschwihr; Obermorschwiller.*
Mortzveiler. *Mortzwiller.*
Morvilers. *Morvillars.*
Mosa. *Moos.*
Moschbach. *Moospach.*
Mosere. *Mésiré.*
Moss. *Moos.*
Mostereulx. *Montreux-Château.*
Mosteroulx. *Montreux-Vieux.*
Mostureux. *Montreux-Vieux.*
Mosturieulx le Chaistel. *Montreux-Château.*
Mosz. *Moosch.*

Motriseun. *Müetersheim.*
Mottenheim. *Modenheim.*
Moulin Amele. *Auemühle.*
Moulin à poudre. *Pulvermühle.*
Moulin Aubeus. *Moulin des Beusses.*
Moulin bas. *Niedermühle.*
Moulin bas. *Untermühle.*
Moulin bas. *Herschaftmühle.*
Moulin Bouray. *Moulin du Canal.*
Moulin brûlé. *Mattenmühle* (Sainte-Croix-en-Plaine).
Moulin Buck. *Bock.*
Moulin du Couvent. *Klostermühle.*
Moulin du Petit-Pont. *Brücklenmühle.*
Moulin haut. *Obermühle.*
Moulin inférieur. *Untermühle.*
Moulin neuf. *Neuemühle.*
Moulin supérieur. *Obermühle.*
Moulin vieux. *Altmühle.*
Moulin Wolfensberger. *Bock.*
Mourbach. *Murbach.*
Moussure. *Mossure.*
Movalz. *Moval.*
Movaulx; Movaulz. *Moval.*
Muatte. *La Miotte.*
Muchental. *Muckenthal.*
Müden. *Muthen.*
Muerbach. *Murbach.*
Muering. *Muring.*
Muesbach. *Musbach.*
Mühlbach. *Ichert.*
Mühlbach. *Logelbach.*
Mühlbach. *Quatelbach.*
Mühlbach. *Sauruntz.*
Mühlbach. *Strengbach.*
Mühlbach. *Weyerbach.*
Mühlbach. *Willerbach.*
Mühle (Die). *Moulin (Le).*
Mühlgüessen. *Mühlbach* (Ottmarsheim).
Mühlmatten. *Mülmen.*
Muilnhusen. *Mulhouse.*
Mulebac. *Mühlbach* (c^{on} de Munster).
Mulebach. *Strengbach.*
Mulenhusen. *Mulhouse.*
Mulenowe. *Mollau.*
Mulestige. *Mühlstege.*
Mulhausen. *Mulhouse.*
Mülhauserstrass. *Altstrass* n° 8 (Niedermorschwiller).
Mulhusio. *Mulhouse.*
Müliforst; Müliuorst. *Mühlfürst.*
Mulinberg. *Mühlberg.*
Mulinhusen. *Mulhouse.*
Mulkren. *Molkenrain.*
Mullowe. *Mollau.*
Mulnhusen. *Mulhouse.*
Mulstigen. *Mühlstege.*

Müming. *Menoncourt.*
Munbattun. *Montbouton.*
Münchberg. *Mönchberg.*
Münchhusen. *Münckhausen.*
Munchstein. *Münchendorf.*
Munckussen. *Münckhausen.*
Munebruoch. *Nonnenbruch.*
Münenbrüch. *Nonnenbruch.*
Munickoven. *Münchhof.*
Munnewilr. *Munwiller.*
Münpetùn. *Montbouton.*
Münsterol. *Montreux.*
Münsterol die Burg. *Montreux-Château.*
Munsterthal. *Val de Saint-Grégoire.*
Munttyo; Muntigon. *Montyon.*
Munzenhein. *Muntzenheim.*
Muorbach. *Murbach.*
Muornache. *Mörnach.*
Muospach. *Moospach. Muespach.*
Muotheresheim. *Müetersheim.*
Muozbach. *Obermuespach.*
Murentzhalden. *Mauritzhaulen.*
Murhauw. *Urhau.*
Murringen. *Muring.*
Musbach. *Moospach.*
Müsch; Müschen. *Mischen.*
Muschynn. *Muschen* (In der).
Müsse. *Misse. Missreben.*
Musse (La). *Mèche (La).*
Müsseburnen. *Muesbrunnen.*
Musterol. *Montreux-Château.*
Musturuil-le-ville. *Montreux-Vieux.*
Mutereshem. *Müetersheim.*
Mutrisseim. *Müetersheim.*
Mutzmur. *Mutzemer Rein.*
Mvncenhein. *Muntzenheim.*
Mvnewilr. *Munwiller.*
Mychelenbacensis ecclesia. *Saint-Apollinaire.*

N

Nablas. *Ablas.*
Namenesheim. *Nambsheim.*
Namessheim; Namisheim; Namsen. *Nambsheim.*
Nanmenshein. *Nambsheim.*
Narberg; Narrenberg. *Arbourg.*
Naux (Les). *Nols (Les).*
Nechstal. *Nesthal.*
Nellenburn. *Ellerburn.*
Nesle (Tour de). *Nesselthurm.*
Neu Arbeit. *Arbeit.*
Neudorf. *Auxelles-Haut.*
Neudorf. *Village Neuf.*
Neudörstein. *Neudörfel.*
Neuemühle. *Moulin Neuf.*
Neüe Statt. *Strohstatt.*

Neuhaus. *Pfaffenloch.*
Neuhausen. *Am Stutz.*
Neubosen. *Neuhausen.*
Neuhuss. *Neuhausen.*
Neuritte matt. *Rittimatt.*
Neuschuss. *Grüngiesen.*
Neuwäldkopff. *Tête-des-Neuf-Bois.*
Neuweg. *Chaussée (La).*
Neuwiller. *Novillard.*
Neuwwiller. *Neuwiller* (Brucbach).
Neve Goutte. *Navégoutte.*
Newenberg. *Neuberg.*
Newforen. *Niffer.*
Newhausen. *Neuhausen.*
Neyatte. *Nayatte.*
Niderenherinckheim. *Niederhergheim.*
Nidern eigesshein. *Niederentzen.*
Nidern heringbein. *Niederhergheim.*
Nidern Ramspach. *Ranspach-le-Bas.*
Nidern Statt. *Ribeauvillé.*
Nidersteinbrunn. *Steinbrunn-le-Bas.*
Nidertrobach. *Traubach-le-Bas.*
Niederalchberg. *Alchberg.*
Niederaspach. *Aspach-le-Bas.*
Niederassel. *Auxelles-Bas.*
Niederburbach. *Burbach-le-Bas.*
Niederburg. *Rougemont.*
Niederburg. *Saint-Ulrich* (Château de).
Niederburnhaupt. *Burnhaupt-le-Bas.*
Niedere Ehnerewassermühle. *Moulin du Bas.*
Niederen Schirm. *Schirm.*
Niederhagenthal. *Hagenthal-le-Bas.*
Niederhartzbächle. *Hartzbächle.*
Niederhof. *Sierentz.*
Niederhundsbach. *Hundsbach.*
Niedermagstatt. *Magstatt-le-Bas.*
Niedermarck. *Marck.*
Niedermichelbach. *Michelbach-le-Bas.*
Niedermühle. *Herschaftmühle.* Moulin du Bas. *Rimpelswiller.*
Niederndietenhausen. *Diethausen.*
Niederranspach. *Ranspach-le-Bas.*
Niedersept. *Seppois-le-Bas.*
Niederspechbach. *Spechbach-le-Bas.*
Nieder Stauffen. *Étueffont-Bas.*
Nieder Sultzbach. *Soppe-le-Bas.*
Niedertraubach. *Traubach-le-Bas.*
Niedre Papirmühle. *Fabrique Eck.*
Nigro Pino. *Schwartzentann.*
Nineuch. *Neuneich.*
Nischbach. *Nispach.*
Niveret. *Niffer.*
Noblatsmatt. *Nablasmatt.*
Nodelbach. *Nadelbach.*
Nods (La). *Nos (La).*
Noër ma. *Lac Noir.*
Nöhelin. *Nöhlen.*

TABLE DES FORMES ANCIENNES.

Nolliwilre. *Ollwiller*.
Normanno villario. *Normanvillars*.
Nortgassen. *Nordgasse*.
Noueller. *Novillard*.
Nouiller. *Novillard*.
Noyatte. *Nayatte*.
Noyes vion (Ès). *Novions*.
Nùendorff. *Neudorf* (Berrwiller).
Nüessen math. *Niessenmatt*.
Nueuiller. *Novillard*.
Nùfar. *Niffer*.
Numinine. *Mumeno*.
Nùnburne. *Neunburn*.
Nunnenholtz. *Nonnenholtz*.
Nursee. *Lac Noir*.
Nuvara. *Niffer*.
Nuwelend. *Neuland*.
Nuwenberg. *Neuenberg*.
Nuwendorf. *Neudorf* (Berrwiller).
Nuwenstal. *Neustatt*.
Nuwental. *Neuenthal*.
Nuwenuar. *Niffer*.
Nuweselz. *Neusetz*.
Nuwe Stat. *Ribeauvillé*.
Nuwilr. *Neuwiller*. *Novillard*.
Nydernbercken. *Niederhergheim*.
Nydern hütten. *Basses-Huttes* (Les).
Nyessen garte. *Niessengarten*.

O

Obeneckh. *Effeneck*.
Oberalchberg. *Alchberg*.
Oberaltmatt. *Altmatt*.
Oberaspach. *Aspach-le-Haut*.
Oberassel. *Auxelles-Haut*.
Ober Bergheim. *Bergheim*.
Oberbruggen. *Oberbruck*.
Oberburbach. *Burbach-le-Haut*.
Oberburg. *Meyburg*.
Oberburg. *Rougemont*.
Oberburnhaupt. *Burnhaupt-le-Haut*.
Ober Diethauser mühlen. *Diethausen*.
Oberdorf. *Auxelles-Haut*.
Obere Ehnerewassermühle. *Moulin du Haut*.
Oberen Schirm. *Schirm*.
Oberensimmerstöcklen. *Simmerstöcklen*.
Oberhagenthal. *Hagenthal-le-Haut*.
Oberhartzbächle. *Hartzbächle*.
Oberhundsbach. *Hundsbach*.
Ober Hütten. *Hautes-Huttes* (Les).
Oberkalbach. *Kalbach*.
Obermagstatt. *Magstatt-le-Haut*.
Obermarck. *Marck*.
Obermichelbach. *Michelbach-le-Haut*.
Obermühle. *Moulin du Haut*.

Obern Burcken. *Oberbruck*.
Obern egesshen. *Oberentzen*.
Obern Eygsshen. *Oberentzen*.
Obern glashütten. *Hautes-Huttes* (Les).
Obern Hercken. *Oberhergheim*.
Obern Herinckheim. *Oberhergheim*.
Obern Heringheim. *Oberhergheim*.
Obernmachstatt. *Magstatt-le-Haut*.
Obern Mondath. *Mundat supérieur*.
Obernperckchaim. *Bergheim*.
Obern Ramspach. *Ranspach-le-Haut*.
Obernstatt. *Ribeauvillé*.
Oberranspach. *Ranspach-le-Haut*.
Oberschlück. *Schlück*.
Obersept. *Seppois-le-Haut*.
Ober-Soultz. *Soultz*.
Oberspechbach. *Spechbach-le-Haut*.
Ober Stauffen. *Étueffont-Haut*.
Obersteinbrunn. *Steinbrunn-le-Haut*.
Ober Sultzbach. *Soppe-le-Haut*.
Obertorff. *Oberdorf*.
Obertraubach. *Traubach-le-Haut*.
Obnet. *Ebenet*.
Ochsenueld. *Ochsenfeld*.
Oden Burckheim. *Edenburg*.
Odendorf. *Courtavon*.
Oder. *Odern*.
Oderbechelin. *Oderbächle*.
Oderen (In der). *Roderen*, cne de Blotzheim.
Odstall (Zu). *Götstall*.
Oeleinberg. *Olenberg*.
Oelsperg. *Elsburg* (Herlisheim).
Oengersheim. *Ingersheim*.
Oestenbach. *Estenthal*.
Oezuntal. *Otzenthal*.
Ofen (Der). *Fourneau* (Le).
Ofenbach. *Offenbach*.
Ogey. *Oye*.
Ohltrott. *Huilerie* (L').
Ohrhau. *Urhau*.
Ohsenbach. *Ossenbach*.
Oies (Étang des). *Étang des Oies*.
Olberwilr. *Alschwiller*.
Ole brunnen. *Ohlbrunn*.
Olimberg. *Olenberg*.
Olinberk. *Olenberg*.
Olleberg; Ollenberg. *Olenberg*.
Ollewilre; Ollenwilr. *Ollwiller*.
Ollinwilr. *Ollwiller*.
Olruna. *Dollern*.
Olssberg. *Elsburg* (Herlisheim).
Olsswilr. *Orschwihr*.
Olveret (Bois d'). *Olevret* (Le Bois).
Omadt. *Ohmt*.
Ombach. *Ohmbach*.
Onbach. *Ohmbach*.
Onchisashaim. *Ingersheim*.

Ongensheim. *Ingersheim*.
Ongersheim. *Ungersheim*. *Ingersheim*.
Ongerstein. *Hungerstein*.
Ongirnhaim. *Ingersheim*.
Ongiville. *Ingersheim*.
Ooltingen. *Oltingen*.
Oppidulum Thuringi. *Turckheim*.
Oratenans (Étang d'). *Doratenans*.
Orbé. *Orbey*.
Orbeiz. *Orbey*.
Orbesch. *Orbst*.
Ordtfeld. *Nordfeld*.
Orhau. *Urhau*.
Orenzach. *Ertzach*.
Orincis. *Uruncæ*.
Orschweyr. *Orschwihr*.
Orschwiler. *Orschwihr*.
Orslecht. *Ehrschlecht*.
Orssbach, 1535 (terr. de Saint-Alban). *Hurspach*.
Orssweyler. *Orschwihr*.
Orthmannsbühl. *Colles Ottonis*.
Orthmarsheim. *Ottmarsheim*.
Ossenbüren. *Osenbühr*.
Ostat. *Hotat* (L').
Ostein. *Ostheim*.
Ota. *Hotat* (L').
Otalesviler. *Orschwihr*.
Otensbühel. *Colles Ottonis*.
Othmaresham. *Ottmarsheim*.
Otinspoele. *Colles Ottonis*.
Otmershein. *Ottmarsheim*.
Ottendorf. *Courtavon*.
Ottensbühl. *Colles Ottonis*.
Ottenspül. *Colles Ottonis*.
Ottenswilr. *Otzenwiler*.
Otzenbach. *Entzenbach*.
Ougstelin. *Augstelin*.
Ourdon. *Ordon*.
Ours (Étang de l'). *Étang de l'Ours*.
Ouw (In der). *Lauw*.
Ovgenbrunnen. *Augbrunnen*.
Ovgey. *Oye*.
Owa. *Aue* (Soultz).
Owe. *Aue* (L') (Colmar).
Oyches. *Ouches*.
Oychottes. *Ouchattes*.
Oys. *Oye*.

P

Pachina. *Fecht*.
Pachstatt. *Pfastatt*.
Padats (Bois des). *Patat*.
Paechlen. *Bächle*.
Paffenhen. *Pfaffenheim*.
Pafon. *Phaffans*.
Pages (Les). *Espace* (L').

Pagouzelle, 1564 (Bonvalot, *Les coutumes du val d'Orbey*, 8). *Baroche (La)*.
Paisquerot. *Pequirot*.
Paisquier. *Pâquis*.
Palcove. *Balgau*.
Palgouua. *Balgau*.
Pancinhaim. *Bantzenheim*.
Pannholtz. *Banholtz*.
Papanhaime. *Pfaffenheim*.
Paparfun, 1299 (reg. Lucell.). *Babersenbach*.
Paphenheim. *Pfaffenheim*.
Papiermühle. *Papeterie*.
Paralle. *Praille*.
Pargage. *Partage*.
Paris. *Pairis*.
Paruse. *Pfetterhausen*.
Pasqual. *Peccal*.
Patenhaime. *Battenheim*.
Patschy. *Batschy*.
Pefferauga. *Perouse*.
Peirières. *Perières*.
Pèle. *Pale*.
Peleus. *Ballon de Guebwiller*.
Pennendorf. *Bendorf*.
Perechheim. *Berghaim*.
Perezprangus. *Bertschwiller*.
Peris. *Pairis*.
Pernez. *Perreney*.
Perosa. *Pfetterhausen*.
Perouse. *Pfetterhausen*.
Perrusen; Perus. *Perouse*.
Persbach. *Petersbach*.
Pescal. *Peccal*.
Peterlingesweg, 1453 (cart. de Murbach). *Bieterlingen*.
Petit-Ballon. *Ballon (Petit-)*.
Petit-Bressoir. *Brézouars*.
Petit-Colmar. *Taufsteinbrunn*.
Petit-Creux. *Petit-Croix*.
Petitcrocq. *Petit-Croix*.
Petitcrop; Petit Cropt; Petit Gropt. *Petit-Croix*.
Petit-Drumont. *Tête-de-Felleringen*.
Petit-Gürné. *Gürné*.
Petitmagny. *Magny (Petit-)*.
Petit-Pfaffenheim. *Klein Pfaffenheim*.
Petit-Pont (M¹ᵉ du). *Brücklenmühle*.
Petit Salbert (Le). *Salbert (Le)*.
Petit-Strasbourg. *Wasserbourg*.
Petrosa. *Pfetterhausen*.
Pfaffstatt. *Pfastatt*.
Pfaflit. *Pfaffenlitt*.
Pfaphfinheim. *Pfaffenheim*.
Pfarichberge. *Pfersigberg*.
Pfauwenthal. *Pfanthal*.
Pfefferhausen. *Perouse*.

Pfeffingen. *Phaffans*.
Pfelen. *Felacker*.
Pferchwasen. *Ferchwasen*.
Pferrichberge. *Pfersigberg*.
Pfetterhusen. *Perouse*.
Pfirreto. *Ferrette*.
Pfirt; Pfirdt. *Ferrette*.
Pfirt (Alt). *Vieux-Ferrette*.
Pflesch. *Flesch*.
Pflicteburg. *Plixburg*.
Pfliten. *Pflücklé*.
Pfürdt. *Ferrette*.
Phäden. *Pfoden*.
Phaffenburne. *Pfaffenburn*.
Phaffinheim. *Pfaffenheim*.
Phainaroche. *Phinaroche*.
Phannenstil. *Pfannenstiel*.
Phaphinetum. *Pfaffenheim*.
Phaphinheim. *Pfaffenheim*.
Pharrenackher. *Pfarrenacker*.
Pharrettes. *Ferrette*.
Phasstat. *Pfastatt*.
Phaunoux. *Rauenthal*.
Phellor. *Pfeller*.
Phenigtorne. *Phenningturn*.
Phénoux. *Rauenthal*.
Phergelin. *Pfergel*.
Pherusen; Pheterhusen. *Perouse*.
Pheterosa. *Pfetterhausen*.
Phetterhusen. *Pfetterhausen*.
Phfirt. *Ferrette*.
Phirida. *Ferrette*.
Phirret. *Ferrette*.
Phirrith. *Ferrette*.
Phirt. *Ferrette*.
Phlecke. *Pfleck*.
Phyretis. *Ferrette*.
Pièce (La). *Bies*.
Pierre Combe. *Goutte de la Pierre-Combe*.
Pierre goutte. *Perreuse-Goutte*.
Piitzen. *Bitz*.
Pilicors. *Petit-Croix*.
Pindele. *Bingelwald*.
Pindler hoff. *Bintlerhof*.
Pinettes (Sur les). *Épinatte (L')*.
Pinetum. *Thann*.
Pirsicus. *Birsig (Le)*.
Piticorp. *Petit-Croix*.
Place du coq. *Goutte de la Place du Coq*.
Plaine. *Ebene* (Wildenstein).
Planche Griboulet. *Vilenti*.
Planpaney. *Blanpaney*.
Plâtrières. *Ristel* (Zimmersheim).
Pleichin. *Blanchisserie*.
Plein (Goutte du). *Goutte du Plein*.
Plickhsperckh. *Plixburg*.

Plindenbach. *Blindenbächle*.
Plixiberg. *Plixburg*.
Plossen. *Blossen*.
Plossenberg. *Blossenberg*.
Plündwasser. *Blindtwasser*.
Poden. *Boden*.
Point-du-Jour. *Früh Mess*.
Poirier (Goutte-du-). *Goutte-du-Poirier*.
Pois. *Puix (Le)*, cⁿᵉ de Giromagny.
Polloronüs. *Saint-Apollinaire*.
Pollstein. *Bollstein*.
Pollweiller. *Bollwiller*.
Polweil. *Bollwiller*.
Pommerait. *Baumgarten*.
Pommes. *Goutte des Pommes*.
Ponnern. *Valdieu*.
Pont d'Aspach. *Aspach-le-Pont*.
Pont du Bouc. *Bockbruck*.
Pontels (Ze). *Pfundis*.
Pontem accissionem regionem (Ad). *Aspach-le-Pont*.
Port (Le). *Ladhof*.
Porte-des-Anges. *Guebwiller*.
Poste (La). *Trois-Maisons (Les)*, cⁿᵉ de Helfrantzkirch.
Potenmatt. *Bodenmatt*.
Poussiere (La). *Bussière (La)*.
Prafantzwege. *Brabantzerweg*.
Prabegetz, 1550 (Sebast. Munster, *Cosmogr.*). *Saint-Philippe*.
Prairots. *Prérots*.
Prauentzen weg. *Brabantzerweg*.
Prayelz. *Preyez*.
Pré-aux-lèpres. *Belfort*.
Preittich. *Breitich*.
Prende (Am). *Brand*.
Preneckerl. *Brennäckerle*.
Prepen. *Brebach*.
Prés-Bracon. *Pré-Bacot*.
Prés du Taureau. *Munimatten*.
Presreibois. *Prérébois*.
Presteneck. *Bresteneck*.
Pré-Surnez (Le). *Prés-Guenez (Les)*.
Prevarecq. *Pré-Vareth*.
Prières. *Perières*.
Prince (Goutte du). *Goutte du Prince*.
Pringgen. *Brinckheim*.
Probrantzerweg. *Brabantzerweg*.
Prodouse (La). *Brodouse*.
Pruchmatten. *Bruchmatten*.
Pruelle. *Breuil (Le)*.
Prügel. *Breuil (Le)*.
Prusegoutte. *Perreuse-Goutte*.
Puchberg. *Buchburg*.
Püdmüngen. *Bitmingen*.
Pühelstein. *Biehlstein*.
Puits-à-roues. *Radbrunnen*.
Puochberg. *Buchburg*.

TABLE DES FORMES ANCIENNES.

urbach. *Bruebach. Burbach-le-Haut.*
uteum (Ad). *Puix (Le)*, c^{on} de Delle.
utzen loch. *Butzenloch.*
ysul. *Bisel.*

Q

uà (La). *Quoye (La).*
uedem. *Witthum.*
uenelicre. *Cunelière.*
uercubus. *Eschêne.*
uerich gesselin. *Zwerchgasse.*
ucslach. *Köstlach.*
uetterling. *Quitterlingen.*
ueuloverais. *Ragie-Quillovrai.*
uidum. *Witthum.*
uieutschy. *Tschötschy.*
uioseric. *Closerie (La).*
uiquerelle. *Quinquerelle.*
uitumrain. *Witthumrain.*
unegliere, xv° siècle (urb. de Froide-Fontaine). *Cunelière.*
uoye (Bois de la). *Coye (La).*
wele. *Quell.*

R

abaldi Petra. *Ribeaupierre.*
abapierre. *Ribeaupierre.*
abaviler. *Ribeauvillé.*
aboldstein. *Ribeaupierre.*
abschwihr. *Ribeauvillé.*
äch. *Rech.*
adaldivillare. *Rorschwihr.*
adavillare. *Rorschwihr.*
aden villa. *Alt Rad.*
adolzberge. *Rodelsperg.*
ad Veldt. *Ratfeld.*
agenelles. *Bagenelles (Les).*
ain. *Am Rain.*
ain-Marcot. *Goutte du Rain-Marcot.*
aiscort. *Rädersdorf.*
aiverattes. *Reverattes.*
amengas. *Ranspach-le-Bas.*
amimund. *Remomont.*
amispach. *Ranspach-le-Bas.*
ammersbach. *Rumersbach.*
ammerstadt. *Rammersmatt.*
ampelstein. *Rammelstein (Rouffach).*
ampolstein. *Rammelstein (Rouffach).*
amprechtes matten. *Rammersmatt.*
amsbach. *Ranspach.*
amsmatt. *Rammersmatt.*
amspach. *Ranspach-le-Bas et le-Haut.*
andez. *Rondé.*
andoltzwilr. *Rantzwiller.*
angenberg. *Rangen.*
aniss. *Ronis.*

Rantheswilre. *Rantzwiller.*
Raperswilr. *Roppentzwiller.*
Rapoldestein;. Rapoltzstein. *Ribeaupierre.*
Rapolzweyer. *Ribeauvillé.*
Rapolzwilr; Rapoltzweyer. *Ribeauvillé.*
Rappentzwirl. *Roppentzwiller.*
Rappoltstein. *Ribeaupierre. St-Ulrich.*
Rappoltsweiler; Rappolzwilr. *Ribeauvillé.*
Rappoltzgarten. *Roppelsgarten.*
Raprechtzwilr. *Roppentzwiller.*
Raschesi. *Réchésy.*
Rascort. *Rädersdorf.*
Räspel. *Rispel.*
Ratbaldovilare. *Ribeauvillé.*
Ratherishaim. *Rädersheim.*
Ratierviller; Ratieviller. *Retzwiller.*
Ratsche; Ratzschey. *Derrière-la-Roche.*
Rauna. *Rohnen.*
Raunspach. *Ranspach.*
Raviller. *Rorschwihr.*
Rays chaines. *Raichênes.*
Raythinalx. *Rativaux.*
Razbein. *Rolisen.*
Reboltzille. *Reinboldsziehl.*
Rechbach. *Rehbach.*
Rechenbusen. *Reggenhausen.*
Recheperck. *Reisberg.*
Rechiote; Rechiottes. *Rechotte.*
Recholder. *Reckholder.*
Reckenbusen. *Reggenhausen.*
Recouvrantia. *Recouvrance.*
Reczweiller. *Retzwiller.*
Redel., *Redlen.*
Redelin. *Rödlen.*
Redersdorf. *Rädersdorf.*
Redirstorf. *Rädersdorf.*
Redoute du Pont. *Bock (Le).*
Reehlingen. *Rehlingen.*
Refelingen. *Reflingerhof.*
Regelsburnen. *Rengelsprung.*
Regenesheim; Regensheim. *Reguisheim.*
Regeuesheu. *Reguisheim.*
Regessheim. *Reguisheim.*
Reggoltern. *Reckholder.*
Régies; les Régiers. *Rangiers (Les).*
Reginshein. *Reguisheim.*
Rehwier. *Revierruntz.*
Reichbach. *Rehbach.*
Reichenweyler; Reichenweyer. *Riquewihr.*
Reichspach. *Reppe.*
Reichwiller. *Richwiller.*
Reifolle. *Raifold.*
Reimlachenweg. *Reylach.*

Reimolzstein. *Rammelstein (Ribeauvillé).*
Reinbachsäge. *Reichbachsäge.*
Reinboltzpërge. *Remelsperg.*
Reinboltzweyler. *Rimpelswiller.*
Reinbrecht. *Rimbrecht.*
Reingott. *Raingott.*
Reinkorn. *Raincorne.*
Reinmoltzwyler. *Rimpelswiller.*
Reinnolzstein. *Rammelstein (Ribeauvillé).*
Reinnungen. *Reiningen.*
Reinolzstein. *Rammelstein (Ribeauvillé).*
Reinpach. *Rimbach (c^{on} de Massevaux).*
Reinûngen. *Reiningen.*
Reiten (Vf der). *Ritt.*
Remlenshoff. *Rimlishof.*
Remmental. *Rengelsprung.*
Remoltzstein. *Rammelstein (Ribeauvillé).*
Remsmatte. *Remsbach.*
Remtal. *Rengelsprung.*
Renendengraben. *Renngraben.*
Reniches. *Goutte des Reniches.*
Reningen. *Reiningen.*
Reschesye. *Réchésy.*
Respe (La). *Reppe (La).*
Ressenberge. *Rosenberg (Wettolsheim).*
Reteresheim. *Rädersheim.*
Retersdorf. *Rädersdorf.*
Retheresheim. *Rädersheim.*
Retirsheim. *Rädersheim.*
Reüffackher. *Riffenacker.*
Reukopff. *Reinkopf.*
Reüth. *Ritt.*
Reychêne. *Raichênes.*
Reyelehe. *Eyeleh.*
Reymboltzyl. *Reinboldsziehl.*
Reymelssberge. *Remelsperg.*
Reynhartzsteyn. *Reinhardstein.*
Rexenheimb. *Reguisheim.*
Rexheim. *Reguisheim.*
Rhebach. *Rehbach.*
Rheinbach. *Rennbach.*
Rheinbruck. *Pont du Rhin.*
Rheinfeld. *Rheinfelderhof.*
Rheinwuohr. *Wuhr.*
Rhenngraben. *Renngraben.*
Ribautpierre (Haulte). *Ribeaupierre.*
Richardsthal. *Richersthal.*
Richelsperge. *Rischberg.*
Richenberg. *Reichenberg.*
Richenesheim; Richensheim. *Rixheim.*
Richenstein. *Reichenstein.*
Richenwilre; Richenwire. *Riquewihr.*

Richerstall. *Richersthal.*
Richesheim. *Rixheim.*
Richinberg. *Reichenberg.*
Richisheim. *Rixheim.*
Richolsperge. *Rischberg.*
Richsen; Richssheim. *Rixheim.*
Richtestûles. *Richterstuhl.*
Richtstuol. *Ristel* (Zimmersheim).
Rickhelsperg. *Rickelsperg.*
Riedersmatt. *Rädersmatt.*
Riedperg. *Ribberg.*
Riepelsbach. *Ribelsbàch.*
Riesberg. *Reisberg.*
Riethweyer. *Riedwihr.*
Rietingerfeld. *Riedingen.*
Rietwilr. *Riedwihr.*
Rifir. *Rivière (La).*
Rigelsburg. *Rickelsperg.*
Rigole de la Thur. *Thur.*
Rihtstûl. *Ristel.*
Rimboltzweiller. *Rimpelswiller.*
Rimmoltstein. *Rammelstein* (Ribeauvillé).
Rinaldes. *Renaudé.*
Rindtbach. *Rimbach.*
Rindtpachsmatten. *Rimbismatt.*
Ringevelden. *Rheinfelderhof.*
Rinkendal. *Ringenthal.*
Rinkopf. *Reinkopf.*
Rinnenden graben. *Renngraben.*
Rinngraben. *Renngraben.*
Rinspach. *Reppe.*
Rintbach; Rintpach. *Rimbach* (Guebw.).
Rinvelden. *Rheinfelderhof.*
Ripa. *Reppe.*
Ripoldes gerûte. *Roppelsgrütt.*
Rippelspach. *Ribelspach.*
Riquevir. *Riquewihr.*
Rispa; Rispach. *Reppe.*
Rit. *Ried.*
Ritfurt. *Riffert.*
Ritter-Sañt-Geörg (Beim). *Saint-Georges* (Francken).
Ritthag. *Bartlihütte.*
Ritzing. *Saint-Brice.*
Riuiere. *Rivière (La).*
Rivière de Saint-Nicolas. *Aine.*
Rivière des Montreux. *Aine.*
Rixen. *Rixheim.*
Roabach. *Roppe.*
Robersweg. *Vie-Robé.*
Robusta petra. *Ribeaupierre.*
Roche (La). *Girsperg.*
Rockhwiler. *Reckwiller.*
Rocsheim. *Ruestenhart.*
Rodacker. *Rothacker.*
Rodderen. *Roderen* (Ribeauvillé).
Rodebach. *Roppe.*

Rodelin. *Rödlen.*
Rodtberg. *Rothenberg.*
Röfflingen. *Reflinger-hof.*
Rohendal. *Rauhenthal.*
Roigemont. *Rougemont.*
Roillehavt. *Rouillehaut.*
Roilleneux. *Rouilleney.*
Rokenhusen. *Roggenhausen.*
Rolichesheim. *Ruelisheim.*
Rôlingen. *Rölingen.*
Rollingum. *Rölingen.*
Rolshein. *Rolisen.*
Rom; Roman. *Romberg.*
Rombach. *L'Allemand-Rombach. Grand-et Petit-Rombach.*
Romengney. *Romagny* (Dannemarie).
Römerstrass. *Altstrass n° 7.*
Römersträssle. *Alte Brisacher Strass* (Cernay). *Hochsträssle.*
Romûnt. *Romberg.*
Rona. *Rohnen.*
Rondelle. *Ile Napoléon.*
Rontzenbach. *Ruetzenbach.*
Rool. *Roll (La).*
Ropac. *Roppe.*
Roppach. *Roppe.*
Roppe (Ballon de). *Ballon de Roppe.*
Rör (Uf die). *Röhre.*
Roracker. *Rohracker.*
Rorich; Rorach. *Rohrach.*
Rorssweiller. *Rorschwihr.*
Rorswilre. *Rorschwihr.*
Roscbborn. *Rossburn.*
Roschegotte. *Rougegoutte.*
Röschelins. *Réchésy.*
Röschlach; Röschli. *Réchésy.*
Rosenberggesicht. *Rossbergsick.*
Rosenfels. *Rosemont.*
Rosenfelserthal. *Val de Rosemont.*
Rosenthal. *Val de Rosemont.*
Rosenvels. *Rosemont.*
Röseris. *Rossers.*
Rospach. *Roppe.*
Rösschelis. *Réchésy.*
Rossenburg. *Rosenberg* (Kientzheim).
Rossenkrantz. *Rosenkrantz.*
Rotabac. *Rothenbach,* mont.
Rotbach. *Ohmbach.*
Rotbach. *Roppe.*
Rotenbach. *Ruisseau du Rouge.*
Rotenbacher neuroth. *Neuroth.*
Rotenscheure. *Rothschür.*
Rothbruck. *Pont Vauban.*
Rothehaus. *Maison-Rouge (La).*
Rothenberg. *Rougemont.*
Rothenburger steg. *Ponthoine.*
Rothenburger Thal. *Leval.*
Rothern. *Rodern* (Thann).

Rothlôbe. *Rothlaiblen* (Colmar).
Rotievaulx. *Rativaux.*
Rotinberc. *Rougemont.*
Rotleib. *Rothlaiblen* (Colmar).
Rotleiplen. *Rothlaiblen* (Hirtzfelden).
Rotleybe. *Rothlaiblen* (Colmar).
Rottelsperg. *Rodelsperg.*
Rottenburg. *Rougemont.*
Rottwiller. *Novillard.*
Rouge gazon. *Rothwasen.*
Rouge gazon (Goutte du). *Goutte du Rouge-Gazon.*
Route d'Altkirch. *Brunstätter Strass.*
Rubac. *Rouffach.*
Rubcacensis (Villa). *Rouffach.*
Rubeaqua. *Rouffach.*
Rubeo monte. *Rougemont.*
Rubiaca; Rubiacum. *Rouffach.*
Rubois. *Ribois (Le).*
Rubracensis (Districtus). *Rouffach.*
Rubunlewa. *Ruhunlewa.*
Rûcerbrunnen. *Ruethersbrunn.*
Rudemansstall. *Ruthemstall.*
Rudenspach. *Riesspach.*
Rudensthall. *Ruthemstall.*
Ruderbach. *Ruederbach.*
Ru de Reppe. *Reppe.*
Rûderstal. *Ruederstal.*
Rudinisheim. *Riedisheim.*
Rûdisbach. *Riespach.*
Rudolfwilare, vill. inconnu cité, en 758, avec Habsheim et Kembs (Als. dipl. I, 34).
Rüedissheim. *Riedisheim.*
Ruemengni. *Romagny* (Dannemarie).
Ruena. *Rohnen.*
Rueschenhart. *Ruestenhart.*
Rufach; Ruffach. *Rouffach.*
Rufiacum. *Rouffach.*
Ruhenbüel. *Rauenbühl.*
Ruillehault. *Rouillehaut.*
Rulandesthal. *Rolandsthal.*
Rûlisbrunn; Rulsburen; Rûlspurnen. *Rossburn.*
Rumbach. *L'Allemand-Rombach. Grand-et Petit-Rombach.*
Rümelinshurst. *Rimelshürst.*
Rumen. *Romberg.*
Rumerschin. *Rumersheim* (Bergheim).
Rumerssberg. *Remelsperg.*
Rumimunt. *Remomont.*
Rümmelsperg. *Remelsperg.*
Rummeritschkopff. *Bramont.*
Runden matten. *Rompré.*
Runs. *Runtz.*
Rûnspach. *Riespach.*
Runtz See. *Runschy.*
Ruocheshcim. *Ruestenhart.*

Ruodeneskeim. *Riedisheim.*
Ruoderbach. *Ruederbach.*
Ruodesheim. *Riedisheim.*
Ruolechesheim. *Ruelisheim.*
Ruoleichesheim. *Ruelisheim.*
Ruolisheim. *Ruelisheim.*
Rupispoleta. *Ribeaupierre.*
Ruschburn. *Rossburn.*
Rusegût. *Rougegoutte.*
Rüspach. *Riespach.*
Rüstal. *Ristel* (Wolschwiller).
Rust (Zum). *Zum Rust.*
Rut du molin. *Mühlbach* (Bessoncourt).
Ruttelin. *Rittlen.*
Rüttgraben. *Rittgraben.*
Rützthall. *Rissthall.*
Ruvache. *Rouffach.*
Ruwenthal. *Rauhenthal.*
Rychenberc. *Reichenberg.*
Rychisheim. *Rixheim.*
Rychstäl. *Ristel* (Ossenbach).
Ryefier. *Rivière* (La).
Ryeth. *Ried* (Colmar).
Rymelsperg. *Remelsperg.*
Ryppelspach. *Ribelspach.*
Rytweg. *Riedweg.*

S

Sabenbunn. *Sappenheim.*
Sabete (Im). *Sabbat.*
Sachsein. *Obersaasheim.*
Sackenberg. *Zackenberg.*
Sacré-Cœur. *Mühlmatten.*
Säge; Sägmühle. *Scierie* (La).
Sägenkopf. *Segenkopf.*
Saincte-Polieth. *Saint-Hippolyte.*
Saincte-Ypolith. *Saint-Hippolyte.*
Saint-Antoine. *Antoniwegle.*
Saint-Antoine. *Tonisweyer.*
Saint-Antoine (Ballon de). *Ballon de Saint-Antoine.*
Saint-Beule. *Saint-Thiébaut.*
Saint-Blaise (Goutte-). *Goutte-Saint-Blaise.*
Saint-Chrême. *Saint-Sévérin.*
Saint-Cliquert. *Saint-Léger.*
Saint-Dele. *Pierre-Dele* (Saint).
Saint-Dizier-le-Bas. *Le val de Saint-Dizier.*
Sainte-Agathe. *Huningue.*
Sainte-Apolline. *Dintzheim* et *Taufsteinbrunn.*
Sainte-Barbe. *Belfort.*
Sainte-Brigide. *Schönensteinbach.*
Sainte-Catherine (Goutte). *Goutte Sainte-Catherine.*

Sainte-Madeleine. *La Madeleine.*
Sainte-Marie. *Notre-Dame-des-Champs.*
Sainte-Marguerite. *Soultz.*
Sainte-Odile. *Taufsteinbrunn.*
Sainte-Régule. *Kientzheim.*
Saint-Georges. *Val de Saint-Georges.*
Saint-Guillaume. *Goutte Saint-Guillaume.*
Saint-Jean. *Sanct-Johannsbrunnen, Sanct-Johannsthal* et *Oberndorf.*
Saint-Jean. *Tête-Saint-Jean.*
Saint-Jean de Nepomuck. *Willer* (Wolschwiller).
Saint-Légier. *Rixheim.*
Saint-Loi. *Saint-Éloy.*
Saint-Louis. *Strohstatt.*
Saint-Martin. *Colmar.*
Saint-Martin. *Mettersdorf.*
Saint-Michel (Goutte). *Goutte Saint-Michel.*
Saint-Nicolas (Rivière de). *Aine* (L').
Saint-Nicolas-de-Syle. *Silethal.*
Saint-Oury. *Saint-Ulrich.*
Saint-Pierre. *Colmar.*
Saint-Prix. *Britzgyberg* et *Saint-Brice.*
Saint-Remy. *Goutte de la Fontaine Saint-Remy.*
Saint-Sigismond. *Saint-Marc* (Gueberschwihr).
Saint-Urbain. *Val d'Orbey.*
Saint-Valentin. *Rouffach.*
Saipoy. *Seppois-le-Bas.*
Sakermatte. *Saxermatt.*
Saleberg; Salebert. *Salbert.*
Salen (Zer). *Saalacker.*
Salhbrunnen. *Saltzbrunnen.*
Samermenigny. *Sermamagny.*
Sancta-Crux. *Sainte-Croix-en-Plaine.*
Sanct-Affraberg. *Sainte-Affre.*
Sancta-Maria. *Ottmarsheim. Sainte Marie-aux-Mines.*
Sancta-Maria ad fodinas. *Sainte-Marie-aux-Mines.*
Sanct-Baschion. *Saint-Sébastien.*
Sanct-Bläsien. *Saint-Blaise* (Bettlach).
Sanct-Bläsy. *Saint-Blaise* (Sainte-Croix-aux-Mines).
Sanct-Bless. *Saint-Blaise* (Bettlach).
Sanct-Britzgen. *Saint-Brice.*
Sanct-Britzgi. *Saint-Brice* (Oltingen).
Sanct-Brix. *Saint-Brice* (Oltingen).
Sanct-Claus-im-Wald. *Saint-Nicolas-des-Bois.*
Sanct-Cosman. *Saint-Côme.*
Sancte-Marie. *Frauengässlen.*
Sanct-Gallenberg. *Gallenberg.*
Sanct-Gengolf. *Saint-Gangolphe.*
Sanct-Gilgen. *Saint-Gilles.*

Sanct-Glückern. *Saint-Léger* (Hirtzbach).
Sanct-Gosman. *Saint-Côme.*
Sanct-Grümmen. *Saint-Sévérin.*
Sanct-Guidonismühl. *Wittennühl.*
Sanct-Gumbrechts burn. *Saint-Gombert.*
Sancti Deodati fons. *Saint-Dié* (Ruisseau de).
Sancti Dionisius, Rusticus et Eleutherius. *Lièpvre.*
Sancti Michaelis Insel. *Guebwiller.*
Sanct-Johannsbrünnlen. *Oberndorf.*
Sanct-Kreuz-im-Leberthal. *Sainte-Croix-aux-Mines.*
Sanct-Luckart; Sanct-Lucker. *Saint-Léger.*
Sanct-Nicolas de Syle. *Silethal.*
Sanct-Nicolavs. *Schenckenwüst.*
Sanct-Peter. *Saint-Pierre.*
Sanct-Petershoue. *Saint-Pierre.*
Sanct-Pilt. *Saint-Hippolyte.*
Sanct-Priscen. *Dennach.*
Sanct-Pullit. *Saint-Hippolyte.*
Sanct-Pult. *Saint-Hippolyte.*
Sanct-Schmasmann. *Saint-Maximin.*
Sanct-Störigen. *Saint-Dizier.*
Sanct-Thamarin. *Saint-Amarin.*
Sanct-Tyboldskirchen. *Thann.*
Sanctus-Alexander. *Lièpvre.*
Sanctus-Amarinus; Sanctus-Amerinus. *Saint-Amarin. Friedburg.*
Sanctus-Anthonius. *Saint-Antoine.*
Sanctus-Apollinaris. *Saint-Apollinaire.*
Sanctus-Blasius. *Saint-Blaise.*
Sanctus-Christophorus. *Altkirch* et *Saint-Morand.*
Sanctus-Cornelius. *Saint-Corneille.*
Sanctus-Cucufatus. *Lièpvre.*
Sanctus-Deodatus. *Saint-Dié* (Ruisseau de).
Sanctus-Desiderius. *Saint-Dizier.*
Sanctus-Gallus. *Saint-Gal.*
Sanctus-Georgius. *Saint-Georges* (Soultz).
Sanctus-Germanus. *Saint-Germain.*
Sanctus-Gregorius. *Saint-Grégoire. Munster.*
Sanctus-Hippolitus. *Saint-Hippolyte.*
Sanctus Irenaeus. *Marbach.*
Sanctus Leodegarius. *Massevaux. Munster. Murbach. Pfetterhausen.*
Sanctus Lüggerus. *Saint-Léger.*
Sanctus-Lütgerus. *Saint-Léger.*
Sanctus-Marcus. *Saint-Marc* (Gueberschwihr).
Sanctus-Martinus. *Saint-Martin.*
Sanctus-Mauritius. *Saint-Maurice.*

Sanctus-Morandus. *Saint-Morand.*
Sanctus-Mychahelis. *Sanct Michels Ban.*
Sanctus-Odalricus. *Saint-Ulrich.*
Sanctus-Ulricus. *Saint-Ulrich.*
Sanctus-Valentinus. *Rouffach.*
Sanctus-Yfon. *Saint-Yves.*
Sanctus-Ypelitus. *Saint-Hippolyte.*
Sanct-Wilhelm. *Échery.*
Sanct-Yuon. *Saint-Yves.*
Sandbach. *Sambach. Waldbach.*
Sand-Böllen. *Saint-Hippolyte.*
Sand-Heimmerin. *Saint-Amarin.*
Sand-Kathrinen wasser graben. *Catherinebach.*
Sandozville. *Fabrique Sandoz-Baudry.*
Sanger. *Sengern.*
Sankt-Geörgen. *Saint-Georges* (Ligsdorf).
Sanpült. *Saint-Hippolyte.*
Sant-Adolf. *Kingersheim.*
Sant-Aferen-phat. *Sainte-Affre* (Grussenheim).
Sant-Arnoltzhart. *Arnoldsbrunnen.*
Sant-Brictien. *Saint-Brice.*
Sant-Catharina-dingboff. *Éguisheim.*
Sant-Crütze. *Sainte-Croix-aux-Mines.*
Sant-Damarin. *Saint-Amarin.*
Sant-Diedatzburne. *Saint-Dié.*
Sant-Dyedatzbach. *Saint-Dié.*
Sant-Erbardt. *Saint-Erhard.*
Sant-Gerien. *Saint-Georges* (Ligsdorf).
Sant-Gylien. *Saint-Gilles.*
Sant-Jacob-Schantz. *Mortier.*
Sant-Johann. *Saint-Jean* (Ensisheim).
Sant-Jörg. *Saint-Georges* (Soultz).
Sant-Margreten. *Gommersdorf.*
Sant-Martin-bühel. *Martinsbourg.*
Sant-Odilien. *Sainte-Odile.*
Sant-Peters-nyge. *Peternitt.*
Sant-Sthörgien. *Saint-Dizier.*
Sant-Theingen. *Isenheim.*
Sant-Thiedoltzbach. *Saint-Dié* (Ruisseau de).
Sant-Ymmersberg. *Sanct-Immersberg.*
Sape. *Seppois-le-Bas.*
Sapine. *Sappenheim.*
Sapoi; Sapois; Sappoy. *Seppois-le-Bas.*
Sargraben. *Sohrgraben.*
Säring. *Sähring.*
Sarmamaigny. *Sermamagny.*
Sarmatte. *Sohrmatten.*
Sarmenza. *Sermersheim.*
Sasinge. *Zäsingen.*
Sassenheim. *Obersaasheim.*
Sattellösi. *Sattelese.*
Sauerbrunnen. *Soultzmatt-les-Bains.*
Saugraben. *Saubach.*
Saulce. *Sauce.*

Saulcy. *Saucy.*
Sausse. *Sauce.*
Saussey. *Saucy.*
Sauwerbrunnen. *Gueberschwihr* et *Soultzbach.*
Sauwessheim; Sauwissheim. *Sausheim.*
Savamont. *Sigolsheim.*
Saxones. *Obersaasheim.*
S. Ba. *Bowolsheim.*
Scapulaire. *Notre-Dame-du-Scapulaire* (Kaysersberg).
Schäferthal. *Notre-Dame-de-Schäferthal.*
Schaffal. *Schöffack.*
Schaffenat. *Chavannes-les-Grands.*
Schaffnat. *Chavanatte.*
Schaffnat-am-Weyer. *Chavannes-sur-l'Étang.*
Schaffnat-Wiher. *Chavannes-sur-l'Étang.*
Schaifflüten. *Schoflitt.*
Schalampe. *Chalampé.*
Schangmühle. *Moulin Jean.*
Schangwaszen. *Schantzwasen.*
Schapenwilr. *Schoppenwihr.*
Scharsmiede. *Taillanderie* (La).
Schasz. *Chaux.*
Schatheney. *Châtenois.*
Schau-an-berg. *Notre-Dame-de-Schauenberg.*
Schauenberg. *Notre-Dame-de-Schauenberg.*
Schauffret. *Schäffert.*
Schauenburg. *Notre-Dame-de-Schauenberg.*
Schede wege. *Scheidweg.*
Scheffach. *Schöffach.*
Scheffert. *Schäffer.*
Schehteney. *Châtenois.*
Scheildmatt. *Schildmatten.*
Scheinberg. *Schimberg.*
Schelluc. *Challouet.*
Schemacker. *Schämm.*
Schemmen. *Schämm.*
Schendelachen. *Schindlach.*
Schepler. *Tschöbler.*
Schert. *Essert.*
Schesal (Zu). *Tschäslis.*
Scheteney. *Châtenois.*
Schiblinge. *Scheiblingen.*
Schielmühl. *Schleyenmühle.*
Schiffeneck. *Schüffeneck.*
Schifferätsch. *Schiefferetsch.*
Schintlach. *Schindlach.*
Schiranmenin. *Giromagny.*
Schire. *Grange* (La).
Schireghoff. *Schweighausen* (c^{ne} de Lautenbach).

Schirmamenga. *Sermamagny.*
Schliesse. *Écluse* (L').
Schliffe. *Aiguiserie* (L').
Schlödinger. *Schleiderburg.*
Schlossweg. *Rossburn.*
Schlourhaff. *Schluraff.*
Schluocht. *Schlucht.*
Schlytberg. *Schlittberg.*
Schmäblinacker. *Schmelenacker.*
Schmalendan. *Schmalenthal.*
Schmiede. *Forge* (La).
Schnaizberg. *Schneidholtz.*
Schneiten. *Schneiget.*
Schnepefeunrieth. *Schnepfenrieth.*
Schnepracher. *Schnapsacker.*
Schnierlach. *Poutroye* (La).
Schöberlingen. *Scheiblingen.*
Schöibelinsberg. *Cheblin* (Le).
Schöilmengrüben. *Schlimmgrub.*
Schönenklanck. *Schönenklang.*
Schönerlach. *Poutroye* (La).
Schönewarte. *Beauregard.*
Schonnenberg. *Schönnenberg* (Riquewihr).
Schönnörlach. *Poutroye* (La).
Schonsteinbach. *Schönensteinbach.*
Schoppwiller. *Schoppenwihr.*
Schorain. *Chauxrain.*
Schowenberg. *Schauenberg. Notre-Dame-de-Schauenberg.*
Schreckenfelss. *Schranckenfels.*
Schrettal. *Schrötel.*
Schründling. *Schrindling.*
Schu-Étrées. *Überstrass.*
Schûlertal. *Schulerthal.*
Schünberg. *Schimberg.*
Schunschera. *Joncherey.*
Schuposz; Schüppusz. *Schuepis.*
Schüre. *Grange* (La).
Schürm. *Schirm.*
Schutternhof. *Herlisheim.*
Schvanckenfelden. *Schranckenfels.*
Schwartzack. *Bourse-Noire* (La).
Schwartzbächle. *Suarcine.*
Schwartz Dan. *Schwartzentann.*
Schwartzenberg. *Noirmont.*
Schwartzen See. *Noir* (Lac).
Schwartze Selz. *Selz.*
Schwartzindan. *Schwartzentann.*
Schweichling. *Schwichling.*
Schweichusen. *Schweighausen.*
Schwende mat. *Schwengematten.*
Schwertz. *Suarce.*
Schwertze; Schwertzelen. *Suarcine.*
Schwinfurt. *Schweinfurth.*
Schwobach. *Schwoben.*
Schwynngarten. *Schweingarten.*
Schybeling. *Scheiblingen.*

Scierie (La). *Sägmühle.*
Scirenza. *Sierentz.*
Sconerloch. *Poutroye (La).*
Scottenwilre. *Stosswihr.*
Scranckenwels. *Schranckenfels.*
Scrolegin. *Schrötingen.*
Scrotinge. *Schrötingen.*
Scweichusen. *Schweighausen.*
Sebach. *Seebach.*
Sebelin. *Seiwlen.*
Seben. *Sewen.*
Sebenet. *Zewenett.*
Sebenthal. *Sewenthal.*
Sebewilre. *Seywiller.*
Seckhopf. *Seekopf.*
Seebach. *Sibach. Silbach.*
Seelbach. *Silbach.*
Seelwald. *Solmont.*
Seffler. *Säffler.*
Segebach. *Sägebach.*
Segersberg. *Sägersberg.*
Seidelberg. *Siedelberg.*
Seiller. *Seywiller.*
Seilsben. *Sailsbach.*
Seinr; Seinre. *Sengeren.*
Seint-Nicolas-dou-Bos. *Saint-Nicolas-des-Bois.*
Selacker. *Seelacker.*
Selgut. *Seelgut.*
Semde. *Sembt.*
Semden winckel (Jn). *Sametenwinckel.*
Semeden. *Sembt.*
Sempach. *Sembach.*
Senabhanenweg. *Schnappahnenweg.*
Senardines. *Sanardines.*
Senbach. *Sembach.*
Senberg. *Semberg.*
Sendechten bach; Sendethenbach. *Sendenbach.*
Senderong. *Sindering.*
Senene. *Cernay.*
Sengeheho. *Sengen.*
Sengen. *Sengern.*
Sengohen. *Sengen.*
Senheim; Senhin. *Cernay.*
Senkelsten. *Senckelstein.*
Senmode (in dem), 1412 (reg. Lucell.). *Sembt (Im).*
Senneheim. *Cernay.*
Sennematten. *Fennematt.*
Sennen; Sennenhem. *Cernay.*
Sennheim. *Cernay.*
Senre. *Sengeren.*
Senten. *Sentheim.*
Sepie. *Seppois-le-Bas.*
Sept-pois. *Seppois-le-Bas.*
Serencia. *Sierentz.*

Sereney, 1251 (urb. de Froide-Fontaine). *Cernay.*
Serken (In den). *Särgen (In den).*
Sermenze. *Sermersheim.*
Seserlen. *Sässerlé.*
Seuwiller. *Seywiller.*
Seüwkopff. *Seekopf.*
Severnens. *Sevenans.*
Sevonäns. *Sevenans.*
Sewbach. *Seebach.*
Sewe (Im). *See (Im).*
Sewelen. *Sebelen.*
Sewelin. *Seiwlen.*
Sewol. *Seefeld.*
Seyfriedtsbeümen. *Siffertsbäumen.*
Seynr. *Sengeren.*
Seyreney. *Cernay.*
Sezzi. *Setz.*
Shocka. *Stocka.*
Shrûwasen. *Schrawasen.*
Sibérie (La). *Siebenie.*
Sichenhaus. *Mulhouse et Obermuespach.*
Sicken. *Sickert.*
Sidenbaden. *Siedenfaden.*
Siechenhaus. *Sainte-Odile (Thann).*
Siechhuse. *Soultzmatt.*
Sifernans. *Sevenans.*
Sifriedswiler. *Wihr-en-Plaine.*
Sifritzbrunnen. *Siffertsbrunnen.*
Sigelins acker. *Siglinsacker.*
Sigenesheim. *Sigesheim.*
Sigger. *Sickert.*
Sigilins tal. *Siglinsthal.*
Sigoldo (In monte). *Sigolsheim. Oberhof.*
Sigolt (In fine). *Sigolsheim.*
Sigoltesheim; Sigoltishein. *Sigolsheim.*
Sile. *Silethal.*
Silsbach. *Sailsbach.*
Simansberg. *Simlisberg.*
Simelsberg. *Simlisberg.*
Simmeshof. *Simonshof.*
Singerberg. *Sengelberg.*
Singlershäuser. *Dreihäuser.*
Sinwelen matten. *Sinewelmatten.*
Sirenza. *Sierentz.*
Sirrinco. *Sierentz.*
Sizo. *Château-Ciseaux.*
Slatt. *Schlatt.*
Slettenhart. *Schlechtenhart.*
Slettstein. *Schletzenburg.*
Slierbach. *Schlierbach.*
Slitweg. *Schlittweg.*
Slitzberge. *Schlitzberg.*
Slitzpfade. *Schlitzpfad.*
Slunde. *Schlung.*
Slüsselberge. *Schlüsselberg.*
Slutten. *Schlück.*

Slyff. *Schlifmühl (Rouffach).*
Smerwege. *Schmerweg.*
Snecken rode. *Schneckenroth.*
Sneggenberge. *Schneckenberg.*
Snewlinsgarten. *Schneulinsgarten.*
Sneyte. *Schneide.*
Sobissheim. *Sausheim.*
Soda. *Puix (Le) (Giromagny).*
Soerce. *Suarce.*
Sölbach. *Silbach.*
Solgeberge. *Solberg.*
Sondebach. *Londebach.*
Sontgäuw. *Sundgau.*
Sontheym molin. *Sundenmühl.*
Sontove. *Sundhofen.*
Sood. *Puix (Le) (Delle).*
Soorbrunnen. *Sohrbrünnen.*
Sormatten. *Sohrmatten.*
Sösserlein. *Sässerle.*
Sott. *Puix (Le) (Delle).*
Souarcene; Souartzine. *Suarcine.*
Souishein. *Sausheim.*
Soultz (Ballon de). *Ballon de Guebwiller ou de Soultz.*
Souuenisheim. *Sausheim.*
Sovwensheim. *Sausheim.*
Sowanesheim. *Sausheim.*
Sowinasheim. *Sausheim.*
Spalen. *Spahlen.*
Spalengarten. *Spaltgarten.*
Spältlinger. *Spettlinger.*
Sparer. *Sporer.*
Spechtbach. *Spechbach-le-Bas.*
Speckbach. *Spechbach-le-Bas.*
Spenglersritt. *Spenglersköpfle.*
Sperwerlochgraben. *Sperbergraben.*
Spiegel. *Unterspiegel.*
Spitzfürst. *Spitzenstein.*
Spoche (La). *Espoche (L').*
Spörszböm. *Spirichbaum.*
Spygelburg. *Spiegelburg.*
Srodinc. *Schrötingen.*
Stadenburnen. *Schadenburn.*
Stafeluelden. *Staffelfelden.*
Staffelden. *Staffelfelden.*
Stagnbach. *Steinbach (Sainte-Croix-aux-Mines).*
Staigkopff. *Stoigfelsenwasen.*
Starckenbach. *Faurupt.*
Stauffen. *Etueffont-Bas.*
Steckleid. *Steckenlitt.*
Stegmühle. *Hohesteg-Mühle.*
Steigere. *Steige.*
Stein. *Girsperg.*
Steinbach. *Steinby.*
Steinbach (Welschen). *Eteimbes.*
Steinburnen. *Steinbrunn-le-Bas.*
Steinenbrun. *Steinbrunn-le-Bas.*

Steinglitz; Steingletz. *Steinglitzer.*
Steinklötz.
Steinhart. *Steinert.*
Steinhubel. *Vieille-Poste.*
Steininbvrnen. *Steinbrunn-le-Bas.*
Steinin Crüze. *Steinenkreuz.*
Steinlerück. *Steinderück.*
Steinruntz. *Steinby.*
Steintenbach. *Steinbach* (Heimersdorf).
Stemlberg. *Stempflinsberg.*
Stemlisberg. *Stempflinsberg.*
Steneborne. *Steinbrunn-le-Bas.*
Stengaltzen ; Stengilcz. *Steinglitzer.*
Stentenbach. *Steinlobach.*
Sternberg. *Sternenberg.*
Sterpoux (Goutte). *Goutte Sterpoux.*
Steten ; Stetin. *Stetten.*
Steynbach. *Perreuse-Goutte* (Fréland).
Steynbach. *Steinbach* (Gueberschwihr).
Steynenbrun. *Steinbrunn-le-Haut.*
Stheinnebourne. *Steinbrunn-le-Bas.*
Stifthoff. *Gestiftshof.*
Stockatten ; Stockarten. *Stocketen.*
Stockenhaim. *Stöcky.*
Stockken. *Stöcken.*
Stoerenbourg. *Wasserbourg.*
Stoffen. *Étueffont-Bas.*
Storckaw. *Storckensohn.*
Storckisowe. *Storckensohn.*
Storkuch. *Stocka.*
Storkholcz. *Stockoltz.*
Storspach. *Dorschbach.*
Stoswilr. *Stosswihr.*
Stotzenwiller. *Stosswihr.*
Stouffen. *Stauffen. Stauffenberg.*
Stouffont. *Étueffont-Haut.*
Stozzesuuilare. *Stosswihr.*
Strasbourg (Petit-). *Wasserbourg.*
Strässel. *Landsträssle.*
Straubourg. *Wasserbourg.*
Stresselberg. *Sträss.*
Streuwenberge. *Strauberg.*
Strickbach. *Stribach.*
Strippicher. *Stribicher.*
Stroubacker. *Straubacker.*
Strubenacker. *Straubacker.*
Strubichere. *Stribicher.*
Studach. *Studigbach.*
Stueffont. *Étueffont-Haut.*
Stumenkopf. *Stumpfkopf.*
Stumpfelrain. *Stempelrain.*
Sturch. *Storckenkopf.*
Stůtouw. *Studauw.*
Stutz. *Am Stutz.*
Suarchenberg. *Schwartzenburg.*
Suarza. *Suarce.*
Subibach. *Soppe-le-Bas.*
Sub tilia. *Colmar.*

Sucité. *Suscité.*
Sucrerie. *Schloss* (Hombourg).
Suecouse. *Schweighausen.*
Suercha. *Suarce.*
Suersine. *Suarcine.*
Suffroi (Champz). *Siffroix.*
Sulce. *Soultz.*
Sulcebach. *Soppe-le-Bas.*
Sulhmata. *Soultzmatt.*
Sultza. *Soultz.*
Sultzbach. *Soultzbach.*
Sultzbach (Nieder). *Soppe-le-Bas.*
Sultzbach (Ober). *Soppe-le-Haut.*
Sultzenheim. *Sultzeren.*
Sultzerhein. *Sultzeren.*
Sultzmate ; Sultzmatin. *Soultzmatt* et *Val de Saint-Georges.*
Sultzmatten. *Soultzmatt.*
Sulza ; Sulze. *Soultz.*
Sulzze (In der). *Sultz (In der).*
Sumeraw ; Summerauge. *Sommerau.*
Sumerliten. *Sommerlitt.*
Summerhalden. *Sommerhalden.*
Sumphone. *Sumpfen,* ruiss.
Sunchhofen. *Sundhofen.*
Sundel. *Suntel.*
Sundernahin. *Sondernach.*
Sunderolsdorf. *Sondersdorf.*
Sundgaudia. *Sundgau.*
Sundgeuüi. *Sundgau.*
Sundgovia. *Sundgau.*
Sundhoüa. *Sundhofen.*
Sundroltestorff. *Sondersdorf.*
Sunfone. *Sumpfen,* ruiss.
Sunnenrauch. *Sommerau.*
Sunprachen. *Suntbrachen.*
Sünre. *Sengern.*
Suntgowe. *Sundgau.*
Suntheim. *Sundheim.*
Suntliten ; Suntlitt. *Suntel.*
Suntor. *Sundhofen.*
Sur-le-Haut. *Hoehe (La).*
Sur l'Hate. *Surlattes.*
Surmainmengnj ; Surmanmennj. *Sermamagny.*
Suspa. *Soppe-le-Bas.*
Suuarzimberg. *Schwartzenburg.*
Suuecose. *Schweighausen.*
Suucighausen. *Schweighausen* (Cernay).
Suwbrunnen. *Seybrünnle.*
Süwelin. *Seimlen.*
Svnderstorf. *Sondersdorf.*
Svnthoven. *Sundhofen.*
Swaben. *Schwoben.*
Swabsmatten. *Schwobsmatte.*
Swarcendan. *Schwartzentann.*
Swartzenbach. *Schwartzenbach.*

Swartzenberge. *Noirmont.*
Sweichof ; Sweickhof. *Schweighof. Schweigkopf.*
Sweiggarten. *Schweiggarten.*
Sweigkhusen. *Schweighausen* (Lautenbach).
Sweinsbach ; Sweinspach. *Schweinsbach.*
Swenkel. *Schwenckel.*
Sweyghoff. *Schweighof.*
Swichinge. *Schwiching.*
Swingarte. *Schweingarten.*
Swingrüben. *Schweingrub.*
Swobstal. *Schwobsthal.*
Sybach. *Sibach.*
Sydemestall. *Sidenstall.*
Syden faden. *Siedenfaden.*
Syernza. *Sierentz.*
Syfridwilr ; Syfridtzwiler. *Wihr-en-Plaine.*
Sygenstalt. *Siglisthal.*
Syle ; Sylo. *Silethal.*
Syltal. *Silethal.*
Synne. *Sinne.*
Synwellen matten. *Sinewelmatten.*
Syse (La). *Assise (L').*

T

Tageltzen. *Tagolsheim.*
Tagsburn. *Dachsbrunn.*
Tagstdorf. *Tagsdorf.*
Tammerkilch. *Dannemarie.*
Tangnach ; Tangnow. *Thannet.*
Tanne. *Thann.*
Tannenkilch. *Thannenkirch.*
Tannenkyrch. *Thannenkirch.*
Tannenriet. *Delle.*
Tanne veteri. *Vieux-Thann.*
Tatenriet ; Tatinriet. *Delle.*
Tauperie (La). *Taupraie.*
Teigenheim. *Deinheim.*
Teinheim. *Deinheim.*
Tellier (La) ; Tellieux. *Tailleau (La).*
Tenchel. *Tännchel.*
Tennach. *Dennach.*
Tennebuhel. *Dennebühl.*
Tennenberg. *Demberg.*
Tennichel. *Tännchel.*
Tentschenn. *Densche.*
Terminach. *Dürmenach.*
Termnache. *Dürmenach.*
Ternenseë. *Sternsee.*
Ternenseë kopff. *Gresson.*
Terubelberge. *Trübelberg.*
Tessenheim ; Tessenen. *Dessenheim.*
Tessinheim. *Dessenheim.*
Tête le Moine. *Tête-du-Moine.*

TABLE DES FORMES ANCIENNES. 255

Thal (Jm). *Leval.*
Thalbach. *Hundsbach.*
Thamerkhilch. *Dannemarie.*
Thanberg. *Danberg.*
Thaney. *Denney.*
Thannach. *Thannet.*
Thanne. *Engelburg.*
Thännerhüslen. *Dennerhäuslen.*
Thannerweg. *Bilgerweg.*
Thännigel. *Tännchel.*
Thannweiler. *Tanwiller.*
Thecort. *Thiancourt.*
Theigenheim. *Deinheim.*
Theinheim. *Deinheim.*
Thennerhaeusslen. *Dennerhäuslen.*
Theotbertowilare. *Liebentzwiller.*
Thielen. *Dielen.*
Thierenbach. *Notre-Dame-de-Thierenbach.*
Thierhurst. *Notre-Dame-de-Thierhurst.*
Thiernhein. *Thierheim.*
Thieron (Mont). *Mont Thieron.*
Thierry (Goutte-). *Goutte-Thierry.*
Tholier. *Dolleren.*
Tholler (Vff der). *Dollern*, éc. c^{ne} de Mulhouse.
Thomarkilch. *Dannemarie.*
Tbrauwbach. *Traubach-le-Bas.*
Thuren. *Notre-Dame-de-la-Thuren.*
Thurenkhein. *Turckheim.*
Thurenmühle. *Biltzmühle.*
Thurincheim. *Turckheim.*
Thurnkopff. *Tête-des-Allemands.*
Thurrenhusen. *Dornhausen.*
Thyngishein. *Dintzheim.*
Thyerenbach. *Notre-Dame-de-Thierenbach.*
Tiecenouse, 1251 (urb. de Froide-Fontaine). *Diethausen-Mühle.*
Tieffenbach. *Diefenbach* (Breitenbach).
Tieffenkopff. *Dieffenkopf.*
Tiefmatten. *Dieffmatten.*
Tierenbach. *Notre-Dame-de-Thierenbach.*
Tierhein; Thiernhein. *Thierheim.*
Tieschgrund, en allemand Teutschgrund. *Tichegrund* (La).
Tiethaussen. *Diethausen-Mühle.*
Tiethwilr. *Dietwiller.*
Tige gronde. *Tichegrund* (La).
Timbach (La). *Latimbach.*
Timpfel. *Dimpfel.*
Tintzenhin. *Dintzheim.*
Tirmenach. *Dürmenach.*
Tissage. *Fabrique* (La). Papeterie (Roppentzwiller).
Tistelmatt. *Disselmatt.*
Tittenbusen. *Diethausen-Mühle.*

Tockensteyn. *Dockenstein.*
Todtenweg. *Herrenweg.*
Tolder. *Dollern.*
Tombeau du géant. *Hohenack.*
Tornacho. *Dornach.*
Tour de Nesle. *Nesselthurm.*
Traineaux (Goutte des). *Goutte des Traineaux.*
Tréelochruntz. *Trée.*
Trehfürste. *Trée.*
Trenck. *Trinque.*
Trenckberg. *Tränckenberg.*
Trépont. *Cret et Trépont.*
Trestoudens; Tresludens. *Trétudans.*
Tretoudans. *Trétudans.*
Trey Aahrn. *Notre-Dame-des-Trois-Épis.*
Trey gröber. *Trois-Tombeaux* (Les).
Triaucourt. *Dirlinsdorf.*
Trimont. *Drumont.*
Trobach. *Traubach-le-Bas.*
Trobe. *Traubach-le-Bas.*
Trochofen. *Trotthofen.*
Trois Châteaux. *Eguisheim.*
Trois-Dames (Les). *Trois-Tombeaux* (Les).
Troschoftingen; Trosdeldingen. *Trétudans.*
Trothouen. *Trotthofen.*
Troüe de l'Outre. *Otterloch.*
Troygassen. *Troye.*
Trübach. *Traubach-le-Bas.*
Trublenberch. *Trübelberg.*
Truchsess. *Weyermättle.*
Trumenkopff. *Drumont.*
Trungkgrüben. *Trou-des-Tronces* (Le).
Trusch. *Truche* (La).
Trusspühel. *Trussbühl.*
Tscha. *Chaux.*
Tschaffenot. *Chavannes-les-Grands.*
Tschanckenberg. *Schanckenberg.*
Tschieutschy. *Tschötschy.*
Tubach. *Dubach.*
Tuben Bihl. *Dubenbühl.*
Tuczenbach, 1421 (rôles de Saint-Morand). *Duzzenbach.*
Tudenheim. *Didenheim.*
Tudinhaim. *Didenheim.*
Tueringen. *Denney.*
Tüfelsacker. *Teufelsacker.*
Tuilerie (La). *Ziegelschür* et Alte Ziegelschür. — *Liesbach,* c^{ne} de Blotzheim.
Tumulus. *Leyhubel.*
Tungensheim. *Dintzheim.*
Tunginisheim. *Dintzheim.*
Tùnpfel, 1495 (reg. de Saint-Alban). *Dimpfel.*

Türeckhaim. *Turckheim.*
Turencheim; Turenchem. *Turckheim.*
Tùrickhein; Turinchem. *Turckheim.*
Turlanstorf. *Dirlinsdorf.*
Turlestorff. *Dirlinsdorf.*
Turnache. *Dornach.*
Turnich. *Dornach.*
Turnkein. *Turckheim.*
Turnsill. *Dornsyl.*
Türsthwinckbel. *Dürswinckel.*
Tussenbach. *Dusenbach.*
Tutelburn. *Dudelburn.*
Tuttenhusen; Tutenhusen. *Diethausen-Mühle.*
Tutzendbach. *Duzzenbach.*
Tydenhin. *Didenheim.*
Tyliam (Ad). *Zur Linden.*
Tyoncourt. *Thiancourt.*
Tyrnen. *Thierheim.*
Tzigellscheuren. *Ziegelschür.*

U

Ubergin; Uberkin. *Uberkümen.*
Uberkimen; Uberkumb. *Uberkümen.*
Ubeshein; Ubishen. *Jebsheim.*
Ubriken. *Uberkümen.*
Uettingen. *Jettingen.*
Uncebach. *Hundsbach.*
Undirlinden. *Colmar.*
Ungerstein. *Hungerstein.*
Ungrersheim. *Ingersheim.*
Ungrischeim. *Ungersheim.*
Unser-Frau. *Notre-Dame.*
Unser Frauen Aun. *Frauenaue.*
Unser Frauwen Cappellen. *Frauengässlen.*
Unteraltmatt. *Altmatt.*
Unter Hütten. *Basses-Huttes* (Les).
Unterkalbach. *Kalbach.*
Unterlinden. *Colmar.*
Unterschlück. *Schlück.*
Untersimmerstöcklen. *Simmerstöcklen.*
Uosenberg. *Niesenberg.*
Uresheim. *Urschenheim.*
Urhaupt. *Urhau.*
Urincis. *Uruncæ.*
Ursbach. *Hundsbach* (c^{ne} d'Altkirch).
Urspachtal. *Hundsbacherthal.*
Ursspach, 1535 (terr. de Saint-Alban). *Hurspach.*
Usenberg. *Niesenberg.*
Usine. *Fabrique* (La).
Ussweiler. *Usswiller.*
Uthlenberg. *Urlenberg.*
Utingen. *Jettingen.*
Utirencis; Utirentis. *Uruncæ.*
Uurlon. *Felon.*

V

Vaconna. *Fecht.*
Vageso. *Vosges.*
Vaidoye; Vaidhoy. *Valdoye.*
Vainetal; Vainetat. *Vonentat.*
Vaivre (La Belle). *Belle-Vaivre (La).*
Vaizellay. *Vézelois.*
Val (Le). *Leval.*
Valchen graben. *Falkengraben.*
Val de Saint-Jean. *Sant Johannsthal.*
Val des Anges. *Engelthal.*
Val de Sewen. *Sewenthal.*
Val d'Hoy. *Valdoye.*
Vallebach;"Valbach. *Fallbach.*
Vallen Wasser. *Follenwasser.*
Vallis Dei. *Valdieu.*
Vallis Leporis. *Val de Lièpvre.*
Vallis lutosa. *Leymenthal.*
Vallis Musonis. *Massevaux.*
Vallis Sancti Gregorii. *Val de Saint-Grégoire.*
Valnen. *Falmen.*
Vals. *Foltz.*
Vanchelle. *Winckel.*
Vannetat. *Vonentat.*
Vannoge (Le). *Vanouège.*
Varaune (La). *Varonne (La).*
Vatonuillers. *Wattwiller.*
Vaudoye. *Valdoye.*
Vaueresch. *Faverois.*
Vauldey. *Valdieu.*
Vauldoye. *Valdoye.*
Vaydhoye. *Valdoye.*
Veche. *Fecht.*
Vechin. *Fecht.*
Vedafroy, 1474 (urb. de Froide-Fontaine). *Eaux-Froides (Aux).*
Vehirn. *Fecht.*
Veldelingen; Veldlingen. *Felleringen.*
Veldrein. *Feldrain.*
Veldtgraben. *Weyerbach.*
Vellecort; Vellecot. *Vellescot.*
Velle escont. *Vellescot.*
Vellescoqz; Vellescolz. *Vellescot.*
Velpach; Veltpach. *Feldbach.*
Velsbach. *Felsbach.*
Velsch. *Fêche-l'Église.*
Veltkilch; Veltkirch. *Feldkirch (Wettolsheim)* et *Feldkirch (Soultz).*
Vendafroy, 1474 (urb. de Froide-Fontaine). *Eaux-Froides (Aux).*
Vendangeoir. *Wintzenhäuslen.*
Venetat. *Vonentat.*
Veratesheim. *Urschenheim.*
Veray. *Vraie.*
Vernans. *Sevenans.*

Vernis... vfen veris, 1380 (reg. du Steinenkloster de Bâle). *Färis.*
Vérone (La). *Varonne (La).*
Verrerie (La). *Glashütte.*
Vesche. *Fêche-l'Église.*
Veseneck; Vesenegga. *Fesseneck.*
Vessenheim. *Fessenheim.*
Vesuneca. *Fesseneck.*
Veterem villam (Ante). *Altdorf (Wintzenheim).*
Vezeloy. *Vézelois.*
Vfernas. *Sevenans.*
Vhehunn. *Fecht.*
Via Lentuli. *Vilenti.*
Victoringa? *Vétrigne.*
Videnbach. *Widenbach.*
Vieilles prairies. *Altmatt.*
Vie jolibois. *Vilenti.*
Viestruntz. *Wüestruntz.*
Vieux-Château. *Altschloss* (Pfastatt).
Vifitzze. *Vivitz.*
Viler. *Villars-le-Sec. Willerfeld.*
Village-Neuf. *Auxelles-Haut.*
Villa minor. *Kleindorf.*
Villare Eberhardo. *Waranangus.*
Villare sicco. *Villars-le-Sec.*
Ville de Paille. *Strohstatt.*
Ville-neuve. *Strohstatt.*
Villeri. *Fülleren.*
Villran. *Fülleren.*
Vimbach les capucins. *Weinbach.*
Vincinheim. *Wintzenheim.*
Vingzenheim. *Wintzenheim.*
Violgarthen. *Veyelgarten.*
Violons (Roche des). *Roche des Violons (La).*
Virst. *Firste.*
Viselis; Visilis; Vislins. *Fislis.*
Visenet. *Vesenet.*
Visgelende. *Weissgländ.*
Visspiel. *Windspiel.*
Vivarius peregrinorum. *Weyer* et *Murbach.*
Vlaslande. *Flaxlanden.*
Vleckestrasse. *Fleckenstrass.*
Vlössche. *Flesch.*
Vnegvilre. *Hunawihr.*
Vngertälin. *Hungerthal.*
Vngrisheim. *Ungersheim.*
Vochilishofen. *Vögtlinshofen.*
Vöcklinsshoffen; Vöcklisshoffen; Vocklisshöuen. *Vögtlinshofen.*
Vogelbach. *Fogelbach.*
Vogelstein. *Falkenstein.*
Vogesus. *Vosges.*
Voivre (La). *Vaivre (La).*
Volanta. *Vonentat.*
Volcholdesheim. *Volgelsheim.*

Volcholvisheim. *Volgelsheim.*
Volckolczhein. *Volgelsheim.*
Volckolzberg. *Folgensbourg.*
Volfrigesheim. *Pulversheim.*
Volim. *Felon.*
Volkelsheim. *Volgelsheim.*
Volkesperg. *Folgensbourg.*
Volkoldesberg. *Folgensbourg.*
Volkolzberg. *Folgensbourg.*
Volratzwilr; Volrotzwilr. *Fortschwihr.*
Volvenens. *Vourvenans.*
Vorder-Burbachruntz. *Burbachruntz.*
Vordere birgmatte. *Birgmatte.*
Vordere Ybach. *Ibach.*
Vorderglashütt. *Grande-Verrerie.*
Vorderlauchen. *Niederlauchen.*
Vorderlützelbach. *Lützelbach.*
Vorder Trée. *Trée.*
Vorder Ybach. *Ibach.*
Vorst. *Forst.*
Vörte. *Furth (In der).*
Vosagus. *Vosges.*
Vosego. *Vosges.*
Vourpillière. *Verpillière.*
Voynetal. *Vonentat.*
Vrbach. *Fréland.*
Vrbeis. *Urbès.*
Vrbeiss. *Orbey.*
Vrbensthal; Urbestahl. *Val d'Orbey.*
Vrbis; Vrbs. *Urbès.*
Vrhaus. *Urhau.*
Vrsheim; Vrssheim. *Urschenheim.*
Vrspach. *Hundsbach,* riv.
Vrswihr. *Orschwihr.*
Vtelbach. *Uetelbach.*
Vtingen. *Jettingen.*
Vuinzenheim. *Wintzenheim.*
Vuittenckheim. *Wittenheim.*
Vulpeilliere. *Verpillière.*
Vûna. *Wuenheim.*
Vychweg. *Viehweg.*
Vyelmatten. *Veyel.*

W

Wachsstatt. *Soultz.*
Wackenthal. *Weckenthal.*
Waddenwilre. *Wattwiller.*
Wadtringen. *Vétrigne.*
Waffenhein. *Woffenheim.*
Wagenberg. *Wangenberg.*
Waivre. *Vaivre (La).*
Walbachwiler; Walbartzwyller. *Walbetswiller.*
Walchenweg. *Walchenberg.*
Walcke. *Foulon.*
Waldarses. *Vauthiermont.*
Wåldbach. *Wuenheimerbach.*

TABLE DES FORMES ANCIENNES.

Waldenburn. *Waldburn.*
Waldhusen. *Wolhausen.*
Woldtburtzwyler. *Walbetswiller.*
Walenheim. *Walheim.*
Walhen. *Walheim.*
Walhenburg. *Wahlenbourg.*
Wallembach. *Walbach* (Wintzenheim).
Wallen. *Walheim.*
Wallpatzweiller. *Walbetswiller.*
Wallstein. *Störenburg.*
Walpach. *Walbach* (Landser).
Walpertzweiller; Walpurtzwyler. *Walbetswiller.*
Walribach. *Walbach* (Wintzenheim).
Walterspergk. *Vauthiermont.*
Walthersberg. *Vauthiermont.*
Waltikofen; Waltikouen. *Waldighofen.*
Walun... ze Walvn, 1380 (reg. du Steinenkloster de Bâle). *Walheim.*
Waporphuende, 1299 (reg. Lucell.). *Babersenbach.*
Wasemen. *Wasen.*
Wasgau. *Vosges.*
Wasichin. *Vosges.*
Wassacus. *Vosges.*
Wassemberg; Wassenberg. *Wasserbourg.*
Wassenburg. *Wasserbourg.*
Wasserberg. *Wasserbourg.*
Wasser vallen (In der). *Wasserfall.*
Wassgaw. *Vosges.*
Watewilre. *Wattwiller.*
Watpach. *Wobach.*
Wattewilre; Wattenwilre; Wattweil. *Wattwiller.*
Wattoneviler. *Wattwiller.*
Watwil; Watwilre. *Wattwiller.*
Wechsel. *Wexel.*
Wedelzheim. *Wettolsheim.*
Wedo. *Valdoye.*
Wegebach. *Weibach.*
Wegesat. *Wegesode.*
Weggenberg. *Weckenberg.*
Wegolthein. *Weckolsheim.*
Wehrholtz. *Werschholtz.*
Weidenmühle. *Wittenmühl.*
Weiger. *Weyer* (Hohroth).
Weil. *Walbetzwiller.*
Weilen. *Romagny* (Dannemarie).
Weill. *Willer* (Bergheim).
Weiller. *Wihr-au-Val. Willer* (Thann).
Weillerbach. *Largue.*
Weinneck. *Windeck.*
Weissbach. *Weiss.*
Weissensee. *Blanc* (*Lac*).
Weites. *Évette.*
Wekelthem; Wekoltzhein. *Weckolsheim.*
Welfricheshen. *Pulversheim.*

Wellergraben. *Wöllergrabenruntz.*
Wellisberg. *Wallisberg.*
Welsche Meierthum. *Bretten.*
Welschen Gruone. *Grosne.*
Welschen Kappelen. *Chapelle-sous-Rougemont* (*La*).
Welschen Larg. *Oberlarg.*
Welschennest. *Romagny* (Massevaux).
Welschen Steinbach. *Eteimbes.*
Welsch Morswiller. *Morvillars.*
Wenckeles. *Winckel.*
Wendeswilre. *Wentzwiller.*
Wenswirle. *Wentzwiller.*
Wentroigne. *Vétrigne.*
Wenzwiler. *Wentzwiller.*
Wepach. *Wobach.*
Werentzhusen. *Werentzhausen.*
Wergeryns born. *Weringers Burne.*
Werholtz; Werlischolz. *Werschholtz.*
Weseline. *Wäsle.*
Wesge. *Vosges* (Alsace).
Wespachgraben. *Weschbach* (Dietwiller).
Wessenberch; Wessenberg. *Vescemont.*
Wessenburg. *Vescemont.*
Westernahe. *Westergraben.*
Westhalda. *Westhalten.*
Weteri Phireto. *Vieux-Ferrette.*
Wetilsheim. *Wettolsheim.*
Wetschbe; Wetschbebach. *Weschbach* (Stosswihr).
Wette; Wettes. *Évette.*
Wetthelsein. *Wettolsheim.*
Weybach. *Weibach. Weyerbächle.*
Weydensoll. *Wiedensohlen.*
Wichario villa. *Wickerschwihr.*
Wichein. *Wigenheim.*
Wicherebint. *Wickerschwihr.*
Wichereswiler; Wicherswilr. *Wickerschwihr.*
Wick (Jm). *Zwick.*
Wickels Owe. *Witgisau.*
Wickembourg. *Wittembourg.*
Wickersswilr. *Wickerschwihr.*
Widebe. *Widach.*
Widem. *Witthum.*
Widen (Ze). *Wittenmühle.*
Widensole; Widensul. *Wiedensohlen.*
Widinin matten. *Widenmatten.*
Widinsol. *Wiedensohlen.*
Widohe. *Widach.*
Widum. *Witthum.*
Wiengerss felden. *Wintzfelden.*
Wieswald. *Vézelois.*
Wigehem. *Wigenheim.*
Wigenbach. *Weyerbach.*
Wigenn. *Wigenheim.*
Wiger. *Weyer* (Hohroth).

Wigere. *Weyer* (Bühl).
Wigerlin. *Weyerle.*
Wiggenheim. *Wigenheim.*
Wilare. *Willer* (Altkirch).
Wilarn. *Romagny* (Dannemarie).
Wilbach. *Welbach.*
Wiler. *Melwiller.*
Wilgoltzvelden. *Wintzfelden.*
Willer. *Melwiller. Romagny* (Dannemarie).
Willeren. *Romagny* (Dannemarie).
Wilmühl. *Wildmühle.*
Wilr. *Romagny* (Dannemarie). *Wihr-en-Plaine.*
Wilra. *Wihr* (Ammerschwihr).
Wilre. *Wihr-au-Val. Willer. Willéré.*
Wilre gevelde; Wilre lachen. *Wihr* (Ammerschwihr).
Winbach. *Weinbach.*
Wincenhein. *Wintzenheim.*
Winchele. *Winckel.*
Winchelein. *Winckel.*
Winchil. *Winckel.*
Wincinheim. *Wintzenheim.*
Winckelbach. *Walbach* (Wintzenheim).
Winckeles. *Winckel.*
Winckelshaussen. *Finckenshausen.*
Windehoue. *Wintenhof* (Ribeauvillé).
Windenberger Stäig. *Steige* ou *Col du Ventron.*
Winderbach. *Winterban.*
Windersbach. *Windenbach.*
Winech; Winecke; Winegk. *Windeck.*
Winenberg. *Wunenberg.*
Wingarten. *Weingarten.*
Wingishaim. *Wintzenheim.*
Wingoltzvelden. *Wintzfelden.*
Winigotzfelden. *Wintzfelden.*
Winigotzhusen. *Finckenshausen.*
Winneg. *Windeck.*
Winsilingen. *Vézelois.*
Wintbyehel. *Wintbühl.*
Winterung. *Ventron.*
Wintzheim. *Wintzenheim.*
Wirattenmühle. *Haulymühle.*
Wirbot. *Brebotte.*
Wirgeling weg. *Wirlingsweg.*
Wirthsbaus. *Löchly* (Im).
Wisebach. *Weissbach.*
Wisenberge. *Weissenberg.*
Wisewald. *Vézelois.*
Wiskilch. *Weisskirch.*
Wislingen. *Weisslend.*
Wissbühl. *Windspiel.*
Wissemont. *Vescemont.*
Wissenbach. *Weiss.*
Wissenberg. *Weissenberg* et *Vescemont.*
Wissengrunt. *Weissengründ.*

Haut-Rhin. 33

Wissensee. *Blanc (Lac)*.
Wissewalhen. *Vézelois*.
Wisskilch. *Weisskirch*.
Witanhaim. *Wittenheim*.
Witchisowe. *Witgisau*.
Witeltzhein ; Witelzin. *Wittelsheim*.
Witenheim. *Wittenheim*.
Witen mülen. *Wittenmühle*.
Witental. *Wittenthal*.
Witersdorf ; Witestorf. *Wittersdorf*.
Witoltzheim. *Wittelsheim*.
Wittenöwe. *Wittnau*.
Witten schlucken. *Weitschluck*.
Wittersbach. *Widersbach*.
Witz. *Fèche-l'Église*.
Witzel. *Witseelwald*.
Wlfricheshen. *Pulversheim*.
Woffenheim. *Sainte-Croix-en-Plaine*.
Wogbach. *Wobach*.
Wohbach. *Wobach*.
Wohnheim. *Wuenheim*.
Wolchosheim. *Volgelsheim*.
Wolfenen. *Woffenheim*.
Wolfenthall. *Woffenthal*.
Wolferkein. *Wolfenkehl*.
Wolfeswile. *Wolschwiller*.
Wolfgangssbeim. *Wolfgantzen*.
Wolfgangesheim. *Wolfgantzen*.
Wolfgans. *Wolfgantzen*.
Wolfhüllen. *Wolfhöhle*.
Wolficourt. *Wolfersdorf*.
Wolfloch. *Creux-de-Loup*.
Wolkelsheim. *Volgelsheim*.
Wolquelle. *Voliquelles*.
Wolswilr. *Wolschwiller*.
Wonach. *Wuenheim*.
Wonheim. *Wuenheim*.
Wormlach. *Wurmlach*.
Wostacker. *Wüestacker*.
Wourvenans. *Vourvenans*.
Wovnach. *Wuenheim*.
Wtelbach. *Uetelbach*.
Wuernlach. *Wurmlach*.
Wüffenheim. *Woffenheim*.
Wulfersheim. *Pulversheim*.
Wüller. *Willer* (Aspach-le-Bas).
Wullferstorf. *Wolfersdorf*.

Wunach. *Wuenheim*.
Wunnenheim. *Wuenheim*.
Wünterstügen. *Winterstigy*.
Wûr. *Wuhr*.
Wûrin. *Wiehren*.
Würteringen. *Vétrigne*.
Wurwenans. *Vourvenans*.
Wüttenthalle. *Wittenthal*.
Wydach. *Widah*.
Wydem. *Witthum*.
Wydensol. *Wiedensohlen*.
Wygenbach. *Weyerbach*.
Wygennthal. *Wingenthal*.
Wygermatten. *Weyermatten*.
Wyler. *Willer*.
Wyllerstall. *Hinter-Willer*.
Wyngenthal. *Wingenthal*.
Wyngoltzhusen. *Finckenshausen*.
Wyntterberg. *Winterberg*.
Wytten matten. *Wittmatt*.

Y

Yägersthällin. *Jägersthal*.
Ybach. *Ibach*.
Ybiszheim. *Jebsheim*.
Yebensheim. *Jebsheim*.
Yestruct. *Jestruet*.
Ylefurt. *Illfurth*.
Ylla. *Ill*.
Yllefurt. *Illfurth*.
Ylziche. *Illzach*.
Ymericourt. *Heimersdorf*.
Ysel. *Issling*.
Ysenbach. *Isenbach*.
Ysenbreiten. *Isenbreit*.
Ysenburg. *Isenburg*.
Ysenheim. *Isenheim*.
Ysenholtz. *Isenholtz*.
Ysenrein. *Isenrain*.
Yssel. *Issling*.

Z

Zalczburnen. *Saltzbrünnle*.
Zaphen. *Zapfen*.
Zarma ; Zarmwiller. *Charmois*.

Zazingen. *Zässingen*.
Zefeling. *Zepfling*.
Zeissengrunde. *Heisengrund*.
Zell. *Baroche (La)*.
Zelle. *Bergoltzzell, Lautenbachzell et Rimbachzell*.
Zer eyche. *Eschêne*.
Zesande. *Sand*.
Zessingen ; Zezingen. *Zässingen*.
Zeyssenthal. *Zeissenthal*.
Ziegelschür. *Tuilerie (La)*.
Zihlacker. *Ziehlacker*.
Zil. *Ziehl*.
Zileiss. *Zillisheim*.
Zilenhart. *Surlattes*.
Zilhag. *Zillig*.
Zimberbach. *Zimmerbach*.
Zimsere. *Joncherey*.
Zinberbach. *Zimmerbach*.
Zinnigköpfle. *Sonnenköpfle*.
Zmberlehen. *Zimmerleh*.
Zollenberg. *Zollburg*.
Zorn dinghof. *Éguisheim*.
Zschanckenstein. *Schankenstein*.
Zschänselwördt. *Schäntzelwörth*.
Zschas. *Chaux*.
Zu allenn winden. *Sallenwinden, Zallonwinden*.
Zu Eich. *Zeich*.
Zue Zenne. *Zenne (Zue)*.
Zügelins wingarte. *Ziegelweingarten*.
Züllenshein ; Zulleshein. *Zillisheim*.
Züllhusen. *Zillhausen*.
Zullinesheim ; Züllissen. *Zillisheim*.
Zulnhart. *Surlattes*.
Zumersheim. *Zimmersheim*.
Zuo allen winden. *Sallenwinden*.
Zur Eich. *Notre-Dame-du-Chêne*.
Zur Eichen. *Eschêne*.
Zu Rhein. *Zurhenwald*.
Zu Solgen. *Zolgen*.
Zweickhoue. *Schweighof*.
Zwickbach. *Zwigbach*.
Zwygen. *Zwigen*.
Zyllhardt. *Surlattes*.
Zymberbach. *Zimmerbach*.
Zymmerssenn. *Zimmersheim*.

ADDITIONS.

I

RENVOIS À QUELQUES ANCIENNES FORMES NON INDIQUÉES DANS LE COURS DU DICTIONNAIRE ET AJOUTÉES À LA TABLE.

Alschburg. Voy. *Altenburge*.
Altebach. Voy. *Attembach; Attenbach*.
Altkirch. Voy. *Alteclique*.
Arenest. Voy. *Arrennest*.
Asenbühl. Voy. *Hasenbühl*.
Assise (La grande mairie de l'). Voy. *Escher herrschafft*.
Aubure. Voy. *Altpür*.
Autrage. Voy. *Atroigne; Aultroige*.
Ax. Voy. *Axst*.
Babersenbach. Voy. *Paparfun; Waporphuende*.
Bacheren. Voy. *Bachara*.
Baroche (La). Voy. *Pagonzelle*.
Berentzwiller. Voy. *Beroltzwilr*.
Bieterlingen. Voy. *Peterlinges weg*.
Birlingen. Voy. *Burlingen*.
Bischofbach. Voy. *Bischbach*.
Blatterst. Voy. *Blacars; Blatars*.
Boos. Voy. *Bus*.
Bourogne. Voy. *Boroigne (Le mostier de)*.
Brackenthor. Voy. *Brakenheim*.

Brebotte. Voy. *Bourbote; Bourboutes*.
Bretagne. Voy. *Bretaigne; Bretaine*.
Brézouars. Voy. *Bluttenberg*.
Bruechberg. Voy. *Brüchberg*.
Büchelberg. Voy. *Büchelberg*.
Bussatte. Voy. *Bus*.
Cernay. Voy. *Sereney*.
Chalmont. Voy. *Calmon*.
Chésaux (Les), f. c^{ne} de Montreux-Jeune. Voy. *Chaisaulx*.
Chesseaumartin. Voy. *Chesaul-Martin*.
Closerie (La). Voy. *Glaussière (La)*.
Cunelière. Voy. *Cournoillière; Qunegliere*.
Dannemarie. Voy. *Dompnemarie*.
Diethausen-Mühle. Voy. *Tiecenouse*.
Dimpfel. Voy. *Tümpfel*.
Duzzenbach. Voy. *Tuczenbach*.
Eaux froides (Aux). Voy. *Androfroy; Vedafroy; Vendafroy*.
Ertzach. Voy. *Orenzach*.
Färis. Voy. *Vernis*.

Flemmer. Voy. *Flemer*.
Förmbach. Voy. *Ferrenbach*.
Fröschwiller. Voy. *Fröschwilre tor*.
Gispel. Voy. *Girsbühel*.
Heimath-Thal. Voy. *Heymertal*.
Hillbrunnen. Voy. *Hiltprunnen*.
Hofstetten. Voy. *Huttstetten*.
Hurspach. Voy. *Orssbach; Urssbach*.
Kägy. Voy. *Gehägen (Vf das)*.
Lagrange. Voy. *Grange (La)*.
Leibersheim. Voy. *Lebrotzhein*.
Moulin Rudolf. Voy. *Adolser mühle*.
Notre-Dame-de-Mariabrunn. Voy. *Brunn (Die cappel unser lieben frauwen zu)*.
Saint-Philippe. Voy. *Birrhägont, Bréhagoutte, Prahegetz*.
Sembt (Im). Voy. *Senmode (In dem)*.
Tichegrund. Voy. *Tieschgrund*, en allemand *Teutschgrund*.
Ullise. Voy. *Goutte du lys*.
Walheim. Voy. *Walun*.

II

SUPPLÉMENT DE LA LISTE ALPHABÉTIQUE DES SOURCES.

Abb. de Pairis, C... C... — Documents du fonds de l'abbaye de Pairis, aux arch. dép., carton... chemise....
Cens. de Saint-Alban. — Liber censuum Ecclesiæ Sancti Albani, anno Dⁿⁱ MCCLXXXIIII, 1 vol. grand in-8° parchemin (arch. de Bâle).
Curiosités d'Alsace. — Colmar, 1861-1862, 2 vol. in-8°.
Grandidier. — Œuvres historiques inédites de Ph.-And. Grandidier; Colmar, 1865, 5 vol. in-8°.
Inv. de la seign. de Landser. — Arch. dép., C. 758.
Mat. Berler. — Chronik von Maternus

33.

Berler, 1510. Publiée dans le Code historique et diplomatique de la ville de Strasbourg; tome Ier, 2e partie.

Necrol. Pairis. — Nécrologie de l'abbaye de Pairis, rédigée en 1650. Arch. dép., fonds de Pairis.

Oelenberg. histor. — Oelenbergensis historia a fondatione prima de anno 1054 usque ad annum 1756 inclusive. — Scripta in monte Olivarum, anno Domini 1858. — Manuscrit du couvent de la Trappe à Olenberg.

Reg. de Saint-Alban. — Renovatio de 1495; 1 cahier en papier, V (arch. de Bâle).

Reg. de Saint-Léonard. — St Leonhards Registratura de anno 1290, A. (arch. de Bâle).

Reg. des fiefs würtemberg. — Lehenbuch de la maison de Würtemberg. Arch. dép., E. 359.

Reg. du Steinenkloster de Bâle. — Betreffend Steinen Closter ligende güettern, etc., 1435 (arch. de Bâle).

Terr. de Feldbach. — Berein desz Gottshavsz Veldtbach, anno 1616. Arch. dép., fonds des jésuites d'Ensisheim.

Terr. de Saint-Alban. — Verzeichnug vnd ordnung eines nuwen gerein buochs .. dess Gotzhuses zuo sant Alban; 1 vol. in-8° papier, I (arch. de Bâle).

Terr. de Saint-Ulrich. — Terrier du prieuré de Saint-Ulrich de 1581. Arch. dép., fonds des jésuites d'Ensisheim.

Terr. de Strueth. — Arch. dép., même fonds.

Terr. de Walheim. — Wallheimer Berein, de 1552, n° 10. Arch. dép., fonds de Saint-Morand.

Urb. de Froide-Fontaine. — Vieux livre et regitre des droits du prioré de Froide-Fontaine, d. 1390; vol. in-f° appartenant à M. Talon.

Urb. de Landser de 1394; arch. dép., C. 768.

Urb. de Pairis. — Registratura censuum vini monasterii de Peris, etc. sub anno 1328; arch. dép., fonds Pairis.

Urb. des pays d'Autr. — Das Vrbar puch des landes zu Elsassen 1394; arch. dép., C. 47.

Vautrey, Lib. marc. — Liber marcarum veteris episcopatus Basiliensis, 1441; Porrentruy, 1866, 1 vol. in-8°.

CHANGEMENTS ET CORRECTIONS.

ASENBÜHL, ajoutez : aujourd'hui *Hasenbühl.*

BIESHEIM, ajoutez : *Prieuré de Saint-Jean, de l'ordre de Cluny, dépendant du monastère de Saint-Alban de Bâle.*

BOLLENBERG, effacez les mots : *Voy. Saint-Fridolin.*

BOURGONCE (LA), effacez la citation de *Birrhâgont.*

BUSSATTE, effacez la citation de *Bus.*

CHAUFFOUR (SAINTE-MARIE-AUX-MINES). Ce nom est une transformation de celui de *Schaffhause* et doit être reporté à ce dernier.

DANGELBERG, le même que DENGENBERG. La montagne est située sur les deux bans de Felleringen et de Hüssern.

ÉCHERY, ajoutez : *Prieuré de l'ordre de Saint-Benoît, dépendant de l'abb. de Moyenmoutier.*

ERTZACH, ajoutez ici l'article d'*Orenzach.* Des noms de cantons cités dans le ban de ce dernier village par le registre du Steinenkloster de Bâle permettent d'appliquer définitivement ce nom à celui d'ERTZACH.

GILDWILLER, effacez la citation de *Somerkilche.*

GRANGE (LA). Une erreur de classement a fait effacer ce nom du rang qu'il occupait sur la première épreuve. Il s'est trouvé ainsi qu'il a été complétement omis dans le corps du Dictionnaire. Il a été reproduit dans la Table des formes anciennes.

HEIBENHUBEL, corrigez : *Heidenhubel.*

HUFLAND, corrigez : *Husland.*

KALBERG ou KAHLENBERG, coll. c^{ne} d'Obermorschwiller, à effacer.

LIEBENTZWILLER, corrigez : *Theotberlowilare* en *Theotbertowilare.*

NÄGELEBERG, maisons de campagne, corrigez : *maison de campagne.*

NOTRE-DAME-DU-CHÊNE, à Aspach. Cet article doit être rectifié en ce sens que la statuette de la Vierge était placée anciennement dans le tronc d'un chêne.

OBERNDORF, après la citation de : *la chapelle de Saint-Jean à Oberndorf, près de Habsheim,* effacez le mot *ibid.* et remplacez-le par *Trouillat.*

OSTERBACH, effacez ce nom et reportez celui d'*Eschbach* à l'article d'*Estenbach.*

OYE, rectifier la citation *Ogey* en *Ougey.*

RHEINSTRASS, après la citation de *Hohe Strasz,* changez le millésime de 1376 en 1373.

RITTY (LA), c^{ne} de Lymen, corrigez : *Leymen.*

SAUGE (CHÈVREMONT), terr. de Saint-Alban, corrigez : *de Saint-Ulrich.*

SCHMIEDEL (DIE), effacez la lettre *l.*

STEIGÉ ou COL-DU-VENTRON, corrigez : *Winderberger Stoeig* en *Windenberger Staeig.*

ULLISE, ajoutez : *Goutte-du-Lys* et rectifiez la citation de la carte hydrographique en *Goutte-S.-Ullysse.*

WERTHER, corrigez *Werthen.*

WETSCHENNEST, effacez ce mot et placez *Welschennest* dans son rang.

ZEISWILLER, après *Heinricus de Zeiswilre,* ajoutez : 1260.

www.ingramcontent.com/pod-product-compliance
Lightning Source LLC
Chambersburg PA
CBHW070542160426
43199CB00014B/2331